중등학교교사 임용후보자 선정경쟁시험 대비

전면개정

내용의 정석

史師 한국사

김정현 편저

| 현행 교육과정 | 최신 출제경향 | 중요 학설과 이론 |

머리말

전면 개정판을 펴내며

대한민국에서 교사는 매우 존경받는 전문적 직업vocation이자 안정적인 직업job입니다. 누군가를 가르쳐서 변화를 일으킨다는 것은 엄청난 책임감이 뒤따르는 막중한 일이고, 또 아무나 쉽게 할 수 없는 어려운 일이기 때문이겠지요. 여러분은 지금 바로 그 교사가 되기 위해 준비하고 계십니다. 수많은 책과 논문을 읽고, 강독과 사적해제 훈련을 받고, 교직 과목을 이수하고, 교육 실습까지 수행한 그 모든 과정이, 바로 아무나 할 수 없는 교사가 되기 위한 과정이었지요. 이제 마지막 관문으로 임용 시험을 보기 위해, 배운 내용들을 정돈하고자 애를 쓰고 있습니다. '선생님', '사범師範'은 그 엄청난 노력 끝에 비로소 이를 수 있는 자리일 겁니다.

저 역시 여러분처럼 교사가 되고 싶어서 사범대학에 진학했지만, 뜻하지 않게 연구자의 길로, 다시 강사의 길로 들어섰습니다. 교단에 서지는 못했지만 대학원에서 석·박사 과정을 거치며 정말 많은 선생님들의 가르침 아래에서 글을 쓰고 각종 프로젝트에 참여해 보았습니다. 또 학교와 학원에서 중·고등학생과 재수생을 대상으로, 한능검이나 문화재 해설사를 준비하는 분들을 대상으로, 대학생을 대상으로, 현직 교사를 대상으로, 공무원 수험생을 대상으로 참 여러 종류의 수업을 하고 교과서, 참고서, 개설서 등 수 십 권의 책을 써 보았습니다. 그 오랜 시간을 지나고 보니 교사가 되기에는 이미 늦어버렸네요. 비록 교사의 꿈은 이루지 못했지만, 저는 꽤 긴 시간 동안 배우고 가르치면서 우리나라 교육과정, 교수·학습 내용을 누구보다 잘 알 수 있게 되었고, 역사교육학과 한국사만큼은 내용을 가장 쉽게 정리해서 전달할 수 있는 수준이 되었습니다. 제가 여러분 앞에 감히 제 강의와 책을 선보이겠다 용기를 낸 것은, 열심히 노력하는 여러분께 그렇게 얻은 지식과 노하우가 한자락 도움이 될 수 있으리라는 확신이 들었기 때문입니다.

저는 작년에 책을 쓰는 내내 근 30여 년간 해 온 공부와 교육 경험들을 최대한 녹여내려고 노력했습니다. 임용시험 기출 문제들을 모두 분석하여 출제될 요소들을 추리고, 전공 서적과 논문들을 올해 나온 것까지 하나하나 찾아 정리하고, 제7차 교육과정 이후 출간된 국정·6종·8종·9종의 역대 교과서를 모두 다시 한 번 확인하고, 문장을 작성하고 다듬기를 반복하였습니다. 2023년, 우리 교재로 진행한 임용 수업 결과는 정말 놀라웠습니다. 그 자체로도 만족스럽긴 하지만, 한 해 수업을 진행하며 보니 아쉬운 부분도 적지 않았고 새로운 연구 경향들도 생겼습니다. 저는 일 년 내내 그런 부분을 꼼꼼히 메모해 두었고, 1차 시험이 끝나자마자 원고를 손보고 재집필하는 작업에 몰두했습니다. 그리하여 이번 전면 개정판 사사史師 시리즈는 임용시험 준비를 위한 교재로서는 타의 추종을 불허하는 완벽한 교재가 되었습니다. 진짜 진짜 믿으셔도 좋습니다.

이 책은 저 혼자만의 힘으로 쓴 것이 아닙니다. 십 수 년 간 함께 해주신 교사·강사님들이 최근 연구 성과나 출제 경향, 현장의 실제 등에 대해 알려주고 내용의 얼개와 구성 요소들을 논의해주었습니다. 경험이 풍부한 선후배 교수님들은 시험과 관련한 다양한 조언과 지도를 해 주었습니다. 이정기 연구실장님은 공저자나 다름 없을 만큼 책 전반을 관장해주셨고 학부생·대학원생 후배와 제자들이 내용 검색과 원고 정리를 도와주었습니다. 원고를 보기 좋게 디자인하고 조판하느라 박소은 디자이너를 비롯한 출판사 분들도 촉박한 일정에 함께 밤을 새워가며 애써주셨습니다. 이깟 책 한 권을 위해서도 이토록 수많은 사람의 노력이 필요합니다. 여러분이 교사가 되기 위해, 얼마나 많은 사람들의 도움이 필요했는지 생각해 볼 수 있었으면 합니다. 그리고 나아가 앞으로 만날 학생들의 바람직한 자람을 위해, 여러분이 어떤 도움을 주어야 할지 고민해보셨으면 합니다. 그러나 물론, 책의 내용이나 체제에 문제가 있다면 그건 전적으로 저의 책임입니다. 카페를 통해 질문하고 지적해주십시오.

아무리 잘 만든 바람개비도, 바람이 불기를 마냥 기다리지 말고 들고 뛰어야 돌아갑니다. 저는 이 책과 강의를 통해 여러분이 합격하실 때까지 힘껏 돕겠습니다. 모쪼록 시험을 위한 대비일랑 제게 맡기시고, 여러분은 보다 나은 교사가 되는 길이 어느 쪽인지 나침반의 지침指針처럼 옳은 방향을 향해 달리시기 바랍니다. 부디 공감하고 이해하는 것을 넘어 함께 발로 움직일 수 있는 교사가 되어 주시길 희망합니다.

2023.12. 보단재寶丹齋에서

김경현 드림.

목차

PART 1 원시 사회의 해체와 국가의 형성
- CHAPTER 01　우리 민족의 기원과 원시 사회　8
- CHAPTER 02　고조선과 여러 나라의 성장　19

PART 2 전근대사 - 정치
- CHAPTER 01　삼국 및 남북국 시대　36
- CHAPTER 02　고려 시대　60
- CHAPTER 03　조선 시대　83
- CHAPTER 04　통치 제도　116

PART 3 전근대사 - 경제
- CHAPTER 01　토지 제도·조세 제도　144
- CHAPTER 02　고대·고려의 경제　159
- CHAPTER 03　조선의 경제　169

PART 4 전근대사 - 사회
- CHAPTER 01　고대·고려의 사회　180
- CHAPTER 02　조선의 사회　193

PART 5 전근대사 - 문화
- CHAPTER 01　사상사　210
- CHAPTER 02　각종 문화유산　230

PART 6 근대 사회의 전개

CHAPTER01	흥선 대원군의 개혁과 개화 정책	274
CHAPTER02	근대 국가 수립을 위한 노력	282
CHAPTER03	국권 피탈과 저항	296
CHAPTER04	경제적 침탈과 저항	303
CHAPTER05	근대 사회·문화의 변화	309

PART 7 일제 강점과 민족 독립운동

CHAPTER01	일제의 식민 통치와 경제 수탈	318
CHAPTER02	민족 독립운동	324
CHAPTER03	사회·경제적 민족 운동	341
CHAPTER04	민족 문화 수호 운동	353

PART 8 현대 사회의 발전

CHAPTER01	광복과 분단	364
CHAPTER02	민주주의의 시련과 발전	378
CHAPTER03	남북 관계의 진전	392
CHAPTER04	현대의 경제·사회·문화	398

부록　　　　　　　　　　　　　　　　　　　　　　408

　01 고고학 용어
　02 역대 연호
　03 유네스코 세계 문화유산

I.

원시 사회의 해체와 국가의 형성

CHAPTER 01
우리 민족의 기원과 원시 사회

CHAPTER 02
고조선과 여러 나라의 성장

CHAPTER 01 우리 민족의 기원과 원시 사회

1 우리 민족의 기원

1. 형성

(1) 분포: 만주 지역과 한반도를 중심으로 한 동북아시아 (동방 문화권)에 널리 분포

(2) 연원
① 거주: 구석기 시대부터 만주·한반도 지역에 거주
② 민족 형성: 민족의 기틀은 정착 생활이 시작되는 신석기 시대부터 국가가 출현하는 청동기 시대를 거쳐 형성

[동아시아의 문화권]

2. 특성

(1) 인종: 황인종, 형질 인류학상으로 북방 몽골족 계가 다수

(2) 언어: 몽골어 파·튀르크어 파를 포함하는 알타이어족

(3) 문헌 기록
① 선진 시대 중국 문헌에는 주로 예濊족·맥貊족·한韓족·동이東夷족 등으로 기록
② 동국東國·해동海東·삼한三韓·청구靑丘·진단震檀·근역槿域 등의 한자어로 표현

2 석기 시대

1. 구석기 시대

(1) 시기
① 시작: 한반도에서는 70만 년 전, 최근 100만 년 전까지 올려 보아야 한다는 견해 제기
② 구분: 도구 제작 방법에 따라 세 시기로 구분
  ㉠ 전기(약 70만 년 전): 다용도 석기
  ㉡ 중기(약 8만~7만 5천 년 전): 1 : 1 용도
  ㉢ 후기(약 4만~3만 5천 년 전): 기능 세분화

(2) 생활과 문화
① 경제: 사냥, 어로, 채집을 통해 생활 영위
② 주거
  ㉠ 이동 생활: 주로 동굴이나 바위 그늘에 거주 → 후기로 가면서 강가에 막집 짓고 생활
  ㉡ 불 사용: 화덕 자리 발견
    ex. 공주 석장리 유적: 평지 집터에 기둥 자리와 불 땐 자리, 3~4명에서 10명까지 거주
    ex. 대전 용호동·장흥 신북: 화덕 자리

[빙하기의 한반도와 그 주변]

빙기에는 지구 북반구의 일부가 빙하로 덮여 있었기 때문에, 동아시아 지역의 해수면 높이는 지금보다 훨씬 낮았다. 그러므로 당시에는 중국 대륙과 한반도, 일본 열도, 타이완 등이 모두 육지로 연결되어 있었다.

③ 사회: 연장자나 경험 많고 지혜로운 사람이 지도자, 평등 사회
④ 예술: 풍요와 다산을 비는 주술적 조각품, 그림 등 출토
   ex. 단양 수양개·공주 석장리: 석회암, 동물 뼈, 뿔 등을 이용한 조각품

(3) 유물
① 뗀석기: 하나의 석기를 여러 용도로 사용 → 점차 용도가 뚜렷한 석기 제작
   ㉠ 사냥 도구: 주먹도끼, 찍개, 팔매돌, 슴베찌르개
   ㉡ 조리 도구: 자르개, 긁개, 밀개

   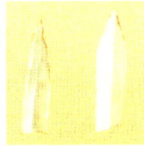 

주먹도끼 (경기 연천 전곡리) / 슴베찌르개 / 뚜르개 (경기 남양주 호평) / 주먹찌르개 (충북 청원 만수리)

② 뼈도구: 뼈를 가공한 도구
③ 사람과 동물의 뼈 화석 등 출토

구분	특징	제작 방법	대표 석기	주요 유적
전기	한 개의 큰 석기를 여러 가지 용도로 사용	· 직접떼기(던저떼기)	주먹도끼, 찍개 chopper	평남 상원 검은모루 동굴, 경기 연천 전곡리
중기	큰 몸돌에서 떼어낸 돌조각인 격지를 잔손질하여 석기 제작 → 크기가 작아지고 한 개의 석기가 하나의 쓰임새를 가짐	· 모루떼기: 돌을 모룻돌에 부딪쳐서 격지를 떼어냄 · 모루망치떼기: 모룻돌에 원돌을 올려놓고 망치로 쳐서 떼어냄 · 뿔 망치 직접떼기	밀개, 긁개, 찌르개	함북 웅기 굴포리, 평남 덕천 승리산 동굴
후기	형태가 같은 여러 개의 돌날 격지 제작	· 간접떼기: 단단한 뿔이나 뼈 따위의 쐐기를 이용하여 격지 따위를 떼어냄 · 눌러떼기: 뿔이나 뼈의 뾰족한 끝으로 석기의 날에 힘을 주어, 얇고 긴 격지를 떼어내거나 잔손질을 함	슴베찌르개, 조각칼, 새기개	충남 공주 석장리, 충북 제천 창내

◇ **인골 출토 사례**
한반도에서 출토된 고인류 화석(인골) 중에 가장 오래된 것은 평양 역포인이며, 약 10만 년 전 시기의 것이다. 이 밖에 충북 단양의 상시 바위 그늘과 청원(청주)의 두루봉 동굴, 평남 덕천의 승리산 동굴, 평양 만달리 동굴 등에서도 후기 구석기 시대의 인골들이 출토되었다.

◇ **연천 전곡리 선사 유적지**
한탄강변에 있는 구석기 시대 유적으로, 1978년 미군 병사에 의해 처음 발견되었다. 발굴 결과 주먹도끼, 팔매돌, 찌르개, 긁개, 홈날 등 다양한 종류의 석기를 발견하였다. 그 중 유럽과 아프리카, 중동 등지에서만 발견되는 것으로 알려져 있던 아슐리안 석기(양면 핵석기, 주먹도끼)가 동북아시아에서는 처음 발견되어 주목을 받았다. 미국의 고고학자인 모비우스H. L. Movius는 전기 구석기 시대를 주먹도끼 문화권과 찍개(단면 핵석기, 박편 석기) 문화권으로 구분하였으나 전곡리 유적의 발굴로 이와 같은 구분법이 근거를 잃게 되었다.

◇ **홍수아이**

 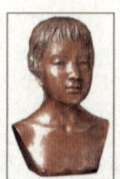

1983년 광산 소장인 김흥수 씨가 채석장을 둘러보다가 발견한 인류의 화석이다. 동아시아에서 발견된 사람 뼈 가운데 유일하게 온몸이 온전하게 남아 있는 화석으로, 약 4만 년 전에 살았던 5~6세 정도의 아이였을 것으로 짐작된다. 화석 주위에서 국화꽃 화석이 나왔는데, 이는 선사 시대의 장례 풍습을 보여 주는 흔적으로 평가받고 있다.

◇ **중석기 시대의 설정**
유럽에서는 구석기 시대에서 신석기 시대로 넘어가는 과도기적인 단계를 중석기 시대로 설정한다. 중석기 시대 문화의 특징은 해빙기에 인류 생활이 변화하여 수렵·어로·채집 등의 획득 경제가 더욱 활발해졌다는 점이다. 우리나라에서 중석기 시대를 설정하는 것에 대해서는 의견이 나뉜다. 북한에서는 웅기 부포리와 평양 만달리 유적을 중석기 시대의 유적으로 보고 있으며, 남한에서는 통영 상노대도 조개더미의 최하층, 거창 임불리와 홍천 하화계리 유적 등을 중석기 시대의 유적으로 보는 사람도 있다.

(4) 유적

구분	유적	발굴	특징
전기	단양 금굴	1983	남한 최고最古, 약 70만 년 전
	공주 석장리	1964	남한 최초 발견, 중기·후기까지 존재
	연천 전곡리◇	1978	동아시아 최초로 아슐리안 석기 발견
	상원 검은모루	1966	각종 아열대 동물 화석(60~40만 년 전)
중·후기	청원 두루봉	1983	5~7세 아이 뼈(흥수아이)◇, 국화꽃 화석(장례 풍습) 사람 얼굴을 새긴 사슴 뼈
	덕천 승리산	1972	한반도 최초의 인골(승리산인)
	단양 상시 동굴	1980	남한 최초의 인골 화석
	웅기 굴포리	1963	북한 최초로 공인된 유적, 사람 모양 유물 발견
	종성 동관진	1933	일제 시기 발견 → 일본 관학자들이 부정, 동물 화석

[구석기 시대 유적지]

2. 중석기 시대(후기 구석기 시대)

(1) 시기
① 시작: 약 1만 년 전 빙하기가 끝나고 후빙기(해빙기, 간빙기) 도래◇
② 특징
  ㉠ 구석기 시대에서 신석기 시대로 넘어가는 전환기
  ㉡ 기후 변화와 새로운 자연환경에 적응하기 위한 변화

(2) 생활과 문화
① 경제: 무리 사냥과 더불어 개인 사냥 증가, 사냥 도구 발달
② 생활 적응: 기온 상승의 영향
  ㉠ 사슴, 여우, 토끼, 새 등 작고 빠른 짐승 증가
  ㉡ 해수면 상승 → 강가나 바닷가에 대량으로 드러난 조개 채집과 어로 활동 용이
  ㉢ 산과 들의 식물 증가: 자원 활용 방법 다양화
  ㉣ 잔석기를 나무나 뼈에 꽂아 만든 활·창·작살 등의 이음 도구 개발

(3) 유물·유적
  ① 잔석기
    ㉠ 슴베찌르개, 좀돌날 등
    ㉡ 흑요석 등을 이용한 기하학적 형태의 잔석기(3cm 미만) 출토
  ② 유적: 평양 만달리, 통영 상노대도, 홍천 하화계리 등(조개 무덤 등장)

3. 신석기 시대

(1) 시기
  ① 시작: B.C. 8000년경
  ② 구분: 제작된 토기에 따라 세 시기로 구분
    ㉠ 전기(B.C. 8000년경): 이른 민무늬 토기, 눌러찍기무늬 토기, 덧무늬 토기
    ㉡ 중기(B.C. 4000년경): 빗살무늬 토기
    ㉢ 후기(B.C. 2000년경): 채색 토기(물결무늬, 번개무늬 등)

(2) 생활과 문화
  ① 경제
    ㉠ 농경: 사냥·채집에 의존하는 비중 증가, 농경과 목축 시작 - 조, 기장, 피, 수수 등
      ex. 황해 봉산 지탑리·평양 남경 등의 유적지에서 탄화된 좁쌀 발견
      ex. 강원 고성 문암리에서 B.C. 3000년 경의 밭 발견
    ㉡ 원시 수공업의 등장: 가락바퀴와 뼈바늘 → 의복·그물 제작
    ㉢ 원거리 교역
      • 창녕 비봉리에서 선박 유물(B.C. 8000년경 제작) 발견
      • 화산 지대에서 나는 흑요석으로 만든 석기 출토
  ② 주거
    ㉠ 정착 생활: 물가의 평탄지나 물가에 가까운 산 경사면에 움집 짓고 거주
    ㉡ 움집의 구조
      • 반지하, 바닥은 원형이나 모서리가 둥근 사각형
      • 크기: 4~5명 정도의 한 가족이 거주
      • 중앙에 화덕(취사와 난방 목적), 남쪽에 출입구
      • 화덕 옆이나 출입문 부근에 저장 구멍: 음식물이나 여러 도구 저장
      • 간혹 쪽구들(원시적 온돌)을 만들어 난방으로 이용한 흔적
  ③ 사회
    ㉠ 부족 사회
      • 혈연을 매개로 모인 씨족이 기본 구성 단위
      • 주로 씨족 간의 족외혼을 통해 부족 형성
    ㉡ 평등 사회
      • 생산 수단 공동 소유, 공동 노동과 공동 분배가 일반적
      • 연장자나 경험이 많은 지도자가 부족을 이끔

◇ **후기 구석기 시대의 교류**
후기 구석기 시대 사람들은 주변 지역과 활발하게 교류하였다. 그 결과 슴베찌르개와 돌날기술이 이 시기 동북아시아 지역에서 널리 유행할 수 있었다. 또한, 화산 지대에서만 산출되는 흑요석으로 만든 석기가 멀리 떨어진 다른 지역에서 발견되는 것도 이 시기의 활발한 교류를 증명해 주고 있다.

◇ **신석기 인들의 원거리 교역**
한반도에 살았던 신석기 시대 사람들은 주변 지역과 활발하게 교류하였다. 남해안 지역은 일본, 서해안 지역은 중국 요동 지역, 동해안 지역은 러시아 연해주 일대와 활발하게 교류하였다. 흑요석은 이 시기에 더욱 활발하게 교환되었는데, 특히 남해안 지역은 주로 일본 큐슈에서 흑요석을 수입한 것으로 밝혀졌다.

◇ **고선박 유물**
창녕 비봉리 유적은 내륙 지방에서 발견된 최초(2004)의 신석기 패총 유적이다. 이곳에서 발견된 망태기, 도토리 저장 시설, 선박 등의 유물은 신석기인들의 삶의 모습을 잘 보여주고 있다. 신석기인들은 강가나 해안에서 정착 생활을 하였으며, 낚시와 그물을 이용하여 물고기를 잡았다. 이곳에서 발견된 선박 유물은 우리나라에서 가장 오래된 것으로, 약 8,000년 전의 것으로 추정된다. 이것은 일본보다는 약 2,000년 이상 앞선 연대이며, 현재 남은 이집트의 고선박보다도 연대가 앞서는 것으로 알려져 있다.

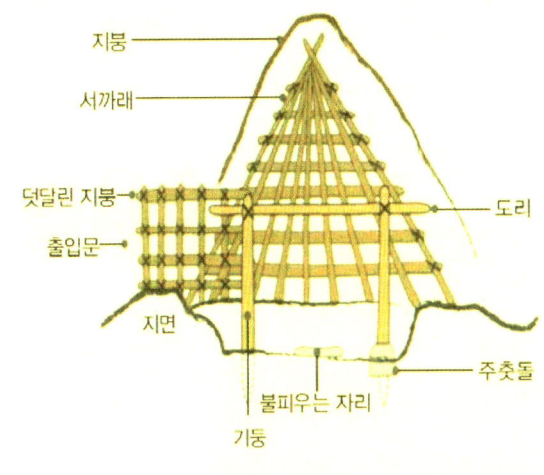

[움집의 구조도]

④ 원시 신앙의 발생: 농경과 정착 생활을 통해 자연의 섭리에 관심

구분	특징
애니미즘 animism	자연 현상이나 자연물에 정령이 깃들었다고 여기고 숭배(자연환경의 변화에 민감, 태양과 물에 대한 숭배를 가장 중요시)
샤머니즘 shamanism	인간과 신의 매개자인 무당과 그 주술을 믿음(무당은 중요한 일을 판단하고 실행하는 정치적 지도자의 성격도 가짐)
토테미즘 totemism	특정 동·식물(단군 이야기의 곰, 호랑이)을 자기 부족의 기원과 연결하여 숭배
영혼 숭배, 조상 숭배	영혼이 죽은 후에도 없어지지 않는다고 믿음(동침앙와신전장東枕仰臥伸展葬, 꺼묻거리 출토 등이 근거)

⑤ 예술: 풍요와 다산을 기원하는 각종 예술품, 당시 사람들의 세계관과 주술적 신앙을 엿볼 수 있는 조각품과 장신구 등 출토
  ㉠ 빗살무늬 토기의 상징적 무늬: 자연의 형상을 표현한 것으로 추정◇
  ㉡ 동물 모양을 새긴 조각, 짐승의 뼈나 이빨로 만든 장신구(웅기 굴포리 서포항◇)
  ㉢ 흙으로 빚어 구운 얼굴 모양 조각품(양양 오산리, 경북 울진 죽변)
  ㉣ 주술적 의미의 조개껍데기 가면과 치레걸이(인천 옹진, 부산 동삼동)

(3) 유물
  ① 간석기
    ㉠ 신석기 시대의 대표적인 도구, 돌을 갈아서 만듦
    ㉡ 돌의 종류에 상관없이 다양한 형태와 용도의 석기를 정교하게 제작, 재활용 가능
    ㉢ 농경용 굴지구, 돌괭이, 돌삽, 돌보습, 돌낫 등의 농기구 다수 발견
  ② 토기: 음식물 조리·저장 목적으로 제작 → 채집 경제에 의존하던 구석기 시대보다 경제생활 향상

◇ 빗살무늬 토기

빗살무늬 토기는 그릇 표면을 빗살같이 길게 이어진 무늬 새기개로 누르거나 그어서 점·금·동그라미 등의 기하학 무늬를 나타낸 신석기 시대의 대표적인 토기로 '즐문토기櫛文土器', '유문토기有文土器', '어골문토기魚骨文土器', '기하학문토기幾何學文土器'라고도 부른다. 토기의 일반적인 형태는 바닥면이 달걀 모양으로 뾰족한 모양과 편평한 화분 모양의 두 종류가 있다. 겉표면의 무늬는 무늬 새기개로 긋거나 눌러서 생긴 선과 점을 배합했는데, 토기 겉면의 상반부에 한해 무늬를 장식하고 있는 것이 보통이다. 번개무늬와 같이 특징적인 무늬가 새겨져 있는 것도 있다. 낟알 저장, 화식기, 물그릇 등 다양한 용도로 사용된 것으로 보인다.

◇ 웅기 굴포리 서포항 유적

신석기 시대의 움집, 조개더미 등이 발굴되었다. 출토 유물로는 일종의 호신부, 또는 당시 신앙물의 일종이었을 것으로 보이는 예술품이 주목된다. 개, 뱀, 망아지 등 토테미즘의 존재를 가늠케 하는 유물들과 사람 모양을 형상화한 것들이 대표적이다. 또한, 이곳에서는 동침앙와신전장이 나타나 태양 숭배와 사후 세계에 대한 믿음이 있었음을 보여 준다.

가락바퀴 | 조개껍데기 가면 (인천 옹진 소야도) | 치레걸이 (경남 통영 연대도) | 얼굴 모양 예술품 (강원 양양 오산리) | 얼굴 모양 예술품 (경북 울진 죽변)

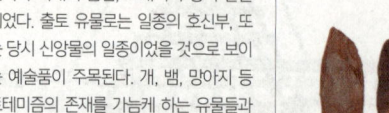    

농경용 굴지구 (전북 진안 정천면) | 각종 간석기 | 갈돌과 갈판 | 덧무늬 토기 (강원 고성 문암리)

(4) 유적

① 주요 유물 출토지

곡식	· 황해 봉산 지탑리, 평양 남경, 충북 옥천 대천리 유적
토기	· 이른 민무늬·덧무늬 토기: 제주 한경 고산리, 강원 양양 오산리 · 빗살무늬 토기: 부산 동삼동, 서울 암사동, 경남 김해 수가리
조개	· 경남 김해 수가리, 부산 동삼동, 전남 여수 안도, 경남 통영 상노대도

② 토묘: 흙을 파서 관 없이 매장, 간혹 독무덤(철기 시대에 보편화) 출토

무덤	· 공동묘지: 통영 연대도 · 독무덤: 진주 남강댐 수몰지구

읽기 자료

요동의 신석기 문화

20세기 중반 이후 만리장성 밖 중국 동북 지역에서 수준 높은 선사 유물이 대거 발견되어 학계에 큰 충격을 주었다. 역사적으로 '동이東夷'의 땅이었던 이 지역의 신석기 문화가 황허 강 지역보다 시기적으로 훨씬 앞서거나 비슷하였기 때문이다. 이들 문화 중 하나인 뉴허량牛河梁의 홍산 문화가 크게 꽃을 피웠던 시기는 기원전 3,500~3,000년경으로 추정되고 있다. 이곳 유적지에서는 대규모의 돌무지무덤과 제단이 발견되고 세련된 옥기들이 대량 출토되었는데, 황허 강 지역의 중국 문화와는 구별되는 성격을 지녔다. 이 일대의 선사 문화는 청동기 시대까지 이어지며, 한반도 지역에서 많이 보이는 신석기 시대의 빗살무늬 토기나 청동기 시대의 돌무지무덤, 고인돌, 비파형 동검, 청동 거울 등도 대량으로 발굴되었다. 이는 만주, 한반도 일대가 오랜 기간 동안 문화적으로 많은 관련을 가지고 발전해 왔음을 보여 준다.

◇**여수 안도 패총**

신석기 시대에 해당되는 6천여 년 전의 유적인 전남 여수 안도 패총을 발굴 조사하는 과정에서 인골이 발견되었는데, 그 인골 팔목에서 조가비 팔찌 5개가 발굴되었다. 앞서 이 유적에서는 인골 두 구를 합장한 경우가 나오기도 하였다. 조가비 팔찌를 착용한 신석기 시대 인골은 경남 통영 상노대도 산동山東 패총에서도 선례가 있었다고 한다. 일본 학계에서는 이를 성인식 문화와 연결 짓곤 한다. 일본 열도 중 규슈 지역에서는 10개 이상 되는 팔찌를 패용한 인골이 합장된 예가 다수 있다고 한다. 후쿠오카 현 야마카山鹿 패총에서는 10~20개나 되는 팔찌를 착용한 합장 인골 3구가 보고되기도 하였다. 이것들은 대부분 투박 조개를 갈아 만들었는데 안도 패총 4호 인골이 착용한 팔찌 또한 투박 조개로 밝혀졌다고 한다. 조사 결과 안도 패총에서는 신석기 시대의 무덤 4기, 주거지 2기와 함께 500여 점에 이르는 다양한 생활 유물이 확인됐다. 이 중 흑요석이 220여 점이나 포함돼 주목을 끈다. 그 원산지는 백두산과 일본 열도가 지목된다. 팔찌라든가 흑요석 등으로 볼 때 안도 패총을 남긴 사람들은 규슈 일대와 밀접한 문화 교류를 하고 있었음을 짐작할 수 있다.

[신석기 시대 유적지]

3 금속기 시대

1. 청동기 시대

(1) 시기
① 빗살무늬 토기 문화와 B.C. 2000년경 중국 요령, 러시아 아무르 강 등에서 유입된 덧띠새김무늬 토기 문화가 약 500년간 공존 → 청동기 시대로 전환
② B.C. 2000년~B.C. 1500년경 본격화

(2) 생활과 문화
① 벼농사의 시작: 밭농사 중심, 일부 지역 벼농사 등장 → 식량 생산 증가
② 사유 재산 발생
  ㉠ 농업 경제 발전 → 잉여 생산물과 사유 재산 발생
  ㉡ 사유 재산을 둘러싼 갈등으로 전쟁 발생
③ 계급 발생
  ㉠ 석기보다 정교한 청동제 무기 제작
  ㉡ 금속 제작 기술을 보유한 전문 장인과 금속기 사용자: 생산 수단 독점, 잉여 생산물 탈취, 노동력 강제 동원
  ㉢ 빈부 격차와 지배·피지배 관계 성립, 계급 발생
④ 남녀 분업
  ㉠ 성에 따른 역할 구분 시작
  ㉡ 여자는 주로 집안일에, 남자는 농경이나 전쟁에 종사
⑤ 국가의 출현
  ㉠ 권력과 계급 등장: 지배자 출현, 이들이 다스리는 사회 집단 등장
  ㉡ 집단 간의 갈등 빈번: 목책, 환호, 토성, 토루土壘 등 설치
  ㉢ 우세한 부족: 선민사상 → 주위 부족 통합, 금속제 무기 사용 → 정복 활동 활발
  ㉣ 고조선 건국: 우리 민족 최초의 국가
  ㉤ 제정일치 지배자: 종교적 권위·정치적 권력 장악
⑥ 주거
  ㉠ 입지: 배산임수 지역에 취락 형성 (농경과 방어에 유리)
  ㉡ 움집의 형태
    • 지상가옥화, 모양은 점차 직사각형으로 변화
    • 화덕은 한쪽 벽면, 저장 구덩 따로 설치, 독립된 저장 시설 제작
    • 집을 지을 때 주춧돌 이용
  ㉢ 분포
    • 집터는 넓은 지역에 많은 수가 밀집
    • 규모: 4~8명 정도의 가족
    • 다양한 집터의 넓이: 창고·공동 작업장·집회소 등
  ㉣ 소국(국읍) 등장: 부족 사회 발전 과정에서 정치·종교 중심지 형성
  ㉤ 교류: B.C. 3세기경 일본에 청동기 전파

◇ 덧띠새김무늬[突帶文] 토기

신석기 시대 말기부터 나타나는 새로운 양식의 토기로 가장 이른 청동기 시대를 대표한다. 신석기 시대의 융기무늬 토기나 철기 시대의 덧띠 토기(점토대 토기)와는 다른 새로운 양식의 토기이다.

(3) 유물
  ① 특징
    ㉠ 집터와 무덤(고인돌, 돌널무덤, 돌무지무덤 등), 청동기·석기·토기 등 출토
    ㉡ 만주·한반도 청동기: 구리에 아연 합금 (≠ 중국 청동기: 구리에 주석 합금)
    ㉢ 스키토 시베리아 Scytho-Siberia 계통의 동물 장식(북방계 추정)
  ② 대표적인 유물
    ㉠ 청동기: 주로 제기나 무기, 장신구
      • 비파형 동검: 손잡이와 몸체 분리, 만주~한반도 전역에서 출토(중국 문화권·북방 문화권에서는 출토되지 않음)
      • 거친무늬 거울: 다뉴多鈕(≠ 중국식)
    ㉡ 간석기: 더욱 다양하고 발달된 간석기 등장
      • 반달 돌칼: 이삭이나 열매 추수 시 사용
      • 홈자귀: 땅을 일구는 데 쓰는 농기구
      • 바퀴날 도끼: 무기 혹은 의식용 사용 추정

반달 돌칼

바퀴날 도끼

청동기 시대에 사용된 석기
(경남 창원)

    ㉢ 토기
      • 주로 적갈색 민무늬 토기 제작: 화분형과 팽이형이 기본
      • 지역에 따른 분류: 미송리식 토기, 가락리식 토기, 송국리식 토기
      • 제작 기법에 따른 분류: 구멍무늬 토기, 팽이 토기, 붉은 간 토기

미송리식 토기

송국리식 토기

붉은 간 토기

◇ **미송리식 토기**
평북 의주 미송리 동굴에서 처음 출토되었다. 밑이 납작한 항아리 양쪽 옆으로 손잡이가 하나씩 달리고 목이 넓게 올라가서 다시 오므라들고, 표면에 집선集線 무늬가 있는 것이 특징이다. 주로 청천강 이북, 요령성과 길림성 일대에 분포한다. 한때 고인돌, 거친무늬 거울, 비파형 동검과 함께 고조선의 특징적인 유물로 간주되었으나, 최근에는 이에 대한 이론異論이 많다.

◇ **거석문화와 고인돌**

고인돌과 선돌(입석)은 거석을 이용한 구조물로, 거석문화의 상징이다. 크게 보았을 때에 이집트나 마야의 피라미드, 중동 지방의 각종 석조물, 프랑스 서북부 대서양 연안 지역의 거석렬巨石列과 영국의 스톤헨지 등이 모두 이 거석문화의 산물이다. 우리나라에는 세계에서 가장 많은 고인돌이 분포되어 있는데, 형태에 따라 탁자식, 바둑판식, 개석식으로 구분한다. 유네스코 세계 유산 위원회는 2000년 12월에 고창, 화순, 강화의 고인돌 유적지를 세계 문화유산으로 지정하였다.

◇ **반구대 바위그림 제작 기법과 연대**

쪼기는 바위 면을 두드려서 형상을 만든 것으로 깊이가 얕고 간격도 넓다. 긋기는 날카롭고 단단한 도구로 여러 차례 그어서 모양을 만든 것으로 선의 깊이가 깊고 간격도 일정하다. 긋기 방식은 쪼기 방식보다 발달한 기술로 후대에 고안되었다. 바위그림에 새겨진 동물 중에서 고래는 대부분 쪼기 방식으로 제작된 반면, 육지 동물은 대부분 쪼기와 긋기를 결합한 방식으로 제작되었다. 이는 바위그림을 새긴 사람들이 고래를 주된 식량 자원으로 삼다가 점차 육지 동물을 사냥해 먹었음을 알려 준다. 반구대 바위그림에는 고래와 더불어 여러 사람을 실은 배, 죽은 고래를 가라앉지 않게 하는 부구, 그물 등을 이용한 포경 장면이 사실적으로 표현되어 있다. 최근의 연구 성과에서는 제작 연대를 7년 전인 신석기 시대로 보고 있으며, 천전리 암각화와 더불어 유네스코 세계 문화유산 잠정 목록에 등재 되어 있다.

반구대 바위그림(복원)

양전동 바위그림

(4) 유적

① 고인돌 유적
  ㉠ 종류: 탁자식(북방식), 바둑판식(남방식), 개석식
  ㉡ 형태: 전형적인 형태는 4개 이상의 판석 형태의 굄돌을 세워 돌방을 만들고 그 위에 거대하고 편평한 덮개돌을 얹은 것(탁자식)
  ㉢ 분포
    • 우리나라 전역에 걸쳐 분포
    • 특히 고창, 화순, 강화의 고인돌 유적지는 유네스코 세계 문화유산으로 지정
  ㉣ 당시 지배층이 가진 정치 권력과 경제력 반영

탁자식 고인돌   바둑판식 고인돌   고인돌의 하부 구조

② 벼농사의 흔적
  ㉠ 여주 흔암리, 평양 남경, 부여 송국리, 김포와 일산: 탄화미 출토
  ㉡ 진주 어은리: 이랑과 고랑이 확연한 밭 유구 발견, 쌀·조·보리·견과류 등 출토
  ㉢ 울산 무거동: 집터와 논 발굴
  ㉣ 충남 보령 관창리: 관개시설 발굴

③ 바위그림
  ㉠ 경북 울주 대곡리 반구대: 고래, 거북, 사슴 등의 다양한 동물 → 풍성한 수확 기원
  ㉡ 경북 고령 양전동 알터: 동심원(태양 상징)을 비롯, 여러 기하학 무늬 → 풍요로운 농경 생산을 비는 제사 터
  ㉢ 경북 울주 천전리: 기하학 무늬, 신라 시대의 명문: 법흥왕[聖法興太王], 법흥왕의 동생 사부지 갈문왕의 이름 등
  ㉣ 경북 포항 영일 칠포: 여러 개의 바위 위에 여성의 성기, 간 돌검 등

④ 대표 유적지
  ㉠ 충남 부여 송국리
    • 탄화미, 반달 돌칼, 홈자귀, 붉은 간 토기, 송국리식 토기 등 출토
    • 돌널무덤: 비파형 동검, 돌화살촉, 부채 모양 청동 도끼 거푸집 등 출토
    • 독무덤(철기 시대): 붉은 간 토기, 청동 도끼 거푸집
    • 밀집 주거지: 원형 주거지 다수, 거의 지상 가옥으로 저장용 구덩이가 다수 존재
    • 2중 목책
  ㉡ 울산 검단리
    • 환호로 둘러싸인 집단 거주지 발굴
    • 검단리식 토기라 명명되는 특정 형태의 토기 출토
  ㉢ 의주 미송리: 미송리식 토기 출토(1959)

[청동기 시대 유적지]

2. 철기 시대

(1) 시기
  ① B.C. 5세기경
  ② 춘추 전국시대 혼란기 중국과의 교류 본격화 → 중국으로부터 철기 유입

(2) 지역
  ① 북부: 요동·청천강 이북 지역 철기 보급
  ② 남부: 고조선 유이민 유입, 청동기 문화 지속 → 점차 철기 보급

(3) 생활과 문화
  ① 농업 생산력 발전: 철기 농기구 제작으로 농업 생산력 발전, 가족 단위 생산 구조 등장
  ② 중국과 교류: 명도전, 반량전, 오수전 등 중국 화폐가 발견
  ③ 한자의 사용: 경남 창원 다호리에서 붓 발견
  ④ 철제 무기의 보편화: 정복 전쟁 활발, 점차 연맹 왕국 등장
  ⑤ 주거: 토실·반움집·귀틀집 등장, 철(凸)자형·여(呂)자형 집터(동해, 춘천, 하남 미사동 등)

(4) 유물
  ① 철기: 도끼·창·칼 등의 무기류, 괭이·낫·삽·호미 등의 농기구
  ② 독자적 청동기 문화의 발달
    ㉠ 제작: 청동기는 점차 의기화, 독자적 청동기 문화 지속적으로 발전
      • 의식을 위한 도구: 말, 호랑이, 사슴 등을 사실적으로 조각, 기하학 무늬를 정교하게 새겨 놓은 청동제
      • 대전 괴정동: 방패형 동기의 조각인 농경무늬 청동기 발견
      • 전남 영암: 청동 도끼 거푸집 발견
    ㉡ 한반도의 독자성
      • 세형 동검(한국식 동검): 청천강 이남에서만 발견, 칼날과 손잡이를 따로 제작하여 조립하는 비파형 동검의 제작 기법 계승
      • 잔무늬 거울: 기하학적 무늬가 훨씬 다양하고 정교
        ex. 논산 출토 잔무늬 거울(국보 141호): 거울에 사용된 선 두께 0.05mm, 지름 2cm 이내의 원 안에 동심원이 20여 개 이상

명도전

반량전

붓(경남 창원 다호리)

호랑이 모양과 말 모양의 띠고리 장식 (경북 영천 어은동)

비파형 동검과 세형 동검

거친무늬 거울과 잔무늬 거울

◇ **농경무늬 청동기**

대전 괴정동에서 출토된 것으로 전하며, 원래 의례용으로 쓰이던 방패형 동기였으나 하단부가 손실되었다. 표면에 따비를 들고 농사를 짓는 사람과 솟대 등이 새겨져 있어 청동기 후기-철기 시대 초기의 생활 모습을 엿볼 수 있다.

검은 간 토기

◇ **광주 신창동 유적**

초기 철기 시대 말에서 원삼국 시대에 이르는 시기의 여러 유구가 복합된 거대한 유적이다. 약 40㎢에 이르는 넓은 지역에 주거와 무덤, 그리고 생업과 관계된 여러 유구가 분포되어 있다. 특히 저습지에 대한 조사로 당시의 생활상은 물론 자연환경에 대한 정보를 많이 확보할 수 있게 되었다. 목기로는 발화구를 비롯해 문짝, 나무칼, 괭이, 신발 골, 수레바퀴, 가야금[琴]의 일종인 현악기 등이 발견되었고, 칠기류와 빗자루, 새끼 등 근현대 농촌에서 흔히 볼 수 있는 민구와 유사한 유물들이 발견되었다. 당시 생활 환경과 관련해서는 150cm의 왕겨 층과 여러 곡물을 비롯 오이, 박 등 식물의 씨앗류와 우렁이, 조개 등 민물 패류, 생선 뼈와 짐승 뼈 등이 발견되었다.

청동 도끼 거푸집

③ 토기
  ㉠ 민무늬 토기(경질, ≠ 청동기 시대의 민무늬 토기)
  ㉡ 형태 다양화: 원통형, 화분형, 화로형 등
  ㉢ 덧띠 토기(입술 단면에 원형, 타원형 삼각형의 덧띠를 붙인 토기), 검은 간 토기
④ 토우
  ㉠ 흙으로 빚은 짐승이나 사람 모양
  ㉡ 장식으로서의 용도, 풍요로운 생산을 기원하는 주술적 의미

(4) 유적
① 새로운 형태의 무덤: 널무덤, 독무덤, 주구묘
  ㉠ 널무덤
    • 구덩이 파고 나무널을 넣음
    • 한반도 서북 지역 → 남부 지역 전파, 특히 낙동강 유역에 다수 분포
  ㉡ 독무덤
    • 송국리식 토기 주로 이용
    • 영산강 일대 확산
② 제주 삼양동: 철기 시대 전기의 마을 발견
③ 광주 신창동: 저습지 유적◇
④ 철 생산 관련 유적: 압록강 유역 시중 노남리 유적, 두만강 유역 무산 호곡동 유적, 경기 화성 기안리, 가평 대성리, 경북 경주 황성동, 경남 창원 성산 패총 유적

널무덤(경남 창원)

독무덤(광주 신창동)

CHAPTER 02 고조선과 여러 나라의 성장

1 고조선

1. 건국

(1) 국가의 출현
① 농업 생산력의 발달, 금속기의 사용 → 계급의 발생, 군장 사회chiefdom의 출현 초래
② 강한 군장(족장)이 주변의 여러 군장 사회 통합 → 강력한 권력을 보유한 대군장(혹은 왕)이 지배하는 국가 출현

(2) 고조선의 건국
① 건국 기록
 ㉠ 청동기 문화를 바탕으로 우리나라 역사상 가장 먼저 등장한 국가
 ㉡ B.C. 2333년에 단군왕검이 건국
  ・『삼국유사三國遺事』: 요임금 즉위 50년(경인년 or 정사년)
  ・『동국통감東國通鑑』: 요임금 즉위 25년(무진년)
 ㉢ 조선朝鮮: 강 이름, 종족 이름, '아침'이라는 의미 등으로 추정

중국	『관자』(B.C. 7세기?)	고조선에 대한 가장 오래된 기록
	『산해경』(B.C. 4세기?)	진위 여부 논란
	『사기』, 『한서』, 『삼국지』, 『후한서』	위만의 집권과 멸망에 대한 기록
우리나라	일연, 『삼국유사』 (충렬왕) 이승휴, 『제왕운기』 (충렬왕)	원 간섭기에 민족 공동의 시조 모색 단군 설화(서로 다른 계열) 수록
	『세종실록지리지』 (단종)	조선 초 고조선 계승 의식 필요
	『동국여지승람』 (성종)	단군 설화를 '평양'조에 수록
	권람, 『응제시주』 (세조)	시의 형식, 단군 설화 기록
	『동국통감』 (성종)	단군 건국 연대 고증, 설화 미 수록(소개)
	『동사강목』 (안정복)	'단군 – 기자 – 위만'의 3조선 설 수용

[고조선 관련 사서]

② 건국 설화
 ㉠ 우리 민족의 시조 설화, 오랜 세월을 거치면서 전승되어 기록으로 남겨져 현전現傳
 ㉡ 농경 사회에서 보이는 설화 요소
  ・천손 사상, 곰과 호랑이 토템 사상
  ・민족 기원 이해에 큰 도움
 ㉢ 청동기 시대의 문화를 토대로 한 건국이라는 역사적 사실 반영

③ 세력 범위
 ㉠ 랴오닝遼寧 지방을 중심으로 성장
 ㉡ 인접 집단을 통합하며 한반도 지역으로까지 발전

◇ **고조선 개국 연대**
기원전 2,333년이라는 고조선 개국 연대는, 『삼국유사』에서 요임금 때라고 기록한 것을 토대로, 『동국통감』에서 요임금 무진년(즉위 후 25년)임을 계산하여 나온 연대이다. 제헌국회에서 단기檀紀 사용을 규정하였고, 5·16 군사 정변 후인 1962년 1월 1일부터 서기西紀를 사용하였다.

◇ **기자 동래설**
중국 측 기록 『상서대전尙書大傳』과 『한서漢書』 등에는 중국 은·주 교체기에 은나라의 성인인 기자가 5천 명의 지식인과 기술자들을 데리고 조선으로 가서 왕이 되어 시서예악詩書禮樂을 발전시키고 정전제井田制와 8조 법을 실시하였다고 서술되어 있다. 『삼국유사』나 『제왕운기帝王韻紀』에도 이에 대한 기록이 있는데, 특히 16세기 사림 집권기를 거치며 중화주의를 뒷받침하는 역사적 사실로 확산되기도 하였다. 오늘날 학계 대부분에서는 이를 역사적 사실로 받아들이지 않고 있다.

④ 강역
  ㉠ 중심지에 대해 여러 가지 설
  ㉡ 비파형 동검, 미송리식 토기, 북방식 고인돌 등의 분포 범위를 참고해 위치 비정
  ㉢ 랴오닝을 중심으로 한반도 북부 지역까지 걸쳐 발전한 것으로 보임

대동강설	• 『삼국유사』에서 평양으로 비정 • 정약용 등 조선 후기 실학자들이 청의 『만주원류고』에 대응 • 일제 시기 낙랑 유물 출토 지역
요령설	• 『응제시주』에서 요동과 요서로 비정 • 신채호, 정인보 등 일제 강점기 민족주의 사학자 • 비파형 동검, 미송리식 토기 분포 지역
이동설	• 연나라 장수 진개의 침입(B.C. 3세기경)으로 이동 • 현재 학계의 주류적 입장 • 요령의 전기 고조선(비파형 동검, 거친무늬 거울, 미송리식 토기, 탁자식 고인돌) • 한반도의 후기 고조선(세형 동검, 잔무늬 거울, 검은 간 토기)

[고조선의 세력 범위]

> **읽기 자료**
>
> **요령 지역의 고조선 유적과 유물**
>
> • 중국 랴오닝 성 차오양 시에 있는 십이대영자 돌널무덤에서는 청동 검, 청동 단추, 말 재갈, 원판형 장식품, 말 머리 모양 장식품 등이 다량 출토되었다.
> • 중국 선양 정자와쯔 유적은 랴오허 강 중류의 기원전 5세기 덧널무덤 유적으로 비파형 동검, 청동 단추 등의 장신구, 재갈과 같은 마구류가 다수 출토되었다. 이 지역은 고조선의 초기 근거지 중 하나로 추정된다.
> • 정가와자(정자와쯔) 6512호분(중국 선양)에서는 고조선 전기를 대표하는 유적으로 청동 거울, 비파형 동검, 가죽 장화를 장식하였던 청동 구슬 등이 출토되었다. 이를 통해 종교적 권위를 바탕으로 정치 권력을 행사하던 고조선 지배자의 모습을 알 수 있다.
> • 요동 반도 일대에서는 수십 명에서 100여 명의 인골이 함께 묻힌, 기원전 8~7세기경의 무덤이 발견되었다.
> • 강상 무덤(중국 랴오닝 성 다롄)은 고조선 당시의 귀족 무덤으로 추정되며, 총 23개의 묘광에서 140여 명의 사람 뼈와 함께 청동기가 출토되었다. 순장의 사례로 언급되기도 하나, 가족 공동 묘로 보는 견해도 있다.

⑤ 국가 성립 시기
  ㉠ 강역 비정, 국가 발달 단계론, 사료에 대한 신뢰 등에 따라 편차
  ㉡ B.C. 20세기 설, B.C. 7세기설, B.C. 4세기설, B.C. 2세기설 등

2. 발전

(1) 유이민 이주: 전국 시대 이후 중국이 혼란한 상황에서 고조선으로 유이민 대거 이동, 서쪽 지역에 정착 → 철기 문화 유입

(2) 대외 관계와 발전
① B.C. 7세기: 산둥(山東) 반도의 제(齊)와 교류, 『관자』에 발조선(發朝鮮) 특산물로 문피(文皮) 언급
② B.C. 4세기: 전국 7웅의 하나인 연(燕)과 요서 지방을 경계로 대립할 만큼 강성
③ B.C. 3세기 초 중심지 이동
 ㉠ 연나라 장수 진개(秦開)의 침략 → 요동 상실, 만번한(滿番汗)으로 경계 위축
 ㉡ 요하 유역 → 대동강 지역(평양)으로 중심지 이동 추정
 ㉢ 연이 요동군과 요서군 등 5군 설치
④ 왕위 세습: B.C. 3세기경 부왕(否王)·준왕(準王) 같은 강력한 왕 등장
⑤ 지배 조직 정비
 ㉠ B.C. 4세기경 대부와 같은 관직명 등장
 ㉡ 이후 상, 박사, 경, 장군, 비왕 등 다양한 관직명 등장

> **읽기 자료**
>
> **고조선의 정치 체제**
> · 고조선의 정치 체제는 국왕 중심의 중앙 집권 체제로까지는 발전하지 못하였다. 상(相)은 수천 호로 이루어진 지역 집단의 우두머리로서 중앙에 진출하여 국정에 참여하였다. 상 밑에는 읍락을 자치적으로 이끈 족장이 여럿 존재하였다. 이렇듯 고조선의 정치 체제는 국왕이 자치권을 가진 족장 세력과 함께 나라를 다스린 연맹체에 가까웠으며, 복속 지역도 주로 토착 세력을 통해 간접적으로 지배하였다.
> · 풍백·우사·운사에 해당하는 관직은 농사와 형벌 등을 관리하였다. 이후 국가가 발전하면서 왕 밑에는 비왕, 상, 경, 대부, 대신, 장군, 박사라는 관직을 두었다. 한편, 여러 관직 중에서 상은 왕 밑에서 국무를 관장하던 직책으로 신분이 높은 귀족이 담당하였다. 이들은 왕과 함께 국가의 중요한 일을 처리하는 회의에 참여하였으며, 자신이 직접 다스리는 영역과 주민이 있었다.

3. 위만의 집권

(1) 등장
① 중국 진(秦)·한(漢) 교체기에 많은 유이민 집단이 전란을 피해 고조선으로 이주
② B.C. 2세기 초 옛 연나라 지역에서 위만이 1,000여 명의 무리를 이끌고 패수를 건너 고조선으로 망명

(2) 위만 조선의 성립
① 위만이 조선의 준왕에게 의탁하고 조선의 번병(藩屏)이 되겠다고 하자 준왕이 이를 허락, 위만을 박사로 삼아 100리 땅에 봉하여 서쪽 변방을 지키게 함
② 이후 위만은 유망민들과 결탁하여 그들을 통솔하면서 점차 세력을 확대
③ 이를 바탕으로 수도인 왕검성을 공격하여 준왕을 축출하고 왕위 찬탈(B.C. 194)

(3) 준왕의 남하
① 축출된 준왕은 남하하여 '한(韓)' 땅에 정착
② 진국(辰國)을 중심으로 세력 형성, '한왕(韓王)'이라 자칭

(4) 성격
① 연립 정권: 유이민 세력과 토착 세력이 함께 정권에 참여
② 단군의 고조선 계승
  ㉠ 위만이 연나라에 살던 조선인이었을 가능성
  ㉡ 고조선 계승 근거: 위만이 조선에 들어온 후 국호나 체제를 그대로 유지

(5) 발전
① 철기 문화의 본격 수용
  ㉠ 철기 문화가 본격 유입 → 농업, 무기 생산을 중심으로 한 수공업 발달
  ㉡ 상업 융성, 주변국과의 무역 활발
  ㉢ 활발한 정복 사업
    • 철제 무기 등 우세한 무력을 바탕으로 전개
    • 한漢이 외신外臣으로 책봉 → 임둔, 진번 등 복속
② 중계 무역
  ㉠ 지리적 이점을 이용
  ㉡ 동방의 예濊·남방의 진辰과 한漢 사이 중계 무역으로 이익 독점

(6) 반발: 예군濊君 남려南閭 세력이 요동군에 투항 → 한이 창해군滄海郡 설치◇

4. 멸망

(1) 배경
① 한 무제는 흉노 정벌 이후 군사력을 외부로 돌릴 필요성
② 경제·군사적 발전을 기반으로 고조선이 한과 대립 → 대대적 침략 전쟁

(2) 전개
① 한의 침공
  ㉠ 배경
    • 고조선이 흉노와 연계하여 정치·군사적으로 위협이 될 것을 우려
    • 고조선이 중계 무역을 통해 경제적 이익을 독점 → 한반도 남부 진辰에 대한 직접 책봉·교역 시도
    • 우거왕이 무제를 알현하지 않고 주변 국가의 알현을 방해
  ㉡ 한 무제가 사신 섭하涉何를 통해 고조선 회유 시도 → 실패
  ㉢ 대규모 침공 감행(B.C. 109): 누선장군 양복楊僕·좌장군 순체荀彘의 수·륙 양면 침입
② 저항과 분열
  ㉠ 한때 수도 왕검성이 포위되는 등 위기를 맞았으나, 패수 전투에서 대승 후 1년여 간 완강하게 대항
  ㉡ 전쟁 장기화 → 지배 세력이 온건파와 강경파로 나뉘며 분열
  ㉢ 온건파에 의해 우거왕 피살◇

◇ **한반도 지역의 창해군 설치**
한 무제는 고조선(위만 조선)에 대한 견제와 압박을 꾀하던 중, B.C. 128년에 예군 남려 등이 28만 인의 호적을 가지고 요동군에 투항하여오자, 이에 창해군을 설치하였다. 이어 창해군 지배를 실질화하기 위하여 팽오彭吳로 하여금 요동군에서 이곳에 이르는 교통로를 개척하게 하였는데, 공사가 예상 밖으로 어려워지자 B.C. 126년에 군을 폐지하였다.

◇ **고조선의 분열**
한의 공격이 길어지자 위기감을 느낀 조선상朝鮮相 노인路人과 상相 한음韓陰, 이계상尼谿相 삼參, 장군將軍 왕겹王唊 등이 항복을 결심하고 도주하였다. 삼은 사람을 시켜 끝까지 항전하는 우거왕을 암살했는데, 다시 우거왕의 대신이었던 성기成己가 우거왕 대신 구심점이 되어 저항을 이끌었다. 결국 우거왕의 아들인 장항長降과 조선상 노인의 아들인 최最가 나서 백성들을 회유하고 성기를 죽인 뒤 항복함으로써 왕검성은 함락되었다.

③ 멸망
  ㉠ 심각한 내분과 우거왕의 죽음 → 대신으로 성기의 항전
  ㉡ 한 무제는 장수들을 송환하여 엄히 문책, 이간질을 통해 성기를 살해
  ㉢ 위만의 손자인 우거왕 대에 이르러 고조선 멸망(B.C. 108)

(3) 멸망 이후의 변화
  ① 한 군현의 설치
    ㉠ 한은 낙랑, 진번, 임둔, 현도의 4군 설치, 직접 통치
      • 정치적·경제적 지배 질서 확립
      • 태수 등 관리 파견, 속리를 두어 태수·현령 보좌, 한인 상인 이주
    ㉡ 군현의 직접 통치에서 벗어나 있던 지역까지도 점차 한의 영향권으로 흡수되거나 독립 국가 수립
  ② 토착민의 반발
    ㉠ 법 조항이 60여 조로 증가 → 사회 풍속 점차 각박
    ㉡ 진번군·임둔군 → 낙랑군·현도군에 병합(B.C. 82), 현도군 푸순(撫順) 방면으로 축출(B.C. 75)
    ㉢ 3세기 초 낙랑군 남부 지역이 대방군으로 분화되어 두 군 존속 → 고구려 미천왕에 의해 소멸(313, 314년)

요동군	B.C.3세기 경 연나라 진개 침입 후 설치 진대 유주자사부 휘하 소속, 18현 관할 삼국 시대 공손씨 정권이 위나라에서 독립 121년, 태조왕의 공격, 요동태수 채풍 사살 184년, 요동군이 고구려 고국천왕 공격 242년, 동천왕이 요동군 서안평현 공격 319년, 전연 모용선비가 요동 차지 404년 이전, 고구려 영토로 편입
창해군	B.C.128년, 예군 남려가 요동군에 투항하자 한무제가 설치 팽오가 교통로 개척하다가 2년 뒤 중단, 군 폐지
현도군	B.C.108년, 고조선 멸망 후 설치(압록강 중류) B.C.82년, 임둔군 일부 흡수 B.C.75년, 요동으로 이동 → 제2현도군 1세기 말, 고구려 공격으로 무순 이동 → 제3현도군 후한 말, 낙랑군과 함께 공손씨의 통치 서진 말, 고구려 공격으로 315년 거의 전멸 319년, 전연 모용선비의 지배, 그 뒤 후연의 지배 404년 이전, 요동군과 함께 고구려 영토로 편입
임둔군	B.C.108년, 고조선 멸망 후 설치 B.C.82년, 폐지, 현도군에 통합 B.C.75년, 현도군 치소 옮길 때 옛 임둔군의 부조 이하 영동7현은 낙랑군 동부도위에 환속
진번군	B.C.108년, 고조선 멸망 후 설치 B.C.82년, 폐지, 낙랑군에 통합 B.C.75년 이후, 진번군 옛 땅 일부에 낙랑군 남부도위 설치

낙랑군	B.C.108년, 고조선 멸망 후 설치(정치거점 or 교역거점) 238년, 위나라가 공손씨 멸망시키자 유주자사 관구검 관할 246년, 관구검 고구려 공격 때 기리영 전투 298년, 백제 공격, 책계왕 사살 313년, 멸망 → 모용씨에 투항, 요서에 낙랑군 교치僑置 점제현 신사비, 봉니, 부조예군 인장 등 출토
대방군	3세기 경, 공손강이 낙랑군 남부 7개 현 독립하여 설치 246년, 기리영 전투 286년 이후, 백제 책계왕과 혼인동맹 314년, 멸망

③ 영향
  ㉠ 중국 문화의 유입 → 독자적 낙랑 문화 발달◇
  ㉡ 중국과 한반도 국가들 사이에 조공 관계 형성: 한韓·예濊의 거수들에게 관작·인수·의책 등을 하사

5. 고조선의 법과 풍속
(1) 법
  ① 기록: 『한서』 지리지에 고조선의 8조 법 중 3개 조항 전함
  ② 내용
    • 사람을 죽인 자는 즉시 죽임
    • 남에게 상처를 입힌 자는 곡식으로 배상
    • 도둑질한 자는 노비 → 용서받고자 하는 자는 한 사람마다 50만 전 배상, 용서를 받아 보통 백성이 되어도 부끄러움을 씻지 못하여 결혼 상대를 구할 수 없음
  ③ 특징
    • 주로 지배층의 정치 권력 강화와 사회 질서 유지를 위한 법률
    • 사유 재산 인정, 형벌과 노비 존재, 노동력과 생명 중시의 풍조

(2) 풍속
  ① 사회 모습
    • 도둑질을 하지 않음
    • 여자들은 모두 정조를 지키고 신용이 있어 음란하고 편벽된 짓을 하지 않음
    • 농민들은 대나무 그릇, 도시민들은 술잔 같은 그릇 사용
  ② 장례: 순장 혹은 가족 공동 묘◇

6. 고조선 관련 기록과 계승 의식
(1) 고려 후기
  ① 몽골의 침입 등 대외 항쟁 속에서 민족의 시조에 대한 관심 증대
  ② 『삼국유사』
    ㉠ 단군설화 수록, 고조선 건국 연대 비정
    ㉡ 부여·고구려를 단군의 후예로 비정

◇ **평양 낙랑 유적의 의미**
평양 토성리, 당토성 등의 토성 유적과 거기에서 발견된 가옥·도로·하수구 등의 유적을, 한이 고조선을 멸망시키고 설치한 일종의 식민지적 도시 문화로 보는 견해가 있다. 한사군의 위치를 대륙 쪽으로 비정하는 견해에서는 이 유적을 낙랑국 유적 또는 고조선 문화의 변종으로 이해하기도 한다. 우리나라에서 가장 오래된 비석인 점제현 신사비(기원후 85년경)가 있으며, 그 외에 와당, 봉니, 박산로, 동경, 화폐, 금제 장식 등이 출토되었다. 최근 북한의 낙랑 지역 무덤 발굴 보고가 이루어지면서 각종 목간과 명문이 나와 주목되고 있다. 다만 낙랑군의 영향, 위치 등에 대해서는 여러 이견이 있다.

◇ **고조선의 순장**
요동 반도 일대에서는 수십 명에서 1000여 명의 인골이 함께 묻힌, 기원전 8~7세기경의 무덤이 발견되었고, 고조선 귀족 무덤으로 추정되는 강상 무덤(중국 랴오닝 성 다롄)의 경우 총 23개의 묘광에서 140여 명의 사람 뼈와 함께 청동기가 출토되었다. 순장의 사례로 언급되기도 하나, 가족 공동 묘로 보는 견해도 있다.

③ 『제왕운기』
   ㉠ 삼조선설(단군조선-기자조선-위만조선) 주장
   ㉡ 부여·고구려·신라·옥저·예·맥 등을 단군의 후예로 비정

(2) 조선
  ① 15세기
    ㉠ 국호 조선, 단군을 천명지조(天命之祖)로, 기자를 교화지조(敎化之祖)로 숭배(단군 사당 건립)
    ㉡ 『세종실록지리지』, 『응제시주(應製詩註)』, 『동국여지승람』 등에서 단군설화 소개
    ㉢ 『동국통감』에서 건국 연대 비정으로 역사화 시도
  ② 16세기
    ㉠ 소중화 의식의 영향으로 기자 강조
    ㉡ 이이의 『기자실기(箕子實記)』
  ③ 후기
    ㉠ 단군으로부터 정통론 인식
    ㉡ 이익의 삼한정통론, 허목의 『동사(東事)』, 안정복의 『동사강목(東史綱目)』 등

(3) 국권 피탈기
  ① 대종교 계통의 단군 인식
  ② 신채호의 『조선상고사』·『조선상고문화사』

2 여러 나라의 성장

1. 부여

(1) 위치: 만주 지린(吉林) 일대를 중심으로 한 쑹화(松花) 강 유역의 평야 지역

(2) 발전
  ① 풍족한 자연 환경
    ㉠ 쑹화 강 유역의 넓은 평야 지대에서 오곡 수확
    ㉡ 풍부한 금 산지와 넉넉한 동물 자원을 확보
  ② 성장과 쇠퇴·멸망
    ㉠ 1세기
      • 후한 광무제에게 사신을 보냈다는 기록: 왕호 사용, 국제적으로 독립성 인정
      • 후한 광무제의 조복·의책 하사(무역권 부여)
      • 신(新) 왕망이 주변 국가의 왕을 후(侯)로 강칭할 때 포함
    ㉡ 2세기
      • 낙랑군 공격(111)
      • 왕 위구태가 한과 손잡고 고구려 공격(121)
      • 왕 부태(夫台)가 현도군 약탈(167)
      • 요동 지역 공손탁과 혼인 동맹

[여러 나라의 위치]

위만 조선이 있었던 기원전 2세기경에 남쪽에는 진(辰)이 있었으며, 여기에서 마한, 변한, 진한의 삼한이 형성된 것으로 보인다. 고구려는 그 명칭이 기원전 2세기경부터 보이며, 대략 기원전 1세기경에 고구려, 백제, 신라의 삼국과 더불어 부여, 동예, 옥저 등이 공존하였으리라 여겨진다. 부여 및 마한(목지국왕)은 왕을 칭할 정도로 연맹 왕국 단계에 이르렀다. 이후 동예, 옥저, 삼한의 일부 소국들은 연맹 왕국 단계에 이르지 못하고 고구려, 백제, 신라, 가야로 통합되었다. 이 시대를 고고학에서는 철기 시대 후기(기원 전후~300년)라고 한다.

ⓒ 3세기
　　　　• 국왕 간위거簡位居 사망 직후 제가 합의를 통해 서자 마여麻餘 즉위
　　　　• 위魏 관구검이 고구려 공격할 때 군량 제공(244)
　　　　• 의려왕: 선비족 모용慕容씨 침략으로 왕 사망, 위기(285)
　　　　• 의라왕: 서진西晉의 지원을 받아 선비 격퇴
　　　ⓔ 4세기 이후
　　　　• 전연의 침략으로 위기(346)
　　　　• 동부여, 고구려에 의해 멸망(410)
　　　　• (북)부여, 고구려에 의해 멸망(494)

(3) 정치
　① 통치 구조
　　ⓐ 5부: 왕이 중앙 통치, 옛 수장층 세력인 여러 가加들이 각기 독자적으로 사출도四出道 통치
　　ⓑ 각각의 규모는 수백 호~수천 호
　　ⓒ 가들의 휘하에 대사자, 사자 등의 관리
　② 권력 관계
　　ⓐ 가들이 연맹체의 대표인 왕을 추대
　　ⓑ 흉작이나 재해가 있을 경우에는 그 책임을 왕에게 물어 왕을 교체하기도 함
　　ⓒ 왕이 나온 대표 부족은 가들이 다스리는 부족보다는 우월 → 궁궐, 성책, 감옥, 창고 등의 시설을 갖춤

(4) 경제
　① 반농반목
　　ⓐ 평야 지대 기반 → 주로 농경과 목축
　　ⓑ 관리들의 칭호(마가·우가·구가·저가): 목축이 성행
　　ⓒ 오곡은 자라지만 오과는 생산되지 않음
　② 특산물: 말·주옥·모피 등 → 중국에 수출

> **읽기 자료**
>
> **부여의 교역**
> • 부여의 말 모양 허리띠 장식(중국 위수)은 부여가 유목 민족과 활발하게 교류하며 많은 영향을 받았음을 잘 보여주는 유물이다.
> • 부여는 한에 말, 옥과 구슬, 담비 가죽 등을 수출하였고, 한의 옥갑과 청동 거울이 부여에 들어오기도 하였다. 부여가 있던 중국 지린 성 지역에서는 북방 계통의 각종 동물 모양 장신구가 발견되어 유목 집단과도 교류했음을 알려 준다.

(5) 사회
　① 법률
　　ⓐ 4조목의 형법: 내용상 고조선의 8조법과 유사
　　ⓑ '1책 12법', 연좌제의 적용
　　ⓒ 남성 중심의 사회 구조: 투기하는 부인은 사형

② 사회 계급
  ⊙ 지배층: 국왕, 제가(諸加) → 읍락의 호민(豪民)을 통해 하호(下戶)를 다스림
  ⓒ 호민은 읍락 지배, 하호는 생산 담당(호민은 하호를 노복(奴僕)과 같이 다스림)
  ⓒ 전쟁이 발생하면 제가들이 스스로 싸우고 하호들은 주로 식량 공급
  ⓔ 노비(전쟁 포로, 채무자 등)

(6) 문화
① 장례
  ⊙ 국왕권 확립: 왕의 장례에 옥갑(玉匣) 사용
  ⓒ 순장 풍습: 지배 세력이 죽었을 때 피지배층 혹은 노비를 함께 매장
  ⓒ 장례를 후하게 치르고(5개월장) 여름에는 얼음 사용
② 제천 행사: 12월(은력(殷曆) 정월)에 영고
  ⊙ 수렵 사회의 전통을 계승
  ⓒ 국가 중대사 토의, 온 나라 사람들은 음주와 가무를 즐기고 하늘에 제사
③ 혼인 풍습: 형사취수제, 일부다처제
④ 우제점법(牛蹄占法): 전쟁이 일어나면 제천 의식, 소를 죽여 그 굽으로 점복을 행함
⑤ 흰옷을 좋아하고 금·은으로 모자를 장식
⑥ 은력 사용
⑦ 유적·유물: '예왕지인' 인장, 고구려 것과 유사한 8자형 귀걸이, 유목 민족과의 교류 사실을 알려주는 말 모양 허리띠 고리 등 출토

> **읽기 자료**
>
> **망강루 고분의 8자형 귀걸이**
> 망강루 고분군에서는 이 지역의 고유한 토기와 더불어 쇠도끼, 각종 장신구 등이 출토되었다. 이 가운데 금줄을 '8'자 모양으로 꼬아서 만든 금귀걸이는 지린 성 위수의 부여 무덤에서도 출토된 적이 있다. 이에 많은 학자들이 망강루 무덤을 부여 방면에서 남하한 유이민이 남긴 것으로 보고, 고구려의 시조 주몽이 부여에서 내려왔다는 건국 설화와 관련지어 해석하고 있다. 한편, 망강루 돌무지무덤이 이 지역의 고유한 무덤 양식이라는 점에서 유이민 집단이 이 지역의 고유한 문화를 받아들이고 토착 세력과의 연합을 통해 세력 기반을 마련하였을 것으로 이해하기도 한다.

(8) 부여의 역사적 의미
① 삼국 시대 계승 의식: 고구려와 백제의 건국 세력이 부여계임을 자처, 건국 설화도 같은 원형
② 발해의 계승 의식: 발해 무왕이 부여를 계승했음을 표방

2. 고구려

(1) 성립
① 『삼국사기』: B.C. 37년 부여에서 내려온 주몽 세력이 압록강 중류 동가강 유역의 졸본(환인) 지방에 자리를 잡고 건국
② 『한서』(B.C. 2세기경): 고조선 멸망 후 설치된 현토군의 속현으로 고구려현 존재 → 건국 연대 더욱 앞당겨질 수 있음

◇ **형사취수제兄死娶嫂制**
형이 죽으면 동생이 형수와 혼인하는 제도이다. 주로 유목 민족에게서 보이는 풍속이나 부여와 고구려에도 존재하였다. 『삼국사기』에 따르면 고국천왕이 죽은 뒤 왕비인 우씨(于氏)가 고국천왕의 동생인 발기를 제쳐두고 막내 동생인 연우와 혼인함으로써, 그가 산상왕이 되었다는 이야기가 전한다. 남편의 죽음으로 혼인 관계가 종결되어 여자가 자식들과 재산을 가지고 친정으로 돌아가게 되면 남편의 집안이 경제적으로 손해를 보는 것을 막기 위해 등장한 풍습인 것으로 여겨진다.

(2) 위치
  ① 초기
    ㉠ 압록강 지류인 동가강 유역, 압록강 서북쪽
    ㉡ 첫 도읍: 졸본(환인) 지방
  ② 후기
    ㉠ 건국 초기부터 막강한 군사력을 바탕으로 주변 소국들을 정복 → 평야 지대 진출
    ㉡ 2대 유리왕: 압록강가의 국내성(집안)으로 천도
    ㉢ 이후 5부 연맹을 바탕으로 발전

(3) 정치
  ① 통치 구조
    ㉠ 왕 아래 상가, 고추가 등의 대가 존재
      • 가: 정치적으로는 대로對盧, 군사적으로는 패자沛者 등으로 불림
      • 각기 사자, 조의, 선인들을 거느림
    ㉡ 대외 교섭권은 왕이 갖고 있었으나 대가들은 5부를 다스리는 자치권 유지
  ② 제가 회의
    ㉠ 왕과 가들이 국가 중대사 결정
    ㉡ 중대한 범죄자에 대한 사형 및 그 가족의 노비 편입 등을 집행
  ③ 5부 연맹체
    ㉠ 계루부 고씨가 왕위 세습
    ㉡ 초기에는 소노부가, 후에는 절노부가 왕비족◇
  ④ 정복 전쟁
    ㉠ 대무신왕: 부여왕 대소 등의 공격을 격퇴, 부여 공격
    ㉡ 한 군현 공략 → 랴오둥 지방으로 진출
    ㉢ 태조왕 대: 동쪽으로 부전고원을 넘어 옥저 정복

(4) 경제
  ① 약탈 경제
    ㉠ 졸본 지방은 대부분 산악 지대 → 정복 활동을 통해 식량 조달
    ㉡ 부경桴京: 지배 계층이 집집마다 둔 창고로, 피정복민으로부터 획득한 곡식 등을 저장
  ② 특산물: 맥궁(쇠붙이나 동물의 뿔로 만든 각궁)이라 불리는 활
  ③ 옥저와 동예 복속: 대가가 대인大人을 사자使者로 삼아 간접 통치

(5) 사회·문화
  ① 사회 계급
    ㉠ 제가: 거느린 집단의 규모에 따라 대가·소가 구분
    ㉡ 호민: 부 집적 → 사자·조의·선인, 전사단[坐食者] 등 구성
    ㉢ 하호: 제가에게 예속, 농업 등 생산 담당자(식량 제공)
  ② 법률
    ㉠ 감옥이 없고, 중대한 범죄자는 제가 회의를 통해 사형에 처하고 가족은 노비로 삼음
    ㉡ 1책 12법: 도둑질한 자는 물건 값의 12배를 배상

◇ **5부의 명칭**
고구려 5부의 명칭은, 중국 역사서 등에는 소노부消奴部(고구려조에는 연노부涓奴部로 나옴)·절노부絶奴部·순노부順奴部·관노부灌奴部·계루부桂婁部로 표기되어 있고, 『삼국사기』에는 비류부沸流部·제나부提那部·환나부桓那部·관나부貫那部 등으로 표기되어 있다.

③ 혼인 풍습
    ㉠ 서옥제(婿屋制)
        • 신부 집에 서옥을 짓고 함께 거주, 자녀 성장 후 신랑 집으로 이동
        • 일종의 데릴사위제
    ㉡ 형사취수제
④ 제천 행사: 10월, 동맹
    ㉠ 추수감사제 성격의 제천 행사
    ㉡ 왕과 제가들은 국동대혈에 모여 제사, 백성들은 음주와 가무를 즐김
    ㉢ 여러 집단 사이의 갈등 해소 및 통합 기능
⑤ 건국 시조인 주몽과 유화 부인을 조상신으로 숭배
⑥ 장례
    ㉠ 장례를 후하게 치러 금, 은, 재화를 무덤에 넣음
    ㉡ 돌을 쌓아 봉분을 만들고 주위에 소나무와 잣나무를 심기도 함
⑦ 유적·유물
    ㉠ 망강루 고분: 부여의 것과 유사한 8자형 귀걸이 출토
    ㉡ 주거지에서 온돌 다수 발굴

3. 옥저와 동예

(1) 건국: 예족 집단이 B.C. 4~3세기 무렵 고조선 주변부에서 발전

(2) 위치와 정치
① 옥저: 함경도 일대, 남옥저·북옥저
② 동예: 강원도 동해안 일대
③ 지리적 특징으로 인해 선진(철기) 문화의 수용 지체, 고구려의 압력 → 성장하지 못하고 소국 단계에서 멸망
④ 왕이 없고 읍군, 삼로, 후 등으로 기록된 지배 세력이 자기 집단을 통치

(3) 주변국의 압력
① 옥저
    ㉠ 원래 위만조선에 예속 → 현도군에 편제
    ㉡ 현도군 이동 후 낙랑군 동부도위에 예속
        • 통치: 부조현(夫租縣) 설치, 관리 파견(평양 정백동 1호분에서 부조예군(夫租薉君) 인장 발견)
        • 동부도위 폐지 이후 낙랑군 옥현으로 편제
    ㉢ 고구려의 지배
        • 고구려 태조왕의 팽창으로 신속(56)
        • 관구검의 침입 당시 동천왕이 옥저로 피난
        • 고구려가 각 소국 우두머리를 사자로 삼아 곡물, 어물 등을 공물로 징수

② 동예
  ㉠ 원래 위만조선에 예속 → 임둔군에 편제
  ㉡ 임둔군 폐지 이후 낙랑군 동부도위에 예속
    • 통치: 동예의 불내성不耐城에 치소를 둔 불내예不耐濊의 존재 보임
    • 동부도위 폐지 후 현후縣侯·읍군·삼로 등이 통치
  ㉢ 관구검의 침입
    • 낙랑태수 유무劉茂, 대방태수 궁준弓遵 등이 고구려에 예속된 동예를 공격
    • 불내예후가 항복하자 불내예왕으로 책봉(247), 낙랑 멸망 후 고구려에 복속

(4) 경제
① 옥저
  ㉠ 오곡과 소금, 어물 등 해산물 풍부, 토지 비옥
  ㉡ 소금, 어물 등을 고구려에 공물로 납부
② 동예
  ㉠ 토지 비옥, 해산물 풍부 → 농경, 어로 등을 통해 윤택한 경제 생활을 영위
  ㉡ 명주와 삼베를 짜는 방직 기술 발달
  ㉢ 특산물: 단궁, 과하마, 반어피 등 → 고구려에 공납

(5) 사회와 문화
① 옥저
  ㉠ 민며느리제(예부제)
    • 일종의 매매혼
    • 고구려와 같이 부여족의 한 갈래였으나 풍속이 다름
  ㉡ 가족 공동묘제[骨葬制]
    • 가족이 죽으면 시체를 가매장 → 나중에 뼈를 추려 가족 공동 무덤인 목곽에 안치
    • 죽은 자의 무덤에는 쌀 항아리를 매어 두는 풍습
  ㉢ 능보전: 창을 잘 다루고 보전步戰에 능함
② 동예
  ㉠ 제천행사: 10월, 무천
  ㉡ 씨족 사회의 전통인 족외혼을 엄격히 준수
  ㉢ 책화
    • 산천을 중시 → 각 부족의 영역을 함부로 침입하지 못하도록 함
    • 만약 다른 부족의 생활권을 침입하면 노비와 소, 말로 변상
  ㉣ 주거
    • 철자형·여자형 집터 출토
    • 가족 중 한 사람이 질병으로 사망하면 새 집으로 이주
  ㉤ 호랑이를 신으로 숭배

4. 삼한

(1) 성립

① 『사기』 조선전: B.C. 2세기경 한반도 중남부지역에 진국辰國 존재 → 한과 직접 교역을 시도할 정도의 세력

② 준왕: B.C. 2세기 초 남하하여 한왕韓王 자처

③ 위만 집권, 고조선의 멸망으로 다수의 유이민 남하 → 토착 세력과 결합하여 삼한으로 재편

(2) 위치와 규모

① 마한
  ㉠ 천안·익산·나주 지역을 중심으로 경기·충청·전라도 지방에서 성장
  ㉡ 54개의 소국으로 구성
  ㉢ 큰 나라는 1만여 호, 작은 나라는 수천 호를 거느려 모두 10만여 호

② 변한·진한
  ㉠ 변한은 김해·마산 지역을 중심으로, 진한은 대구·경주 지역을 중심으로 발전
  ㉡ 각각 12개의 소국
  ㉢ 큰 나라는 4~5천 호, 작은 나라는 6~7백 호를 거느려 모두 4~5만 호

(3) 정치

① 마한의 세력 가장 강성, 마한 목지국°의 지배자가 마한왕(혹은 진왕)으로 추대되어 삼한 전체 주도

② 각 소국은 규모에 따라 신지·험측·번예·살해·견지·부례·읍차 등이 다스림
  ㉠ 신지·읍차는 토성이나 목책으로 둘러싼 읍에 거주, 사후 움무덤이나 돌곽무덤에 안치
  ㉡ 국읍國邑 중심으로 읍락이 잡거

③ 제정 분리
  ㉠ 정치적 지배자 외에 제사장 '천군' 존재 → 고대 신앙의 변화와 제정 분리의 모습
  ㉡ 소도蘇塗: 별읍, 신성 지역
    • 범죄자가 이곳으로 도망쳐도 누구도 함부로 들어가 잡아가지 못함
    • 지금의 솟대로 이어진 것으로 보임

④ 낙랑군과의 관계
  ㉠ 낙랑군에서 관작·인수印綬·의책衣幘 하사
  ㉡ 삼한 지역에 대한 통제력 유지 시도(염사치廉斯鑡 설화)

(4) 경제

① 농경 사회
  ㉠ 철제 농기구 사용 → 농경 발달
  ㉡ 벼농사 → 김제 벽골제, 제천 의림지 등 저수지 축조

② 수출품: 변한에서는 철 생산 → 낙랑, 대방, 왜 등으로 수출, 교역할 때 화폐처럼 사용

◇ **목지국**

목지국은 성환, 직산, 천안 지역을 중심으로 발달하였으나, 백제의 성장과 지배 영역의 확대에 따라 남쪽으로 옮겨 익산 지역을 거쳐 마지막에 나주 부근(현 대안리, 덕산리, 신촌리, 복암리 등)에 자리 잡았을 것으로 추측된다. 왕을 칭하던 국가 단계의 목지국이 언제 망했는지는 알 수 없으나 천안 지역에 근거를 둔 초기 마한은 4세기 후반, 그리고 나주의 마한은 5세기 말에서 6세기 초까지 존속하였던 것으로 보인다. 다시 말하여, 마한의 바탕 위에서 성장한 백제가 시간이 지남에 따라 그 영역을 잠식해 들어갔다.

(5) 사회와 문화

① 제천 행사
  ㉠ 파종기인 5월(수릿날)과 추수기인 10월에 계절제 개최
  ㉡ 하늘에 제사 지내고 음주가무 즐김
② 주거: 읍락에 모여 초가지붕의 반움집이나 귀틀집, 토실° 등에서 거주
③ 두레: 공동체적 전통, 농사 등 여러 가지 공동 작업을 수행
④ 장례
  ㉠ 새의 깃털을 사용, 소와 말을 순장, 새 모양 토기 출토
  ㉡ 널무덤(→ 덧널무덤), 독무덤 등이 일반적
  ㉢ 영산강 유역: 무덤 주위에 해자垓子 형태의 고랑을 설치한 주구묘 발굴 多
⑤ 편두 풍습, 문신

(6) 삼한 사회의 변동

① 마한: 한강 유역에서 백제국 성장 → 목지국과 대립, 고구려 유이민과 결합
  → 마한 지역 통합
② 변한·진한: 소국 통합 결과 낙동강 유역에서는 구야국, 그 동쪽에서는 사로국 성장
  → 각각 가야 연맹체와 신라로 발전하는 기틀 마련

◇ 마한의 토실

『삼국지』위서 동이전에서 마한의 집 형태를 '거처는 초가에 토실을 만들어 사는데, 그 모양은 마치 무덤과 같았으며, 그 문은 윗부분에 있다.'라고 묘사하였는데, 이것이 실제로 발굴되었다.

읽기 자료

여러 나라의 교역

- 여러 나라는 상호 교역을 전개하면서 북방 유목 민족, 중국의 한, 일본 열도와도 문물을 교류하였다. 고구려는 현도군을 통해 한과 교류하다가 나중에는 사신을 보내 조공 무역을 하였고, 동예는 단궁, 반어피, 표범 가죽, 과하마 등의 특산물로 중국과 교역하였다. 낙랑군이 있던 한반도 서북 지역에서는 중국 계통의 금은 장신구, 옥, 동전, 청동기와 철기, 칠기, 봉니, 기와, 벽돌 등이 다수 발견되었다. 삼한은 한 군현과 교역하며 중국의 선진 문물을 적극적으로 받아들였다. 마한은 큰 밤, 긴꼬리 닭 등의 특산물로 유명하였고, 낙랑군 계통 토기와 각종 청동기, 동전, 금박 유리 등을 수입하였다. 변한은 덩이쇠를 만들어 물건을 사고팔 때 화폐처럼 사용하였고, 마한, 동예, 낙랑군과 왜 등에 수출하였다. 또한 중국과 낙랑군에서 각종 청동 제품과 장신구를 도입하였으며, 북방 계통의 청동 솥, 말 모양이나 호랑이 모양의 허리띠 장식 등을 들여왔다. 이 지역에서는 폭넓은 청동 투겁창, 야요이 토기 등이 발견되어 일본 열도와도 교류했음을 보여 준다. 남해안의 사천 늑도, 여수 거문도, 제주 산지항 등에서는 오수전을 비롯한 중국 동전들이 다수 출토되어 당시에 대외 교역이 매우 활발하였음을 알 수 있다.
- 경북 경주 사라리에서 발굴된 진한의 널무덤에서는 세형 동검과 함께 각종 말갖춤과 철 제품 등 고조선 계통의 유물이 많이 출토되었다.

여러 나라의 목축

부여에서는 대가들의 호칭에 말, 소, 돼지, 개 등의 가축 이름을 붙일 정도로 목축이 중요시되었으며, 명마가 생산되었다. 고구려에서도 작지만 날랩한 말이 생산되어 탈것으로 이용되었다. 동예에서는 소와 말을 중요한 재산으로 취급하였고, 과하마가 유명하였다. 삼한 사람들은 소나 말이 끄는 수레를 타고 다녔으며, 호(제주도) 사람들은 소와 돼지를 잘 길렀다.

memo

II.

전근대사 - 정치

CHAPTER 01
삼국 및 남북국 시대

CHAPTER 02
고려 시대

CHAPTER 03
조선 시대

CHAPTER 04
통치 제도

CHAPTER 01 삼국 및 남북국 시대

1 삼국의 성립과 고대 국가로의 성장

1. 고대 국가의 성립

(1) 국가 발전 과정
① 청동기 시대에 출현한 군장 국가 chiefdom → 집단 간 통합 과정 → 새로운 예속 관계 형성 → 여러 소국으로 성장
② 소국: 우세한 한 세력의 군장을 왕으로 삼고 부部 중심◇의 연맹체 형성(연맹 왕국)
③ 중앙 집권적 고대 국가
  ㉠ 왕: 연맹체 내의 독자적인 군장 세력 통제, 강력한 왕권 확립
  ㉡ 군장들은 중앙 귀족으로 재편성 → 국가의 관리로 활동

(2) 고대 국가의 특징
① 왕위 세습: 한 세력이 독점적으로 왕을 배출 → 왕위의 부자 상속
② 율령 반포◇
  ㉠ 국왕: 옛 군장층을 중앙 귀족으로 재편 → 국왕 중심의 통치 체제로 나아가고자 함
  ㉡ 율령 반포 → 통치 질서 확립
  ㉢ 관등제와 관복제 마련 → 족장 세력의 위계 결정
  ㉣ 신분제와 조세제 등 형성
③ 사상 통합: 통치 이데올로기를 위해 불교 수용 → 집단의 사상적 통합 강화
④ 영역 전쟁: 정복 활동을 통해 영역 확대 → 경제력과 군사력 성장 → 왕권 강화

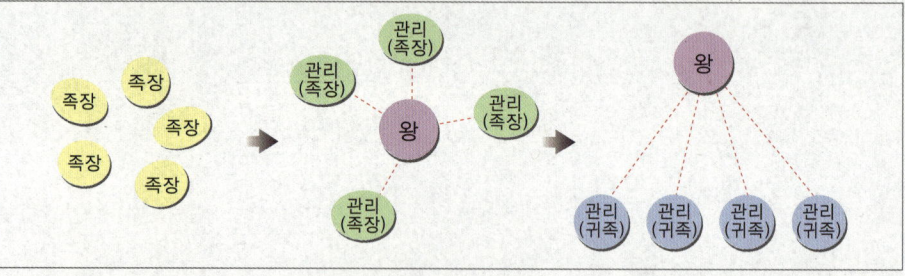

[국가 체제의 변천]

구분	연맹 왕국	중앙 집권 국가
대표 국가	부여, 삼한, 초기 고구려, 가야 등	고구려, 백제, 신라
중앙 정치	우세한 세력의 족장을 왕으로 선출 → 다른 족장층의 권력 유지로 왕권 미약	• 영토의 확장 : 정복 전쟁 → 왕권 강화 • 왕위 계승 : 부자 상속으로 정통성 확보 • 율령 반포 : 통치 체제의 정비 • 불교 수용 : 국민의 사상적 통합
지방 통치	족장들이 관리를 거느리고 각기 영역을 독자적으로 지배(국왕은 중앙 지배)	종래의 족장층은 중앙 귀족으로 편입, 관리의 임무 수행 → 중앙 집권적 지방 통치 가능

[연맹 왕국과 중앙 집권적 고대 국가 비교]

◇ 부部 체제
자치체의 성격이 강한 부部가 통합하여 연맹체를 이루고 왕을 옹립하여 나라를 구성하였다는 부체제설은 우리나라 고대 국가를 설명하는 하나의 유효한 이론이다. 이 이론에서 부의 대표들은 합의제적 회의를 통해 국가 중대사를 결정했다고 여겨지는데, 이는 부 내의 체제 운영에서도 마찬가지여서 부내부의 유대로 부가 형성되었다고 본다. 즉 부는 토착 세력의 누층적 연대를 상정한 조직이라 할 수 있다. 고구려의 5부, 신라의 5부, 백제의 부여·고구려계 이주민 집단으로 구성된 부 등은 삼국 성립기에 연맹체를 형성하여 삼국 건국의 주체가 된 집단이었으리라 여겨진다. 당시 각 부의 귀족들은 자신의 관원을 두고 상당한 권력을 가지고 있었고, 왕은 그러한 귀족 중의 대표였다. 따라서 국가의 중대사를 결정하고 여러 부들에 대한 통합력과 국가의 동원력을 최대화하는 데 있어 각부의 귀족들로 구성된 회의체는 중요한 역할을 하였다.

◇ 율령
율律은 형벌 법규, 령令은 행정 법규를 뜻한다. 법률이 있음에도 율령을 반포한 것은 사회를 규제할 법 조항을 좀 더 세련된 율령 체제의 틀 안에 종합·정리하려는 목적에서였다. 이는 지배층들이 정치·경제·사회적 특권을 독점하기 위하여 제정한 것으로, 율령 반포는 왕권이 강화되고 국가 체제 정비가 이루어졌음을 뜻하는 것으로 볼 수 있다. 고구려의 소수림왕, 신라의 법흥왕이 각각 율령을 반포하였다. 백제의 경우 고이왕 때 마련된 관료 체제 유지를 위한 법령 공포가 율령에 해당하는 것으로 볼 수 있다.

2. 삼국의 건국과 발전

(1) 고구려

① 동명왕(B.C. 37~19)
  ㉠ 부여계 유이민인 주몽 세력이 졸본(환인) 지역에 건국
  ㉡ 졸본성과 오녀산성(흘승골성으로 비정) 중심

② 유리왕(B.C. 19~A.D. 18)
  ㉠ 부여·중국 세력과 경쟁: 부여 무휼의 공격 격퇴, 신(新)과 충돌
  ㉡ 압록강가의 위나암성(국내성?)으로 천도(A.D. 3)
    • 대외 진출의 용이함 확보 → 주변 지역 정복을 통해 영토 확장
    • 농경 지대 진출

> **읽기 자료**
>
> **고구려 초기 천도 문제**
>
> 『삼국사기』 고구려본기에는 고구려 초기의 천도에 관한 기사로 유리왕 22년(A.D.3) 국내 위나암 천도 기사가 있고, 이어 산상왕 13년(209) 환도성 천도 기사가 있다. 이 중 유리왕 22년 기사에 의거한 A.D.3년 국내성 천도설은 그간 통설로 널리 받아들여져 왔다. 그러나 이는 문헌적 고고학적으로 성립키 어렵다. 후자인 산상왕대 환도성 천도설은 사실로 여겨진다. 단 어느 지역으로부터 환도성으로 옮겨온 것인가가 논란의 초점이 되고 있는데, 집안 지역 내에서의 천도를 상정할 문헌 기록이나 성곽 유적을 확인키 어렵다. 문헌상에는 환인 지역으로부터의 천도를 전하는 기록 이외의 전승은 없다. 환인에서 3세기 초 집안으로 천도하였고, 그 이전 시기의 고구려의 수도는 오녀산성 일대로 여겨진다. 오녀산성이 곧 위나암성이며, 이 위나암성 일대로 천도한 사실을 전한 것이 곧 유리왕 22년조의 기사이다.
>
> — 노태돈, 「고구려 초기의 천도에 관한 약간의 논의」, 『한국고대사연구』 68, 2012. 초록 —
>
> **고대 삼국의 도성**
> · 중국 랴오닝 성 환런 현 오녀산에 있는 오녀산성은 고구려의 첫 도읍지 졸본 지방의 흘승골성으로 비정된다.
> · 중국 지린 성 지안의 국내성은 고구려의 두 번째 도읍지로, 북쪽을 방어하는 환도산성과 짝을 이루고 있다.
> · 풍납동 토성은 백제 초기의 위례성으로 추정되는 곳으로, 곳곳에서 집터 유적과 토기 조각이 발견되었으며 중국제 청동 자루솥이 출토되었다.

③ 대무신왕(18~44)
  ㉠ 대외 팽창: 개마국(蓋馬國) 병합, 낙랑(호동왕자) 공격, 부여 공격(왕 대소 살해)
  ㉡ 후한 광무제에게 조공 → 지위 인정

④ 태조왕(53~146)
  ㉠ 정복 사업
    • 1세기 후반부터 본격적인 정복 활동 → 영토 확장, 국가 체제 정비
    • 동옥저 복속: 함흥 지방 확보, 동해·살수에 이르는 영역 확장
    • 후한의 공격 격퇴, 현도군과 요동군 공격 → 요동태수 살해
    • 서안평 공격: 대방현령 살해, 낙랑태수의 처자 생포
  ㉡ 왕위 세습: 계루부 고씨의 왕위 계승권 확립 → 왕권 강화
  ㉢ 5부제 확립: 5부 연맹 체제로 국가의 기틀 마련

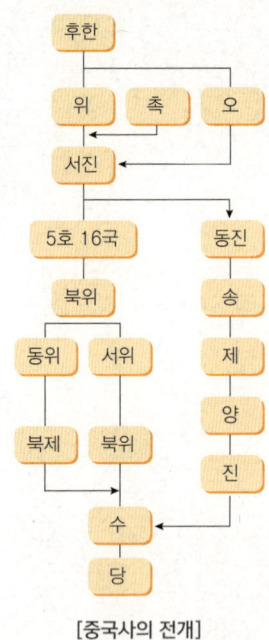

[중국사의 전개]

⑤ 고국천왕(179~197)
  ㉠ 초기: 연나부 우소의 딸과 혼인(왕비족과 결탁)
  ㉡ 왕권 확립
    • 부족적 전통의 5부 → 행정적 성격(동·서·남·북·내)의 5부로 변화
    • 왕위 계승: 형제 상속 → 부자 상속
  ㉢ 진대법
    • 연나부 반란 진압 이후 을파소를 국상으로 등용 → 진대법 실시(194)
    • 대민 지배체제 확립: 가난한 농민 구제 → 민생 안정 → 중앙 집권화
⑥ 산상왕(197~227)
  ㉠ 고국천왕 사후 왕제(王弟) 연우가 왕후 우씨의 도움으로 즉위(형사취수) → 형 발기가 소노부 세력을 이끌고 요동태수 공손씨와 함께 침입
  ㉡ 환도성(국내성?) 천도: 공손씨의 침입과 소노부 세력의 이탈로 인해 천도
⑦ 동천왕(227~248)
  ㉠ 위(魏)를 견제하기 위해 오(吳)와 통교 → 위와 갈등, 서안평 공격
  ㉡ 위(관구검)의 공격으로 환도성 함락 → 옥저로 피신, 동예에 대한 지배권 상실
⑧ 미천왕(300~331)
  ㉠ 한 군현 축출
    • 서안평 점령: 중국 5호 16국의 혼란기 이용
    • 낙랑군 축출(313)·대방군 차지(314) → 백제와 대립
  ㉡ 요동 지역을 놓고 선비족 모용씨와 충돌
⑨ 고국원왕(331~371)
  ㉠ 전연(前燕) 모용황(慕容皝) 침입: 수도 환도성 함락(342) → 조공·책봉 관계 수립
  ㉡ 전진(前秦)과 우호 관계 수립
  ㉢ 평양성 전투: 백제 근초고왕의 공격으로 고국원왕 전사
⑩ 소수림왕(371~384)
  ㉠ 전진과 수교 → 백제 견제
  ㉡ 유교 정치
    • 태학 설립(372): 새로운 인재 육성
    • 율령 반포(373): 통치 체제 성문화, 중앙집권적 국가 체제 확립
  ㉢ 불교 수용: 전진의 순도가 불교 전파(372)
⑪ 광개토 대왕(391~413)
  ㉠ 정복 활동: 64개 성과 1,400여개 촌을 차지
    • 숙신(만주), 후연·거란·비려(요동) 공격
    • 백제 공격하여 한강 진출,° 동예와 동부여 정복
  ㉡ 한반도 남부에 영향력 행사: 신라에 침입한 왜 격퇴 → 가야 공격
    • 고구려가 신라에 내정 간섭(호우명 그릇)
    • 금관가야 중심의 전기 가야 연맹 쇠퇴 → 대가야 중심의 후기 가야 연맹 성장

◇ 광개토 대왕의 백제 공격
광개토 대왕은 즉위년에 백제를 공격하여 10여 개의 성을 빼앗고, 관미성을 함락시켰다. 이후 수군으로 백제를 공격하여 아리수를 넘어 백제의 아신왕을 굴복시켰다고 한다. 이로써 백제로부터 고구려에게 복종하겠다는 약속을 받았다.

ⓒ 연호 사용: '영락永樂' → 중국과 대등한 위상 과시

ⓓ 평양 확보: 주민을 이주시키고 순시

ⓔ 법률 재정비: 집안 고구려비 기록

> **읽기 자료**

광개토 대왕릉비

1. 발견 경위
광개토 대왕 사후 2년, 장수왕 때(414) 만주 집안현에 건립한 비석이며 높이 6.39m, 무게 37톤에, 1,775자 정도의 예서체 글씨가 새겨져 있다. 종래 이끼에 잔뜩 덮여 있어 금나라 시조비 정도로 알려졌으나, 1875년 화전을 일구던 중국인 농부에 의해 발견되었고, 일본 육군 참모부에서 탁본을 바탕으로 연구하여 1888년 세상에 연구 결과가 발표되었다.

2. 내용 구성
(1) 일원적 왕통 계보: 추모를 시조로 하는 일원적 왕통이 형성되어 있으며, 특히 시조가 '천제'와 '하백의 딸' 사이에서 태어났다고 하여 천손 의식을 보여준다. '영락'이라는 연호를 사용하고 있다.
(2) 영토 확장 기사: 만주 지역의 거란족 비려, 숙신, 동부여를 정벌한 내용, 한반도 남부 지역에 영향력을 행사한 내용, 그 중 특히 신라에 침입한 왜구를 격퇴한 내용 등이 담겨 있다.

> - 영락 6년, 왕이 몸소 군대를 이끌고 백제를 토벌하였다. …… 군대가 국성에 이르렀는데도 감히 복종하지 않고 맞서 싸우는지라, 왕이 크게 노하여 아리수를 건너 군사를 보내 성을 압박하였다. …… 백제의 우두머리는…… "지금부터 영원히 노객이 되겠습니다."라고 서약하였다.
> - 영락 9년, 기해에 백제가 서약을 어기고 왜와 화통하므로, 왕은 평양으로 순수해 내려갔다. 신라가 사신을 보내 왕에게 말하기를, '왜인이 그 국경에 가득 차 성을 부수었으니, 노객은 백성된 자로서 왕에게 귀의하여 분부를 청한다.'라고 하였다. …… 10년(400) 경자에 보병과 기병 5만을 보내, 신라를 구원하게 하였다. …… 관군이 이르자 왜적이 물러가므로, 뒤를 급히 추격하여 임나가라의 종발성에 이르렀다. 성이 곧 귀순하여 복종하므로, 순라병을 두어 지키게 하였다. 신라의 □농성을 공략하니 왜구는 위축되어 궤멸되었다.
> - 영락 20년 경술에 동부여東扶餘는 옛날부터 추모왕의 속민이었는데 중간에 배반하여 조공을 하지 않아, 왕이 몸소 [군대를] 이끌고 가 토벌하였다. 군대가 여성餘城에 도달하자, 여성과 온 나라가 놀라 ……. 왕의 은혜가 널리 퍼지게 되었다. 이에 군대를 돌렸다. 이때에 [왕의] 교화를 사모하여 관[군]을 따라 [고구려로] 온 자는 미구루압로味仇婁鴨盧, 비사마압로卑斯麻鴨盧, 타사루압로椯社婁鴨盧, 숙사사압로肅斯舍鴨盧, □□□압로였다. 무릇 공격하여 깨뜨린 성이 64개, 촌이 1,400개였다.

(3) 수묘인 연호: 능과 능비를 지키기 위한 수묘인의 숫자와 그 출신지, 그와 관련된 법령 등에 대한 기록이 담겨 있다. 이를 통해 당시 고구려의 지방 지배와 노동력 동원에 대한 사실을 확인할 수 있다.

cf. '임나일본부설'과 광개토 대왕릉비
일본 관학자들은 4세기 중엽, 신공황후가 한반도를 점령하였다는 『일본서기日本書紀』의 기록을 바탕으로 '임나일본부설'을 주장했는데, 광개토 대왕릉비의 일부 문구와 칠지도의 내용을 그 근거로 제시하기도 하였다. 현재는 거의 받아들여지지 않는 학설이다.

> '百殘新羅舊是屬民由來朝貢而倭以辛卯年來渡海破百殘□□新羅以爲臣民'
> - 일본의 해석: 백제, 신라는 예로부터 속민이어서 조공을 바쳐왔는데, 왜가 신묘년에 바다를 건너 백제, □□, 신라를 깨뜨리고 신민으로 삼았다.
> - 정인보: ('渡海' 주어를 비문 전체 주어인 광개토 대왕으로 해석) 백제, 신라는 본래 (고구려의) 속민으로 예로부터 조공을 해왔다. 왜가 신묘년에 오자 (고구려가) 바다를 건너 (왜를) 격파하였다. 한편, 백제가 신라를 침략하여 신민으로 삼았다.
> - 천관우: ('倭'를 '故'로 판독) 백제, 신라는 본래 (고구려의) 속민으로 예로부터 조공을 해왔다. 왜가 신묘년에 바다를 건너 백제로 오자, 고로 (왜와 연계한) 백제가 신라를 공격하여 신민으로 삼으려 하였다.
> - 김석형: (백제가 고구려를 공격한 기사로 해석) 백제, 신라는 본래 (고구려의) 속민으로 예로부터 조공을 해왔다. (백제가) 왜를 동원해 신묘년에 (고구려에) (쳐들어)오자, (고구려가) 바다를 건너 백제를 파하고 가야, 신라를 신민으로 삼았다.
> - 이진희: 일본 육군 참모부가 주도하여 비문을 변조했다고 주장
> - 왕건군: 중국 탁본업자들이 석회를 바른 것으로 이해

[고구려의 전성기(5세기)]

◇ **백제·신라의 천하관**
백제는 '대왕'이라는 군주 칭호를 사용하고 마한의 소국 일부를 남쪽 오랑캐라는 뜻의 남만으로 불렀으며, 탐라로부터 조공을 받았다. 신라는 주변 세계를 평정하겠다는 염원에서 황룡사에 목탑을 만들었고, 울주 천전리 각석과 마운령비에서 각각 '태왕', '제왕'이라는 칭호를 사용하였다.

⑫ 장수왕(413~491)

㉠ 대중국 관계
- 중국의 분열된 정세를 이용 → 남북조와 교류하며 적절한 등거리 외교 구사
- 북위가 북연을 공격하자 북연의 왕 풍홍(馮弘)의 투항을 받아줌
- 북조의 북위, 남조의 송·제와 조공 관계를 맺어 서로 견제

㉡ 남진 정책 추진
- 평양 천도(427) vs 나·제 동맹 성립(433)
- 백제의 수도 한성 함락 → 개로왕 죽임, 한강 유역 차지
- 남한강 상류까지 진출
- 죽령에서 남양만까지 영토 확장

㉢ 지두우 점령: 북위 견제 위해 유연(몽골 세력)과 함께 흥안령 일대의 초원지대 장악

㉣ 경당 설립

㉤ 금석문
- 광개토대왕릉비: 지방 조직 정비, 역역 동원
- 충주 고구려비: 독자적 천하관

cf. 집안 고구려비: 법률 정비

> **읽기 자료**
>
> **고구려의 천하관**
> - 고구려 오회분 4호 묘 천장 벽화에는 측면의 사신도와 함께 천장에 황룡을 그려 넣어 중국 황제와 대등한 위상을 표현하고 있다. 북위에서도 고구려를 황룡국이라 칭하고 있어 고구려의 위상이 대외적으로도 인정받았음을 알 수 있다.
> - 고구려는 자신을 천하의 중심이라고 생각하고, 독자적인 연호를 사용하면서 백제와 신라 등에 조공을 요구하였다. 백제는 일부 마한 소국을 남만으로 부르며 탐라에게 조공을 받기도 하였다.
> - 장수왕은 백제의 수도인 한성을 함락하여 한강 유역을 차지하고, 소백산맥을 넘어 신라의 수도 부근까지 공략하였다. 이로써 고구려는 만주와 한반도 중북부를 아우르는 대제국을 건설하였다. 이와 더불어 몽골 초원의 유연과 협력하여 대싱안링 산맥의 유목 민족인 지두우를 분할하는 한편, 중국 여러 나라와 대등한 외교를 펼침으로써 중국이나 유목 세계와 구별되는 독자 세력권을 형성하였다. 이에 고구려인들은 전통적인 천손족 사상을 바탕으로 스스로를 '천하 사방의 중심'이라 자부하는 천하관을 확립하였다.

⑬ 문자명왕(491~519)

㉠ 최대 영토 확보: 부여 복속(494)

㉡ 중국의 남북조(북위, 제, 양 등)와 통교

⑭ 안원왕(531~545): 사후 왕위 계승을 둘러싸고 추군(麁群)과 세군(細群)이 무력 충돌

⑮ 양원왕(545~559)

㉠ 귀족 연립 정권 체제: 대대로 3년마다 선임하는 권력 균분(왕이 관여하지 못하고 귀족 간 무력 충돌)

㉡ 나·제 동맹군 공격으로 한강 유역 상실 → 신라(진흥왕)에 영토 할양하여 안정 도모

㉢ 간주리의 반란: 세군의 지원

(2) 백제
- ① 온조(B.C. 18~A.D. 28)
  - ㉠ 건국: 고구려(부여) 계통의 유이민 세력인 온조 집단이 남하하여 마한의 한강 유역 토착 세력과 결합 → 유이민 집단이 지배층 형성
  - ㉡ 마한의 여러 소국 정복, 한 군현을 막아내며 자리 잡음
- ② 고이왕(234~286)
  - ㉠ 대외 관계
    - 낙랑군·대방군 공격(246), 한강 유역 장악, 목지국 병합(추정) → 세력 확립
    - 서진에 사신 파견 → 중국의 선진 문물 수용
  - ㉡ 체제 정비
    - 6좌평과 16관등 설치(260), 관복제 도입(자색-비색-청색)
    - 형별: 관리가 뇌물·횡령 경우 3배 배상 및 종신 금고형
    - 남당(南堂) 설치: 귀족들과 정사를 의논
- ③ 근초고왕(346~375)
  - ㉠ 영토 확장
    - 마한 잔여 세력 정복 → 전라도 일대 병합, 남해안까지 진출
    - 가야에 지배권 행사
    - 고구려 평양성 공격 → 고국원왕 죽임(평양성 전투, 371)
  - ㉡ 대외 관계
    - 수군 정비 → 요서·산둥·규슈 지방까지 진출(해상권 장악)
    - 동진과 교류: '진동장군영낙랑태수(鎭東將軍領樂浪太守)'에 제수
    - 일본에 아직기·왕인 파견: 학문 전파, 칠지도 하사(설)
    - 가야에 영향력 행사
  - ㉢ 전제 왕권 강화
    - 왕위 부자 상속제: 초고왕계의 왕위 계승권 확립
    - 왕비족 결합: 진씨 세력과 결탁
    - 박사 고흥으로 하여금 역사서 『서기』 편찬
- ④ 침류왕(384~385): 불교 수용: 동진의 마라난타가 불교 전파
- ⑤ 비유왕(427~455): 신라 눌지마립간과 동맹

◇ 칠지도

현재 이소노카미 신궁에 보관되어 있는 칼로, 『일본서기』에는 369년에 백제 사신이 신공왕후에게 바쳤다고 되어 있다. 61자의 명문이 상감 기법으로 새겨져 있는데, 백제가 일본의 후왕(侯王)에게 하사한 것으로 보인다. 근초고왕의 아들 근구수왕 혹은 전지왕 등 하사한 주체에 대해서는 이설이 있다.

백번이나 단련한 쇠로 칠지도를 만들었으니 …… 마땅히 후왕(侯王)에게 줄 만하다. 백제 왕세자 기생성음이(백제 왕세자가 성음이 생기어) 왜왕을 위해 만들었으니 후세에 전하라.

[백제의 전성기(4세기)]

한성 시대	고구려의 평양 천도에 대응하여 백제 비유왕과 신라 눌지마립간이 체결하였다(433).
웅진 시대	백제 동성왕과 신라 소지마립간이 혼인 동맹을 체결하였다. 신라에서는 당시 백제의 동성왕에게 이찬 비지의 딸을 시집보냈다(493).
사비 시대	성왕과 진흥왕이 한강 유역을 함께 회복하였다. 이후 신라가 배신하고 고구려와 함께 한강 유역을 장악하자, 백제·가야·왜 연합군이 신라를 공격하여 전쟁이 벌어졌고, 554년에 관산성에서 백제 성왕이 전사함으로써 동맹은 결렬되었다(554).

[나·제 동맹]

⑥ 개로왕(455~475)
  ㉠ 북위에 국서 → 고구려 정벌 요청(472)
  ㉡ 고구려의 침입
    • 고구려에서 첩자 도림을 파견하여 개로왕의 실정 유도
    • 한성(위례성) 함락, 개로왕 전사(475)
⑦ 문주왕(475~477)
  ㉠ 고구려를 피해 금강 유역의 웅진(공주)으로 천도(475) → 안정 도모
  ㉡ 귀족 분열: 진씨·해씨 등 귀족 세력이 국정 주도 → 병관좌평 해구에 의해 왕 피살
⑧ 동성왕(479~501)
  ㉠ 혼인 동맹: 신라 소지마립간 대 이찬 비지의 딸과 혼인 → 동맹 강화(493)
  ㉡ 귀족 세력 재편
    • 진씨·해씨·목木씨 등 한성 귀족에 대응하여 백苩씨·연燕씨·사沙씨 등 웅진 세력 등용
    • 신진 세력 백가의 난으로 왕 피살
  ㉢ 대외 관계: 남제와 친교, 탐라 복속(498)
⑨ 무령왕(501~523)
  ㉠ 왕권 강화
    • 백가의 난(501) 진압 → 귀족 세력 통제, 왕족 대거 중용
    • 지방에 22담로 설치: 왕족과 귀족들 파견 → 지방에 대한 통제 강화
  ㉡ 대외 관계
    • 가야 공격, 고구려를 여러 차례 격파
    • 금강 이북의 영토 일부 회복, 영산강 유역 정비, 대가야 억압하여 섬진강 유역 차지
    • 중국 남조(양)와 통교(521): 가야·신라 사신을 데려가 예속국으로 소개, '사지절도독 백제제군사영동대장군使持節都督百濟諸軍事寧東大將軍'에 제수
    • 일본과 긴밀한 관계 유지: 단양이·고안무 등 박사 파견
⑩ 성왕(523~554)
  ㉠ 사비(부여) 천도(538), 국호를 '남부여'로 변경
  ㉡ 제도 정비
    • 중앙 관청: 22부(내관 12부·외관 10부)
    • 지방 제도: 5부(수도) 5방(지방)으로 편제 → '방方 - 군郡 - 성城'체제
  ㉢ 불교 진흥: 겸익謙益의 계율종 융성
  ㉣ 대외 관계
    • 남조(양)와 교류 지속: '사지절도독 백제제군사수동장군백제왕使持節都督百濟諸軍事綏東將軍百濟王'에 제수
    • 왜와 교류 확대: 노리사치계 파견하여 불상·경론 전파, 오경박사 파견
    • 가야에 대한 영향력 확대: 안라회의(531) 등 여러 회의에 참여
  ㉤ 한강 수복
    • 신라(진흥왕)와 함께 고구려 공격 → 한강 하류 수복(551) → 신라의 배신으로 상실(553) → 신라에 혼인 동맹 체결했으나 미반환
    • 왜·대가야 등과 연합하여 신라 공격 → 관산성 전투에서 성왕 전사(554)

◇ **백가苩加의 난**
백가는 486년(동성왕 8), 위사좌평에 임명된 인물이다. 501년(동성왕 23)에 왕이 신축한 가림성을 지키라고 하자, 신병을 핑계로 부임하지 않으려 하였다. 동성왕이 강제로 부임시키자 이를 계기로 동성왕에게 앙심을 품고 있다가, 그해 겨울 왕이 사냥을 하고 눈으로 길이 막혀 마포촌에 머물고 있을 때 암살하였다. 부임지인 가림성을 근거지로 하여 반란을 일으켰으나, 무령왕이 새로 즉위하여 토벌하고, 백가의 시체는 백강白江에 던졌다.

◇ **무령왕의 외교**
1971년에 발견된 무령왕릉은 당시 중국 남조에서 유행하던 벽돌무덤 양식으로 축조되었다. 무령왕은 내부 질서를 바로잡는 방편으로 대외 관계를 돈독히 하는 정책을 폈는데, 중국 남조의 양과 교류를 강화한 것이 그 일환이었다. 당시 양나라에서 백제 사신을 그린 '양직공도'가 현재까지 남아 있다. 한편, 『일본서기』에는 무령왕이 일본의 한 섬에서 태어났다고 되어 있어, 당시 백제와 일본의 관계가 매우 긴밀하였음을 알려준다. 실제 무령왕릉에서 나온 관의 재질이 일본산 금송인 것으로 확인되어 이 기록을 뒷받침해주고 있다.

◇ **성왕 때의 관부 정비와 지방 행정 제도 정비**
내관內官으로 전내부, 곡내부, 내경부, 외경부, 법부, 후궁부 등의 12부가, 외관外官으로 사군부, 사도부, 사공부, 일관부 등의 10부가 있었다. 한편, 도성은 5부(상, 전, 중, 하, 후부로 구성하고 부에는 5항을 설치), 지방은 5방(방령을 파견)으로 편성하였다.

⑪ 위덕왕(554~598)
  ㉠ 성왕 사후 수습: 고구려 공격 격퇴, 북주·수 등과 외교 관계 수립
  ㉡ 성왕의 능사 건립: 창왕명석조사리감, 금동 대향로 등 출토

◇창왕명석조사리감

'창'은 위덕왕의 이름이다. 돌로 만든 사리감에 이 절은 창왕의 누이가 만들었다는 명문이 기록되어 있다.

> **읽기 자료**
>
> **5~6세기 백제의 외교**
> - 백제의 비유왕은 중국의 남조, 한반도 남부, 왜를 연결하는 동맹을 구성하려 하였다. 이를 위해 중국 남조의 송과 신라에 여러 차례 사신을 파견하였다.
> - 동성왕의 뒤를 이어 왕위에 오른 무령왕은 농업 생산 기반을 확충하였으며, 지방의 22담로에 왕족을 파견하여 지방 통제를 강화하였다. 무령왕은 가야 지역으로 진출하는 한편, 고구려를 잇따라 격파하며 강국이라는 자부심을 되찾았다. 특히 중국의 양과 교류할 때 신라나 가야 사신을 데려가 이들 국가가 백제에 예속된 나라인 것처럼 소개하였다.
> - 6세기 무령왕 때에 이르러 백제는 안정된 왕권을 바탕으로 영토를 확장해 갔다. 북쪽으로는 금강 이북의 일부 영토를 회복하였으며, 남쪽으로는 영산강 유역을 정비하고 대가야를 억압하여 섬진강 유역을 차지하였다.
> - 무령왕릉은 터널식 벽돌무덤으로 백제의 와박사가 중국 남조의 양의 관와를 모방하여 만든 것으로 추정된다. 시신이 들어 있는 목관의 고리와 못은 모두 금이나 은판을 씌운 화려한 것이었으며 특히 그 목재는 일본에서만 나는 금송이었다. 무덤의 껴묻거리도 외래 수입품으로 보이는 것들이 많이 있다. 무덤 입구에 배치하여 외부 침입자와 사악한 기운을 막아 내는 돼지 모양의 진묘수는 형태로 보아 중국 남조에서 발견된 것들과 유사하다. 청동 잔, 청동제 그릇 받침과 은으로 만든 잔, 청자 단지, 네 귀 달린 흑자 병, 백자 잔 등은 모두 중국 남조에서 유래한 물건들이다. 무령왕릉에서 출토된 '의자손수대경'이라는 이름이 붙은 청동 거울과 청동 다리미 등은 일본에서도 그와 똑같은 것이 출토되었고, 무령왕비의 금귀고리와 비슷한 것이 가야계 소국이 있었던 합천 옥전 고분군에서 출토되었다. 이로 보아 무령왕릉은 백제가 중국 남조의 선진 문화를 소화하여 가야나 왜에 전해 주는 국제적 지위를 차지하고 있었음을 증명하고 있다.
> - 6세기 후반 위덕왕은 관산성 패전 직후의 위기를 수습하고 중국 남북조와 외교 관계를 강화하였다.

(3) 신라
  ① 박혁거세거서간(B.C.57~A.D.4)
    ㉠ 건국: 경주 지역의 토착민 집단과 고조선의 유이민 집단 결합
    ㉡ 건국 설화: 박씨 집단 등 유이민 집단 등장, 말과 태양에 대한 숭배 등 추정
  ② 남해차차웅(4~24): 무의 의미를 내포한 '제사장'으로 추정
  ③ 유리이사금(24~57): '연장자' 의미로 추정
  ④ 탈해이사금(57~80)
    ㉠ 다파나국 출신의 해상 세력, 금관가야와도 연결
    ㉡ 김알지 등장 → 이후 박·석·김 3성이 교대로 왕위 계승

> **읽기 자료**
>
> **신라의 발전과 왕호 변천**
> 신라에서는 왕의 칭호가 거서간(족장), 차차웅(제사장), 이사금(연장자), 마립간(대수장), 왕 등으로 여러 차례 바뀌었는데, 이런 변화는 신라의 발전 과정을 나타낸 것으로 보인다. 즉, 정치적 군장과 제사장의 기능이 분리되면서 거서간과 차차웅으로 그 칭호가 나누어지게 되었고, 박·석·김의 3부족이 연맹하여 그 연맹장을 3부족에서 교대로 선출하게 될 때에 연맹장이란 의미에서 이사금을 칭하였다. 이후 김씨가 왕위 세습권을 독점하게 되면서 그 왕권의 강화를 표시하기 위해 대수장이란 의미의 마립간으로 바꾸었다. 그 뒤 왕위의 부자 상속제를 확립하고, 이어 6부를 개편하여 중앙 집권화를 추진하면서 마립간 대신 왕이란 칭호를 사용하게 되었다. 신라 왕호의 변천은 선거에 의한 군장의 추대가 세습적 군장제로 바뀌고, 다시 부자 상속에 의한 왕제로 전제화되어가는 정치적 발전 과정을 나타내 주는 것이다.

◇ **마립간**
『삼국유사』에서는 내물, 실성, 눌지, 자비, 소지, 지증 6명을, 『삼국사기』에서는 눌지~지증 4명을 마립간으로 칭했다.

[호우명 그릇]
경주 호우총에서 발굴된 것으로, 그릇의 밑바닥에 광개토 대왕릉비와 같은 글씨체로 "乙卯年國岡上廣開土地好太王壺十"이라는 글씨가 새겨져 있어, 4세기 말 이후 고구려와 신라가 교류 관계에 있었음을 방증하고 있다. 415년(장수왕 3)에 제작되었던 것으로 여겨진다.

⑤ 내해이사금(196~230)
  ㉠ 포상팔국의 난 진압: 포상팔국이 아라가야를 침입하자 가야를 원조
  ㉡ 백제·말갈·왜 등과 전쟁
⑥ 내물마립간(356~402)
  ㉠ 왕권 강화
    • 김씨가 단독으로 왕위 계승
    • 왕호 변경: 이사금 → 마립간
  ㉡ 정복 활동: 진한 소국 정복 → 낙동강 동쪽의 진한 지역 대부분 장악
  ㉢ 대외 관계
    • 고구려를 통해 전진과 수교: 고구려 사신을 따라 위두 등 파견 → 외교 관계 확립
    • 고구려에 실성을 인질로 보내어 친교 관계
    • 백제와 연합한 가야·왜의 압박, 4세기 후반 왜의 침입 → 고구려 광개토대왕의 도움으로 왜구 격퇴 → 고구려의 내정 간섭
⑦ 실성마립간(402~417)
  ㉠ 고구려에서 인질 생활 후 귀국하여 즉위
  ㉡ 내물마립간의 아들인 미사흔(왜)과 복호(고구려)를 인질로 보냄
⑧ 눌지마립간(417~458)
  ㉠ 고구려의 지원으로 실성마립간을 폐위시키고 즉위
  ㉡ 고구려의 간섭 배제
    • 나·제 동맹: 백제 비유왕과 동맹(433)
    • 박제상을 보내 복호와 미사흔 귀환(망부석 설화)
  ㉢ 불교 전래: 고구려 승려 묵호자가 불교 전파(457)
  ㉣ 왕위 세습: 왕위의 부자 상속제 확립

> **읽기 자료**
>
> **눌지마립간의 대외 관계 개선 노력**
> 새로 왕위에 오른 신라의 눌지마립간은 고구려와 왜에 인질로 가 있는 아우를 귀환시키고자 하였다. 왕의 명을 받은 박제상은 418년 고구려의 왕을 설득하여 복호를 귀환시켰다. 그리고 그 해 왜에 붙잡혀 있던 미사흔을 탈출시켰지만, 제상은 함께 도주하지 않아 목숨을 잃었다. 박제상의 부인은 바다가 보이는 치술령에 올라가 울다가 굳어져 망부석이 되었다고 한다.

⑨ 자비마립간(458~479)
  ㉠ 체제 정비
    • 수도 6부의 하부 단위인 방리坊里 이름 확정
    • 고구려 침입에 대비해 삼년산성(보은) 등 소백산맥 일대에 성 축조
  ㉡ 개로왕 요청으로 백제에 원병 파견
⑩ 소지마립간(479~500)
  ㉠ 지방 제도 정비
    • 우역제 실시(487) → 역참 설치, 역로 수리, 관도官道 개설
    • 6촌을 6부의 행정 구역으로 정비

- ⓒ 월성 정비, 수도에 시사市肆 개설(490)
- ⓒ 백제 동성왕과 혼인 동맹(493)

⑪ 지증왕(500~514)
- ㉠ 한화漢化 정책
  - 국호 확정: 신라新羅
  - 왕호 변경: 마립간 → 중국식 '왕'
  - 주군州郡 제도 실시: 수도와 지방의 행정 구역 정리 → 주州·군郡·현縣 설치
- ㉡ 농업 생산력 강화
  - 순장 금지(502)
  - 우경 장려(실시), 수리 사업 활발히 진행
- ㉢ 상업 장려: 수도에 동시를 두고 동시전東市典 설치(509)
- ㉣ 영토 확장
  - 이사부를 보내 우산국 복속(512)
  - 함안 지역의 아라가야에: 아시촌阿尸村 소경 설치(514)
- ㉤ 금석문
  - 포항 중성리비(501)
  - 영일 냉수리비(503): 지역 분쟁에 지증왕[至都盧葛文王]이 7왕과 공동회의

읽기 자료

지증왕 대에 건립된 금석문

포항 중성리비는 501년에 건립된 것으로 추정되며, 현존하는 신라 비석 중에서 가장 오래된 비석이다. 영일 냉수리비는 503년에 건립된 것으로 추정되는데 신라를 사라로 기록하고 있다. 두 비석 모두 지증왕 대의 분쟁 처리 과정을 보여준다. 특히 영일 냉수리비는 어떤 지역의 분쟁(재산 또는 조세 징수권을 둘러싼 분쟁으로 보임)을 해결하기 위해 사훼부 소속의 지도로갈문왕(지증)을 비롯한 각 부 대표들이 모여 함께 회의를 진행하는 내용을 담고 있다. 아직 율령이 반포되기 이전, 왕도 소속부의 명칭을 띠고 귀족과 함께 회의에 참여하고 있다는 점에서 지증왕 대의 왕권에 대해 시사하는 바가 크다.

⑫ 법흥왕(514~540)
- ㉠ 체제 정비
  - 병부 설치(517)
  - 율령 반포: 4색 공복 제정(520), 17관등제, 골품제 정비
  - 상대등◇ 설치(531): 왕과 귀족 간의 권력 조절 도모
- ㉡ 불교 공인(527): 이차돈의 순교, '왕즉불'의 정치 이념 마련
- ㉢ 연호 사용: '건원建元'(536)
- ㉣ 대외 관계
  - 대가야의 이뇌왕과 혼인 동맹(522) → 가야에 영향력 확보 노력
  - 금관가야 병합(532): 낙동강 하류 지역 진출, 가야계 김씨 등장
- ㉤ 금석문
  - 울진 봉평비(524)◇
  - 영천 청제비(536)

◇**상대등**
531년(법흥왕 18), 이찬 철부를 상대등으로 임명하여 국정을 총괄하게 한 것이 시초이다. 상대등은 신라 17관등을 초월하여 설정한 최고 관직으로, 국사를 관장하고 귀족·백관 회의인 화백 회의를 주재하며 귀족 연합의 대변자 역할을 하였다.

◇**금석문의 신라 왕호**
울진 봉평리 신라비에는 법흥왕을 '마립간'을 뜻하는 '매금왕寐錦王'으로 부르고 있어 아직 초월적인 왕권의 위상을 완전히 확립하지 못하였음을 보여 준다. 이에 비해 불교 공인 이후에 새긴 울산 천전리 서석에서는 '성법흥태왕聖法興太王'이라 불러 왕이 '태왕'으로 격상되었음을 알 수 있다. 550년경에 세워진 단양 신라 적성비에서는 진흥왕이 단독으로 귀족들에게 왕명을 내리고 있다. 이처럼 신라의 왕권은 6세기 전반을 지나면서 귀족 세력 위에 군림하는 초월적인 존재로 변화하였다.

> **읽기 자료**
>
> **법흥왕 대에 건립된 금석문**
>
> 울진 봉평비는 율령 반포 직후인 524년에 건립된 것으로 추정된다. 율령의 존재를 알려주는 매우 중요한 비석이다. 동해안을 따라 북쪽으로 세력을 확대한 신라에서는, 울진 지역의 '거벌모라 남미지촌'에서 일어난 어떤 사건(반역 또는 화재)을 두고 훼부 소속의 모즉지매금왕(법흥)을 비롯한 6부 귀족의 회의를 통해 판결하였다. 아직 왕이 소속부의 명칭을 띠고 있다는 점에서 부체제가 완전히 해체되지 않은 것으로 보인다. 536년에 건립된 것으로 보이는 영천 청제비는 저수지 축조와 관련된 사실들을 담고 있다. 특히 신라에서 역역 동원이 어떻게 이루어졌는가를 보여준다. 원성왕 때 재작성되었다.

⑬ 진흥왕(540~576)
  ㉠ 불교 교단 정비 및 양성
    • 국통(승통)·주통·군통 조직, 고구려 승려 혜량을 국통으로 삼음
    • 황룡사 건립하고 장육존상 주조, 흥륜사 건립, 팔관회 개최
  ㉡ 화랑도 정비: 국가 발전에 필요한 인재 육성 목적, 화랑도 개편 → 국가 조직화
  ㉢ 한강 유역 확보
    • 백제와 연합해 한강 상류 지역 탈환 → 단양 적성비 건립(551), 충주에 국원소경 설치(557)
    • 고구려와 함께 백제 공격, 한강 하류 장악 → 신주(이후 북한산주) 설치(553)
    • 관산성 전투에서 성왕 죽임(554)
    • 북한산 순수비 건립(555), 당항성 확보
  ㉣ 영토 확장
    • 창녕 척경비 건립(561), 대가야 정복(562)
    • 황초령비·마운령비 건립(568), 고구려와 연대
  ㉤ 체제 정비
    • 거칠부가 『국사』 편찬(545)
    • 품주稟主 설치(565)
    • 연호 사용: '개국開國'(551) → '대창大昌'(568) → '홍제鴻濟'(572)
  ㉥ 금석문
    • 단양 적성비: 공적비 성격, 진흥왕 단독 하교, 전사법 존재
    • 명활산성비(551): 역역力役 동원 체제
    • 순수비: 영토 확인, 왕권 확립, 전륜성왕轉輪聖王 사상

[신라의 전성기(6세기)]

> **읽기 자료**
>
> **진흥왕 대에 건립된 금석문**
>
> 단양 적성비(551)는 신라가 죽령 너머 단양 지역에 진출한 후, 현지인인 야이차에 대한 포상을 논의한 내용을 담고 있다. 이사부를 비롯한 군주, 당주 등이 회의를 하고 있는데, 특히 '왕교王敎', '전사법佃舍法' 등의 표현으로 미루어 율령은 물론 왕의 명령에 의한 포상 행위가 이루어졌음을 알 수 있다. 명활산성비(551)에는 역역 동원 내용이 담겨 있다. 현재까지 4개의 순수비·척경비가 발견되었다. 왕이 직접 행차하고 세운 비석들로, 그중 북한산비와 황초령비는 김정희가 『금석과안록』에서 고증한 바 있다.

(4) 가야 연맹

① 성립

　㉠ 성립 배경
　　• 변한 지역에서 성립: 발달된 철기 문화 → 농업 생산력 증대, 사회·경제적 발전
　　• 낙동강 하류 위치 → 중국 군현 및 왜 등과 교류하며 발전

　㉡ 변한 소국 통합 → 1~2세기경 6가야 출현
　　• 금관가야(김해), 소가야(고성), 아라가야(함안), 고령가야(진주·함창), 대가야(고령), 성산가야(성주) 등

　㉢ 포상팔국의 난
　　• 3세기, 금관가야(or 안라가야)를 포상팔국이 공격
　　• 가야 왕자가 신라에 구원 요청 → 신라(내해이사금)의 도움으로 진압

　㉣ 금관가야를 중심으로 연맹 왕국 형성 → 전기 가야 연맹 형성

[가야 연맹]

② 전기 가야 연맹(김해 금관가야 중심)

　㉠ 3세기: 풍부한 철 생산, 해상 교통 → 낙랑군, 대방군, 왜의 규슈 지방을 잇는 중계 무역 발달

　㉡ 4세기
　　• 낙랑·대방군의 축출 → 교역 상대 상실로 인한 경제적 타격
　　• 백제 근초고왕의 압박, 백제의 지원 → 왜와 더불어 신라와의 대립 구도 형성

　㉢ 4세기 말~5세기 초
　　• 신라의 요청으로 파병된 고구려군의 공격 → 타격을 입고 중심 세력 해체
　　• 낙동강 서쪽 연안으로 가야 연맹의 영역 축소

　㉣ 고분
　　• 김해 대성동 고분군: 덧널 무덤 발굴 → 풍부한 철제품과 토기, 파형 동기 등 출토
　　• 부산 복천동 고분군

③ 후기 가야 연맹(고령 대가야 중심)

　㉠ 5세기 초
　　• 고구려의 공격으로 전기 가야 연맹 해체 → 김해, 창원 중심의 가야 세력 약화
　　• 고령의 대가야: 철광 산지 독점, 농업 생산력을 바탕으로 성장 → 이를 맹주로 한 후기 가야 연맹 성립

　㉡ 5세기
　　• 신라·백제와 연대: 고구려의 남진 저지 시도
　　• 남조(남제)에 사신 파견 → '보국장군본국왕(輔國將軍本國王)'에 제수

　㉢ 6세기
　　• 백제, 신라와 대등한 세력으로 올라서 균형 있는 대외 관계 형성
　　• 신라와의 혼인 동맹(522): 이뇌왕과 법흥왕, 백제 견제 목적
　　• 불교 수용

㉢ 고분: 고령 지산동 고분군
- 대형 고분 밀집
- 금동관, 갑옷, 투구, 긴 칼 및 꾸미개 등 출토 → 지배계층의 무덤으로 추정

> **• 읽기 자료 •**
>
> **고령 지산동 고분의 순장 흔적**
>
> - 고령 지산동 고분군은 가야 왕족과 귀족들이 묻혀 있는 거대한 고분군으로, 현재 확인되는 무덤만 해도 수백 기에 달한다. 이 중 44호분에는 35개의 매장 시설이 있는데, 중앙의 대형 돌방을 둘러싸고 32기의 덧무덤이 부챗살처럼 배치되어 있다. 이 무덤의 주인공이 죽자 많은 사람이 함께 순장된 것으로 짐작된다. 이를 통해 이 무덤의 주인공이 강력한 권력을 가진 자였음을 알 수 있다. 지산동 고분군에서는 다양한 종류의 토기와 금동관, 철제 갑옷과 투구 등 많은 유물이 출토되었다. 이뿐만 아니라 오키나와에서 만든 야광 조개 국자와 백제에서 생산된 것으로 추정되는 금동합이 출토되었다. 이를 통해 대가야가 여러 지역과 활발히 교류하였음을 짐작할 수 있다.
> - 신라나 가야 지역에서는 순장을 한 여러 고분들이 발견되었다. 고령 지산동 44호분은 가운데에 3기의 대형 움식 돌덧널(주곽, 부장부곽)을 안치하고 그 주위에 32기의 소형 돌덧널(순장 곽)을 배치한 후 봉토를 쌓은 무덤이다. 이 가운데 22기에서 24개체의 순장 인골이 발견되었다. 주곽의 구석이나 부장부곽에서도 한 명의 순장 인골이 발견되었는데, 이 사람은 무덤 주인의 금속 유물이나 토기류를 관리한 시종으로 보인다. 순장 곽에 묻힌 남녀들은 호위 무사, 시종, 노예 등과 같이 무덤 주인을 평소에 가까이 모시던 사람들이었다. 순장은 왕을 천신의 후손으로 여기는 세계관과 관계가 깊으며, 당시 왕권은 주민들의 반(半) 자발적인 복종에 상당 부분 의존하고 있었다. 따라서 가야 사회에서 순장이 성행한 것은 각 단위 소국 수장들의 권력이나 연맹장의 권력이 강화되었으나 아직 중앙 집권적 지배 체제가 제도화되지 못한 상태에서 나온 현상이라고 볼 수 있다.

④ 가야 연맹의 멸망
㉠ 금관가야: 신라 법흥왕에게 병합(532) → 마지막 왕이 신라의 진골 귀족으로 편입
㉡ 금관가야 투항 이후
- 가야 연맹 분열: 북부(고령 대가야 중심) vs 남부(함안 아라가야 중심)
- 신라가 가야 지역에 영향력 확대 → 안라회의(531), 웅진회의(541), 사비회의(544) 거치며 백제가 개입 → 연합하여 백제에 의탁
- 백제와 함께 관산성 전투(554) 참여, 패배

㉢ 대가야: 신라 진흥왕에게 복속(562)
㉣ 가야의 경제와 문화 유산: 신라에 흡수 → 신라의 문화 발전에 기여°

◇ **가야의 문화 유산**
가야의 철기병이 신라에 흡수되어 신라는 통일의 무력적 기반을 마련할 수 있었으며, 가야인 우륵은 신라에 가야금을 제작해 주었다. 또한, 가야의 토기는 일본 스에키 토기에 큰 영향을 주었다.

2 고구려의 대외 항쟁과 신라의 삼국 통일

1. 고구려의 대외 항쟁과 쇠퇴

(1) 체제 정비와 대수 전쟁

① 6세기 말의 동아시아 정세
  ㉠ 수 건국(581): 중국 남북조 통일(589) 이후 동북쪽으로 세력 확대
  ㉡ 삼국의 정세
   • 고구려: 수의 확장에 위기감 → 북쪽의 돌궐, 남쪽의 백제·왜와 연합 세력 구축
   • 백제: 내부적으로 중흥 도모, 대외적으로 신라에 강경책
   • 신라: 한강 유역 장악 이후 수와 외교 관계 수립

② 평원왕(559~590): 체제 정비(온달 설화), 장안성 천도

③ 영양왕(590~618)
  ㉠ 신라 공격: 한강 유역을 되찾고자 온달이 아차성(아단성)공격 → 온달 전사, 실패(590)
  ㉡ 수의 고구려 침입
   • 고구려가 말갈 등을 이끌고 요서 지역 선제 공격(598)
   • 수 문제가 30만 대군으로 공격 → 홍수와 질병, 폭풍 등으로 퇴각
   • 신라가 수에 걸사표乞師表 보냄(608, 진평왕)
   • 수 양제가 113만 대군으로 공격 → 요동성 공략 실패 → 30만의 별동대(우중문) → 살수 대첩(612, 을지문덕) → 재차 무리한 원정을 단행하던 중 양현감의 반란 등 내부 반란으로 철수 → 수 멸망(618)

[고구려와 수의 전쟁]

  ㉢ 이문진, 『신집』 5권 편찬
  ㉣ 혜자와 담징 등이 일본으로 건너가 불교를 비롯한 문화 전파

(2) 연개소문 집권과 대당 전쟁

① 영류왕(618~642)
  ㉠ 당 건국(618)
   • 당 고조는 고구려에 온건
   • 중국 재통일(628) 이후 당 태종(이세민)은 고창국, 토욕혼 등 공격
   • 고구려에 말단 관리를 보내 경관京觀 파괴 요청(631)
  ㉡ 대당 친선 노선
   • 수 포로 송환, 태자를 보내 조공·책봉 관계 수립(→ 당, 밀정 진대덕 파견하여 정보 수집)
   • 도사 초빙

◇ 요동성
요동 지역은 우리나라와 중국 사이에 위치한 전략적 요충지로, 서안평 점령 이후 고구려에 귀속된 것으로 보인다. 4세기에 고국양왕은 요동성과 현도성을 일시 점령했다가 상실하였다고 전한다. 요동성은 주몽의 사당이 있었을 정도로 고구려에서 중시하였다.

◇ 경관
경관은 고구려가 죽은 수나라 군사 유골을 수습하여 세운 전승 기념 시설이었다. 따라서 이를 파괴하라고 요구하는 것은 외교적 결례이자 도발에 해당하는 행위라 할 수 있다. 고구려는 이 요구를 수용하는 한편, 천리장성 축조를 시작하였다.

◇ **천리장성**
기존의 성곽을 연결시켜 각각의 기존 성곽을 독립적인 방어 체제로 구축하였다. 천리장성의 핵심부는 요동이었으며, 그 배후에 안시성과 백암성을 두었다.

◇ **7세기 고구려 영류왕과 백제 무왕의 신라 공격**
고구려는 당과의 관계가 잠시 안정되자 신라 북방에 대한 공세를 강화하였다. 고구려는 한반도 중서부 지역에서는 신라를 뚫지 못하였으나 함경남도 지역의 영토를 회복하였다. 백제의 무왕은 한강 하류 유역과 옛 가야 지역을 되찾고자 두 방면으로 신라를 공격하여 경상남도 서부 지역을 일부 차지하였다(624).

◇ **백암성**
랴오닝 성에 있는 고구려의 대표적인 석성이다. 고구려 성은 대부분 산성이어서 높은 곳에서 적의 움직임을 관찰하기에 유리한 구조인데다가 외성과 내성으로 이루어져 있고, 또 올라오는 적을 측면에서 공격하기 위해 만든 치 등 성 내부로의 진입을 차단하는 시설도 갖추고 있었다.

◇ **고구려의 내분**
연개소문 사후 세 아들 남생, 남건, 남산을 주축으로 하여 귀족들이 분열하였다. 남생이 아버지의 뒤를 이어 대막리지에 올랐으나, 잠깐 자리를 비운 사이 두 동생이 배신하여 권력을 장악하자 당에 투항하고 말았다. 또한, 연개소문 동생인 연정토는 신라에 투항하였다. 이러한 내분은 고구려가 나·당 연합군에게 멸망하는 중요한 원인이 되었다.

ⓒ 연개소문의 정변(642)
- 천리장성◇ 축조 과정에서 요동의 귀족 세력 규합하고 군사력 확보
- 영류왕을 제거하고 보장왕 추대 → 대막리지에 올라 정권 장악

ⓔ 일본과 교류, 신라에 적대
- 신라를 공격하여 일부 영토 수복◇
- 혜관이 일본에 건너가 삼론종 개창

② 보장왕(642~668)
ⓐ 백제(의자왕)와 손잡고 신라의 당항성 공격(643)
ⓑ 당의 고구려 침입
- 구실: 연개소문의 정변을 문책
- 당 태종이 직접 대군을 이끌고 공격 → 요동성, 백암성◇ 등 함락
- 안시성 공격 → 고구려에서 북부 욕살 고연수와 남부 욕살 고혜진 파견 → 주필산 전투에서 패배 → 안시성의 민과 군이 합심하여 승리(645)

ⓒ 연개소문 사후 내부 변란으로◇ 국력 약화 → 나·당 연합군 공격으로 멸망

[고구려와 당의 전쟁]

2. 백제와 신라의 대립

(1) 백제의 중흥과 쇠망

① 무왕(600~641)
ⓐ 혜왕·법왕 등의 단명으로 인한 왕실 혼란 수습
ⓑ 귀족 세력 견제: 익산 천도 계획(미륵사 창건, 왕궁리 유적)
ⓒ 대외 관계
- 고구려와 신라의 침입 격퇴, 낙동강 유역 진출
- 수·당과의 친선 관계 강화

ⓓ 왜에 관륵 파견 → 불교, 천문, 둔갑술, 지리서 등을 전파

② 의자왕(641~660)
ⓐ 왕권 강화: 서자 40명을 좌평에 임명(657)
ⓑ 신라 공격
- 윤충이 대야성 등 40여 성 탈취(642), 고구려와 함께 당항성 공격(643)
- 신라에서 비담·염종의 난이 일어나자 그 틈에 신라 공격(647)

ⓒ 나·당 연합군의 공격 → 사비성 함락

(2) 신라의 외교
- ① 진평왕(579~632)
  - ㉠ 진지왕(576~579) 축출 후 동륜계 중심으로 성골 관념 확립
    - 왕즉불(王卽佛) 사상 수용, 진종 설화 바탕으로 왕실을 신성화
    - 후사를 잇지 못해 성골의 왕위 계승은 당대에 그침
  - ㉡ 관제 정비: 위화부(位和府), 조부(調府), 예부(禮部) 등 6전 조직에 해당하는 정치 기구 설치
  - ㉢ 칠숙의 난(631)
  - ㉣ 고구려 온달의 공격 격퇴, 수에 걸사표(원광, 608) 보냄
  - ㉤ 연호 사용: '건복(建福)'
  - ㉥ 금석문: 남산신성비(591) 현재까지 10기 발견(역역 동원 및 축성 책임 기록)

> **읽기 자료**
>
> **성골 관념의 형성과 소멸**
>
> 골품제는 처음에는 왕족을 대상으로 한 골제와 왕경 내의 일반 귀족을 대상으로 한 두품제가 별개의 체제로 성립하였다. 진평왕 때에 이르러 왕족 내부에서 다시 성골이 분리되어 성골과 진골이라는 2개의 골과 6두품에서 1두품에 이르는 6개의 두품 등 모두 8등급의 신분으로 구성되었다. 7세기 중반에 성골이 사라졌고, 통일 이후에는 1두품에서 3두품에 이르는 신분의 구별도 차츰 사라져 일반 백성과 비슷하게 되었다.

- ② 선덕여왕(632~647)
  - ㉠ 백제와 대립
    - 백제의 공격 → 김품석이 성주로 있던 대야성(642)을 비롯, 40여 성 함락
    - 백제와 고구려의 당항성 공격(643) → 신라의 대중국 교통로 마비
  - ㉡ 대외 관계
    - 백제의 공격에 대응 → 고구려와 동맹 시도(김춘추), 실패
    - 이후 당과의 외교에 주력: 당의 고구려 정벌(645)에 협조
  - ㉢ 문화 발전
    - 분황사 창건, 황룡사 9층 목탑 건립(대국통 자장의 건의)
    - 첨성대 건설
  - ㉣ 연호 사용: '인평(仁平)'
  - ㉤ 진골 귀족의 대립과 반란: 상대등 비담과 염종의 난(647)
- ③ 진덕여왕(647~654)
  - ㉠ 비담과 염종의 난 진압: 김춘추·김유신의 도움
  - ㉡ 나·당 연합군 결성(648, 십자형 외교)
  - ㉢ 친당 정책
    - '태평송'을 지어 보냄
    - 당의 의관 착용, 귀족들에게 아홀(牙笏) 들도록 규정
      - 당 연호(영휘永徽) 채택
  - ㉣ 관제 정비: 품주가 집사부와 창부로 분화
  - ㉤ 연호 사용: '태화(太和)'

◇ **부府와 부部**

신라에는 법흥왕 때부터 신문왕 때에 이르기까지 설치된 13부 조직이 있었다. 13부에는 4부(府) 8부(部)가 있었는데 4부는 집사부(執事府), 병부(兵部), 창부(倉部), 예부(禮部), 9부는 조부(調府), 승부(乘府), 사정부(司正府), 예작부(例作府), 선부(船府), 영객부(領客府), 위화부(位和府), 좌리방부(左理方府), 우리방부(右理方府)였다. 신라의 행정 관청은 부(府), 부(部), 서(署), 전(典) 등으로 구성되어 있었는데, 이 중 부(府)와 부(部)는 최고의 관청이었다. 둘 사이에 예속관계는 없었던 듯한데, 부(府)는 부속 관서를 거느렸지만, 부(部)는 부속 관서가 없었다.

◇ **김춘추와 김유신의 성장**

신라는 대야성(합천) 전투(642)에서 패배하였지만, 대내외적으로 지배 체제를 정비하는 계기로 삼았다. 이후 당과의 동맹 관계 수립에 성공한 김춘추와 백제 보복 공격에 성공한 김유신이 연합하면서 신라의 핵심 세력으로 부상하였다.

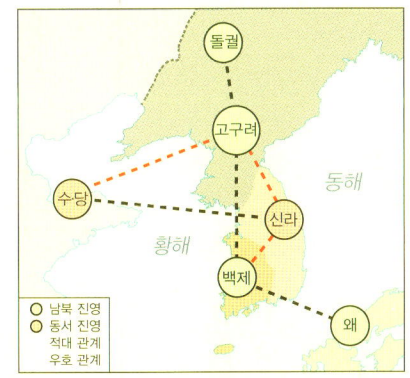

[7세기 십자형 외교]

3. 신라의 삼국 통일

(1) 나·당 연합군의 결성

① 배경

㉠ 당
- 고구려 공격시 백제와 신라에게 후방 공격 요청 → 신라 수용, 백제 거부(틈을 타 신라 공격)
- 안시성 전투 후 고구려 재공격 준비, 신라와 동맹 필요

㉡ 신라
- 백제의 공격을 받자 김춘추를 고구려에 파견해 연개소문과 협상을 시도 → 실패
- 김춘추를 당에 파견하여 우호 관계 맺음

② 나·당 연합

㉠ 김춘추의 대당 외교로 동맹 관계(648) → 신라, 독자 연호 중단(650)

㉡ 당이 백제에게 신라로부터 빼앗은 성 반환할 것을 요구 → 백제는 거부하고 고구려와 연대

(2) 백제 멸망

① 백제 멸망(660)

㉠ 의자왕을 비롯한 지배층의 향락과 정치 소홀 → 백제의 국력 약화

㉡ 황산벌 전투: 계백의 결사대가 김유신이 지휘하는 신라군에 패배

㉢ 금강 하구를 통해 당의 군대 침입 → 나·당 연합군에 의해 사비성 함락

② 웅진도독부 설치(660): ◇ 당이 백제의 옛 땅을 직접 통치하고자 공주에 설치

③ 백제 부흥 운동

㉠ 복신·도침(주류성), 흑치상지(임존성)◇ 등이 왕자 풍을 추대 → 나·당 연합군에 대응

㉡ 백제 부흥 세력의 내분 → 부흥 운동 실패(663)

㉢ 일본: 수군을 보내 백제 지원 → 백강 전투에서 나·당 연합군에 패배(663. 9.)

④ 계림대도독부 설치

㉠ 백제 부흥군 진압 이후, 당이 신라를 직접 통치하고자 경주에 설치

㉡ 문무왕을 계림대도독에 임명(663. 4.)

⑤ 취리산의 회맹

㉠ 당이 신라를 압박할 목적으로 백제 유민을 하나의 세력으로 인정

㉡ 백제 왕자 부여 융(隆)과 문무왕을 공주 취리산으로 불러 맹약 강요(665)

(3) 고구려 멸망

① 고구려 멸망(668)

㉠ 거듭된 전쟁과 연개소문 사후 고구려 지배층의 내분 → 국력 약화

㉡ 나·당 연합군의 공격 → 평양성 함락

② 안동도호부 설치: 당이 한반도 전체를 지배하고자 평양에 설치(668)

◇ **웅진도독부**
당은 백제 멸망 후 부여의 백제도독부, 공주의 웅진도독부 등 5도호부를 두었다. 그러나 유민들의 저항으로 제대로 기능하지 못했고, 부흥 운동 진압 후에는 웅진도독부를 중심으로 옛 백제 땅을 통치하고자 하였다.

◇ **주류성과 임존성**
- **주류성**: 복신과 도침의 백제 부흥 운동 근거지로 그 위치에 대해서는 여러 가지 설이 있다.
- **임존성**: 흑치상지, 지수신 등이 부흥 운동을 일으켰으나 흑치상지가 당에 투항하였다. 지수신이 끝까지 저항하자 당은 흑치상지에게 공격을 명하였고 결국 지수신은 고구려로 망명하였다. 충남 예산군으로 비정된다.

③ 고구려 부흥 운동
  ㉠ 안승·검모잠(한성 = 황해도 재령), 고연무(오골성) 등이 부흥 운동 전개
    • 검모잠이 보장왕의 서자였던 안승을 추대
    • 문무왕이 당을 견제하고자 안승을 고구려왕으로 책봉(670)
    • 부흥 세력의 내분 → 당 공격으로 부흥 운동 실패 → 유민이 신라로 망명
  ㉡ 신라가 안승을 보덕국(금마저 = 익산) 왕에 책봉(674) → 당 축출에 고구려 부흥 세력 이용

(4) 나·당 전쟁과 삼국 통일
  ① 배경
    ㉠ 당의 지배 야욕
      • 당은 신라와 동맹 시 신라에 대동강 이남의 영토를 주기로 약속
      • 고구려와 백제 정복 이후 한반도 전체 지배 야욕 표출
    ㉡ 신라: 당군 축출을 위한 전쟁 전개
  ② 과정 및 결과
    ㉠ 신라의 대응
      • 당의 통치하에 있던 백제의 80여 성 함락
      • 죽지를 보내 가림성(부여) 공격 → 소부리주 설치(671)
      • 보덕국 지원: 고구려 부흥군과 신라군이 연합
  ③ 나·당 전쟁의 승리
    ㉠ 신라: 당과 치룬 대부분의 전투에서 승리 → 적성 전투, 매소성 전투, 기벌포 해전에서 압승
    ㉡ 안동도호부가 요동으로 후퇴 → 신라의 한반도 지배권 확립(676)
  ④ 삼국 통일의 한계와 의의
    ㉠ 한계: 고구려 영역 다수 상실, 외세와 연합하여 통일
    ㉡ 의의: 통일의 자주적 성격 확보, 삼국의 동질성 강화

[백제와 고구려 부흥 운동]

[나·당 전쟁의 전개도]

◇ 삼국 통일 후의 정세
나·당 전쟁 후 고구려 유민들의 저항이 거세지자, 당은 보장왕을 요동 도독에 임명하여 회유하고자 하였다. 보장왕은 유민들을 재차 포섭하여 부흥을 도모하다가 당에 의해 유배되었다.

3 남북국 시대의 정치 변화

1. 신라 중대의 상황
  (1) 특징
    ① 왕위 세습
      ㉠ 김춘추(태종 무열왕) 즉위 이후 진골 출신이 왕위 세습
      ㉡ 신라 중대: 무열왕계 직계 자손이 왕위 계승
    ② 집사부 강화
      ㉠ 통일 전쟁을 거치며 왕권 강화
      ㉡ 집사부 중시의 권한 강화, 상대등의 권한 약화

◇ 집사부
왕의 명령을 집행하고 보고하며 국가의 기밀 사무를 담당하였기 때문에 화백 회의와 귀족 세력의 대표자인 상대등과는 대립 관계를 형성할 수밖에 없었다. 집사부의 장관인 중시직에는 왕과 가까운 왕족이 임명되었고, 중시는 왕권을 옹호하는 행정적인 대변인인 동시에 정치적 책임자의 역할을 하였다. 중시는 경덕왕 6년(747)에 시중으로 바뀌었고, 집사부의 명칭도 흥덕왕 4년(829)에 집사성으로 승격되었다.

③ 6두품의 정치적 비중 증대
  ㉠ 6두품이 왕과 결탁 → 왕의 정치적 조력자 역할
  ㉡ 학문적 식견을 바탕으로 집사부 시랑 등 행정 실무직에 진출
④ 갈문왕제 폐지 → 전제 왕권 강화

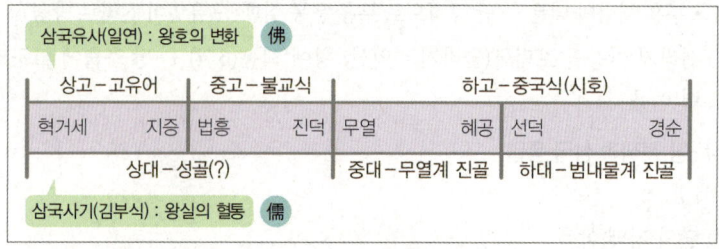

[신라사의 시기 구분]

(2) 주요 왕들의 업적
① 태종 무열왕(654~661)
  ㉠ 알천의 양보로 즉위 → 즉위 이후 무열왕 직계 자손이 왕위 세습
  ㉡ 왕권 강화
    • 집사부 기능 강화, 상대등 세력 억제, 사정부 설치
    • 아들을 집사부 등 주요 관직에 임명
  ㉢ 나·당 연합군 결성하여 백제 멸망(660)
② 문무왕(661~681)
  ㉠ 삼국 통일 완성(676), 일본과 국교 재개(668)
  ㉡ 지방에 외사정 파견: 감찰 기능 강화
  ㉢ 형제들을 집사부 중시에 임명
  ㉣ 대왕암(감포, 수중릉)에 안장
③ 신문왕(681~692)
  ㉠ 김흠돌의 난(681)
    • 왕의 장인인 김흠돌의 반란
    • 김군관 등을 불고지죄로 처형 → 귀족 숙청
  ㉡ 국학 설치(682): 6두품이 대거 정계에 진출, 유교적 관료군 양성
  ㉢ 제도 정비
    • 집사부 등 14부의 체제 정비 완료
    • 지방 제도 정비: 9주 5소경
    • 군사권 장악: 중앙에 9서당, 지방에 10정 설치
  ㉣ 토지 제도: 문무 관료전을 지급(687) → 녹읍 혁파하고 조租를 나누어 줌[逐年賜租] 축년사조(689)
  ㉤ 달구벌(대구)로 천도 계획 → 실패
  ㉥ 보덕국 흡수
    • 안승을 경주로 불러들이고 신라 관등 사여 → 안승의 친족 대문大文이 금마저에서 반란
    • 진압 후 보덕국에 금마군 설치(684)

- ⊙ 전제 왕권 확립
  - 왕권 전제화와 진골 귀족 세력의 약화 → 6두품 지식인들의 정치 진출 활발
  - 김씨 진골의 특권 강화, 박씨와 가야·고구려계 귀족들은 정권에서 소외
- ④ 효소왕(692~702)
  - ⊙ 서시와 남시 개설, 서시전과 남시전 설치(695)
  - ⓒ 발해 건국(698)
- ⑤ 성덕왕(702~737)
  - ⊙ 당에 빈번한 사신 파견(43회) → 국교 정상화(713)
    - 당과 활발한 교류, 누각전 설치
    - 발해 무왕이 등주 공격하자 당의 요청으로 발해 공격, 당으로부터 패강 지역의 영유권 확보
  - ⓒ 유교 이념 강화: 국학에 문묘 건립(공자·10철·72제자 도상 안치)
  - ⓒ 백성들에게 정전(丁田) 지급 → 민생 안정화 노력
- ⑥ 경덕왕(742~765)
  - ⊙ 한화(漢化) 정책
    - 집권 초기 정치적 갈등 수습 위해 중국식 제도 도입
    - 집사부 장관의 명칭 시중(侍中)으로 변경
    - 국학을 태학감으로 개칭, 박사와 조교 등 설치
    - 지방 군현 명칭과 중앙 관부 관직을 한자식으로 변경
  - ⓒ 왕권 동요
    - 귀족의 반발로 녹읍 부활(757), 사원 면세전 증가
    - 정부의 통제력 약화, 국가 재정 약화 → 백성들의 부담 증가
    - 충담사의 '안민가'
  - ⓒ 불교 진흥: 불국사·석굴암 중건, 성덕 대왕 신종 주조 시작(혜공왕 때 완성)
  - ⓔ 발해와 갈등
    - 발해의 대외 팽창에 맞서 북변 방어 강화
    - 발해와 일본이 신라 협공 계획
- ⑦ 혜공왕(765~780)
  - ⊙ 반란으로 인한 왕권 약화
    - 대공의 난(96각간의 난, 768)
    - 김융의 난(770), 김은거의 난(775)
    - 김지정의 난(780): 혜공왕 피살, 이를 진압한 김양상 즉위(선덕왕)

2. 신라 하대의 사회 변동

(1) 특징

① 왕위 계승 분쟁
  - ⊙ 무열왕 직계의 중대 왕실 단절 → 내물계 후손들의 왕위 계승
  - ⓒ 왕위 쟁탈전 지속: 155년 간 20명의 왕 교체

② 화백회의의 비중과 상대등의 위상 강화, 집사부 시중의 권한 상대적으로 약화

③ 6두품의 몰락
  ㉠ 6두품이 진골 귀족에게 밀려 중앙 정계에서 소외
  ㉡ 주로 도당 유학길에 오르거나 지방 은거 → 반反 신라 세력
④ 호족의 대두
  ㉠ 배경
    • 중앙 정부의 국정 운영 능력 약화
    • 중앙 통제에서 벗어난 지방 세력: 대토지 소유 바탕으로 신흥 세력으로 성장
  ㉡ 등장
    • 지방 세력: 몰락한 진골 귀족이나 6두품, 해상·군진 세력, 촌주 출신 등
    • 초적이 증가하자 호족은 자신의 경제 기반을 보호하고자 독자적으로 병력 양성
    • 기반 지역의 촌락 보호 명분 → 정치·경제적 지배권 행사, 세금 부과
    • 성주나 장군을 자칭, 반정부적 세력으로 성장
  ㉢ 기반
    • 사상적 기반: 선종과 풍수지리 사상 등 수용
    • 6두품 지식인 포용 → 새로운 사회 질서 구축◇
⑤ 민란의 발생
  ㉠ 녹읍의 확대 → 농민에 대한 귀족의 지배력 강화
    • 귀족들의 사치와 수탈
    • 중앙 정부와 지방 호족의 농민 수탈 강화
  ㉡ 빈번한 민란 발생

(2) 주요 왕 대의 사건
① 선덕왕(780~785)
  ㉠ 내물계 후손
    • 김경신과 함께 김지정의 난 진압 → 혜공왕 피살 후 즉위
    • 무열왕계인 김주원과 대립
  ㉡ 대동강 유역에 패강진 설치 → 독립 군진으로 강화
② 원성왕(785~798)
  ㉠ 왕위 계승 후보였던 김주원을 제치고 즉위
  ㉡ 독서삼품과 실시(788):◇ 왕권 강화 목적
  ㉢ 발해에 처음으로 사신 파견(790): 일길찬 백어伯魚 등 → 친선 관계 확립
  ㉣ 주州 장관 이름 변경: 총관 → 도독
③ 헌덕왕(809~826)
  ㉠ 김헌창의 난(822)
    • 김주원의 아들(웅천주 도독), 김주원계 소외에 반발
    • 국호 '장안長安', 연호 '경운慶雲'
    • 김범문의 난(825): 김헌창의 아들, 고달산 근거지로 반란(북한산주 점령)
  ㉡ 당에서 이사도李師道의 난이 일어나자 군사 지원(819)

◇**6두품과 선종 승려의 사회 비판**
도당 유학생 출신의 6두품들이 귀국하여 사회 혼란과 골품제를 비판하며 대안을 제시하였다. 최치원의 경우 진성여왕에게 시무책 10여 조를 올리기도 하였으나 진골 귀족들이 주도한 정치 운영에서 6두품들은 소외될 수밖에 없었다. 한편 선종 승려들은 교종 중심의 불교계와 사회를 비판하면서 새로이 성장하였다. 6두품들과 선종 승려들은 신라의 비극적 운명을 예감하고 지방으로 이동하였으며, 새롭게 성장하고 있던 호족들과 연계하고 이들을 후원하여 사회 개혁을 추구하였다.

◇**독서삼품과**
원성왕은 국학생을 대상으로, 『곡례曲禮』·『효경孝經』·『논어論語』·『문선文選』·『예기禮記』·『춘추좌씨전春秋左氏傳』 등 유학 경서의 독해 수준에 따라 상·중·하로 나누어 관리로 선발하는 독서삼품과를 실시했다. 『삼국사기』에는 '활 솜씨로 선발하던 것을 이때에 와서 고쳤으며, 오경五經과 삼사三史, 제자백가서諸子百家書에 두루 능통한 자는 절차를 밟지 않고 등용했다'고 기록되어 있다.

④ 흥덕왕(826~836)
  ㉠ 진골 귀족 사이의 분쟁 심화 → 정치·사회 혼란
  ㉡ 귀족 통제
    • 사치 금령(834): 골품 규정 강화 조치
    • 집사부를 집사성으로 개편
  ㉢ 군진 설치: 청해진(완도, 장보고)·당성진(화성) 설치
  ㉣ 사후 왕위 쟁탈전
    • 흥덕왕 사후 김제륭과 김균정의 대립 → 김제륭 즉위(희강왕) → 김명 즉위(민애왕)
    • 김균정 아들 김우징이 장보고에게 의탁 → 장보고 지원으로 즉위(신무왕)
⑤ 문성왕(839~857)
  ㉠ 장보고의 난(846): 청해진 근거로 반란 → 난 진압 후 청해진 폐지(851)
  ㉡ 혈구진(강화도) 설치
⑥ 진성여왕(887~897)
  ㉠ 민란 발생
    • 연이은 자연 재해, 왕실과 귀족들의 사치와 향락 → 국가 재정 궁핍
    • 중앙 정부의 강압적인 조세 징수 → 노비·유망민·초적 증가
    • 원종과 애노의 난(사벌주, 상주), 적고적·적의적·황의적 등 형성
  ㉡ 최치원의 개혁안: '시무책 10여조'
    • 골품제의 모순 해결, 과거제 실시 주장 → 유교 정치 이념 수용을 제안
    • 귀족들의 반발로 시행되지 않음
  ㉢ 견훤의 난(892): 견훤이 무진주(광주)에서 봉기하여 왕을 칭함
  ㉣ 『삼대목』 편찬: 각간 위홍·대구화상이 편찬한 향가집(부전)

[신라 하대의 사회 혼란]

⑦ 효공왕(897~912): 진성여왕의 양위로 즉위, 후삼국 시대 전개
⑧ 경애왕(924~927): 포석정에서 견훤에게 피살
⑨ 경순왕(927~935): 왕건에게 투항하여 신라 멸망

3. 발해의 건국과 발전

(1) 발해의 건국
  ① '남북국 시대'
    ㉠ 신라의 삼국 통일 이후 옛 고구려 영토에 발해 건국
    ㉡ 유득공의 『발해고』에서 신라의 통일을 불완전한 것으로 보고 '남북국 시대' 주장
    ㉢ 김정호의 『대동지지』를 비롯한 조선 후기 책들에서 '남북국 시대' 용어 사용
    cf. 중국의 동북공정 : 고구려사·발해사 편입 시도

◇ 장보고의 난
장보고는 청해진 대사로서 해상 활동을 통해 확보한 무력과 경제력을 바탕으로 중앙의 왕위 쟁탈전에 개입하였다. 당에서 활약하다 귀국하였고, 흥덕왕에게 허락을 얻어 지금의 완도에 청해진을 세웠다. 이후 신라인을 납치하거나 약탈하였던 해적을 소탕하고 해상권을 장악하였으며, 당~신라~일본을 잇는 해상 무역을 주도하여 국제적으로 큰 영향력을 행사하였다. 당시 민애왕을 살해하고 장보고에게 의지하고 있던 진골 귀족 김우징을 도와 신무왕으로 즉위시켰다. 그리고 자신의 딸을 문성왕과 결혼시키려 하였으나 중앙 귀족의 반감을 사 실패하였다. 일본의 승려 엔닌은 자신의 여행기 『입당구법순례행기入唐求法巡禮行記』에서 당을 여행할 당시 장보고의 도움을 받아 무사히 고국으로 돌아간 인연을 소개하며 장보고의 행적에 관한 기록을 남겼다.

◇ 중국의 '동북공정'
· 중국의 고구려사·발해사 편입 근거: 속지주의, 국토(영토) 지상주의적 역사관, 현재적 관점, 통일적 다민족국가론 → 고구려사와 중국사를 공유하자는 일사양용론一史兩用論 제안
· 우리나라의 인식: 속인주의, 지배층의 계승 인식, 문화적 계승, 역사계승 의식 (실학자의 북방사 인식)

◇ **발해의 고구려 계승의 근거**
- 지배층의 성씨 : 대씨·고씨 다수
- 일본에 보낸 국서
- 멸망 후 유민의 동향
- 온돌 장치
- 모줄임천장 구조(정혜공주 묘)
- 다인장多人葬 고분
- 기타 유물의 문화 속성

◇ **천통 연호**
『신당서』에는 2대 무왕 이후 발해 국왕들의 연호가 소개되어 있는데, 무왕이 '사사로이 연호를 고쳤다'고 하여 독자적 연호를 처음 사용한 것을 비난하고 있다. 대조영이 '천통' 연호를 사용했다는 기록은 『협계태씨족보陝溪太氏族譜』와 어윤적의 『동사연표東史年表』 등에 처음 보이는데, 두 책 모두 근대기에 창작되었다는 혐의를 받고 있다.

◇ **발해와 일본의 관계**
발해는 건국 초 영토 확장 과정에서 당·신라와 관계가 좋지 않았다. 이에 발해는 일본과 연합하고자 빈번하게 왕래하였고, 점차 일본과의 교역에 관심을 가졌다. 일본에서 출토된 발해 관련 목간을 보면 당시 일본이 발해에 보낸 사신을 '견고려사'라고 표현하고 있음을 알 수 있다. 목간에는 758년 발해 사신 양승경과 함께 귀국하였던 일본 오노 다모리 일행이 특진한 사실이 기록되어 있다. 한편, 일본에 보낸 발해 중대성첩을 통해 발해와 일본 사이에 외교 문서가 오갔음을 알 수 있다. 당시 일본에 간 발해 사신은 총 105명으로, 대사, 부사, 통역, 하급 관리, 기상 관측자 등을 포함하고 있었다.

◇ **대당 교류 내용**
- 3성 6부제 및 중앙 관제 도입
- 상경용천부 건설 : 당의 장안성 모방
- 빈공과 응시
- 당의 덩저우에 발해관 설치
- 4·6 변려체 유행

◇ **신라도**
발해의 상경을 출발하여 동경과 남경을 거쳐 동해안을 따라 신라에 이르던 교통로를 신라도라 한다. 8세기 전반에 개설된 것으로 추정되나 자주 이용된 것은 8세기 후반 이후 9세기 전반까지이다. 중국 역사책에 따르면 발해 책성부(동경 용원부, 중국 훈춘)와 신라 천정군(함경남도 원산) 사이에 39개 역이 있었다고 한다. 9세기에 신라가 쇠퇴하고 발해가 융성함에 따라 양국 관계는 다시 멀어졌다. 특히 발해가 대동강 유역까지 진출하자 신라는 장성을 축조하여 발해의 침공에 대비하였다. 이로써 양국의 대립은 점차 심해졌고, 9세기 후반에는 당에서 외교 의례의 순위를 놓고 다툼을 벌였다. 한편, 9세기 이후 신라나 발해 모두 일본과의 공식적인 외교 관계가 뜸해진 반면, 민간 무역은 비교적 활발하게 이루어졌다.

② 건국
  ㉠ 고구려 멸망 후 당이 보장왕을 요동 도독 조선왕에 책봉 → 고구려 유민 포섭 시도
  ㉡ 대조영(고왕, 698~719)
   - 고구려계 인물로 고구려 유민을 이끌고 말갈 집단과 요동 탈출
   - 추격하는 당군을 천문령에서 격퇴, 만주 동모산 기슭 성산자산성에서 진국震國 건국(698)
   - 동돌궐과 신라 등지에 사신 파견(신라는 대조영에게 대아찬 제수)
   - 연호 '천통天統' 사용 추정
  ㉢ 당의 유화책: 진국의 동만주 지역 영향력 인정 → 대조영을 발해군왕渤海郡王에 책봉(713)

● **읽기 자료**

발해와 고구려 문화의 유사성
- 발해 지방 유력층의 다인장多人葬 고분은 소형 굴식 돌방 무덤으로서 고구려 유민의 것이라고 볼 수 있다.
- 오녀산성(중국 환런)은 해발 820m인 산 정상의 평탄면에 위치한 성곽인데, 고구려 초기 도성으로 추정된다. 쪽구들을 갖춘 주거지를 비롯하여 고구려의 유적이 많이 발견되었다
- 러시아 연해주 체르냐찌노에서는 옥저에서 사용된 온돌의 아궁이가 발견되었는데, 3.7m에 달한다.

(2) 발전 과정
① 무왕(719~737)
  ㉠ 대당 적대
   - 흑수말갈과 당이 연결(당이 흑수주 설치)
   - 대문예가 당으로 망명 → 당에서 대문예 송환 거부
   - 장문휴를 보내 당의 산동 덩저우登州 지방 선제공격, 당과 요서 지방에서 충돌
   - 당이 신라에 김사란 파견, 지원 요청 → 신라군(성덕왕)이 발해 공격
  ㉡ 일본도 개설: 발해는 돌궐·일본과 연합 → 당·신라·흑수말갈과 대립
② 문왕(737~793)
  ㉠ 당과 친선 관계 수립
   - 돌궐이 무너지고 거란이 당에 복속(734) → 당과 안정적 관계 필요
   - 당에서 안녹산安祿山·사사명史思明의 난(755~763) 발생 → 발해와 안정적 관계 필요
   - 친선 관계 수립 후 선진 문물 수용 → 발해국왕渤海國王으로 격상되어 책봉
  ㉡ 철리부 등 동북 말갈 복속시킴
  ㉢ 지방 행정 제도 정비: 부·주·현제, 5경제 등
  ㉣ 천도: 중경 현덕부 → 상경 용천부(755) → 동경 용원부(785, 재위 말기) → 성왕 때 상경 용천부로 재천도
  ㉤ 신라도 개설: 신라와의 우호적 교류 도모
  ㉥ 왕권 강화
   - 천손의식, 황상皇上 칭호
   - 불교 진흥: 황제가 전륜성왕轉輪聖王을 자처, 상경 용천부 절 터

명칭	경로
일본도	상경~동경~일본
신라도	상경~동경~남경~신라 정천군
조공도	상경~중경~서경~해로 이용
영주도	장령부 통과~영주(당의 동북 지역 거점)
거란도	상경~숭령~부여부~임황(거란 도성)

[발해의 교통로]

③ 선왕(818~830)
  ㉠ 대조영의 동생인 대야발계
  ㉡ 대규모의 영토 확장
    • 대부분의 말갈족 복속, 요동 지역 지배권 획득
    • 영토 경계: 북으로 흑룡강, 동으로 연해주, 서로 요동, 남으로 영흥 지방
  ㉢ 지방 제도 완비: 5경 15부 62주
  ㉣ 중흥 노력이 큰 성과 → 중국으로부터 '해동성국' 칭호

(3) 쇠퇴·멸망
  ① 대인선(906~926)
    ㉠ 선왕 이후 귀족들의 권력 다툼 → 정치 혼란
    ㉡ 10세기 초 야율아보기에 의해 부족 통합한 거란의 공격으로 멸망(926)
    ㉢ 거란이 상경에 동단국 건국 → 927년 랴오양(遼陽)으로 옮김
  ② 발해 부흥 운동
    ㉠ 후발해: 발해 멸망 후 상경 용천부를 중심으로 건국(929년경), 발해의 부흥 도모
    ㉡ 정안국: 서경 압록부 지역을 중심으로 수립(10세기 전반)
    ㉢ 대연림의 흥요국(1029), 고영창의 대발해국(1116): 발해 부흥 운동 → 실패
    ㉣ 발해 왕자 대광현: 발해 유민들을 이끌고 태조 왕건의 고려로 망명(934)

◆ 읽기 자료

발해 부흥 운동

발해가 멸망한 이후 압록강 유역에서는 후발해국, 정안국 등 발해 유민들이 세운 국가가 이어졌다. 정안국은 주변 지역과 교류하면서 한동안 유지되었으나 요 성종의 공격을 받아 멸망하였다(986).

국가	존속 기간	건국 주도 세력	건국 지역	대외 관계
후발해	929~1003	대씨→오씨	상경성 일대	후당 및 후주와 교류
정안국	930~990년대	열씨→오씨	압록강 유역	송에 사신 파견
흥료국	1029~1030	대연림	거란 동경 요양부	고려와 연계 시도
대발해국	1116	고영창	요양 중심 요동	금에 의해 멸망

[발해 유민이 세운 국가]

◇ 발해 연호

2대 무왕: 인안仁安
3대 문왕: 대흥大興, 보력寶曆
5대 성왕: 중흥中興
6대 강왕: 정력正曆
7대 정왕: 영덕永德
8대 희왕: 주작朱雀
9대 간왕: 태시太始
10대 선왕: 건흥建興
11대 대이진: 함화咸和

◇ 동단국

거란은 926년 본격적인 발해 원정에 나섰다. 발해는 부여부가 함락된 지 6일 만에 수도 상경성이 포위당하자, 왕이 항복함으로써 멸망하고 말았다. 발해가 멸망한 후 거란은 상경을 수도로 하는 동단국을 세우고 야율아보기의 맏아들을 동단국왕으로 내세워 통치하였다. 동단국의 수도는 927년 서쪽의 랴오양으로 옮겨갔다.

CHAPTER 02 고려 시대

1 후삼국 통일과 고려의 건국

1. 후삼국의 성립
(1) 후백제
① 건국
  ㉠ 견훤: 진성여왕 때 무진주(광주)에서 봉기
  ㉡ 전라도 지방의 군사력 + 호족 세력 기반 → 완산주(전주)에 도읍, 후백제 건국(900)
  ㉢ 연호: '정개正開'
② 발전
  ㉠ 차령산맥 이남의 충청도·전라도 지역 차지 → 우세한 경제력을 토대로 군사적 우위 확보
  ㉡ 대외 관계
    • 5대 10국의 후당·오월 등과 교류 → 국제적 위상 확보
    • 거란 및 일본과 외교 관계 형성
    • 후고구려·고려에 적대 → 잠시 화친(925)
③ 쇠락
  ㉠ 지나친 조세 수취, 여타 호족 세력 포섭 실패
  ㉡ 신라에 적대적 태도
    • 신라 대야성 점령, 포석정에서 경애왕 살해(927)
    • 신라를 둘러싸고 고려와 대립
  ㉢ 고려와의 전쟁 중 내분 발생
    • 견훤이 넷째 금강 아들 금강을 왕으로 삼으려 하자 맏아들 신검이 반란 → 견훤을 금산사에 유폐
    • 견훤이 고려에 투항 → 일리천(선산) 전투에서 신검 패배 → 멸망(936)

(2) 후고구려
① 건국
  ㉠ 궁예: 신라 왕족의 후예로 죽주의 기훤, 북원경의 양길 등에 의탁
  ㉡ 송악(개성)에 도읍, 후고구려 건국(901) → 고구려를 대신해 신라에 복수한다고 선전
② 발전
  ㉠ 영토 확장
    • 강원도와 경기도 일대 장악 → 송악 호족 왕건의 활약 → 예성강과 한강 유역으로 세력 확장
    • 왕건의 금성(나주) 점령 이후(903~911) 후백제와의 경쟁에서 우위 차지
  ㉡ 국호 '마진摩震' 변경, 연호 '무태武泰'(904) → 철원 천도, 연호 '성책聖冊'(905)

- ⓒ 국호 '태봉(泰封)' 변경(911), 연호 '수덕만세(水德萬歲)', '정개(政開)'
- ⓓ 관제 정비
  - 광평성 및 19개 관서 설치, 9관등제 실시
  - 골품제를 대신할 새로운 신분제를 모색

③ 쇠락
- ㉠ 계속되는 전쟁 → 가혹한 조세 수취
- ㉡ 권력 장악 이후 궁예의 광폭함
  - 자신에게 비판적인 무고한 관료와 장군, 승려(석총(釋聰)), 왕비 등 살해
  - 신라에 대한 적개심 → 부석사에서 신라 왕의 화상을 칼로 훼손
  - 미륵 신앙을 이용해 전제 왕권 도모 → 신망을 잃고 신하들에 의해 축출

2. 고려의 건국과 재통일

(1) 왕건의 등장
① 왕건: 선대부터 송악 호족, 서해·예성강 일대 해상 세력(혈구진·패강진)과 연결
② 태봉 궁예의 부장(副將)으로 귀부 → 나주 등 서남해 지방에서 큰 공적 → 광평성 시중

(2) 고려 건국
① 궁예의 실정 계기 → 신숭겸·홍유·복지겸·배현경 등이 왕건 추대
② 궁예 축출 후 왕건 즉위(918): 고구려 계승 → 국호 '고려' 변경, 연호 '천수(天授)'
③ 송악 천도(919)

(3) 후삼국 통일
① 신라에 우호적 정책, 후백제에 무력 정복 정책 사용
② 후백제와의 전투
  - ㉠ 후백제에 침략당한 신라 지원 → 공산성(대구)에서 후백제와 전투 → 대패(927)
  - ㉡ 고창(안동) 전투(930)로 전세 회복
  - ㉢ 운주성(홍성) 전투(934): 발해 대광현 포용 후 공격
③ 견훤의 투항(935) → 견훤을 국부(國父)로 대우
④ 신라: 경순왕이 스스로 항복
⑤ 일리천(구미 선산) 전투(936): 분열된 후백제 격파
⑥ 발해 유민 포용: 거란에 멸망(926)한 발해의 유민 흡수(934) → 남북국 시대 포용, 민족의 재통일 완성

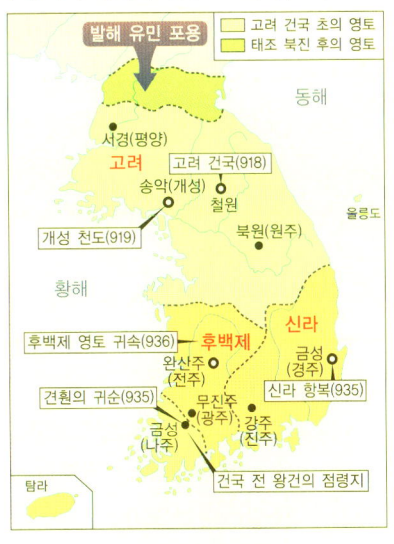

[고려의 민족 재통일]

◇ **고려와 후백제의 전투**

견훤이 신라를 공격하자 경애왕은 고려에 도움을 요청했다. 이에 왕건이 군사를 보냈으나 견훤이 먼저 포석정에 있던 경애왕을 해하고 경순왕을 왕으로 세웠다. 왕건이 공산성에서 후백제와 싸웠으나 패하였고, 신숭겸, 김락 등이 전사하였다. 견훤은 공산성과 의성 등지에서 승리한 여세를 몰아 고창 지역을 공격하였다. 고창 전투에서 지역 호족인 김선평, 권신, 장길은 왕건을 도와 승리에 기여했고, 이 세 명은 그 공로로 '삼태사'의 칭호를 받고 안동을 토성으로 삼았다고 한다. 전투 후 고창이라는 지명이 안동으로 바뀌었고 도호부가 설치되었다. 고창 전투에서 고려가 승리한 후 동해안 일대 명주 지역의 신라 110여 성이 왕건에게 투항하였고, 이어 후백제 휘하 여러 성들도 고려에 귀부하기 시작하였다. 932년에는 충청도 지역의 호족 공직이 왕건에게 투항하여 견훤이 분노하는 일이 일어났다. 이러한 가운데 934년 왕건이 운주성(홍성)에 있다는 소식을 듣고 견훤이 공격하였으나, 오히려 패배하였다. 이 전투로 웅진 이북 30여 성이 왕건에게 항복하였으며, 후백제 내부에서는 분열이 일어났다. 결국 이듬해 신검이 반란을 일으키고 아버지를 유폐시키는 일이 일어났다.

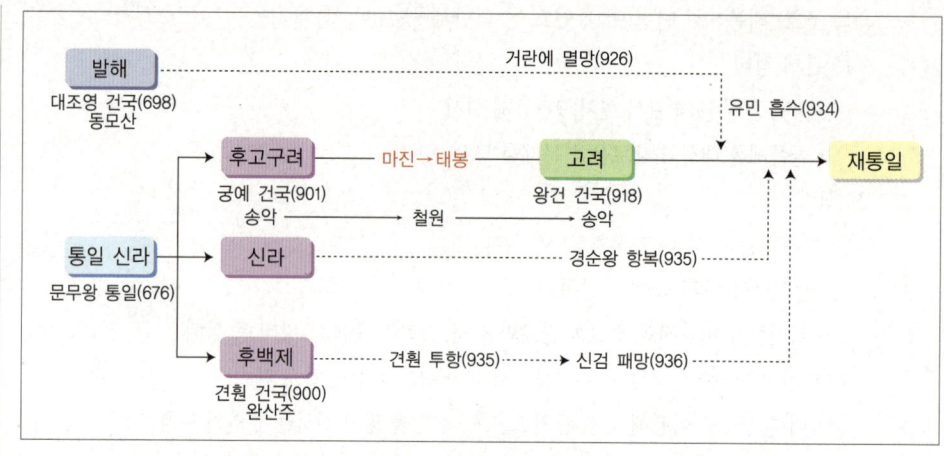

[후삼국의 전개와 통일 과정]

2 통치 체제의 정비

1. 권력 구조의 재편

(1) 태조(918~943)

① 호족 통합 정책

㉠ 중폐비사重幣卑辭: 호족과의 연합 → 왕권 안정 도모, 귀부하는 자에게 특별 대우

㉡ 혼인 정책, 사성賜姓 정책
- 혼인: 태조와 호족들의 혼인 관계(6명의 왕후, 23명의 부인)
- 유력한 호족들에게 왕씨 성 하사 → 호족과의 연합을 굳건히 함
- 본관제: 호족들이 자신의 근거지를 본관으로 삼아 성을 칭할 수 있게 함

㉢ 역분전役分田 분급(940)
- 후삼국 통일 후 충성도(성행의 선악, 공로의 대소)를 기준으로 토지 급여
- 개국 공신, 중앙 관리들의 경제 기반 → 이들이 중앙 정치 체제에 편입

㉣ 사심관 제도:◇ 중앙 관인으로 진출한 이들을 출신지의 사심관으로 삼음 → 부호장 이하 향리직 임명과 치안 통제의 임무 부여

㉤ 기인 제도:◇ 지방 호족의 자제를 뽑아 개경으로 소환 → 인질로 이용, 출신지의 일에 관해 자문

② 민생 안정책: 취민유도取民有道의 원칙 → 세금 감면(1/10), 흑창 설치

③ 북진 정책

㉠ 고구려 계승: 평양을 서경으로 승격 → 북진 정책의 기지화

㉡ 발해 유민 포용

㉢ 만부교 사건(942):◇ 거란에 적대적 정책

㉣ 영토 확장: 북진 정책 → '청천강~영흥만'에 이르는 영토 확보

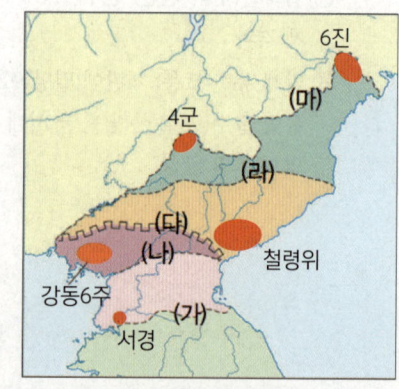

[고려 국경선 변화]

◇ **사심관 제도**

사심관은 그 지방 출신의 고관에게 자기 고장을 다스리도록 임명한 관직으로, 경순왕 김부金傅를 경주 사심관으로 임명한 것이 최초의 일이다. 사심관은 중앙에 숙위하면서 부역 조달이나 풍속 교정 등의 임무를 가졌다. 그러나 중앙 집권화의 진전에 따라 사심관의 역할은 점차 축소되었고, 사심관 제도는 충숙왕 때 폐지되었다 (1318). 조선의 유향소[鄕廳]는 바로 이 제도에서 출발하였다.

◇ **기인 제도**

기인은 지방 향리 중 호장의 자제를 수도로 불러들여 시위하게 하는 일종의 인질 제도이다. 통일 신라 시대의 상수리 제도上守吏制度를 계승한 것으로 향리를 회유하여 그 세력을 억압하고자 한 것이다. 그러나 중앙 집권이 완성된 후에는 그 기능이 약화되어 몽골 침입 이후에는 천역으로 인식되었다. 조선의 경저리[京主人]로 계승되었다.

◇ **만부교 사건**

거란이 고려와 화통하기 위해 사신과 함께 낙타 50마리를 선물로 보냈으나, 왕건이 거란은 발해를 멸망시킨 무도한 나라라 하여 사신을 귀양 보내고 낙타를 만부교 아래 묶어 두어 굶겨 죽였다.

④ 숭불 정책
  ㉠ 불교의 국교화 → 왕권 강화와 사상 통일 도모
  ㉡ 황산에 개태사 창건
  ㉢ 사원의 보호와 연등회·팔관회 개최 강조
⑤ 통치 이념 편찬
  ㉠ 후대 왕들에 대한 당부: '훈요 10조(訓要十條)'
  ㉡ 신하들의 규범: 『정계(政戒)』, 『계백료서(誡百僚書)』

(2) 혜종(943~945)
  ① 박술희의 지원으로 즉위
  ② 왕규의 난(945)
    ㉠ 왕규: 경기 광주의 호족, 태조와 혜종의 장인
    ㉡ 외손인 광주원군을 왕으로 추대하려 반란
    ㉢ 혜종의 동생인 요堯(정종), 소昭(광종)를 모략, 혜종 시해 시도

(3) 정종(945~949)
  ① 서경 천도 추진(947): 왕규의 난 진압 후 외척과 개국 공신 세력 약화 목적
  ② 광군光軍 조직: 거란의 침입에 대비하여 개경에 광군사 설치

2. 왕권의 강화와 유교적 통치 질서의 확립

(1) 광종(949~975)
  ① 칭제건원
    ㉠ 수도 명칭 격상: 개경 → 황도皇都, 서경 → 서도西都
    ㉡ 연호 사용: '광덕光德'(950~951), '준풍峻豊'(960~963)
    ㉢ 황제 용어 사용: 폐하陛下, 짐朕, 조祖·종宗 묘호, '제왕帝王', '개부開府' 등
  ② 주현공부법州縣貢賦法(949): 지방 조세 징수의 원칙 결정, 국가 수입 증대
  ③ 노비안검법奴婢按檢法(956): 호족들의 경제적·군사적 기반 약화, 양인 수 확보로 국가 수입 증대
  ④ 과거 제도 실시(958)
    ㉠ 후주에서 귀화한 쌍기의 건의 → 문예나 유교 경전의 능력 시험 → 성적에 따라 관인 등용
    ㉡ 무훈 공신의 약화, 군주에 충성하는 신진 인사 등용 → 왕권 강화
  ⑤ 공복 제정(960)
    ㉠ 4등급 구분: 자삼紫衫·단삼丹衫·비삼緋衫·녹삼綠衫의 복색 구분
    ㉡ 광종 중심의 새로운 관료 조직 정비, 왕권 강화
  ⑥ 훈신 숙청
    ㉠ 계기: 공신인 준홍·왕동의 모역 사건(960)
    ㉡ 제반 개혁에 불만이 많은 공신, 호족 세력에 대해 대대적 숙청 시작
    ㉢ 시위군侍衛軍 강화

◇ 광군사
947년(정종 2)에 거란군의 침입에 대비하여 조직된 특수 군단으로, 병력이 30만 명이었다. 후진의 유학 중 거란의 포로가 된 최광윤이 거란의 고려 침략 계획을 조정에 알리게 되는데, 이를 계기로 설치되었다. 현종 때 지방 제도를 정비하는 과정에서 주현군으로 개편되었다.

◇ 광종의 연호 사용
광종은 즉위 직후 광덕이라는 연호를 사용하였으나 후주와 교류할 때에는 후주의 연호인 '광순光順'·'현덕顯德'를 사용하였다. 이후 다시 준풍 연호를 사용하다가 송과 수교하고 963년부터는 송의 연호인 '건륭乾隆'을 채택하였다. 이른바 '외왕내제'의 입장을 표방한 것이었다. 청주 용두사지 철당간에는 '준풍 3년'이라는 연호가 쓰여져 있다.

⑦ 불교 숭상
  ㉠ 교단 통합
    - 교종: 균여 후원하여 귀법사 창건 → 화엄종 통합(963)
    - 선종: 법안종을 통해 통합 시도
    - 교·선 통합 모색: 법상종과 천태학 → 광종의 전제 정치를 사상적으로 후원
  ㉡ 승과 실시: 교종시, 선종시
  ㉢ 국사·왕사 제도 실시(968): 혜거를 국사로, 탄문을 왕사로 임명
  ㉣ 남중국에 제관·의통 파견 → 천태학 전래
⑧ 제위보 설치: 빈민 구제를 위한 기금, 귀법사에 설치(963)

(2) 경종(975~981)
① 전시과 제정(976)
  ㉠ 모든 관리에게 토지를 차등 분급: 4색 공복과 인품의 요소 참작
  ㉡ 중앙 관료의 경제적 기반을 마련, 이들을 중앙 집권 체제 내에 편입
② 반동 정치
  ㉠ 광종 사후 세력 확대를 시도하던 공신 귀족들의 반발 → 복수법° 제정

◇ **복수법**
경종 즉위 후 대사면을 실시하여 광종 대에 제거당한 공신들의 후손이 복수하는 것을 법적으로 허용하였다. 1년 만에 폐지되었다.

> **읽기 자료**
>
> ### 고려의 황제국 체제
>
> - 하남 교산동 마애약사여래좌상(경기 하남)은 977년(경종 2)에 만든 것으로, 황제의 만수무강을 축원한다는 '황제만세원皇帝萬歲願'이라는 글자가 새겨져 있다.
> - 고려는 황제 칭호와 연호를 제외한 다른 부분에서는 모두 중국 황제의 격식을 채용하였다. 고려 국왕은 12개의 줄이 있는 면류관과 12개의 문장이 있는 곤복을 입고 제사를 지냈고, 통천관과 강사포를 착용하고 축하를 받았으며, 황색의 포를 입고 집무하였다. 또한, 스스로를 '짐'이라고 불렀고, 명령을 '조·칙'이라고 하였다. 신하들은 국왕을 '폐하'라고 불렀고, 축하하는 구호로 '만세'를 외쳤다. 독자적인 묘호와 시호도 정하였는데, 왕건의 묘호는 '태조'이고, 시호는 '신성 대왕'이다. 이러한 모습은 대외적으로 중국 중심의 질서를 수용하면서 대내적으로 황제의 위상을 확립한 고려 전기의 실용적이고 자주적인 모습을 잘 보여 준다.
> - 고려는 왕건이 개창한 이래 황제국을 칭하며, 그에 걸맞은 통치 체제를 갖추었다. 이는 원 간섭기를 제외한 거의 모든 시기에 유지된 고려의 특징이었다. 고려 국왕은 대외적으로는 '왕'을 칭한 적이 있지만, 그런 시기에도 대내적으로는 여전히 황제로 군림하였다外王內帝. 주변 국가들도 고려를 황제의 나라로 인식하였는데, 발해 유민이 세운 흥요국은 고려에 표(表, 천자에게 올리는 글)를 보냈으며, 금도 고려에 보낸 국서에 '고려국 황제'라는 표현을 썼다.
> - 고려는 건국 초부터 중국의 5대 및 송, 거란, 금과 차례로 책봉·조공 관계를 맺었다. 하지만 중국 왕조의 책봉은 국왕의 즉위가 이루어진 뒤에 추인하는 형식으로 이루어졌고, 중국이 고려의 내정에 간섭하는 일도 거의 없었다. 고려는 중국 왕조로부터 책봉을 받았지만, 황제국 체제를 갖추고 있었다. 임금을 황제 또는 천자라고 하였으며, 국왕을 부를 때는 폐하라고 하였다. 왕실의 용어와 격식도 황제국의 체제에 맞추어졌다. 중앙에 2성 6부를 둔 것이나 국왕이 원구(圜丘)에서 제천 의례를 행한 것도 황제국의 제도에 따른 것이었다. 고려가 거란과 대립하면서 주변의 발해 유민과 여진 세력을 규합한 것도 황제국 의식을 바탕으로 한 것이었다. 고려의 황제국 체제는 고려에 조공하는 번국을 필요로하였다. 이에 여진족과 탐라의 추장들이 토산물을 바치는 것을 조공으로 간주하고 그들에게 관직을 수여하였다. 이로써 고려가 중심이 되는 해동 천하를 구성하였으며, 고려 국왕을 '해동 천자'라고 하였다. 고려 왕은 대외적으로는 중국 왕조로부터 책봉을 받고 국왕이라고 하였지만, 국내에서는 황제라고 칭하였다. 이러한 체제를 '외왕내제'라고 부른다. 송 중심의 일원적 천하관이 아닌 다원적 천하관을 바탕에 깔고 있었기에 가능한 일이었다.

(3) 성종(981~997)

① 유교 정치 이념 채택: 최승로의 시무 28조 채택, 실행 → 유교 이념에 따라 국가 기반 정립(982)

구분	특징	유적
국방	제1조	북방의 중요한 곳에 요새 설치, 경군의 수고를 덜 것
호족 및 공신 세력	제19조	삼한공신 자손들에게 관직과 품계를 내려 적절히 포용할 것
	제22조	광종 때의 노비안검법을 중단시키고 노비의 신분을 규제할 것
지방 제도의 개혁	제7조	지방에 외관을 파견할 것
	제12조	섬 지역 주민의 역 부담을 줄일 것
복식·가옥	제9·17조	복식과 가옥 제도를 신분에 맞게 엄격히 운영할 것
중국 관계	제11조	중국 문물을 수용하되 자주성을 지킬 것
	제5조	중국과의 사무역(私貿易)을 금할 것
불교	제2조	공덕재(功德齋)를 그만둘 것
	제4조	보시 행위를 금지할 것
	제6조	사원의 고리대 행위를 금지할 것
	제8조	승려의 궁중 출입을 금지할 것
	제10조	승려가 관역(館驛)에 머물며 백성들에게 폐를 끼치는 행위를 금지할 것
	제16조	백성들을 부려 도처에서 사원을 세우는 행위를 금지할 것
	제18조	불경과 불상을 만드는 데 금·은을 쓰지 못하게 할 것
	제20조	불교는 수신의 근본이요, 유교를 행하는 것은 치국의 근원, 유교를 중시할 것
토착 신앙	제13·21조	연등회와 팔관회 등을 축소하고 음사(淫祀)를 제한할 것
왕실	제3조	시위군(侍衛軍)을 축소할 것
	제14조	왕은 교만하지 말며, 신하를 예로 대우할 것
	제15조	왕실 소속의 노비를 줄일 것

[최승로의 시무 28조]

② 통치 기구 정비

㉠ 중앙 관제 정비
- 2성 6부 설치(982): 당의 제도에 따라 중앙 관제 제정
- 집권 정치 실행: 중추원·어사대·삼사 등의 정치 기구 마련
- 독자적 합의 기구: 도병마사와 식목도감 설치
- 문산계 정비

㉡ 지방 제도 확립
- 전국에 12목 설치(983) → 중앙에서 지방관 파견
- 지방 통제 강화: 10도 양계 설치(995)
- 향리직제 9단계 정비 → 호족의 지위를 외관의 보좌역인 향리로 격하

◇ **최승로의 개혁안**

성종이 경관 5품 이상의 관료들에게 시정의 득실을 논하게 하자, 최승로는 장문의 개혁안을 올렸다. 이 상소문은 태조에서 경종에 이르는 다섯 왕의 정치적 업적에 대한 평가인 '오조정적평'과 당시의 구체적인 시무책으로서 제시된 '시무 28조'의 두 부분으로 구성되어 있다. 현재 『고려사』에 '오조정적평'과 22개조의 내용이 전한다.

◇ **노비환천법**
광종 때 노비안검법이 마련된 이후 노비로 있던 자가 옛 주인을 찾아가 행패를 부리는 일이 발생하자, 호족들은 이를 빌미로 노비안검법이 신분제를 문란하게 하고 각종 부작용이 있으니 철폐해야 한다고 주장하였다. 결국 성종 때 최승로가 이의 폐단을 지적하자 노비환천법이 제정되어 양인이 된 자를 노비로 다시 되돌렸다(987). 그 후 환천 규정은 더욱 강화되어 11세기 초 현종대에는 노비 신분으로 환천된 자는 다시 양민이 될 수 없게 했다.

◇ **강조의 정변**
성종이 죽고 목종이 즉위하자 그 생모인 천추 왕후가 섭정을 실시하였는데, 외척인 김치양이 왕후와 사통하여 사생아를 낳고 그를 목종의 후사로 삼고자 하였다. 이에 목종은 서북면 도순검사였던 강조에게 서울 호위를 명하였다. 강조는 입경하여 김치양과 천추 왕후 일당을 제거하고, 목종까지 폐위하였다. 이어 현종을 즉위시킨 뒤 집권하였다.

ⓒ 교육 제도
- 국자감 설치(992)
- 지방에 향학 건립 → 경학박사와 의학박사 파견
- 과거 제도 정비, 문신월과법文臣月課法 시행(995)
- 서적 비치: 개경에 비서성, 서경에 수서원 설치

ⓔ 환구단圜丘壇·사직단社稷壇 건립

③ 사회 경제 시책
ⓐ 팔관회와 연등회 금지
ⓑ 노비환천법과 자모정식법子母停息法 실시
ⓒ 의창(986)과 상평창(993) 설치
- 의창: 전국 군현에 설치, 흑창의 확대
- 상평창: 개경·서경·12목에 설치, 물가 조절 기능
ⓓ 건원중보 주조(996): 철전·동전

④ 분사 제도
ⓐ 개경의 중앙관서에 비견되는 독립적 관서를 서경에도 나누어 설치
ⓑ 태조 때 시작 → 성종 때 정비 → 예종 때쯤 완성
ⓒ 내용: 상평창, 수서원(개경: 비서성), 분사 국자감, 분사태의감, 분사사헌대 등 설치
ⓓ 서경 세력의 확대 → 묘청의 서경 천도 운동, 조위총의 난으로 사실상 폐지

3. 통치 체제의 완비

(1) 목종(997~1009)
① 개정전시과(998): 성종 대의 체제 정비를 바탕으로 전시과 개정, 관품만을 기준으로 지급
② 화폐의 강제 유통 철회
③ 강조의 정변으로 폐위, 피살

(2) 현종(1009~1031)
① 지방 제도
ⓐ 지방 제도 완비
- 거란의 침입 방어 후 5도 양계 제도 완비, 4도호부와 8목 설치
- 경기 설치: 개경을 포함한 특별 행정 구역, 개성부에서 직접 통치
ⓑ 주현공거법州縣貢擧法: 향리 자제의 과거 응시 제한 폐지
ⓒ 향리의 공복과 정원 규정 마련

② 사회 시책
ⓐ 면군급고법免軍給告法: 70세 이상의 노부모를 모신 정남의 군역 면제
ⓑ 주창수렴법州倉收斂法: 각 주에 의창을 확대 설치
ⓒ 감목양마법監牧養馬法: 거란 침입 후 기병 양성 목적

③ 문화 정책
　㉠ 개경에 현화사 건립
　㉡ 초조대장경 조판: 거란군의 침략 격퇴 목적
　㉢ 성종 때 폐지한 연등회와 팔관회 부활
　㉣ 거란의 침입 때 소실된 7대(태종~목종)의 실록 재간행(부전)
④ 최질·김훈의 난(1014)
　㉠ 관리에게 지급할 녹봉 부족 → 황보유의가 무신에게 준 군인전 박탈
　㉡ 무신인 최질·김훈 등이 반란 → 3개월간 정권 장악
⑤ 사후
　㉠ 덕종(1031~1034): 천리장성 축조 시작, 전시과 일부 개정
　㉡ 정종(1034~1046): 천리장성 완성(압록강~도련포)

(3) 문종(1046~1083)
① 제도 정비
　㉠ 29관등제 정비
　㉡ 6부판사제 실시: 재신들이 6부의 판사를 겸임
　㉢ 경정전시과 완성: 현직 관료만 대상, 공음전 지급으로 문벌의 보수성 강화
　㉣ 남경 천도 계획
　　• 북진 정책 퇴조, 풍수지리설의 영향
　　• 남경을 3경의 하나로 승격, 천도 계획
　㉤ 향리의 9단계 승진 규정 마련, 기인선상법 실시
② 문화 정책
　㉠ 불교 진흥: 흥왕사 창건, 의천 출가
　㉡ 사학 12도: 최충의 문헌 공도를 비롯한 사학 12도 융성
③ 사회 시책: 삼심제·삼원신수법 실시, 동·서 대비원 설치

(4) 숙종(1095~1105)
① 귀족 세력 견제
　㉠ 외척 이자의를 제거 → 조카인 헌종을 무력으로 몰아내고 즉위
　㉡ 관학 진흥책: 국자감에 서적포(출판부) 설치
② 별무반 설치: 윤관의 건의로 여진 정벌을 위해 조직
③ 화폐 발행
　㉠ 의천의 건의로 주전도감 설치
　㉡ 은병(활구), 해동통보, 해동중보, 삼한통보, 동국통보 등의 화폐 발행
④ 불교 정책: 의천이 국청사 주지가 되어 천태종 개창,『교장』간행 종료
⑤ 남경 천도 추진: 풍수가 김위제의 건의 → 남경개창도감 설치

◇ '문벌'과 '문벌 귀족'
고려가 귀족제 사회인지, 관료제 사회인지에 대한 논쟁은 1970년대부터 진행되었다. 귀족제론에서 고려의 귀족은 최상위 계층 또는 5품 이상의 관료를 3대 이상 배출한 가문으로 정의하며, 이때 귀족은 개인의 실력보다는 음서로 특권을 세습하는 것이 특징이다. 관료제론은 광종 대에 과거가 실시된 이후 과거에 급제한 사람들을 중심으로 관료제가 형성되었으며, 이때 능력 중심으로 관직을 부여받았다고 보았다. 결국 이 논쟁은 음서와 과거 중 어느 쪽이 고려 시대에 더 중심이었느냐에 초점이 맞춰져 있다. 1990년대에 들어서는 귀족제론 대신 문벌사회론이 제기되었고, 최근 고려의 최고 지배층을 귀족이 아니라 문벌로 보는 견해가 지지를 얻으면서 2015 교육과정에 기초한 고등학교 교과서에도 이 내용이 반영되었다.

◇ 기인선상법
기인의 인질적 기능을 완화하고, 향리 자제가 아닌 이들도 기인으로 뽑아 서울로 올릴 수 있게 한 제도였다. 이어 예종 때 감무가 파견되자 기인은 조세 징수를 책임지는 이들로 변해갔다.

◇ 별무반
문무산관文武散官과 이서로부터 장사꾼과 노복에 이르기까지 모든 백성을 징발대상으로 하였다. 말을 가진 자는 기병인 신기군神騎軍에 속했고, 말이 없는 자는 보병으로서 신보神步·도탕跳盪·경궁梗弓·정노精弩·발화發火 등의 군에 편입시켰으며, 승려들로 구성된 항마군降魔軍이 있었다. 2군 6위가 붕괴되는 가운데 왕권 강화를 목적으로 설치한 측면이 있다.

> ◇ 7재의 강예재講藝齋
> 무학재武學齋라고도 하는데, 문 무 양학을 함께 일으키려는 의도로 설치된 것이다. 이는 당시 무인 세력의 상승을 기반으로 나타난 현상으로 볼 수 있다. 강예재의 설치와 함께 잠시 무과가 실시되기도 하였다.

(5) 예종(1105~1122)
  ① 동북 9성 축조: 윤관을 보내 여진 정벌
  ② 관학 진흥책: 국학에 양현고 설치, 7재° 개설, 청연각(이후 보문각으로 개칭) 설치
  ③ 문화 정책
    ㉠ 예의상정소: 예학 융성
    ㉡ 도관인 복원궁福源宮 건립
  ④ 사회 시책
    ㉠ 구제도감과 혜민국 설치
    ㉡ 속군과 향·부곡·소 등에 감무 파견 → 조세와 역의 효과적인 수취, 유망민 안정

● 읽기 자료 ●

예의상정소

고려 중기 신분에 따른 의복 제도와 공문서 양식 및 예의 등을 새로 제정하기 위하여 설치한 관서이다. 소속 관원의 직책 및 존속 기간 등에 관한 기록이 보이지 않는 것으로 미루어, 상설 관부가 아니라 특별한 목적이 있을 때마다 적임자를 선발하여 그 임무를 수행하게 한 것으로 여겨진다. 인종 때 이곳에서 『상정고금예문』을 완성하였다는 사실로 보아, 이러한 기관을 중심으로 고려의 예의 규범을 확정하여 문신 중심의 귀족 사회를 정착시키려 하였음을 알 수 있다.

(6) 인종(1122~1146)
  ① 유학 진흥
    ㉠ 경사 6학 정비(강예재 탈락)
    ㉡ 서적소 설치, 경연 시행
    ㉢ 국자감의 학식學式 제정, 향교 확대 설치
    ㉣ 『삼국사기』 편찬: 묘청의 서경 천도 운동 진압 이후 김부식에게 명하여 편찬
  ② 척신 정치: 이자겸을 비롯한 외척의 발호 → 이자겸의 난과 묘청의 서경 천도 운동 발생
  ③ 정강의 변 직후 남송이 금 정벌에 협조를 요청했으나 거부(1128)

3 문벌 사회의 동요

1. 문벌 사회의 성립

(1) 문벌의 형성
  ① 출신
    ㉠ 성종 이후 고려 사회 안정 → 최고 지배층인 문벌 형성
    ㉡ 지방 호족 출신 또는 신라 6두품 계통의 유학자 등이 관직 진출 → 문벌 성립
  ② 성립
    ㉠ 과거와 음서를 통해 관직 독점 → 정치 권력 장악
    ㉡ 전시과나 공음전 외에도 막대한 사전 겸병
    ㉢ 여러 대에 걸쳐 중앙 관직 진출, 왕실 또는 몇몇 가문끼리의 안정된 통혼권 형성

> **읽기 자료**
>
> **귀족사회론과 문벌사회론**
>
> 귀족사회론은 광복 후 오늘날까지 고려사를 이해하는 학자들 사이에서 가장 주류적으로 받아들여지는 견해이다. 고려의 지배 세력이 서양의 귀족과 마찬가지로 세습적 특권에 기반하고 있으며, 국정 운영이나 토지 소유에 있어서도 배타적 지위를 점하고 있다는 것이다. 음서와 공음전의 혜택 자격, 국학 입학 자격, 중앙 관부에 성행한 겸직제 등이 지위 세습을 위한 제도들이었다고 본다. 1970년대 이후 고려를 관료제 사회로 보는 새로운 견해들이 대두하였다. 음서로 받는 관직이 대개 동정직 등 산관 허직에 불과하며 각종 특사적 음서의 비중이 높았으므로, 음서를 세습을 위한 장치로 보기에 문제가 있다고 하였다. 실제 관직 진출의 대부분은 과거를 통한 것이었고, 과거 출신자 중 백정이나 향리들이 있었다는 것도 관료제설을 지지하는 근거가 되었다. 또한 중간계층의 지위를 종래 '귀족'이라 불리던 세력으로 진입하는 과도 단계로, 공음전은 세습 가능한 사유지를 분급한 것이 아니라 공훈에 따라 분급한 수조지였다고 이해하기도 하였으며, 신분이 아닌 직역에 따라 정호층과 백정층을 구분해야 한다는 견해도 제시되었다. 문벌사회론은 고려의 지배층은 서양의 귀족처럼 법적 지위를 확보한 것이 아니라, 사회적 관습과 인식에 따라 인정된 가문이라는 시각에서 비롯한 견해이다. 국왕은 이들 문벌을 적절히 활용하고 체제 내로 포섭함으로써 관료로 기능하게 했으므로, 이 경우 문벌을 왕과 대립되는 귀족으로 보기는 어렵다. 다만 일부 가문이 독점적으로 특권을 유지했다는 점에서 귀족적 성격을 완전히 벗어난 관료군이었다고 보기도 어렵다.

(2) 세력의 대립

① 경원 이씨° 중심의 문벌 세력

  ㉠ 문종 대에 성장, 예종과 인종 대를 거치며 권력 장악

  ㉡ 금에 대한 사대 노선 → 고려 사회의 보수성 강화

② 측근 세력

  ㉠ 문벌 중 일부가 왕실과 중복된 혼인으로 명문 세족화 → 세력 간 불균형

  ㉡ 대금 사대 노선 → 북진 정책 완전히 퇴조 → 서경파 귀족들의 불만, 세력 형성

  ㉢ 신진 관료 세력

    • 지방 출신, 과거를 통해 정계 진출

    • 왕과 밀착 → 왕권 강화, 왕을 보좌하는 측근 세력

2. 문벌 사회의 동요

(1) 이자겸의 난 (1126)

① 배경

  ㉠ 예종의 정치

    • 별무반으로 여진 정벌, 동북 9성 축조
      → 이자겸의 반대 세력인 윤관의 지위 강화

    • 관학 진흥책 → 측근 세력 더욱 성장

  ㉡ 이자겸의 성장

    • 윤관 사후 예종의 장인으로서 권력 구가

    • 예종 사후 이자겸의 집에서 성장한 14세의 외손이 즉위(인종) → 권력 독점

    • 측근 세력의 대표 격인 한안인을 역모로 몰아 숙청

    • 군권을 장악하고 있던 척준경과 사돈 관계 맺고 군사권 장악

    • 금의 건국 이후 고려에 사대 요구 → 수용 → 금의 후원 확보 (1125)

    • 스스로 국공國公에 오르고 생일을 인수절仁壽節로 칭하는 등 왕족 행세

◇ **경원 이씨의 권력 장악**

문종 대부터 인종 대까지 80여 년 동안 5명의 왕에게 9명의 왕비를 들여 외척으로서 당대 최고 가문으로 득세 하였다. 헌종이 어린 나이로 즉위하자 당시 이자의는 권력 장악을 위해 난을 도모하였다. 이를 진압했던 이가 왕의 숙부였으니, 그가 즉위하여 숙종이 되었다. 숙종은 왕권 강화를 위해 별무반을 만들고, 관학 진흥책을 펼쳐 서경파와 과거 출신 측근 세력을 양성하였고, 의천의 건의로 화폐를 발행하는 한편 천태종을 융성시켰다. 그러나 숙종 사후 이자겸이 다시 예종의 외척이 되면서 문벌 귀족 간의 내부 모순이 심화되었다.

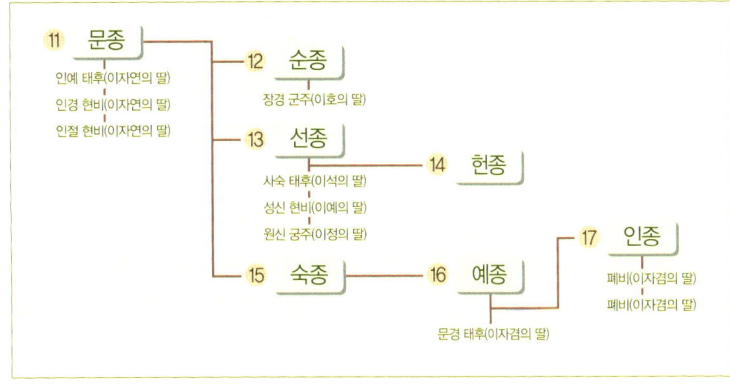

[왕실과 경원 이씨의 혼인 관계도]

② 전개
　㉠ 난 발생
　　• 인종의 측근 세력들이 이자겸 제거 시도 → 실패
　　• 인종이 이자겸에게 양위 시도 → 신하들의 반대로 무산
　　• 십팔자위왕十八子爲王 내세우며 척준경과 함께 왕궁 공격
　　• 이자겸의 아들 승려 의장이 현화사의 승병을 이끌고 난에 합류(1126)
　㉡ 진압
　　• 정지상이 척준경을 이용해 이자겸 제거
　　• 정지상과 김부식의 탄핵으로 척준경 제거
③ 결과
　㉠ 왕권 위축: 경원 이씨 세력 몰락했으나 왕권 크게 위축
　㉡ 서경파와 개경파의 대립
　　• 난 진압 과정에서 정지상 등의 서경파 성장, 개경파 중 김부식의 경주 김씨 일파 크게 부상
　　• 금에 대한 태도와 천도를 둘러싸고 다시 대립

(2) 묘청의 서경 천도 운동(1135)
① 배경
　㉠ 서경파의 주장
　　• 이자겸의 난으로 어수선한 분위기 → 서경 세력의 풍수도참설
　　• 승려 묘청과 백수한, 정지상 등이 서경 천도, 금국 정벌, 칭제건원 주장
　　• 인종이 임원역에 대화궁 건립, 천도 추진
　㉡ 개경파의 반대
　　• 금이 송에 일시적으로 밀리면서 북진 명분 상실
　　• 김부식 등 개경 기반 문벌들의 반대
② 전개
　㉠ 묘청 등이 서경에서 반란: 국호 '대위大爲', 연호 '천개天開', 천견충의군天遣忠義軍 자칭
　㉡ 김부식이 이끄는 관군에 의해 진압(1135~1136)
　㉢ 김부식이 난 진압 이후 윤관의 아들 윤언이를 탄핵하고 실권 장악
③ 결과
　㉠ 서경의 위축: 분사 제도와 삼경제 붕괴, 서경파의 몰락
　㉡ 개경파의 보수화: 숭문천무崇文賤武 경향 강화, 사회 모순 심화

3. 무신 정권의 성립

(1) 배경

① 숭문천무°
  ㉠ 이자겸의 난과 묘청의 서경 천도 운동 이후 문벌 사회의 내부 모순 심화
  ㉡ 거란·여진과의 전쟁 → 무신들의 현실적 지위 상승
    • 경정 전시과: 무반의 대우 다소 향상
    • 예종 때에 강예재 설치
  ㉢ 무반에 대한 차별 지속
    • 하급 군인은 여러 가지 잡역에 혹사, 귀족들에게 군인전 박탈
    • 무신들의 불평과 하급 군인의 불만 결합 → 문벌 정권 타도

② 의종의 실정
  ㉠ 김부식의 아들들과 문신 측근 세력 등용 → 향락과 사치
  ㉡ 재정 부족 → 군인전 한동안 미지급

(2) 발생

① 발단
  ㉠ 보현원에서 오병수박희五兵手搏戱 도중 한뢰가 이소응에 무례한 행동
  ㉡ 행차를 호위한 무신 정중부·이의방·이고 등이 쿠데타

② 전개
  ㉠ 문신들 살해, 의종 폐위 → 거제도로 유배
  ㉡ 왕제王弟인 명종 옹립(1170, 경인난, 정중부의 난)

(3) 무신 정권의 전개

① 이의방(1170~1174): 정중부의 추대로 잠시 집정, 실권은 정중부가 장악
② 정중부(1174~1179)
  ㉠ 중방을 중심으로 권력을 장악, 토지와 노비 확충
  ㉡ 무신 집권 초기의 반反 무신란과 농민 반란 진압

읽기 자료

1. 무신 집권기의 반 무신란
  • 김보당의 난(계사 난, 1173) : 동북면 병마사 김보당이 의종 복위 운동을 전개하였으나 실패하였다.
  • 조위총의 난(1174) : 서경 유수 조위총이 일으킨 반란이 서북 농민들의 민란과 결합하여 3년여 간 지속되었다.
  • 교종 승려의 난(1174~5) : 귀법사, 흥화사, 흥왕사 등 교종 계통 승려들이 반란을 도모하였다.

2. 무신 집권기의 주요 민란
  • 망이·망소이의 난(1176) : 공주 명학소에서 일어난 반란으로, 정중부는 명학소를 충순현으로 승격시켜 무마하였다가 이내 진압하였다.
  • 김사미·효심의 난(1193) : 운문(청도)의 김사미, 초전(울산)의 효심이 연합하였다. 경주 출신이던 이의민은 이를 이용하여 권력을 장악하려다가 실패하자 진압하였다. 그 잔당들이 최충헌 집권기에 동경 대반란(1202)에 가담하여 신라 부흥을 표방하였다.
  • 최광수의 난(1217) : 최충헌 집권기 서경에서 고구려 부흥을 표방하였다.
  • 이연년 형제의 난(1237) : 최우 집권기에 대장경 조판 과정에서의 착취에 반발하여 담양에서 일어나 백제 부흥을 주장하기도 하였다.

3. 무신 집권기의 신분 해방 운동
  • 전주 관노의 난(1182) : 경대승 집권기의 반란으로, 한때 전주성을 점령하였다.
  • 만적의 난(1198) : 최충헌의 사노 만적이 주도한 신분 해방 운동으로, 사전에 발각되었다.

◇ **숭문천무崇文賤武**

무신은 정3품 상장군까지만 오를 수 있었고, 그 이상 승진하면 문반직을 받게 되어 있었으나 거의 불가능하였다. 이에 군사 행정을 담당하는 병부의 판사나 상서는 모두 문신이 차지하였으며 외적에 대한 출정군을 편성할 때 지휘부의 원수, 부원수도 모두 문신이 맡았다. 귀주 대첩을 승리로 이끈 강감찬, 별무반을 이끌고 동북 9성을 쌓은 윤관도 모두 문신이었다. 양계의 병마사 역시 문신이 맡았고 무반 최고인 정3품 상장군은 문반 종3품과 같은 대우를 받았다.

◇ **도방**
경대승은 100명의 결사대를 사재에 유숙하게 하였는데, 이를 도방이라 하였다. 도방은 이의민에 의해 잠시 폐지되었다가 최충헌 때 부활하였다. 최충헌은 이를 6번番으로 나누어 교대로 숙위하게 하였으며, 최항 때에는 36번番으로 확대되었다.

◇ **교정도감**
'교정소'라고도 하며 1209년 청교역의 역리가 최충헌 부자를 살해하려던 사건을 수사하기 위해 설치되었다. 그러나 최충헌은 사건이 마무리된 뒤에도 이 기구를 계속 유지하여 최씨 정권의 반대 세력을 제거하는 데 이용하였다. 이후 점차 기능을 확대하여 국정을 총괄하는 최고 정치 기구의 역할까지 담당하였다. 1270년 임유무 피살과 함께 폐지되었다.

◇ **정방**
최우 때 설치하여 능문능리의 신진 관료들을 대거 발탁한 인사 행정 담당 기구였다. 앞서 최충헌은 교정도감을 통해 인사 행정에 개입하였고 흥녕부(후에 진강부·진양부로 개칭)를 두어 정안을 멋대로 관장하였다. 정방은 원간섭기에도 존속하였는데, 이때는 권문세족들이 장악함으로써 신진 관료보다는 권문세족들의 인사 통로가 되었다. 치폐를 거듭하여 충선왕, 충목왕 때 폐지된 바 있으나 공민왕은 이를 혁파하고 문관과 무관의 인사권을 각각 전리사와 군부사에게 넘기기도 하였다. 우왕(또는 창왕 원년) 때 이성계가 위화도 회군 이후 집권체제를 굳히면서 완전히 혁파하고 상서사尙瑞司를 설치하였다.

◇ **서방**
1227년 최우가 설치하여 문인을 3번으로 나누어 숙위하게 하였다. 이는 문인들로부터 자문을 받기 위함인데, 이로써 최씨 정권은 무인들의 숙위 기관인 도방과 함께 문무를 겸비하게 되었다.

◇ **삼별초**
최우가 나라 안에 도적이 많아 이를 막기 위하여 야별초夜別抄를 두었는데 그 수가 많아지자 좌별초와 우별초로 나누었다. 이후 최항 집권기에 원에 포로로 잡혀갔다가 도망해 온 자들로 신의군神義軍을 편성하면서 삼별초가 구성되었다. 이들은 국왕 호위와 도적 체포까지 담당하며 녹봉을 받았던 공병의 성격을 가졌지만, 실제로는 도방과 함께 최씨 정권의 무력 기반이 되었다.

③ 경대승(1179~1183): 개혁적 성향의 젊은 무신으로 사병인 도방都房◦ 설치
④ 이의민(1183~1196)
   ㉠ 천민 출신, 김보당의 난 때 의종을 제거한 공로로 성장
   ㉡ 도방 폐지, 무단 통치로 횡포 → 최충헌 형제에 피살
   ㉢ 하극상 풍조 → 민란 만연
⑤ 최충헌(1196~1219)
   ㉠ 봉사 10조: 명종에게 사회 개혁안 제출 → 개혁 무산, 농장과 사병 독점
   ㉡ 권력 기반 강화
      • 도방 부활, 교정도감◦ 설치
      • 도병마사 기능 강화: 중방 약화, 문신 우대
      • 이후 최씨 일가들이 교정별감 자리를 계승 → 정권 장악
      • 왕권 약화: 신종·희종·강종·고종 등 4번의 왕위 변화
   ㉢ 흥녕부 설치
      • 진주 지역(진강, 진양)을 식읍으로 받음 → 진강후晉康侯 책봉
      • 흥녕부 설치하여 재정권 장악
   ㉣ 교종 억압과 선종 후원
      • 왕실 및 귀족과 연계된 교종 탄압
      • 선종 중심의 조계종 후원 → 지눌 등 성장
   ㉤ 이규보 등 문신 중용
⑥ 최우(최이, 1219~1249)
   ㉠ 인사권 장악
      • 교정도감과 흥녕부를 통해 권력 유지
      • 정방政房◦과 서방書房◦ 설치 → 능문능리能文能吏의 문신들이 최씨 정권의 고문 역할
   ㉡ 사병 조직: 도방 확대, 마별초(기병대)·야별초(→ 삼별초◦로 재편) 조직
   ㉢ 대몽 항쟁: 원의 1차 침입 직후 강화도로 천도(1232)
⑦ 김준(1258~1268)
   ㉠ 김준·임연 등이 최의 제거 → 4대에 걸친 최씨 정권 붕괴
   ㉡ 원과의 화의(1259): 태자(이후의 원종)의 입조 → '세조 구제' 약속
⑧ 임연·임유무(1268~1270)
   ㉠ 김준의 왕정 복고 추진 → 임연이 김준 제거, 권력 장악
   ㉡ 개경 환도(1270)
      • 최탄崔坦이 반란 일으켰다가 원에 투항 → 동녕부 설치
      • 여·몽 연합군이 임연·임유무 부자 토벌 후 개경 환도 단행
   ㉢ 환도 직후 삼별초가 대몽 항쟁 전개

(4) 무신 정권기의 특징
① 제도 붕괴
   ㉠ 일부 비정상적 기구가 권력 독점
   ㉡ 문벌 귀족에 의해 유지되던 사회 제도 및 질서 붕괴: 전시과, 과거제, 신분제 등
② 사회 동요: 반 무신란, 민란, 신분 해방 운동, 왕조 부흥 운동 등 빈번한 반란

4 원의 간섭과 고려의 정치 변동

1. 원의 내정 간섭

(1) 배경
① 원의 간섭 시작: 강화도에서 항몽 투쟁을 지속하던 무신 정권 붕괴(1270) → 왕정 복구
② 일본 원정°에 고려 동원, 정동행성征東行省 설치 → 이후 내정 간섭 기구로 이용

(2) 고려 정치의 변화
① 원의 직할령 설치: 쌍성총관부(1258), 동녕부(1270), 탐라총관부(1273)°
② 부마국 지위로 격하
  ㉠ 충렬왕 이후 고려 왕이 원 황실의 공주와 혼인 → 원의 부마국화
  ㉡ 중앙 관제 격하·개정(1275): 2성 6부 → 1부 4사°
  ㉢ 왕실 용어 변경:
    • 조·종 묘호 사용 불가, 충忠 자를 붙여 '왕'으로 표현
    • 제후 용어 사용: 선지宣旨 → 왕지王旨, 짐朕 → 고孤, 사赦 → 유宥, 폐하陛下 → 전하殿下, 태자太子 → 세자世子
③ 간섭 정치
  ㉠ 다루가치
    • 원의 지방관청장, 점령 지역을 통치·간섭하던 직책
    • 원의 1차 침입 이후 서북 지역과 탐라총관부 등지에 파견
  ㉡ 정동행성
    • 일본 정벌을 위해 설치 → 내정 간섭 기구로 변화
    • 행중서성行中書省: 중서성의 지방 파견 기관, 고려 왕이 장관 겸직
    • 이문소理問所(사법 기구): 원 관계에 대한 범죄 단속 → 불법적 사법권 행사
  ㉢ 만호부: 2차 일본 원정 실패 후 고려에 설치·편성한 군대
  ㉣ 순마소: 고려인의 항몽 투쟁 감시, 개경 치안 담당
  ㉤ 동경총관
    • 남만주 일대의 고려인 통치를 위해 설치, '고려군민총관부'로 개편
    • 고려 왕족을 심양왕瀋陽王에 임명, 세자를 툴루게禿魯花로 삼아 심양에 머물게 하기도 함
  ㉥ 겁령구
    • 원 공주를 따라온 사속인私屬人 → 토지와 관직 지급, 횡포 극심
    • 충렬왕비 제국대장공주 때부터 비롯
④ 강제 징발
  ㉠ 공녀貢女 문제
    • 원의 공녀 요구: 원종 때 결혼도감 설치 → 몽골로 공녀 차출
    • 고려에서 조혼 유행

◇ **여·원 연합군의 일본 원정**
- 1차(1274): 둔전경략사를 설치하여 식량을 조달하고 합포(마산)를 출발하여 규슈 하카타에 도착하였으나 태풍으로 실패하였다.
- 2차(1281): 탐라총관부에서 병마를 조달하고 개경에 정동행성을 실시(1280), 재차 원정에 나섰으나 질병과 태풍으로 실패하였다.

◇ **원의 직할령**
- 쌍성총관부(1258~1356): 화주에 설치하여 철령 이북을 관할하였다. 공민왕 때 무력으로 탈환하였다.
- 동녕부(1270~1290): 서경에 설치하여 자비령 이북을 관할하다가 충렬왕 때 요양으로 철수하였다.
- 탐라총관부(1273~1301): 삼별초 평정 후 제주도에 설치하여 목마장을 두었다가 충렬왕 때 반환하였다.

◇ **관제 격하**

원 간섭기 이전	원 간섭기 이후
중서문하성, 상서성	첨의부
이부, 예부	전리사
병부	군부사
호부	판도사
형부	전법사
공부	폐지
중추원	밀직사
어사대	감찰사
cf. 도병마사	도평의사사 (강화)

◇ **심양왕**
원에 머물던 충선왕이 충렬왕 33년(1307), 원 무종의 즉위에 공을 세워 심양왕의 작호를 받고, 심양을 포함한 랴오양 지방에 사는 고려인들을 다스리게 되었다.

◇ **툴루게**
원은 고려 왕족이나 귀족의 자제를 인질로 데려가 연경에 머물며 궁중을 숙위하게 하였다. 일종의 인질 제도였으며, 세자는 특히 원의 공주와 결혼한 후 귀국하여 왕으로 즉위하야 했다.

◇ **몽골풍**
- 복식: 변발, 호복(철릭·발립), 족두리, 연지, 도투락 댕기
- 음식: 소주, 설렁탕
- 용어: ~치, 사돈, 수라, 마마, 무수리

◇ **도평의사사**
도평의사사는 1279년 도병마사가 개정된 것으로, 군사적 문제뿐만 아니라 민사적 문제까지 관장하여 정무를 널리 평의한다는 뜻으로 개창한 것이다. 재신과 추신으로 구성되었는데, 고려 말 그 수가 늘어나 합좌하는 재추의 수가 7~80명이나 되었다. 도평의사사는 단순히 합좌만 하는 것이 아니라 직접 국무를 결정 실행하는 행정 기능도 지니게 되어 이·예·호·형·병·공의 6색장이 편성되었다.

     ⓒ 응방
      • 매 사냥을 즐기던 원 황실의 요청 → 응방을 통해 매 징발
      • 응방: 원의 비호 → 면역·면세의 특권, 많은 사전, 노비, 소작인 소유
      • 시파치[時派赤]: 해동청의 사육 담당, 횡포와 폐해 극심 → 치폐 반복
     ⓒ 반전도감 설치: 금·은·베를 비롯, 인삼·약재·매 등의 특산물 징발
    ⑤ 몽골풍
     ㉠ 몽골풍: 고려 상류 사회에서 몽골어·몽골식 복장·변발 등 유행
     ⓒ 고려양: 원에 의복, 그릇, 음식 등 고려의 풍속 전파
    ⑥ 권문세족이 입성책동立省策動 주장
  (3) 권문세족의 등장
    ① 형성: 친원 세력, 고관직을 차지 → 도평의사사(도당) 장악
    ② 출신
     ㉠ 대개 원 간섭기에 골격 형성
      • 충선왕: '누대 공신으로 재상의 가문[累代功臣宰相之宗]'이라고 명명
     ⓒ 전기 이래의 문벌 귀족, 무신 정변기 성장 가문, 원 부용 세력, 원과의 통혼 관계로 성장한 가문 등
    ③ 특징
     ㉠ 정통성 결여했으나 실직을 갖고 권력 행사 → 문벌 귀족보다 관료적 성격 강함
     ⓒ 과거보다는 음서 의존 경향
     ⓒ 고위 관직 독점, 지위 세습, 막대한 농장과 노비 소유 → 경제적 부 축적
      • 민전民田·공전公田 침식: 사패전 분급, 사전 개간, 겸병 등
      • 국가 재정 궁핍, 전시과 체제 붕괴 초래

2. 원 간섭기의 개혁 정치
 (1) 배경
   ① 권문세족: 관직 독점, 농장 확대, 양민을 노비로 삼는 등 모순 격화
   ② 새로 성장한 신진 관료층 중심으로 개혁 노력 지속
 (2) 개혁의 노력
   ① 충렬왕(1274~1308)
    ㉠ 즉위: 원종 1년(1260) 태자가 되어 원에 가서 제국대장공주 혼인, 호복에 변발 차림으로 귀국하여 즉위
    ⓒ 원의 내정 간섭
     • 두 차례의 일본 원정(1274, 1281)에 동원: 인적, 물적 수탈 심화, 정동행성 설치
     • 관제 격하와 함께 본격적인 내정 간섭 시작

- ⓒ 개혁 정치
  - 관학 진흥: 안향이 성리학 도입하고 성균감 설치·문묘 건립 건의, 섬학전(贍學錢) 지급하여 양현고의 부실 보충, 경사교수도감(經史教授都監) 설치
  - 필도치(必闍赤) 설치: 재추를 대신할 국왕 측근 기구 → 도평의사사 견제 시도
  - 편민 18사: 홍자번이 각 부문에 걸친 개혁 건의
  - 전민변정도감 설치: 토지 및 노비 관련 행정 정비 시도
  - 일본 원정 과정에서 설치한 둔전경략사 폐지(1278)
  - 동녕부와 탐라총관부 지역 반환
- ⓓ 카디안(哈丹)의 침략(1290)
  - 원 내부 반란 세력인 카디안이 고려에 침입
  - 충렬왕은 강화로 피난 → 고려와 원의 연합군이 격퇴(1291)
- ⓔ 충선왕에게 선위했다가 재즉위(1298)

② 충선왕(1298, 1308~1313)
- ⓐ 중조(重祚) 제도: 충렬왕의 선위로 처음 즉위 → 원에 의해 퇴위 → 재즉위
- ⓑ 즉위 초기 개혁
  - '성균감 → 성균관' 개칭 및 정비
  - 사림원(詞林院) 설치: 신흥 사대부 등용, 정방 일시 폐지
  - 전농사 설치: 농장·노비 조사
  - 조비 무고 사건으로 강제 퇴위 → 충렬왕 재즉위
- ⓒ 심양왕: 퇴위 후 원에 압송 → 심양왕 책봉 → 충렬왕 사후 재즉위
- ⓓ 후기 개혁
  - 개혁 정치를 천명한 복위 교서 반포(1308)
  - 의염창 설치: 소금의 전매제(각염법) → 재정 수입 증대
  - 입성책동 처음 발생 → 충숙왕과 충혜왕 때까지 지속
  - 수시력(授時曆) 채택
- ⓔ 만권당(萬卷堂) 설치
  - 1년 만에 퇴위 후 대도로 돌아가 설치, 학문에 매진
  - 이제현의 활약 → 성리학 연구와 보급 활성화

◇ **홍자번의 편민 18사**
관리의 작폐 방지, 공납과 조세의 균등 및 정해진 액수 외의 수취 금지, 의창을 통한 백성의 구휼 등을 제시하였지만, 홍자번 자신이 권문 세족이었으므로 사회 경제적인 모순의 본질을 외면한 채 부분적인 문제만을 거론하고 이를 개선하는 수준에 머무르는 한계가 있다.

◇ **중조 제도**
원 간섭기에 고려 왕들은 원에 의해 임명되는 형식을 갖추었다. 이로 인해 충렬왕, 충선왕, 충숙왕, 충혜왕이 재위 중에 원에 의해 교체되었다가 다시 복위함으로써, 두 번 즉위하는 일을 겪었다.

◇ **조비 무고 사건**
충선왕이 고려 출신 왕비인 조비의 부친 조인규와 함께 개혁을 추진하던 중, 원나라 출신 왕비(계국대장공주)가 조비가 자신을 저주했다고 무고함으로써 관련 인물이 처형당한 사건이다. 이로써 충선왕이 퇴위당하고 개혁이 중단되었으며, 원의 내정 간섭은 더욱 강화되었다.

▶ **읽기 자료**

소금 전매제

12세기 이후에는 권세가들이 염분을 탈취하는 경우가 많았고, 소 체제가 무너지면서 염소도 해체되었다. 고려 후기에는 소금을 생산하는 기술이 발달하고 생산지도 확대되어, 염소 이외에 여러 곳에서도 생산이 가능해졌다. 염소 체제가 무너지고 국가의 염세 수입이 감소하자, 충선왕은 소금의 전매제를 실시하였다(1309). 충선왕은 소금의 생산과 유통을 국가가 관리함으로써 재정난을 해결하는 한편, 당시 원과 결탁하여 정치·경제력을 확대하고 있던 권문세족을 억압하려고 하였다. 고려 후기의 소금 전매제는 국가의 통제력이 약하고 관리들의 부정이 심해진 데다 소금마저 부족하여 제대로 시행되지 못하였다.

③ 충숙왕(1313~1330, 1332~1339)
  ㉠ 심양왕 출신, 두 차례 즉위
  ㉡ 찰리변위도감抄理辨違都監 설치하여 전민 색출
  ㉢ 사심관 폐지(1318): 지방에서의 폐단 심화
  ㉣ 입성책동(1323): 충숙왕 원에 억류시키고 유청신 등이 제기
④ 충혜왕(1330~1332, 1339~1344)
  ㉠ 편민조례추변도감 설치: 개혁 시도 → 실패
  ㉡ 소은병小銀瓶 발행
⑤ 충목왕(1344~1348)
  ㉠ 어린 나이에 즉위 → 이제현 등 유신들이 개혁 주도
  ㉡ 정치도감 설치: 원의 명령에 따른 개혁 정치 추진(1347)
  ㉢ 응방 폐지, 정방 일시 혁파

◇ **정치도감의 개혁**
권세가들이 빼앗은 토지와 노비를 본주인에게 돌려주고, 권세가들이 경기도에 가지고 있던 사급전을 혁파하여 일반 관리와 국역 부담자들에게 녹과전으로 지급하였다. 원나라의 간섭으로 개혁이 제대로 시행되지는 못하였지만, 정치도감관의 출신을 살펴보면 최고 책임자들은 권문세족이었으나 실무 담당자들은 대개 과거를 통해 관직에 진출한 성리학적 소양을 갖춘 인물들이었다. 정치 개혁을 주도할 자질과 희망을 가진 집단이었던 것으로 짐작된다.

● **읽기 자료**

원의 간섭과 고려의 개혁

원 간섭기에 고려는 사회 경제적 모순의 심화와 이에 따른 백성들의 저항에 대응하여 개혁을 추진하였다. 충선왕은 토지 제도와 수취 제도에서 발생한 폐단을 시정하려 하였다. 그러나 아직 개혁을 추진할 수 있는 세력이 성장하지 못하였으며, 원의 간섭을 인정한 상태에서 개혁을 통하여 자신의 정치적 입장을 강화하려 한 국왕의 태도 등으로 인하여 실효를 거두지 못하였다. 충목왕 때에도 친원파를 몰아내면서 권세가들의 경제 기반을 약화시키려는 개혁이 추진되었으나 역시 권문세족의 반발과 원의 간섭으로 성공하지 못하였다.

⑥ 공민왕(1351~1374)
  ㉠ 배경
    • 원에 머물다가 노국대장공주와 귀국
    • 원·명 교체기 → 친명 외교 구사, 반원 자주·왕권 강화를 목적으로 개혁 정치 표방
  ㉡ 반원 자주 정치
    • 즉위 직후 몽골풍 일소
    • 정방 폐지 → 전리사典理司의 인사권 복구
    • 전민변정도감 설치(1352)
    • 친원파(기철 등) 숙청, 정동행성 이문소 폐지, 관제 복구, 성균관을 국자감으로 환원
    • 원의 연호 폐지 → 명의 연호 도입(1356)
    • 유인우, 쌍성총관부를 비롯한 철령 이북의 땅 수복 → 화주 지역 세력인 이자춘이 적공積功(1356)
  ㉢ 홍건적의 침입: 원 말기 한족 농민 세력 → 만주 점령 이후 고려에 침입
    • 1차 침입(1359): 서경 함락 → 이방실 등이 격퇴
    • 2차 침입(1361): 개경 함락, 왕이 복주(안동)로 피신 → 정세운 등이 격퇴
  ㉣ 홍왕사의 변
    • 안동에서 환도한 이후 홍왕사를 행궁으로 삼아 거처
    • 김용 등 친원 세력이 공민왕 시해 도모 → 최영에 의해 진압(1363)
    • 이후 공민왕의 본격적인 왕권 강화책 시도

⑩ 왕권 강화책
　　　　• 성균관 중영重營(1362): 순수 유교 교육 기관으로 개편
　　　　• 과거제 정비
　　　　• 노국공주 사망 이후 신돈 기용 → 전민변정도감 재설치(1366)
　　　　• 신진 사대부를 통해 본격적인 개혁 추진
　　　　• 요양 정벌: 기철에 대한 보복을 구실로 원이 동녕부를 중심으로 고려 공격 → 이성계·지용수 등이 요양(요동) 정벌(1368)
　　　　• 내재추제內宰樞制: 몇몇 선발된 재추宰樞가 궁내에서 기밀 사무 처리 → 측근 중심의 정치 운영 도모, 도평의사사 약화 시도
　　　　• 자제위子弟衛◇ 설치(1372), 폐행嬖幸 중용
　　　⑪ 개혁의 실패
　　　　• 신돈이 제거된 후 국정 불안 → 자제위 세력이 공민왕 시해
　　　　• 신진 사대부 세력 미약, 홍건적·왜구의 침입으로 혼란

> ◇ 자제위
> 공민왕이 신변 호위 및 인재 양성을 목적으로 궁중에 설치한 조직으로, 공신과 고위 관직자의 자제를 뽑아 구성하였다. 왕권 강화를 도모하였으나 비빈과 자제위 사이의 풍기 문란이 발생하고 공민왕에 대한 흉흉한 소문이 돌던 끝에 공민왕이 자제위 소속 인물들에게 시해당하는 사건이 발생하였다.

> **읽기 자료**
>
> **공민왕 즉위기의 국내외 상황**
> • 14세기에 이르러 원의 지배력은 크게 약화되었다. 황위 계승을 둘러싼 원 황실의 내분과 경제 혼란, 라마교를 위한 과도한 재정 지출 등으로 중국 각지에서 반원 농민 반란이 자주 일어났다. 원에 쫓겨 고려에 침입하였던 홍건적의 활동은 그 대표적인 예였다.
> • 공민왕 즉위 이후에도 원의 간섭은 여전하였고 친원파 역시 건재하였다. 공민왕은 친원파를 관직에 기용하지 않는 등 적대적인 태도를 보였으나 이들을 완전히 제거할 수 있는 현실적인 힘을 가지고 있지는 못하였다. 때마침 원에서 기황후의 아들이 황태자에 봉해지자 이러한 추세는 더욱 심해졌다. 이를 계기로 기철의 권력이 공민왕을 압도할 정도로 커졌고, 그의 일족과 친원파의 정치적 지위가 크게 높아졌다.

3. 신흥 세력의 성장과 고려의 멸망

(1) 신진 사대부의 성장
　① 형성
　　㉠ 서방을 통해 등용되기 시작한 유교적 소양의 관료군에 뿌리를 둔 신흥 관료 세력
　　㉡ 충선왕이 설치한 사림원을 통해 성장, 공민왕 대에 성균관과 과거를 통해 기용
　　㉢ 개혁 정치 주도 → 능문능리의 학자 관료층 구성
　② 특징
　　㉠ 대개 지방 향리 출신
　　㉡ 성리학을 사상 기반으로 하여 불교의 폐단 시정 추구
　　㉢ 권문세족의 비리와 불법 견제
　　㉣ 친명 정책, 왕도정치와 민본주의
　③ 한계
　　㉠ 권문세족의 인사권 독점으로 관직 진출 제한
　　㉡ 경제 기반 미약: 과전과 녹봉을 제대로 지급받지 못함
　④ 신흥 무인 세력과 결탁하여 세력 강화

◇ **왜구의 침입**
왜구는 충정왕 2년(1350)에서 공양왕 4년(1392)에 이르는 동안 506번이나 고려를 침략하였다. 당시 일본은 중앙의 통제력이 지방에 미치지 못하여 치안이 어지러운 상태였다. 각지의 영주들은 이 틈을 타서 영지를 넓히고 배후에서 왜구를 조종하였다. 왜구는 단순한 해적이 아니라 조직적인 세력으로서 많게는 한 번에 400척의 배를 이끌고 고려의 해안을 약탈하였으며, 조운선이나 조창을 빈번히 습격하였다. 이뿐만 아니라 내륙까지 침범하여 약탈과 방화, 살인, 인신매매까지 일삼았다.

◇ **철령위 사건**
우왕 14년(1388) 2월, 명 사신이 "철령 이북은 원래 원나라 땅이었으니 모두 요동에 귀속시키도록 하라"는 명 황제의 명령을 전달하면서 명과 고려 사이에 분쟁이 생겼다. 당시 실권자였던 최영은 명에 사신을 보내 부당하다고 반박하는 한편, 서북변방에 성을 쌓고 요동 정벌을 준비하는 등 강온 양면책을 추진하였다.

◇ **4불가론**
이성계가 요동 정벌이 불가한 이유를 네 가지 들었는데,
· 작은 나라가 큰 나라를 거역하는 것[以小逆大]
· 여름 농번기에 군대를 동원하는 것[夏月發兵]
· 남쪽의 왜가 우려된다는 것[倭乘其虛]
· 장마철이라 활이 상하고 질병이 돈다는 것[時方暑雨 弩弓解膠 大軍疾疫]이다.

◇ **폐가입진**
가왕假王을 몰아내고 진왕眞王을 세운다는 말로, 고려 말 이성계 등이 창왕을 폐위하고 공양왕을 옹립한 사건을 뜻한다. 창왕과 그 아버지 우왕이 왕족이 아니라는 의심은 공민왕 시해 이후 왕위 계승 문제를 둘러싸고 제기되었다. 즉, 우왕이 공민왕의 아들이 아니라 신돈과 그의 비첩婢妾인 반야 사이에서 태어났다는 것이다. 이에 대한 뚜렷한 증거는 없었지만 창왕은 왕족이 아니라는 명분으로 폐위되고 공양왕이 왕위에 올랐다.

(2) 신흥 무인 세력의 성장
① 형성
　㉠ 공민왕 대 쌍성총관부 탈환, 홍건적 격퇴, 요양 정벌 과정에서 신흥 세력 등장
　㉡ 대표적 인물: 최영(권문세족에 뿌리), 이성계(지방 세력)
② 왜구의 격퇴와 성장
　㉠ 일본 가마쿠라鎌倉 막부의 붕괴 → 한반도 연해에 해적 집단인 왜구 창궐◇
　　• 해상 조운 단절 → 국가 재정 붕괴, 천도 논의
　　• 연해 농민들의 약탈 피해
　㉡ 고려의 왜구 토벌 → 이 과정에서 신흥 무인 세력 성장

전투	시기	주요 인물	특징
홍산(부여)	우왕, 1376년	최영	
진포(군산)	우왕, 1380년	최무선	화통도감(1377)의 화포 이용
황산(남원)	우왕, 1380년	이성계	적장 아지발도 사살
관음포(남해)	우왕, 1383년	정지	수군의 전투
쓰시마	창왕, 1389년	박위	왜구의 소굴 토벌

(3) 이성계의 정권 장악
① 세력 분열
　㉠ 원·명 교체기: 친명 세력과 친원 세력의 대립
　　• 친명 세력: 공민왕과 신진 사대부 중심
　　• 친원 세력: 원에 부용하던 권문세족 중심
　㉡ 우왕 즉위 후: 원과 명에 양면 외교 구축
② 요동 정벌론
　㉠ 우왕 대 이인임·염흥방 일파의 정권 장악
　　• 인사 문란: 반대 세력을 몰아낸 후 족당 정치 → 신진 사대부의 반발
　　• 친원 정책 표방 → 철령위 사건◇
　㉡ 철령위 사건(1388)
　　• 명이 쌍성총관부 관할 하의 철령 이북 땅에 철령위 설치, 직속령으로 삼겠다고 통고
　　• 최영: 요동 정벌 결정·추진(1388) → 이성계가 4불가론◇을 들어 반대
③ 위화도 회군
　㉠ 최영을 팔도도통사로, 조민수와 이성계를 좌·우군도통사로 하는 정벌군 구성
　㉡ 우왕의 요청으로 최영이 출정하지 않은 가운데 이성계가 위화도 회군(1388)
　　→ 개경 귀환 후 반대파인 최영을 제거, 우왕 축출
④ 폐가입진廢假立眞◇
　㉠ 조민수가 창왕 옹립, 권력 장악
　㉡ 이성계 일파: 우왕과 창왕 제거, 공양왕 옹립 후 권력 장악(1389)

⑤ 신진 사대부의 분화
  ㉠ 개혁 과정에서 신진 사대부가 온건 세력과 급진 세력으로 분화
    • 온건 세력: 고려 왕조의 폐단을 점진적으로 개혁(정몽주·이색)
    • 급진 세력: 왕조 개창 주장(조준·정도전·남은)
  ㉡ 이성계가 군사권 장악 후 급진 세력과 결탁 → 선죽교에서 정몽주 제거, 도평의사사 장악

(4) 역성 혁명
  ① 전제 개혁
    ㉠ 이성계 일파인 정도전 중심
    ㉡ 급전도감: 양전 사업 실시
    ㉢ 과전법 공포(1391): 종래의 공사전적公私田籍을 모두 불태움
  ② 건국 준비
    ㉠ 윤이·이초 무고 사건(1390)◇을 계기로 이색 등 반대 세력 제거
    ㉡ 이성계의 병권 장악: 삼군도총제부 설치(1391) → 삼군도총제사에 이성계 임명
    ㉢ 서적원 설치(1392), 저화 발행
  ③ 조선 건국: 공양왕 폐위 후 도평의사사에서 이성계 추대 → 조선 개창(1392)

◇ **윤이·이초 무고 사건**
윤이와 이초가 이성계 일파의 정변 기도를 감지하고 명나라 황제 주원장에게 호소하여 이성계를 없애려고 모의한 사건이다. 윤이와 이초는 명나라 태조에게 이성계와 정도전 등이 군사를 일으켜 명나라를 치려 하며, 이색·조민수·권근 등 재상 19인이 제거당할 것이라고 거짓으로 고하였다. 함께 사신으로 명나라에 머물던 조반이 급히 귀국하여 이 사실을 조정에 알리자, 이성계 등은 사람을 보내 윤이와 이초를 잡아들이고 정도전을 사신으로 보내 바로잡았다. 결국 이성계와 정도전은 이를 계기로 반대파를 제거할 계획을 꾸미고 옥사를 일으켰다.

5 고려의 대외 관계

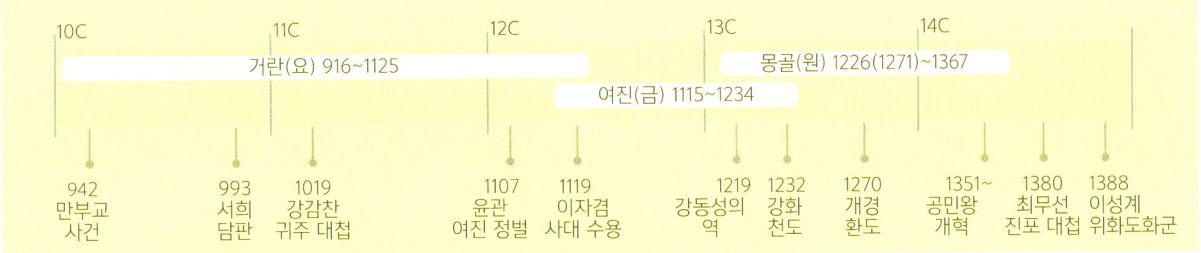

[고려의 대외 관계 연표]

1. 거란의 침입과 격퇴

(1) 배경
  ① 태조 이래 반거란 정책 추진 → 역대 왕들에게 계승
    ㉠ 정종: 광군사 설치
    ㉡ 광종: 송과 정식으로 국교(962) → 거란 견제
  ② 10세기 초 거란
    ㉠ 통일 국가 요遼 건국
    ㉡ 송과의 대결에서 유리한 위치를 차지하고자 정안국 토벌, 고려 침략

(2) 거란의 침입

① 1차 침입(993)
　㉠ 소손녕이 80만의 군사를 이끌고 고려 서북변 침략
　㉡ 옛 고구려 영토 요구, 송과의 교류관계 단절 요구
　㉢ 서희의 담판
　　• 거란에 적대하지 않는 조건으로 거란군 저지
　　• 강동 6주◇ 확보 → 처음으로 고려 국경이 압록강에 도달

② 2차 침입(1010)
　㉠ 배경
　　• 고려의 친송 정책 지속, 거란과의 외교 수립 지연
　　• 강조의 정변을 구실로 40만 군대 파병 → 강동 6주 반환 요구
　㉡ 강조의 패배, 개경 함락 → 현종이 나주로 피난 → 거란은 고려 왕의 친조를 조건으로 철군
　㉢ 양규: 흥화진 고수하여 거란 압박 → 귀주와 흥화진에서 철군하는 거란 공격 → 포로를 되찾고 전사

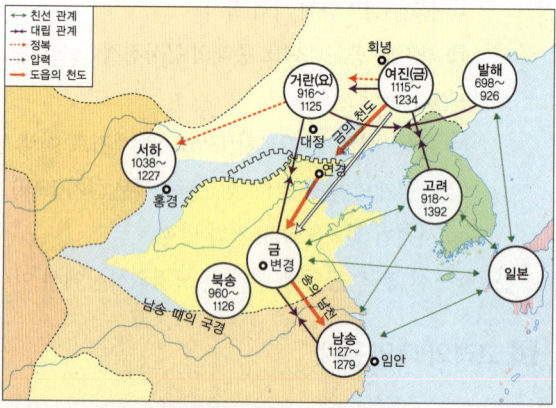

[10 ~ 12세기 동아시아의 외교 관계]

③ 3차 침입(1019)
　㉠ 배경: 현종의 입조 회피, 강동 6주의 반환 거절
　㉡ 소배압이 10만 대군을 이끌고 침입
　㉢ 상원수 강감찬: 흥화진 전투(삼교천 물 막는 작전), 귀주 대첩(화공)

④ 결과
　㉠ 동아시아 세력 균형
　　• 거란과 고려 사이의 화약 체결: 강동 6주를 고려의 영토로 인정, 고려는 요의 연호 사용, 송과 일시적으로 국교 단절
　　• 거란이 더 이상 고려와 송을 공격하지 않아 고려·송·거란 사이에 세력 균형 유지
　㉡ 행정 구역 재정비
　　• 개성부 재편: 경중 5부 독립(방리 설정), 왕경 이외에 경기 설치
　　• 개경에 나성 축조(현종, 1029): 강감찬의 건의로 이가도(왕가도)◇가 주도
　　• 5도 양계 재편, 향리 공복 및 정원 제도 마련
　㉢ 북진 정책 퇴조 및 민생 안정
　　• 천리장성 축조(덕종~정종): 거란과 여진의 침입에 대비하여 압록강~도련포
　　• 지방 안정책 및 민생 안정책 추진

◇ 강동 6주
압록강 동쪽의 흥화진(의주), 용주(용천), 통주(선주), 철주(철산), 귀주(구성), 곽주(곽산)의 6개 주를 이른다.

◇ 이가도
청주 출신으로 과거를 통해 출사한 서경파 귀족이다. 최질·김훈의 난을 진압하여 현종의 눈에 들었고, 덕종의 대거란 강경책을 지지하였다. 나성 축조 이후 왕씨 성을 하사받고, 현종~덕종 대에 왕의 장인이 되어 권세를 누렸다.

2. 여진과의 관계

(1) 여진족의 성장
① 말갈의 유족, 고려는 이들을 포섭하고 침입을 막고자 식량이나 농기구를 주어 회유
② 11세기 후반 완옌부(完顏部) 추장이 여진을 통합 → 고려 압박

(2) 여진 토벌
① 1차 정벌(1104): 임간과 윤관의 여진 정벌 시도 → 실패
② 2차 정벌(1107)
  ㉠ 윤관이 숙종의 명으로 별무반 조직(1104): 신기군神騎軍(기병), 신보군神步軍(보병), 항마군降魔軍(승병) 등으로 구성
  ㉡ 예종 때 여진 토벌(1107) → 동북 9성 축조(1108)◇
③ 9성 환부(1109)
  ㉠ 수비의 어려움
  ㉡ 여진족이 고려를 침략하지 않고 조공한다고 약속
  ㉢ 1년 7개월 만에 9성 환부
④ 금에 사대
  ㉠ 아구타完顏阿骨打의 세력 통합 → 금金 건국(1115)
  ㉡ 금이 송과 함께 요를 멸망시키고 송을 공격해 남쪽으로 밀어냄(→ 남송)◇
  ㉢ 고려에 군신 관계 요구, 사대의 예 강요 → 이자겸 일파가 정권 유지를 위해 사대 요구 수용◇ → 고려의 북진 정책 중단, 문벌 귀족 사회의 분열 심화

3. 몽골의 침입과 항전

(1) 배경
① 몽골의 통일: 칭기즈칸의 몽골 제국 건설(1206) → 동아시아 국제 질서에 큰 변동
  ㉠ 금의 쇠퇴
  ㉡ 거란: 금의 지배에서 벗어나 대요수국大遼收國 건국 → 몽골에 대항
  ㉢ 여진: 두만강 일대에 동진국東眞國 건국
② 강동성의 역(1219)
  ㉠ 몽골에 쫓긴 거란이 고려 침입 → 김취려가 격퇴
  ㉡ 재차 거란 세력이 밀려와 침입 → 고려·동진·몽골이 연합해 강동성에서 토벌
③ 제구유著古與 피살
  ㉠ 강동성의 역 이후 몽골이 고려에 과중한 공물 요구
  ㉡ 몽골 사신 제구유가 고려에 왔다가 피살(1225)

(2) 몽골의 침입과 화의
① 1차(1231)
  ㉠ 제구유 피살 사건 구실, 살리타撒禮塔가 대군을 이끌고 압록강을 건너 침입
  ㉡ 서북면 병마사 박서가 귀주성에서 항전, 자주부사 최춘명이 안북부에서 항전
  ㉢ 몽골군이 개경으로 길을 돌려 포위 → 고려 조정과 몽골의 화의
  ㉣ 화의 후 다루가치 파견

◇ **동북 9성과 사민 정책**
1107년 윤관은 대규모 병력을 동원하여 천리 장성을 넘어 여진의 거점을 대대적으로 토벌하였다. 고려는 이곳에 동북 9성을 쌓고, 남쪽의 백성을 이주시켰다. 그러나 여진의 끊임없는 침략으로 방비가 곤란하였으며, 서북쪽 거란에 대한 경계가 필요한 상태에서 여진이 동북 9성의 반환을 애원하자 1년 7개월 만에 다시 되돌려 주었다. 9성의 위치에 대해서는 여러 가지 설이 있다.

◇ **고려의 보주(의주) 확보**
여진은 더욱 강성해져 금을 건국하였다. 금은 얼마 되지 않아 거란이 세운 요를 멸망시켰으며, 송을 남쪽으로 내몰고 중국 화북 지방을 차지하였다. 이때 고려는 금과 요 및 송의 치열한 경쟁 상황을 이용하여 압록강 유역의 요지인 보주(의주)를 확보하는 등 실리를 취하였다.

◇ **고려의 대금 정책**
강성해진 금이 거란을 멸망시킨 뒤 사대 관계를 요구하자, 결국 당시 집권하고 있던 이자겸 등이 금의 요구를 받아들였다. 한편, 금은 거란을 멸망시킨 뒤 송을 공격하였다. 송은 고려에 함께 금을 공격하자고 제안하였으나 고려는 이를 거절하였다. 이후 금이 송을 내몰고 화베이 지역을 장악하자 남송은 금을 공격하기 위해 고려에 길을 빌려 달라고 요청하였다. 그러나 고려는 이를 거절하였고, 결국 남송과의 국교가 단절되어 이후 외교 관계가 금 중심으로 제한되었다.

◇ **해도입보책**
최우 정권은 강화 천도와 병행하여 각 도에 사신을 보내 민인들을 산성과 해도로 입거시키는 조치를 취하였다. 기동성을 특장으로 하는 몽골군의 군사력에 대응하여 장기전을 치르고자 하는 차원의 조치였다. 1232년 6월에 단행된 해도입보 조치는 국가의 강압과 강제에 의해 전국적으로 확대 적용된 정책이었으며, 이를 시발점으로 하여 대몽 전쟁기는 물론 충렬왕 대(카단의 침입)까지도 해도입보책이 시행되었다. 당시 입보처로 해도 이외에 산성이 추가된 것은 전국적 시행을 고려한 조치였다.

◇ **화의와 무신 정권의 붕괴**
몽골과의 전쟁이 장기화되자 1259년, 태자(훗날의 원종)가 직접 몽골에 입조하였다. 몽골 황제가 원정지에서 죽었다는 소식을 들은 고려 태자는 걸음을 돌려 쿠빌라이를 찾아가 항복의 뜻을 전했고, 형제간에 제위를 두고 다투던 쿠빌라이(훗날의 원 세조)는 이에 고려 태자와 우호 관계를 맺었다. 결국 여·몽 연합군이 구성되어 고려에서는 무신 정권이 타도되었고, 쿠빌라이는 고려의 국체 보존 및 풍속 유지를 약속하였다. 원종은 "복식은 고려의 풍속을 따르고 고치지 않겠다[不改土風]."는 약속을 받고 당당히 고려인 복장으로 귀국하였다.

◇ **원 세조**
1206년에 몽골 제국을 건국한 징기스成吉思 칸의 손자이다. 4대 몽케蒙哥 칸에 이어 왕위 계승 분쟁에서 이기고 5대 쿠빌라이 칸이 되었다. 1271년 수도를 대도(베이징)로 옮기고 국호를 대원으로 고쳐 세조가 되었다.

◇ **삼별초 항쟁의 배경**
삼별초는 경찰 업무와 도성 수비 역할을 비롯하여 대몽 항쟁에서도 활약하였지만, 실질적으로는 최씨 정권의 사병처럼 이용되었다. 그 대가로 이들은 다른 군인들보다 녹봉을 더 많이 받았고 진급에서도 특혜를 누렸다. 개경 환도 후 정부가 삼별초를 없애기로 하고 명단을 압수하자 삼별초는 강화도에서 폭동을 일으킨 뒤 배중손을 중심으로 승화후 온을 옹립하고 새로운 정부를 수립하였다.

② 2차(1232)
  ㉠ 몽골의 무리한 조공 요구, 사신들의 횡포
  ㉡ 최우: 강화 천도(1232), 백성들에게 해도(산성)입보海島入保 명령 → 장기 항전에 대비
  ㉢ 살리타 재침입 → 용인 처인 부곡에서 김윤후가 살리타 사살 → 몽골 퇴각
  ㉣ 대구 부인사의 초조대장경 소실
③ 3차(1235)
  ㉠ 5년여에 걸쳐 전 국토 유린
  ㉡ 황룡사 9층 목탑 소실
  ㉢ 강화도에서 재조대장경 조판 시작(1236~1251)
④ 4차(1247): 침략 중 귀위크貴由 칸 사망 → 몽골 퇴각
⑤ 5차(1254): 김윤후를 충주산성 방호별감에 임명 → 몽골군 격퇴
⑥ 6차(1255): 충주 다인철소의 항전
⑦ 화의(1259)
  ㉠ 전쟁이 장기화 → 김준·유경 등이 최의 제거(1258)
  ㉡ 이듬해 태자가 직접 원에 입조 → 화의 체결(1259) → 쿠빌라이忽必烈 칸(원元 세조) 이 '세조 구제' 약속, 고려의 자주성 인정

(3) 환도와 삼별초의 항쟁
① 개경 환도
  ㉠ 원종: 강화 체결 이후 즉위 → 임연 부자 제거 → 무신 정권 완전히 몰락
  ㉡ 몽골의 후원을 받아 개경 환도(1270)
② 삼별초의 항쟁
  ㉠ 항몽 정권 수립
    • 배중손의 지휘, 왕족이었던 승화후承化候 온溫을 옹립
    • 일본에 국서 보내는 등 독자적 정부 수립 표방
  ㉡ 진도의 항전
    • 용장성 축조, 장기 항전에 대비
    • 내륙의 반몽 세력과 결합, 해상 교통로 장악 → 고려의 조운로 통제
    • 여·몽 연합군에 의해 함락(1271)
  ㉢ 제주도의 항전
    • 온과 배중손 사망 → 김통정의 지휘 하에 제주도로 이동, 항쟁 지속
    • 제주 항파두성에서 진압(1273)
    • 원은 삼별초 진압 후 제주도에 탐라총관부 설치

CHAPTER 03 조선 시대

1 조선의 건국과 초기 체제 정비 과정

1. 건국과 통치 체제의 정비

(1) 태조(이성계, 1392~1398)

① 즉위 과정

㉠ 공양왕 폐위
- 배극렴, 조준, 정도전 등 대소 신료들이 이성계 추대 → 즉위
- 도평의사사 승인 → 조선 건국

㉡ 즉위 교서
- 고려의 국호와 제도를 계속 사용할 것 표방
- 대명률 적용 선언

② 국호 결정(1393)

㉠ 조선 = 단군의 조선 계승

㉡ 명과의 갈등
- 명에 사신 파견 → 이성계 즉위 인정
- 고명誥命 문제: 명나라로부터 태조의 책봉 문서를 받지 못함
- 종계변무宗系辨誣 문제: 이성계가 이인임의 후손이라는 잘못된 명나라의 기록 → 선조때 종결

③ 한양 천도(1394)

㉠ 새 국가의 면목과 인심을 새롭게 하기 위해 계룡산, 무악, 한양 중 한양으로 천도

㉡ 정도전 주도로 경복궁·종묘·사직·시장 등을 설치

㉢ 정종 때 개성 천도 → 태종 때 한양 수도 확정

④ 재상 중심의 정치

㉠ 정도전·조준 등 소수의 재신宰臣 중심으로 정국 운영하면서 왕권 행사

㉡ 정도전
- 재상 중심의 정치 표방
- 『조선경국전朝鮮經國典』·『경제문감經濟文鑑』 등을 지어 조선 초기 통치 체제 정비에 기여
- 『경제육전經濟六典』: 조준 등과 위화도 회군 이후의 법률을 모아 편찬한 공식 법전(태종·세종 때 수정·증보)

⑤ 의흥삼군부 설치

㉠ 고려 말 삼군도총제부 → 의흥삼군부로 개칭 → 병권 관장(1393)

㉡ 도평의사사 기능 약화

⑥ 표전 문제와 요동 정벌 추진

㉠ 명이 표전 속의 문구를 문제 삼아 책임자 압송 요구

㉡ 정도전 중심으로 진법陣法 훈련 강화, 요동 정벌 추진 → 왕자의 난으로 좌절

◇ **고명 문제**

조선은 건국 후 명에 사신을 보내 이성계를 왕으로 추대한 사실을 인정받았고, 명이 국호를 요구하자 '조선'과 '화령' 두 가지를 명에 다시 보내 국호를 정해줄 것을 부탁하였다. 명은 국호 결정 과정에서 일부러 늑장을 부리며 조선을 무시하는 태도를 보였다(고명 문제). 결국 국호가 조선으로 결정되었는데, 이는 단군 조선과 기자 조선을 모두 계승한다는 의미였다.

◇ **정도전의 재상 중심 정치론**

정도전은 그의 저서 『조선경국전』에서 국왕의 역할은 훌륭한 재상을 선택하여 그에게 정치적 실권을 부여하는 데 있다고 하여 재상 중심의 정치를 지향하였다. 이러한 그의 사상은 태조 4년에 찬진한 『경제문감』의 상권을 '재상'으로 구성한 것으로도 알 수 있다.

◇ **표전 문제**

태조 때에 3차례에 걸쳐 명이 조선이 보낸 표전 속에 '업신여기는悔慢' 글자가 섞여 있다는 것을 이유로 책임자인 정도전을 압송하도록 요구한 사건이다.

⑦ 1차 왕자의 난
  ㉠ 이방원이 정도전과 대립하며 왕위 계승 문제를 두고 발발
  ㉡ 세자로 책봉된 이복동생 방석과 정도전·남은 등을 살해
  ㉢ 이방원이 정치적 실권 장악 → 둘째 형 방과에게 세자 양보

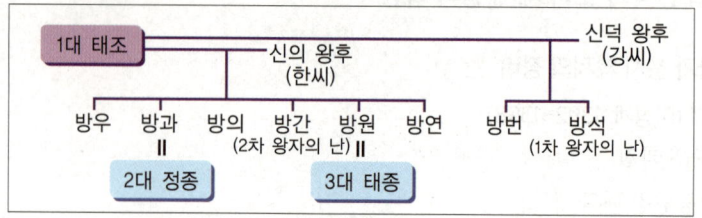

[태조~태종 왕계도]

(2) 정종(1398~1400)

① 2차 왕자의 난(1400)
  ㉠ 이방원과 넷째 이방간 간의 다툼 → 이방원이 이방간을 유배시키고 이방간을 도운 박포 주살
  ㉡ 이방원이 정종에 의해 세제로 임명(이후 세자로 변경)
② 1차 관제 개편(1400)
  ㉠ 이방원의 주도
  ㉡ 의정부 설치(도평의사사 무력화), 중추원 → 삼군부(삼군부 관원은 의정부 합좌 금지), 승정원 독립
③ 분경奔競 금지법 제정: 권신들이 힘을 키우지 못하게 하고 왕권 강화

(3) 태종(1400~1418)

① 집권 체제의 강화
  ㉠ 2차 관제 개편(1401)
    • 도평의사사 폐지 → 관료들을 의정부에 귀속 → 의정부 체제 확립
    • 삼사 → 사평부, 의흥삼군부 → 승추부, 낭사 → 사간원(재상에서 독립시켜 재상 견제)
  ㉡ 3차 관제 개편(1405)
    • 사평부를 호조에, 승추부를 병조에 귀속
    • 6조의 장관인 판서를 정2품으로 격상
  ㉢ 6조 직계제 실시(1414)
    • 의정부의 서무를 6조가 나누어 보게 함
    • 중앙 관아를 각 조에 소속시켜 6조의 기능을 강화
    • 의정부는 사대 문서와 중죄인 탄핵만 담당
  ㉣ 한양 환도: 정종 때 개경으로 옮겼던 수도를 한양으로 천도, 창덕궁 건설
  ㉤ 유향소 폐지: 중앙 정부의 지방 통제력 강화를 위해 지방의 유향소 일시 폐지
  ㉥ 척신 숙청: 공신과 외척 제거, 종친의 정치 참여 금지

ⓒ 법제 정비 및 문화 사업
- 『속육전』 편찬
- 양반 본부인의 재가 금지법을 제정
- 아악서 설치 → 음악 정리

② 경제 기반 확보
  ㉠ 양전 사업 실시 → 국가 재정 확충, 사원전 몰수
  ㉡ 민인 확보 노력
- 사병 혁파 → 군사력 강화
- 노비변정도감 설치 → 억울한 노비 해방(노비종부법 시도)
- 호패법 실시: 16세 이상 남자에게 호패를 차게 함
  ㉢ 신문고 설치: 의금부의 관할 아래 등문고(신문고로 개칭) 설치
  ㉣ 사섬서 설치, 저화 발행
  ㉤ 하삼도령下三道令: 사전의 일부를 하삼도로 이급

③ 군사권 강화
  ㉠ 사병 혁파 → 갑사에 편입, 왕 직속의 별시위別侍衛 편성
  ㉡ 군사 조직
- 병조에 군사권을 집중시키고 왕이 이를 장악
- 지방에 도절제사 파견, 영진군 정비, 잡색군 조직
- 수군 강화, 비거도선과 거북선 등 개발(왜구 대비 목적)

읽기 자료

의흥삼군부와 사병 혁파

의흥삼군부는 고려 말의 삼군총제부를 개편한 것으로 명목상 중앙군인 10위를 통제하는 사령부였다. 무신 집권기와 대몽 전쟁기를 거치면서 2군 6위의 중앙군 조직이 무너진 이래, 고려에서는 군대 징발과 통솔권을 모두 장수에게 책임 지운 사병제(시위패의 번상으로 8위와 더불어 중앙군을 유지)를 운영하고 있었다. 태조는 즉위하자마자 종래의 군제를 개편하고 친위병인 의흥친군위(자신의 사병인 좌위·우위 중심)를 만들었다. 그리고 8위와 양위를 더해 10위를 구성하고 의흥삼군부가 이를 통제하게 하였다. 정도전은 판의흥삼군부사가 되어 종래 사병의 성격을 띤 중앙군과 지방군을 모두 의흥삼군부에 귀속시킴으로써 일원적 지휘 체제를 세우려 하였다. 그러나 이러한 병권 집중 운동은 이방원이 정도전을 죽이면서 중단되었다(1차 왕자의 난). 권력을 잡은 이방원 역시 자신의 권력을 굳히기 위해서도 공신들이 거느린 사병을 혁파해야 했다. 그리하여 정종 2년(1400) 대사헌 권근 등의 건의를 받아들여 사병 혁파를 단행하였다. 이러한 사병 혁파는 중앙 집권 체제를 확립할 수 있게 한 밑바탕이 되었다. 사병을 혁파한 뒤 중앙군을 삼군부의 통솔 아래 10사司로 나누었다. 이것을 세종 27년(1445)에 12사로 확대하였다가 문종 원년에는 5사로 축소 개편하였다. 그 뒤 세조 3년(1457)에는 5사를 다시 5위로 개편하여 지금까지 5사의 영령에 고루 나뉘어 있던 중앙군 병종들을 각 병종별로 5위에 나누어 소속시켜 중앙군 편제를 완전히 5위 진법에 들어맞도록 하였다.

④ 대외 관계
  ㉠ 대명 관계 정상화
- 두만강 유역 개척
- 여진과 조선이 결탁하려 한다는 명의 의심에서 벗어나고자 여진족 정벌 강화
- 사절* 파견하여 대명 사대: 명으로부터 내치를 인정받고 선진 문물 수용(실리 외교)

◇ 명에 파견한 사절

정기	하정사, 성절사, 천추사, 동지사
부정기	사은사, 주청사, 진하사, 진위사, 진향사

ⓒ 교린 정책
- 쇄환 정책 실시(왜구 대비)
- 여진과의 교역 허락 → 경성과 경원에 무역소 설치

⑤ 유교적 사회 질서
ⓐ 서얼차대: 서얼을 현직顯職에 등용하지 않고 한품 서용제 실시
ⓑ 재가 금지: 과부의 재가 금지, 재가녀 자손의 관직 진출에 제한

⑥ 문화 정책
ⓐ 인쇄 발전: 주자소 설치, 계미자 주조, 조지소 설치
ⓑ 편찬 사업
- 『조선왕조실록』 편찬 시작
- '혼일강리역대국도지도'(현존하는 동양 최고의 세계 지도) 제작

(4) 세종(1418~1450)

① 유교적 정치 문화
ⓐ 집현전 설치(1420)
- 세종이 직접 주도하여 학자 양성 및 학술 연구
- 경연經筵·서연書筵, 『주례周禮』 등 고제古制 연구와 편찬 사업, 외교 문서 작성, 과거 시험 주관
- 관원은 사관을 겸직하기도 함
- 세조 때 일시 폐지, 홍문관으로 계승
- 사가독서제를 통해 관료들의 지속적인 학문 연구 장려

ⓑ 유교 의례 보급
- 『오례의주五禮儀註』, 『세종조상정의주世宗朝詳定儀註』 등 오례 중심의 국가 의례 정비
- 사대부에게 『주자가례朱子家禮』 준수 강조, 『효행록孝行錄』 중간, 『삼강행실도三綱行實圖』 편찬

ⓒ 중앙 집권화: 전국에 수령 파견, 부민고소금지법·원악향리처벌법 제정

ⓓ 수강궁 건설: 상왕 태종의 거처로 경복궁 동쪽에 수강궁 건설(→ 성종 때 왕대비들의 대전으로 용도 변경되어 창경궁이 됨)

② 의정부 서사제 시행(1436)
ⓐ 6조 직계제◇ 폐지, 6조에서 올라오는 일들을 의정부에서 심의 → 왕권과 신권의 조화 추구
ⓑ 인사와 군사 업무는 6조에서 직접 보고
ⓒ 황희·맹사성 등 청백리淸白吏 등용

③ 대외 관계
ⓐ 4군 6진 개척
- 4군(최윤덕·이천)과 6진(김종서) 개척 → 오늘날의 국경선 확정
- 사민 정책과 토관 정책 실시

[4군과 6진]

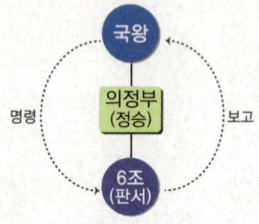

◇ 6조 직계제

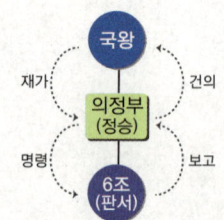

◇ 의정부 서사제

조선 초기에는 국왕과 재상 간의 정치 주도권 문제로 의정부 서사제와 6조 직계제가 번갈아 시행되었다. 의정부 서사제는 6조에서 의정부에 업무를 보고하면 의정부의 재상들이 이를 심의한 후 국왕의 재가를 얻어 시행하게 하는 제도이다. 이 제도는 재상의 주도권을 높이는 반면 왕권을 제한할 수 있었다. 6조 직계제는 6조가 의정부를 거치지 않고 자신들의 정무를 곧바로 왕에게 보고하고 재가를 받아 시행하는 제도이다.

ⓒ 쓰시마 정벌
  - 이종무 파견 → 쓰시마 정벌(기해동정, 1419)
  - 3포 개항 → 계해약조(1443)를 맺어 일본에게 제한된 무역 허락
④ 경제 정책
 ㉠ 공법상정소, 전제상정소 설치
 ㉡ 농민들의 의견을 직접 수렴하여 연분 9등(공법)·전분 6등 시행
 ㉢ 의창제 실시
 ㉣ 조선통보 주조, 저화 보급 등
⑤ 민본 정치
 ㉠ 죄수의 수감 여건 개선, 사형수에 대한 삼심제 시행, 남형·혹형 금지
 ㉡ 노비의 사형(私刑) 금지, 관노비에게 100일간의 출산 휴가 부여
 ㉢ 장영실을 비롯한 천인을 과감히 등용, 재인(광대)·화척(도살업자) 등 속량
⑥ 문화 정책
 ㉠ 한글 창제
  - 『훈민정음(訓民正音)』과 『동국정운(東國正韻)』 반포
  - '용비어천가(龍飛御天歌)'를 지어 왕조의 정당성 확립
  - 농서·윤리서 등 번역, 보급
 ㉡ 불교 교단 정비: 선·교 양종 통합 36사만 남기고 불교 사원과 종파 정리
 ㉢ 불교 진흥: 궐내에 내불당 설치, 『월인천강지곡(月印千江之曲)』·『석보상절(釋譜詳節)』 간행(수양대군)
 ㉣ 역법 정리: 과학 기술 발전을 위해 노력
  - 측우기·자격루·앙부일구 등을 개발, 간의대에 혼천의 설치
  - 『칠정산(七政算)』 편찬: 한양을 기준으로 천체 운동을 계산한 독자적인 역법서
 ㉤ 음악 정비
  - 관습도감에서 아악·향악·당악 정리
  - 박연으로 하여금 악기 개량
  - 정간보 개발, '여민락(與民樂)'을 비롯한 악곡 작곡
 ㉥ 편찬 사업
  - 경자자·갑인자 주조, 식자판 개발 → 인쇄 기술 발달을 위해 노력함
  - 성주와 전주에 사고(史庫) 설치
  - 『농사직설(農事直說)』, 『향약채취월령(鄕藥採取月令)』, 『향약집성방(鄕藥集成方)』, 『의방유취(醫方類聚)』 등 편찬
  - 전국 읍지를 모아 『신찬팔도지리지(新撰八道地理志)』 편찬

서명(연도)	내용	서명(연도)	내용
효행록(1428)	윤리, 의례	칠정산(1444)	역법
농사직설(1429)	농서	용비어천가(1445)	시가
향약채취월령(1431)	의약서	의방유취(1445)	의서
삼강행실(1432)	윤리, 의례	훈민정음(1446)	한글 창제
신찬팔도지리지(1432)	지리	동국정운(1447)	음운
무원록주해(1433)	법의학서	사서언해(1448)	경서 번역
향약집성방(1433)	의약서	총통등록(1448)	무기
속육전(1435)	법전	고려사(1448 ~ 문종1)	역사

[세종 대의 주요 편찬 사업]

(5) 문종(1450~1452)

① 첨사원 정치°
  ㉠ 세종 대 후반 첨사원 설치 → 세자(문종)의 정무 처리
  ㉡ 즉위 후 건강이 좋지 않아 첨사원 출신 신료들이 모든 정무 주관
② 편찬 사업: 『고려사高麗史』, 『고려사절요高麗史節要』, 『동국병감東國兵鑑』 등 편찬 마무리
③ 사회 시책: 경상도 일부 지역에 사창제 처음 실시

(6) 단종(1452~1455)

① 재상 정치
  ㉠ 단종이 12세로 즉위 → 황보인·김종서 등과 그들이 속한 의정부 기능 강화
  ㉡ 의정부가 이조와 병조를 지휘하며 인사권 장악(황표 정치)
② 계유정난(1453)
  ㉠ 수양대군·안평대군 등 왕의 종친들 세력을 모아 의정부 견제
  ㉡ 수양대군·권람·한명회 등이 정변을 일으켜 황보인과 김종서를 제거
③ 이징옥의 난°
  ㉠ 함길도 도절제사 이징옥이 종성에서 여진을 포섭하여 반란
  ㉡ 이를 계기로 수양대군이 단종에게 양위를 강요하여 즉위함

책정 시기	공신 명칭	공신 수				
		1등	2등	3등	4등	합계
태조 원년(1392)	개국 공신	17	13	22		52
단종 원년(1453)	정난 공신	12	1	30		43
중종 원년(1506)	정국 공신	8	13	31	65	117
인조 원년(1623)	정사 공신	10	15	28		54

[조선 전기의 주요 공신 책봉 사례]

◇ **첨사원**
세종이 세자에게 서무를 대행시키기 위해 세종 24년에 설치한 기구였다. 첨사원은 대개 서연 관원이 겸하였는데, 서연 관원들은 또한 집현전 소속이었으므로, 집현전의 정치적 역량이 성장하는 계기가 되었다.

◇ **이징옥의 난**
이징옥은 김종서와 함께 6진을 개척한 인물로, 계유정난 이후 수양대군 일파에 의해 제거될 위기에 몰렸다. 이를 눈치 챈 이징옥은 두만강을 건너 야인을 규합하여 독립하고자 종성으로 진격, 도읍을 오국성에 정하고 대금 황제를 자칭하였으나, 측근에 의하여 피살되었다.

(7) 세조(1455~1468)

① 즉위
  ㉠ 단종의 양위를 통해 즉위 → 단종을 노산군으로 강등시키고 영월에 유배
  ㉡ 사육신의 난
  ㉢ 단종 복위 꾀하던 금성대군이 유배지 순흥에서 세력 규합 → 이를 계기로 단종 사사

② 왕권 강화
  ㉠ 6조 직계제 실시·경연 금지
  ㉡ 인사 운영
    • 상피제 무시하고 종친과 측근을 대거 등용
    • 집권 말기 원상제 실시 (한명회 주도)
  ㉢ 대민 통제: 호적과 호패법 정비·강화, 오가작통제 실시

③ 군제 개편
  ㉠ 진관 체제: 5위와 군익도에 기초한 진관 체제 확립
  ㉡ 보법
    • 정군 1명을 양인 장정 2명(보인)이 경제적으로 지원
    • 토지 5결 기준 → 1정 편성, 대토지 소유자인 양반의 불만

④ 경제 정책
  ㉠ 직전법 실시: 현직 관료에게만 수조권을 지급, 수신전·휼양전 폐지
  ㉡ 재정 운영: 횡간과 공안 작성 → 세입·세출의 균형을 맞추고자 함
  ㉢ 팔방통보 발행

⑤ 중앙 집권화
  ㉠ 유향소 폐지
    • 보법·직전법 실시에 반발, 지방 세력과 중앙 관료가 유향소 중심으로 저항 → 이시애의 난(1467, 함경도)
    • 이시애의 난 진압하고, 전국의 유향소 폐지
  ㉡ 『경국대전經國大典』 편찬: 강력한 왕권 중심의 정치 체제를 확립하고자 편찬하기 시작하여, 호전戶典과 형전刑典 먼저 편찬

⑥ 북방 정책
  ㉠ 명의 요청으로 신숙주 지휘 아래 건주위 정벌군 출동(1460)
  ㉡ 강순·남이 등의 지휘 아래 서정군을 보내 건주 야인을 소탕(1467)
  ㉢ 4군 중 마지막 자성군 폐함(폐4군)

⑦ 문화·사회 시책
  ㉠ 불교 진흥
    • 간경도감 설치, 불교 경전과 『월인석보月印釋譜』 등 간행
    • 원각사 창건(원각사 10층 석탑 건립)
  ㉡ 편찬 사업
    • 『국조보감國朝寶鑑』 편찬, '동국지도' 제작
    • 인지의와 규형 제작 → 토지 측량에 이용
  ㉢ 장례원 설치: 노비 문제 담당 독립 관서, 사사로운 쟁송을 줄임

◇ **사육신**
성삼문, 박팽년, 하위지 등 집현전 출신의 관리들은 계유정난 이후 공신에 책록되고, 승지·참판 등에 오르는 우대를 받았다. 이들은 계유정난은 방관하였지만 세조의 즉위는 용납하지 못하였고, 세조와 세자를 살해하려다가 실패하였다.

◇ **원상제**
조선 시대에 국왕의 유고나 어린 왕의 즉위로 국정 운영이 곤란할 때 재상들이 승정원에 주재하며 국정을 의논하던 제도이다. 1467년(세조 13) 왕이 병이 나자 명나라 사신을 접대하는 데 무리가 없게 하기 위하여 신숙주·한명회·구치관 등으로 하여금 승정원에서 서무를 지휘하게 한 것으로부터 비롯되었다. 예종 즉위 이후 확대되고 1476년(성종 7)까지 지속되며 훈구의 정치적 영향력이 확대되는 배경이 되었다. 이후 몇 차례 더 실시되었다.

◇ **보법 실시의 배경**
세종 사후 집권 체제가 해이해지면서 퇴직 관리·학생·고관 자제 등이 군역을 회피·면제하여 농민 부담이 과중하였다. 이에 세조는 전국적으로 호적을 개수하고, 호패법을 실시하여 군정 수를 1백만으로 늘렸다.

◇ **횡간과 공안**
상공上供·국용國用·녹봉祿俸·군자軍資·의창義倉·의료醫療 등의 항목으로 1년 소요 예산을 기록한 것이 횡간이다. 이를 토대로 각 도의 공물의 품목과 수량을 작성한 세입 장부가 공안이다.

(8) 성종(1469~1494)
① 즉위
  ㉠ 세조의 세자(덕종)가 죽고 둘째가 즉위(예종) → 1년 만에 요절
  ㉡ 예종의 아들이 어렸으므로 덕종 후사에서 왕위 계승 → 형(월산대군)을 제치고 13세 잘산대군이 즉위(한명회의 후광)
  ㉢ 즉위 초 세조 비 정희왕후가 수렴청정, 한명회 등이 정국 주도
  ㉣ 한명회가 경연을 통해 왕을 압박, 성종이 친정 체제 구축 후 사림 중용(훈구 견제)
② 통치 체제 완성
  ㉠ 홍문관 설치
    • 집현전의 후신
    • 학문 연구와 경연 담당 → 왕의 자문 기구, 경연을 활성화 → 주요 정책 토론·심의
  ㉡ 『경국대전』 완성(1485)
    • 유교적 법치 국가 체제 확립, 조선의 기본 통치 방향과 이념 제시
    • 『대전속록』 편찬: 『경국대전』 후 새로운 수교·영구 법령을 증감
③ 사림 정치
  ㉠ 사림의 등용
    • 훈구 견제 위해 세조 때 출사한 영남 사림 김종직 중용
    • 이후 사림은 삼사 언관직에 재직 → 훈구 재상 견제, 왕권 안정에 기여
  ㉡ 유향소 부활
    • 사림들의 요구로 유향소 복설, 이를 견제하고자 경재소 설치
    • 사창제 폐지 → 지방 세력의 지나친 성장 견제
④ 경제 정책
  ㉠ 관수관급제: 국가가 농민에게 조를 거두어들인 후 관리들에게 지급 → 수조권 이용한 관리들의 수탈 방지
  ㉡ 요역 기준 마련: 토지 8결당 1인, 1년에 6일 이내 징발 원칙
⑤ 사회 정책: 재가녀 자손의 문과 응시 금지, 서얼금고법 제정 등 성리학 규범에 따른 신분 제도 형성
⑥ 문화 정책
  ㉠ 학문 진흥: 사가독서제 강화 → 독서당 설치(용산 두모포), 성균관에 존경각 설치
  ㉡ 억불 정책: 도첩제 폐지, 간경도감 혁파
  ㉢ 편찬 사업
    • 유교의례서: 『국조오례의國朝五禮儀』, 『악학궤범樂學軌範』
    • 역사서: 『단종실록』, 『세조실록』, 『예종실록』, 『삼국사절요三國史節要』, 『동국통감』
    • 지리서: 『동국여지승람東國輿地勝覽』
    • 문학서: 『동문선東文選』
    • 기행서: 신숙주의 『해동제국기海東諸國記』◇(일본), 최부의 『표해록漂海錄』◇(명)

◇ **해동제국기**
세종 때 사대교린을 관장하던 신숙주가 서장관으로서 일본 및 인근 지역을 시찰하고 돌아와, 성종 때 집필하였다(1471). '해동제국'은 일본 본국은 물론 대마도, 류큐 등을 총칭하는 표현이었다. 일본의 지세와 국정, 교빙내왕交聘來往의 연혁 등이 기록되어 있고, 당시 그 지역의 지도 6매가 포함되어 있었다고 한다. 후대에 보완한 내용 중 일부가 남아 있다.

◇ **표해록**
1487년(성종 19) 추쇄경차관推刷敬差官으로 제주도에서 근무하던 최부가 부친상을 당해 고향 나주로 가던 중 풍랑을 만나 표류한 일을 기록한 책이다. 중국 해안에 도착하여 베이징과 랴오둥 및 의주를 거쳐 한양으로 와 성종을 알현하고 왕명으로 지어 올렸다. 중국에 대한 다양한 견문이 담겨 있고 교통로가 자세히 기록되어 있다. 일본에서 『당토행정기唐土行程記』로 번역되었다.

2 사림의 등장과 사화의 발생

1. 훈구와 사림

(1) 훈구(勳舊)

① 출신
  ㉠ 급진 개혁파 사대부 계승 → 조선 전기 주도 세력, 세조의 즉위 도운 공신 세력
  ㉡ 성균관과 집현전 등을 통해 육성된 다수의 관학파 출신들
  ㉢ 세조가 소수의 측근 공신 세력과 종친들 위주로 정국 운영 → 세력 기반 확대

② 성장
  ㉠ 세조 즉위 이후 공신 책봉 남발, 지지 세력 확대
  ㉡ 훈구가 공신전 지급받고 요직 독점
  ㉢ 승정원 원상제 → 특별한 직책을 갖지 않아도 정권 장악의 토대 마련

③ 경제적 기반
  ㉠ 15세기 농업 생산력 증대를 토대로 발달한 상공업 이익 독점
  ㉡ 서해안 간척 사업과 토지 매입으로 농장 확대, 대외 무역 관여, 방납

④ 학풍
  ㉠ 관학파의 학풍 계승 → 한문학 등 사장(詞章) 중시
  ㉡ 성리학 이외 불교, 도교 및 민간 신앙 등 다른 학문에 대해 포용적
  ㉢ 부국강병·민생 안정 목표 → 과학 기술 발달에 노력, 중앙 집권적 통치 체제 구축 목표

(2) 사림(士林)

① 출신
  ㉠ 고려 말 정몽주·길재 등 온건파 사대부 계승
  ㉡ 주로 영남 일대, 점차 기호 지방으로 세력 확대

② 경제적 기반
  ㉠ 향촌의 중소 지주 출신
  ㉡ 훈구의 대토지 소유 비판

③ 학풍
  ㉠ 경학(經學) 강조 → 유교 경전 중시
  ㉡ 패도 정치 배격, 도덕과 의리에 입각한 왕도 정치 추구
  ㉢ 중국 중심의 세계관(화이사상) → 단군보다 기자 강조
  ㉣ 향촌 자치 주장

훈구(15세기)	사림(16세기)
혁명파 사대부 계승(정도전, 권근)	온건파 사대부 계승(정몽주, 길재)
세조의 즉위를 도운 공신 세력	세조의 찬탈을 불의로 간주
부국강병과 민생 안정 추구	도덕과 의리의 왕도 정치 추구
중앙 집권 추구	향촌 자치 추구
사장 중시, 성리학 이외의 학문 수용	경학 중시, 성리학 고집
단군 중시(자주적)	기자 중시(존화주의)
민족 문화 창조, 과학 기술 발달	성리 철학 연구, 과학 기술 쇠퇴

[훈구와 사림]

2. 사림의 성장

(1) 배경: 성종이 비대해진 훈구 세력의 정권 독점을 견제하기 위해 사림 등용

(2) 성장

① 성종 대 김종직과 그의 문인들 정계 진출 → 주로 언관직 차지

㉠ 세조 이후의 지나친 부국강병책, 내수사 통한 왕실의 부 축적, 왕실 주도의 불교 사업, 훈구의 재산 축적 등을 비판

㉡ 향촌 자치, 향촌 사회의 안정 추구 → 유향소 복설, 사창제 도입, 향사례·향음주례 등 실시 주장

② 사림이 훈구에 대응하는 하나의 정치 세력으로 성장

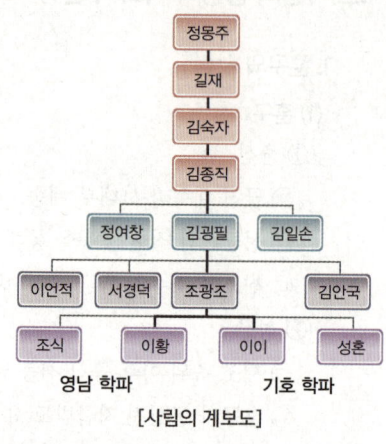

[사림의 계보도]

3. 사화의 발생

(1) 배경

① 사림을 옹호하던 성종 사후 연산군 즉위 → 억눌려 있었던 훈구의 불만 폭발

② 연산군: 사림의 언론 활동 억제, 훈구와 사림 세력 간의 정치적·학문적 대립 금지

(2) 연산군(1494~1506)

① 언론 탄압

㉠ 사간원과 홍문관 없애고 경연 금지

㉡ 상소와 상언·격고 등 여론 관련 제도 모두 중단

㉢ 관리들이 말을 삼가도록 하는 신언패愼言牌를 차고 다니게 함

㉣ 자신을 비방하는 한글 투서 발견 → 한글 사용 엄금

② 사치·향락

㉠ 성균관·원각사를 주색장으로 만들고 도성 밖 30리 내 민가 철거

㉡ 전국에 채청사採靑使 파견, 흥청興淸들과 기거하며 실정

③ 혹형·패륜

㉠ 포락炮烙·착흉斫胸·촌참寸斬·쇄골표풍碎骨飄風 등 잔인한 형벌

㉡ 이일역월제以日易月制로 단상제短喪制 실시

④ 국방 강화

㉠ 비융사備戎司 설치: 철갑옷과 투구 만드는 일을 관장

㉡ 병기 제조 → 왜인과 야인의 침입에 대비

(3) 무오사화(연산군 4, 1498)
- ① 배경
  - ㉠ 연산군이 왕권을 견제하는 사림의 언론 활동에 반감
  - ㉡ 사림의 공격을 받던 윤필상·이극돈·유자광 등 훈구 세력들이 주도
- ② 전개
  - ㉠ 『성종실록』 편찬 과정에서 사관 김일손이 스승 김종직이 쓴 '조의제문弔義帝文'을 사초史草로 제출
  - ㉡ 유자광의 보고 → 김종직 부관참시형, 김일손 능지처사형 → 많은 영남 사림이 피해

(4) 갑자사화(연산군 10, 1504)
- ① 배경
  - ㉠ 연산군의 생모(성종의 계비) 윤씨가 폐비되었다가 사사됨
  - ㉡ 연산군이 뒤늦게 어머니의 죽음과 관련된 사실들을 알게 되면서 일으킨 사화
- ② 전개
  - ㉠ 연산군의 친위 세력이었던 궁중파 임사홍이 폐비 문제를 연산군에게 밀고
  - ㉡ 연산군은 성종의 두 후궁을 때려죽이고 그들의 아들 및 사건 관련자들을 모두 죽임
  - ㉢ 윤필상을 비롯한 훈구, 김굉필·정여창 등 조정에 남아 있던 사림들이 모두 피해
- ③ 중종반정(1506)
  - ㉠ 연산군의 언론 탄압과 재정 낭비 등 폭압적 정치에 대한 반발로 중종반정 발발
  - ㉡ 박원종·유순정·성희안을 비롯한 연산군 대 종신들이 주도

(5) 중종(1506~1544)
- ① 기묘사화
  - ㉠ 홍문관 강화, 문신월과와 사가독서 엄중히 시행
  - ㉡ 조광조 등 신진 사림 등용 → 훈구 견제, 훈구의 반격으로 기묘사화 발발
- ② 대외 관계
  - ㉠ 일본: 3포 왜란 발발(1510)로 통고 중단 → 임신약조 체결(1512)로 제한적 무역 재개 → 추자도 왜변(1522)·사량진 왜변(1544)으로 국교 단절
  - ㉡ 북방: 4군 6진 지역 야인들의 계속된 침탈로 혼란상 → 비변사備邊司 설치
- ③ 유교 정치
  - ㉠ 유교적 향촌 질서 유지 위해 향약 전국적 실시
  - ㉡ 『소학小學』과 『이륜행실二倫行實』 간행 → 유교 윤리 강화
  - ㉢ 서대문 밖에 영은문迎恩門 건립
- ④ 학문 발달
  - ㉠ 박세무의 『동몽선습童蒙先習』(아동 학습서)
  - ㉡ 백운동 서원 건립(1543): 풍기군수 주세붕이 안향 배향, 최초의 서원
  - ㉢ 왕수인의 『전습록傳習錄』 전래로 양명학 소개
- ⑤ 편찬 사업: 주자도감 설치로 인쇄술 더욱 발달, 『신증동국여지승람』 등 편찬
- ⑥ 군역 대신 군포를 납부하는 군적수포제 일부 실시(1541)
- ⑦ 작서灼鼠의 변 발생 → 훈신과 척신의 갈등 대두

◇ **조의제문**
항우가 폐위한 중국 초나라의 마지막 황제인 의제를 애도하는 내용을 담고 있어, 세조가 정변을 일으켜 단종을 내쫓고 왕위에 오른 것이 유교적 명분에 어긋난다는 사림의 생각을 반영한 것으로 볼 수 있다.

◇ **영은문迎恩門**
명나라 사신의 숙소인 모화관慕華館 앞에 세워 사신을 맞이하던 문으로, 기존의 홍살문을 영은문이라 명명했다. 새 임금이 즉위하여 중국 사신이 조칙을 가지고 오면 임금이 친히 모화관까지 나오는 것이 상례였다. 1896년 모화관은 사대의 상징물이라 하여 독립관獨立館이라 고쳐 부르고, 영은문을 헐고 독립협회 주도로 성금을 모금하여 독립문을 세웠다.

◇ **작서의 변**
장경왕후 윤씨가 세자를 낳고 죽자, 왕의 총애를 받던 경빈 박씨는 자기 소생인 복성군을 세자로 책봉할 야망을 품고 있었다. 때마침 1527년 세자(뒤의 인종) 생일에 작서 사건이 일어나자, 김안로 등이 이를 경빈의 짓으로 몰았고 결국 경빈과 복성군은 폐서인되었다가 사사되고 말았다. 1541년에 이르러 이 사건을 주동한 것이 김안로임이 밝혀졌다.

◇ **성학군주론**
중종반정으로 명분과 예를 잃은 왕을 신료들이 교체한 상황에서 기묘 사림은 도학 정치를 실천할 수 있는 군주상君主像을 재정립하고자 하였다. 조광조 이후 이언적이 본격적으로 거론하여 이황과 이이에 의해 발전하였다. 이황은 군주 스스로의 노력을 통해 성학을 체득해야 한다고 주장한 반면, 이이는 군주의 의지와 행동에 대한 기준을 제시하며 어진 신하가 군주를 교화시켜야 한다고 주장하였다.

◇ **현량과**
서울과 지방(유향소)에서 후보자를 천거하였다. 예조에서는 이들의 성품, 재능, 학식, 행적 등을 종합해 의정부에 보고한 뒤, 왕이 참석한 자리에서 현실 문제 해결 대책을 시험하여 인재를 선발하였다.

◇ **소격서**
도교의 일월성신日月星辰을 형상화한 상청上淸·태청太淸·옥청玉淸 등을 위하여 삼청동三淸洞에 제단을 설치하고 초제를 지내는 일을 맡아보던 예조의 속아문이다.

조광조의 적려유허비
(전남 화순)

(6) 기묘사화(중종 14, 1519)

① 조광조의 사상
  ㉠ 도학 정치
    • 군주와 백성이 천명에 따라 행동하게 하는 지치至治 추구
    • 이상 사회인 요순 삼대에 이루어진 지치를 구현할 수 있다고 믿음
    • 위민爲民·애민愛民의 이념 아래 언로 보장, 군자(사림)와 소인(훈구)의 분별 등을 중시
  ㉡ 성학군주론◇ 제기: 군주가 수기치인을 핵심으로 하는 성학聖學을 익힐 것을 요구

② 조광조의 개혁 정치: 도학 정치의 실현을 위하여 급진적인 개혁 시도
  ㉠ 정치
    • 현량과◇ 실시로 사림을 무시험 등용
    • 이조·병조 전랑에게 자대권과 통청권 부여
    • 위훈 삭제: 위훈 76명의 작호와 토지 몰수 추진
  ㉡ 경제
    • 수미법 시행 주장 → 방납의 폐단 시정, 훈구 견제
    • 내수사의 고리대[長利] 금지, 균전제 실시 등 주장
  ㉢ 사회
    • 소학 보급(유교 진흥), 『언해여씨향약諺解呂氏鄕約』 간행(향약 실시)
    • 훈구에게 장악된 유향소 혁파
    • 도교 의식 기관인 소격서◇ 폐지, 불교 억압

> **읽기 자료**
>
> **전랑銓郞의 권한**
>
> 조선 시대 이조·병조의 정랑(정5품)과 좌랑(정6품)을 통칭하던 말로, 정원은 각 6명이었다. 다른 조曹의 낭관을 조랑曹郞이라 했으나 이조와 병조의 낭관은 문무관 천거 전형銓衡에 가장 많은 권한을 가지고 있었으므로 이러한 별칭이 생겼다. 조선 후기에는 문반 인사를 주도하는 이조 정랑·좌랑을 주로 일컫는 말이 되었다. 전랑의 다음 권한은 판서는 물론 삼정승도 간여하지 못했으며, 삼사 관원 임명은 반드시 이조 전랑의 동의가 있어야 하는 등 거의 모든 인사권을 이들이 좌우하였다. 낮은 품계에 비해 중요한 관직으로 꼽혔고 큰 잘못이 없는 한 재상으로 이르는 최상의 관로였다.
>
> · 자대권自代權: 후임 전랑을 추천할 수 있는 권한으로, 1516년(중종 11), 조광조의 건의로 부여되었다. 숙종 때 폐지되었다.
> · 통청권通淸權: 조정 각 부서 4품 이하 당하관을 천거하고 삼사의 관리를 선발할 수 있는 권한이었다. 조광조는 자대권과 통청권으로 이조 전랑의 힘을 키워 개혁 추진 발판으로 삼았다. 영조 때 사실상 폐지되었다.
> · 낭천권郞薦權: 부천권이라고도 하는 재야 인사 추천권으로, 1569년(선조 2)부터 부여되었다. 명성이 높거나 실력은 있는데 과거에서 합격하지 못한 재야의 선비들을 추천할 수 있는 권리로, 이조판서는 관원 천거에 개입할 수 없었다.

③ 훈구와 사림의 대립: 조광조의 개혁에 위기를 느낀 훈구가 위훈 삭제 계기로 사림과 대립
④ 전개
  ㉠ 기묘사림의 급격한 개혁 추진에 중종도 반발
  ㉡ 남곤·홍경주·심정 등 훈구 세력의 모함: 조광조가 붕당을 만들어 사림이 주요 관직을 독차지하였고, 임금을 속이고 정치를 어지럽히며 나아가 왕이 되고자 한다는 주장[走肖爲王]
  ㉢ 조광조가 사사되는 등 사림파 큰 피해
  ㉣ 기묘사림이 추진한 정책 역시 부정되어 공신들의 작위 회복, 현량과 혁파, 향약 폐지

(7) 인종(1544~1545)
① 현량과 복구, 조광조 등 기묘명현(己卯名賢) 신원
② 윤임 세력이 권력을 잡으면서 이언적을 비롯한 사림의 권한 강화

(8) 명종(1545~1567)
① 을사사화: 문정 왕후가 수렴청정하자 외척 윤원형 일파(소윤) 득세, 윤임 일파(대윤) 제거한 을사사화 발생
② 문정 왕후의 불교 진흥: 보우°를 봉은사 주지로 삼고 선·교 양종 부활(1550), 이듬해 승과 실시
③ 혼란
  ㉠ 을묘왜변(1555): 이준경 등이 영암에서 격퇴 → 비변사 상설 기구화
  ㉡ 임꺽정의 난(1559): 양주 지역 백정 출신으로 황해도·경기도 일대에서 활약
④ 기타
  ㉠ 직전법 폐지로 수조권 제도 소멸(1556)
  ㉡ 『구황촬요(救荒撮要)』, 조선방역지도 등 제작

(9) 을사사화(명종 원년, 1545)
① 배경
  ㉠ 중종 비 장경 왕후가 왕세자 호(후의 인종) 출산 후 사망
  ㉡ 문정 왕후가 경원 대군(후의 명종) 출산 → 왕세자를 지지하는 대윤과 경원 대군을 지지하는 소윤 사이에 갈등 발생
  ㉢ 사림은 대부분 왕세자 지지
② 전개
  ㉠ 사림의 재기: 기묘사화로 위축되었으나 왕세자가 인종으로 즉위하면서 재기
  ㉡ 소윤의 권력 장악: 인종이 재위 8개월 만에 사망, 명종이 12세의 나이로 즉위
  ㉢ 많은 사림의 피해: 택현설° 구실로 소윤이 대윤 탄압 → 양재역 벽서 사건°을 비롯한 고변과 옥사가 이어짐
③ 영향
  ㉠ 왕위 승계를 둘러싼 외척 간의 갈등 중 양측에 사림이 모두 가담 → 분당 배경
  ㉡ 척신 정치 시작
  ㉢ 문정 왕후 사후 윤원형의 처벌 등을 요구하는 유생층의 상소로 3사와 유생층이 모두 공론 담당층이라는 관행이 생겨남 → 선조 때 사림이 정국을 주도

구분	발생 연도	발단	피해측
무오사화	연산군 4년(1498)	김종직의 '조의제문'이 세조를 비판한 것이라는 훈구 세력의 공격	사림파(김종직, 김일손)
갑자사화	연산군 10년(1504)	궁중파기 연산군의 생모 윤씨의 폐출 사건을 들추어 훈구와 사림을 동시에 공격	훈구파 & 사림파
기묘사화	중종 14년(1519)	조광조가 중종반정 시 공을 세운 훈구 세력을 공격하다가 반격을 받아 패배	신진 사류(조광조 등)
을사사화	명종 즉위년(1545)	왕실의 외척인 윤임과 윤원형 간의 권력 다툼	대윤파 신진 사류

[4대 사화]

◇ 보우
조선은 성리학 국가였으나 불교가 완전히 단절된 것은 아니었다. 명종 때 문정 왕후의 신임을 업고 등장한 보우는 승려 4,000명을 선발하고, 승과를 실시하는 등 불교 진흥을 위해 노력하였다. 하지만, 문정 왕후 사후 유생의 공격을 받고 제주에 유배되었다가 참수되었다.

◇ 택현설
소윤의 윤원형 일파가 대윤의 윤임 일파를 제거하기 위해 내세운 것으로, 대윤이 인종의 후사로 명종이 아니라 계림군이나 봉성군 가운데 현인(賢人)을 선택하고자 했다는 것이다. 이를 빌미로 문정 왕후의 밀지를 받은 이기 등이 윤임, 유관 등을 탄핵하였다.

◇ 양재역 벽서 사건(정미사화)
1547년 경기도 과천의 양재역에서 '위로는 여주(女主), 아래로는 간신이 있어 권력을 휘두르니 나라가 곧 망할 것'이라는 내용의 벽서가 발견되었다. 윤원형 등은 이전의 처벌이 미흡하여 화근이 살아 있다며 지난날 윤원형을 탄핵한 바 있었던 송인수, 윤임 집안과 혼인 관계에 있는 이약방을 사사하고, 이언적을 비롯한 사림들을 유배하였다. 선조 즉위 후 이 사건이 무고로 공인되어 연루된 인물들에 대한 신원과 포장이 행해졌다.

3 붕당 정치의 전개

1. 붕당의 형성

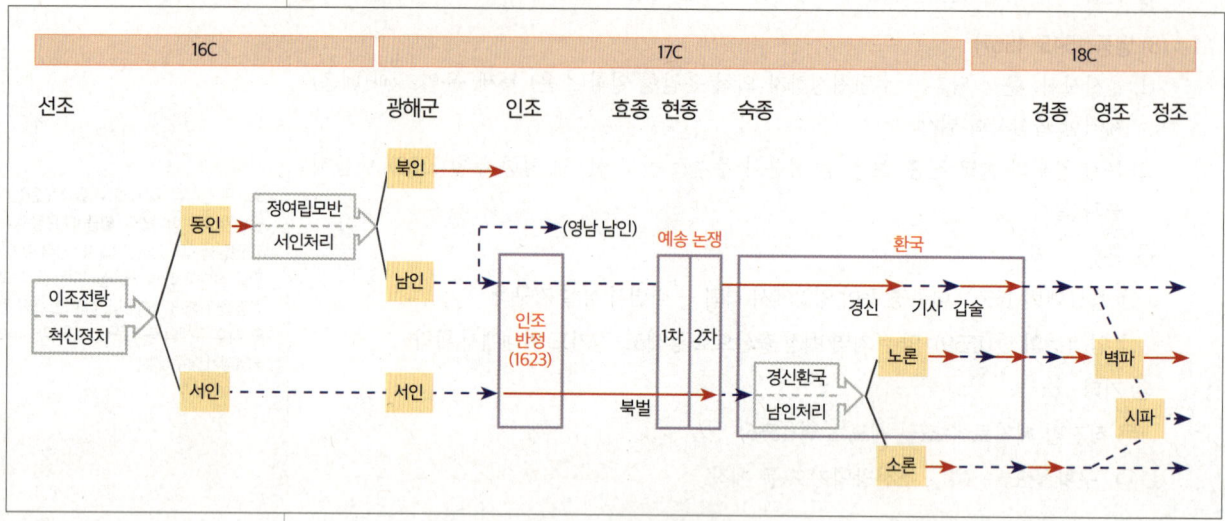

[붕당 정치의 전개도]

(1) 사림의 정권 장악
① 사림은 중소 지주적 경제 기반과 서원·향약 등을 통해 향촌에서 점차 세력 확대
② 중종 대 이후, 영남 지방뿐 아니라 기호 지방까지 세력 확산 → 선조 대에 이르러 중앙 정계의 주류 차지
③ 척신 정치의 잔재 처리를 둘러싸고 사림 내부에서 갈등 발생

(2) 선조(1552~1608)
① 동서 분당(을해분당, 선조 8, 1575)
  ㉠ 동인
    • 김효원에 동조한 신진 사림들, 이황·조식·서경덕의 학문 계승
    • 초기부터 학연에 의한 정치 집단의 색채
  ㉡ 서인
    • 기성 사림 중심으로 이이·성혼의 학맥을 이음
    • 초기에는 동인의 공격을 받는 입장이라는 정치적 유대 관계로 형성 → 이이가 스스로 서인이라 자처하면서 그의 문인들이 서인에 가담, 학연에 의한 정파로 거듭남

◇ 붕당 정치의 배경
사림은 오랜 시간 동안 지역적 연고를 갖고 같은 스승 밑에서 동문수학하는 경우가 많았다. 이에 자연스레 영남학파, 기호학파 등 지역별 학파가 형성되었고, 이는 분당의 중요한 배경으로 작용하였다. 또한 을사사화를 거치며 척신의 정치 참여를 어떻게 볼 것인가를 둘러싸고 사림 내부의 의견이 갈렸으며, 결국 사림들이 정계를 장악한 뒤 제한된 관직을 두고 경쟁이 벌어진 것도 분당의 배경으로 들 수 있다.

> **읽기 자료**
>
> **동서 분당**
>
> 중앙 정계를 장악한 사림은 내부에 존재하던 기성 사림과 신진 사림 사이의 분열로 인해 동인과 서인으로 분열하였다. 이들의 분열은 김효원과 심의겸의 대립으로 표출된 척신 정치 잔재 처리 문제에서 비롯되었다. 척신 정치를 청산하는 데 공이 컸던 심의겸은, 비록 척신이었지만 기성 사림의 지지를 받고 있었다. 이때 신진 사림의 대표적인 인물이었던 김효원이 이조 전랑으로 천거되자 심의겸은 김효원이 윤원형의 집에 드나드는 문객이었다 하여 이조 전랑 임명에 반대하였다. 하지만 김효원은 이조 전랑으로 발탁되었고, 이듬해 심의겸의 동생 심충겸이 과거에 급제하자 심의겸은 김효원에게 자신의 동생을 이조 전랑에 추천해줄 것을 요구하였다. 이에 김효원은 전랑직이 척신의 사유물이 될 수 없다며 거절하면서 둘의 대립이 발생하였고, 여기에 동조하는 사림이 분열하였다.

② 동인의 분화
　㉠ 배경
　　• 정여립 모반 사건(기축옥사, 1589) → 정여립이 몸담았던 동인에 대해 서인 정철이 가혹하게 일을 처리
　　• 건저 사건으로 서인의 중심 인물이었던 정철 몰락 → 동인이 서인에 대해 보복
　　• 정계의 주도권을 다시 잡은 동인이 정철과 서인에 대한 처벌 문제를 두고 대립
　㉡ 남인
　　• 온건파, 유성룡 중심
　　• 이황의 제자들로 주리론자 다수
　㉢ 북인
　　• 강경파, 이산해 중심
　　• 조식의 제자들로 주기론자 다수
③ 임진왜란(1592): 일본의 침입, 전후 복구 과정에서 수미법 실시, 사고 복설

학자 및 저서	주장
시데하라 아키라(幣原坦) 『한국정쟁지(韓國政爭志)』, 1907	"주의를 가지고 서로 대립하는 공당公黨이 아니라, 이해를 가지고 서로 배제하는 사쟁私爭이다."라고 하여, 조선 시대의 정치사를 사적 이해만을 추구하는 사사로운 권력 투쟁으로 간주하고, 사색당파의 분립과 대립을 사적인 권력 투쟁으로 강조하였다.
호소이 하지메(細井肇) 『붕당 사화의 검토』, 1921	시데하라의 견해에 덧붙여 "조선인의 몸에는 특이한 더러운 피가 섞여 있다."라고 주장하며 민족성에 기반한 당파성론을 주장하였다. 조선인의 체질은 싸우기를 좋아하는 민족성을 가지고 있으며, 당쟁 역시 이러한 민족의 결함에서 나온 것이라 주장하여 일제의 국권 탈취를 정당화·합리화시키는 한편, 한국인에게 패배주의 의식을 주입시켜 식민 통치를 원활히 하고자 하였다.
이익李瀷 『곽우록藿憂錄』,「붕당론朋黨論」	관직의 수는 제한되어 있는데 관직에 진출하려는 양반의 수는 증가하기 때문에 붕당이 발생한 것으로 판단하였다.
이중환李重煥 『택리지擇里志』, 1751	인사의 천망권이 이조 전랑에 있기 때문에 이를 차지하기 위한 대립에서 붕당이 비롯하였다고 설명하였다.
이건창李建昌 『당의통략黨議通略』, 1910 (1890경 완성)	양명학의 입장에서 조선 정치의 여덟 가지 병폐를 지적하였다. 봉건적 양반 정치 청산을 위한 비판 의식에서 제기한 것이지만, 일제 관학자에 의해 악용되기도 하였다.
안확安廓 『조선정치사朝鮮政治史』, 1923	"정쟁政爭이란 어느 역사에나 있기 마련인 것으로, 오히려 조선 시대 붕당 간의 대립은 나름대로 이념 지향성을 가지고 있기 때문에 서양 근대의 정당 정치에 비견되는 것"이라고 긍정적으로 평가하였다. 이는 일제의 식민 사관 중 당파성론의 극복 논리를 제공하였다는 데 의의를 지닌다.

[붕당 정치를 보는 시각]

◇정여립 모반 사건
정여립은 대동계를 조직하여 활동하다가 모반을 꾀한다는 서인의 탄핵을 받고 체포되기 직전 자결하였다. 이 사건에 대해서는 정여립이 실제 모반을 꾀했다는 설과 조작되었다는 설이 있다.

2. 붕당 정치의 전개

(1) 광해군(1608~1623)

① 전후 복구 사업

㉠ 재정 확보와 민생 안정
- 국가 재정 확보를 위해 호패법, 양전 사업 재실시, 은광 개발
- 방납의 폐단 극복, 민생 안정 → 선혜청 두고 경기도 지역에서 대동법 실시
- 허준의 『신찬벽온방新纂辟溫方』, 『동의보감東醫寶鑑』 편찬

㉡ 궁궐 복구: 창덕궁 중건, 경덕궁(영조 때 경희궁으로 개칭)·인경궁 창건

㉢ 포로 송환: 일본과 국교 재개(기유약조, 1609), 포로 송환 → 이경직의 『부상록扶桑錄』 편찬

② 실학의 효시: 이수광의 『지봉유설芝峯類說』, 한백겸의 『동국지리지東國地理志』 편찬

③ 북인 집권

㉠ 광해군 계승을 반대하던 소북 제거, 대북이 정국 주도˚ → 회퇴변척˚과 폐모살제, 중립 외교 추진

㉡ 대북 중심의 북인이 정권 독점 위해 서인과 남인 배제

㉢ 조식의 제자인 정인홍은 출사는 하지 않고 조정에 영향(산림의 시초)

④ 폐모살제: 공빈 김씨의 둘째 아들이던 광해군이 인목 대비 유폐하고 영창 대군을 죽임 → 인조반정의 구실

(2) 인조(1623~1649)

① 정치

㉠ 연합 정국: 인조반정으로 집권한 서인이 남인의 정계 진출 일부 허용하여 상호 비판적인 공존 체제 형성

㉡ 산림: 서원 중심으로 각 학파의 관리를 통해 정치적 여론을 수렴하여 중앙 정치에 반영 → 학식과 덕망을 겸비한 산림이 재야의 여론 주도

㉢ 군영 정비: 이괄의 난을 계기로 어영청 등 설치

② 외교

㉠ 이괄의 난과 정묘호란, 병자호란을 겪고 결국 청에 굴복

㉡ 심양관이 서양 문물 수용과 대청외교의 창구 역할

③ 경제

㉠ 영정법 실시(1635): 삼남 지방에 양전 실시하고 하하년 기준으로 조세 징수

㉡ 화폐와 무역
- 팔분체조선통보 주조
- 회령·경원·중강 개시: 청과의 무역 인정

◇ **북인의 분열**

임진왜란 당시 조식의 제자인 곽재우, 정인홍 등이 의병을 주도하고 향촌 사회의 기반을 유지하여, 전란 후 북인이 정국을 주도할 수 있었다. 선조 말 북인은 광해군의 계승 문제를 두고 대북과 소북으로 나뉘었다. 광해군이 즉위하면서 권력을 장악한 대북은 이산해를 중심으로 한 골북과 이이첨을 중심으로 한 육북으로 나뉘었고, 여기에 영창 대군과 인목 대비의 폐위를 반대하는 중북이 생겨났다. 한편, 소북은 남당과 유당으로 분열하였다.

◇ **회퇴변척**

5현(김굉필, 정여창, 조광조, 이언적, 이황)의 문묘 종사에 스승인 조식을 넣기 위해, 대북 정권의 정인홍 등이 이황과 이언적을 공격한 사건이다. 이는 재야의 유생들까지 참여하는 대규모 논쟁으로 발전하였다.

(3) 효종(1649~1659)

① 북벌
  ㉠ 서인 중심으로 북벌 정책 적극 추진: '오랑캐'에게 당한 치욕을 씻고 상처 난 자존 의식을 회복한다는 명분
  ㉡ 기해독대(1659): 효종이 사관과 환관을 물리고 송시열과 독대 → 『악대설화(幄對說話)』에 전함
  ㉢ 북벌의 중심 군영이자 서인들의 군사 기반으로 어영청 강화 → 군사 비용 증가 → 국가 재정 악화, 백성들의 불만 고조
  ㉣ 효종 사후 북벌 쇠퇴, 숙종 때 만동묘·화양 서원·대보단 건립 등 소중화 의식에 토대한 민족주의가 성장하는 계기

② 경제
  ㉠ 김육 등의 건의 수용 → 대동법을 충청도, 전라도 산군 지역과 연해안까지 확대
  ㉡ 십전통보 주조·유통
  ㉢ 광산의 설점수세 시작
  ㉣ 신속이 『농가집성(農家集成)』 편찬, 시헌력 도입

(4) 현종(1659~1674)

① 예송(禮訟) 논쟁
  ㉠ 효종의 왕위 계승에 대한 정통성과 관련하여 두 차례의 예송 논쟁 발생 → 남인 집권
  ㉡ 서인과 남인의 학문적·정치적 입장이 극명하게 대비, 대립 격화
  ㉢ 조대비(자의 대비)의 복상 기간, 차남으로 즉위한 효종의 정통성 문제, 왕권과 신권 문제, 학통 등을 결합된 대립
  ㉣ 서인에 대한 처벌을 둘러싸고 남인이 청남과 탁남으로 분열

구분	서인	남인
1차: 기해예송(1659) - 효종의 죽음	1년(채택)	3년
2차: 갑인예송(1674) - 효종 비의 죽음	9개월	1년(채택)
주요 인물	송시열	윤휴, 윤선도, 허목
계보	이이, 『성학집요』	이황, 『성학십도』
정치적 노선	신권 중심	왕권 강화
예학의 차이	『주자가례』 중심(성리학의 교조화)	고례(古禮) 회복(육경 고문 중시)
예법의 적용	천하동례(天下同禮)	왕자례부동사서(王者禮不同士庶)

[예송 논쟁]

② 경신 대기근 발생(1670~1671): 경술·신해년의 대기근으로 15만~85만 명 사망 추산

◇ 북벌의 두 입장
북벌은 송시열·송준길 등 서인의 명분적 북벌과 효종·이완이 주도한 실질적 북벌이 달랐다고 보기도 한다. 송시열을 비롯한 서인들은 북벌을 통해 출사의 명분을 확보하고, 직접적인 정벌보다는 정사를 바르게 함으로써 전란 이후 무너진 국가를 재정비하는 데 초점을 두었던 반면, 효종은 복수설치(復讐雪恥)·춘추의리(春秋義理) 등을 강조하는 서인을 등용하여 부왕 인조가 잃어버린 국왕의 위엄을 되찾고 실제 북벌의 추진력을 강화하고자 했다는 것이다. 청의 요청에 따라 나선 정벌에 나선 것이, 당시의 북벌이 명분에 불과했음을 보여주는 근거로 제시되기도 한다.

◇ 만동묘
우암 송시열의 유언에 따라 1703년(숙종 29)에 권상하가 세운 사당으로, 임진왜란 때 우리를 도와준 명 신종과 의종의 위패를 모시고 제사한 곳이다. 묘비는 1747년(영조 23)에 이재가 글을 지어 세운 것을, 순조 대에 다시 세웠다. 일제는 1937년에 비문의 상당 부분을 알아볼 수 없게 쪼아 버리고 1942년에는 건물을 철거하고 묘비를 땅에 묻었다. 이후 괴산군에서 1983년에 묘비를 다시 찾아 세웠고, 2012년에는 일본이 훼손하기 전의 탁본이 발견되어 비문의 전체 내용을 알 수 있게 되었다.

◇ 대보단
명 태조, 신종, 의종을 제사하던 사당이다. 만동묘가 세워진 후, 1704년(숙종 30)에 의종의 60주년 기일을 맞아 창덕궁 후원에 대보단을 만들고 향례를 행하였다. 이후부터 제기 등에 청나라의 연호를 새기지 않는 것이 결정되었다.

◇ 예송 논쟁
예송은 차남으로 왕위에 오른 효종의 정통성과 관련하여 1659년 효종의 사망시(기해 예송)와 1674년 효종 비 장렬왕후의 사망시(갑인예송)에 두 차례에 걸쳐 일어났다. 이 때 인조 계비인 자의 대비의 복제가 쟁점이 되었다. 서인은 효종이 적장자가 아님을 들어 왕과 사대부에게 동일한 예가 적용되어야 한다는 입장에서 1년설과 9개월설을 주장하였고, 남인은 왕에게는 일반 사대부와 다른 예가 적용되어야 한다는 입장에서 3년설과 1년설을 주장하여 대립하였다.

3. 붕당 정치의 변질

(1) 숙종(1674~1720)

① 특징
  ㉠ 붕당 간 대립을 막고 왕권을 강화하고자 잦은 환국° 주도
  ㉡ 붕당 간 극단적인 보복의 형태로 상대를 죽이는 사사 빈번 → 일당 전제화 추세
  ㉢ 왕이 척신을 재등용

> **읽기 자료**
>
> **붕당 정치 변질의 배경과 결과**
>
> 17세기 후반 상품 화폐 경제가 발달하면서 정치 집단 사이에 상업적 이익을 독점하려는 경향이 증대하였다. 정치적 쟁점에 있어서도 예론과 같은 사상적인 문제에서 군사·경제력 확보에 필수적인 군영을 장악하는 문제로 관심이 옮아갔다. 향촌 사회에서는 지주제와 신분제가 동요하여 사족 중심의 향촌 지배가 어려워지면서 붕당 정치의 재지적 기반이 무너지게 되었다. 그리하여 일당 전제화 경향이 두드러짐에 따라, 견제와 균형에 따라 이루어지던 공론은 파기되었다. 삼사는 각 붕당의 이해관계를 우선시하게 되면서 공론을 반영하기보다는 자기 세력을 유지하고 상대 세력을 견제하는 데 집중하였다. 각각 문관과 무관의 인사를 담당하였던 이조와 병조의 전랑도 변질하여, 자신들에게 주어진 중·하급 관원에 대한 인사권과 후임자 추천권을 자기 세력의 확대 수단으로 이용하는 일이 잦았고, 이를 둘러싼 붕당 간의 쟁탈전이 치열하였다. 그 결과 정치 세력 사이에 격심한 정쟁이 유발되었다. 이 와중에 비변사는 최고 정무 기구로서의 역할을 담당하게 되면서 자기 당의 여론을 주도하였고, 상대적으로 왕권이 약화되고 의정부와 6조의 행정 체계도 유명무실화하였다.

② 북벌: 숙종 초 집권 세력인 남인의 윤휴가 청의 정세 이용하여 북벌 추진을 제안
③ 환국
  ㉠ 경신환국(숙종 6, 1680)
    • 남인 영수 영의정 허적이 유악油幄을 왕의 허락 없이 가져간 사건이 발단
    • 숙종이 군권을 모두 서인에게 넘겨줌, 3복의 변°을 통해 남인을 역모로 몰아 윤휴 사사 → 남인 탄압
    • 서인 내부의 분열 → 노론(송시열)과 소론(윤증)°
  ㉡ 기사환국(숙종 15, 1689)
    • 장희빈의 아들을 원자로 정호定號하는 데 반대하는 서인을 쫓아내고 남인 집권
    • 송시열 사사, 인현 왕후(민씨) 폐서인으로 축출, 장희빈 왕비로 격상
  ㉢ 갑술환국(숙종 20, 1694)
    • 서인의 인현 왕후 복위 운동을 반대한 남인 몰락, 서인 집권
    • 인현 왕후 복위, 장희빈 세력 몰락, 이후 남인은 정권에서 거의 배제
    • 장희빈 소생의 세자를 지키려는 소론과 최숙빈 소생의 연잉군으로 세자를 교체하려는 노론의 대립이 본격화됨
④ 노론의 일당 전제
  ㉠ 복위된 인현 왕후 사망(1701), 장희빈 '무고의 옥'°에 연루되어 사사 → 장희빈에게 우호적이었던 소론 세력 몰락하고 노론이 권력 장악
  ㉡ 숙종의 병신처분(1716)과 정유독대(1717)° 이후 노론의 권력 더욱 강화
  ㉢ 송시열의 유지를 받들어 만동묘와 대보단 건립

◇ **환국**
숙종 때 정국을 주도하는 붕당과 이를 견제하는 붕당이 서로 교체되어 정국이 급격하게 전환되는 현상을 말한다. 환국을 왕이 주도하면서 왕과 직결된 정치 집단의 비중이 커졌고, 외척 세력이 증대되었다. 한편, 언론 기관이나 재야 사족의 정치 참여가 어려워져 붕당 정치의 기반도 붕괴되었다.

◇ **3복의 변**
허적의 서자 허견이 왕실의 복창군·복선군·복평군과 함께 역모를 꾀한다는 것이 사건의 골자였다. 당시 남인을 중심으로 추진되던 북벌이 역모를 위한 것이라고 몰아 남인 100여 명이 화를 입었다.

◇ **노론과 소론**
노론은 송시열을 중심으로 결집하여 대의명분과 민생 안정을 강조하는 경향을 보였고, 소론은 윤증을 중심으로 결집하여 실리를 중시하고 적극적인 북방 개척을 주장하였다. 소론은 특히 성리학 이해에 대한 탄력성을 보여, 양명학이나 노장 사상에도 관심을 가졌다.

◇ **무고의 옥**
인현 왕후가 죽자, 희빈이 신당을 설치하여 저주했기 때문이라는 고변이 일어났다. 이때 소론은 세자를 위해 희빈을 용서할 것을 청하였으나, 결국 희빈은 사사되고 소론은 몰락하였다.

◇ **정유독대(1717)**
숙종이 죽기 전 노론의 영수인 이이명을 불러 독대한 사건을 일컫는다. 당시 독대의 내용에 대해서는 알려진 바 없으나, 이후 노론은 왕의 독대를 통한 특별한 부탁이라 하여 세자의 대리청정을 보필하는 한편, 만일의 경우에 대비하여 은밀하게 연잉군, 연령군 두 대군의 보호를 자처하였다.

> **읽기 자료**
>
> **회니시비懷尼是非와 병신처분**
>
> 윤증의 아버지 윤선거와 송시열은 김장생의 문하생이었는데, 예송 때 윤선거가 윤휴의 편을 들었다하여 송시열이 불만을 갖고 있다가, 윤선거의 묘지문을 무성의하게 지음으로써 제자인 윤증과 갈등을 빚었다. 윤증이 스승을 비난하는 글을 썼다가 발각되어 이를 둘러싸고 대대적인 정치 분쟁이 야기되었는데, 충청도 회덕에 송시열이 살았고, 제자인 윤증은 이산에 살았으므로 이를 회니시비라고 한다(1684). 숙종은 처음에 아버지가 중하고 스승이 경하다는 논리를 내세워 윤증과 소론을 옹호하였으나, 한참 뒤 다시 재판정을 내려 송시열과 노론이 옳다 하였다. 이를 병신처분이라 한다(1716). 병신처분은 회니시비를 둘러싸고 심각해진 노론과 소론 사이의 대립과 분쟁에 왕이 직접 관여하여 처분을 내린 것이었다. 이로써 소론은 학문적, 정치적으로 이념과 명분에서 심각한 타격을 입고 정국에서 소외되었다. 반면, 노론은 숙종의 인정과 지원을 받아 정국 주도권을 독점하게 되었다.

⑤ 대외 관계
  ㉠ 안용복, 두 차례 일본에 건너가 독도 영유 확인(1693, 1696)
  ㉡ 청과 국경을 정하는 백두산 정계비 건립(1712)
  ㉢ 폐4군 일부 복설
⑥ 경제 정책
  ㉠ 상평통보 주조
  ㉡ 삼남 지역에 양전 사업 실시
  ㉢ 대동법이 잉류 지역 제외한 전국으로 확대
⑦ 기타
  ㉠ 신원 사업: 노산대군에게 '단종' 묘호(장릉), 강감찬 사당 건립, 이순신 사우에 '현충' 호
  ㉡ 광대 장길산의 도적 활동(황해도·평안도 일대)

(2) 경종(1720~1724)
  ① 신축옥사
    ㉠ 노론 주도의 건저 문제 논의 → 최숙빈 소생의 연잉군 세제로 책봉
    ㉡ 목호룡 고변 사건(1721): 소론이 노론 4대신(이이명·김창집·이건명·조태채)이 왕권 교체를 기도하였다는 구실로 축출
  ② 임인옥사: 노론 일파가 경종의 시해를 모의하였다는 고변을 계기로 노론의 50여 인이 처단, 170여 명이 처벌(목호룡의 재고변, 1722) → 신축·임인옥사를 합쳐 신임사화라 명명

4 탕평책과 세도 정치

1. 탕평 정치

(1) 배경
  ① 붕당 정치가 변질되어 극단적인 정쟁이 발생하고 상대적으로 왕권이 불안해 짐
  ② 강력한 왕권 바탕으로 정치적 균형 관계를 재정립하고 정국을 안정시키려는 탕평론 제기

(2) 숙종
  ① 공정한 인사 관리를 통해 정치 세력의 균형을 유지하려는 탕평론 제시
  ② 실제는 편당적인 인사 관리로 일관, 환국의 빌미 제공 → 명목상의 탕평에 그침

(3) 영조(1724~1776)

① 즉위 초 정국 불안
  ㉠ 탕평 교서 발표로 탕평에 대한 의지 천명
  ㉡ 왕권 미약으로 노론과 소론을 번갈아 등용하는 편당적 조치(을사·정미환국◇)
  ㉢ 이인좌의 난(1728):◇ 소론과 남인의 일부 강경파가 영조의 정통성을 부정하며 노론 정권에 반대

② 완론緩論 탕평
  ㉠ 탕평파◇ 형성
    • 이인좌의 난 이후 영조는 왕과 신하 사이의 의리를 바로 세워야 한다고 주장
    • 탕평비 건립(1742): 탕평 의지 과시, 붕당의 폐해 경계, 성균관 입구 반수교에 건립
    • 탕평과 실시(1772)
    • 같은 당파끼리의 혼인 금지(1772): 동색금혼패를 집집마다 걸게 함
    • 붕당 자체를 없애자는 논리에 동조하는 탕평파 형성
  ㉡ 사림 세력 약화
    • 붕당의 뿌리를 뽑기 위하여 공론의 주재자로 인식되던 산림의 존재 부정
    • 서원 대폭 정리
    • 이조 전랑의 권한 약화: 자대권 및 통청권 폐지 시도(정조 대 완전 폐지)
  ㉢ 수성윤음 반포(1751): 군영 재정비

③ 민생 안정책
  ㉠ 균역법: 탕평책 실시로 정국 안정 → 백성들의 군역 부담 감소
  ㉡ 혹형 폐지, 사형수 삼심제 엄격 적용, 노비 사형私刑 금지
  ㉢ 신문고 부활(1771)
  ㉣ 청계천 준설: 준천사 설치, 청계천 유로 변경 및 준천 작업 실시
  ㉤ 노비종모법 시행, 노비의 신공 감면, 통청윤음 반포(1772)
  ㉥ 기타: 금주령, 사치 금지, 대비의 칠순을 맞아 기로과 실시(1759)

④ 편찬 사업: 『무원록無冤錄』 증보, 『속대전續大典』, 『속오례의續五禮儀』, 『여지도서輿地圖書』, 『동국문헌비고東國文獻備考』 등 편찬 → 문물 제도 재정비

서적	특징	서적	특징
속대전	『경국대전』을 보완한 법전	택리지	이중환의 인문 지리서
속오례의	『국조오례의』를 보완한 예서	중수무원록	『무원록』을 증보
해동악장	악장·가사 등을 정리	병장도설	『진법』을 복간
여지도서	읍지를 모아 편찬한 관찬 지리서	동국지도	정상기가 100리척을 이용한 채색 지도
동국문헌비고	관찬 종합 백과사전		

[영조 때 편찬된 서적]

⑤ 한계
  ㉠ 강력한 왕권 바탕으로 붕당의 다툼을 일시적으로 억누른 것에 불과
  ㉡ 이인좌의 난, 나주 괘서 사건(1755)◇ 등 소론 강경파의 저항과 임오화변(1762)◇을 계기로 소론 숙청, 노론 벽파의 일당 전제가 지속됨

◇ **을사·정미환국**
영조 즉위 직후 신임사화의 진상을 재규명하는 과정에서 소론의 목호룡이 처벌되었고(을사환국, 1725), 이어 영의정 이광좌가 유배되었다. 이로써 노론이 집권 하였으나, 이들이 영조와 사사건건 부딪히며 소론 공격을 일삼자 영조는 다시 노론을 파면하고 소론을 정권에 참여시켰다(정미환국, 1727).

◇ **이인좌의 난**
노론이 지지한 연잉군(영조)이 즉위하자, 위협을 느낀 소론 과격파들이 영조는 숙종의 아들이 아닐 뿐더러 경종의 죽음에 관계되었다고 주장하며 밀풍군 탄을 왕으로 추대하고자 난을 일으켰다. 여기에 많은 민중들이 가담하여 세력을 확대하였다. 이인좌는 청주성을 함락시키고 경종의 원수를 갚는다는 점을 널리 선전하면서 서울로 북상하였으나 안성과 죽산에서 관군에 의해 격파되었고, 청주성에 남은 세력도 무너졌다.

◇ **탕평파**
영조 재위 후반기에 완론파를 중심으로 탕평당이 형성되었다. 박세채의 탕평론을 계승한 소론의 이광좌, 조문명, 서명균, 송인명 외에 노론의 민진원, 홍치중, 김재로 등이 속하였다. 이후 조현명, 원경하, 이주진, 오광운 등이 가세해 재주가 있으면 노론·소론·남인·북인을 가리지 않고 등용하자는 탕평으로 이어졌다. 한편, 탕평파가 새로운 세도가로 부상하고, 노론의 전제화를 불러오는 등 역기능도 생겼다.

◇ **나주 괘서 사건**
소론에 속한 윤지가 전라도 나주를 중심으로 노론을 타도하기 위해 모의하려 하였으나, 사전에 발각되었다. 이 사건으로 소론이 거의 제거되어 재기가 불가능해졌다.

◇ **임오화변**
노론과 대립하던 장헌 세자가 사망한 사건을 말한다(1762). 노론은 세자를 제거하기 위해 세자의 비행 10조목을 상소하여 영조로 하여금 세자를 뒤주에 넣어 죽이게 만들었는데, 이 사건을 계기로 벽파와 시파가 대립하였다. 벽파는 세자의 죽음을 당연시한 세력으로 노론 강경파가 다수였고, 시파는 이에 대해 세자의 잘못은 인정하면서도 죽음에 이르게 한 것은 가혹한 처사였다는 입장을 보인 노론 온건파, 남인, 소론 등으로 구성되었다. 사건 직후 영조는 세자에게 '사도思悼'라는 시호를 내렸다.

102

(4) 정조(1776~1800)
  ① 준론(峻論) 탕평
    ㉠ 영조의 탕평책 계승
    ㉡ 임오화변과 시파·벽파 간의 갈등을 경험한 정조는 더욱 강력한 탕평책 실시
    ㉢ 군주 도통론을 내세우며 각 붕당의 옳고 그름을 명백히 가리는 적극적인 탕평 시행
  ② 왕권 강화책
    ㉠ 인재 등용
      • 영조 때의 환관, 척신 등 제거
      • 노론 일부와 그간 정치에서 배제되어 왔던 소론과 남인 계열, 시파 중용
      • 남인 채제공을 정승으로 삼고, 정약용을 중용
    ㉡ 규장각
      • 왕실 도서관으로 창덕궁 후원 주합루에 설치, 학술 연구 및 강력한 정치 기구로 육성
      • 박제가·유득공·이덕무·서이수 등 서얼 출신을 규장각 검서관으로 기용
      • 강화에 외규장각을 두어 주요 서적 보관
    ㉢ 초계문신제: 군주 자신이 초월적 군주가 되어 신하들을 양성·재교육
    ㉣ 장용영: 친위 부대, 각 군영의 독립적인 성격을 약화시키고 병권 장악
    ㉤ 사림 세력 약화
      • 수령이 군현 단위의 향약을 직접 주관 → 사족의 향촌 지배력 억제, 백성에 대한 국가 통제력 강화
      • 이조 전랑의 권한 완전히 혁파
  ③ 사회 정책과 경제 정책
    ㉠ 서얼 허통, 노비에 대한 차별 완화(노비추쇄 금지)
    ㉡ 신해통공(1791): 육의전을 제외한 시전 상인의 금난전권 폐지
    ㉢ 신해사옥과 문체반정: 통공 정책에 대한 노론의 반발로 진산 사건 발발 → 신해사옥으로 이어짐(1791) → 정조가 문체반정 주도
    ㉣ 경제 진흥
      • 제언절목 반포(1778), 화성에 만석거 축조, 대유둔전 설치
      • 공장안 폐지하여 민영 수공업 진흥
  ④ 화성 건립
    ㉠ 화성 축조
      • 사도 세자 묘를 수원으로 이장(현륭원)하고 화성 축조, 정치·군사적 기능 부여
      • 상공인 유치, 자신의 정치적 이상을 실현하는 상징적 도시로 키워나감(1794~1796).
      • 정약용이 거중기 이용, 『화성성역의궤(華城城役儀軌)』에 축조 과정 수록
    ㉡ 화성 행차
      • 장용영 대동하고 화성에 수시 행차, 정약용이 고안한 배다리 이용
      • 행차 시 상언·격쟁 활성화: 여론 수렴, 정책에 민심 반영

◇ 군주 도통론
송시열은 성리학에 출중한 인물들이 도학 정치를 이끌어야 한다는 산림 도통론을 내세우면서 주자의 성리학이 이이를 거쳐 자신으로 계승되었다고 주장하였다. 그러나 정조는 군주가 유학의 실질적 계승자이며, 의리의 주인이 될 수 있다는 논리로 군주 도통론을 주장하였다.

◇ 초계문신제
신진 인물이나 중·하급 관리 중 능력 있는 자들을 국왕이 재교육하는 제도였다. 1781년 20명의 초계문신을 선발하였고, 1784년 『규장각지』가 완성될 때 제도적으로 정착하였다. 선발 대상은 참상·참하의 당하 문신 중 승문원·교서관·성균관의 추천자로서 37세 이하이어야 했다.

◇ 장용영
국왕의 호위 전담을 위해 설치한 장용위를 확대 개편하여 장용영이라 하였다. 내영(한성)과 외영(수원 화성)으로 구성되었고, 12,000명에 달하는 규모였다. 정조 사후인 1802년에 혁파되었다.

◇ 진산 사건
정약용의 외사촌이었던 윤지충과 권상연이 진산 지역에서 조상의 신주를 불지르고 천주교식으로 제사를 지냈다가 화를 입은 사건이다. 이 과정에서 노론 공서파(攻西派)가 남인을 정치적으로 공격하여 신해사옥(1791)이 일어났으나, 정조는 신서파(信西派)를 옹호하며 사건을 확대시키지 않았다.

◇ 문체반정
노론의 박지원이 유행시킨 패관소품체를 정통 고문으로 복구하게 한 사건이다. 당시 천주교 문제로 남인이 탄압을 받자 이에 대한 정치적 보복으로 행해진 측면이 강하다. 정조는 이 조치를 통해 송시열을 받들던 노론의 문체를 전반적으로 문제삼을 수 있었다.

◇ 화성성역의궤
화성 성곽 축조에 관한 경위와 제도, 의식 등을 기록한 책이다. 정조 18년(1794) 1월부터 정조 20년(1796) 8월에 걸친 화성 성곽 축조는 큰 토목건축 공사로서 많은 경비와 기술이 필요하였으므로, 그 공사 내용에 관한 자세한 기록을 남겨야 하겠다는 뜻에서 정조가 봉조하(奉朝賀) 김종수에게 편찬을 명하였다. 이 자료를 바탕으로 6·25 전쟁 때 소실된 화성을 거의 원형 그대로 복원하였기 때문에, 화성이 복원물임에도 불구하고 세계 문화유산으로 등재될 수 있었다.

> **읽기 자료**
>
> **시흥환어행렬도**
>
>
>
>
>
> 시흥환어행렬도의 어가 행렬 부분으로, 정조가 화성 행궁을 출발하여 서울로 올라오는 중에 시흥 행궁에 다다르려는 장대한 광경을 당대 제일의 화가였던 김홍도가 그렸다. 백성들은 땅에 엎드리지 않은 채로 행렬을 편안하게 구경하고 있는데, 심지어 장사치들이 물건을 안고 돌아다니는 모습까지 보인다. 이렇듯 자유로운 분위기의 행차를 통해서 국왕 정조는 백성을 직접 만나 의견을 듣고, 그것을 정책으로 구현하려 하였다.

⑤ 문물 제도 재정비
  ㉠ 문예 부흥 위해 중국과 서양의 과학 기술 수용
  ㉡ 『고금도서집성古今圖書集成』을 청에서 수입 → 학문 정치 기초를 다짐
  ㉢ 북학파와 중농학파 등 혁신적인 인재 등용 → 각종 서적 편찬, 문물 제도 정비

서적	특징	서적	특징
증보동국문헌비고	『동국문헌비고』 개정	탁지지	호조의 사례 정리
대전통편	통치 규범 재정비	추관지	형조의 사례 수집
무예도보통지	종합 무예서	춘관지	예조의 관장 사항 정리
동문휘고	조선 후기 외교 문서 집대성	규장전운	한자 운서(韻書)
홍문관지	홍문관의 연혁 정리	홍재전서	정조의 시문집
규장각지	규장각의 연혁, 제도 수록	일성록◇	정조의 개인 일기, 이후 정부 업무로 편찬

[정조 때 편찬된 서적]

⑥ 한계: 국왕의 개인적인 역량에 의존한 정국 운영 → 정조 사후 세도 정치 전개

2. 세도 정치

(1) 배경
① 영·정조 대의 탕평 정치
  ㉠ 강력한 왕권에 의존해서 붕당 간의 다툼 일시적 해소
  ㉡ 일정한 성과에도 불구하고 붕당 정치의 말폐적 현상을 근본적으로 치유한 것은 아님
② 정조 초기: 시파와 벽파의 대립 속에서 즉위 → 홍국영을 크게 신임하여 정권 위임
③ 정조 사후: 정치 권력이 왕과 주변의 소수 집단에 집중, 몇몇 경화거족◇들이 권력을 독점하는 비정상적인 정치 형태 출현

◇ 일성록
『일성록』은 1760년(영조 36)부터 1910년(융희 4)까지 국왕의 동정을 중심으로 국정 운영에 관해 매일 기록한 일기이다. 본래 정조가 세손 시절 자신을 반성할 목적으로 쓰기 시작한 『존현각일기尊賢閣日記』에서 출발하였으나, 국가 정무가 늘어나고 규장각의 체제가 정비되자 1781년(정조 5) 정조는 자신이 직접 쓰던 일기를 규장각 신하들에게 대신 기록할 것을 명하였고, 이로써 국정 운영에 참고하고 국정 전반을 성찰할 수 있는 국가의 일기로 발전시켰다.

◇ 세도 정치기 대표적 경화거족
영조 때 득세한 완론파들은 외척과 결합하여 탕평당을 결성하는 한편, 왕실과의 통혼을 통해 새로운 외척으로 등장하였다. 이들은 정조 대에 잠시 위축되었으나, 정조 사후 다시 득세하였다. 안동 김씨, 풍양 조씨, 반남 박씨가 대표적이었다. 이들을 비롯하여 대구 서씨, 연안 이씨, 남양 홍씨 등 몇몇 경화거족이 중앙의 정치 권력을 독점하였다.

(2) 순조(1800~1834)

① 정순 왕후의 수렴청정기
  ㉠ 순조가 11세에 즉위 → 벽파계인 영조의 계비 정순 왕후 수렴청정, 벽파의 정국 주도
  ㉡ 신유사옥(1801): 시파 대거 축출
  ㉢ 장용영 혁파, 군권 재장악
  ㉣ 양인 수 확보 위해 공노비 해방 단행(1801)

② 안동 김씨의 세도 정치기
  ㉠ 왕의 친정
    • 『만기요람(萬機要覽)』 편찬(1808): 국왕의 정사에 참고하도록 재정과 군정의 내역 정리
    • 순조의 장인이자 시파를 대표하는 김조순이 왕권과 벽파를 압도하여 안동 김씨의 세도 정치 실현
  ㉡ 순조 말년 효명 세자◆의 대리청정 시도, 갑자기 사망하면서 실패
  ㉢ 홍경래의 난 발발(1811), 천주교 탄압이 완화되어 교구 설치

(3) 헌종(1834~1849)

① 8세에 즉위 → 왕의 외조부인 조만영이 실권 장악, 풍양 조씨 득세
② 안동 김씨와 풍양 조씨가 어느 정도 세력 균형을 유지
③ 기해 · 병오사옥이 일어남

(4) 철종(1849~1863)

① 강화도령 즉위 → 안동 김씨인 김문근이 왕과 외척 관계를 맺고 권력 장악
② 임술 농민 봉기로 인해 삼정이정청 설치(1862)

(5) 권력 구조

① 정치 기반 축소: 소수의 특정 가문이 정권 장악, 정치 기반이 한층 좁아짐 → 견제할 만한 세력이 없어 정치 질서 파탄
② 권력 독점
  ㉠ 정2품 이상 고위직만이 정치적 기능 발휘, 그 이하의 관리들은 단지 행정 실무만을 담당
  ㉡ 몇몇 유력 가문은 핵심 정치 기구인 비변사의 요직 독차지, 정치 주도

(6) 세도 정치의 폐해

① 정치력의 부재
  ㉠ 19세기 사회 전반의 위기와 모순에 근본적으로 대처하지 못함
  ㉡ 난국을 타개할 만한 능력이나 의지 상실
  ㉢ 상업 발달과 서울의 도시적 번영에 만족할 뿐, 조선 후기 상품 화폐 경제의 발달에 따른 각종 사회 변화에 적절하게 대응하지 못함
  ㉣ 고증학◆에 치중 → 사회 개혁 의지를 상실, 비판 세력의 참여 불허로 정치력 부재
② 사회 통합의 실패: 재야 세력을 권력에서 배제, 신흥 세력(부농 · 상인) 포섭 실패
③ 부정부패의 만연
  ㉠ 과거 시험에서 비리가 횡행 → 공정성 결여
  ㉡ 매관매직 풍조와 수령 · 향리의 수탈 → 암행어사 파견, 효과는 미미

◇ **효명 세자**
순조는 안동 김씨의 전횡을 견제하고자 효명 세자의 빈으로 조만영의 딸을 간택하고, 세자에게 대리 서무를 시켜 유력 가문 간의 균형을 도모하였다. 그러나 효명 세자의 죽음으로 개혁은 실패하였으며, 세도 가문의 전횡이 더욱 심해지고 상대적으로 국왕의 지위는 약해졌다.

◇ **고증학**
중국 명말청초에 새로 등장한 학문 연구 방법론으로, 실증적인 고전 연구 학풍이었다. 연구 방법론적 차원에서 학문 발전을 가져왔으나, 현실 문제에 대한 관심 결여로 사회 개혁에는 미온적이었다.

◇ **조선 후기의 자연재해**
18~19세기에 걸친 약 1세기 동안 한재旱災가 빈발하였다. 이는 농업 생산력의 저하를 가져왔고, 당시 정치 상황과 맞물려 백성들에게 큰 부담을 야기하였다. 일각에서는 이를 전지구적인 소빙기의 영향으로 이해하기도 한다.

④ 농민들의 불만 고조
  ㉠ 삼정의 문란, 잇따른 자연재해° → 농민의 세금 부담 가중, 농촌 사회의 불만 증대
  ㉡ 농민들의 대대적인 저항 야기 → 농민 항쟁 폭발(19세기)

전정	진결	경작하지 않은 황무지에서 징세
	은결	토지 대장에 올라 있지 않은 개간지에서 징세, 권세가의 토지 은닉
	도결	모든 세금을 토지로 일원화하여 징수
	백지징세	경작하지 않은 공지에서 징세
군정	황구첨정	16세가 되지 않은 어린이에게 군포 부과
	백골징포	사망자를 생존자로 하여 군포 부과
	족징·인징	도망자의 군포를 친족이나 이웃에 부과
	강년채	60세가 넘은 노인의 나이를 줄여서 군포 부과
환곡	늑대	필요하지 않은 사람에게 강제로 곡식 대여
	분석	곡식에다 겨나 돌을 섞어 양을 늘리는 행위
	반작	환곡 출납에 허위 문서 작성
	가분	저장해야 할 비상용 곡식 대여
	허류	재고가 없는데 있는 것처럼 허위로 문서 작성

[삼정의 문란 사례]

5 조선 전기의 대외 관계와 임진왜란

1. 대명 사대 정책

(1) 대명 외교의 성격
  ① 사절° 파견은 조선 왕조의 권위와 안정을 이루려는 방편
  ② 문화 수입과 물품 교역이 이루어지는 통로 → 자주적 실리 외교

(2) 대명 관계의 악화
  ① 생흔生釁과 모만侮慢(1393): 조선이 명을 업신여긴다며 3개조 생흔, 2개조 모만을 들어 압박, 여진인 송환을 요구
  ② 고명 문제: 이성계의 왕위 찬탈에 명분이 없다며 명은 이성계에게 '권지고려국사'의 칭호만 주고 금인金印을 주지 않음 → 태종 대에 해결
  ③ 종계변무 문제(1394): 명의 『태조실록』과 『대명회전大明會典』에 이인임과 그 아들 이성계가 왕씨의 네 왕을 시해하였다고 기록 → 선조 대에 해결
  ④ 표전문제와 요동 정벌 계획
    ㉠ 조선의 표전에 대해 명이 시비
    ㉡ 요동 정벌 추진
      • 태조와 정도전·남은 등이 중심이 되어 여진족 편입, 『진도』 편찬
      • 사병 혁파 의도 → 왕자의 난 발발
  ⑤ 여진 송환 문제: 국초 여진족의 귀순 → 조선의 여진족 회유와 포섭 → 명의 불만

◇ **대명 사절단의 교역**
조선에서는 명에 정기적으로 하정사(정월 초하루), 성절사(황제 생일), 천추사(황태자 생일), 동지사를 파견하였고, 비정기적으로 사은사, 주청사, 진하사, 진위사 등을 파견하였다. 이들 조천사朝天使가 중심이 되어 조공과 회사 형식의 교역이 이루어졌다. 조공품보다 회사품이 월등히 많은 상황에서 명은 3년 1공으로 제한하였으나 조선에서는 1년 3공을 주장하며 다양한 물품을 교역하였다. 의주 압록강 가에는 명 사신 접대를 위한 역관驛館인 의순관이 설치되었다.

(3) 대명 관계의 정상화
  ① 태종은 요동 정벌 준비 중단하고 여진족에 대한 정벌 강화 → 명의 조선과 여진족 결탁 의심 일소 → 명과의 관계 정상화[儀從本俗聲教自由]
  ② 이후 사림 집권, 존화주의 심화

2. 교린 정책
(1) 대여진 관계
  ① 강경책
    ㉠ 원정군 파견하여 여진의 본거지 토벌, 진과 보 설치 → 자치적 방어 체제 구축
    ㉡ 북방 개척: 두만강 일대 개척(태조), 4군(최윤덕·이천)·6진(김종서) 설치(세종)
    ㉢ 사민 정책·복호 정책, 토관 제도 활용하여 민심 수습
    ㉣ 남이의 건주 야인 정벌(예종)
    ㉤ 16세기까지 여진족과 산발적 갈등 지속
      • 니탕개의 난(1583): 3만여 명 규모의 여진족이 6진 지역을 침입
      • 녹둔도 전투(1587): 여진족이 녹둔도를 기습, 경흥부사 이경록·조산만호 이순신의 분전
  ② 회유책
    ㉠ 관직, 토지, 주택 등 사여 → 귀순 장려
    ㉡ 국경 무역 실시: 경성·경원에 무역소 설치(태종)
    ㉢ 북평관 설치(동대문 밖): 조공 무역 허용

(2) 대일본 관계
  ① 강경책
    ㉠ 태조: 김사형, 대마도 토벌
    ㉡ 세종: 이종무, 대마도 토벌 → 왜구 근절 약속(기해동정, 1419)
  ② 회유책
    ㉠ 세종: 부산포·제포(내이포)·염포의 3포 개항, 왜관 설치
    ㉡ 세종: 3포 개항 이후 교역량 제한 목적, 세견선 50척, 세사미두 200석의 조공 무역 규정(계해약조, 1443)
(3) 기타: 류큐, 시암(섬라), 자바(자와) 등에게 조공 받는 비정기적인 교역 진행

[조선 초기의 대외 관계]

◇ 4군 6진의 치폐
조선은 세종 때 4군 6진을 설치하였으나 1455년부터 1459년에 걸쳐 4군을 폐지하고 주민을 철수하였다. 그리하여 이곳은 폐4군이라 불리었다. 양란 이후 조선은 전란의 피해를 극복하면서 북방 지역 영토 확보에도 관심을 기울여 1684년(숙종 10)에 함경도 무산에 도호부를 설치하였다. 1712년 백두산 정계비를 세운 후에는 적극적으로 북방 지역을 개발하여 1787년(정조 11)에 개마고원 일대에 장진부를 세우고, 1823년(순조 23)에는 압록강 상류 지역에 후주부를 설치하였다. 이어서 1869년(고종 6)에는 자성군과 후창군을 세워 폐4군 지역의 행정 구역을 완전히 복구하였다.

◇ 사민 정책과 복호 정책
여진족의 침략에 효과적으로 대응하고 주민의 자치적 지역 방어 체제를 확립하며, 국토의 균형있는 발전을 꾀한 정책이다. 주로 삼남 지방의 주민들을 이주시켜 세금 감면 등의 복호 혜택을 주었다.

◇ 토관 제도
북방 지역의 반역을 방지하고 사민된 지역을 개발하기 위해 그 지역의 토착민을 토관으로 임명한 제도이다. 품계는 각 5품까지로 제한하였으며, 상피제와는 모순되는 제도였다.

◇ 세종의 대마도 토벌
조선은 대마도주에게 왜구 근절의 책임을 지우는 한편, 조선과 무역하려는 일본인에 대한 통제권을 주었다. 그러나 왜구의 침략이 끊이지 않고, 약탈로 인한 피해가 커지자 조선 정부는 이종무에게 명하여 대마도를 토벌하고 일본과의 교역을 중단하였다.

3. 임진왜란 이전 왜와의 대립

(1) 3포 왜란(1510, 중종)
① 전개: 3포에 거주하는 왜인들의 무역 규정 위반을 중종 때 엄격히 통제
② 결과
  ㉠ 임시 기구로 비변사 설치
  ㉡ 3포 폐쇄 → 2년 후 대마도주의 간청으로 임신약조 체결, 무역 재개(1512)

(2) 을묘왜변
① 전개
  ㉠ 3포 재개항 후 왜인들이 약조를 어김 → 자주 소란(사량진 왜변~정미약조)
  ㉡ 특히 왜인들이 70여 척의 배를 몰고 전라남도 연안 지방 습격(1555, 명종)
② 결과
  ㉠ 일본과 국교 단절
  ㉡ 비변사 상설 기구화, 제승방략 체제 구축, 사신 파견 등 대책 강구

사건	시기	주요 내용
쓰시마 섬 정벌	1419년(세종)	이종무가 쓰시마 섬 토벌
3포 개항	1426년(세종)	부산포(동래), 내이포(웅천), 염포(울산)의 3포를 개항
계해약조	1443년(세종)	세견선 50척, 세사미두 200석의 조공 무역 규정
3포 왜란	1519년(중종)	3포 폐쇄, 임시 기구로 비변사 설치
임신약조	1512년(중종)	세견선 25척, 세사미두 100석의 무역 허락
사량진왜변	1544년(중종)	무역 단절, 일본인 왕래 금지
정미약조	1547년(명종)	세견선 25척, 인원의 제한 규정에 대한 위반 시 벌칙 강화
을묘왜변	1555년(명종)	국교 단절, 비변사의 상설 기구화
임진왜란	1592년(선조)	비변사의 기능 강화
기유약조	1609년(광해군)	국교 회복, 부산포 왜관 설치(세견선 20척, 세사미두 100석)

[일본과의 주요 관계 연표]

(3) 비변사의 설치
① 배경: 여진족과 왜구 대비 목적
② 기능
  ㉠ 설치 초기: 국방·치안과 관련된 업무 처리
  ㉡ 임진왜란(1592) 이후: 전쟁의 원활한 수행, 전후 복구, 사회 경제적 변동에 대한 효율적 대처 위한 국정 전반의 거의 모든 사무 총괄
③ 구성
  ㉠ 초기: 의정부와 병조의 대신, 지변사재상知邊司宰相으로 구성
  ㉡ 상설화 이후: 도제조都提調, 제조提調, 부제조副提調, 낭청郎廳으로 구성
  • 도제조: 전임의정과 현임의정이 겸임
  • 제조: 변방 지역 정세를 잘 아는 대신으로 차출, 이조·호조·예조·병조·형조의 판서, 훈련도감과 어영청의 대장, 개성·강화 유수留守, 대제학大提學이 겸임
  • 부제조: 군사업무에 능통한 정3품의 관원으로 임명, 상주하도록 함
④ 영향: 최고 정무 기구로서의 역할 → 왕권 약화, 의정부와 6조의 행정 체계 유명무실

◇ **지변사재상**
성종 때 북방 여진족에 대한 대책을 강구하기 위해 처음 설치한 관직이다. 평안도·함경도·경상도·전라도의 감사와 병사·수사를 지낸 2품 이상의 관원 중에서 선발하여 의정부와 함께 군사 관련 논의를 담당하였다.

4. 임진왜란과 정유재란

(1) 배경
- ① 대비의 미비
  - ㉠ 대립과 방군수포제 만연으로 국방력 약화
  - ㉡ 10만 양병설 제기(서인) → 붕당 간 국론 분열°로 묵살
- ② 일본 내부의 문제: 장기간의 전국 시대 수습, 불만 세력의 관심을 돌릴 대안 필요
- ③ 정명가도(征明假道) 구실로 20만 대군이 조선 침략

(2) 전개 과정
- ① 육군의 패전
  - ㉠ 부산진과 동래성에서 정발과 송상현이 분전, 패배
  - ㉡ 이일이 상주성, 신립이 충주성(탄금대)에서 패배
  - ㉢ 왜군이 한양 접근하자 선조 의주로 몽진, 한양·평양·함경도까지 왜군 북상
  - ㉣ 선조가 분조(分朝)를 광해군에게 맡기고 명에 원군 요청
- ② 수군의 활동: 전라도 좌수사 이순신의 지휘 아래 옥포(거제도) 첫 승리 이후 연승으로 남해의 제해권 장악

옥포 해전(1592. 4.)	최초의 승리
사천·당포 해전(1592. 5~6.)	거북선을 이용한 승리
한산도 대첩(1592. 7.)	남해의 제해권 장악, 호남 곡창 지대 보호, 학익진 구사

[임진왜란 당시 수군의 활약]

- ③ 의병의 활동°
  - ㉠ 농민이 주축, 전직 관리·유학자·승려 등이 지휘
  - ㉡ 향토 지리와 조건에 맞는 전술 구사, 뛰어난 기동력과 기습 공격으로 왜군에 타격
  - ㉢ 의병 부대가 관군에 편입되어 조직화 → 관군의 전력 강화, 종전 후 처벌을 받기도 함
- ④ 진주 대첩
  - ㉠ 왜군이 호남의 곡창 지대를 노리고 진주 쪽 공격
  - ㉡ 김시민의 4천 여 군대가 2만의 왜군을 맞서 싸워 승리(1592. 10.), 곽재우 등 의병 합세
- ⑤ 조·명 연합군의 구성°
  - ㉠ 수군과 의병의 승전으로 조선이 수세에서 벗어남
  - ㉡ 이여송이 이끄는 명군 참전으로 조·명 연합군 구성
  - ㉢ 조·명 연합군이 이듬해 1월 평양 탈환(류성룡 주도)
  - ㉣ 명군이 왜군 추격하다 벽제관 전투에서 대패하고 평양으로 퇴각, 화의 시도
- ⑥ 행주 대첩
  - ㉠ 명군의 평양 퇴각으로 권율과 관군이 행주산성에 고립
  - ㉡ 관민의 협력으로 승리(1593. 2.)

◇ **국론의 분열**
임진왜란 발발 2년 전인 1590년, 동인인 김성일을 정사로, 서인 황윤길을 부사로 하는 사절단이 일본에 가서 도요토미 히데요시(豊臣秀吉)를 만나고 왔다. 이때 황윤길은 전쟁의 위험성을 예고하며 대비책을 세우자고 했으나 김성일은 전쟁이 일어나지 않을 것이라며 반대하였다.

◇ **주요 의병장**

경상도 의령	곽재우	홍의 장군, 북인
경상도 합천	정인홍	북인 (조식 제자)
충청도 금산	조헌, 영규	7백 의총
전라도 담양	고경명	
함경도 길주	정문부	북관대첩비
평안도 (묘향산)	서산대사 휴정	
강원도 (금강산)	사명대사 유정	포로 송환

◇ **조선에 대한 명의 입장**
명은 임진왜란 당시 조선의 요청에 따라 지원병을 파견했는데, 이는 명을 침략하려는 일본을 조선에서 차단하려는 목적이었다. 그러나 명의 사신 양포정은 일본을 하루빨리 격퇴하기보다는 여진족을 경계하는 것이 더 중요하다고 판단하여 여진족의 지원병 파견을 거부하였다.

◇ **휴전 회담 결렬**

행주 대첩 이후 강화 회의가 본격화되어 3년을 끌다가 결렬되었다. 도요토미 히데요시는 ① 명의 황녀를 일본의 후비로 보내고, ② 일본과의 무역을 재개하며, ③ 조선 8도 중 4도를 할양하고, ④ 왕자 및 대신 12명을 인질로 보낼 것을 요구하였다. 명은 도요토미를 일본왕으로 책봉하는 것으로 강화하고자 하였다. 이에 회담이 결렬되었다.

◇ **임진왜란 연표**

1592.	4. 13.	일본군 20만 부산 상륙
	4. 14.	부산진(정발), 동래(송상현) 패
	4. 22.	의병 곽재우 승
	4. 25.	상주(이일) 패
	4. 28.	광해군 세자 책봉
	4. 30.	충주 탄금대(신립) 패
	5. 7.	선조 몽진 떠남.
	5. 29.	옥포 해전(이순신) 승
	6. 3.	사천 해전(이순신) 승
	7. 8.	당포 해전(이순신) 승
	8. 18.	한산도 대첩(이순신) 승
	10. 11.	의병장 조헌 금산 전투 사망
	10. 25.	진주 대첩(김시민) 승
1593.	1. 9.	명군 의주 도착
	1. 28.	평양성 탈환(유성룡)
	2. 22.	명군 벽제관 패
	4. 19.	행주 대첩(권율) 승
	6. 29.	한양 수복
1594.	10. 1.	진주성 함락
1596.	7. 6.	선조 한양 귀환
1596.	9. 2.	이몽학의 난
1597.	1. 13.	휴전회담 → 결렬
		정유재란 발발
	7. 16.	칠천량 해전(원균) 패
	9. 7.	직산 전투 승
	9. 16.	명량 대첩(이순신) 승
1598.	11. 18.	노량 해전(이순신) 승

⑦ 2차 진주성 전투
  ㉠ 왜군이 서울 포기하고 경상도 해안 일대로 퇴각, 명의 화의 제의 수용
  ㉡ 진주 대첩에 대한 보복으로 진주성 재차 공격(1593. 6.)
⑧ 휴전 회담
  ㉠ 조선의 반대, 명과 일본 사이에 휴전 회담 진행 → 결렬◇
  ㉡ 조선은 재차 있을 일본의 침입에 대비책 수립
    · 훈련도감: 류성룡의 건의 수용, 명나라 척계광의 『기효신서紀效新書』 참고
    · 진관 복구와 속오법: 지방 방어 체제 복구하고 군역 제도 변경, 『기효신서』 참고
    · 무기 개량: 조총·중완구·대완구 등 제작, 군기시 소속의 이장손이 비격진천뢰 제작
⑨ 정유재란
  ㉠ 휴전 회담 결렬 → 일본의 재차 침입(1597. 1.)
  ㉡ 육전: 명군의 직산 전투 승리(1597. 9.)
  ㉢ 해전
    · 칠천량 전투(1597. 7.): 원균의 수군이 대패
    · 명량 대첩(1597. 9.): 백의종군한 이순신이 12척의 배로 대승 → 전쟁의 대세 변경
    · 노량 대첩(1598. 11.): 이순신이 후퇴하는 일본군 공격, 전사
  ㉣ 수륙에서의 패전과 도요토미 히데요시의 병사로 왜군 철수

[수군의 활약]

[임진왜란 전개도]

(3) 결과
  ① 비변사 기능 강화, 의정부와 기타 관서의 역할 축소
  ② 국가 재정의 황폐화: 인구 급감, 경작지 감소(전란 이전의 1/3), 양안과 호적 소실
  ③ 신분제의 해이: 공명첩 발급과 납속 실시로 인해 신분제 및 국역 체제 붕괴
  ④ 이몽학의 난(1596): 서얼 출신 이몽학이 부여에서 혼란을 틈타 동갑계를 조직하여 반란

⑤ 문화재 손실
  ㉠ 경복궁, 불국사 등 수많은 사찰, 서적, 전주 사고를 제외한 3개의 사고 등 소실
  ㉡ 많은 서적과 예술품 약탈
⑥ 문화 전파
  ㉠ 일본이 활자(인쇄술), 서적, 그림 등을 약탈, 성리학자와 도공 납치 → 문화 발전의 토대 마련
  ㉡ 강항을 통해 이황의 주리론 전파 → 일본 성리학 발전에 영향을 끼침
⑦ 국제 정세 변화
  ㉠ 명의 국력 약화 → 만주 지역의 여진족 급성장, 후금 건국
  ㉡ 조선 사상계의 변화
    • '국가재조론' 대두
    • 명에 대한 의리론 대두, 성리학 교조화 심화
    • 성리학에 기반을 둔 사회 경제적 질서 동요, 불교의 사회적 지위 상승

5. 전후 일본과의 관계

(1) 국교 재개
  ① 전란 직후 조선은 일본과 외교 단절
  ② 도쿠가와 이에야스德川家康의 에도江戶 막부에서 대마도주 통해 무역 요청
  ③ 사명대사 유정이 탐적사(1604), 회답 겸 쇄환사(1607) 자격으로 건너가 조선인 포로 돌려받고 교섭 재개, 국교 회복(1607)
  ④ 기유약조(1609), 부산 두모포 왜관 설치
  ⑤ 숙종 때 왜관을 초량으로 이전 설치(1678) 후 약조제찰비約條製札碑 건립(1683)

> **읽기 자료**
>
> **임진왜란 이후 사신 파견**
> • 사명당 유정은 1604년 탐적사로 일본에 건너가 도쿠가와 이에야스와 담판하고 조선인 포로 1,500여 명을 데리고 귀국하였다.
> • 조선은 에도 막부의 요청으로 임진왜란이 끝난 지 9년 뒤인 1607년에 회답 겸 쇄환사를 파견하였다. 회답 겸 쇄환사는 일본 쇼군(장군)의 국서에 회답하고 일본에 잡혀간 포로를 송환하는 임무를 띠고 세 차례 파견되었다.

(2) 통신사 파견
  ① 에도 막부가 조선의 선진 문화를 수용하고 쇼군將軍 교체 시 그 권위를 국제적으로 인정받기 위해 조선에 사절 파견 요청
  ② 파견
    ㉠ 1607년부터 1811년까지 12회에 걸쳐 조선에서 일본으로 파견
    ㉡ 비정기적 문화 사절단, 1회에 300~500명 정도의 규모
  ③ 역할: 외교 사절 기능 → 일본 내에서 국빈 대접, 조선의 선진 문화 일본에 전파
  ④ 유네스코 세계 기록유산 등재(2017): '조선통신사에 관한 기록-17세기~19세기 한일 간 평화구축과 문화교류의 역사'

◇**도자기 전쟁**
임진왜란 당시 이삼평을 비롯한 도자기 기술자들이 일본에 끌려가 일본 도자기 발달에 기여하였다. 이삼평이 일본 아리타有田에 덴구다니 요天狗谷窯를 만들었는데, 이것이 일본 자기의 시초가 되었다. 또한, 조선 도공들이 제작한 찻잔(고려다완)은 유럽에 수출되었다. 이에 임진왜란을 도자기 전쟁이라고도 한다.

◇**약조제찰비**
1683년에 동래부사 윤지완과 대마도주가 왜관의 운영을 위한 금제 조항 다섯 가지를 제정하고, 이를 널리 알리기 위하여 세운 것이다. 1607년 두모포에 왜관이 설치되자 왜관에는 대마도 관인과 상주 왜인이 거주하게 되었다. 이에 따라 밀무역, 잡상행위 등 여러 가지 폐단이 일어났고, 정부에서는 폐단을 바로잡기 위하여 여러 차례의 약조를 맺어 위반자를 엄히 단속하였다. 그러나 두모포에서 초량으로 왜관을 옮긴 후 왜관의 규모가 커지고 면적도 넓어져 왜인들의 범법 행위가 심해졌다. 이에 1683년에 조선통신사로 일본에 갔던 윤지완이 돌아올 때 대마도주와 함께 전문 5개조에 달하는 약조를 체결하고, 같은 해 8월에 양측은 약조를 각각 한문과 일본어로 명문화하여 비석에 새겨서 조선측은 수문 안에 세우고 일본측에서는 왜관의 경계선에 세워서 널리 알리게 하였다.

통신사 행렬도

6. 독도 수호 활동

(1) 배경
- ① 조선 초 태종의 쇄환 정책 이후 일본 어민들의 동해 출몰, 양난 이후 더욱 증가
- ② 일본 어민들이 막부에서 도해 면허를 발급받아(1624) 독도 인근으로 진출

(2) 안용복의 도일 활동
- ① 1차 도일(1693)
  - ㉠ 울산 어부들과 울릉도 인근에서 어업 활동 중 일본 어부들에게 피랍
  - ㉡ 안용복이 일본 정부에 강력히 반발, 막부에서 '울릉도는 일본 영토가 아니다[鬱陵島非日本界]'라는 서계를 써서 안용복을 돌려보냄 → 귀국한 안용복은 불법 월경越境을 이유로 곤장형
  - ㉢ 이듬해 갑술환국 이후 조선의 대일 정책이 '일본인 도해 및 채어 금지'라는 강경 노선으로 바뀌는 중요한 분기점이 됨
- ② 2차 도일(1696)
  - ㉠ 일본 막부, 조선의 요청으로 도해 금지 결정 → 일본 어민들의 잇따른 침범 계속
  - ㉡ 안용복, 울릉도와 독도가 강원도 소속으로 표시된 조선팔도지도와 문서를 들고 일본으로 건너가 '울릉우산양도감세관鬱陵于山兩島監稅官'을 자칭하며 활동
  - ㉢ 조선으로 송환된 안용복은 관리 사칭 죄목으로 국문을 받고 유배형

(3) 결과
- ① 독도 문제 수면 위로 떠오름
- ② 일본 막부나 대마도의 대조선 외교 정책에 변화

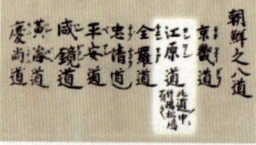

안용복의 2차 도일 활동을 기록한 문서

1696년에 작성된 일본 문서이다. 안용복이 죽도(울릉도)와 송도(독도)가 강원도에 속한 조선의 영토라 주장하였다고 기록되어 있다.

6 정묘·병자호란과 조선 후기의 대외 관계

1. 후금의 성장과 중립 외교

(1) 후금의 건국
- ① 금 멸망 이후, 여진족 만주에 흩어져 거주 → 중국과 조선에 이중으로 종속
- ② 임진왜란 이후 누르하치努爾哈赤가 여진족 통합하고 후금後金 건국(1616)
- ③ 후금이 명의 변경 요지를 공격하여 점령

(2) 광해군의 정책
- ① 전란 회복: 북인 등용, 전쟁 뒷수습을 위한 여러 가지 정책 추진
- ② 중립 외교
  - ㉠ 명이 후금 정벌을 위해 '재조지은'을 내세워 조선에 원군 요청
  - ㉡ 사르후 전투
    - 명이 후금을 막기 위해 원정군 징발, 조선에 지원군 요청
    - 광해군이 강홍립을 도원수로 삼아 13,000명의 군대 파병 → 형세 관망하여 향배 결정하도록 밀명
    - 사르후에서 명군 패배, 남로군에 편성된 조선군은 후금에 투항 → 강홍립은 출병의 불가피성을 설명하며 후금과의 관계에 노력
    - 이후 명의 원군 요청을 적절히 거절

2. 정묘호란

(1) 배경
① 인조반정 이후 서인의 친명배금 정책 → 조선과 후금 관계 악화
② 모문룡이 철산 가도에 주둔(1622), 요동 회복 꾀하자 후금이 위협을 느낌
③ 이괄의 난: 진압 후 잔당이 후금으로 피신하여 조선의 정세가 후금에 알려짐

(2) 전개
① 후금의 침입
  ㉠ 누르하치를 이은 홍타이지(청 태종)가 광해군 복수를 명분으로 침입(1627).
  ㉡ 주력 부대가 압록강 건너 의주 점령, 남하 → 조선군은 후금군의 남하 저지 실패
② 대응
  ㉠ 인조는 강화도로, 동궁(소현 세자)은 전주로 피신
  ㉡ 정봉수(철산 용골산성)와 이립(의주)의 의병이 후금군 배후 공격
③ 화약
  ㉠ 후금은 후방의 위험, 명 정벌 준비 등을 이유로 깊이 공격하지 않음
  ㉡ 후금의 '형제지맹' 요구를 조선이 수용

(3) 결과
① 조선은 매년 후금에 세폐를 바침
② 중강 개시를 통해 후금과 공무역 실시
③ 조선은 형제 관계를 치욕으로 여기고 수어청 정비 등 군사력 배양

3. 병자호란

(1) 배경
① 후금의 군신 관계 요구
  ㉠ 후금이 청으로 국호 개칭(1636), 조선에 군신 관계 강요하며 세폐를 크게 늘림
  ㉡ 청 태종의 즉위식에 참석한 조선 사신의 무례를 빌미로 청 태종이 조선에 국서를 보내 왕자를 보내어 사죄할 것을 요구 → 조선과 청의 대립이 최고조
② 청의 조선 침공
  ㉠ 조선 조정에서 척화 주전론 대두
  ㉡ 군신 관계에 불복하며 싸울 것을 결의하는 인조의 교서 → 청 태종, 직접 10만 대군 이끌고 조선 침공

◇ **모문룡**
명의 수군 장수로 후금에 의해 요동을 빼앗긴 상황에서 압록강 일대를 점령하였다가 패배하여 철산 가도에 주둔하였다. 조선에 매년 엄청난 군량을 요구하는 등 많은 문제를 낳았으나, 그의 존재는 후금이 조선을 공격하는 빌미가 되기도 하였다.

◇ **이괄의 난**
이괄은 인조반정 때 대장을 맡아 공이 높았으나 시간을 맞추지 못했다는 이유로 2등 공신에 책봉되었고 지방으로 임명되어 불만이 많았다. 한편, 중앙에서는 이괄을 반란으로 몰아 제거하려 하였다. 이에 격분한 이괄이 난을 일으켰으나 진압되었고, 잔당들이 후금으로 몸을 피하여 조선 정벌을 주장한 것이 정묘호란의 한 원인이 되었다.

◇ **청의 세폐 요구**
청은 병자호란 직전 세폐를 늘려 금 100냥, 은 1,000냥, 각종 직물 1만 2,000필, 말 3,000필 등과 정병 3만 명을 요구하였다. 이는 조선이 도저히 감당할 수 없는 것이었다.

[정묘호란과 병자호란의 전개도]

◇ **임경업 장군**
병자호란 후 임경업은 청의 요청에 따라 조선군이 명 정벌에 동원될 때 참전했으나 명과 내통하였고, 결국 모반죄에 연루되어 처형당하였다. 숙종 때 복관되어 충주 충렬사 등에 배향되었다.

◇ **병자호란 당시 항복 조건**
'조선은 청과 군신의 의를 맺고, 명의 연호를 버리며 명과의 국교를 끊고 명에서 받은 고명책인을 청에 바칠 것', '인조의 장자와 다른 아들 및 대신들의 자제를 인질로 할 것', '청의 정삭을 받고, 각종 경조사에 조헌의 예를 행하며 사신을 보내어 봉표할 것', '청이 명을 정벌할 때 원병을 보낼 것', '통혼으로 화호和好를 굳게 할 것', '성을 보수하거나 쌓지 말 것' 등이다. 이는 정묘호란에 비교하면 훨씬 굴욕적인 것이었다.

(2) 전개
① 왕의 몽진: 청 침입 → 왕족과 관리들 강화도 피난, 인조 남한산성으로 피신
② 항전
  ㉠ 임경업 장군◇이 백마산성 사수, 철군하는 청군을 압록강에서 공격하여 포로 구출
  ㉡ 전라 병사 김준룡이 근위병을 모아 광교산에서 전투, 누르하치의 사위를 죽임
③ 삼전도의 굴욕(정축화약)
  ㉠ 남한산성에서 45일간 항전하는 동안 주전파(김상헌 등)와 주화파(최명길 등)의 대립
  ㉡ 주화파 의견 수용하여 인조가 삼전도(송파)에서 삼배(궤)구고두례를 취하며 굴욕적 항복

(3) 결과
① 항복 조건◇
  ㉠ 군신 관계 수용
  ㉡ 조선과 명의 외교 관계 단절, 청이 명 정벌시 조선의 원병 파견 약속
  ㉢ 소현 세자와 봉림 대군, 삼학사(홍익한·윤집·오달제) 등 인질
② 연행사 파견
  ㉠ 청의 도읍인 연경燕京(베이징)에 연행사燕行使 파견
  ㉡ 사대 문서와 조공품을 가지고 연행무역
  ㉢ 북경 회동관에 40~60여 일 체류하며 다양한 문화 교류에 앞장 → 귀국 후 왕에게 보고서 제출, 1637년(인조 15)~1894년(고종 31)까지 총 507회 파견
③ 국제적·사회적 문제
  ㉠ 포로 송환 및 '환향녀' 문제 등 발생
  ㉡ 중화 질서의 붕괴 → 조선은 소중화 인식을 바탕으로 새로운 외교관계 수립

4. 북벌 운동

(1) 북벌론 대두: 치욕을 씻고 명에 대한 의리를 지키자는 북벌론 대두

(2) 북벌론 진행
① 서인의 동향
  ㉠ 패전 책임이 있는 서인들의 정권 유지 수단으로 이용
  ㉡ 인조는 서인의 척화론에 책임을 묻고 일부 남인 등용
  ㉢ 서인은 북벌론을 통해 반대 세력 진출 견제
② 효종 대의 북벌
  ㉠ 표면적으로 청에 사대하며 북벌 준비
  ㉡ 송시열·송준길·이완 등 서인 중심
  ㉢ 어영청을 북벌의 핵심 기구로 성장시키며 군권을 장악
  ㉣ 네덜란드 표류인 벨테브레이가 훈련도감에서 총포 제작

[나선 정벌]

③ 나선 정벌
  ㉠ 러시아의 남하에 위협을 느낀 청이 정벌군 파병하며 조선에 원병 요구
  ㉡ 1차 출병: 변급을 대장으로 조총병 100명과 기타 병력 50여 명
  ㉢ 2차 출병: 신유를 대장으로 조총병 200명과 기타 병력 60여 명을 파견
  ㉣ 이 시기의 북벌이 현실적·실천적 차원이 아니라, 이념적인 측면에서 이루어져 왔던 것임을 의미
④ 숙종 대의 북벌
  ㉠ 남인 윤휴 중심으로 북벌론 재발
  ㉡ 청 내부 오삼계의 난을 비롯한 명조 부흥 운동에 반응한 북벌
  ㉢ 노론을 중심으로 다시 한 번 명에 대한 '재조지은' 강조 → 만동묘·대보단 등 건립

5. 청과의 영토 분쟁
(1) 발단
① 17세기 후반 두만강·압록강 중상류 지역 개발, 활발해진 청과의 무역
② 청의 만주 지방 성역화 작업, 외부인 출입 금지(봉금 정책)
③ 조선인이 인삼·초피貂皮 등을 구하기 위해 들어가 청인과 충돌, 살인 사건으로 심각한 외교 분쟁 야기

(2) 백두산 정계비(1712)
① 목극등穆克登 일행 답사 → 국경 분쟁 조정, 백두산 일대 경계 확정을 위한 정계비 건립
② 토문강의 발원처에 대한 해석 차이로 간도 귀속 문제라는 또 다른 논란 발생

CHAPTER 04 통치 제도

1 중앙 제도

1. 삼국의 중앙 통치 체제

(1) 초기
① 부部 체제°
　㉠ 고구려와 백제의 5부, 신라의 6부: 중앙의 지배 집단
　㉡ 각 부는 중앙 왕실에 예속
　㉢ 각 부의 귀족은 각자 관리를 거느리고 자신의 영역 지배
　㉣ 왕: 여러 귀족 중 가장 힘 있는 존재
② 귀족 연합 정치
　㉠ 국가의 중요한 일, 여러 부의 힘을 통합해 국가의 동원력을 강화하는 일
　㉡ 각 부의 귀족으로 구성된 회의체에서 결정
　　• 고구려: 제가 회의
　　• 백제: 정사암 회의
　　• 신라: 화백 회의

(2) 관등제의 정비
① 관등제
　㉠ 족장적 성격을 띤 다양한 세력 집단을 왕 아래에 하나의 체계로 조직, 상하 관계 형성
　㉡ 왕의 권한 강화, 각 부의 부족적 성격이 행정적 성격으로 변화
② 고구려
　㉠ 4세기경 각 부의 관료 조직을 흡수 → 10여 관등 점진적 정비°
　㉡ '형兄'과 '사자使者' 중심의 관등 분화
　　• '형': 연장자 혹은 가부장적 족장의 의미, 족장 세력이 왕 아래 통합·편제 → 족적 기반의 차이에 따라 개편
　　• '사자': 행정적인 관리 출신 → 지위에 따라 여러 관등으로 분화·편제됨
　㉢ 고추가: 계루부 왕족, 소노부(전 왕족)·절노부(왕비족) 수장에게 수여
③ 백제
　㉠ 고이왕 때 6좌평·16관등 제도 제정(『삼국사기』)
　　• 좌평佐平: 최고 관등이자 관직
　　• '솔率', '덕德'계 관등: 수장층 편제
　㉡ 성왕 때 체제 재정비 → 상좌평이 국정 총괄
④ 신라°
　㉠ 법흥왕 때 17관등 완성
　　• 17관등: 골품 제도와 관련을 맺고 편성, 신분에 따라 관등 제한
　　• '찬飡', '칸干', '사솔(마루)': 족장적 의미

◇ **삼국의 체제 정비를 둘러싼 이견異見**
삼국의 초기 단계를 '부체제'나 소국 연합 단계로 보는 것은 대개 『삼국사기』 초기 기록을 부정하는 데서 비롯된다. 최근에는 그 기록을 신빙하거나 합리적으로 해석하여 삼국의 국가 정비 과정을 다르게 이해하는 견해도 설득력 있게 제기되고 있다.

◇ **고구려의 관등제**
주로 중국 문헌에 나오는 기록으로, 책에 따라 명칭과 운영이 다르다. 시기상의 차이도 있으나, 중국 역사서는 고구려에 대해 전해들은 것을 기록한 것이므로, 대략적인 틀을 이해하는 데에 참고할 정도로 보는 것이 일반적이다.
• 『삼국지』: 10관등
• 『주서』: 13관등
• 『수서』: 12관등
• 『당서』: 12관등
• 『한원』: 14관등

◇ **신라의 관등과 중위제重位制**
신라의 관등 조직은 골품 제도와 관련을 맺고 편성되었다. 그리하여 진골은 제1관등인 이벌찬까지 승진할 수 있었지만, 6두품은 제6위 아찬까지, 5두품은 제10위 대나마까지, 4두품은 제12위 대사까지밖에 올라가지 못하도록 제한되어 있었다. 신라는 6두품이나 5두품이 국가에 공을 세우거나 능력이 뛰어나더라도 이러한 골품의 제한으로 더 이상 승진할 수 없는 데 따르는 불만을 해소하기 위하여 여러 시기에 걸쳐 중위제를 마련하였다. 대개 6두품에는 아찬 중위를, 5두품에는 나마 중위를 두어 관등은 유지하되 고위 관직에 오를 수 있는 길을 열어 준 것으로 보고 있다. 중위제는 한편으로 아무리 능력이 뛰어나도 신분을 초월하여 상위 관등을 소지할 수 없게 하는 기능으로도 작용하였다.

ⓒ 중앙 왕경인: 17관등의 경위
ⓒ 지방: 11관등의 외위 별도 운영 → 통일 후 경위로 흡수
ⓔ 갈문왕: 왕과 일정한 관계(주로 혈연)의 인물에게 주던 칭호

구분	『삼국지』(3세기)	『주서』(6세기)	『수서』(6~7세기)	『당서』(7세기)
1	상가	대대로	대대형	대대로
2	대로	태대형	대형	울절
3	패자	대형	소형	태대사자
4	고추가	소형	대로	조의두대형
5	주부	의후사	의후사	대사자
6	우태	오졸	오졸	대형
7	승	태대사자	태대사자	상위사자
8	사자	대사자	대사자	제형
9	조의	소사자	소사자	소사자
10	선인	욕사	욕사	과절
11	예속	예속	선인	
12	선인	선인	고추대가	
13	욕살			

[고구려 관등 조직의 변천]

관등	관등명	복색	대색(허리띠)	기타 장식
1	좌평	자주색	자주색	은화 관식 부착
2	달솔			
3	은솔			
4	덕솔			
5	한솔			
6	나솔			
7	장덕	다홍색	검은색	내용이 전하지 않음
8	시덕			
9	고덕		붉은색	
10	계덕		푸른색	
11	대덕		노란색	
12	문독			
13	무독	푸른색	흰색	
14	좌군			
15	진무			
16	극우			

[백제의 관등 제도]

등급	관등	골품 (진골 / 6두품 / 5두품 / 4두품)	복색	관직 (중시·령 / 시랑·경 / 도독 / 사신 / 태수 / 현령)
1	이벌찬	진골	자색	중시·령, 도독
2	이찬	진골	자색	중시·령, 도독
3	잡찬	진골	자색	중시·령, 도독, 사신
4	파진찬	진골	자색	중시·령, 도독, 사신
5	대아찬	진골	자색	중시·령, 도독, 사신
6	아찬	진골/6두품	비색	중시·령, 시랑·경, 도독, 사신, 태수
7	일길찬	진골/6두품	비색	시랑·경, 도독, 사신, 태수
8	사찬	진골/6두품	비색	시랑·경, 사신, 태수
9	급벌찬	진골/6두품	비색	시랑·경, 사신, 태수
10	대나마	진골/6두품/5두품	청색	시랑·경, 태수
11	나마	진골/6두품/5두품	청색	시랑·경, 태수, 현령
12	대사	진골/6두품/5두품/4두품	황색	현령
13	사지	진골/6두품/5두품/4두품	황색	현령
14	길사	진골/6두품/5두품/4두품	황색	현령
15	대오	진골/6두품/5두품/4두품	황색	현령
16	소오	진골/6두품/5두품/4두품	황색	현령
17	조위	진골/6두품/5두품/4두품	황색	현령

[신라의 관등과 골품제]

◇**6좌평**
내신·내두·내법·위사·조정·병관의 여섯 부서가 나뉘어져 국무를 분담하였고, 제1관품인 좌평이 그 장관이 되었다.
· 내신좌평: 왕명 출납 및 인사 관장(상좌평)
· 내두좌평: 재정, 회계 관장
· 내법좌평: 제사, 의례, 교육 관장
· 병관좌평: 군사와 국방 관장
· 조정좌평: 치안과 형벌 관장
· 위사좌평: 왕궁 숙위 관장

(3) 중앙 통치 체제
① 고구려
  ㉠ 대대로(토졸, 대막리지): 3년마다 귀족들에 의해 선출된 수상 → 국사 총괄
  ㉡ 10여 등급의 관리들: 중앙 정치를 나누어 담당
② 백제
  ㉠ 6좌평제◇
  ㉡ 성왕 때 내관 12부, 외관 10부의 22부 설치
③ 신라
  ㉠ 법흥왕: 병부, 상대등 설치
  ㉡ 진흥왕: 품주 설치
  ㉢ 진평왕: 위화부(관등 관장), 조부(공부 관장), 예부(의례 담당) 설치 → 6전 조직 부서 갖춤

구분	관등	수상	합의 기구	수도 구획	지방 구획	특수 구역
고구려	10여 관등	대대로 (막리지, 토졸)	제가회의	5부	5부(욕살) - 성(처려근지)	3경(국내성, 평양성, 한성)
백제	16관등	상좌평	정사암 회의	5부	5방(방령) - 군(군장)	담로
신라	17관등	상대등	화백 회의	6부	5주(군주) - 군(당주)	2(3)소경

[삼국의 통치 체제]

2. 남북국의 중앙 통치 체제

(1) 신라
① 집사부 중심 → 관료 기구 기능 강화
  ㉠ 집사부 시중 지위 격상
  ㉡ 위화부 이하 13부 → 행정 업무 분담, 복수 재상제
② 사정부(감찰 기관), 국학(국립 대학) 설치

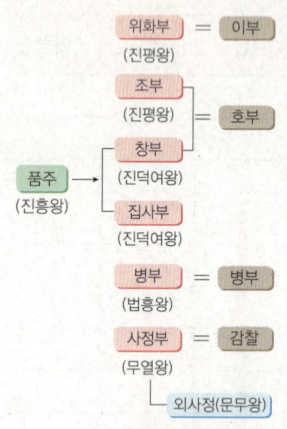

[통일 신라의 중앙 행정 조직]

기구	설치 시기	담당 업무
집사부	진덕여왕	기밀 사무, 왕명 담당
위화부(이부)	진평왕	인사, 공훈
조부(호부)	진평왕	공부 수납
창부(호부)	진덕여왕	재정 관리
예부(예부)	진평왕	의례·외교
영객부	진평왕	외교·사신

기구	설치 시기	담당 업무
병부(병부)	법흥왕	국방·군사
좌·우이방부(형부)	진덕여왕	형사
예작부(공부)	신문왕	토목·건축
공장부	신문왕	수공업
사정부	무열왕	규찰
승부	진평왕	마정
선부	문무왕	해상 교통
좌·우사록관	문무왕	녹봉사무

※ ( ) 안은 중국 6전 제도

> **읽기 자료**
>
> **신라의 복수 재상제**
>
> 법흥왕 때 군사 업무를 관장하는 병부를 설치한 이래 신라는 꾸준히 중앙 행정 기구를 신설하였다. 신문왕 때에는 공장부와 예작부가 설치됨으로써 14관부의 중앙 행정 체제가 마련되었다. 14관부는 당의 6부 체제를 본떠 행정 사무를 나누어 맡았다. 왕명 출납과 기밀 사무를 담당한 집사부(집사성)에서는 집사부 중시를 포함한 복수의 재상들이 국정을 운영하였다. 이에 따라 재상들 간의 견제가 이루어져 국왕의 국정 장악력이 커졌다. 통일 신라에서는 상대등, 병부령, 집사부 중시(시중) 등을 재상이라고 하였으며, 상재상(대재상)이 국정 운영의 최고 책임자로서 재상 회의를 주도하였다. 상재상은 귀족의 대표자로서 군신 회의를 주도하면서 왕권을 지원하거나 견제하기도 하였다. 하지만 통일 신라 시대에는 재상직이 제도화되어 있지 않았다. 훗날 고려 시대에는 최고위 직책을 맡는 8인의 재상이 있었는데, 그중에서 문하시중(시중)이 수상을 맡는 것으로 체계화되었다.

(2) 발해

① 국왕◇ 이하 3성 6부 편성

② 이원적 통치 체제

  ㉠ 대내상: 정당성의 장관, 국정 총괄

  ㉡ 좌사정·우사정: 3부씩 나누어 관할

③ 당의 제도를 수용했으나 명칭과 운영은 독자성 유지

◇**발해의 국왕**
발해 왕을 '가독부(可毒夫)'라 불렀고, 높일 때는 '성왕', '황상(皇上)' 등의 용어를 썼다고 전한다.

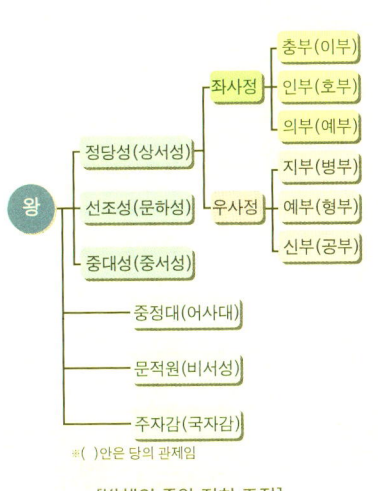

[발해의 중앙 정치 조직]

기구	담당 업무
정당성	정책의 입안·의결, 합의 및 집행
선조성	국왕 보좌, 자문
중대성	정령 기초, 정책 심의
6부	인사(충부), 재정(인부), 의례·교육·외교(의부), 군사(지부), 사법(예부), 교통·산업(신부)
중정대	감찰
문적원	도서 관리, 문서 작성
주자감	귀족 자제 교육
향백국	왕명 출납
기타	국왕 생활(전중시), 왕족관장(종속시), 제사 주관(태상시), 외국 사절접대(사빈시)등7시

3. 고려의 중앙 통치 체제

(1) 중앙 관제의 정비

① 초기 제도
  ㉠ 국초: 태봉의 기존 관제(광평성 등) 수용
  ㉡ 후삼국 통일 이후: 신라, 당의 관제 일부 수용

광평성廣評省	권력 총괄	내봉성內奉省	왕명 출납, 인사
순군부徇軍部	군사 총괄	병부兵部	병사 업무
내의성內議省	정사 협의, 간쟁	원봉성元鳳省	왕명의 제찬
대룡부大龍部	재정 담당	수춘부壽春部	예의, 제사, 외교

② 정비 과정
  ㉠ 성종
    • 2성 6부의 정부 조직, 중추원·삼사 등 설치
    • 문산계 정비
  ㉡ 목종: 여러 관서 증설
  ㉢ 현종: 도병마사 정비 → 중앙 관제 완성

③ 특징
  ㉠ 기본: 당의 3성 6부제 → 2성 6부로 변용
  ㉡ 송의 제도 모방: 중추원·삼사
  ㉢ 독자적인 기구: 도병마사·식목도감
  ㉣ 재신과 추신의 권력 강력 → 이들의 합의에 따라 국가의 중요 사항 결정

(2) 정치 조직

① 2성
  ㉠ 중서문하성과 상서성의 2성 구조
  ㉡ 사실상 상서성은 중서문하성에 예속 → 엄밀히 말해 중서문하성의 단성 체제로 운영
② 중서문하성: 중앙 최고 관부(재부宰府)
  ㉠ 장관인 문하시중: 수상
  ㉡ 재신: 2품 이상, 국가 정책 결정, 6부의 판사 겸임
  ㉢ 낭사: 3품 이하, 간쟁과 봉박, 어사대와 더불어 대간 臺諫으로서 서경권署經權 행사
③ 상서성
  ㉠ 실무 기관: 중서문하성에서 결정된 정책 집행 → 6부 예속
  ㉡ 6부: 이吏·병兵·호戶·형刑·예禮·공工 순서로 고려의 독자적 구성

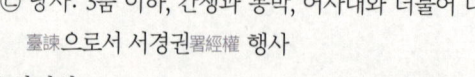
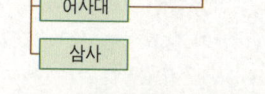

[고려의 중앙 정치 조직]

◇ **문산계文散階와 무산계武散階**
중국이나 조선에서는 문신에게 문산계, 무신에게 무산계를 주었으나 고려는 이들과 차이가 있었다. 고려는 광종 때부터 중국식 관계를 일부 사용하다가, 995년(성종 14)에 중국식 문산계를 정식 관계로 사용하면서 종래 관계를 향직鄕職으로 바꾸었다. 고려에서는 무반에게도 문산계를 지급하는 특징을 보였으며, 관계보다는 관직을 우선시하는 경향이 컸다. 1076년(문종 30)에 29등급으로 대대적으로 정비한 후 원간섭기를 거치며 여러 번 개편되었다. 고려의 무산계는 탐라 왕족, 여진 추장, 향리·노병老兵, 공장·악인樂人 등에게 지급한 것으로 보인다. 역시 995년에 종1품~종9품까지 29등급의 무산계를 설치하였으며, 1076년 경정전시과에는 무산계전시과를 따로 두어 토지를 지급하였다.

◇ **고려 정치 제도의 특징**
국왕은 6부를 통해 업무를 처리하여 정부 기구를 통할할 수 있었다. 그러나 겸직제가 만연하여 정치권력은 재추에게 집중되어 있었고 대간의 간언과 서경도 귀족 관리들의 통제 하에서 시행될 수 있었다. 이렇듯 고려의 정치 제도는 국왕과 귀족 사이의 권력 갈등 속에서 운영되었던 것으로 이해할 수 있다.

◇ **중서문하성**
성종 때 내사문하성이 설치되었고, 문종 때 중서문하성으로 개칭되었다.

◇ **6부**
고려의 6부는 당(이·호·예·병·형·공)과 달리 그 서열이 이·병·호·형·예·공부의 순서로 중시되었다. 이부는 문관의 인사·공훈, 병부는 무관의 인사·국방·우역郵驛, 호부는 호적과 양안 작성·호구·공부貢賦·전곡錢穀, 형부는 법률·소송·노비, 예부는 예의·제사·외교·교육·과거, 공부는 산택山澤·공장工匠·토목 등을 맡았다.

④ 중추원: 중앙의 최고 관부(추부樞府)
  ㉠ 중서문하성과 함께 재추宰樞 혹은 양부兩府라고 불림
  ㉡ 추밀(추신): 2품 이상, 재신과 함께 국정 총괄, 군국 기밀 관장
  ㉢ 승선承宣: 3품 이하, 왕명 출납 담당
⑤ 삼사
  ㉠ 송의 제도 모방했으나 단순 화폐와 곡식 출납에 대한 회계 담당 → 기능과 지위 낮음
  ㉡ 재정 수입과 관련된 사무만 담당, 실제 조세 수취와 집행은 각 관청에서 담당
⑥ 어사대
  ㉠ 정치의 잘잘못을 논하고 관리의 비리 감찰
  ㉡ 중서문하성의 낭사와 함께 대간, 언관 기능 수행 → 견제와 균형의 원리 실현

> **읽기 자료**
>
> **대간과 서경 제도**
> 어사대(대관臺官)와 중서문하성 소속의 낭사(간관諫官)를 합하여 대간臺諫이라 불렀는데, 대간에게는 관리의 임명이나 시호 제정 및 법령의 개폐 등에 있어 그 타당성 여부를 심사하여 서명하는 제도인 서경의 권한이 있어 왕권에 제약을 가할 수 있었다. 조선의 서경은 양사(사헌부·사간원)에서 담당하였는데, 5품 이하의 당하관 임명으로 제한되어 고려에 비해 서경권이 축소되었다.

⑦ 도병마사都兵馬使
  ㉠ 구성: 중서문하성의 재신 5명과 중추원의 추밀 7명
  ㉡ 합좌 회의 기관: 의합議合(만장일치제) 채택
  ㉢ 대외적인 국방·군사 문제 담당
  ㉣ 고려 후기에 도평의사사都評議使司로 개칭
    • 구성과 기능 확대
    • 도당都堂이라 불리며 국가의 모든 정무를 결정·실행하는 최고 기구로 발전
  ㉤ 고려의 독자적인 기구
⑧ 식목도감式目都監
  ㉠ 대내적인 법제와 격식 문제를 다루는 회의 기관
  ㉡ 고려의 독자적인 기구
⑨ 기타
  ㉠ 한림원翰林院: 왕의 제서制書와 외교 문서 작성 담당
  ㉡ 춘추관春秋館: 역사 편찬
  ㉢ 보문각寶文閣: 경연과 장서 담당
  ㉣ 사천대司天臺: 천문 관측 담당
  ㉤ 태의감太醫監: 왕실의 의약과 치료 담당
  ㉥ 통문관通文館: 외국어 교육과 통역 담당

(3) 관직 구분
① 실직實職
  ㉠ 실제 직임이 있는 모든 녹직祿職
  ㉡ 재추직·상참직·참상직·참외직, 품관 아래 이속吏屬 등
② 산직散職
  ㉠ 허직虛職으로 관계官階만 있고 관직이 없음
  ㉡ 검교직·동정직 등
  ㉢ 첨설직添設職
    • 공민왕 이후 군공 포상 용도로 수여
    • 주로 신진 무인이나 지방 향리 출신에게 줌 → 조선 태종 때 혁파

4. 조선의 중앙 통치 체제

(1) 양반 관료 체제
① 통치 규범 마련: 『조선경국전』, 『경제문감』, 『경제육전』을 통해 통치 체제를 법제화하는 가운데 『경국대전』으로 완성
② 국왕
  ㉠ 군신공치君臣共治의 이념 아래 권력 분산, 민본 정치 구현
  ㉡ 도평의사사 폐지, 서경권 5품 이하 관리에만 적용 → 왕권 강화
  ㉢ 상참常參, 윤대輪對, 차대次對˚ 등을 통한 국정 운영 → 왕권과 신권의 조화
③ 품계
  ㉠ 관료 제도는 문반·무반으로 구성
    • 문반은 4품 이상을 대부大夫, 5품 이하를 랑郎으로 칭함
    • 대부는 왕의 교지를 통해 임명, 랑은 전조銓曹의 낭청과 당상의 결재, 대간의 서경을 거쳐서 발령
    • 무관은 2품 이상은 문관이 겸직(재상), 3·4품은 장군, 5·6품은 교위校尉
  ㉡ 관품은 정1품에서 종9품까지 18등급으로 구성, 6품 이상은 등급마다 상하의 구별을 두어 30단계로 마련(18품 30계)
    • 정3품 상 이상을 당상, 미만을 당하라 하였고, 6품을 기준으로 참상과 참하로 구별
    • 당상관은 정책을 입안하고 의결하는 관서의 책임자로서, 광범위한 겸임 인정
    • 당상관은 근무 일수 등으로 인사 고과를 받지 않았고, 하급 관료들의 인사 고과를 수행할 수 있는 권한˚ 소유, 퇴직 이후에도 봉조하로 임명되어 나라의 각종 의례에 참여 가능
    • 참상관부터 수령 임용이 가능, 참하관은 각종 실무 담당 하급 관리층
  ㉢ 탄력적 운영을 위해 행수제 적용˚
④ 양반
  ㉠ 고려 귀족은 가문을 통해 권위 유지, 조선의 양반 관료는 실력으로 과거에 합격
  ㉡ 지배층 확대를 의미, 조선이 고려 사회에 비해 진일보한 사회임을 보여줌
  ㉢ 고위 관료의 경우 음서나 대가제,˚ 한품서용제˚ 등을 통해 실권 유지 가능

◇ **상참, 윤대, 차대**

상참	대신·중신 및 중요 아문의 참상관 이상 관인 등이 편전便殿에서 매일 국왕을 배알하였다.
윤대	6품 이상 문관과 4품 이상 의 무관을 관청의 차례에 따라 하루 5명 이내에서 국왕과 직무에 관해 논의하였다.
차대	당상관과 대간 1명이 매월 여섯 차례 국왕과 함께 중요한 정무政務를 논의하였다.

◇ **포폄**
매년 6월·12월 실시했으며, 경관은 이조, 병조가 소속 기관의 당상관, 제조 등으로부터 받아 국왕에게 보고했고, 지방관은 해당 도의 관찰사가 작성하여 국왕에게 보고하였다.

◇ **관직·관계와 행수제**
관직은 실제 임무에 따른 직책을 말하고, 관계는 품계를 말한다. 관직은 관계를 토대로 제수되었다. 하지만, 행수제도를 통해 탄력적으로 운용하였다. 관계보다 낮은 관직을 임명하는 경우 행行을(계고직비階高職卑), 관계보다 높은 관직에 임명하는 경우에는 수守를(계비직고階卑職高), 관직명 앞에 명기하였다. '수守'직에서 7품은 2계, 6품 이상은 3계를 뛰어넘어 제수하지 못하도록 하였다.

◇ **대가제代加制**
정3품 당상관 이상의 관료는 별도의 추가 품계를 하나 더 받았는데, 이를 자, 제, 서, 질 등에게 줄 수 있었다.

◇ **한품서용제**
관계의 진출에 신분이나 출신 지역에 따른 한계를 두는 제도이다. 기술관과 서얼은 정3품까지, 토관과 향리는 정5품, 서리 및 기타는 정7품까지 한품서용되고 1품은 양반만 오를 수 있었다. 지역 차별의 대표 사례로, 서북민은 고관 임용이 거의 불가하였다.

(2) 중앙 통치 기구

① 의정부: 영의정, 좌의정, 우의정 3정승의 합의로 백관과 서무 총괄

② 6조

   ㉠ 이조·호조·예조·병조·형조·공조로 나뉘어 행정 실무 담당

   ㉡ 각 조마다 업무를 분담하는 3~4개의 속사와 속아문 설치

   ㉢ 각 조의 장관인 판서는 정책 결정에 참여함

[조선의 중앙 정치 조직]

구분	역할	속사	속아문
이조	왕실 업무, 문관 인사	문선사, 고훈사, 고공사	상서원, 종부시, 사옹원, 내시부, 내수사
호조	재정, 조운, 예산	판전사, 회계사, 경비사	내자시, 군자감, 광흥창, 평시서, 양현고, 사섬서
예조	교육, 과거, 외교	계제사, 전형사, 전객사	홍문관, 성균관, 승문원, 춘추관, 교서관, 관상감
병조	무과, 무관 인사, 교통	무선사, 승여사, 무변사	5위, 훈련원, 사복시, 군기시, 전설사, 세자익위사
형조	치안, 감독, 법률, 노비	상복사, 장금사, 장예사	장예원, 전옥서
공조	토목, 도량형, 공사	영조사, 공야사	상의원, 선공감, 수성금화사, 전연사, 조지서, 와서

◇ 6승지

승지	6조
도승지	이조
좌승지	병조
우승지	호조
동부승지	형조
좌부승지	예조
우부승지	공조

◇ 사법 기구
조선은 사헌부, 의금부, 형조, 한성부, 장례원 등이 사법 기능을 갖추고 있었다. 대개 한성부, 형조, 사헌부를 삼법사라 칭했으나, 딱히 구별은 없었다.

◇ 3사 언관
벼슬 등급은 높지 않으나 학문과 덕망이 높은 사람이 주로 임용되었다. 이들은 특별한 일이 없는 한 나중에 판서나 정승 등 고위 관직에 오를 수 있었으며, 아들에게는 음서 혜택이 주어졌다.

③ 승정원

   ㉠ 왕명 출납과 국왕의 비서 기관 역할 담당 → 국왕은 국사를 대개 승지와 먼저 의논

   ㉡ 도승지 이하 6승지가 6조를 각각 담당 → 6조의 기능과 밀접하게 연결

   ㉢ 경연 참찬관과 춘추관의 수찬관 겸임 → 국정의 중요 사무와 관련

④ 의금부: 국왕의 명령에 의해서만 움직이는 국왕 직속의 사법 기구로, 대역 모반, 강상에 관계된 중대 범죄뿐 아니라 일반 범죄까지 담당

⑤ 3사

   ㉠ 특징

     • 언론·학술 기구로 서경·간쟁·봉박의 권한 소유

     • 국왕과 의정부, 6조의 행정 계통을 견제 → 권력의 집중과 부정 방지

     • 고위 관리로 진출할 수 있는 통로로 기능 → 청요직이라 불림

   ㉡ 양사(대간)

     • 사헌부와 사간원을 합쳐 양사라 이름

     • 5품 이하 관원 임명시 서경권 행사

     • 대간의 언론은 공론을 따라 이루어지며, 원칙적으로 전원 합의로 이루어짐

     • 사헌부는 시정의 가부를 논박하고, 관리를 규찰하며 풍속을 바로 잡는 일을 함(대사헌, 집의, 장령, 지평, 감찰 등으로 구성)

     • 사간원은 젊고 강직한 이들로 구성, 국왕에 대한 간쟁과 봉박을 담당

◇ 예문관
예문관 영사(영의정 겸임), 대제학, 제학, 직제학, 응교(홍문관 관원 겸임) 각 1인, 봉교, 대교 각 2인, 검열 4인으로 구성되었다. 봉교, 대교, 검열은 사관을 겸하여 사초를 기록하였다.

◇ 등록과 시정기
등록은 중앙과 지방의 각 기관에서 접수한 문서를 베껴놓은 책이다. 일지의 형식으로 기록되어 있으며, 각 관서의 업무 처리 방식 등 당시의 행정 절차를 알 수 있다. 이 등록을 토대로 사관이 시정기를 작성하였다. 각 관청은 매달 등록을 춘추관에 보고하면, 이를 사관들이 점검하여 작성하였다. 이렇게 만들어진 시정기는 매년 왕에게 보고되었고, 3년마다 인쇄해서 해당 관서와 의정부, 사고에 보관하였다.

ⓒ 홍문관弘文館
- 궁중 서적 관리와 국왕 명의의 문서 작성 담당, 옥당玉堂이라고도 불림
- 정책 결정에 대한 국왕의 자문 역할을 담당
- 제학提學 이상은 다른 직무의 관리가 겸하며, 홍문관 관리는 모두 경연관을 겸함
- 본래 언론 기구가 아니었으나, 성종 20년을 전후해서 언론 기능 담당

⑥ 4관
㉠ 성균관成均館: 유학 교육을 담당하는 조선의 최고 학부
㉡ 예문관藝文館: 왕명의 내용을 대신 짓거나 기록, 예문관의 봉교·대교·검열은 사관史官을 겸하여 사초史草를 기록
㉢ 교서관校書館: 경서를 출판, 제사에 사용하는 향·축문 등을 관장함
㉣ 승문원承文院: 외교 문서 작성 담당

⑦ 한성부
㉠ 수도 한성의 행정과 사법, 치안 담당
㉡ 정2품 기구로, 한성의 중요성을 인정하여 6조와 동등하게 대우받음

⑧ 춘추관春秋館
㉠ 역사서의 편찬과 보관 담당, 춘추관 관원은 모두 다른 관청의 문관으로 임명됨
㉡ 매년 각 관청의 등록謄錄을 모아『시정기時政記』를 편찬

⑨ 기타
㉠ 관상감觀象監: 천문 관측 담당
㉡ 전의감典醫監: 의학 교육 및 궁중 의료 업무 담당
㉢ 사역원司譯院: 외국어 교육과 통역 담당
㉣ 상서원尙瑞院: 옥새·부절·마패 등을 관리 담당
㉤ 장례원掌隷院: 노비 쟁송 담당
㉥ 시강원侍講院: 세자 교육 담당

2 지방 제도

1. 삼국의 지방 행정과 군사 조직

(1) 고구려
  ① 중앙 5부, 지방 5부(내·동·서·남·북)
    ㉠ 욕살: 부의 장관, 중앙 정부에서 파견, 행정과 군사를 함께 담당
    ㉡ 각 부 아래 성(城)은 처려근지·도사 등의 성주가 통치 → 중국식 군(郡)으로 변경
  ② 3경: 국내성·한성·평양성, 정치·문화적 중심지로 각 지방을 감시·견제

(2) 백제
  ① 담로제: 한성 시대 설치, 무령왕 대에 22명으로 확대(왕족 파견)
  ② 중앙 5부(상=동·전=남·중·하=서·후=북), 지방 5방(동·남·중·서·북)
    ㉠ 방성: 방의 장관, 달솔로 임명, 700~1,200명의 군대를 통솔
    ㉡ 각 방 아래에 군은 덕솔로서 임명된 군장(군수) 3인이 통치

(3) 신라
  ① 중앙 6부, 지방 5주-군-촌
    ㉠ 군주(軍主): 주의 장관, 군사령관의 성격
    ㉡ 군에는 당주(幢主)가 군사령관 역할
  ② 소경: 아시촌소경(지증왕, 함안), 국원소경(진흥왕, 충주), 하슬라소경(선덕여왕, 강릉)
  ③ 왕경과 5주에 6정의 군단: 왕경 부근에 대당 설치, 모병제로 서당 편성

2. 남북국의 지방 행정 조직

(1) 신라
  ① 특징
    ㉠ 군사적 기능보다 행정적 기능 강화 측면
    ㉡ 신문왕 대 기존의 주와 소경 확대 → 9주 5소경 제도 완비
  ② 9주 설치
    ㉠ 신라 본토에 사벌주(상주)·삽량주(양주)·청주(강주), 고구려 지역에 한산주(한주)·수약주(삭주)·하서주(명주), 옛 백제 지역에 웅천주(웅주)·완산주(전주)·무진주(무주)
    ㉡ 주의 장관: 군주 → 총관 → 도독(원성왕)
    ㉢ 군·현: 태수·현령 등 파견
    ㉣ 촌: 토착 세력인 촌주가 지방관의 통제 하에 통치
  ③ 5소경
    ㉠ 목적: 수도의 편중 보완, 피정복민 관리 및 민심 안정
    ㉡ 군사·행정상의 요지: 국원경(→ 중원경), 북원경, 금관경, 서원경, 남원경
      • 사민 정책: 가야 귀족 → 국원경, 보덕국 귀족 → 남원경 등
      • 장관으로 사신 파견
  ④ 향·부곡: 전쟁 패배 집단이거나 범죄 등으로 인한 집단 예속민이었을 것으로 추정
  ⑤ 지방 통제: 외사정° 파견, 상수리 제도°

[통일 신라의 지방 행정 구역]

◇ **외사정**
673년(문무왕 13)에 지방 행정의 통제와 관리 감찰을 위해 설치한 외관직이다. 정원은 113명이었으며 9주에 각 2명씩, 115군에 각 1명씩 두었다. 지방관의 비행을 감찰하는 업무를 담당하였으므로, 근무지는 지방이었지만 주·군의 지방 장관 밑에 소속되지 않고 중앙의 감찰 기구인 사정부 소속이었을 것으로 추정된다.

◇ **상수리 제도**
지방 세력을 통제하기 위해서 이들을 일정 기간 수도에 와서 거주하게 하였던 것으로, 고려 시대의 기인 제도로 이어졌다.

(2) 발해

① 조직: 선왕 때 영토 확장이 마무리 → 5경 15부 62주 편성

② 5경: 전략적 요충지에 설치(상경, 중경, 동경, 남경, 서경)

   ㉠ 상경: 오랜 기간 수도 역할, 대규모 평지 도성으로 당의 장안성 모방

   ㉡ 고구려의 5부, 신라의 5소경, 당의 5경 제도 등 영향을 받은 것으로도 추정

③ 15부: 지방 행정의 중심 → 5경과 겹쳐서 설정

   ㉠ 도독이 통치

   ㉡ 지방 통제의 기본 중심지, 그 중 특히 중요한 곳을 5경으로 삼은 것으로 추측

   ㉢ 15부 중 몇 곳이 외국과 통하는 교통로로서의 기기능

④ 62주: 부가 관장한 하위 행정 구역, 부를 통해 중앙 정부의 명령 전달

   ㉠ 주 장관인 자사, 현 장관인 현승, 촌의 수령首領(= 촌장)이 행정 담당

   ㉡ 촌의 수령: 토착 세력인 말갈인 임명 많음

[발해의 지방 행정 구역]

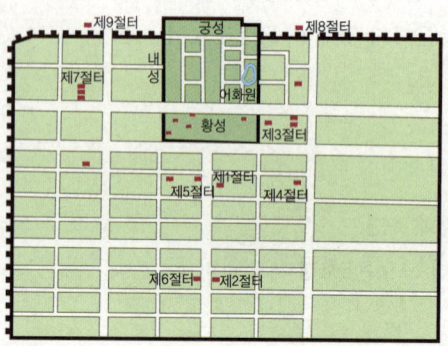

[발해의 상경성]

[당의 장안성]

3. 고려의 지방 행정

(1) 지방 제도의 정비

① 초기 제도

㉠ 국초: 지방 통제 거의 없이 호족들의 자치 허용

- 사심관·기인 제도 운용
- 군 요충지에 도호부 설치: 태조 때 평양·안남(전주), 광종 때 안남(고부)·안동(상주) 등
- 금유金有·조장租藏·전운사轉運使·양전사量田使: 조세의 수취와 운송을 위해 파견

㉡ 성종: 12목 설치(983) → 5도호부 10도 양계

㉢ 현종(1018): 4도호부 8목 56지주군사 28진장 20현령

② 계수관界首官: 경·도호부·목의 수령 또는 그들이 관할하는 행정 구역

㉠ 5도제 성립 이전부터 중앙과 지방의 군현을 잇던 중간 기구

㉡ 계수관-주현-속현으로 이어지는 누층적 지배 구조 성립

③ 군사 단위: 거란 격퇴 후(995) 군사 조직인 12절도사-7도단련사都團練使·11단련사·21방어사-15자사刺史 체제 확립

[고려의 지방 행정 구역]

◇ 계수관

고려와 조선 초기에 있었던 우리나라 고유의 제도이다. 고려가 지방 호족 세력들과의 연합 정권적 성격을 띤 왕조였기 때문에 전국 각 지역의 세력가인 호족을 통해 지방 백성을 지배, 통치하는 방식을 병행한 데서 비롯되었다. 지방의 중심이 되는 큰 고을과 그 고을의 수령을 의미하며, 고려에서는 경·목·도호부 등이 이에 해당하였다. 고려 말 조선 초 점차 소멸되어 가다가 세조 2년(1456)에 완전히 폐지되었다.

◇ 안찰사

도의 고을을 돌아다니며 수령을 감시하고 민생을 살폈다. 특히 형벌과 감옥을 관장하고 조세의 수납, 군사 징발 등을 맡아 보았다. 그러나 안찰사는 전임관으로서의 외직이 아니라 경직京職을 가진 차사差使였다. 임기는 봄, 가을로 바꾸어 6개월이었으며 사무 기구도 없었고 대부분 5품, 6품 관리가 임명되었으므로 도의 장관으로서는 한계가 있었다. 양계의 병마사와 병렬 위치였지만 병마사에 비해 위상이 더 낮았다.

(2) 지방 행정 조직

① 5도 양계

㉠ 5도: 안찰사 파견 → 도내 지방 순찰 담당, 주·군(자사)-현(현령) 설치

㉡ 양계: 북부 지방의 군사 행정 구역

- 동계와 북계로 구성, 병마사 파견, 요충지에 진鎭 설치
- 국경 지대는 남부 지역보다 외관 파견 많음

㉢ 현종: 군사적 요지에 4도호부, 도의 행정 중심지에 8목 설치

② 경기

㉠ 태조: 송악에 도읍하고 개주開州로 삼음 → 궁궐·시전 설치하고 방리坊里를 5부로 나눔

㉡ 광종: 개경으로 고치고 황도로 삼음

㉢ 성종

- 6년, 5부 방리를 고쳐 정함
- 14년, 개성부開城府를 두고 적현赤縣 6현, 기현畿縣 7현을 관장

㉣ 현종

- 9년, 개성부를 개성현으로 바꾸고 개성현이 3개 현, 장단현이 7개현 관장(상서도성尙書都省을 두고 경기京畿 설정)
- 15년, 경성京城과 5부 방리 정함
- 20년, 경도에 나성 축조

㉤ 문종: 개성부사를 다시 두어 도성都省이 11현을 예속시키고 관장

㉥ 원 간섭기 이후 변천

- 충렬왕: 개성부윤府尹이 도성 내, 별도로 개성현開城縣이 도성 외를 관장
- 공민왕: 송도松都 외성 수리
- 공양왕: 경기를 좌·우도로 나누고 도관찰출척사 설치, 수령이 보좌하게 함

③ 3경: 풍수지리설에 바탕

> **읽기 자료**
>
> **3경 제도**
> 3경은 삼국 시대의 수도였던 평양·한양·경주를 부수도로 키워 국가의 균형적 발전을 도모하는 동시에 그 곳의 지방 세력들을 무마하기 위한 목적에서 설치하였다. 처음에는 개경(개성)·서경(평양)·동경(경주)을 3경이라 하였으나, 문종 이후에는 동경 대신 남경(한양)을 넣었다. 그것은 한양이 반도의 중앙에 위치하고 산과 강이 좋아서 국가가 크게 발전할 수 있는 명당이라고 주장하는 풍수지리 사상의 영향을 받은 것이며, 한편으로는 북진 정책의 퇴조를 의미하기도 하였다. 신라가 5소경을 두고 고려가 3경을 두었으나, 조선 왕조가 소경을 두지 않은 것은 그만큼 수도의 자립성과 권위가 점차 높아진 것을 의미한다.

④ 주현·속현
  ㉠ 주·군·현·진: 지방관(수령) 파견
  ㉡ 속군·속현: 지방관 파견되지 않고 향리◇가 통치, 주군·주현을 통해 다시 중앙과 연결
  ㉢ 속군·속현의 수가 주군·주현보다 많음
  ㉣ 예종: 민인의 유망을 예방하고 정착시키기 위해 최하급 외관인 감무監務◇ 파견
⑤ 향·부곡·소: 고려 시대에 발달한 특수 행정 구역

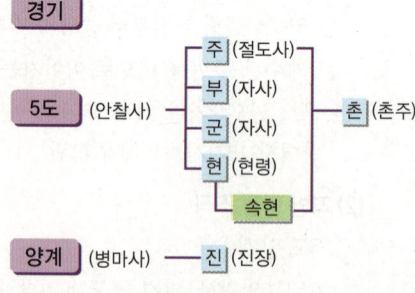

[고려의 지방 행정 조직]

  ㉠ 향·부곡: 신라 때부터 존재가 보임, 국가 공유지를 경작하는 역 부담
  ㉡ 소: 고려 시대 처음 등장, 특수 물품 생산의 역
  ㉢ 거주민은 양인이었으나 일반 농민보다 차별 → 국학 입학과 과거 응시 제한, 거주 이전의 자유 없음
  ㉣ 집단 승격·강등 가능
  ㉤ 주현을 통해 중앙의 통제, 후기로 가며 점차 소멸
⑥ 역驛·진津
  ㉠ 육로 교통의 요지에 역, 수로 교통의 요지에 진 설치 → 행정 편의, 원활한 물자 수송 등 도모
  ㉡ 역役 부담이 과중하여 거주 이전의 자유 제한

> **읽기 자료**
>
> **고려의 향리**
> 성종조의 향직 개편으로 나말여초의 호족이 이직吏職으로 위축되어 향리 제도가 마련되었다. 행정 단위에 따라 주리州吏, 부리府吏, 현리縣吏, 역리驛吏, 부곡리部曲吏 등으로 불리었다. 촌이나 향·부곡·소 등의 백성에 대해 조세, 공물의 수취와 역 징발의 사무를 맡아 봄으로써 권한이 강하였고, 외역전을 지급받았으며, 과거에 응시하여 문반 상승이 가능하였다. 한편, 군현 지방 출신이 수령 밑에서 말단 행정을 담당하는 경우 이들을 향리라고 칭하였으나, 앞의 상위 향리와는 구별된다. 중앙에서는 그 지방 출신의 중앙 고관을 사심관으로 임명하여 향리를 통제하고, 또 향리의 자제를 기인으로 삼아 상경 숙위하게 하는 방법을 통해 향리 세력을 적절히 통제하고자 하였다.

◇ **수령과 향리**
수령은 군현에 파견된 지방관을 말한다. 전답을 개간할 것田野闢, 사송을 간단히 할 것詞訟簡, 도적(향리 포함)을 없앨 것盜賊息, 호구를 증가시킬 것戶口增, 부역을 고르게 할 것賦役均의 '수령 5사'라는 의무가 있다. 향리는 실무 행정 책임자로 수령이 파견되지 않은 속군과 속현을 실질적으로 지배하는 토착 세력으로, 조세·공물의 수취와 역 징발의 사무를 맡아보았다. 군현에 따라 향리의 정원이 규정되었고, 승진 규정이 9단계로 마련되어 있었다.

◇ **감무**
중앙에서 정식으로 관리를 파견하지 못했던 속군과 속현, 향·부곡·소와 장, 처 등에 파견하였다. 주현에 의해 피해를 입은 속군·현의 유망민을 안정시켜 조세와 역을 효과적으로 수취하기 위한 제도로 중앙 집권화의 일환으로 볼 수 있다. 과거 급제자를 파견하는 것이 원칙이었고 현령보다 한 품 낮게 설치되었다. 조선 태종 때 현감으로 정비되었다.

4. 조선의 지방 행정

(1) 중앙 집권의 강화
① 속현, 향·부곡·소, 처·장 등 임내(任內) 정리, 모든 군현에 지방관 파견
② 지방관의 직급을 올리고, 왕권의 대행자로서 권한 강화
③ 향리는 지방 관서의 사역인으로 위축, 국가의 지배력 확대

(2) 지방 조직: 8도 아래 부·목·군·현 설치

① 관찰사(감사, 방백, 종2품)
  ㉠ 역할: 8도에 파견한 최고 지방관, 도내의 행정·군사·사법권을 갖고, 수령의 근무 성적을 4단계로 나누어 평가
  ㉡ 임기: 상피제 적용, 임기는 1년(360일)으로 제한
  ㉢ 조직: 감영에 상주하면서 근무, 보좌관으로 도사(수령 감찰·과거 관장)·판관(행정을 보좌)을 둠

② 유수부
  ㉠ 옛 도읍이나 군사적 요지에 설치한 관서
  ㉡ 개성(세종), 강화(인조), 수원(정조), 광주(정조)

[조선의 지방 행정 구역]

③ 수령(부윤·목사·군수·현령·현감)
  ㉠ 역할
    • 향촌에 대한 행정·사법·군사권 보유, 수령 7사 역할
    • 관찰사와 중앙에서 파견한 행대감찰, 경재소 등의 감시를 받음
    • 부민 고소 금지법: 백성들이나 유향품관은 관찰사, 수령을 고소할 수 없음
    • 원악향리 처벌법: 수령을 농락하고 조종하여 권력을 마음대로 하는 자를 원악향리로 처벌 가능
  ㉡ 임기: 상피제 적용, 1,800일

④ 향리(吏族)
  ㉠ 수령의 권한 강화 → 세습적인 아전으로 격하, 수령의 행정 실무 보좌
  ㉡ 6방에 배속되어 실무 담당, 향역 세습
  ㉢ 초기에는 호방의 수석인 호장의 역할이 강화, 후기에는 이방이 6방 체제를 주도
  ㉣ 향리의 일부가 중앙 또는 감영에 올라와 업무를 보는 경저리·영저리 제도 시행
  ㉤ 향리에 대한 규제와 단속이 강하여 원악향리(元惡鄕吏)는 처벌 받음

⑤ 면리제
  ㉠ 면은 풍헌·약정, 리와 통은 이정·통수를 선발
  ㉡ 수령의 지휘 아래 인구 파악과 부역 징발의 역할을 담당
  ㉢ 5호를 하나의 통으로 묶어 농민의 토지 이탈 방지(오가작통법)
  ㉣ 국가의 통치권이 행정 말단에까지 미치고 있음을 보여줌

◇ **지방관의 지위와 역할**
조선의 지방 통치에서 기본 행정 구역인 군현은 그 고을의 인구와 토지와 크기에 따라 부·목·군·현으로 구획되었다. 이에 따라 지방의 총책임자인 수령도 종2품에서 최하 종6품까지의 부윤(종2품), 대도호부사(정3품), 목사(정3품), 도호부사(종3품), 군수(종4품), 현령(종5품), 현감(종6품)으로 구분되었다. 이들은 행정 체계상으로는 모두 병렬적으로 관찰사(종2품)의 관할 아래에 있었다.

◇ **지방관의 사법권**
관찰사는 2품 이하 관리에 대한 처벌권이 있었고, 유형(유배) 이하 형벌을 집행할 수 있었다. 수령은 태형을 실시할 수 있었지만, 장형은 관찰사에게 보고하여 지시를 받아야 했다.

◇ **행대감찰**
조선 시대 지방에 파견하는 사헌부 감찰로, 행대어사라고도 한다. 건국 초기부터 지방에 파견되어 감찰 업무를 수행하였다. 세종 이후로는 조운 등 정기적인 업무를 처리하기 위해 파견되었고, 16세기 이후로는 어사제로 대체되었다.

◇ **고려와 조선의 향리 비교**

구분	고려	조선
지위	지방 실질적 지배	수령 보조
신분	신분 상승	세습 아전
보수	외역전	무보수
과거	문과 응시	문과 응시 X

◇ **경저리(京邸吏·京主人), 영저리**
경저리는 고려의 기인을 계승한 것으로, 지방 수령이 서울에 파견해 둔 향리이다. 이들은 경재소에 근무하며 중앙과 지방의 연락 담당, 부세 상납 주선, 서울에 있는 지방 관리의 신변 책임, 지방 공납물의 대납 책임 등을 맡았다. 이들은 점차 중앙의 권세를 등에 업고 실력을 행사하였고 권력을 행사하기도 하였다. 영저리는 도의 감영에서 유사한 업무를 수행한 향리였다.

(3) 유향소와 경재소: 고려의 사심관 제도 계승

① 유향소
  ㉠ 설치: 성종 때 사림들이 향사례·향음주례 시행을 담당할 기구로 유향소 복설 요구
  ㉡ 기능: 수령 보좌, 향리 감찰, 풍속 교정
  ㉢ 구성
    • 향안: 향촌 사회의 지배층인 지방 사족의 명단
    • 향회: 향안에 이름이 오른 사족들의 총회
    • 향규: 향회의 운영 규칙, 향안에 기재된 사족들의 비리 규제, 이서배와 농민 통제
    • 향청: 향회의 행정 기구인 유향소 청사
    • 향임: 좌수·별감 등을 선발하여 경재소의 재가를 받음

② 경재소
  ㉠ 해당 향촌 출신으로 서울에 근무하는 이들로 조직
  ㉡ 유향소와 중앙 정부 사이의 연락을 담당, 중앙 집권을 효율적으로 뒷받침함

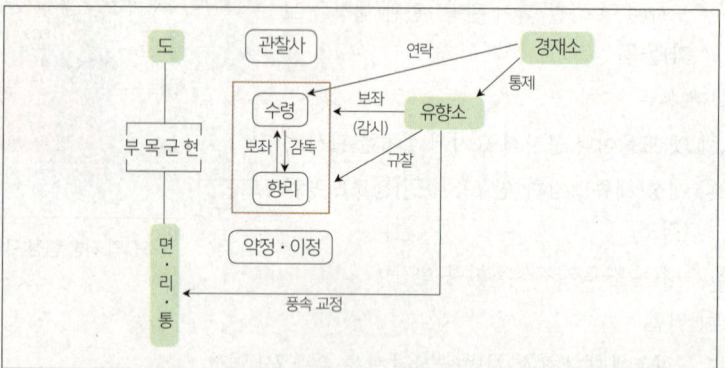

[조선의 지방 행정 조직]

3 군사 제도

1. 삼국~남북국의 군사 제도

(1) 삼국

① 고구려: 대모달大模達, 말객末客, 당주幢主 등의 지휘

② 백제: 중앙 5부와 지방 5방에 군대 주둔

③ 신라

㉠ 6정停: 진흥왕 대 왕경에 대당大幢 설치를 시작으로 각 주에 설치

㉡ 서당誓幢: 진평왕 대 설치 시작한 국왕 직속 부대

(2) 남북국

① 신라

㉠ 중앙군 9서당: 신라인, 옛 백제·고구려인, 말갈인, 보덕국인 포함

㉡ 지방군 10정: 각 주에 1정씩 배치, 한주에는 2정 배치

② 발해

㉠ 중앙군 10위

- 좌맹분위, 우맹분위, 좌웅위, 우웅위, 좌비위, 우비위, 남좌위, 남우위, 북좌위, 북우위)
- 도성 방어, 궁성 숙위宿衛

㉡ 지방군

- 지방 행정 구역 설정에 맞추어 조직
- 당의 지방군 제도에 보이는 좌우신책군, 120사 등이 존재 → 당과 같은 부병제 실시 추측

2. 고려의 군역 제도와 군사 조직

(1) 중앙군: 성종 14년(995) 6위 편성, 현종 때 2군 설치

① 2군은 국왕의 친위대로 3령으로 구성, 6위는 42령으로 구성

② 편성: 중류층인 직업 군인으로 편성

㉠ 군인전 지급, 역은 자손에게 세습

㉡ 상장군·대장군: 각각 정·부 지휘관 → 이들로 구성된 군사 최고 회의가 중방重房

(2) 지방군

① 도

㉠ 도원수都元帥·상원수·부원수가 군사 지휘 → 사적 지배의 폐단

㉡ 주현군: 5도와 경기의 의무병

- 보승·정용군(치안, 방수, 군사 훈련)과 일품군(노동) 등으로 구성
- 농병 일치에 입각한 농민군

② 계

㉠ 병마사가 군사 지휘

㉡ 주진군: 양계 지역의 상비적 방수군

- 초군·좌군·우군으로 구성 → 대체로 양계의 토착인
- 둔전屯田을 경작

◇ 9서당의 편제

9서당	구성원
녹금서당	신라인
자금서당	신라인
백금서당	백제인
비금서당	신라인
황금서당	고구려인
흑금서당	말갈인
벽금서당	고구려인
적금서당	고구려인
청금서당	백제인

◇ 2군 6위

2군	응양군	국왕 친위대
	용호군	
6위	좌우위	개경과 국경 방비
	신호위	
	흥위위	
	금오위	경찰 임무
	천우위	의장대
	감문위	궁궐 수비

◇ **별무반**
기병 부대인 신기군, 보병 부대인 신보군, 승병 부대인 항마군으로 구성되었다. 신기군은 문무 산관과 서리로부터 상인, 노복에 이르기까지 말을 가진 자로 편성하였고, 말을 가지지 않은 자와 20세 이상의 남자로서 과거 응시자가 아닌 사람은 신보군에 편속시켰다.

◇ **잡색군**
태종 때 편성된 일종의 예비군으로, 본업에 종사하다가 위급한 일이 생기면 모집되었다. 전직 관료, 서리, 향리, 잡학인, 신량역천인, 노비 등으로 조직되었다.

◇ **특수군**
특수군은 사병 혁파 이후 여러 병종을 정리하는 과정에서 생겨났다. 5위제가 성립될 당시에는 족친위, 충의위, 충찬위, 충순위, 보충대 등이 특수군에 해당하였다.

◇ **5위**

5위	관할 지역
의흥위	서울 중부와 개성부, 강원·충청·황해도
용양위	서울 동부, 경상도
호분위	서울 서부, 평안도
충좌위	서울 남부, 전라도
충무위	서울 북부, 함경도

◇ **내삼청**
내금위內禁衛, 우림위羽林衛, 겸사복兼司僕으로 구성된 국왕의 친위 부대를 일컫는다. 병조 판서가 관장하는 정예 부대였다.

◇ **갑사**
중앙군의 핵심을 이루는 병종으로, 고려 말 조선 초기에는 사병으로 존재하였으나 점차 녹봉을 받는 기간병으로 자리 잡았다. 취재를 통해 갑사가 될 수 있었으며, 번상한 기간만큼 계산하여 녹봉을 지급받았다.

(3) 특수군
① 광군: 정종 때 거란의 침입에 대비해 설치
② 별무반˚: 숙종 때 윤관이 편성, 기병인 여진족 군대를 방어하기 위한 목적
③ 삼별초: 최우의 사병인 야별초(좌별초·우별초)와 몽골에 포로로 잡혀갔던 병사들인 신의군로 조직
④ 연호군: 우왕 때 왜구의 침입에 대비하여 설치

3. 조선의 군역 제도와 군사 조직

(1) 군역 제도
① 운영
  ㉠ 16세~59세의 양인 장정[丁男]에 의무적으로 군역 부과 → 양인개병제 원칙
  ㉡ 노비는 군역 면제, 필요에 따라 잡색군˚ 등에 편제됨
  ㉢ 현직 관료와 관료 예비층인 학생은 군역 면제
  ㉣ 종친·외척·고위 관료의 자제는 특수군˚에 편제
② 보법: 1호戶당 1정丁 배정, 나머지는 보인으로 편제
  ㉠ 정군: 군 복무, 복무 기간에 따라 품계를 받기도 함
  ㉡ 보인(봉족): 정군의 비용 부담(1인당 2필)
  ㉢ 토지 5결을 1정(0.5보)으로 환산하여 세액 부과
  ㉣ 정군은 1보(2인), 수군은 1.5보(3인), 갑사는 2보(4인) 부여

(2) 중앙군
① 국초의 정비
  ㉠ 고려 말: 2군 6위 붕괴 → 사병 장수들이 8위 지휘(시위패 번상병으로 운영)
  ㉡ 태조
   • 친위병인 의흥친군위(좌·우위)와 8위 합쳐 10위 편성
   • 의흥삼군부가 통제 → 정도전이 판의흥삼군부사가 되어 병권 집중 시도('진도' 훈련)
  ㉢ 정종: 사병 혁파, 중앙군을 삼군부 통솔 하 10사로 편제
  ㉣ 세종 이후: 12사(세종) → 5사(문종) → 5위(세조)로 정
② 중앙군제 완성
  ㉠ 5위제(세조):˚ 위衛-5부部-4통統-여旅·대隊·오伍·졸卒로 구성
   • 주로 궁궐과 서울 수비 담당, 지방군 통솔 담당
   • 5위도총부가 5위를 통솔, 5위의 지휘 책임은 문반 관료가 담당
  ㉡ 왕을 호위하는 친위군인 내삼청內三廳,˚ 군사 훈련과 무과 시험을 관장하는 훈련원
③ 구성
  ㉠ 5위의 중심 병력은 취재取才에 의해 선발된 갑사甲士˚
  ㉡ 이 외 번상하여 입시入侍하는 정군, 고관의 자제로 구성된 특수군

④ 변화
  ㉠ 배경: 16세기 이후 대립·군적수포의 성행 → 임진왜란 초기 참패
  ㉡ 5군영

군영	시기	설치 계기와 특징
훈련도감	1594년(선조 27)	· 임진왜란 중 설치된 직업군(삼수병) · 수도 방어
어영청	1624년(인조 2)	· 이괄의 난을 계기로 설치, 정묘호란 후 '청' 설치 · 도성 숙위, 서인 정권이 북벌의 핵심 기구로 강화
총융청	1624년(인조 2)	· 이괄의 난을 계기로 설치 · 경기 일대와 북한산성 방어, 후기에 속오군제 운영
수어청	1626년(인조 4)	· 축성 이후 정묘·병자호란을 거치며 '청' 설치 · 남한산성과 경기 남부 방어, 후기에 속오군제로 운영
금위영	1682년(숙종 8)	· 경신환국을 계기로 설치 · 왕실 호위와 수도 방어

(3) 지방군
  ① 영진군
    ㉠ 각 도에 병영(육군)과 수영(수군) 설치, 영 아래에 진 단위
    ㉡ 병마절도사(병사)와 수군절도사(수사): 일반적으로 관찰사가 겸임, 국방상 요지에는 병영·수영을 더 설치하여 별도의 병사·수사를 파견
    ㉢ 정군은 평시에는 거주지 방위력, 순서에 따라 번상°을 하거나 중요 지역에 상주
  ② 단위 편제
    ㉠ 진관 체제
      · 군익도° 체제가 전국화하면서 성립
      · 군익도 체제의 3익 대신 중요한 지역에 거진 설치, 주변의 여러 진을 그 휘하에 포함시킴
      · 갑사, 정군 등 모든 병종을 거주지에서 파악하고 지휘 체계 일원화°
    ㉡ 제승방략 체제
      · 16세기 군역제의 붕괴 → 을묘왜변 이후 제승방략 체제 성립
      · 유사시 각 읍의 수령들이 군사를 이끌고 지정된 지역에 모여 서울에서 파견된 장수의 지휘를 받는 전술
      · 중종 때 북방의 이민족을 방어하는 데 효과를 거두면서 남방 지역으로 확대
      · 임진왜란 때 진관 복구, 각 진의 군사 수 확보를 위해 속오법° 도입

> **읽기 자료**
>
> **진관 체제와 제승방략 체제**
> · 진관 체제: 세조 때는 진관 체제가 정비되어 군현 단위의 독자적 방위 체제가 만들어졌다. 이는 지역 단위의 방위 체제로 각 도에 병영과 수영을 두어 병마절도사와 수군절도사가 관할 지역 군대를 장악하고, 병영 밑에 몇 개의 거진을 설치하여 거진의 수령이 그 지역의 군대를 통제하는 체제였다. 거진은 병영과 수영의 통제를 받았다.
> · 제승방략 체제: 진관 체제는 15세기 이후 군역제가 문란해지면서 무너져갔고, 을묘왜변 이후 제승방략 체제가 등장하였다. 제승방략이란 유사시에 각 읍의 수령들이 소속 군사를 이끌고 본진을 떠나 지정된 방위 지역에서 서울에서 내려온 지휘자의 지휘를 받는 전술이다. 제승방략 체제는 진관 체제와 다르게 1차 방어선이 무너지면 그 뒤를 막을 방법이 없어 임진왜란 때 많은 패전의 원인이 되었다.

◇ **번상**
지방 군인들을 순번에 따라 강제로 서울의 중앙군으로 시위하게 하는 것으로, 국초에는 번상 시위하는 자들을 시위패라 불렸다. 그러다가 세조 5년(1459)에 영진군, 시위패, 정군을 모두 정병으로 합칭하였다.

◇ **군익도**
북방의 익군과 남방의 영진군으로 이원화되어 있던 것을 세조 때 북방의 예에 따라 군익도로 통일하였다. 그 결과 각 도를 몇 개의 군익도로 나누고 다시 각 군익도를 중·좌·우의 3익으로 나눈 후, 가까운 여러 고을을 여기에 포함시켰다.

◇ **진관의 지휘관**
· 주진: 병마절도사(병사), 수군절도사(수사) = 관찰사 겸임
· 거진: 첨절제사(첨사) = 목사 겸임
· 제진: 동첨절제사·만호·절제도위 = 지방관 겸임, 만호는 전문 무관직

◇ **속오법(속오군)**
속오군은 양반에서부터 천민에 이르기까지 역의 유무에 상관없이 징발하여 편성하였다. 평시에는 생업에 종사하다가 농한기에 훈련을 받고, 유사시 선두에 동원되는 것이 원칙이었으나, 양반이 점차 회피하여 제대로 운영되지 못하였다. 속오군 체제에서는 영을 최고 단위 부대로 편성하고 전문적 무신을 영장으로 삼았으나 곧 폐지되고 지방 수령이 영장을 겸했다.

◇ **역참제의 유래**
우역郵驛을 비롯, 유사한 제도가 삼국 시대 이전부터 운영되었으며, 역참이라는 용어가 통용된 것은 고려 후기 원의 참적站赤 제도의 영향으로 참이 설치되면서부터이다.

(4) 교통·통신 제도

① 역원제驛院制

 ㉠ 역참驛站
  • 전국 교통의 요지에 30리마다 설치, 공문서 전달 및 연락·물품 운송, 통행인 검문
  • 병조에서 관리, 경비를 위해 역둔토驛屯土 마련
  • 육상에 육참陸站(일반적으로 역참), 해상이나 강변에 수참水站 설치 → 육로와 수로 연결
  • 마패 소지해야 역참을 이용하고 역졸을 동원
 ㉡ 원: 공무 여행자의 숙소, 역참제 발달로 전국에 1,200여 개 운영

② 봉수제烽燧制

 ㉠ 연기·불을 이용하여 군사적 위급 사태를 빠르게 알리는 역할(최종 목적지는 서울의 목멱산), 전국에 600여 개의 봉수대 설치
 ㉡ 병조에서 관리, 봉수군은 신량역천인

③ 파발제擺撥制

 ㉠ 임진왜란 거치며 말 가격 상승·역리의 도망·역마의 남발 및 역전驛田의 사유화·찰방(역의 관리)의 폐단 등으로 역참제 붕괴
 ㉡ 역참을 복구하는 한편 파발제(공조 관리) 설치하여 왕의 명령 전달
 ㉢ 기발騎撥과 보발步撥 로 구성, 일정 거리마다 참 설치, 서발西撥·북발北撥·남발南撥 의 3대로를 근간으로 구성

4 관리 선발 및 교육 제도

1. 고려의 관리 선발 제도

(1) 과거 제도

① 특징

 ㉠ 능력에 따른 인재 등용, 신진 세력을 양성하는 정치적 의도 작용
 ㉡ 법적으로 양인 이상이면 누구나 응시 가능
  • 실제로는 귀족과 향리의 자제가 주로 문과에 응시
  • 일반 농민(백정)은 주로 잡과에 응시

② 과목: 문과(제술업, 명경업), 잡과, 승과

 ㉠ 문과
  • 명경업: 시詩·서書·역易·춘추春秋 등 유교 경전 시험
  • 제술업: 시詩·부賦·송頌·책策 등 문장 시험
  • 명경업 출신이 고위직 진출, 제술업을 더 중시
 ㉡ 잡과: 11가지 전문 분야로 나누어 실시
 ㉢ 승과: 교종시(화엄경)와 선종시(전등록), 합격자는 승직에 등용
 ㉣ 무과: 예종 때 일시적 실시, 공양왕 때 정식으로 실시

③ 절차
  ㉠ 1단계 개경시·서경시·향시(계수관시)
    • 상공上貢: 개경시와 서경시의 합격자
    • 향공鄕貢: 향시의 합격자
    • 상공·향공·빈공賓貢은 2단계 시험 응시
  ㉡ 2단계 국자감시
    • 1단계 합격자·국자감생·12공도생 중 선발된 이들·현직 관리 중 일부가 응시
    • 합격생은 진사라고 지칭
  ㉢ 3단계 예부시(춘관시), 동당감시
    • 국자감시 합격생인 진사들이 응시
    • 지공거·동지공거가 주관
  ㉣ 4단계 복시(전시): 왕이 직접 주관, 합격생의 순위 결정

(2) 음서 제도
① 특징
  ㉠ 공신·종손, 고위 관리의 자손이 시험 없이 관직 진출(중복 수혜 가능)
  ㉡ 음서 출신자는 한품제의 적용을 받지 않고 대부분 5품 이상의 관직에 오름
② 혜택 범위
  ㉠ 3품 이상: 8개 친족 범위(자, 손, 수양자, 사위, 외손, 조카, 동생)
  ㉡ 5품 이상: 자, 손
③ 음서로 등용 시에는 정원 외 산직에 우선 임명, 문한직·학관직 등에는 취임 불가

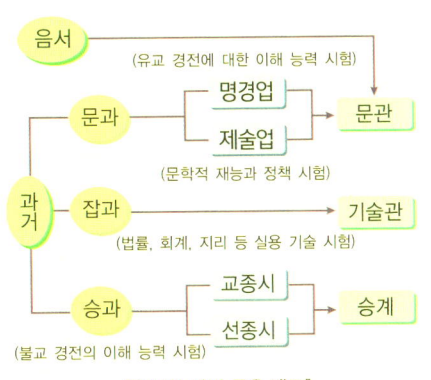
[고려의 관리 등용 제도]

◇ 지공거와 좌주·문생 관계
과거를 통해 지공거인 좌주와 급제자인 문생의 관계가 이루어졌는데, 이들은 유대를 깊게 맺고 정치적으로 영향을 끼쳤다. 특히 지공거 출신의 귀족들이 사학을 설립하며 관료 사회가 문벌 귀족들에 의해 장악되는 부작용을 낳기도 하였다.

▶ 읽기 자료

고려의 과거제와 음서제
• 고려의 과거제는 처음에는 매년 시행되다가 성종 때에는 3년에 한 번씩 실시하였고, 현종 이후로는 대체로 매년 또는 격년으로 시행하였다. 문과의 합격 정원은 후기에 가면 약 33명 정도였고, 이전까지는 그보다 적은 수가 급제하였다. 따라서 당시에는 과거에 합격하는 것을 큰 영광으로 여겼다.
• 고려에서는 과거를 치르지 않고도 음서를 통해 관료가 될 수 있었다. 그럼에도 불구하고 고려의 관료들은 과거에 합격하기를 열망하였다. 과거 합격률이 높은 사립학교가 국자감보다 융성하였고, 음서로 관직을 얻은 뒤에 다시 과거를 보는 일도 흔하였다. 『고려사』 열전에 기록된 인물 650명 가운데 과거에 합격하여 관료가 된 사람이 340명, 음서 출신자가 40명이고, 나머지 270명은 출신이 불확실하다. 음서 출신자 40명 가운데 9명은 다시 과거를 치러 급제하였다. 따라서 열전에 등재된 인물 중 순수한 음서 출신자는 30여 명에 지나지 않았다.

2. 조선의 관리 선발 제도

(1) 과거 제도
① 응시 자격
  ㉠ 양인이면 누구나 응시 가능, 실제로는 양반이 주로 응시
  ㉡ 호적과 부·조·증조·고조의 4조를 적은 단자單子를 제출해야 함
  ㉢ 문과의 경우 탐관오리의 자제·재가녀의 자손·서얼은 응시 금지
② 시기: 3년마다 자子·묘卯·오午·유酉가 들어가는 해에 실시하는 식년시가 원칙, 증광시·알성시 등의 부정기 시험

◇ 시험 시기에 따른 과거의 종류

정기	식년시	3년마다 실시
부정기	증광시	세자 탄생 등 큰 경사때 실시
	춘당대시	나라의 경사 때 왕이 창경궁 춘당대에 친림하여 실시
	알성시	국왕의 성균관 문묘 참배 때 실시
	별시	보통 경사나 국경일에 실시

135

◇ 생진과
생원과는 명경과라고도 하는데, 유교의 경전인 4서·3경을 시험하였다. 진사과는 제술과라고도 하며, 시詩·부賦·송頌·책策 등 문장력을 시험하였다. 생진과에 합격하면 백패白牌라는 합격증이 주어졌다.

◇ 전시의 순위
합격자 33명을 갑, 을, 병으로 구분하였다. 갑 3명 중 1등은 장원으로 종6품, 2, 3등은 정7품을 수여받았다. 을 7명은 모두 정8품을, 병 23명은 정9품의 관직을 받았다. 기존 관료로 장원한 자는 4등급, 을은 2등급, 병은 1등급씩 승진하였다.

◇ 잡과 정원 및 주관 관청

역과(19명)	사역원
율과(9명)	형조
의과(9명)	전의감
음양과(9명)	관상감

◇ 체아직
조선 시대 녹관祿官의 하나로, 정해진 녹봉은 없었다. 다만, 계절마다 근무 성적을 평가하여 근무한 날짜를 계산하여 녹봉을 지급하였다. 대부분 임기가 차서 관직을 그만둔 이후[去官] 다시 임명될 자리가 없는 경우 체아직이 수여되었다.

③ 문과: 예조 주관
  ㉠ 소과(생진과˚·사마시司馬試): 성균관 입학 자격 부여 목적
    • 구성: 생원과와 진사과로 구성
    • 절차: 초시(향시)에서 지역별 인구 비례로 각 700명 → 복시에서 각 100명
    • 혜택: 초급 문관에 임명될 자격, 성균관에 입학하거나 대과 응시 가능
  ㉡ 대과(문과): 문관 등용 목적
    • 응시생: 성균관 유생, 생원·진사, 하급 관리 등
    • 절차: 초시에서 각 도의 인구 비례로 240명 → 복시에서 33명 → 전시에서 순위 결정˚
    • 급제하면 홍패紅牌 수여
④ 무과: 병조 주관
  ㉠ 소과(생진과) 없이 대과의 절차를 거쳐 28명 선발
  ㉡ 무예와 병서 및 유교 경전 시험, 합격하면 선달先達
  ㉢ 서얼과 중간 계층이 주로 응시, 식년시보다는 별시에서의 선발 인원이 많았음
⑤ 잡과: 예조 및 각 관청 주관
  ㉠ 초시와 복시를 거쳐 선발, 선발 인원은 분야별로 상이함˚
  ㉡ 합격자는 백패 수여, 각 관청의 체아직遞兒職˚으로 채용
  ㉢ 기술직은 세습되는 경우가 많음(중인이 신분화)
⑥ 중시: 당하관 이하 문·무관에게 10년마다 보이는 과거로, 합격하면 품계를 올려줌

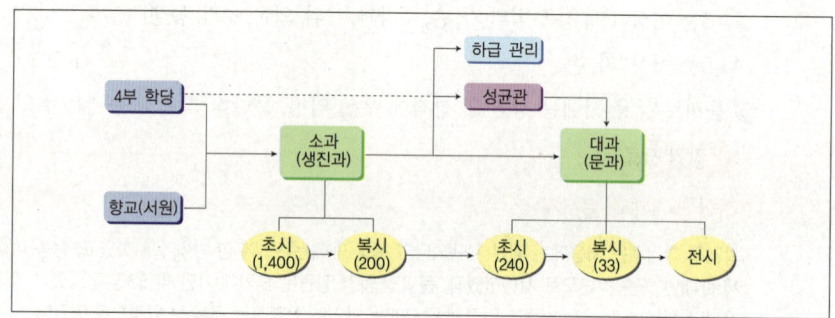

[조선 시대의 관리 등용 절차]

⑦ 승과
  ㉠ 선종시와 교종시를 통해 30명 선발, 합격자에게는 법계法階 수여
  ㉡ 중종 때 폐지되었다가 명종 때 일시적으로 부활, 이내 폐지

(2) 과거 이외의 관리 등용 방법
① 취재
  ㉠ 간단한 시험을 통해 서리·하급 관리·무관 등을 선발
  ㉡ 재주가 부족하거나 나이가 많아 과거 응시가 어려운 사람들이 응시
② 음서
  ㉠ 공신이나 2품 이상 고관 자제를 추천받아 등용, 16세기 이후 비중 약화
  ㉡ 음서 출사 후 과거에 합격하지 않으면 고위 관직으로 승진하는 데 어려움
  ㉢ 세도 정치기에 음서 출신자가 과거 출신자보다 우대

③ 천거
  ㉠ 주로 기존 관리 대상, 고관의 추천으로 특채
  ㉡ 천거로 관리가 된 자가 죄를 지으면 천거한 사람도 처벌
④ 기타
  ㉠ 이과(吏科): 서리 채용을 위한 시험, 훈민정음으로 시험을 치름
  ㉡ 현량과(賢良科): 중종 때 조광조의 건의로 실시
  ㉢ 기로과(耆老科): 영조 때 국왕이나 왕비·대비·대왕대비 등의 나이가 60세 또는 70세가 된 것을 경축하기 위해 실시, 60세 이상을 대상으로 함
  ㉣ 종친과(宗親科): 성종 때 종친 등용을 위해 실시, 중종 때 폐지, 흥선 대원군이 실시

(3) 합리적인 관료제 운영
① 상피제(相避制): 권력의 집중과 부정 방지
  ㉠ 지방관: 자신의 출신 지역 부임 금지
  ㉡ 중앙관: 가까운 친척끼리 같은 관청에 근무 금지
② 순자제(循資制): 권력의 집중과 부정 방지
  ㉠ 관직마다 근무 기간 설정, 그 기간만큼 근무해야 승진하거나 다른 관서로 이동 가능
  ㉡ 기간을 채우면 연임 금지
③ 서경(署經), 포폄(褒貶): 인사의 공정성 확보
  ㉠ 서경: 5품 이하 관리 임명시 실시
  ㉡ 경관은 해당 관청의 당상관·제조가, 외관은 관찰사·병마사가 고과 평가

> **읽기 자료**
>
> **근무고과 평가**
>
> 『경국대전』에는 매년 두 차례, 6월 15일과 12월 15일에 상급자가 자신이 감독하는 관리들을 평가한 보고서를 제출하도록 규정하고 있다. 관리가 규정된 출퇴근 시간을 지켰는지, 근무 일수를 충족하였는지, 맡은 업무를 잘 처리하였는지 등을 종합해 관리의 근무 성적을 상, 중, 하의 3단계로 구분하였다. 평가 결과는 즉시 인사에 반영되었다. 10번의 평가 중에서 모두 상을 받으면 특별히 품계를 올려 주었지만, 중을 두 번 받으면 녹봉이 지급되지 않는 무록관(無祿官)에 임명되었다. 세 번 받으면 곧바로 파직되었다.

3. 고대의 교육 기관과 관리 임용

(1) 삼국
① 고구려
  ㉠ 태학(소수림왕): 수도에 설립 → 유교 경전과 역사 교육
  ㉡ 경당(평양 천도 이후): 지방에서 한학과 무술 교육
② 백제: 오경박사를 비롯한 박사 존재

(2) 남북국
① 신라
  ㉠ 국학(신문왕): 예부 소속
    • 예부 소속
    • 교육 대상: 관등이 없거나 대사 이하인 15세~30세(주로 6두품으로 추정)
    • 9년간 공부한 후 대개 대나마나 나마에 이르러 출학

　　　　　ⓒ 태학(감)(경덕왕): 국학의 개칭
　　　　　　• 박사와 조교들이 본격적으로 유학 교육
　　　　　　• 논어·효경(필수), 시경·서경·역경·좌전·예기·문선(선택) 등 교육
　　　　　ⓒ 독서삼품과(원성왕): 관리 교육 및 선발 제도
　　　　　　• 국학생 대상
　　　　　　• 독서량에 따라 관직 임용 결정
　　　② 발해
　　　　　㉠ 주자감(문왕): 귀족 자제에게 유교 경전 교육
　　　　　㉡ 유교 경전 이해 수준에 따라 관리 임용
　　　　　㉢ 당의 빈공과에 많이 응시

4. 고려의 교육 기관

(1) 초기

　① 국자감(성종): 중앙의 국립 대학
　　　㉠ 유학부: 유학 교육, 9년간 재학
　　　　• 국자학: 귀족 자제 대상, 문·무관 3품 이상의 자손 입학
　　　　• 태학: 5품 이상의 자손 입학
　　　　• 사문학: 7품 이상의 자손 입학
　　　㉡ 기술학부: 율·서·산 등 교육, 7년간 재학, 8품 이하 관리 자제와 서민 입학
　② 향교(성종~인종)
　　　㉠ 성종 6년, 12목에 경학박사와 의학박사 파견하여 지방 교육 활성화
　　　㉡ 인종 때 주현은 물론 속현에까지 향교 설립

(2) 중기

　① 사학 12도(문종)
　　　㉠ 최충이 9재 학당(문헌공도) 설립, 9경 3사˚ 교육
　　　㉡ 사학 12도 출신들이 과거에서 좋은 성적을 거두어 사학 융성
　② 관학 진흥책
　　　㉠ 숙종: 국자감 안에 서적포(출판소)˚ 설치
　　　㉡ 예종
　　　　• 7재:˚ 전문 강좌 개설
　　　　• 양현고: 국자감의 재정과 장학 담당
　　　　• 청연각(→ 보문각): 도서관 겸 학문 연구소
　　　㉢ 인종
　　　　• 국자감 학식學式 제정
　　　　• 7재 중 강예재 폐지, 경사 6학 재정비

◇ **9경 3사**
9경은 『주역』·『상서』·『모시』·『예기』·『주례』·『의례』·『춘추좌전』·『공양전』·『곡량전』이며 3사란 『사기』·『한서』·『후한서』를 말한다.

◇ **서적포**
축문과 경적을 맡은 관청은 비서성이었는데, 비서성에 보관되어 있던 책판이 쌓이고 훼손된 것이 많아지자 서적포를 설치하여 모든 책판을 이곳으로 옮기고 인쇄·보급하도록 하였다.

◇ **7재**
『주역』·『상서』·『모시』·『주례』·『대례』·『춘추』를 공부하는 6재와 무학을 공부하는 강예재로 구성되었다.

(3) 후기
  ① 충렬왕: 문묘 건립, 양현고에 섬학전 지급, 국자감을 성균감으로 개칭
  ② 성균관
    ㉠ 충선왕: 성균감을 성균관 개칭
    ㉡ 공민왕: 성균관을 국자감으로 환원 → 성균관 중영하여 유학 교육만 담당

5. 조선의 교육 기관

(1) 특징
  ① 주로 양반 자제를 대상으로 하는 과거 준비 기관, 제사와 교육 기능을 겸함
  ② 무과 교육 기관은 따로 없고 기술학 교육은 대개 해당 관청에서 실시

(2) 종류
  ① 성균관
    ㉠ 문과(대과)를 준비하기 위한 조선 최고의 교육 기관, 사학·경학·문학을 교육
    ㉡ 상재생(생원·진사) 우선 선발, 유학으로 보충하는 기재생을 합쳐 200명
    ㉢ 원점(圓點) 300점을 따면 문과 초시 응시 가능, 각종 시험에서 우수한 성적을 거두면 문과 초시·복시·전시에 응시하게 하거나 합격시키는 혜택
    ㉣ 권당(捲堂)을 통해 정치에 참여, 50세가 되면 벼슬을 받기도 함

> **읽기 자료**
>
> **성균관의 운영**
>
> 성균관은 문묘인 대성전과 명륜당, 재 등으로 구성되었다. 문묘는 성균관에서 가장 중요한 곳으로 공자, 맹자 등 170여 명의 중국 유학자들과 10여 명의 우리나라 유학자들을 모시고 봄, 가을로 석전(釋奠)을 열었다. 명륜당은 유생들이 공부를 하는 곳이었으며, 북쪽에 있는 명륜당의 왼쪽과 오른쪽에 동재와 서재가 있었는데 이곳은 일종의 기숙 시설이었다. 동재에는 생원, 서재에는 진사가 들어갔다. 성균관에는 제사와 교육을 담당하는 관원으로 대제학이 있었다. 유생의 정원은 200명이었고, 생원·진사들이 입학할 수 있었다. 정원이 차지 않으면 4부 학당 학생, 대과와 소과 초시 합격생들도 받아들였다.

  ② 4부 학당
    ㉠ 서울에 설치한 중등 교육 기관, 서학·동학·중학·남학 각 100명의 정원
    ㉡ 양인 이상이면 누구나 입학 가능
    ㉢ 8세에 입학하여 『소학』과 사서 중심의 교육을 통해 생원·진사시 준비
    ㉣ 성균관의 부속 기관으로서 대성전은 없고 강학 시설만 있음
  ③ 향교
    ㉠ 지방 각 군현에 하나씩 설치한 관립 중등 교육 기관으로 향례와 교육·지방민 교화 담당(수령 7사로 규정)
    ㉡ 구조: 대성전·명륜당·동재와 서재·장판각 등
    ㉢ 입학: 8세 이상의 양인 남자, 교생(유생과 생도)과 액외생(정원 외)으로 구성
    ㉣ 운영
      • 교수와 훈도 등의 교수관 파견 → 점차 그 지역 생원·진사로 충당
      • 『속대전』에서 교수관의 파견 중지

◇ **기술 교육 기관**
역학은 사역원, 의학은 전의감, 천문·지리는 관상감, 산학은 호조, 화학(그림)은 도화서, 도학은 소격서에서 담당하였다.

◇ **성균관의 입학 자격**
상재생은 원칙적으로 생원, 진사였으나 점점 완화되어 소과 초시에 두 번 합격한 자나 현직 관료도 입학할 수 있었다. 기재생은 4학에서 올라온 4학 승보생과 문음 승보생으로 구성되었다.

◇ **원점**
원점은 매일 아침과 저녁 식당에 참석하면 하나를 부여하였다. 300번 획득하면 문과 초시에 응시할 수 있는 자격이 부여되었다.

◇ **4부 학당**
고려 말에는 5부 학당이 설치되었으나, 조선에 이르러 북부 학당을 제외한 4부 학당이 실제 운영되었다.

◇ 청금록靑衿錄
유생儒生들의 인적 사항을 기록한 명부로 유학幼學·생원·진사가 대상이었다. 서원, 향교, 유향소 구성원들의 명단이 일반적이었으며, 파란 비단으로 표지를 만든 데에서 이름이 유래하였다.

◇ 백운동 서원
주세붕이 고려 말 성리학자 안향安珦의 고향인 풍기군수로 부임하여 세운 서원이다. 먼저 사당인 회헌사晦軒祠를 세우고, 1543년(중종 38)에 교육 시설을 더해서 백운동 서원을 건립하였다. 1546년(명종 1) 안향의 후손 안현安玹이 경상도 관찰사로 부임하면서, 백운동 서원은 한층 발전하였고, 1549년(명종 4)에 풍기군수로 부임한 이황의 건의로 '소수서원'으로 사액을 받기에 이르렀다.

ⓜ 혜택
- 매년 6월 시험(고강)의 성적 우수자는 생진과 복시에 바로 응시(성석 미달사는 군역에 충당)
- 출신 성분에 따라 교생을 상액·중액·하액으로 구분, 상액은 청금록◇에 수록

ⓑ 변화: 조선 후기에는 양반들이 점차 향교 입학을 꺼렸고, 군역 면제를 원하거나 기술관·서리가 되길 희망하는 양인들이 교생이 됨

> **읽기 자료**
>
> **향교의 운영**
> 향교는 성현에 대한 제사와 유생의 교육, 지방민의 교화를 위해 부·목·군·현에 각각 하나씩 설립되었다. 내부에는 문묘, 명륜당 및 중국과 조선의 선현을 제사 지내는 동무, 서무와 기숙사격인 동재, 서재가 있었다. 정부에서는 5~7결의 학전을 지급하여 운영 경비를 마련하도록 하였고, 향교의 흥함과 쇠함이 수령의 고과평가에 반영되었으므로, 수령은 매월 교육 현황을 관찰사에 보고하였다.

④ 서원
ⓐ 지방 사림들이 주도하여 만든 사설 중등 교육 기관
ⓑ 설립
- 풍기군수 주세붕이 세운 백운동 서원(중종, 1543)이 최초,◇ 사묘祠廟 위주
- 사림은 향약 보급, 향촌 질서 재편 과정에서 서원을 설립

ⓒ 역할
- 선현의 제사와 학문 연구 및 자제 교육을 통해 유교 보급에 노력
- 향촌에서 사림을 결집, 그들의 지위를 강화시키는 역할
- 봄·가을에 향음주례와 향사례, 석전釋奠례 등을 통해 결속력을 다짐

ⓓ 구조
- 교육 시설과 사당 시설이 일렬로 분리·배치, 기숙 시설인 동·서재, 장판각, 요사채 등 부속 건물
- 가람 배치 양식에 주택 양식이 혼합된 구조

ⓔ 확산
- 선조 대에 이미 100개가 넘는 서원이 사액됨 → 국가로부터 서적과 토지, 노비를 지급받고 면세와 면역의 특권을 부여받음
- 각 붕당은 당세를 확장하는 방법으로 서원 건립, 지방 사림은 서원을 통해 중앙 관료와 연결

ⓑ 변질
- 붕당 정치의 변질로 서원과 사우祠宇의 차이가 없어짐
- 서원 남설로 국가와 백성들에게 큰 폐단 → 영조와 흥선 대원군의 철폐령

⑤ 서당
ⓐ 마을 단위로 세워진 초등 교육 기관
ⓑ 8~16세의 선비나 평민의 자제로서 4부학당·향교에 입학하지 않은 이들 대상
ⓒ 『천자문』·『동몽선습』·『통감』·4서·3경 등을 교육

memo

Ⅲ.

전근대사 - 경제

CHAPTER 01
토지 제도·조세 제도

CHAPTER 02
고대·고려의 경제

CHAPTER 03
조선의 경제

CHAPTER 01 토지 제도·조세 제도

1 토지 제도

1. 토지 제도의 개념

(1) 소유권과 수조권

① 소유권: 실제 땅을 소유한 사람이 갖고 있는 권리
  ㉠ 지주地主: 땅 소유주, 자영농 또는 좁은 의미의 지주
  ㉡ 전호佃戶: 소작인, 지주로부터 땅을 빌린 사람

② 수조권: 관료가 받은 조세 수취의 권리
  ㉠ 전주田主: 세금을 받는 관료
  ㉡ 전객佃客: 세금을 내는 지주

◇ **지주전호제와 전주전객제**

우리나라의 전근대 토지 제도의 특징은 소유권과 수조권이 중첩되어 있었다는 점이다. 지주전호제는 소유권상의 관계로 지주가 소작인 전호에게 경영을 맡기는 것이다. 반면, 수조권상의 관계가 전주전객제일 때, 전주는 수조권을 가진 관료, 전객은 토지의 소유자가 된다. 따라서, 토지의 소유자는 수조권상으로는 전객이 될 수도 있었던 것이다.

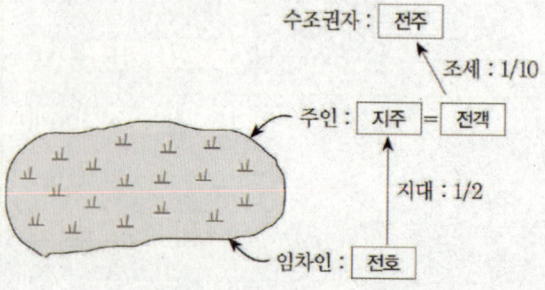

수조권	전주	세금 거둘 권리를 가진 관료 개인	조세(생산량의 1/10)
	전객	세금 낼 의무를 지닌 땅 주인	
소유권	지주	땅 소유주	지대(생산량의 약 1/2)
	전호	소작인, 땅 빌린 사람	
기타	• 자작농(자영농) : 주인이면서 농사짓는 사람 • 지대 비율은 법정액이 아닌 관례임		

[토지 제도의 개념와 용어]

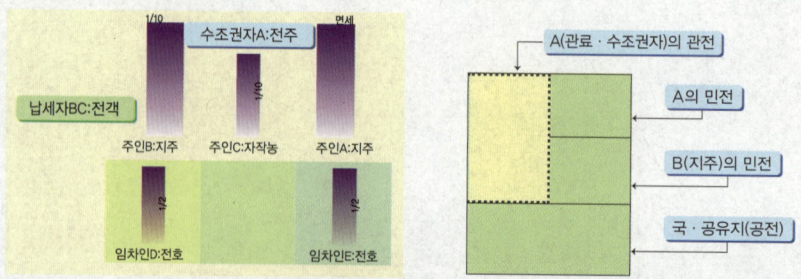

[소유권과 수조권의 관계]

(2) 공전과 사전
  ① 공전: 국가 소유지 또는 국가가 수조권을 행사하는 토지
  ② 사전: 개인 소유지(민전) 또는 관료 개인이 수조권을 행사하는 토지
(3) 결부제
  ① 전근대 사회에서 토지를 헤아리는 단위이자 수확량의 단위
    ㉠ 1파(줌) = 볏단 한 줌이 나오는 토지
    ㉡ 10파 = 1속(묶음) → 10속 = 1부(짐) → 100부 = 1결(약 쌀 20석)
  ② 1결의 절대 면적은 토지의 비옥도나 생산성에 따라 다름

2 수조권 분급 제도의 변천

(1) 고대
  ① 귀족의 기반
    ㉠ 귀족·관료에게 충성도나 관직 복무의 대가로 일정 지역을 지급 → 실질적 지배권 행사
    ㉡ 국가는 점차 국왕권을 강화하고 농민 경제를 안정시키는 방향으로 제도 개편 시도
  ② 녹읍(祿邑)
    ㉠ 국가에서 관료 귀족에게 관직 복무의 대가로 지급한 일정 지역의 토지
    ㉡ 지급 단위는 결(結)이 일반적
    ㉢ 조세 수취에서 나아가 토지에 딸린 노동력 징발 가능
    ㉣ 신라 통일 후 신문왕 때 폐지, 경덕왕 때 부활
  ③ 식읍(食邑)
    ㉠ 국가에서 왕족 및 공신 등에게 공로에 따라 지급한 토지와 가호
    ㉡ 지급 단위는 호(戶) 또는 행정 구역 단위
    ㉢ 조세 수취권과 토지에 딸린 노동력 징발권 부여
  ④ 관료전(官僚田)
    ㉠ 신문왕 때 관료전을 지급, 2년 후 녹읍을 폐지하고 조(租) 나누어 주었다는 기록 → 녹읍 대신 지급한 수조권 분급 토지로 추정
    ㉡ 관직에 물러나면 반납하는 것이 원칙이었을 것

(2) 고려
  ① 역분전(役分田)(태조, 940)
    ㉠ 고려 통일에 공을 세운 조신(朝臣)과 군사에게 지급
    ㉡ 관계(官階)가 아닌, 인품과 공로에 기준을 두어 지급한 공신전 성격
  ② 시정전시과(始定田柴科)(경종 원년, 976)
    ㉠ 지급 대상: 직·산관 모두
    ㉡ 지급 내용
      • 광종 때 제정한 4색 공복제와 인품에 따라 총 18등급을 설정하여 지급
      • 과등에 미치지 못하는 자에게는 15결의 토지 지급
    ㉢ 특징: 문·무반의 양반제가 확립되지 않아 여러 계통으로 토지 분급

◇ 공전과 사전

구분	소유권	수조권
국가	공전	공전
개인	사전녹민전	사전녹과전

◇ 전시과
전시과는 국가의 관직이나 직역을 담당한 사람들에게 지위에 따라 기내 또는 전국의 전지와 시지를 차등 있게 나누어 주는 제도이다. 몇 차례 내용이 바뀌었는데 '처음 정했다(始定)'는 등의 한자 표기를 앞에 두어 구분한다. 수조권 분급 제도이므로 전주가 죽거나 관직을 박탈당하면 수조지를 반납하는 것이 원칙이었다. 어느 지역의 토지를 지급했느냐에 따라 기내구분전(畿內口分田)과 외방사전(外方私田)으로 구분한다. 기내구분전은 경기 지역 토지로, 전체 지급액의 1/7~1/8 정도였다. 지방의 사전에서 수조한 경우 이를 개경으로 수송하는 데 어려움이 있으므로, 개경 부근의 땅을 공전으로 확보해야 했기 때문이다.

◇ 직관·산관
직관(職官)은 현직 관리, 산관(散官)은 퇴직 관리인 치사관(致仕官) 또는 관계만 있고 관직은 없는 동정직 등을 의미한다.

③ 개정 전시과改定田柴科(목종 원년, 998)
  ㉠ 지급 대상: 관품만을 기준으로 18과로 나누어 차등 지급, 인품 요소 제거
  ㉡ 지급 내용
    • 1과는 전지 100결·시지 70결, 이하는 지급액 감소
    • 과외자(한외과로 추정)에게는 17결 지급
  ㉢ 특징
    • 군인 전시과 처음 시행, 무관에 대한 문관의 우위 규정
    • 직·산관 모두 지급하되 퇴직자는 과를 낮추어 지급
    • 관료제 발달로 간편화·체계화되어 전체 관료를 한 체계 안에 넣어 지급
    • 개정(덕종 3, 1034): 한인이 토지 분급 대상에 포함(내용이 자세히 전하지 않음)
④ 경정 전시과更定田柴科(문종 30, 1076)
  ㉠ 지급 대상: 현직 관료에게만 토지를 18과로 나누어 분급
  ㉡ 특징
    • 토지 부족으로 지급 규모 축소
    • 거란과의 항쟁 → 무반의 대우(관계 대비 과등) 다소 향상
    • 공음전시 규정: 경정 이전에 이미 5품 이상 관료들에게 공음전 분급(1049)
    • 구분전·한인전◇ 등 마련
    • 한외과 소멸: 한외과의 수급 대상이 과등 내로 편입 → 별사전시(승려, 지리업자), 무산계전시(향리, 탐라 왕족, 여진 추장 등) 별도 신설

◇ 공음전과 한인전

	현직	퇴직	DIE
5↑	과전 + 공음전	공음전	공음전
6↓	과전	한인전	구분전

구분	시기	지급 기준	지급 대상	특징
역분전	태조(940)	군공(인품)	개국공신	공로에 따른 포상 성격
시정 전시과	경종(976)	인품 + 관품	직관 + 산관	광종의 4색 공복 + 인품(총 18과)
개정 전시과	목종(998)	관품	직관 + 산관	• 성종의 체제 정비 이후 인품 요소 제거 • 군인전시 시행, 한외과 규정 • 무관에 비해 문관의 우위 규정
경정 전시과	문종(1076)	관품	직관	• 공음전시 to 5품 이상 • 일반 양반전시 • 별사전시 to 승려, 지리업자 • 무산계전시 to 여진, 탐라, 호족 cf. 한외과 소멸

[고려의 수조권 분급 제도의 변천]

(단위: 결)

시기		등급	1	2	3	4	5	6	7	8	9	10	11	12	13	14	15	16	17	18
경종 (976)	시정 전시과	전지	110	105	100	95	90	85	80	75	70	65	60	55	50	45	42	39	36	33
		시지	110	105	100	95	90	85	80	75	70	65	60	55	50	45	40	35	30	25
목종 (998)	개정 전시과	전지	100	95	90	85	80	75	70	65	60	55	50	45	40	35	30	27	23	20
		시지	70	65	60	55	50	45	40	35	33	30	25	22	20	15	10			
문종 (1076)	경정 전시과	전지	100	90	85	80	75	70	65	60	55	50	45	40	35	30	25	22	20	17
		시지	50	45	40	35	30	27	24	21	18	15	12	10	8	5				

[전시과의 토지 지급 액수]

공전	내장전	왕실의 경비 마련	
	공해전	중앙과 지방 관청의 경비 마련	
	학전	학교 경비 마련(관학 진흥)	
	cf. 둔전	국가 경비 마련을 위해 운영한 국유지	
사전	과전	좁은 의미로 문·무반 관리에게 지급	
	공음전	5품 이상 고위 관리에게 지급. 세습 가능	
	한인전	관인 신분 세습을 위해 6품 이하 하급 관리 자제로서 아직 출사하지 못한 이에게 지급	
	구분전	하급 관리와 군인의 유가족, 자손 없이 퇴직한 70세 이상의 군인에게 지급	
	군인전	군호(직업군)에게 지급	직역의 세습에 따라 세습 가능
	외역전	향리에게 지급	

[전시과 하 토지의 종류]

⑤ 전시과 제도의 문란: 무신 집권기부터 규정 미준수, 지배층의 불법적 토지 겸병 확대
　㉠ 농장農莊의 확대: 규모가 큰 것은 산과 하천을 경계山川爲界로 주·군에 걸침
　㉡ 농장의 종류
　　• 수조권을 기초로 한 농장: 고려 후기 수조지 분급과 회수가 제대로 이루어지지 못하면서 수조지가 세전되고 개인 농장처럼 인식 → 관리가 수조지를 받지 못하는 사태 발생
　　• 사패전◇과 연결된 농장: 원 간섭기 이후 사패전 분급 → 사패로 형성된 농장은 수조지와 소유지가 중첩되어 농민에 대한 지배가 강하고 국가권력 배제
　　• 개간을 통한 농장: 은퇴한 관인, 상층 향리, 동정직자 등 일부 재지 세력자는 개간을 통해 농지 확대
　㉢ 국가 재정과 민생 파탄
　　• 농장 발달 → 토지 점유자 간의 갈등과 농민의 불만과 저항도 급증
　　• 국가 수조지인 공전 감소, 압량위천壓良爲賤으로 인해 양인 농민이 사민私民이 되며 부세 담당자의 수 감소 → 지배 체제 불안
④ 정부의 수습책
　㉠ 녹과전祿科田
　　• 대몽항쟁기(고종44, 1257) 당시 강화도의 토지를 분급給田代祿, 급전도감 설치
　　• 환도 직후((원종12, 1271) 녹봉의 부족분을 보충하기 위해 경기 8현◇의 토지를 지급
　　• 충렬왕 이후 여러 차례 재정비, 절급折給 시도
　㉡ 전민변정田民辨整 사업
　　• 전민변정도감田民辨整都監 설치: 고려 후기 권세가에게 점탈된 토지와 억울하게 노비화·사민화된 농민을 되돌리기 위한 목적
　　• 원종10년(1269)에 최초로 설치, 이후 치폐 반복
　　• 공민왕 대 신돈이 설치한 전민변정도감이 가장 활발, 큰 성과를 거두지 못하고 폐지

◇**사패전賜牌田**

몽골과의 전쟁으로 황폐해진 농경지를 복구하고 유민을 정착시키기 위해 황무지를 지배층이나 권력 기관에 분급하여 주고 그들로 하여금 개간하고 소유하게 하는 제도였다. 충렬왕 대에 제왕諸王·재추·궁원·사원·공주·겁령구 등에게 사패를 주었다고 하는데, 전시과 붕괴 후 수조권 분급을 대신하는 의미도 있었고, 원 간섭으로 정치적으로 불안정하던 왕실이 지지 세력을 확보하기 위한 의도도 있었다. 사패전은 산천으로 표시될 정도로 광대했고 소유 면적에 특별한 제한이 없다 보니 적게는 30~40결에서 많게는 2천~3천결에 달하였다. 개간된 사패전은 소유 권이 인정되고 면조의 조처가 취해진 것으로 보인다. 권력자들은 개간이 거의 완료된 후에도 사패를 빙자하여 타인의 토지를 수조지건 소유건 또는 국가 소유지건 가리지 않고 탈점하고 세금을 납부하지 않았다. 그 결과 토지 분쟁이 늘고 공전이 줄어 국가의 재정 부족 현상은 더욱 심해졌다.

◇**경기 8현**

본래 경기 지방은 왕실 근교로서 보호하는 토지이다. 이 지역의 토지를 녹과전으로 분급한 것은 분급 대상자인 관리들을 예우하고 편리를 제공하며, 한편으로는 토지 겸병에 따른 농장 발달의 추세 속에서 녹과전을 보호한다는 의미를 갖는 조치였다고 할 수 있다.

ⓒ 사전 개혁 논의
- 위화도 회군 이후 신진 사대부 사이에서 사전의 폐단을 없애기 위한 논의 진행
- 사전 개선론: 현존 사전 체계를 그대로 두고 폐단만 제거, 일주일전一田一主 회복 주장
- 사전 개혁론: 현재의 사전을 박탈 후 재분급, 나아가 백성 수를 헤아려 땅을 주자는 계민수전론計民授田論 주장
- 과전법 제정으로 사전을 기반으로 운영되던 농장 혁파(1391)

(3) 조선
① 과전법
ⓐ 목적: 권문세족의 농장 해체, 자영농 육성 → 국가 재정 확충, 신진 사대부의 경제적 기반 확보
ⓑ 특징
- 토지 소유 관계, 조세액, 수조권 분급 제도를 모두 정비
- 소유권의 재분배(계민수전)는 실패
ⓒ 조세액: 결당 30두 이내에서 1/10 수취 규정 → 수조 상한액 제한
ⓓ 병작반수 금지로 전호 보호
ⓔ 사전 재분급의 내용
- 지급 대상: 전·현직 문무 관리에게 수조권 분급, 죽거나 반역하면 반환하는 것이 원칙
- 경기 사전의 원칙: 사대부를 우대하고 국가의 과전 통제를 용이하게 함
- 지급액은 전시과에 비해 증가
- 세습 토지: 공신전, 수신전守信田, 휼양전恤養田 등의 명목
- 군전軍田 분급: 직사와 직역이 없는 지방 한량관들의 수조지를 몰수하고 5결 또는 10결의 군전지급
- 과전의 원활한 분급을 위해 진고체수법 진고체수법陳告遞受法 실시
- 전주는 결당 2두를 조세로 납부
ⓕ 한계
- 전주·전객 간 대립 발생: 전주들의 직접 답험손실로 수납가·초가 등을 징수, 실제 징수량은 수확의 1/6~1/5에 육박
- 과다한 지급액, 광범한 지급 대상(전직 관료), 실질적 과전 세습 등으로 토지 부족
ⓖ 변화
- 하삼도령(태종, 1417): 과전의 1/3을 하삼도로 이급
- 경기 환급(세종, 1431): 지급 결수 대폭 축소

(단위 : 결)

등급	1	2	3	4	5	6	7	8	9	10	11	12	13	14	15	16	17	18
지급결수	150	130	152	115	106	97	89	81	73	65	57	50	43	35	25	20	15	10

[과전의 토지 지급 액수]

◇ **수신전과 휼양전**
과전을 지급받은 관료가 사망한 후, 재가하지 않은 부인에게 수신전을 지급하였고, 부모가 모두 사망한 경우에는 자식들에게 휼양전을 지급하였다.

◇ **군전**
고려 말 지방 유력자들은 첨설직과 같은 명예직을 받고 수조지를 함부로 확대하였다. 과전법 제정 때 이들 중 중앙 정치에 참여하지 않은 자들을 통제하고 회유하는 방법으로 군전을 지급하였다. 유향품관이라 지칭된 지방 한량들에게 품계의 높고 낮음이 아니라 그들이 원래 보유하고 있던 토지의 많고 적음에 따라 5결 또는 10결의 군전을 지급하도록 규정한 것인데, 실상 최소한의 명목만 붙여서 자신 소유지 일부에 면세 조치를 취해 준 것이었다. 군전을 지급받은 한량관들은 정기적으로 삼군도총제부에 올라와 숙위를 해야 했고, 정당한 사유 없이 100일 이상 숙위에 응하지 않으면 군전을 회수했다. 군전을 지급받은 한량관들의 숙위는 병역의 의무인 동시에 명예가 되는 것이었다. 조선 건국 이후에는 명목만 남게 되었고, 태종 때 갑사 제도 실시, 세조 때 직전법 시행으로 소멸하였다.

◇ **진고체수법**
과전을 받은 자 중 처자 없이 죽은 자, 장杖 이상의 범법자, 근친혼자, 수신전을 받고 재가한 자 등 반납 의무가 있는 자들이 과전을 몰래 갖고 있는 경우가 많아 과전이 부족했으므로, 새로운 수급자가 이를 신고할 경우 우선적으로 받을 수 있게 한 제도였다.

◇ **답험손실**
답험손실은 그 해의 작황을 조사하여 조세액을 결정하는 것으로, 수령·관찰사의 임무였다. 그러나 사전에서는 대개 수조권자가 직접함으로써 많은 폐단이 발생하였다.

◇ **초가**
수조권자는 조租 외에도 볏짚을 거두었는데, 대개 쌀로 환산하여 받았다.

읽기 자료

과전법의 제정과 변천

과전법은 고려 말 전제 개혁을 마무리한 토지 제도의 근간이다. 이 법에는 토지를 나누어 주는 규정, 조세의 규정, 땅 주인과 소작인에 대한 규정, 토지 관리 규정 등이 포함되어 있다. 과전법은 고려 말 세금을 내지 않던 농장에 대하여 과세함으로써 국가의 수입을 증대시켰다. 이 법에서 토지를 나누어 주는 주요 대상은 왕실을 비롯하여 국가 기관, 지방 관부, 공공 기관, 관료, 벼슬이 없는 관인, 이속 등이었으나 사전재분배의 중심이 된 것은 관료에게 나누어 준 과전이었다. 과전법은 농민의 생활 안정을 위하여 농민의 토지 소유권을 보장하고, 10분의 1조를 공정하게 하며 병작반수를 금하였다. 과전법에서는 과전의 지급을 경기도에 있는 토지로 한정하였다. 그러나 1417년(태종 17) 과전의 3분의 1을 하삼도(충청·전라·경상도)에 옮겨 나누어 주었고, 1431년(세종 13) 이것을 경기도로 환급함과 아울러 새로운 토지 분급법이 제정되었다. 이 결과 과전의 결수가 감소하였다. 이후 과전법은 유지가 어려워 폐지되고 직전법으로 바뀌었다. 과전법이 현직 관료와 퇴직 관료에게 토지를 지급하던 것과는 달리 직전법은 현직 관료에게만 토지를 나누어 주었다. 또 관료의 유가족에게 나누어 주던 수신전, 휼양전도 폐지되었다

공전	내수사전	왕실 경비 마련 cf. 적전 : 왕의 친경지	
	공해전	중앙 관청 경비 마련	
	늠전	지방 관아 경비 마련	
	학전	성균관, 4학, 향교 경비 마련	
사전	과전	문·무반 관료에게 지급(경기 한정)	
	수신전	죽은 관료의 처(과부)에게 지급	세습 성격
	휼양전	죽은 관료의 자식에게 지급 세습 성격	
	공신전	공신에게 지급	
	별사전	준공신에게 지급	
	서원전	서원 경비 마련	
	사원전	사원 경비 마련	

[과전법 하 토지의 종류]

② 직전법(세조 12, 1466)
  ㉠ 배경: 수조지의 불균등 심화, 수조권자의 임의 징수로 전주와 전객의 대립
  ㉡ 현직 관료에게만 과전을 지급, 수신전·휼양전을 폐지
  ㉢ 관수관급제(성종 1, 1470)
    • 수조권자의 답험손실권 박탈
    • 전객이 세를 관에 내면 정부가 이를 받아서 조세(1결당 2두)를 제외한 나머지를 관리들에게 지급
  ㉣ 직전법과 관수관급제의 시행으로 국가의 토지 지배력 강화
③ 폐지
  ㉠ 양반지주제: 양반 관료의 토지 집적 활발, 지주전호제 본격적 발달
  ㉡ 농장 확대와 토지 제도 붕괴 → 직전법 폐지(명종 11, 1556), 녹봉제만 실시

◇ **조선의 녹봉제**

조선은 녹관들에게 녹패를 지급하였다. 관리들은 녹패를 광흥창에 보여주고 녹봉을 수령하였다. 녹봉은 1년에 4번 4맹삭(1·4·7·10월)에 지급되었다. 녹봉으로 준 물건은 중미, 조미, 황두, 소맥, 명주, 정포, 저화 등이었다.

2 조세 제도

1. 고대~고려의 수취 제도 변천

(1) 고대

① 삼국: 단편적 사료로만 파악 가능

㉠ 조세
- 재산의 정도에 따라 호戶를 3등급으로 나누어 곡물과 포를 징수
- 인두세 비중이 높음

㉡ 역
- 15세 이상의 남자가 징발 대상, 군역의 경우 3년 기한
- 연령과 성별에 따른 등급이 있었던 것으로 보임◇

> **읽기 자료**
>
> 성산산성(경남 함안)은 신라가 가야를 정복하고 쌓은 낙동강가에 있는 성이다. 이곳에서는 6세기 중반에 작성된 신라 목간이 230여 점이나 발견되었다. 이들 목간은 대부분 세금을 바칠 때 짐에 부착한 꼬리표로, 어느 지역의 누가 세금을 얼마 바쳤는지 기록하고 있다. 예를 들어, '급벌성 문시이 패 일석[及伐城 文尸伊 稗 一石]'이라고 적힌 목간이 발견되었는데, 이는 '급벌성에 사는 문시이라는 사람이 피 한 섬을 바친다.'라는 내용이다. 성산산성 목간에 나오는 급벌(영주), 고타(안동), 구리성(상주), 감문(김천) 등의 지명은 낙동강 중상류 유역에 위치한 곳으로, 당시 행정 구역상 상주에 속한다.

② 통일 신라: 당의 조·용·조◇를 도입하여 수취 체제를 정비

㉠ 조세: 생산량 1/10 수취, 통일 이전보다 완화

㉡ 공물: 촌락 단위로 지역 토산물 수취

㉢ 역: 군역과 요역 구분, 16~59세 남자를 징발

③ 민정 문서(신라 장적·촌락 문서)

㉠ 특징
- 1933년 일본 도다이지東大寺 쇼소인正倉院에서 발견
- 당시 촌락의 경제 상황과 국가의 세무 행정을 알 수 있는 자료로 촌주가 작성

㉡ 촌락 정보: 촌명村名, 촌역村域(둘레의 보步 수), 연烟, 구口의 종류와 수, 우마牛馬, 토지 종류 및 면적, 유실수, 호구의 감소, 우마의 감소, 유실수의 감소 순으로 일정하게 기재

㉢ 가호에 대한 기록
- 공연孔烟: 몇 개의 자연호를 합친 편호編戶로 추정, 촌당 10~15개 공연
- 계연計烟: 중상연 1을 기준으로 등급을 매긴 연 → 촌당 세금 부과 기준치
- 등급연等級烟: 노동력 혹은 재산의 다과多寡에 따라 상상호上上戶에서 하하호下下戶까지 9등급을 매긴 공연

㉣ 토지에 대한 기록
- 전·답·마전麻田의 구분, 결부법에 따라 면적 기재, 97% 정도가 연수유전·답烟受有田·畓
- 관모전·답官謨田·畓: 국유지 혹은 공전으로 공적 비용 충당용
- 내시령답內視令畓: 내시령의 수조지로 공전에 분급한 관료전으로 추정
- 연수유전·답烟受有田·畓: 민전 혹은 편호가 받아서 가진 정전丁田으로 추정
- 촌주위답村主位畓: 촌주의 수조지로 연수유전·답(민전)에 분급한 것으로 추정

◇ **고대의 인구 파악**

단양 신라 적성비에 보이는 '소녀小女, 소자小子', 부여 궁남지 출토 백제 목간에 쓰인 '중구中口 4명', '소구小口 2명' 등의 표현은 삼국이 인구를 연령, 성별에 따라 몇 개의 등급으로 구분하여 파악하였다는 것을 보여 준다.

◇ **조·용·조의 도입**

조·용·조는 중국 북위에서 유래하여 수·당을 거쳐 정비된 제도로, 우리나라의 경우 삼국 시대에도 유사한 내용의 조세는 있었으나 통일 신라기에 이 제도가 들어온 것으로 보인다. 조租는 토지에서 수확한 생산물에 대한 세금, 용庸은 역역力役 또는 그 대납물을 사람에게 부과한 세금, 조調는 호戶 단위로 지역의 토산품을 부과한 세금이다.

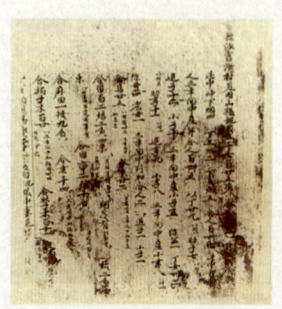

[통일 신라의 민정 문서]

- ⑩ 노동력에 대한 기록
  - 연령에 따라 6등급: 소자·소녀자 - 추자·추녀자 - 조자·소녀자 - 정丁·정녀丁女 - 제공除公·제모除母 - 노공老公·노모老母
  - 노비는 별도 기재, 일반 백성에 비해 수가 매우 적었음
  - 3년간 사망·이동·연령 변화 등을 집계하여 부기
  - 호는 편호編戶로 편제하되, 이를 공연孔烟이라 함
  - 각 공연孔烟의 호등을 기초로 촌마다 계연計烟을 설정
- ⑪ 특산물에 대한 기록
  - 4개촌 소 53두, 말 61두로 과다한 것으로 보아 말 사육 의무일 것으로 추정 상桑·백자목柏子木·추자목楸子木 같은 유실수의 수를 자세히 기록
- ④ 발해: 신라와 마찬가지로 조세, 공물, 부역이 존재
  - ㉠ 조세: 조, 콩, 보리 등 곡물 징수
  - ㉡ 공물: 베, 명주, 가죽 등의 특산물 징수
  - ㉢ 역: 궁궐·관청 등의 건축에 농민들을 동원

(2) 고려

① 조세
  - ㉠ 양전: 양안을 작성하여 조세 부과, 토지 면적은 결부結負로 표시
  - ㉡ 조세와 지대
    - 1/10조: 민전에서 국가에 내는 세금, 주로 녹봉과 국가 재원으로 사용
    - 1/4조: 둔전(공해전) 등 국·공유지를 빌려 경작하고 내는 지대
    - 1/2조: 타인의 민전을 빌려 경작하였을 때 지주에게 내는 지대
  - ㉢ 징수 절차와 방법
    - 고려 초에는 중앙에서 파견한 금유金有와 조장租藏이 향리의 징수를 관리 감독 → 전운사轉運使가 거둔 전조를 조창에 모았다가 개경으로 운송
    - 지방관 파견 이후에는 수령의 책임 아래 각 군현 향리가 거둠
    - 풍흉 판정: 해마다 가을에 군현 내 답험손실踏驗損失을 실시, 손실이 4분에 이르면 전조를 전액 면제
  - ㉣ 조운
    - 문종 때 양계를 제외한 전국 13개 조창 운영, 조창에 감독 관리인 판관判官 주재
    - 경창: 녹봉용은 좌창(광흥창), 국가 재원용은 우창(풍저창)에 보관

② 공납
  - ㉠ 구성
    - 군현마다 부과, 민호가 낸 직물류, 각 군현 백성들이 역을 동원하여 마련한 물품, 각 군현에 속한 소所의 생산물 등으로 구성
    - 민호가 납부하는 포布가 가장 큰 비중
    - 소는 각 단위로 납부량 정하고 군현 공물에 포함하여 중앙 기관에 납부

◇ 조운

각 지방에서 조세로 징수한 현물은 해상 운송하여 개경으로 운반되었다. 육운은 도로망이 갖추어져 있지 않거나 도로 폭이 좁은 등 물자 운송에 따른 제약 요인이 많아 일찍부터 해상 교통에 크게 의지할 수밖에 없었다. 지방에서 거둔 세곡은 해변이나 강변에 위치한 조창에 모았다가 배를 이용하여 개경의 좌창과 우창으로 운송하였다. 좌창의 곡식은 왕족과 관리들의 녹봉으로 지출하였고, 우창의 곡식은 행사 비용과 궁궐의 건축 등에 쓰였다. 군현에서 징수한 조세는 일정한 장소에 모아 보관하였다가 개경으로 보냈다. 조창은 전국에 13개를 설치하였으며, 가까운 고을에서 거둔 세곡을 보관하였다가 이듬해 2월부터 보내기 시작하여 가까운 조창은 4월에, 먼 곳은 5월에 조운을 마쳐야 했다. 이러한 조운제는 몽골이 침략하면서 운영에 어려움을 겪었고, 공민왕 시기에 왜구가 늘어나면서 조운선의 약탈도 빈번하게 발생하였다. 이는 조운제의 정상적인 운영에 타격을 주어 국가 재정을 곤궁하게 하였다.

◇ 요역

요역은 징발 주체와 범위에 따라 군현 차원과 국가 차원으로 나눌 수 있다. 군현 차원의 요역은 군현 단위의 현물세를 조달·운반하는 공역과 토목 공사역 등이 주류를 이루었다. 징발과 운영은 수령이 책임을 지고 향리들이 실무를 담당하였다. 국가 차원의 요역은 국가적 토목 공사와 왕·사신 행차와 관련한 역 등이 있다. 주로 공사를 벌이는 가까운 군현에서 동원하였으며 국가에서 임명한 관리가 책임을 지되, 해당 군현 수령과 향리층의 도움을 받았다.

◇ 새로운 세목 등장

상요常徭와 잡공雜貢을 비롯해 시탄공柴炭貢, 염세포鹽稅布, 직세職稅, 선세船稅, 어염세魚鹽稅 등이 있다. 기존 재정 체계로 해결하기 어려운 국가 재정 문제를 위해 새로 만든 것이다. 이 가운데 잡공과 염세포가 국가 재정에 실질적으로 많이 이바지하였다. 잡공은 다양하고 잡다한 물품을 내는 세목이었고, 상요는 역이라는 명목으로 추가한 현물세로 보인다.

◇ 공법 여론 조사

1430년 3월 세종은 새로운 세금 제도인 공법에 대해 대규모 여론 조사를 실시하였다. 다섯 달 동안 17만 명이 넘는 백성이 참여한 결과 반대가 7만 4,000여 명, 찬성이 9만 8,000여 명으로 전체의 57%가 긍정적인 반응이었다. 세종은 반대가 예상보다 많다는 이유로 시행을 보류하고 6년 동안 세법을 보완하였다. 이것은 세종의 애민 정신과 유교적 민본 이념을 잘 보여 주는 일화이다.

◇ 양전과 양안

양전이란 토지 조사 사업으로, 『경국대전』에는 20년마다 시행하는 것으로 되어 있다. 양전을 한 후에는 양안을 작성하는데, 양안에는 논밭의 구분, 소재, 소유주, 위치, 토질의 등급, 결부의 수 등이 기재 되었다. 하지만 정기적이고 전국적인 양전은 고사하고, 삼남을 중심으로 한 양전마저도 선조 37년(1604), 광해군 14년(1622), 인조 12년(1634), 숙종 45년(1719)에 실시되었을 뿐이었다. 이는 중앙의 양반 관료 혹은 향촌 사회의 토착 양반 지주나 아전층의 반대 때문이었다. 이들은 많은 토지를 소유거나 혹은 수세 과정에서 부당하게 이득을 취하고 있었다. 이 때문에 양전 사업으로 인해 불이익을 받거나 중간 이득을 상실하게 되는 것을 우려하여 양전 사업에 반대하였다.

ⓒ 구분: 민호를 기준으로 부과, 상공과 별공으로 구분
ⓒ 절차: 중앙 관청이 종류와 액수를 주현에 부과, 주현은 속현·향·부곡·소 등에 할당, 각 고을에서는 향리가 가호 단위로 징수
ⓔ 담당
- 수령의 책임하에 향리가 담당
- 징수한 물품 수송에는 역驛·관館·원院 등을 이용
- 각 관청이 호부와 삼사에 상황 보고, 호부와 삼사는 재정 운영 전반을 주관

③ 역
ⓐ 대상
- 호적에 등록되어 있는 16세에서 59세까지의 정丁
- 직역 담당 계층과 노비 등 천역층 및 승려는 면제
ⓑ 종류
- 요역:◇ 현물세 조달·운반(1년 내내 동원, 정기적·규칙적) 및 토목공사(비정기적)
- 군역: 경군의 일부와 주현군, 주진군 등에 징발

④ 고려 후기의 변화
ⓐ 고려 후기 대납 성행, 방납의 형태까지 발전
ⓑ 요역은 노동력 대신 현물로 내는 물납이 등장, 고용 노동이 부분 출현
ⓒ 새로운 세목이 등장◇

2. 조선 전기 수취 체제의 확립

(1) 전세

① 초기: 공전·사전 구분 없이 결당 30두 수취, 답험손실제 운영
② 공법(세종, 1444)◇
ⓐ 답험손실의 폐단 시정을 위해 공법상정소와 전제상정소 설치
ⓑ 연분9등법
- 1결의 최대 생산량을 400두로 산정, 1/20 기준으로 징수
- 풍흉도에 따라 상상년 20두~하하년 4두 징수, 면 단위로 답험
ⓒ 전분6등법
- 기존의 상·중·하의 3등급으로 나누었던 토지를 6단계로 세분화
- 1결의 실제 면적은 줄고 전국의 결수는 크게 늘어남
- 수등이척제 적용(효종 때 1등척 기준으로 양척동일제 운영, 1653)
ⓓ 양전: 매 20년마다 실시, 양안◇을 작성하고 호조·본도·본읍에 각각 보관

● 읽기 자료

결부법과 수등이척제

우리나라는 고대부터 생산량을 기준으로 토지 면적을 측량하였다. 절대 면적이 아니라 상대 면적이 중요하였던 셈이다. 그 결과 결·부·속·파라는 상대 면적 단위를 썼다. 이를 결부법이라 한다. 10파 = 1속, 10속 = 1부, 100부 = 1결이었다. 파·속·부·결은 모두 곡식을 세는 단위이자, 면적 단위였다. 파는 볏단 한 줌, 속은 볏단 한 묶음, 부는 볏단 한 짐이었다. 이렇게 할 경우 같은 1결이라도 비옥도에 따라 면적은 천차만별이었다. 세종 때에는 전국의 토지 생산성이 어느 정도 균등한 수준에 올라섰고, 이에 비옥도에 따라 6등급으로 토지를 나눈 후 각 등급에 따라 다른 기준(자)을 마련하였다. 이때의 기준은 주척을 기준으로 등급별로 길이를 달리하였다. 1등전 1결은 38무(2,753.1평), 2등은 44.7무(3,246.7평), 3등은 54.2무(3,931.9평), 4등전은 69.1(4,723.5평), 5등전은 95무(6,897.3평), 6등전은 152무(11,035.5평)이었다. 이를 토대로 각 1결당 동일한 세금을 거두었다.

● 읽기 자료

답험손실과 공법

과전법 하에서는 공전은 각 주현의 수령이, 사전은 전주가 직접 답험하게 되어 있었다. 그러나 답험손실권 남용의 폐단이 발생하자, 태종 때 하삼도령을 내리면서 사전의 관답험을 제도화하였고, 치폐를 반복하다가 세종 대에 어느 정도 정착되었다. 수령이 답험하고 관찰사가 이를 중앙에 보고하면, 중앙에서는 경차관을 파견하여 확인하는 방식이었다. 그러나 경차관과 수령의 결탁이 잦았고, 수령이 유향품관을 위관으로 임명하여 답험하는 과정에서 폐단이 나타났으며 전주들의 반발도 만만치 않았다. 세종 때 답험손실의 폐단을 시정하고자 다양한 방안이 강구되었고, 결국 정액 세법인 공법 실시에 대한 논의가 대두하였다. 세종 때에는 전국의 토지 생산성이 어느 정도 균등한 수준에 올라섰고, 이에 비옥도에 따라 6등급으로 토지를 나눈 후 각 등급에 따라 다른 기준(자)을 마련하였다(수등이척제). 그 결과 등급이 다른 6종류의 토지의 실제 크기는 달랐지만, 장부상에는 같은 면적으로 기록되어 결당 수세액이 같은 이적동세가 실시되었다. 공법은 작황이 좋은 전라도부터 시작해서 경기도, 충청도, 경상도 순으로 진행되었고 성종 때에 사실상 전국적으로 실시되었다. 이로써 일종의 정액세법이 마련되었으나, 실제 전주답험의 관행은 완전히 사라지지 않았다. 성종 때 실시한 관수관급제는 전주답험을 금지한 조치라 할 수 있다.

③ 조운제
  ㉠ 의미
    · 각 군현에서 거둔 조세를 수로를 통해 중앙으로 운반
    · 내륙 지역의 강 길(수운·참운) 혹은 바닷길(해운) 이용
  ㉡ 운영
    · 각 세곡 출발지와 도착지에 9개의 조창을 설치
    · 각 군현의 세곡은 지역 조창 → 서울의 경창(군자창·광흥창·풍저창)으로 운송
    · 제주도·평안도·함경도는 잉류 지역
  ㉢ 변화
    · 초기의 조운제는 국가가 장악하고 조군과 관선을 통해 운영
    · 16세기 이후 국역체제가 흔들리면서 사선에 의존
    · 대동법이 실시된 후 조운량이 크게 늘어나면서 지토선, 경강사선, 주교선 등을 통해 세곡을 운반

[조선 시대의 조운로]

◇ **경상도의 조창**

경상도에는 조창이 없었는데, 이는 동남해안에 출몰하는 왜구 때문이었다. 남부 세곡은 영산창으로 옮겨 보관하였고, 북부 세곡은 조령을 넘어 충주 가흥창에 보관하였다.

◇ **조창**

구분		조창명
직납		경창(서울)
참운	좌수참	가흥창(충주)
		흥원창(원주)
		소양강창(춘천)
	우수참	금곡포창(백천)
		조읍포창(강음)
해운		공세곶창(아산)
		덕성창(용안)
		법성창(영광)
		영산창(나주)

(2) 공납貢納
　① 운영
　　㉠ 국가 재정의 60%를 차지할 만큼 중요한 수입원
　　㉡ 중앙에서 각 군현의 공물 종류와 양을 공안貢案을 통해 작성, 해당 군현에 할당하면 각 군현에서 이를 징수하여 중앙에 납부
　② 종류: 상공, 별공, 진상

◇ 공납의 종류
· 상공常貢 : 매년 정기적으로 납부
· 별공別貢 : 국가의 필요에 따라 부정기적으로 납부
· 진상進上 : 왕이나 왕실 개인에게 특별히 지방관이 바치는 물건

(3) 역役
　① 군역
　　㉠ 16세 이상 59세 미만의 남자에게 부과
　　㉡ 정군(호수)와 보인(보족)으로 구성
　　㉢ 양반 관료·서리·향리 등 직역 담당자, 성균관과 향교의 교생은 고강考講에 합격할 경우 면제
　② 요역
　　㉠ 각 호戶의 인정 수를 기준으로 노동력을 징발
　　㉡ 각종 물자의 생산과 수송, 토목공사 등의 잡역에 종사
　　㉢ 성종 때 토지 8결당 작부 1명, 1년에 6일 이내로 기한 제한(실제로는 지켜지지 않음)
　③ 직역
　　㉠ 중앙과 지방의 공공 기관에 종사하는 것, 직역을 수행하면 군역이 면제
　　㉡ 품 이하 전직 관료 등 직역이 없는 양반에게는 원칙적으로 군역의 부담이 있었지만 실제로는 거의 지켜지지 않았음
　④ 천역
　　㉠ 사노비는 주인에게 노동력을 제공하거나 신공 납부, 국역 대상 아님
　　㉡ 공노비는 소속 기관에 노동력이나 신공을 납부

3. 수취 체제의 문란
(1) 전세의 변화
　① 공법의 문제점
　　㉠ 전분6등법과 연분9등법은 운영 과정이 복잡하여 관리의 부정이 많음
　　㉡ 15세기 후반~16세기에는 풍흉에 관계 없이 최저액인 4~6두 징수가 관례화
　② 농민의 부담: 16세기에 지주전호제 확산으로 다수의 농민들이 전호로 전락, 지주와 지방관들의 부정으로 전호에게 조세 전가

(2) 군역의 문란
　① 배경
　　㉠ 보법 시행 후 노약자가 요역에 징발 → 요역 기피
　　㉡ 정부에서 군인을 토목공사에 동원(군역의 요역화) → 군역 기피

② 군역의 추이
  ㉠ 대립과 방군수포제
    - 대립이 성행, 대립가 폭등
    - 지방의 군사 지휘관들이 군역 대신 포나 쌀을 받는 방군수포 증가 → 경저리·영저리의 폐단
    - 병농일치에 근거한 진관 체제 붕괴, 갑사 소멸, 기병의 보군화, 보병의 수포군화 진행
  ㉡ 군적수포제(중종, 1541)
    - 방군수포제로 인한 문제가 불거지자 중종 때 대립가의 수납 절차를 통일
    - 정군이 정포 2필 납부 → 지방관이 병조에 보내고 병조에서 군인 고용 → 사실상의 급료병, 모병제
③ 농민의 부담
  ㉠ 군적수포제 시행 이후로도 군포 징수 방식이 여전히 통일되지 않음 → 개별군영·병영 등에서 독자 시행, 농민에게 이중·삼중으로 군포 부과
  ㉡ 임진왜란 이후 공명첩·납속책의 실시로 양반 수 증가, 군역 재원 감소 → 농민 부담 증가, 백골징포·황구첨정·인징·족징 등의 폐단

(3) 공납제의 문란
① 배경: 15세기 중반 이후 상업 발달 → 대납과 방납 발생
② 대납: 해당 고을에서 생산되지 않는 공물 배정, 수령이 쌀과 포를 거두어 상인을 통해 해당 공물을 구입하여 납부
③ 방납
  ㉠ 과정
    - 방납업자들이 경저리·영저리, 지방 수령과 결탁하여 공물을 미리 중앙에 납부한 후 발급받은 납입 완료 증명서(납첩)에 근거하여 막대한 이자를 덧붙여 지방민들에게 징수
    - 승려·서리·상인 등 여러 계층이 참여, 이들은 왕실·사대부 등 중앙 권력과 연결
  ㉡ 정부 대응
    - 조광조 등 기묘사림이 훈구를 공격하면서 방납 폐단 시정 노력
    - 이이·류성룡 등이 수미법 주장
    - 임진왜란 이후 선혜법(대동법)으로 이어짐

◇ **경저리·영저리**
중앙과 감영의 관리들과 결탁한 경저리·영저리가 대납과 방군수포로 이익을 취하여 군사들이 고통을 겪는 폐단이 발생하자 조정에서는 군적수포제를 실시하였다.

◇ **정포正布**
폭 32.8cm, 길이 16m 38cm로 저화 10장에 해당하는 가격이었다. 군포의 부담은 매우 과중했으며 따라서 질이 좋지 않은 포가 생산되는 경우가 많았다.

4. 조선 후기의 수취 체제 개편

(1) 영정법(인조 13, 1635)

① 배경
  ㉠ 양란 이후 토지 결수 감소(150만여 결 → 30만여 결) → 개간 장려, 양전 사업° 등으로 세원 확보 노력
  ㉡ 연분9등법 아래에서 관리들의 부정으로 실질적 효과 미미

② 내용: 세를 하하년에 맞추어 1결당 4두씩 고정하여 징수

③ 결과
  ㉠ 전세액 감소, 수수료·운송료·보충비 등 여러 비용을 징수
  ㉡ 지주들은 이를 전호에게 전가하여 감세 혜택, 전호 부담은 증가
  ㉢ 궁방전·관둔전 등 면세지 증가로 실질적인 증대 효과를 누리기는 어려웠음

(2) 대동법(광해군 원년, 1608)

① 배경
  ㉠ 방납의 폐단으로 농민 부담, 유망민 증가로 국가 수입이 감소
  ㉡ 사대동: 명종 때 황해도 일부 지역에서 대동제역 시행,° 일부 수령들이 사대동私大同° 시행
  ㉢ 수미법
    • 선조 때 이이가 정부가 지정한 공납업자를 활용하는 대공수미법 건의
    • 임진왜란 때 유성룡이 군량미 마련을 위해 재차 건의하여 시행, 곧 폐지

② 내용
  ㉠ 조세 금납화
    • 가호家戶의 공물을 토지 결수에 따라 1결당 쌀 12두(초기 16두) 징수
    • 백성의 부담이 줄고, 토지를 소유하지 않은 소작농은 부담을 지지 않음
    • 쌀을 납부하기 어려운 지방에는 포목布木이나 동전으로 납부
  ㉡ 선혜청 설치
    • 대동미는 상납미와 유치미로 반반씩 나누어 관리
    • 중앙에서는 상납미를 관리하는 기구로 선혜청을 설치하여 일원화
    • 선혜청은 물품에 따라 지정된 공인들에게 공가 지급하고 물품 구매

③ 확산
  ㉠ 광해군: 이원익의 주장에 따라 경기도에 시범 시행
  ㉡ 인조: 조익의 건의로 강원도로 확대
  ㉢ 효종: 김육의 건의에 따라 충청·전라 해읍 지역으로 확대
  ㉣ 숙종: 초반에 경상도로 확대, 1708년(숙종 34)에 황해도에 실시

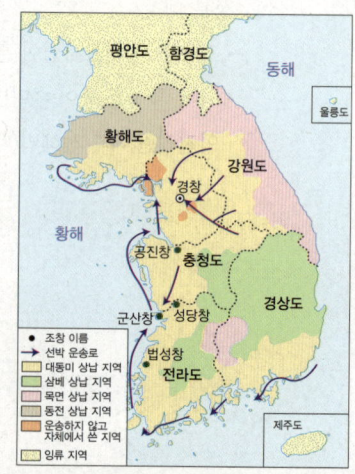

[대동세의 징수와 운송]

◇ **조선 후기 양전 사업의 추이**
양전은 큰 비용이 드는 국가적 사업이었다. 임진왜란 이후 국가 재정이 부족한 상황에서 조선 정부는 지역별로 나누어 양전을 실시하였다. 그러다가 숙종 때의 경자양전으로 조선 후기의 양전은 일단락되었다.

◇ **황해도 대동제역**
명종 때 황해도의 일부 지역에서는 공납을 현물로 납부하는 대신 토지 1결당 1두씩 걷어 공물을 마련하기도 하였다.

◇ **사대동私大同**
대동법 실시 이전, 이미 만연하던 방납 폐단을 극복하고자 일부 군현이 자구책으로 실시한 방책을 일컫는 말이다. 군현에 부과된 각종 경납물京納物을 관내 전토田土에서 균등하게 징수한 쌀(1결에 1말 또는 2말)을 가지고 구입·납부하는 방책이었다.

④ 결과
  ㉠ 공인들의 활동으로 상품 경제 활발, 상업 자본 및 수공업 발달
  ㉡ 한계
    • 상납미 증가로 수령들이 부족한 경비를 농민들에게 전가
    • 별공과 진상은 유지되어 현물 납부가 잔존
    • 지주들이 대동세를 전호에게 전가하기도 함

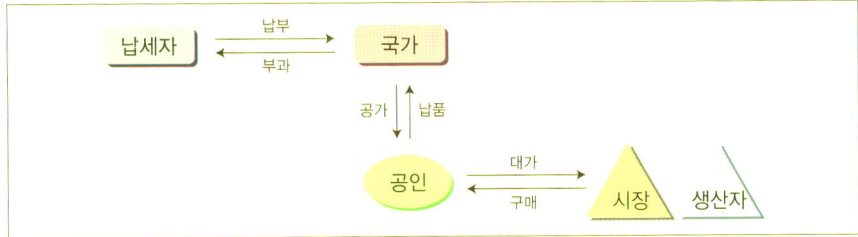

[대동법의 시행 결과]

(3) 균역법(영조 26, 1750)

① 배경
  ㉠ 임진왜란 이후 급료병제에 기초한 5군영제 성립, 양인들이 군포 납부
  ㉡ 군포 징수기관이 제각각 → 이중삼중 부과
  ㉢ 군포의 양과 1필의 길이가 부정확
  ㉣ 면역자층 증가로 군역 재원 감소, 인징(隣徵)·족징(族徵) 폐단 만연 → 군총제(軍摠制)(이정법(里定法)) 실시

② 양역 변통론
  ㉠ 효종~영조 대에 양역 변통론 제기
  ㉡ 영조는 변통론 시행 여부를 백성들에게 묻고 『양역실총』 편찬하여 정리
    • 대변통론: 양반에게도 군포를 부담시키는 것을 전제로 한 호포론(戶布論), 결포론(結布論), 유포론(遊布論), 구전론(口錢論) 등
    • 소변통론: 군액 감축, 군영 축소를 통해 군비 지출을 줄이고, 이를 토대로 5군영을 병조 중심으로 일원화해 운영하고자 하는 것

③ 내용
  ㉠ 감포론에 기초하여 군포 징수액을 1필로 줄이고 균역청 설치(이후 선혜청에 통합)
  ㉡ 결작: 평안도와 함경도를 제외한 전국의 전결에 1결당 쌀 2두(또는 돈 2전) 징수
  ㉢ 종래 왕실 재정이던 어염세·선박세를 정부 예산으로 징수
  ㉣ 불법적 군포 미납자인 일부 상류층에게 선무군관포 1필 징수
  ㉤ 전국의 탈세전 적발하여 세금을 부과

④ 결과
  ㉠ 양반불역(兩班不役)의 원칙이 고수, 미봉책
  ㉡ 결작 부담이 농민, 전호에게 전가
  ㉢ 신분제 붕괴와 군적 문란으로 농민의 군포 부담은 다시 증가
  ㉣ 세도 정치기에는 군정(軍政) 문란이 농민 봉기의 주된 원인이 됨

◇ **군포 징수**
각 지역의 군액을 파악한 후 개별 군영에 할당하여 징수하도록 하였다. 하지만 실상은 한 개인에게 이중 삼중으로 부과되는 경우가 많았다. 이는 군포가 군영의 군사비나 경상비로 사용되어 재정의 중요한 몫을 차지하였기 때문이다.

◇ **양역실총**
영조 때 읍에 배정된 양역의 종류와 담당 인원수를 전국적으로 조사하여 정리한 책으로 균역법 시행의 중요한 자료가 되었다.

◇ **호포론, 결포론, 유포론, 구전론**

호포론	양반에게도 군포 부과 (丁 → 戶)
결포론	군포의 토지세 전환 (丁 → 結)
유포론	유생, 교생 등에게 군역 부과
구전론	양반·농민·노비에게 차등을 두어 화폐로 징수

◇ **선무군관**
선무군관은 양인 신분이면서도 경제력을 바탕으로 수령이나 향리들과 결탁하여 향촌에서 사대부로 행세하면서 군역을 피하고 있었다. 국가는 이들에게 무반 명목을 주고 군포를 내도록 하였다. 일반 양인과 마찬가지로 군포를 부담하게 되자, 이들은 신분 상승 노력을 계속하였다.

(4) 부세 제도의 변질과 문란

① 총액제의 확산

㉠ 배경: 생산력 증대와 조세의 금납화에 기대어 안정적 세금 징수 도모

㉡ 내용
- 비총제比摠制(영조): 작황을 고려하여 군현 단위로 정해진 전세액 납부, 수령권 강화
- 군총제軍摠制: 결원의 신분 구별없이 마을에서 공동 부담
- 이환제里還制: 환곡이 부세화, 부족분을 동리에서 채우는 동징洞徵

㉢ 결과
- 군현의 사정에 따라 수취 부담 조율 가능
- 수령의 자율권 강화로 자의적 수탈 → 백성 유리 도망 → 남은 백성 부담 과중
- 수령은 지주와 부농층을 납세 대상으로 포섭, 신향과 결탁하여 향회 강화

② 도결都結

㉠ 내용
- 비총제 하에서 수령이 징세권 행사, 부족한 세원을 토지에 부과하여 안정적 수세 도모
- 전세, 대동미大同米, 삼수미三手米는 물론 군정軍丁, 어염세漁鹽稅, 노비 신공 등을 모두 토지 결수 단위로 부과
- 정해진 세액이 없고 지역별 편차가 있다보니 수령과 아전들이 자의적 수탈
- 아전들이 관곡官穀·공전公錢·군포軍布 등을 횡령하고 도결에 덧붙여 징수

㉡ 결과
- 과중한 전세로 인해 농민들의 저항 → 민란의 주요 배경
- 양반 지주의 특권 상실, 토지 소유자가 납세함으로써 조세 징수의 형평성 제고
- 권세가들은 토지를 장부에서 누락 → 은결隱結 증대

CHAPTER 02 고대·고려의 경제

1 삼국의 경제

1. 경제 정책

(1) 정복 활동과 경제 정책
① 정복지에서 공물 수취
② 군공자(軍功者): 일정 지역의 토지와 농민을 식읍°으로 지급
③ 전쟁 포로: 귀족이나 병사들에게 노비로 지급

(2) 농민 안정책
① 목적: 농민 생활 안정 → 군사력과 국가 재정 확보
② 내용
㉠ 철제 농기구 보급, 우경 장려
  • 고구려: 한(漢)으로부터 대형 쇠보습 수입
  • 신라: 지증왕 때 우경 실시 기사
㉡ 황무지 개간 장려 → 감세 및 면세 혜택 부과
㉢ 저수지 등 수리 시설 정비 → 농업 생산력 증대 노력
㉣ 구휼 정책
  • 고구려: 진대법° 실시 기록
  • 백제: 좌관대식기 목간° → 구휼 정책 시행을 알 수 있음

(3) 상공업 정책
① 수공업
㉠ 삼국 초기: 기술이 뛰어난 노비가 무기와 장신구 등 생산
㉡ 국가 체제 정비 이후
  • 수공업 제품을 담당하는 전문 관청 설치, 수공업자들 배정하여 필요한 물품 생산
  • 백제: 중앙 22관부 중 내관의 마부·도부·목부, 외관의 사군부·망부 등 존재, 사원 건축을 담당하는 사공, 노반박사, 와박사, 화공 등 존재
② 상업
㉠ 시장 형성
  • 정부와 지배층의 필요
  • 낮은 농업 생산력으로 잉여 생산물이 적어 수도와 같은 도시에서만 형성
㉡ 백제: 수도에 시장이 있고 감독 관청인 도시부 존재
㉢ 신라: 소지마립간 때 경주에 시장 개설, 지증왕 때 동시전 설치

◇**식읍**
공신이나 유력한 왕족, 귀족 등에게 준 일정한 지역이다. 식읍 제도는 자세하지는 않으나 신라 법흥왕 19년(532) 금관국의 김구해가 신라에 내항하자 이를 금관군으로 격하하고 예민(隸民)과 함께 식읍으로 주었다는 기록이 남아있다. 이처럼 귀족들은 구지배지를 식읍으로 받음으로써 이를 바탕으로 경제적인 기반을 다질 수 있었다.

◇**진대법**
흉년·춘궁기에 국가가 농민에게 양곡을 대여해 주고 수확기에 갚게 한 고구려의 구휼 제도이다. '진(賑)'은 흉년에 기아민에게 곡식을 나누어 주는 것을 뜻하고, '대(貸)'는 봄에 양곡을 대여하고 가을에 추수 후 거두어들인다는 뜻이다. 194년에 고국천왕이 국상 을파소의 건의에 따라 시행한 것이 시초이다. 이를 통해 농민층이 몰락하여 유력 귀족 세력에 예속되는 것을 막고 조세 납부 대상을 확보하고자 하였다.

◇**좌관대식기 목간**
백제 도성이었던 부여에서 고대의 이자율을 보여 주는 목간이 발견되었다. 이 목간에는 좌관이라는 백제 관청(또는 관리)이 총 9명에게 빌려 준 곡식의 양, 갚은 양, 아직 갚지 못한 양 등이 일목요연하게 적혀 있다. 예를 들어 전목지라는 사람의 경우 2석을 빌려갔는데, 2석을 갚았고, 아직 1석을 갚지 못하였다고 적혀 있다. 전목지가 2석을 빌려서 총 3석을 갚아야 한다는 것인데, 3석은 원금에 이자를 합한 양이다. 당시 이자율이 무려 50%에 달하는 고율이었음을 알 수 있다. 이처럼 이자율이 높았기 때문에 원금과 이자를 모두 갚기는 쉽지 않았을 것이다. 실제 이 목간에 나오는 9명 가운데 원금을 모두 갚은 사람은 2명에 불과하였고, 이자까지 모두 갚은 사람은 1명뿐이었다.

> **읽기 자료**
>
> **시전市典**
>
> 신라 때 서울의 시전市廛에 설치한 관청이다. 490년(소지 12) 처음으로 경주에 시전市廛을 개설한 후, 508년(지증 9) 동시東市를 개설하여 동시전東市典에서 시장 및 시전의 감독을 맡게 하였다. 또 695년(효소 4)에는 서시西市와 남시南市를 개설하면서 서시전西市典과 남시전南市典을 설치, 각각 소관 시장과 시전을 감독하게 하였다.

(4) 국제 무역
① 고구려
  ㉠ 주로 중국의 남북조 및 북방의 유목 민족과 교류
  ㉡ 사마르칸트의 아프라시아브 벽화: 고구려 사신으로 추정되는 인물들 존재
② 백제: 주로 남중국 및 왜와 활발히 교역
③ 신라
  ㉠ 4세기: 고구려를 통해 전진과 교류
  ㉡ 5세기 이후: 주로 백제를 통해 양나라 등 남조와 교류
  ㉢ 한강 유역 확보 이후: 당항성◇을 통해 중국과 직접 교역 실시
④ 가야: 풍부한 철과 해상 교통으로 원거리 중계 무역 발달, 낙랑과 왜의 규슈 연결

[삼국의 경제 활동]

2. 경제 생활

(1) 귀족의 경제 생활
① 본래부터 소유하였던 토지와 노비, 국가로부터 받은 녹읍·식읍·노비 등 보유
② 유리한 생산 조건: 비옥한 토지 독점, 철제 농기구와 소, 다수의 노비 소유

(2) 농민의 경제 생활
① 자영농과 소작농이 대부분
  ㉠ 시비법 미비로 토지를 1년 또는 수년간 묵히는 휴경 농법
  ㉡ 6세기경 철제 농기구와 우경 보급 본격화
  ㉢ 정전丁田 분급◇
② 전세(1/10)와 공물 납부, 각종 국가 사업(성벽 축조, 궁성 건축 등) 및 군역에 동원
③ 자연재해, 고리대 등이 겹치면 노비, 유랑민, 도적이 되는 경우 빈번

[아프라시아브 벽화]

◇**당항성**
경기 화성에 있는 산성으로, 고구려 때 당성군唐城郡이라 하였는데, 신라가 점유한 후 당항성唐項城을 축조하고 황해를 통해 중국과 교류하는 출입구로 삼았다.

◇**정전**
신라에서는 722년(성덕왕 21) 처음으로 백성들에게 정전을 주었다는 기록이 있다. 국가 토지를 나누어 준 것인지, 단지 징세 기준을 마련한 것인지 논란이 있다. 전자로 이해하는 경우 민정문서에 나오는 '연수유답전'이 농민들이 경작하는 토지로서 바로 이 정전을 말하는 것이라고 본다. 후자의 경우 왕토사상에 기반하여 농민이 원래부터 소유하고 경작하던 토지에 대한 권리를 국가로부터 인정받고 그 대신 국가에 조를 납부하던 것이라고 이해한다.

2 남북국 시대의 경제

1. 통일 신라의 경제 정책

(1) 경제 정책의 변화
 ① 목적: 삼국 통일 → 확대된 영토와 증가한 인구를 합리적으로 지배
 ② 옛 고구려, 백제 유민들과의 갈등 해소, 사회 안정화 방향
 ③ 각기 다른 삼국의 제도 통합 → 보다 합리적인 방법으로 세금 수취 노력

(2) 상공업 정책
 ① 시장 증가
  ㉠ 통일 이후 인구와 상품 생산의 증가
  ㉡ 효소왕(695): 서시·남시와 서시전·남시전 추가로 설치 → 동시전과 함께 삼시전이라 불림
 ② 수공업 생산을 위한 관청 정비
  ㉠ 공장부 설치
  ㉡ 왕실과 귀족이 사용할 금·은 세공품, 비단류, 그릇, 가구 철물 등을 관청 소속 장인과 노비들이 만들어 공급

(3) 대외 무역
 ① 대당 무역
  ㉠ 조공의 형식을 통한 공무역과 사무역 발달
  ㉡ 수출품: 견직물을 비롯하여 세포, 어아주, 조하주, 해표피, 인삼, 금·은 세공품 등
  ㉢ 수입품은 비단, 차, 의복, 서적, 문방구 등과 귀족의 사치품
  ㉣ 무역 확대 → 산둥 반도와 양쯔강(칭장江) 하류에 신라방·신라촌, 신라소, 신라관, 신라원(법화원)이 대표적) 건립
 ② 대일 무역
  ㉠ 신라 상인의 중계 무역 → 제한적으로 이루어짐
  ㉡ 8세기에 이르러 활기
   • 일본은 대마도에 신라 역어소 설치 → 통역관 양성
   • 일본 나라현의 쇼쇼인(正倉院): 많은 신라 유물 소장
  ㉢ 장보고의 청해진 설치(828) → 더욱 활발하게 일본과 무역

[통일 신라의 대외 교류]

◇ **공장부**
통일 신라에서는 공장부가 전국의 수공업을 관장하였다. 이외에도 국왕이나 왕실 수요품을 생산하는 관청이 있었고, 귀족들도 수공업 경영에 참여하였다. 이에 따라 금·은·동 등의 광물, 과하마·가발·바다사자 가죽 등의 특산물, 우황·인삼 등의 약재, 어아주(魚牙紬) 등 고급 직물, 금은 세공품, 침·금은 침통 등의 의료 기구, 화전·모전 등의 융단이 생산되었다. 또한 성덕 대왕 신종과 같은 거대한 범종과 불상들도 제작되었다.

◇ **신라인들의 거처**
· 신라방·신라촌: 신라인 거주 지역
· 신라소: 신라인 담당 관청
· 신라관: 여관
· 신라원: 사찰

◇ **법화원**
장보고가 당나라 무령군 소장으로 있을 때 창건하였다. 이 사찰에서 우리 고승들이 여름에는 『금광명경金光明經』을, 겨울에는 『법화경法華經』을 강론하였는데, 그 때마다 많은 신라인들이 참석하였다고 한다. 당나라에 가는 신라의 승려는 물론 일본 승려들까지도 많은 도움을 받았다고 한다. 일본의 구법승 엔닌圓仁이 지은 『입당구법순례행기入唐求法巡禮行記』에도 소개되어 있다.

◇ **일본의 쇼쇼인**
일본의 도다이 지東大寺 쇼쇼인은 일본 왕가의 보물을 보관하던 창고로, 이곳에서 보관하던 '사하리佐波理'라는 금속제 그릇은 신라어인 '솝라(사하리)'에서 유래된 것으로 추정된다. 이 그릇들 중 '내말乃末'이라는 명문이 새겨진 그릇이 발견되었는데 내말(나말)은 신라 제11관등에 해당한다. 또 쇼쇼인의 유물 중 청동 가위는 신라의 동궁이었던 월지에서 출토된 것과 거의 같다. 쇼쇼인에는 그 외에도 신라의 붓, 배 모양 먹, 놋그릇과 수저, 화려하게 채색된 양탄자, 『화엄경론질華嚴經論帙』, 가야금 등이 보관 되어 있어 다양한 신라 문화가 일본에 전해졌음을 알 수 있다.

◇ 원성왕릉 앞 무인상

원성왕릉 앞에 세워진 무인상이다. 부리부리한 눈이나 이국적인 얼굴 윤곽과 복식은 흥덕왕릉 앞에 있는 무인상과 더불어 서역인의 모습을 하고 있다. 이는 당시 신라가 아라비아 등 서역과 활발하게 교류하였다는 주장을 뒷받침해 준다.

③ 국제 무역의 발달
  ㉠ 무역항 번영: 청해진(완도)·영암·당성진(남양만)·울산항(경주) 등에 이슬람 상인도 진출
  ㉡ 장보고
   • 당에서 이정기 세력 쇠퇴 후 새롭게 재당 신라인 사회 규합
   • 귀국 후 청해진(완도) 설치하고 해적 소탕하여 교역로 안정적 확보
   • 월주요의 기술을 배워 강진과 해남 등지에서 도자기 생산
   • 교관선 이용하여 당에 견당매물사遣唐買物使, 일본에 회역사迴易使 파견

> **읽기 자료**
>
> **신라와 일본의 교역**
>
> · 고구려 멸망 후 왜가 신라 문무왕에게 배 1척과 비단을 비롯한 각종 선물을 보내고 신라의 사신을 정중하게 대접함으로써 양국의 대립 관계가 완화되었다. 일본은 그 후 702년까지 약 30년간 당과의 통교를 중단하고 신라와는 거의 매년 사신을 주고받았다.
> · 장보고는 당과 일본 정부의 허락을 받아 양국에 독자적인 교역 사절단을 파견하였는데, 그가 당에 보내는 사신을 '대당 매물사', 일본에 보내는 사신을 '회역사'라고 하였다. 장보고의 무역선은 '교관선'이라고 불렸는데 …… 또한, 이슬람 상인들이 당에 가져온 서역의 물품들을 신라와 일본에 전하고, 당시 인기 있었던 '월주요'의 청자 찻잔 제작 기법을 배워 청해진에서 직접 생산하여 수출하기도 하였다.

2. 통일 신라의 경제 생활

(1) 귀족의 경제 생활
 ① 왕실과 귀족의 경제적 기반
  ㉠ 왕실: 삼국 경쟁 과정에서 새로 획득한 땅 소유, 국가 수입 일부를 차지
  ㉡ 귀족
   • 식읍·녹읍 → 지역 농민 지배, 조세·공물 징수, 노동력 동원
   • 세습된 토지, 노비, 목장, 섬 보유
   • 서민 대상의 고리대업으로 수입 증가
 ② 귀족의 사치 생활
  ㉠ 사치품 사용: 당과 서역에서 수입한 비단, 양탄자, 유리그릇, 귀금속 등
  ㉡ 경주 근처에 호화스러운 별장인 금입택金入宅 소유

(2) 농민의 경제 생활
 ① 농업 생산력 증대했으나 시비법의 미발달, 조세·소작료 부담 과중하여 경제적 어려움
 ② 향·부곡민: 일반 군현의 농민보다 더 많은 공물 납부 → 경제적 부담 가중

◇ 금입택

통일 신라 귀족들이 지었던 화려한 저택을 가리킨다. 『삼국유사』에 의하면, 신라 전성기에는 수도인 경주에 17만 8,936호戶, 1,360방坊, 55리里에 39개의 금입택이 있다고 하였고, 그 이름으로 본피택本彼宅, 재매정택財買井宅, 남유택南維宅, 정하택井下宅 등이 전한다.

3. 발해의 경제 정책과 경제 생활

(1) **산업의 발달**: 9세기 이후 농업, 수공업, 상업 등 발달

① 농업: 밭농사 중심, 일부 지역 벼농사 실시

② 목축: 돼지, 말, 소, 양을 길렀으며 솔빈부率賓府의 말은 주요 수출품

③ 수렵: 활발한 수렵 → 모피, 녹용, 사향 등을 생산, 수출

④ 수공업: 금속 가공업(철, 구리, 금·은 등), 직물업(삼베, 명주, 비단 등), 도자기업 등 발달

⑤ 상업: 수도 상경 용천부 등 대도시와 교통의 요충지에서 성행

(2) **대외 무역**

① 대신라 무역

㉠ 문왕: 신라도 개설, 교역

㉡ 민간 상인: 서경 압록부를 통해 교역

② 대당 무역

㉠ 해로·육로를 통해 큰 규모의 무역 성행

㉡ 수출: 모피, 인삼 등의 토산물과 불상, 자기 등의 수공업품

㉢ 수입: 비단, 책 등의 귀족 수요품

㉣ 발해관◇ 설치: 산둥반도의 덩저우, 발해인들의 편의를 위해 설치

③ 대일 무역

㉠ 전기에는 대부분 일본도를 통한 교역

㉡ 신라를 통한 교역도 이루어짐

◇ **발해관**
중국 산둥 반도에 설치되었던 발해 사신들의 숙소였다. 발해에서 당으로 향하던 압록 조공도의 중간 기착지였던 등주부 안에 있었다. 838년 당나라로 건너갔던 일본 승려 엔닌이 쓴 『입당구법순례행기』에 보면 발해관은 등주부의 성 남쪽에 있는 길의 동편에 신라 사신의 숙소인 신라관과 나란히 있었다고 한다.

● **읽기 자료** ●

발해의 말

발해의 여러 특산품 중 단연 으뜸은 '솔빈의 말'이었다. 솔빈부는 오늘날 러시아의 체르냐치노 일대로, 넓은 초원이 펼쳐져 있어 튼튼한 말이 잘 자랐다. 솔빈의 말은 바닷길을 통해 당으로 수출되었다. 말은 철과 더불어 매우 중요한 전략 물자인데, 발해가 당에 말을 수출한 이유는 무엇일까? 당에는 매년 발해의 말을 1만 마리 이상 사들였던 '큰손'이 있었다. 바로 산둥 반도 일대에 독자적인 세력을 떨치던 고구려 유민 이정기였다. 그는 당의 군인이었지만 안녹산의 난을 기회로 삼아 독립 왕국을 세웠다. 고구려계 유민이 결집한 이정기의 나라는 그의 손자 대까지 약 55년간 유지되었다. 발해의 문왕은 이정기에게 말을 팔면서 비단을 값싸게 수입하는 한편, 당을 압박하는 일석이조의 효과를 거두었다. 이렇듯 무역은 발해의 또 다른 힘이었다.

● **읽기 자료** ●

발해의 교역

· 발해는 북방 초원이나 중국 대륙을 통해 서역 지역과 활발히 교류하였는데, 소그드 은화, 고대 동방 기독교의 일파인 네스토리우스파 크리스트교(경교)의 십자가 등이 발견되고 있다.

· 발해와 신라의 주요 교역로는 신라도였으나, 민간 상인들은 서경 압록부에서 만포를 거쳐 신라의 서북쪽으로 들어가는 길을 이용하였으며, 주요 교역 물품은 견직물이었다.

· 발해는 일본에 양태사, 왕효렴 등 유명한 문인을 사신으로 파견하였으며, 장경선명력, 불경, 음악 등을 전해 주었다.

(3) **귀족의 경제 생활**: 대토지 소유, 무역을 통해 당의 비단·서적 등 수입 → 화려한 생활 영위

3 고려의 경제

1. 경제 정책

(1) 권농 정책

① 농업 정책: 농민 생활 안정책 강화
  ㉠ 농번기 잡역 동원 제한
  ㉡ 재면법災免法: 재해 시 세금 감면
  ㉢ 자모정식법: 고리대 이자 제한
  ㉣ 의창 실시

② 개간의 확대: 산전山田을 비롯한 토지 개간 장려, 농기구 보급
  ㉠ 목적: 농민 생활의 안정과 국가 재정 확보
  ㉡ 농민의 진전·황무지 개간
    • 국가에서 일정 기간 소작료나 조세 감면
    • 주인이 없을 때는 토지 소유 인정
  ㉢ 12세기 이후: 연해안의 저습지 개간 → 경작지 확대, 강화 천도기 간척 사업 활발

③ 수리 시설 개선
  ㉠ 벽골제(김제), 수산제(밀양) 개축, 제언 확충, 해안의 방조제 축조
  ㉡ 공민왕 시기 중국의 선진 농법에 입각 → 백문보가 수차 소개, 사용을 적극 권장

④ 농서 보급
  ㉠ 중국의 『범승지서氾勝之書』(전기), 『손씨잠경孫氏蠶經』(중기) 등 수입
  ㉡ 『농상집요農桑輯要』: 충정왕 때 이암이 소개, 공민왕 때 널리 보급

(2) 수공업

① 전기: 관청 수공업, 소所 수공업 중심 → 후기: 사원 수공업, 민간 수공업 발달

② 관청 수공업
  ㉠ 수공업 관장 기구: 중상서中尙署(왕실용 그릇 제조), 장야서掌冶署(금·은·동·철기 관장), 잡직서雜織署(직물의 생산·수납 관장), 도염서都染署(명주·비단과 그의 염색 관장) 등
  ㉡ 공장안工匠案에 등록된 수공업자(토지와 녹봉 지급)와 농민의 부역 → 왕실과 국가에 필요한 물품(칼·창·활 등 무기류, 가구류·금·은·견직물·마구류·도자기 등) 제조

③ 소 수공업: 소 거주민이 금·은·철·구리·실·옷감·종이·먹·차·생강 등 제조하여 공물로 납부

④ 사원 수공업: 승려와 노비 중심으로 베·모시·기와·술·소금 등 생산

⑤ 민간 수공업: 가내 수공업 중심, 삼베·명주·모시 등 생산

[고려 후기의 강화도 간척지]

◇ 농상집요
중국 화북 지방의 농법을 정리한 책으로 충정왕 때 이암이 처음 소개하였고, 공민왕 때 강시와 김주 등이 이를 간행하여 널리 보급하였다. 이앙법은 소개되어 있지 않다.

[고려의 교통로와 산업 중심지]

(3) 상업

① 도시의 상업 활동

㉠ 시전 설치
- 태조(919): 개경에 상설 점포로 시전 설치
- 국가가 설치하여 상인에게 대여
- 주로 관부나 지배층, 사원과 연결된 상인들이 상업 활동 → 점포세, 상세 납부

㉡ 화천별감: 서경에도 비슷한 상가를 두고 숙종 때 화천별감 파견하여 시장 감독, 상업 장려(1102)

㉢ 관영 상점
- 개경·서경·동경 등 대도시에 서적점, 약점, 주점, 다점 등 설치
- 화폐 유통이 이루어짐

㉣ 경시서: 개경에 설치 → 상행위 감독, 물가 조절

② 지방의 상업 활동

㉠ 비상설 시장을 중심으로 발전
- 주로 한낮에 개장, 쌀과 추포가 화폐로서 기능
- 교통의 요지가 아니라 행정 도시에 열리는 군현시

㉡ 행상의 활동 → 타 지역과 물자 교류

③ 사원의 상업 활동

㉠ 토지에서 생산한 곡물의 상당량을 시장에 유통

㉡ 고리대 활동으로 확보한 물품, 수공업품 판매 목적 → 상업 활동에 참여

④ 고려 후기의 상업 활동

㉠ 개경 시전
- 관청 수공업 후퇴, 소 해체, 대납에 의한 공물 수취 등과 맞물려 관청의 물품 구입량 증가로 시전 규모 확대
- 업종의 전문화 → 단일 상품을 파는 업종별 시전 등장

㉡ 지방
- 행상의 활동이 두드러졌고 조운로를 따라 교역 활동 활발
- 선상은 규모가 큰 전업 상인으로 전국의 상권 연결
- 원이 상업 활동의 중심지로 발달

㉢ 전매제 실시
- 소금 전매제(각염법): 충선왕 원년(1309)에 실시
- 염호가 생산한 소금을 관이 직접 팔아 유통 과정 장악, 재정난 극복

◇ 경시서
개경에서 매점매석과 같은 상행위의 감독과 물가를 조절하는 기능을 수행하였다. 고려 문종부터 경시서에 관원으로 영(정7품) 1명, 승(정8품) 2명을 두었고 이속으로 사 3명, 기관 2명을 두었다.

◇ 부세 대납 상인
관청, 관리, 사원 등은 강제로 농민에게 물건을 판매하거나 구입하게 하고 조세를 대납하게 하는 등 농민을 강제로 유통 경제에 참여시켰다. 특히 이 시기에 새로운 상인층으로 부세 대납 상인이 출현하였는데, 이들은 자기 자본으로 공물을 대납하고 지방으로 내려가 몇 배로 받아내 그 차액으로 막대한 이득을 얻었다. 이러한 과정에서 부를 축적하거나 관리로 성장하는 상인과 수공업자가 생겨났다.

◇ 사원의 원 관리
고려는 『도선비기』에 의거하여 국가의 비보 사찰을 정하여 국가와 왕실의 안녕을 기원하도록 하고, 그 절에는 사원전과 노비를 지급하였다. 그리고 귀족도 자기 가문의 절을 짓고 토지와 노비를 기증하는 것이 일반화되었다. 국가적으로 연등회와 팔관회를 개최하고, 국립 여관의 구실을 하던 '원'을 절에서 관리하게 하였다.

(4) 화폐 주조
① 성종
  ㉠ 건원중보(철전·동전) 주조
  ㉡ 의도: 법정 화폐 유통 → 경제 통합, 국가 재정 보강
  ㉢ 귀족들의 반대 → 다점과 주점, 음식점에서만 사용(1102, 목종 5년)
② 숙종
  ㉠ 의천의 건의◇로 주전도감 설치, 화폐를 다시 사용
  ㉡ 해동원보·해동통보·해동중보·삼한통보·삼한중보·동국통보 등 주조
  ㉢ 활구闊口(은병銀甁) 유통
    • 한반도 지형을 본떠 은 1근으로 만든 고액 화폐(하나의 값 = 포 100필)
    • 이후 형태 변화: 소은병, 쇄은(은 조각), 은전 → 고려 말까지 끊임없이 유통

◇ **의천의 건의**
의천은 화폐 유통에 따르는 이점으로 권세가들이 백성들을 수탈하여 사적인 부를 쌓지 못하게 할 수 있는 점, 조세를 화폐로 거둬들임으로써 조운 부담을 덜 수 있는 점, 녹봉도 일부 화폐로 내줘 녹봉에 의지해야 하는 관료들이 유통 경제상 혜택을 입을 수 있다는 점을 들었다.

▶ 읽기 자료

고려의 화폐 정책

숙종 때 주전도감에서 은병(활구)을 만들었다. 고려 시대 조정에서는 민간에서 활발히 사용되던 포화布貨 대신 금속화폐를 사용하도록 많은 노력을 기울였다. 이미 고려 성종 15년 처음으로 철전을 주조하여 유통하고자 하였으나 실패하였고, 숙종 7년 비로소 해동통보를 주전하여 이를 태묘에 고하고 동전 15,000관을 재추, 문무양반, 군인에게 나누어 주었다. 조정에서는 화폐 유통을 촉진시키기 위한 조치로 개경에 좌우 주무를 설치하기도 하였다. 그러나 화폐 유통이 부진하자 숙종 9년에 관료와 군사에게 관전을 지급하고 주식점 酒食店을 주현에까지 확대 설치하여 화폐 유통의 보급을 도모하였다. 이처럼 강력한 화폐 유통 정책은 숙종 때의 남경 경영과 별무반 창설 등 막대한 재정을 요구하는 왕권 강화 정책을 위한 것으로 이해할 수 있다.

③ 공양왕
  ㉠ 방사량의 건의 → 최초의 지폐인 저화 발행
  ㉡ 정치 격변으로 널리 발행되지 못하고 조선 초 다시 유통 시도
④ 보초寶鈔: 원의 지폐
  ㉠ 유입: 군사적 비용, 원의 하사, 사원 중창이나 불교 행사에 대한 후원 등
  ㉡ 사용: 지배층은 고액권 보초 사용, 교역 활동 시 주로 유통

(5) 무역
① 송
  ㉠ 전기의 무역 중 비중이 가장 높음
  ㉡ 수출: 종이·인삼·먹·붓·나전칠기·화문석 등의 수공업품, 토산물
  ㉢ 수입: 비단·약재·악기 등 왕실과 귀족의 사치품
  ㉣ 교역로: 예성강~대동강~산둥(덩저우) 또는 예성강~흑산도~밍저우 경로 활발

▶ 읽기 자료

고려와 송의 교역

고려와 가장 자주 교역한 나라는 송이었다. 송에 이르는 길은 고려 국초에서 문종 28년(1074)까지는 산둥의 등주 방면에서 거의 직선 경로를 골라 대동강 어귀 초도椒島·옹진구甕津口·예성항에 이르는 길이 중심이었다. 그 뒤로는 거란의 위협을 느껴 남쪽으로 바뀌는데, 예성강에서 출발하여 자연도·마도·군산도를 거쳐 서남으로 나아가 명주에 이르는 길이었다. 이 항로는 순풍을 만나면 3일 만에 비디 기운데로 들어갈 수 있고, 5일이면 흑산도에 다다라 고려 국경에 들어갈 수 있는 빠른 항로였다.

166

② 거란·여진
  ㉠ 주로 사행 무역과 각장(榷場) 무역 시행
  ㉡ 수출: 농기구·포목·곡식·문방구 등 생활 필수품
  ㉢ 수입: 은·모피·말 등
③ 일본
  ㉠ 11세기 후반부터 교역
  ㉡ 수출: 식량·인삼 및 서적
  ㉢ 수입: 수은과 유황
④ 아라비아 상인의 내왕
  ㉠ 수은·향료·산호 등 판매
  ㉡ 고려의 이름이 서방에 알려지는 계기
⑤ 원: 공무역과 사무역 모두 발달
⑥ 벽란도
  ㉠ 송·아라비아·일본은 주로 바닷길로 교역, 원은 육로와 바닷길 모두 활용
  ㉡ 벽란도: 개경과 이어지는 예성강 어귀 → 국제 무역항으로 번성, 많은 물자 교류
  ㉢ 국가의 관리: 관원 파견 → 허락 없는 상행위 통제

[고려 전기의 대외 무역]

◇ 각장
송 태조 이후 한족(漢族)과 북방 민족 사이에 개설된 공식 무역장을 일컫던 용어였다. 고려의 경우 1005년(목종 8) 거란에 의해 보주(의주)에 설치한 것이 최초로, 2차에 걸친 거란의 여진 정벌과 제1차 고려 침입 후의 일이다. 무역뿐 아니라 고려와 여진에 대한 정치·외교적 압력을 위한 목적도 있었다고 보인다. 여진과는 예종 때 의주·정주(定州)에, 동북면으로는 고려의 정주(定州)와 여진의 청주(靑州) (지금의 함경북도 북청) 지역에 설치되었던 것으로 여겨진다.

◇ 벽란도
예성강 하류에 위치한 벽란도는 고려 시대 해상 요충지로서 개경에서 30리 떨어진 서해안과 접해있었다. 물살이 빨라 위험했으나, 수심이 깊어 선박의 운행이 자유로웠기 때문에 국제항으로 성장할 수 있는 자연적인 조건을 갖추고 있었다. 송과 아라비아 상인 등 외국 상인은 벽란도에 도착한 뒤 육로로 개경에 갔다.

● 읽기 자료

고려의 은 유출

원 간섭기에 고려는 원을 통해 세계 시장과 연결되면서 대외 교역이 더욱 활발해졌다. 그러나 금·은 등의 물품이 유출되고 공녀와 노비 등 많은 사람이 끌려가 문제가 되기도 하였다. 공무역은 고려에서 예물을 보내고 원이 답례하는 형식으로 이루어졌다. 양국 사이에 혼인 관계가 성립되면서 왕과 사신의 왕래가 빈번해지자 교역량이 늘어났다. 사무역은 공무역보다 규모가 더 컸으며, 왕이나 사신의 수행원을 통하거나 상인이 육로로 요동을 거쳐 대도(베이징)를 왕래하며 이루어졌다. 그러나 고려의 물자 유출, 특히 은의 유출은 경제에 심각한 타격을 주기도 하였다.

● 읽기 자료

신안 해저 유물

· 1976년 전라남도 신안군 앞바다에서 침몰된 선박이 발견되어 2만 2,000여 점의 유물을 인양하였다. 이곳에서 확인된 침몰선은 14세기 전반 원에서 일본으로 가던 교역선으로, 길이 28.4m, 너비 6.6m 규모에 7개의 칸막이가 배 밑에 설치된 구조였다. 짐칸에 실은 물품은 주로 원의 도자기였으며, 고려와 일본에서 만든 물품이 몇 점 있었다. 발굴된 유물에 새겨진 글을 해독한 결과, 이 배는 중국 원의 경원(현재 중국 저장(浙江)성 닝보(寧波))에서 일본 교토(京都)로 가는 물품을 실은 무역선으로 밝혀졌다.
· 신안 해저 발굴로 14세기 초반에 침몰된 것으로 보이는 무역선이 발굴되었다. 이 배에서는 많은 동전과 함께 2만 점이 넘는 도자기가 발견되어 당시 국제 교역의 규모를 짐작하게 해준다. 완도 앞바다에서는 11세기경에 제작된 것으로 보이는 고려의 배와 도자기 수만 점이 발굴되었다. 2002년에는 군산 비안도 앞바다에서, 2003년에는 십이동파도 주변 등지에서 많은 고려청자가 발견되었다.

◇ 호적
부부를 중심으로 이루어진 가족을 등재하되, 때에 따라서는 여러 세대의 가족이 한 호적에 기록되기도 하였다.

(6) 재정 운영
① 호부: 양안과 호적˚ 작성 → 안정적인 재정 운영 시도
② 삼사: 재정 수입과 관련된 사무 담당
③ 실제 조세의 수취·집행 → 각 관청에서 담당

2. 경제 생활
(1) 귀족의 경제 생활
① 경제 기반: 대대로 상속받은 토지와 노비, 관료가 되어 받은 과전과 녹봉 등
  ㉠ 과전: 생산량의 1/10을 조세로 수취
  ㉡ 녹봉: 1년에 2번, 곡식이나 비단으로 지급(1등급 400석~47등급 10석)
  ㉢ 민전: 노비가 경작·소작 → 생산량 1/2 수취
  ㉣ 노비: 외거 노비의 신공 → 매년 베나 곡식을 받음
② 경제 기반의 확대: 권력이나 고리대 이용 → 농민의 토지 강탈, 헐값에 매입, 개간
③ 귀족의 생활˚
  ㉠ 큰 누각을 짓고 사치스러운 생활, 지방에 별장 소유
  ㉡ 남녀 모두 외출 시 시종을 거느리고 말을 타고 다님
  ㉢ 중국에서 수입한 차를 즐김

◇ 왕실과 사원 경제
왕실의 재정은 내장택·내고 등의 관청에서 관리하였다. 내장택은 왕실의 소유지를 관리하였으며, 내고는 금은, 베·비단, 보물과 전국 각지의 소에서 거둔 공물, 주현에서 거둔 상공 일부, 중국에서 들어온 하사품 등을 관리하였다. 한편 양산 통도사 국장생 석표(경남 양산)는 1085년 호부의 승인 아래 세워졌다. 장생표가 세워진 영역 내의 농민과 토지는 사원이 독점적으로 지배할 수 있었다. 당시 통도사는 무려 12개의 장생표로 둘러싸여 있었다.

(2) 농민의 경제 생활
① 경제 기반
  ㉠ 민전 또는 국·공유지나 다른 사람의 소유지 경작
  ㉡ 품팔이, 부녀자들이 삼베, 모시, 비단 등을 짜는 일로 생계 유지
② 농업의 변화
  ㉠ 심경법深耕法의 확대
    • 초기: 평지에 연작 가능, 산전山田은 보통 1년 휴경[一易田]이나 2년 휴경[再易田]
    • 후기로 가면서 소를 이용한 깊이갈이[深耕] 일반화 → 휴경지 점차 감소
  ㉡ 시비법의 발달˚
    • 가축이나 사람의 배설물 이용
    • 후기: 녹비법 시행 → 휴경지 감소, 생산량 증대
  ㉢ 농법의 발달
    • 밭농사에 2년 3작의 윤작법 보급: 보리·콩·조를 돌려짓기
    • 남부 일부 지방: 모내기법(이앙법) 보급
  ㉣ 목화의 재배
    • 공민왕 시기: 문익점이 목화씨 전래, 정천익이 첫 재배 성공
    • 경상도 단천 지방에서 처음 무명이 생산 → 의생활에 큰 변화

◇ 시비법
밭을 묵혀서 그 밭에서 자란 풀을 태우거나 갈아엎어 비료로 사용하던 방식인 녹비법이 대부분이었다. 조선 시대에 들어 들의 풀이나 갈대를 베어와 태우거나, 녹비에 동물의 분뇨를 섞는 퇴비가 만들어졌다. 고려 시대에는 씨앗에 거름을 섞어 뿌리는 분종법이 대부분이었고, 조선 시대에 제초를 한 이후 밭 전체에 거름을 뿌리는 방법인 분전법이 나타났다.

CHAPTER 03 조선의 경제

1 조선 전기의 경제

1. 경제 정책

(1) 중농억상

① 무본억말(務本抑末): 본업(농업)에 힘쓰고 말업(상업, 수공업)을 억누름
  ㉠ 농업을 통해 농민 통제와 국가 재정을 유지하려는 목적
  ㉡ 상업과 상인 활동도 인정 → 국가의 통제
  ㉢ 농민이 상업에 종사하려는 경향을 억제 → 고려 말 국가 재정의 파탄과 관련

② 토지 확보
  ㉠ 농경지 확대에 주력: 개간시 조세 감면, 공휴지 지급, 사민 정책, 둔전 개발 등 시행
  ㉡ 국초 50만 결 → 15세기 중엽 160만 결로 증가
  ㉢ 새로운 농업 기술과 농기구 개발·보급 → 농업 생산력 크게 향상

③ 농서 편찬
  ㉠ 지방에 권농관 파견, 농서 보급
  ㉡ 중국 농서: 『농상집요』, 『사시찬요(四時纂要)』 등
  ㉢ 관찬 농서: 『농서집요』(태종), 『농사직설』(세종)
  ㉣ 사찬 농서: 『금양잡록(衿陽雜錄)』(강희맹)
  ㉤ 16세기에 각 지역 지방관들이 『농서집요(農書輯要)』 등 여러 농서 간행·보급

◇ **금양잡록**
강희맹이 금양(지금의 시흥 지방)에 은퇴해 있을 당시 자신의 경험과 견문을 토대로 지은 것으로, 후손에 의해 성종 23년(1492)에 간행되었다. 농가곡품(農家穀品)·농담(農談)·농자대(農者對)·제풍변(諸風辨)·종곡의(種穀宜)·농구(農謳)의 6장으로 나뉘어 있고, 책머리에 조위(曺偉)의 서문이 있다. 효종 때 신속의 『농가집성』에도 수록되었다.

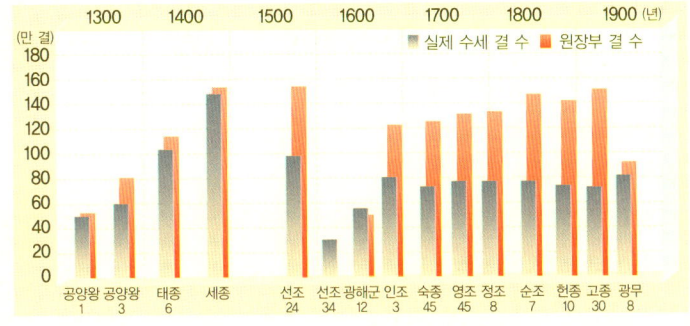

구분	특징	시대적 상황
조선 초기	토지 결수의 비약적 증가	개간, 농업 생산력 발달과 북방 개척
선조	원장부 소실, 수세 결수 급락	임진왜란, 전란으로 양전 소실 및 세금 징수 곤란
광해군 이후	원장부 재작성, 수세 결수 회복	임진왜란을 수습하며 토지 대장 재작성, 개간 장려
인조 이후	원장부 결수와 수세 결수의 큰 격차	붕당 세력의 정치적 세력 성장에 따른 면세지 확대
광무정권	원장부 결수의 급락	양전 지계 사업으로 토지 대장 재정비

[조선 시대 전국 토지 결수의 변화]

◇ **공장안工匠案**
서울과 지방의 수공업자[工匠]를 등록한 문서이다. 공장工匠들에게 세금을 부과하기 위한 것으로 각 관아에 소속된 수공업자의 실태를 파악할 수 있었다. 이 문서는 공조와 그 소속 관아 및 도·읍에 보관하였다. 이 기록에 의하면 당시의 공장은 거주지·등록지별로 구분되어 있다.

◇ **금난전권**
난전을 잡아들일 수 있는 착납권과 난전물을 압수할 수 있는 속공권으로 구성되어 있었다. 조선 후기에는 한성부로 기능을 이관하여 난전에 대한 단속을 실시하였다. 착납권은 시전 상인에게 넘겨 시전과 난전의 대립이 표출되었다.

◇ **저화**
공양왕 때 발행된 지폐이다. 태종 때 사섬서를 통해 전격 발행·유통되었으나 가치 하락으로 부진하다가 중종 무렵 소멸되었다.

◇ **북평관**
지금의 동대문 일대에 여진의 사신을 접대하기 위해 설치한 시설이다. 이때 서울에 들어오는 여진인의 수는 풍년시에는 120명, 흉년시에는 90명으로 제한하였다.

(2) 수공업
① 운영
  ㉠ 관영 수공업: 공장工匠을 공장안◇에 등록 → 각 관청에 예속, 부역제로 동원하여 관청에서 필요한 물품 생산
  ㉡ 민영 수공업자는 주로 농민 상대로 농기구 등을 제작, 판매
  ㉢ 가내 수공업은 농촌에서 필요한 물품을 생산
② 관장官匠
  ㉠ 할당받은 책임량을 초과하는 생산품은 세금 내고 판매 → 생계 유지
  ㉡ 부역 동원 기간 외에는 사적으로 물건 제작, 판매
  ㉢ 근무 경력이 많고 근무 실적이 우수하면 체아직遞兒職을 받아 녹봉 수령

(3) 상업
① 시전 상인
  ㉠ 수도 한양 내 시전 상가 배치, 개성상인들을 강제 이주
  ㉡ 세금 납부 및 국가 필요 물품 공급, 도성 및 도성 밖 10리 이내에서 독점적 판매 권리(금난전권)◇ 소유
  ㉢ 육의전
    • 가장 규모가 크고 국역의 부담을 많이 지는 상점
    • 선전(비단)·면주전(무명)·저포전(모시, 베)·지전(종이)·어물전(어물)
  ㉣ 경시서(세조 때 평시서로 변경): 시전의 불법적인 상행위 통제, 물가 조절 및 상인 감독, 국역 부과 등 담당
② 장시
  ㉠ 장시의 발달
    • 시초: 성종 조 나주 흉년 때 읍내에 장문을 열고 물건을 사고 팔게 한 것
    • 확산: 농업 생산력 발달과 함께 서울 근교와 지방에서 확산
    • 정부는 장시를 통제하다가 장시세를 징수
  ㉡ 보부상의 성장
    • 장시 발달로 전국적인 유통망 형성(16세기 중엽) → 행상 및 중간 교역 상인 등장
    • 여러 장시 돌며 활동하는 보상과 부상
    • 전국적 상단 조직, 투표로 임원 선출, 정기회의 개최
    • 국가 통제 하에 조선 후기에는 관허 상인으로 변화
③ 화폐: 조선통보와 저화◇ 등 유통 목적 → 현물 이용 거래가 대부분
④ 대외 무역
  ㉠ 대중국 무역
    • 사절을 통한 공무역과 국경 지방에서 행해진 사무역
    • 약재, 자기, 서적 등 수입, 인삼 등 수출
  ㉡ 대여진 무역
    • 북평관◇에서 조공 무역, 국경의 무역소(경원·경성 등에 설치) 무역
    • 주로 식량이나 농기구 수출, 모피 등 수입

ⓒ 대일 무역
- 3포 개항 이후 왜관 설치 → 제한된 범위의 무역
- 성종은 일본으로부터 후추 수입 노력

> **읽기 자료**
>
> **성종의 후추 수입 노력**
>
> 동남아시아가 원산지인 정향, 육두구, 후추는 일본, 유구를 통해 조선에 수입되었던 중요한 물품이었다. 특히 후추는 음식의 맛을 좋게 할 뿐만 아니라 방부제 역할을 하였기 때문에 인기가 높아 교역 이익이 큰 무역 상품이었다. 이에 성종이 후추 씨앗을 구해 조선에서 직접 생산하여 중국에 수출하고자 노력한 사례가 『조선왕조실록』에 여러 번 등장한다. 당시 조선은 일본 상인으로부터 후추를 수입하고 있었다. 성종은 후추의 씨앗을 구하라고 예조에 명을 내리고, 대마도주, 일본 사신, 상인에게 부탁하여 후추의 씨앗을 얻고자 하였다. 게다가 대장경을 원하던 일본에게 후추 씨앗과 교환하자고 요구하기도 하였다. 그러나 성종의 노력에도 불구하고 일본 역시 후추를 직접 생산하는 나라가 아니었으므로 씨앗을 구하는 일은 쉽지 않았다.

(4) 광업

① 관영 철광산 중심

ⓐ 국초: 염철법과 철장제
- 염철법: 사적 채굴이 활발했던 고려 시대의 공철 수취 전통을 이음
- 철장제: 철생산이 풍부한 곳에는 철장을 두고 관리, 취련군을 부역으로 동원

ⓑ 태종: 철장도회제 실시, 포의 수군을 사철취련 역에 투입
- 염철법과 철장제 혁파, 철장(야장)을 증설
- 철장이 있는 읍을 도회라 지칭, 인근 읍의 농민들을 농한기에 동원하여 일과제 생산
- 사채 성행, 부업으로 채굴 → 대납의 성행

ⓒ 성종: 각읍채납제 적용
- 철장을 보유하고 있는 각 읍에서 부과량을 납부
- 수령이 농민들에게 공철을 현물로 채납케 함 → 16세기에는 결국 철상의 대납이 보편화

② 연은분리법의 발달
ⓐ 1503년(연산군) 함경도 단천에서 납광석을 이용하여 은을 제련한 회취법, cupellation의 일종
ⓑ 민간 채굴 허용하고 세금 징수하는 채은납세제 실시
ⓒ 일본에 전해져서 일본 이와미 은광의 은 생산 및 은본위제에 기여

2. 경제 생활

(1) 양반의 생활

① 과전에서의 수조, 녹봉, 소유한 토지 수확, 노비 노동 등을 통한 경제 생활

② 비옥한 삼남 지방의 농장 소유
ⓐ 친족이나 노비를 통해 관리
ⓑ 노비의 직접 경작, 소작을 주고 지대 수취

③ 15세기 후반 이후 증가한 유망민 모아 농장 확대

◇ 왜관

조선 시대에 왜인들이 머물고 교역할 수 있게 허락한 곳으로, 조선 초 삼포에 두었다. 임진왜란 후 1607년(선조 40) 국교를 회복하면서 더불어 부산항내 두모포에 새로 설치했다가 1678년(숙종 4) 초량으로 옮겼다(약조제찰비 건립). 왜관 주변에 상주하는 왜인들은 상행위, 농경지 경작, 근해 어업에 종사하였고, 밀무역 중개도 하였다. 대마도주는 관리를 보내 이들에게 세금을 바치게 하였다. 서울에 온 왜인을 위해서는 남산 북쪽 낙선방에 동평관이라는 왜관을 설치하였다.

(2) 농민 생활의 변화
① 농민의 경제 생활
㉠ 정부의 노력: 개간시 면세 혜택, 권세가들의 토지 탈점 금지, 농서 보급 등 자영농 육성 정책
㉡ 농민들의 어려움
- 농법과 농기구 개량, 목화·약초·과수 재배 등 생산력 향상 노력
- 15세기 후반 이후 지주전호제 확대 → 생활의 어려움
- 자연재해, 고리대, 세금 부담 등으로 소작농이 되는 경우도 많음
② 농업 기술의 발달
㉠ 시비법
- 고려 말부터 녹비법 개발, 인분과 재를 사용한 퇴비법˚ 등 → 토지의 비옥도 향상
- 연작상경법˚ 정착 → 2년 3작 가능(밭), 이모작 가능 지역 증가(논)
㉡ 파종법
- 논: 건경乾耕(건사미), 수경水耕(물사미), 이앙법移秧法(모내기법) 사용
- 이앙법은 강원도와 경상도 일부 지역에서만 실시, 봄가뭄 우려하여 금지
- 밭: 사이짓기(한 경작지에 파종과 수확 시기가 다른 작물을 재배), 그루갈이(보리와 콩 이어 짓기), 농종법(밭이랑에 파종) 주로 활용
㉢ 농기구 발달: 우경의 확대로 소를 이용하는 보·쟁기 등의 농기구 발달
㉣ 기타 요인
- 왜구 토벌 → 연해안 지역 개발 촉진
- 목화 보급, 의학 발달 → 인구가 크게 증가
- 수리 시설 확충, 측우기 제작 등 과학 기술의 발달 → 농업 생산력 증대에 기여
③ 농민의 유망
㉠ 지주전호제 일반화와 병작반수제의 확산, 자연재해, 고리대 등 → 자신의 토지를 팔고 전호가 되는 농민 증가
㉡ 대책
- 정부는 호패법과 오가작통법 강화
- 『구황촬요』 편찬(명종): 빈민 구제 목적,
- 향약 보급: 양반들 주축, 농촌 사회 안정 목적

◇ **재와 인분의 사용**
고려 말 성리학과 함께 전래된 인분과 재를 사용하는 강남 농법이 15세기 초 『농사직설』 단계에서 어느 정도 소화되었고, 16세기에는 완전히 정착되었다.

◇ **상경 농법**
시비법 등 농업 기술의 발달을 토대로 고려 말부터 상경 농법이 보급되었다고 본다. 이에 대해서는 여러 학설이 있다. 고려 시대, 더 나아가서는 통일 신라 시대부터 상경이 이루어졌다고 보는 견해도 있는데.. 적어도 여말선초에는 상경 농법이 일반화되었으리라 보인다.

[조선 전기의 여러 농기구류]

2 조선 후기 농업의 발전과 농민층의 분화

1. 농업 생산력의 증대
   (1) 이앙법의 확대와 견종법의 보급
   ① 배경
      ㉠ 조세 정액화와 금납화 진전 → 토지 투자 증가, 상품 화폐 경제 발달
      ㉡ 신분제 붕괴, 경제적 관계 중시 → 소작 쟁의 활성화, 경작권과 도지권 등 형성
      ㉢ 도조법 확대로 전호들의 토지 투자 욕구 증가
      ㉣ 수리시설 확충, 농서 보급
   ② 이앙법
      ㉠ 직파법에 비해 생장 조건이 좋고 김매기 노동력 절감 → 광작, 생산량 증대
      ㉡ 농지 사용 기간이 적어 보리 이모작 가능
   ③ 견종법
      ㉠ 농종법과 달리 고랑에 파종
      ㉡ 겨울 가뭄과 북서풍으로부터 보호, 김매기 수월 → 노동력 절감, 수확량 증대
   (2) 농서 편찬과 농업 기술의 발전
   ① 농서 보급: 『농가집성農家集成』(신속), 『색경穡經』(박세당), 『해동농서海東農書』(서호수), 『과농소초課農小抄』(박지원), 『산림경제山林經濟』(홍만선), 『임원경제지林園經濟志』(서유구) 등
   ② 농업 기술의 발전
   ① 임진왜란 이후 개간 사업 적극 추진, 수리 시설 확충
   ② 밭을 논으로 바꾸는 현상 활발
   ③ 시비법 발달, 농기구 개선
   ④ 각종 상품 작물 전래 → 농가 경제에 큰 도움

2. 농민층의 분화
   (1) 경영형 부농의 등장
   ① 합리적 농업 경영: 농서를 통한 농업 기술의 습득, 노동력 절감과 소출 확대 추구
   ② 경작지 확대
      ㉠ 노동력 절감으로 인한 광작
      ㉡ 소유 농지 및 차경지를 늘림
      ㉢ 소작 쟁의를 통해 지대 변경(타조법→도조법), 이득 극대화
   ③ 상업적 농업
      ㉠ 이앙법, 이모작 → 쌀 생산 증대
      ㉡ 대동법 확대, 비농업인 증가 등으로 쌀 수요 증가 → 쌀의 상품화 진전
      ㉢ 상품 작물 재배, 곡물·면포 판매로 농산물 상품화
   ④ 부농은 몰락 농민을 머슴·계고·일고 등의 형태로 고용, 노비를 이용한 직접 경영

◇ 도조법
타조법은 수확량의 일정 비율(대부분 절반)을 지주에게 납부하는 것이다. 반면, 도조법은 미리 계약된 정액을 소작료로 납부하는 것이다. 지주들은 개간 사업 참여를 유도하기 위해 일꾼들에게 영구 경작권과 정액 지대 방식을 제시하였다. 고정 수입이 필요한 궁방이나 관청 지주도 도조법을 선호하였고, 소작인과 떨어져 사는 지주들도 정액 지대를 취하였다. 지대 납부 방식이 타조법에서 도조법으로 바뀌면서 지주와 소작인의 관계는 점차 경제적 계약 관계로 변화하였고, 새로운 부농이 성장하기 유리해졌다.

◇ 이앙법의 확산
고려 후기에 도입되었으나, 가뭄에 취약하여 경상도·강원도 일부 지역에서만 행해지다가, 수리 시설이 확충되면서 조선 후기에는 전국으로 확산되었다.

◇ 이모작
벼와 보리를 이모작할 경우, 보리는 소작료 수취 대상이 되지 않았다.

◇ 견종법
일반적으로 배수로로 쓰이는 고랑에 파종하는 방법이다. 겨울 작물은 과습의 우려가 없을 뿐 아니라 혹한기에 작물이 얼어 죽거나 말라 죽을 염려가 있어 이랑 위보다 방한과 보습 효과가 있는 고랑에 심는 것이 유리하였다. 17~18세기경 보리에 견종법이 도입된 것으로 보인다.

◇ 수리 시설의 확충
농민들이 소규모의 보洑를 쌓아 18세기 말 전국에 6,000여 개의 저수지가 만들어졌다. 정부에서는 제언사를 다시 설치하고(현종), 『제언절목』을 편찬(정조)하는 등 수리 시설을 관리해 나갔다.

◇ 상품 작물의 도입
임진왜란 이후 담배와 고추(일본), 고구마(18세기 일본), 감자(19세기 청), 호박, 토마토 등이 도입되었고, 이를 통해 농업 생산은 전문화·다양화될 수 있었다.

◇ 광작과 임노동
조선 후기에 광작이 가능해지면서 자작농 겸 지주는 소작인 등에게 임대해 주었던 토지를 스스로 경작하였다. 광작을 하는 농민은 같은 노동력으로 약 4배까지 경작 면적을 넓힐 수 있었다. 이에 따라 노동력을 사용하는 형태가 변화하였다. 모내기할 때만 일손이 많이 필요하였기 때문에 이전부터 존재하였던 장기 고용 노동층인 고공(머슴)과는 달리 단기간 고용되는 일고(하루 고용), 계고(계절 고용) 등의 형태가 등장한 것이다. 이와 같이 광작이 확산되는 18세기 이후에는 노동력도 상품화되어 비교적 자유롭게 매매되기에 이르렀다. 이러한 현상은 농촌 사회에서 농민의 생활 모습을 근대적인 모습으로 변화시키는 결과를 가져왔다.

(2) 농촌 사회의 분화
① 지주전호제 확산과 광작으로 일부 경영형 부농(요호부민)은 신분 상승, 향전에 참여
② 소수의 지주·농민이 경작지 차지, 다수 농민들은 일자리 상실·조세 부담·고리대 등으로 몰락 → 잉여 노동력 증대
③ 대동법 시행에 따른 공인의 활동 → 상공업, 광업 등 발전 촉진

❸ 상품 화폐 경제의 발달

1. 상업 활동
(1) 관허 상인
① 시전 상인: 통공 정책으로 금난전권 상실, 일부는 공인으로 성장
② 공인
㉠ 대동법 실시 이후 등장한 어용상인
㉡ 관청·종목별로 계를 조직하여 상권 독점
㉢ 18세기 이후 '독점적 도매상인'인 도고都賈로 성장

(2) 사상
① 난전
㉠ 형성: 임진왜란 이후 훈련도감 군인·도시 근교의 농어민·중도아中稻兒 등 다양한 계층이 사상으로 성장
㉡ 시전 상인과 대립: 18세기 이후 종루·이현·칠패·누원 등 도성 안팎에서 난전 형성, 시전이 취급하지 않는 물품 매점하여 부를 축적 → 점차 시전 상인의 상권에 도전
㉢ 통공 정책으로 서울에서 난전의 자유로운 상업 활동 보장
② 객주(여각)
㉠ 거래 규모가 큰 포구 장시 등에서 선상이나 보부상 등을 상대로 중개·운송·보관·숙박·금융·도매업 등에 종사
㉡ 도고로 성장하기에 유리했음
③ 선상: 선박을 통해 운송 및 판매를 담당하는 상인, 경강상인이 대표적
④ 무역상
㉠ 만상: 의주 근거지로 대청 무역에 종사, 연경 회동관에 진출해 사무역 활동
㉡ 유상: 평양에서 주로 대청 무역품을 거래
㉢ 송상
• 개성 근거지로 청과 일본을 잇는 중계 무역, 전국적으로 송방 설치
• 인삼 수요가 늘고 화폐 대용으로 이용되자 인삼 재배에 관여
• 규모가 큰 상거래에 사개치부四介置簿라는 근대적 장부를 활용
㉣ 내상: 부산 동래 지역의 왜관에서 대일 무역에 주로 종사

◇ **훈련도감 군인의 상업 활동**
조선 후기 급료를 제대로 지급하지 못하면서 훈련도감 군인들이 봉급으로 받은 면포를 팔거나 수공업 제품을 만들어 시장에 내다 팔았다. 이것이 난전의 시초이다.

◇ **중도아**
거래 상품을 시전에서 매입하여 내다 파는 상인이었다. 조선 후기에는 농촌에서 이탈하여 도시로 유입된 이농민들이 많이 관여하였다.

◇ **도성 주변 상권**

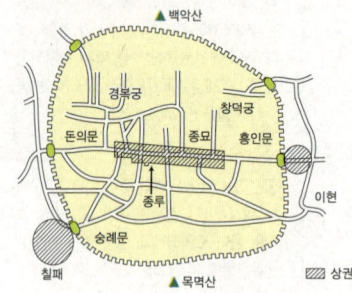

사상들은 종로 근방의 종루, 서소문 밖(칠패), 동대문 근처(이현)에 자리 잡고 시전 상인들과 대립하였다.

◇ **경강상인**
조선 후기 경강京江과 서남 해안을 무대로 세곡 운반 및 상업 활동에 종사하였다. 전국에서 생산되는 물품(주로 미곡)을 선박을 이용하여 서울로 운반하여 시전 상인에게 매도하거나, 직접 판매하였다. 조선업에도 진출하였고 시전을 직접 창설하려 시도하기도 하였다. 근대기 일본 상인들에 맞서 증기선을 구매하는 등 노력하였으나 철도 부설과 함께 몰락하였다.

[조선 후기의 상업 활동]

(3) 보부상(장돌뱅이)

① 장시의 증가
   ㉠ 18세기에 1,000여 개로 증가, 전국 단위 시장 형성
   ㉡ 대도시나 행정·상업 중심지의 장시는 상설 시장으로 발전

② 대장시의 발달
   ㉠ 대도시 주변의 송파, 누원(노원), 송양, 한강변 등 서울 길목에 상설시 형성
   ㉡ 칠성포, 강경포, 원산포, 마산포 등 포구 성장 → 선상과 객주·여각이 주로 활동, 매매 흥정을 붙이는 거간 출현

> **읽기 자료**
>
> **강경장**
> 금강 유역에 있는 강경장은 18세기에 비약적으로 성장하였다. 영조 때의 학자인 이중환은 『택리지』에서 "큰 배와 작은 배들이 밤낮으로 몰려들어 항구에 담같이 늘어서 있다. 한 달에 여섯 번 열리는 큰 장에는 멀고 가까운 곳의 화물들이 모여 쌓인다."라고 강경장을 묘사하였다. 강경장은 호남과 충청 지방에서 나는 갖가지 농산물과 해산물을 전국으로 내보내고, 또 각지의 특산물이 들어오는 전국 최대 시장의 하나로 성장하였다. 그러나 1905년 경부선의 개통으로 충청도 내륙과 경기도 지역이 상권에서 이탈하였고, 군산선과 호남선이 생기면서 해산물 집산지로서의 기능도 잃었다. 이에 따라 강경장은 서서히 몰락의 길을 걷게 되었다.

③ 보부상의 활동
   ㉠ 보통 30~40리 거리를 두고 5일마다 열리는 농촌의 장시(場市)를 순회
   ㉡ 상인 조합(상단)을 조직, 엄격한 규율 아래 상행위
   ㉢ 정부에서 장시 관리, 보부상단 임원 선출에 관여·통제하며 체제 내로 포섭 시도 → 임진왜란 때 군량미나 무기 운반 사례, 근대기의 혜상공국 설치 등으로 이어짐

2. 대외 무역

(1) **대청 무역**: 사행 무역˚ 외 국경 지역에서의 개시·후시 무역˚ 활발

① 개시 무역
   ㉠ 중강 개시(압록강 일대), 회령·경원 개시(함경도 두만강 근처)
   ㉡ 청과의 관계가 안정되는 18세기 후반부터 물자 교류 활발

② 후시 무역
   ㉠ 중강 후시: 숙종 때 폐지
   ㉡ 책문 후시: 1년에 4~5차례 이루어짐 → 유출되는 은의 양이 10만 냥에 달함
   ㉢ 단련사 후시: 사신 수행 임무를 지닌 단련사들이 사상들과 결탁 → 단련사 후시의 교역량 역시 막대하여 팔포 무역˚ 성행
   ㉣ 정부는 후시 무역을 인정, 수출품과 수입품 등에 세금 부과

③ 교역품
   ㉠ 비단·약재·문방구 등 수입, 은·종이·무명·인삼 등 수출
   ㉡ 은과 인삼은 결제 수단으로 이용, 이를 취급하는 송상과 만상은 큰 부를 축적

◇ **사행 무역**

조선이 청에 연행사를 파견할 때, 연경에 있는 조선 사신의 숙박소인 회동관(會同館)에서 조선의 사신, 종인 또는 만상들이 청나라 상인과 사무역을 행하였다. 조선 시대 역관의 업무는 통역을 맡아보는 것이었지만, 사행 때 필요한 경비를 마련하기 위해 무역을 하기도 하였다. 변승업은 일본어 역관으로, 임진왜란 이후 교류가 끊긴 중국과 일본을 연결하는 중개 무역을 통해 막대한 재산을 축적하였다. 특히 변승업을 비롯한 아홉 형제 중 여섯 명이 중국어, 일본어, 몽골어 역 관이기 때문에 국제 무역을 하기에는 더없이 좋은 상황이었다. 『승정원일기』에는 변승업을 두고 일국지부(一國之富)라고 불렀다는 기록이 남아 있는데, 그가 당시 최고 부자의 반열에 올라 있었다는 사실을 보여준다.

◇ **개시·후시 무역**

중국이나 일본과의 국경 지대에 공식적으로 개설되는 무역 시장을 개시라 하며, 사상들이 사신을 따라 다니며 개설한 암시장이나 개시 주변에서 밀무역을 목적으로 설치한 시장을 후시라 한다.

◇ **팔포 무역**

팔포는 조선 후기 중국 사행원들이 노자나 무역 자금으로 휴대하던 인삼, 또는 은을 말한다. 인삼 8포(80근)를 휴대하였던 데서 비롯한 용어로, 은 2~3천 냥, 쌀 1,300여 석에 달하는 거금이었다.

◇ 인삼대왕고은人蔘對往古銀
일본은 은에 구리를 첨가하여 만든 정은 丁銀으로 주로 무역 대금을 지불했다. 에도 막부 시기에는 은함량이 80% 이상인 게이초慶長 정은을 비롯한 칭량은화를 다종 제작했는데, 17세기 후반부터 은이 부족해지자 정은의 품질이 나빠지기 시작했다. 1695년에 만든 겐로쿠元禄 정은은 함량이 64%에 불과했다. 다만 조선의 인삼을 수입하기 위해서는 은함량이 80%인 은괴가 필요했는데, 국내 유통용이 아닌 인삼 수입용으로 1710년에 제작한 정은이 인삼대왕고은이다. 당시 일본에서 조선으로 들어온 은은 매년 5t 여에 달했다.

(2) 대일 무역
① 기유약조(1609) 체결 이후 동래 왜관에 설치한 개시와 후시를 통해 무역
② 주로 청에서 수입한 물품을 일본에 중계하는 형태
③ 은(인삼대왕고은°)·구리·황·후추 등 수입, 인삼·쌀·무명 등 수출
④ 내상 성장, 송상은 대청 무역과 대일 무역을 연결함

> **읽기 자료**
>
> **인삼과 은의 교역**
>
> 인삼은 중국의 비단, 일본의 은과 함께 조선 시대 동북아시아 무역에서 가장 비중이 높은 무역품이었다. 18세기 초부터 일본에서는 조선의 인삼을 수입하기 위해 '인삼대왕고은'이라는 특수 화폐를 주조할 정도로 인삼에 대한 수요가 많았다. 이 화폐는 120개가 있어야 조선 인삼 1근을 살 수 있었다고 한다. 임상옥은 우리나라 최초로 국경 지대에서 인삼 무역을 독점한 거상이었다. 중국인들은 조선 사절단을 따라오는 조선 상인들을 통해 인삼을 대량으로 사들였다. 이들은 사신관 앞에 인삼국을 차리고 인삼 거래를 하였는데, 그 규모가 매우 컸다고 한다.

3. 화폐의 유통
(1) 배경
① 상품 경제 발달, 지대와 조세의 금납화 촉진
② 쌀·베 등 물품 화폐나 칭량은화 대신 명목 화폐인 동전 필요성이 높아짐

(2) 보급
① 조선통보와 십전통보
  ㉠ 17세기 전반 팔분체조선통보(인조)와 십전통보(효종) 등 여러 동전 유통
  ㉡ 주전청鑄錢廳 설치하여 동전 주조
  ㉢ 중앙 관서 및 군영, 각 지방 관청에서 화폐 주조
② 상평통보
  ㉠ 인조 때 처음 주조하여 개성 중심으로 유통되다가 중지
  ㉡ 1678년(숙종 4)에 공식 화폐로 채택 → 전국적 확대·유통
  ㉢ 현물 화폐로 통용되던 면포는 매매 대상
  ㉣ 국가는 동전 주조를 통한 이익을 얻기 위해 동전 사용을 장려함

(3) 전황
① 동전의 구매력이 상승하자 재산 축적의 수단과 투기 대상이 되면서 동전이 부족해짐
② 전황으로 물가 하락 등 시장 경제 혼란 → 이익은 동전 사용 금지 주장
③ 일본으로부터 구리 수입, 대규모 주전 추가 시행, 국가가 주전량 관리 등 대책 마련

4. 민영 수공업의 발달
(1) 배경
① 16세기 이후 국역 체제의 해이 → 급보제와 복호제° 유명무실
② 국가 재정이 부족해져 관장官匠이 관영 수공업장에서 이탈
③ 상품 화폐 경제의 발달, 도시 인구 증가와 대동법 실시로 상품 수요가 증가

◇ 급보제와 복호제
관영 수공업에서는 공장안으로 장인을 파악하여 이들 관장에게 보인을 붙여주는 급보제와 잡다한 국역을 면제하는 복호제 등을 실시하여 장인이 안정된 생활을 할 수 있게 해 주었다.

(2) 민영 수공업의 성장

① 납포장 대두
- ㉠ 17세기 이후 장인세를 납부하면 장인이 독자적 물품 생산 가능
- ㉡ 점을 설치하고 물품 생산하는 장인 증가 → 분업과 협업을 통해 운영되는 작업장 출현

② 공장안 폐지
- ㉠ 민간 장인들의 제품이 관장들의 것보다 우수, 정부도 무기나 왕실 자기 등을 제외하고는 사장을 고용
- ㉡ 정조 때 공장안 폐지

(3) 운영 형태

① 선대제 수공업
- ㉠ 도시 경제 발달로 부를 축적한 시전 상인이 경제력과 금난전권을 이용하여 원료 구입·제품 판매를 독점
- ㉡ 부상이 장인에게 원료 제공, 임금 지불하고 제품을 모두 인수하여 판매
- ㉢ 상업 자본이 장인들을 직접 고용·생산하는 단계로 발전

② 독립 수공업
- ㉠ 수공업자들이 직접 제품 생산·판매, 특히 철기와 유기가 해당
- ㉡ 제품 판매를 위해 시전 상인들과 치열한 분쟁이 일어나기도 함

5. 민영 광업의 발달

(1) 배경
① 16세기 이후 부역제 문란으로 광산 채굴 곤란
② 수공업 원료 수요, 대청 무역 확대로 인한 은 수요, 동전 주조에 필요한 구리 수요 등 증가로 광산 개발 촉진

(2) 광산 개발 증가

① 설점수세제(효종)
- ㉠ 정부가 채굴장을 열어주면 개인이 설점하고 세금을 납부
- ㉡ 대청 무역과 맞물려 은광 개발 촉진
- ㉢ 호조에서 별장을 파견하여 수세(별장수세)

② 사채의 허용
- ㉠ 18세기 이후 채굴과 제련이 손쉬운 사금 채굴에 상업 자금이 대거 몰리면서 금광 투자 증가, 잠채 성행
- ㉡ 영조 대 군사상 용도로 필요한 경우를 제외하고는 개인의 광산 개발 인정하고 수세
- ㉢ 수세하는 은점이 줄자 정부는 수령이 설점수세를 관할하게 함(수령수세)

(3) 경영 방식
① 경영 전문가인 덕대가 광산의 주인과 계약을 맺고 광물을 채굴
- ㉠ 덕대는 광물 채굴권을 가짐
- ㉡ 광산 주인은 보증금과 부산물 이익
② 물주에게 자본 조달, 채굴업자인 혈주와 채굴 노동자, 제련 노동자 등 고용
③ '굴진 → 운반 → 분쇄 → 제련'으로 이루어지는 분업에 의한 협업 방식으로 운영

IV.

전근대사 - 사회

CHAPTER 01

고대·고려의 사회

CHAPTER 02

조선의 사회

CHAPTER 01 고대·고려의 사회

1 고대의 사회

1. 신분제 사회의 성립

(1) 사회 계층과 신분 제도
① 청동기 시대와 철기 시대를 거치며 계급 형성
② 정복 활동 → 집단 내에 지배층과 피지배층의 위계질서 형성 → 신분제로 발전
③ '귀족-평민-천민' 구조 형성

(2) 귀족, 평민, 천민
① 귀족
  ㉠ 중앙 왕족을 비롯한 대·소규모 부족장 세력 → 중앙 귀족 세력으로 편제
  ㉡ 정치·경제·사회적 특권
② 평민
  ㉠ 대부분 자유민 상태의 농민: 국가에 조세 납부, 노동력 징발 등의 책무
  ㉡ 향·부곡 등 집단 예속민도 같은 범주로 추정
③ 천민
  ㉠ 대부분 노비, 왕실·귀족·관청 등에 예속
  ㉡ 전쟁 포로 노비, 형벌·채무 노비 → 삼국 통일 후 형벌·채무 노비 비중 증가

(3) 신분제적 질서의 확립
① 신분적 차별 법제화: 지배층의 특권 유지 목적으로 율령 반포, 엄격한 신분 제도 운영
② 친족의 유대 강화: 개인의 능력보다 친족의 사회적 위치에 따라 신분 결정

2. 초기 국가와 삼국 시대

(1) 부여, 초기 고구려, 삼한의 읍락 사회
① 가加·대가大加
  ㉠ 호민을 통해 읍락 통치
  ㉡ 독자적으로 가신과 군사 보유하고 중앙 정치에 참여
  ㉢ 중앙 집권화 과정에서 귀족으로 편제
② 호민豪民
  ㉠ 경제적으로 부유한 평민 계층 출신
  ㉡ 귀족을 대리해 하호 지배
③ 하호下戶: 일반적으로 농업에 종사하는 평민, 조세와 역 담당
④ 노비奴婢: 읍락의 최하 계급인 천민층, 주인에게 예속되어 생활

[신분제의 반영 모습]
동수묘 여주인공을 묘사한 벽화이다. 신분의 귀천에 따라 인물의 크기를 다르게 묘사한 것으로, 왕비의 모습은 크고 궁녀의 모습은 작은 것을 확인할 수 있다.

(2) 고구려
  ① 사회 기풍
    ㉠ 졸본·국내성 등 산간 지역 도읍하여 식량 생산 부족 → 활발한 정복 활동
    ㉡ 상무적, 씩씩하고 활기넘치는 사회 기풍 형성
  ② 형법
    ㉠ 엄격한 형벌 적용으로 질서와 기강 유지
    ㉡ 내용
      • 반역: 화형 후 다시 목을 베고 그 가족을 노비로 삼음
      • 전쟁에서 항복·패배: 사형
      • 도둑질: 물건 값의 12배 배상
      • 남의 소·말을 죽이거나 채무 불이행: 노비로 삼음
  ③ 지배층
    ㉠ 왕족인 고씨를 비롯한 5부 출신의 귀족이 합좌 회의로 정치 주도
    ㉡ 전쟁 시 스스로 무장하여 전투 참여
  ④ 피지배층
    ㉠ 대부분 자영 농민: 조세·병역·요역(토목 사업 등) 의무, 진대법 실시로 보호
    ㉡ 천민: 대부분 노비, 피정복민 또는 몰락한 평민들이 형성
  ⑤ 풍습
    ㉠ 혼인 풍습: 형사취수제(부여와 동일)·서옥제, 평민들은 자유로운 교제
    ㉡ 사회 풍속: 무예 숭상, 조우관(鳥羽冠) 착용

(3) 백제
  ① 사회 기풍: 일반적인 언어와 풍속은 고구려와 비슷, 말타기와 활쏘기 등을 좋아함
  ② 형법
    ㉠ 내용
      • 반역·전쟁 시 퇴각·살인: 참형에 처하고 재산 몰수
      • 도둑질: 귀양형, 2배로 배상
      • 관리가 뇌물을 받거나 횡령: 3배로 배상, 종신 금고형
    ㉡ 초기에는 직접 처벌이 다수 → 후기에 간접 배상이 많음
    ㉢ 남성 중심의 사회 질서: 결혼한 부인이 간통하면 남편 집 노비로 삼음
  ③ 지배층
    ㉠ 왕족인 부여씨와 8성(사씨·연씨·협씨·해씨·진씨·국씨·목씨·백씨) 귀족이 지배 세력의 중심
    ㉡ 일찍이 중국 문화 수용: 중국 고전 및 역사책을 즐겨 읽고 한문에 능숙
    ㉢ 관청 실무에 밝음
    ㉣ 오락: 투호, 바둑, 장기 등
  ④ 피지배층: 대부분의 농민과 다수의 노비 존재

◇**시기별 백제의 지배층 변화**
· 한성 시대: 북방 유이민 계통 왕족 부여씨 + 왕비족 진씨·해씨 주도
· 웅진 시대: 왕족 + 연씨·백씨 주도
· 사비 시대: 왕족 + 사씨·목씨 주도

[양직공도의 백제 사신]

'양직공도'에는 6세기 중국 양나라에 파견되었던 백제 사신의 모습이 그려져 있으며, 그에 대한 해설도 덧붙여 있다.

◇ **화백 회의의 기능**
화백 회의에서 "정치가 어지럽고 음란하다."라는 이유로 진지왕을 폐위시켰던 경우가 있다. 이를 통해 화백 회의가 귀족의 단결을 보여주고, 왕권을 견제하는 힘을 가지고 있었다는 것을 알 수 있다.

◇ **중위제**
골품에 의한 관등의 상한선을 유지하기 위해 만든 제도로, 17관등의 성립과 함께 시기를 달리하여 나마·아찬 중위제를 운영하여 상위 관등을 주지 않고도 두품층의 명목상의 승진을 시킬 수 있는 근거를 마련하였다.

◇ **원광의 세속오계**
- 사군이충事君以忠: 충으로서 군주를 섬긴다.
- 사친이효事親以孝: 효로써 어버이를 섬긴다.
- 교우이신交友以信: 신의로써 동무와 벗을 삼는다.
- 임전무퇴臨戰無退: 전쟁에 임하여서는 후퇴하지 않는다.
- 살생유택殺生有擇: 살생을 함부로 하지 않는다.

◇ **삼한일통三韓一通 의식**
통일 후 신라는 삼국이 통일된 것을 '삼한을 한 집으로 만들었으며, 백성들은 두 마음이 없게 되었다'고 하여, 고구려·백제가 신라에 통합된 것에 대한 정당성을 부여하고 그 유민들을 빠르게 신라 사회에 융합시키고자 하였다.

[청주 운천동 사적비]
왕의 덕을 기리고 전쟁이 끝나고 삼국 통일이 이루어진 위업을 기리는 내용을 담고 있다.

◇ **옛 백제와 고구려 지배층의 신라 관등 편입 내용**
신라는 옛 백제의 지배층에게 신라 관등을 부여하였는데 백제 달솔은 대나마, 은솔은 나마, 덕솔은 대사에 대응되었다. 옛 고구려의 지배층의 경우 고구려 주부는 일길찬, 위두대형은 급찬, 소형은 대사에 대응되었다.

(4) 신라
① 특징: 화백 회의·화랑도 등 초기 부족적 전통 유지, 중앙 집권적 통치 체제 정비
② 화백 회의
  ㉠ 진골 출신 고관인 대등大等이 합좌 → 국가 중대사를 회의로 결정
  ㉡ 만장일치의 원칙 적용, 상대등이 회의 주재
  ㉢ 귀족권과 왕권의 균형 유지◇
③ 골품제
  ㉠ 성립 배경: 중앙 집권 국가로의 발전 과정에서 귀족층(왕경인) 대상의 신분 질서 마련, 법흥왕 때 제도화
  ㉡ 성골聖骨: 통일 전 최고 신분, 왕이 될 수 있는 자격, 진덕 여왕을 마지막으로 단절
  ㉢ 성골 이하 진골眞骨
    • 모든 관직에 진출할 수 있는 왕족으로 요직을 차지하고 중앙 권력 장악
    • 통일 이후 무열왕부터 왕위 계승
  ㉣ 두품층
    • 6~1두품으로 실무 담당층 → 통일 이후: 3~1두품 평민화
    • 두품에 따라 관직 진출의 상한선 존재 → 중위제◇ 운영
④ 화랑도
  ㉠ 조직
    • 원시 사회의 청소년 집단에서 유래
    • 진골 귀족 중심, 일반 백성의 자제가 참여한 청소년 집단
  ㉡ 구성: 진골 화랑 1명, 승려 낭도 1명, 진골 이하 평민 등의 낭도들
  ㉢ 기능
    • 골품제와 신분제로 인한 계급 간 갈등 조절
    • 전통적인 사회 규범 학습, 사냥·전쟁 기술 훈련, 협동·단결 정신 함양 등
  ㉣ 6세기 후반 진흥왕: 국가 차원으로 조직 확대
  ㉤ 세속 5계:◇ 진평왕 때 원광법사가 제시, 화랑이 지켜야 할 규범

3. **남북국 시대**
(1) 통일 신라
① 민족 통합 정책: '삼한일통' 의식 형성◇
  ㉠ 지배층 포용
    • 무열왕 7년(660), 문무왕 13년(673)에 옛 백제 지배층에 관등 부여
    • 신문왕 6년(686)에 고구려인에게 관등 부여 → 신라 귀족들과 동등하게 대우◇
  ㉡ 군대 편성: 피정복 국가 사람들을 중앙군인 9서당에 편성
  ㉢ 지방 제도 정비 및 외위제 폐지(674), 상수리 제도 실시

② 중대 사회의 변화
  ㉠ 진골 귀족
    - 통일 전쟁 수행 과정에서의 활약으로 정치·사회적 비중 우세
    - 중앙 관청의 장관직 독점, 합의를 통한 국가 중대사 결정의 전통 유지
  ㉡ 6두품 귀족
    - 신문왕 때 일부 진골 귀족들 숙청, 왕권 전제화 → 6두품의 활발한 정치 진출
    - 학문적 식견과 실무 능력으로 국왕 보좌, 능력 발휘
    - 신분의 제약: 중앙 관청의 수장이나 지방 장관 자리에는 임명 불가
③ 신라 하대의 사회 모순
  ㉠ 정치 기강의 문란
    - 귀족들의 왕위 쟁탈전 격화, 중앙 정부의 통치력 약화
    - 지방 토착 세력과 사원이 대토지를 소유하고 유력한 신흥 세력으로 성장
    - 농민 봉기: 9세기 이후 빈번한 자연재해 발생과 정부의 강압적인 조세 징수
  ㉡ 독서삼품과 실시: 골품보다 실력 본위 인재 등용 시도
④ 통일 신라인의 생활
  ㉠ 귀족
    - 금입택 거주, 사철 노릿댁, 많은 노비와 사병
    - 귀족들의 사치품 선호 현상 심화 → 사치 금지령(흥덕왕)
  ㉡ 농민의 생활: 소규모 민전, 귀족 토지 경작 → 채무 노비 다수 발생

(2) 발해
① 사회 모습: 당의 제도와 문화 수용, 고구려·말갈 사회의 전통적 생활 모습 유지
  ㉠ 사회 기풍: 씩씩한 사회 기풍, 활쏘기·말타기·격구 등을 즐김
  ㉡ 풍습
    - 여성의 지위 높음: '여사'(여성 교사) 존재, 일부일처제가 일반적
    - 부부합장묘가 많음
  ㉢ 이원적 지배 구조: 고구려계와 말갈계(수령 임명)

> **읽기 자료**
>
> **발해의 여성**
>
> '발해인 셋이면 호랑이도 잡는다.'라는 말을 들을 만큼 용맹한 발해인도 부인에게는 꼼짝 못했던 걸까? 남송 시대의 문헌인 『송막기문』에 따르면, 발해 여성은 여러 명이 의자매를 맺어 번갈아 서로 남편들을 감시했고, 남편이 첩을 들이려 하면 다 같이 이를 꾸짖었다고 한다. 부인의 등쌀 때문에 발해 남자는 첩을 두기 어려웠을 뿐 아니라 밖에 나가서도 한눈을 팔 수 없었다. 이러한 분위기를 반영한 듯, 발해에는 일부일처제가 일찍부터 확립되었고 무덤은 부부합장묘가 많다고 한다. 또한, 발해의 전설 중에는 부인이 장군이 되어 거란을 무찌르고 남편을 구해 왔다는 이야기도 있다. 이는 발해 여성의 위풍당당한 면모를 잘 보여 준다.

② 지배층
  ㉠ 왕족인 대씨와 귀족인 고씨·이씨 등 고구려계 사람들 대부분
  ㉡ 중앙·지방의 중요 관직 차지, 노비와 예속민을 거느림
  ㉢ 지식인은 당 유학, 빈공과에 응시 → 신라인과 실력을 다툼

◇ **발해의 사회 구조**
발해는 소수의 고구려계 유민들이 지배층을 형성하였고, 대다수의 주민들은 말갈족이었다. 일부 말갈인이 지배층으로 편입된 경우도 있었지만, 세족은 모두 고구려계였다.

◇ **발해 지배층의 성씨**

고구려계	대(大)	63	말갈계	오(烏)	2
	고(高)	39		모(慕)	8
	이(李)	16		사(史)	3
	왕(王)	12		이(已)	2
	장(張)	2		최(崔)	2
	양(揚)	8		여(茹)	2
	마(馬)	2		안(安)	2
	하(賀)	4		다(多)	2
	배(裵)	2		석(釋)	2
	조(趙)	2		기타	44

> **읽기 자료**
>
> **발해의 지배층**
>
> 발해의 귀족에 어떤 사람들이 있었는지는 기록에 남아 있는 성씨를 통해 어느 정도 파악해 볼 수 있다. 현재 남아 있는 발해 관련 자료 중에서 2명 이상 확인되는 성씨를 정리해 보면 오른쪽 표와 같다. 다수를 차지하는 핵심적 지배층은 단연 대씨였다. 이들은 전체의 약 35%에 달하며, 5품 이상의 관직을 갖고 있었다. 다음으로는 고씨가 대씨에 버금가는 최고위층을 이루고 있었는데, 이들 또한 전시기에 걸쳐 주도적인 역할을 담당하고 있어 고구려 유민이 발해의 지배층을 이루고 있었음을 알 수 있다. 한편, 말갈계 귀족은 고구려 유민에 비해 수적으로는 적었지만 다수가 확인되고 있다. 오씨의 경우에는 재상의 지위까지 오르기도 하였으며, 모씨, 사씨, 석씨 등은 일본과의 교류에서 대사로 활약하기도 하였다. 고구려 유민과 말갈인이 함께 발해를 건국한 후, 정치, 경제, 외교 각 분야에서 서로 융합하여 발해 사회의 발전을 이끌어 나갔음을 알 수 있다.

③ 피지배층
  ㉠ 말갈인이 다수: 일부는 지배층에 속하여 국가 행정 보조
  ㉡ 부곡인은 특히 열악한 처지

2 고려의 사회

1. 신분 제도

(1) 양천제°
  ① 법제적 양천제: 원칙적으로 양인과 천인의 두 신분만 존재
  ② 양인
    ㉠ 다양한 계층 구성
      • 정호층: 귀족과 중간 계층 포함, 관료·군인·향리 등 지배 질서에 참여
      • 백정층: 일반 농민
      • 향·부곡·소의 거주민 등
    ㉡ 법제적으로는 모두 자유민으로 각종 부세와 국역 담당 계층
  ③ 천인
    ㉠ 대부분 노비로 하나의 재산으로 취급, 매매·상속·증여 가능
    ㉡ 일반적으로 양천교혼 금지

(2) 귀족
  ① 구성과 특권
    ㉠ 구성
      • 개경·서경 거주 문무 관리 중 가문이 좋은 일부 계층
      • 왕실의 외척이 되거나 상호 간 통혼 관계 → 정치적·경제적 실권 장악
      • 지배층의 핵심: 5품 이상의 고위 관료들이 주류 형성
    ㉡ 특권
      • 혜택: 정치적 특권인 음서, 경제적 특권인 공음전
      • 요직 독점, 국가 운영, 귀족 사회 유지

◇ **고려의 신분 제도**
고려의 신분 제도는 엄격하여 조상의 신분이 그대로 세습되었으나 예외도 있었다. 향리로부터 문반직에 오르는 경우와 군인이 군공을 쌓아 무반으로 출세하는 경우가 있었다. 고려 후기에는 향·부곡·소가 일반 군현으로 승격되기도 하였으며, 외거 노비 가운데는 재산을 모아 양인 신분을 얻는 자도 있었다.

② 문벌
  ㉠ 성립
    • 개국 공신, 과거 출신자 등 다양한 세력이 중앙 정치에 참여하여 '귀족'화
    • 본관제本貫制를 바탕으로 가계 유지, 주로 개경에 거주, 죄를 지으면 귀향형
    • 가문 간 중첩된 혼인 관계, 특히 왕실과의 혼인 중시
  ㉡ 기반
    • 국학과 사학을 거의 독점하여 과거를 통해 관직 진출, 음서로 특권 유지
    • 고위 관직 독점: 중서문하성과 중추원 등 핵심 관부
    • 과전과 공음전 외에도 토지 소유 확대로 부 축적
  ㉢ 신분 변동
    • 지방 향리의 자제들이 과거를 통해 벼슬 진출하면 귀족으로 신분 상승 가능
    • 중앙 귀족이 귀향형을 받아 낙향하여 향리로 전락하는 경우 있음
③ 권문세족
  ㉠ 성립
    • 원 간섭기에 부원 세력으로 성장
    • 이 중 일부가 충선왕 대 '재상지종宰相之宗'
  ㉡ 특권
    • 고려 후기 정계의 요직 장악, 음서로 신분 세습하여 권력 유지
    • 다수의 노비와 대규모 농장 소유
    • 모수사패冒受賜牌, 압량위천壓良爲賤 등의 수단으로 부 축적
    • 신진 사대부의 비판 대상
④ 신진 사대부
  ㉠ 고려 후기 향리 출신 중 경제력을 토대로 과거에 합격하여 중앙 정계에 진출한 세력
  ㉡ 고려 말 구질서와 사회 모순(권문세족) 비판, 전반적인 사회 개혁과 문화 혁신 추구

구분	문벌 귀족	권문세족	신진 사대부
출신	호족, 6두품	친원 세력	지방 향리
정치 기반	과거, 음서, 통혼	음서(도평의사사)	과거
경제 기반	과전, 공음전	대농장	중소 재지 지주
특징	자주적(초기)→보수적(중기)	보수적	개혁적

(3) 중류층
① 특성
  ㉠ 성립: 중간 역할 담당 계층, 지배 기구의 말단 행정직으로 통치 체제의 하부 구조 형성
  ㉡ 운영
    • 대개 한품 서용 7품
    • 직역 세습, 직역의 대가로 외역전과 같은 토지 분급
    • 하층 향리: 개인의 능력에 따라 신분 내 상위 품계로 이동 가능

◇ 권문세족의 유형
권문세족에는 전기 이래 문벌 가문이 그대로 유지된 경우(경주 김씨, 인주 이씨, 해주 최씨, 파평 윤씨 등)와 무신 정권 당시 무신으로 새로이 득세한 경우(언양 김씨, 평강 채씨, 안동 김씨 등), 무신 집권기 하급 관리나 향리직을 담당하고 있던 새로운 관인층이 성장한 경우(횡천 조씨, 황려 민씨 등)와 원 간섭기 원과의 결탁을 통해 권문세족으로 성장한 경우(평양 조씨, 칠원 유씨, 행주 기씨) 등이 있다.

② 향리: 지방의 실무 행정 책임자
  ㉠ 향리직제 마련(성종)
    • 향리직제의 지방별 차이를 전국적 통일
    • 대부분의 군현에 지방관이 없어 향촌 사회를 실질적으로 지배·운영
  ㉡ 향리 제도 개혁(현종)
    • 군현 크기에 따라 향리 정원 수 지정◇
    • 향리의 공복 규격화로 체계적 파악 시도
  ㉢ 향리 승진 9단계 제정(문종): 향리직의 질서 체계 정연, 통제 용이◇
  ㉣ 임무
    • 지방 행정 담당자 → 조세 징수와 역역 동원 담당, 군사 지휘로 군공
    • 간단한 소송 진행, 권농의 임무와 지역민 교화, 구휼
    • 계층 간 결속을 위해 노력, 지역민을 동원해 불사佛事를 주도
  ㉤ 중앙에 관인 공급: 상경유학, 향공, 선군 응모, 군공, 기인 등 → 문·무·리吏 세 계열로 진출
  ㉥ 향리의 위상 변화
    • 무신 집권 이후 지방 향리의 상층부가 대거 중앙 진출(능문능리能文能吏)
    • 고려 말 과거 외에 군공으로도 첨설직添設職 수여받아 사족화 진행
    • 향리 상층부는 지위 상승, 고려 후기 토착 향리들은 처지 열악, 역 고역화 → 향리층이 상하로 나뉨

◇ **향리의 정원**
1018년(현종 9)에 군현의 규모에 따라 향리의 정원을 제정하였는데, 주·부·군·현의 경우 최고 84명(1,000정 이상의 군현)에서 각각 61명(500정 이상)·51명(300정 이상)·31명(100정 이하)까지, 방어군·진의 경우 최고 52명(100정 이상)에서 각각 50명(100정 이상)·29명(100정 이하)을 두었다.

◇ **향리의 승진 규정**
1051년(문종 5)에 향리에 대하여 9단계 승진 규정을 마련하였다. 구체적으로 제단사諸壇史-병사兵史·창사倉史-주·부·군·현의 사史-부병정副兵正·부창정副倉正-부호정副戶正-병정·창정-부호장-호장의 순서이다.

> **읽기 자료**
>
> **고려의 향리**
>
> 고려 시대 군현에서는 향리가 직역을 세습하며 지역민을 이끌었다. 향리들은 조세와 공물을 거두어 중앙에 납부하였으며, 간단한 소송을 진행하는 등 지방을 실질적으로 지배하였다. 또한, 군을 통솔하여 관청, 성, 사찰 등을 건축하였으며, 전시에는 지역을 방어하기도 하였다. 한편, 약목군(경북 칠곡군 약목면)의 향리들은 석탑을 건립하면서 그 과정을 상세하게 기술해 두었는데, 이것이 '정도사 5층 석탑 조성 형지기形止記'이다. 이 기록에는 약목군 향리와 백성이 1019년부터 1031년에 걸쳐 정도사지 5층 석탑을 세운 과정이 시간 순서대로 기술되어 있다. 또한, 형지기 끝 부분에는 시주자 명단과 시주물의 내역 뿐만 아니라 탑 건립에 관여한 장인의 명단도 기록되어 있다.

③ 말단 행정직
  ㉠ 남반南班:◇ 궁중의 당직이나 국왕의 호종, 간단한 왕명 전달 등을 담당하는 내료직
  ㉡ 서리胥吏
    • 중앙 각 관서의 아랫자리에서 행정 실무에 종사한 부류
    • 리吏·리직吏職·연속椽屬·도필리刀筆吏 등으로 지칭
    • 주사·녹사·영사·사·기관 등의 입사직入仕職과 장고 등의 미입사직으로 구분
    • 입사직은 승진하여 품관으로 나가거나 과거를 통하여 양반화(한품 서용 7품)
    • 귀족 양반 자제는 음서를 이용해 입사직에 올랐다가 다시 품관으로 승진하는 과정
    • 양반 신분층과 맞닿아 있다는 점에서 조선 시대 서리와 구분
  ㉢ 군반軍班: 직업 군인(하급 장교)에 해당, 2군 6위 등 중앙군 형성
  ㉣ 역리驛吏: 지방의 역 관리, 군사 정보 및 왕명 전달, 사신의 영송과 접대

◇ **남반의 기원**
고려 시대 궁중의 숙직, 국왕의 시종·호종·경비, 왕명의 전달, 의장 등의 사무를 맡아보던 내관직의 제도는 중국에 기원을 둔 것으로, 근시近侍들을 당과 송에서는 횡반橫班, 요나라에서는 남반 또는 횡반이라 하였다. 문·무 양반이 동·서로 반열한데 대해 남쪽에 횡으로 반열하게 된 데서 비롯되었다. 우리나라에서의 기원은 확실하지 않으나, 중국식 과거 제도가 채용된 고려 광종 때나 고려의 관제가 일단 정비된 성종 때에 형성된 것으로 추정하고 있다.

(4) 양민
① 특징
  ㉠ 일반 주·부·군·현에 거주, 농업이나 상공업 종사자
  ㉡ 농민층이 대부분이었고, 수공업자와 상인도 포함
  ㉢ 향·부곡·소 거주민: 다른 군현민에 비해 차별을 받았으나 양민에 포함
② 백정白丁
  ㉠ 조세·공납·역의 의무를 가진 계층, 법제적으로 과거 응시 가능
  ㉡ 직역 부담하지 않고 일반 잡역의 부담을 진 농민층으로, 국가에 대해 일정한 직역을 지는 정호丁戶와 구별
  ㉢ 자기 소유의 민전 경작, 다른 사람의 토지를 빌려 경작
③ 향·부곡·소 거주민
  ㉠ 성립
    • 향·부곡: 삼국 시대 이래 군·현이 되기에 토지와 인구가 적은 곳, 반역 지역, 집단 예속민 거주지 등
    • 소: 특정 물품 생산을 위해 고려 때 처음 지정
  ㉡ 역할
    • 향·부곡민: 국가 공유지 경작의 역 부담
    • 소민: 특수 물품 생산·제조의 역 부담, 금·은·동·철의 광산물, 직물·종이·도자기·석탄·숯·먹 등의 수공업품 생산
  ㉢ 특성: 국학 입학이나 과거 응시에 제한, 승려가 될 수 없고 향리의 통제를 받음
  ㉣ 변동
    • 반란, 집단 처벌, 군공 등에 따라 강등 혹은 승격 가능
    • 망이·망소이의 난(1176) 이후 특수 행정 구역이 일반 군현으로 승격되는 경우 증가
④ 기타
  ㉠ 역·진, 처·장 거주민: 일반 군현민에 비해 과중한 노역 부담
    • 역·진: 교통 요지
    • 처·장: 왕실·국가 기관이나 유력자의 농장
  ㉡ 칭간칭척자·광대(재인) 등: 신분상 양인이나 천인 대우

◇ **정호丁戶**
정호층은 신라 말 고려 초의 지방 세력에서 기원하고 있는데, 이들은 태조 이래 국가로부터 성씨와 본관을 부여받은 지방의 유력자로서 향리나 군인서럼 직역의 수행과 공로에 따라 지배 질서에 참여할 수 있는 계층이었다. 이들은 관료제의 발달과 집권 체제의 정비에 따라 중앙과 지방에서 직역 부담자로 분화되기 시작하였으며, 일반 백정보나는 우월한 신분석 지위를 누릴 수 있었다. 또한, 이들은 직역에 대한 반대급부로서 국가로부터 토지를 지급받았다.

◇ **향·부곡·소 주민의 신분**
조선 초에 편찬한 여러 지리지의 관계 자료를 토대로 정리해 보면, 향·부곡·소는 하삼도 지역, 곧 경상·전라·충청도에 집중적으로 분포하였음을 알 수 있다. 도별 분포는 경상도가 36%, 전라도가 28%, 충청도가 18%였다. 세 지역이 전체의 83%를 차지하였다. 군현의 수는 550개 정도 되는 데 비해, 향·부곡·소의 수는 750개를 웃돌아 군현의 수보다 향·부곡·소의 수가 훨씬 많았다. 따라서 향·부곡·소의 인구가 적다 해도 하나의 행정 구획으로 인정할 정도는 되기 때문에, 전체 주민의 수는 상당한 수에 달하였다. 따라서 이곳 주민이 천민이라고 한다면, 당시 고려의 인구 절반가량이 천민이었다는 결론이 나오므로 천민으로 보기는 어렵다.

◇ **칭간칭척자**
칭간자는 사유 농장의 전호나 예속농민인 처간 등을, 칭척자는 진척, 향·소·부곡민 등을 지칭한다. 이들은 고려 시대부터 특수한 신역을 세습하면서 사회적으로 차별받던 계층이다.

(5) 천민(노비)

① 특성
  ㉠ 재산으로 취급(매매·증여·상속 대상)
  ㉡ 교육, 과거 응시, 관직 진출 금지
  ㉢ 일천즉천一賤則賤, 천자수모賤者隨母

② 공노비:° 국가 기관 소속, 전쟁 포로나 중대 범죄자에서 비롯
  ㉠ 입역 노비(공역 노비)
    • 관아에서 주로 사령
    • 10여 세부터 노동력을 제공 → 60세가 되면 부담에서 벗어남
    • 대가로 일정한 급료를 받거나 독자적 가계를 꾸리기도 함
  ㉡ 외거 노비: 토지 경작, 지대 납부, 별도로 신공 납부

③ 사노비: 개인이 소유, 일반 양인이 경제적 이유로 노비가 되는 경우가 많음°
  ㉠ 솔거 노비
    • 독자적인 경리 소유 불가능
    • 결혼해도 매매·상속·증여에 따라 가족이 흩어지는 경우 다수
    • 법적으로 재산에 대한 주체적 권리 인정되지만 실제로는 기회 거의 없음
  ㉡ 외거 노비
    • 주인과 따로 거주하여 비교적 자유로움
    • 대부분 주인 소유의 토지 경작, 지대 이외에는 자기 몫으로 갖기도 함
    • 재물 축적 기회가 있고 실제로 자기 재산을 소유 가능

2. 고려 후기의 사회 변동

(1) 무신 집권기

① 사회 동요
  ㉠ 배경
    • 무신 정권: 대토지 겸병, 공물과 역역의 빈번한 징발 등 사회경제적 모순 → 민란
    • 무신 간의 하극상 풍조 → 피지배층이 봉기하는 구실 제공
  ㉡ 김보당의 난(1173): 동북면의 병마사였던 문신 김보당이 의종의 복위를 위해 거병, 거제에 유폐된 의종이 경주까지 올라왔다가 이의민에게 살해
  ㉢ 조위총의 난(1174): 서경유수 조위총이 정중부 정권의 타도를 주장하며 거병, 근교 농민들의 가세로 장기간 지속
  ㉣ 교종 승려들의 난(1174~5): 문벌 귀족의 후원을 받던 귀법사 등 교종 계통 승려° 2,000여 명이 반란 가담

◇ **공노비**
공노비는 값이 정해지지도 않았고 매매 대상이 되지도 않았다. 간혹 사급 대상이 될 수도 있었으나 전쟁 포로나 관몰한 사노비 출신의 공노비에만 한정되었다.

◇ **노비의 처지**
주인이 노비에게 매질하는 것은 불법이 아니었다. 그러나 죄의 유무를 불문하고 주인이 노비를 죽이는 것은 불법이었다. 생사여탈권은 소유주라고 해도 가질 수 없었던 것이다. 반면, 사노비는 주인에 대해 절대 복종해야 했다. 도망가고 속량하거나 주인을 경멸·모함·무고하는 것은 용납되지 않았다. 주인의 범죄도 고발할 수 없었으나 예외로 반역과 같은 중대한 범죄는 고발해야 했다.

◇ **귀법사의 난**
1174년(명종 4) 1월, 귀법사의 승려 1백여 명이 이의방을 살해하기 위해 공격하자, 이의방도 군사 1천여 명을 출동시켜 반격했다. 이후 귀법사 승려들과 중광사·홍호사·홍화사 등의 승도들까지 2천여 명이 결집하여 성을 계속 공격했고, 이의방이 성문을 걸어 잠그자 승도들은 성 밖 인가에 불을 질러 숭인문崇仁門을 불태우기까지 했다. 난의 실패 후 이의방이 병사를 보내 승려 100여 명을 죽인 후 절들을 불태우고 물건을 약탈하자, 다시 승도들이 이들을 추격하면서 많은 승려들과 병사가 다치고 사망하였다. 이 사건은 무신정변으로 많은 문벌들이 해를 입자 이들과 가까웠던 사찰 세력이 위기감을 느끼고 벌인 것이었다.

② 하층민의 봉기: 명종~신종 대의 30년간에 집중 발생
  ㉠ 서북 지역의 민란(1172): 창주, 성주, 철주의 3주민이 수령의 탐학과 주구에 반발
  ㉡ 석영사의 난(1175): 한강 이남에서 문신과 내통하여 일어난 민란
  ㉢ 망이·망소이의 난(1176), 정중부 집권기, 공주 명학소에서 반란, 정부는 명학소를 충순현으로 승격시켜 난을 무마한 뒤 진압
  ㉣ 전주 관노의 난(1182): 경대승 집권기의 반란, 한때 전주 점령
  ㉤ 김사미·효심의 난(1193): 운문(청도) 김사미와 초전(울산) 효심이 연합, 이의민이 몰래 후원하며 왕위를 넘보다가 여의치 않자 진압 → 잔여 세력이 동경 대반란에 가담
  ㉥ 만적의 난(1198): 최충헌의 사노 만적이 노비 해방을 주장하며 봉기
  ㉦ 명주 농민의 난(1199), 광명·계발의 난(1200): 신라 부흥 표방, 동경의 이비·패좌와 합세, 진주 노비군과 합주(합천) 부곡민도 연합
  ㉧ 정방의·정창대 형제의 난(1200): 진주 공사노비들이 주리(州吏)의 부패에 반발

[고려 무신 집권기의 하층민 봉기]

③ 삼국 부흥 운동
  ㉠ 동경 대반란(1202)
    • 이비·패좌가 주도, 신라 부흥 표방
    • 명주 농민, 광명·계발, 진주 노비군, 김사미·효심의 난의 잔여 세력 등 가세 → 연합 세력 구축
    • 최충헌이 동경유수(東京留守)를 지경주사(知慶州事)로 강등
  ㉡ 최광수의 난(1217): 최충헌 집권기 서경에서 고구려 부흥 운동 표방
  ㉢ 이연년 형제의 난(1237)
    • 최우 집권기, 담양에서 백제 부흥 운동 표방
    • 대장경 조판 과정의 수탈에 반발한 민들이 대기 가담

(2) 대몽 항쟁기
 ① 최씨 무신 정권: 몽골의 침입에 대항하여 강화도로 천도, 장기 항전에 대비
 ② 지방의 주현민: 산성이나 섬에 들어가 몽골에 저항 → 백성들의 고난

(3) 원 간섭기
 ① 친원 세력의 등장
 ② 원과의 교류로 몽골풍 유행, 몽골에는 고려양 유행
 ③ 공녀 문제: 결혼도감을 통해 원으로 징발 → 조혼 풍습 유행
 ④ 왜구의 침입: 14세기 중반부터 본격적으로 침략하여 해안 지방 황폐화
 ⑤ 납속보관(納粟補官) 성행: 국가 재정 보충을 위해 곡식, 은 등을 받고 벼슬 판매

◇ 봉기 주도 세력
고려 시대 하층민의 봉기는 주도 세력이 다양하였다. 이들이 대항하는 상대도 향리, 지방 관원, 중앙 정부, 사찰 등 다양하였다. 몇몇은 신라·고구려·백제 부흥 운동을 내세우며 지역민의 결집을 꾀하였으나 다양성 때문에 연합 전선을 형성하기가 쉽지 않았다.

◇ 몽골풍의 사례
원 간섭기에는 국왕과 관리들이 몽골식으로 머리를 깎고 발립을 썼다. 또한, 웃옷과 치마를 따로 재단하여 봉제한 철릭을 입었다. 철릭은 소매가 좁아 활동하기에 편리하여 서민들은 모시를 이용하여 철릭을 만들어 입었다. 변발(辮髮), 호복(胡服)은 당시의 대표적인 몽골풍으로서 공민왕에 의해 금지되었다. 몽골의 언어로는 '장사치', '벼슬아치'등 사람을 가리키는 '치'라는 접미사와 '수라', '사돈'등이 있고, 음식으로는 만두, 설렁탕, 소주 등이 있다. 풍속으로는 여자들의 다리 머리, 도투락 댕기, 족두리, 두루마기와 저고리 등이 있다. 연지와 곤지도 몽골풍으로 여기기도 하나, 삼국 시대에도 이와 유사한 풍습이 있어 정확하지 않다.

3. 백성의 생활 모습

(1) 향도香徒

① 유래
  ㉠ 연원: 김유신을 중심으로 조직된 화랑 조직이 '용화향도龍華香徒'라고 지칭(609)
  ㉡ 계유명삼존천불비명癸酉銘三尊千佛碑銘(673)
    • 백제의 옛 지역인 세종시(구 연기군) 조치원 지역에서 유민들이 모여 향도를 결성, 신앙 활동
    • 백제에도 향도가 존재하였을 것으로 추정

② 역할
  ㉠ 불상·석탑° 제작, 사찰 건설, 법회, 보시, 매향埋香° 등에 대규모 인력 동원
  ㉡ 불교 행사를 담당한 지역 공동체

③ 구성
  ㉠ 승려와 일반 신도들로 조직, 다양한 규모(20여 명~3,000여 명)
  ㉡ 호장층이 주도하여 군현 단위로 거대한 인력 동원 → 점차 몇 개 마을 단위의 운영 형태로 전환

④ 향촌의 공동체적 특성 강화
  ㉠ 후기로 갈수록 다양한 계층으로 이루어진 향도 출현: 중앙 고관으로 구성된 향도, 여성들의 향도, 향촌 백성 중심의 향도 등
  ㉡ 성격 변화: 신앙적 향도 → 자신들의 이익을 위해 조직되는 향도
    • 마을 노역, 혼례와 상장례, 마을 제사 등 공동체 생활을 주도
    • 회음의식會飮儀式을 통해 내부적 결속을 다져가는 농민 조직으로 발전

(2) 사회 시책과 제도

① 사회 시책
  ㉠ 농민 보호: 농번기에 농민의 잡역 동원 금지, 재해시 조세와 부역 면제, 원곡 이상의 이자 징수 금지
  ㉡ 권농 정책: 진전 개간 장려, 사직 설치°

② 사회 제도
  ㉠ 의창(성종): 춘대추납의 빈민 구제 제도, 양경과 일부 지방 주군에 설치
  ㉡ 상평창(성종): 물가 조절 기관으로, 개경·서경·12목에 설치
  ㉢ 동·서 대비원: 환자 진료와 빈민 구휼을 위한 의료 기관, 서경에도 분사 1원
  ㉣ 혜민국(예종): 의약 담당 기구, 개경에 설치
  ㉤ 구제도감(예종)·구급도감: 백성 구제
  ㉥ 제위보(광종): 기금의 이자로 빈민 구제°

◇ **향도의 석탑**
건립 경북 예천의 개심사지 오층 석탑을 건립하는 데 예천군과 다인현의 미륵향도, 추향도 등 1만여 명이 참여하였다는 기록이 새겨져 있다.

◇ **매향**
내세의 복을 빌고 위기가 닥쳤을 때를 대비하여 향나무를 바닷가에 묻는 행위이다. 이를 통해 미륵을 만나 구원받고자 기원하였다.

[사천 매향비(보물 제614호)]

경남 사천시 곤양면 흥사리에 있는 고려 시대 말기의 매향비로 1977년에 발견되었다. 1387년(우왕 13)에 매향한 곳에 세운 비석으로 4,100인이 결계結契하여 국태민안國泰民安과 미륵보살의 하생을 염원하는 총 204자의 축원문이 새겨져 있다.

◇ **사직社稷 제사**
사社는 토지 신, 직稷은 곡식 신을 뜻한다. 중국과 우리나라에서 나라를 세우면 사직단을 만들어 제사를 지내왔다. 신라 선덕왕, 고려 성종, 조선 태조 때 각각 사직단을 세워 제사를 지냈다고 한다. 고려의 경우 태묘·원구단圓丘壇 등을 설치할 때 같이 설치했으며, 오방색의 흙을 쌓아 단을 만들고 대사大社, 대직大稷의 신위를 만들어 제사지냈다는 기록이 있다.

◇ **보寶**
특정 공공사업을 수행할 목적으로 일정한 기본 자산을 마련한 뒤 그 기금을 대출해 생긴 이자로 경비를 충당하는 기관이다. 국가의 여러 공공목적 수행을 위한 재원의 확보책으로 많이 만들어졌고, 갈수록 고리대의 성격이 짙어져 많은 사회 문제를 일으키기도 하였다.
 • 학보(태조, 930): 교육 재단
 • 광학보(정종, 946): 승려 권학
 • 경보(정종, 946): 불경 간행
 • 제위보(광종, 963): 빈민 구제
 • 기일보: 국왕 제사 준비
 • 선구보: 환자 치료
 • 팔관보: 팔관회 거행

(3) 법률
  ① 형법
    ㉠ 당률 참작하여 71개조의 법률 제정, 일상생활은 대체로 관습법 적용
    ㉡ 지방관의 사법적 재량권 인정
    ㉢ 반역죄와 강상죄는 엄히 처벌, 일반적으로 5형제 시행
  ② 적용
    ㉠ 삼원신수법三員訊囚法: 중죄인에 대해 3인 이상이 합의하여 재판
    ㉡ 사형은 삼심제로 결정
    ㉢ 귀향형: 개경 거주 귀족이 죄를 지으면 본관지로 귀향, 거주지 제한
    ㉣ 귀양형을 받은 자가 부모상 → 7일간 유배지를 떠날 수 있도록 함
    ㉤ 70세 이상의 노부모를 봉양하는 자는 형 집행 보류
    ㉥ 속동법: 동銅을 내면 감형

(4) 풍습
  ① 장례와 제사
    ㉠ 정부: 유교적 규범 시행 노력, 백성들은 토착 신앙과 융합된 불교, 도교의 풍속
    ㉡ 지배층은 화장 선호, 매장도 널리 행해짐(풍수지리설의 영향), 하층민은 풍장도 많음
  ② 명절: 정월 초하루, 삼짇날, 단오, 유두, 추석 등
  ③ 연등회와 팔관회
    ㉠ 연혁
      • 진흥왕 때 국통 혜량의 건의로 황룡사에서 연등회와 팔관회 개최 기록
      • 태조: '훈요 10조'에서 두 행사를 성대히 행할 것을 당부
      • 성종 때 최승로의 건의로 일시 폐지 → 현종 때 부활
    ㉡ 연등회
      • 봄(음력 2월 15일)에 연등을 만들어 다는 행사
      • 무신집권기 이후 사월초파일에 시행
      • 유네스코 세계 무형유산에 등재(2020)
    ㉢ 팔관회
      • 명산대천과 오악, 용신 등에 제례를 올리는 국가 행사
      • 겨울(음력 11월 15일, 서경은 10월 15일)에 시행
      • 불교 행사이면서 도교 및 토착 신앙과 결합
      • 개경에서 팔관회 개최 시 개경 관리 및 지방관이 참석해 왕에게 축하 인사
      • 송 상인 및 여진의 추장, 탐라의 사절 등도 축하 인사와 선물
      • 국제 교류의 장: 각국 사절단 참여, 교역 시행

◇ 5형
• 태: 볼기를 치는 매질(10~50대)
• 장: 볼기를 치는 매질(60~100대)
• 도: 징역형
• 유: 유배형
• 사: 사형(교수형/참수형)

◇ 삼심제
사수삼복계법死囚三覆啓法이라고도 하며, 1047년(문종 1)에 실시한 사형수 판결 제도이다. 고려의 일반적인 범죄 재판은 단심單審이나, 이 해에 문종이 이르기를 '인명지중 사자불가재생人命至重 死者不可再生'이라 하여 사형죄에 한하여 삼심제를 실시하였다. 어떠한 기관이 판결을 담당하였는지는 불명이나 제1심은 지방관, 제2심은 형부가 담당하였을 것으로 짐작되며, 제3심은 왕 스스로 친국하지 않았을까 추측할 뿐이다.

> **읽기 자료**
>
> **연등회와 팔관회**
>
> 고려 시대 불교는 왕실과 귀족부터 일반 서민까지 모든 사회 계층이 신봉한 종교였다. 국가는 나라의 안녕과 왕실의 번영을 기원하는 각종 불교 행사를 수관하였다. 이 중 가장 성대한 행사가 연등회와 팔관회였다. 연등회는 국초에는 정월 15일, 현종 이후에는 2월 15일에 열렸다. 연등회는 부처 공양과 태조 숭상이라는 정치적 의미를 띠고 있어 왕은 연등회 행사의 공연이 끝나면 봉은사의 태조 사당에 참배하였다. 팔관회는 천령·오악·명산 대천·용신을 섬기는 대회로 불교 의식의 하나였다. 여덟 가지 계율을 하룻낮 하룻밤 동안 엄격히 지켜 불교 입문의 상징으로 삼았으며 이 8계를 수여하는 의식을 팔관회라 하였다. 팔관회는 매년 11월 15일에 열렸으며, 고려 왕의 정치적 권위를 확인하는 자리이기도 하였다. 이 불교 의식은 송의 상인이나 여진과 탐라의 사절이 와서 축하 선물을 바치고 무역을 하는 등 국제적 규모의 행사가 되었다.

(5) 가족 제도

① 혼인과 가족 제도
   ㉠ 혼인
   - 여자 18세, 남자 20세를 전후해 혼인
   - 원 간섭기 이후 조혼 유행
   - 일부일처제가 일반적이나 지배층의 경우 다처제가 확인됨
   - 지배층에서 근친혼 성행 → 원 간섭기에 금지
   ㉡ 딸이나 사위가 봉사奉祀, 양자제養子制 존재하나 대를 잇기 위한 목적 아님
   ㉢ 자녀 균분 상속
   ㉣ 본관제˚ 발달 → 친족 관념이 강함, 거주지 옮기지 않음

② 여성의 지위
   ㉠ 여성도 호주 가능, 호적에 연령순 기재, 사위가 처가의 호적에 입적
   ㉡ 솔서혼率婿婚·남귀여가혼男歸女家婚
   ㉢ 여성의 재가 허용: 재가한 여자의 자손도 차별 없음(고려 말 재가 규제 움직임)
   ㉣ 친가와 외가의 차이가 크지 않음: 동일한 상복, 음서 혜택, 장인·장모 포상

◇ **본관제**
고려 시대 사람들은 본관에 매여 있었기 때문에 거주지를 이동하는 데 제한을 받아, 사실상 과거에 합격하거나 군인이 되는 경우를 빼놓고는 다른 지역으로 이주하기 어려웠다. 그렇기 때문에 농민 항쟁 기에 많이 나타나는 유망민이란 곧 본관을 떠난 농민을 의미하였다.

> **읽기 자료**
>
> **고려의 포괄적 친족 제도**
>
> 고려에서는 혈연을 포괄적으로 인식하였기 때문에 권리나 의무가 부계와 모계에 동등하게 적용되었다. 아들과 딸, 친손자와 외손자를 동등하게 여겼으므로 아들이 없어도 양자를 들이지 않았다. 재산을 아들과 딸에게 균등하게 상속하였으며, 상속자가 자식 없이 사망하면 그 재산은 상속자의 형제자매나 조카 등 친족에게 돌아갔다. 이러한 포괄적인 친족 관계는 제도에도 반영되었다. 음서제에서는 고위 관리에게 아들이 없을 경우 사위나 조카, 친손자와 외손자가 음서의 대상이 되었다. 또한, 상피제에서는 상피의 대상을 형제, 친삼촌과 외삼촌, 모든 사촌들의 순으로 균등하게 확대하였다. 직역을 세습하는 정호층에서도 아들이 없으면 사위나 조카, 외손자가 직역과 수조지를 이어받았다. 고려에서는 중국의 상복 제도를 도입하면서 친조부모와 외조부모의 복상 기간을 차별하지 않고 동일하게 애도하게 하였다. 한편, 친족 용어도 부계와 모계를 구분하지 않았다. 조부와 외조부를 '한아비'로 불렀고, 삼촌과 외삼촌을 '아자비'로, 고모와 이모는 '아자미'라고 불렀다.

CHAPTER 02 조선의 사회

1 신분 제도

1. 양천제와 반상제

(1) **양천제**良賤制: 조선 정부의 양인층 확대 노력 → 법제적으로 양천제 확립

① 양인
  ㉠ 자유민, 과거 응시하여 관료로 진출 허용
  ㉡ 조세 및 군역·요역 등 국역 의무 부담 → 사실상 남성만을 대상으로 한 개념

② 천인
  ㉠ 부자유민으로 개인·국가 기관에 소속되어 천역 담당
  ㉡ 천인의 대부분은 노비, 재산으로 취급되어 매매·상속·양도·증여의 대상
  ㉢ 거주 이전의 자유 없으며, 관직 진출 불가능
  ㉣ 노비 중엔 간혹 유품직을 받는 경우도 있으나, 종량◇ 절차 필요
  ㉤ 양인과 노비의 다툼시 노비가 더 무거운 벌을 받음

(2) **반상제**班常制
① 법적으로는 양천제, 실제로는 4신분제에 기반한 반상제
② 16세기 이후 양반이 하나의 신분층으로 정착하면서 등장
③ 양반은 지배층, 상민은 피지배층으로 운영 → 지주제의 확대 과정과 궤를 같이함

(3) **신분 이동**: 법제적으로 양인이면 과거를 통해 관직 진출 가능, 양반이라 하더라도 죄를 지으면 노비로 전락 가능

2. 신분제의 운영

(1) **양반**
① 의미: 본래 문·무반 관료 → 문·무 관료와 그들의 일정 범위 내 후손까지 포함한 지배층, '사족士族'이라는 하나의 신분을 지칭
② 양반층의 분화
  ㉠ 사림이 중앙 진출하여 사족과 비사족 구별 시도◇ → 기술관에 대한 차별
  ㉡ 『대전후속록大典後續錄』(중종): 양반에서 기술관 배제, 서얼의 잡과 응시 허용
  ㉢ 부·조부·증조부·외조부 등 4조祖 이내에 벼슬한 사람을 배출한 집안, 과거 합격자 및 성균관 유생·교생, 지방 향안에 이름을 올린 집안 등만 사족으로 인정 → 양반(사족)이 하나의 신분층으로 고정
③ 특권
  ㉠ 국역 면제, 과거·음서·천거 등을 통해 국가의 고위관직 독점
  ㉡ 전가사변全家徙邊 면제
  ㉢ 음서와 대가代加

◇ **양천제와 반상제**

15세기	16세기 이후
양인	양반
	중인
	상민
천인	천민

◇ **종량**從良
원래는 아버지가 양신분이고 어머니가 천신분일 경우 아버지의 신분을 따라 양신분이 결정되는 것을 의미한다. 노비가 품관을 받으면 입양 등을 통해 종량하였다.

사족의 분화
여말선초에 고려 시대 군현의 토성이 사족士族과 이족吏族으로 분화되었다. 이 중 사족은 왕조 교체와 여러 차례의 정변으로 낙향 한 사류士類와 품관이 된 계층인 재지사족이 주류가 되었다. 성종 대부터 잡직관雜職官을 동반東班(문반)에서 배제하자는 주장이 나타났다. 여기에 가장 찬성했던 관료가 바로 사헌부와 사간원의 사림 출신 관료이었다. 이러한 추세 속에서 사족의 특권이 강화되었다. 그리고 재지사족들은 향약, 서원 등을 통해 향촌을 장악해 나갔다.

◇ **전가사변**
죄인과 그 죄인의 가족을 변방으로 강제 이주시키는 형벌의 하나로, 이민 정책의 한 방법으로 활용되었다. 세종의 영토 확장 정책과 관련하여 평안도, 황해도 등 국경 지역에 실시된 전가입거全家入居의 사민徙民 정책이 전가사변률의 형률로 발전하여 시행되었다가 영조 대에 폐지되었다.

◇ **대가제**
정3품 이상 관료가 받은 산계散階를 아들·사위·아우·조카 등 친족 가운데 한 사람이 받을 수 있게 한 제도이다. 세종 때부터 시행되었다.

◇ 중인

근래 조선 전기 사회는 사회 이동이 활발한 개방적인 사회였으며, 양반 독점의 폐쇄 사회였다고 볼 수 없다는 주장이 등장하였다. 이들은 15세기까지 양천제의 신분 사회가 지속되다가 16세기에 계급이 분화하기 시작하여 17세기에 중인이라는 용어가 널리 쓰이기 시작하였다고 주장하였다. 즉, 중인층은 15세기부터 있었던 것이 아니라 16세기에 형성되기 시작하여 17세기에 보편적으로 존재하게 된 사회 계층이라는 것이다. 조선 후기의 기록을 통해 보면 중인의 범주에 대해 각각 차이가 있어 넓은 의미와 좁은 의미로 나누어 봐야 한다.

◇ 잡과와 잡학 취재

『경국대전』에 명시된 잡과에는 역과, 의과, 음양과, 율과가 있었고, 잡학 취재에는 역학, 의학, 음양학, 율학, 산학 등이 있었다.

◇ 기술직 세습

기술관은 잡과를 통해 선발하였으므로, 원칙적으로 세습은 아니었다. 하지만 이런 기술직의 경우 기술관 집안에게만 거의 고착화되었고, 그들에게 잡과 응시 기회가 당연하게 부여되었다.

◇ 3정 1자

향리 3정丁 중 1명에게는 잡과 응시를 허용하였고, 합격하여 은퇴하면 그 자손들도 향역을 면제받았다. 조선 초기 태종 때에는 이를 통해 문관으로 성장한 사례도 있었으나, 일반적인 것은 아니었다.

◇ 양인과 양민, 평민

법제상 양인 중 양인 농민을 가리키는 말이 평민이다. 평민은 가장 널리 쓰인 표현이고, 양민은 천인이 아닌 사람을 강조하기 위해 많이 쓰였다.

◇ 공·상인

공·상인은 조선 정부의 문적에 공장·상인으로 등록한 사람만을 지칭한다. 농민 중 부업으로 수공업을 하는 자, 승려·백정 중 수공업에 종사하는 자들은 포함되지 않았다.

◇ 유외잡직流外雜職

공조, 교서관, 사섬시, 조지서, 사옹원, 사복시, 군기시, 선공감, 장악원, 도화서 등의 관청에 소속되어 물품 제조, 책 인쇄, 종이 제조, 요리, 바느질, 악기 연주, 그림 그리기 등의 일을 한 사람들을 말한다.

◇ 칠반천역七班賤役

조선 시대 일곱 가지 천대받는 역이라는 용어로, 조례皁隷는 관청의 잡역을, 나장羅將은 죄인의 압송을, 일수日守는 지방 관아의 잡역을, 조군漕軍은 각 지방의 세금 운송을, 수군水軍은 해상에서의 군업무를, 봉군烽軍은 봉수의 업무를, 역보驛保는 역의 업무를 담당하였다.

---

(2) 중인

① 의미

　㉠ 지배 계층인 양반과 피지배 계층인 상민 사이에 있는 중간 신분층

　㉡ 좁은 의미: 역관·의관·전문관·지관·산관·율관 등의 기술관

　㉢ 넓은 의미: 기술관을 비롯 서얼·서리·향리 등의 계층을 포괄적으로 말함

　㉣ 직역 세습, 승진에 제한(한품서용), 주로 같은 계층 안에서 혼인

② 중인의 종류

　㉠ 향리
- 조선 조정의 억압 정책에 따라 중인으로 전락
- 향역·기인역·잡역 부담, 지방 관아의 행정 실무, 직역 세습
- 외역전 폐지(세종), 원악향리 처벌법 제정(10가지 원악향리 유형, 『경국대전』)

　㉡ 서리: 중앙 관아에 소속, 직역 세습, 무보수

　㉢ 기술관: 각 관청에서 양성, 잡과나 잡학 취재를 통해 등용
- 15세기 후반 점차 사족에서 이탈
- 직역 세습, 서얼과 향리(3정 1자)가 주로 잡과에 응시하여 형성
- 역관은 사신을 수행하며 무역에 관여, 조선 후기에 청의 문물 수용

　㉣ 서얼: 현직顯職 임용 제한(태종), 서얼금고법(성종)으로 문과 응시 금지 → 중서中庶화

(3) 상민

① 의미

　㉠ 법제상 양인, 백성의 대부분을 차지하는 농민·수공업자·상인 등

　㉡ 법적으로 과거 응시 자격, 현실적으로 사실상 응시 불가능

　㉢ 전쟁 등에서 군공을 세울 경우 신분 상승 가능

② 농민

　㉠ 대부분 자영농과 소작농으로 구성

　㉡ 국가에 조세·공납·역의 의무를 지고 있었으며, 자유민으로서 과거에 응시 가능

③ 공·상인

　㉠ 국가에서 공장을 3등급으로 나누어 공장세 징수, 시전 상인들에게는 공랑세公廊稅와 영업세 징수

　㉡ 농민에 비해 천시 받음, 유외잡직 진출 가능

④ 신량역천身良役賤

　㉠ 고려 시대의 칭간칭척자에서 유래한 칠반천역

　㉡ 조건부 양인으로 일정 기간 국역을 지면 양인의 권리를 누릴 수 있었으리라 추정

(4) 천민

① 노비

㉠ 특징
- 천민의 대다수를 차지하는 계층으로 비자유민, 매매·상속·증여의 대상
- 일천즉천의 원칙으로 신분 결정, 천자수모에 따라 소유 결정
- 고관·공신의 얼자는 속량 가능

㉡ 종류
- 공노비: 대개 선상입역제로 운영, 기술을 가진 이들은 유외잡직을 받기도 함
- 사노비: 솔거 노비와 외거 노비로 구분

② 기타: 백정, 무당, 창기, 광대 등은 법제적 신분은 뚜렷하지 않으나 천민으로 취급

◇ 선상입역選上立役
서울의 공노비는 2번으로 나누어 교대로 입역하게 하고, 외방에 거주하는 노비는 7번으로 나누어 교대로 입역하게 하였다. 입역하지 않는 기간에는 농사를 통해 신공을 바치도록 하였다.

> **읽기 자료**
>
> **사노비와 공노비**
>
> 1586년 3월, 자신을 성균관의 비 길덕吉德의 딸이라고 주장하는 여성 다물사리와 그 여성을 양인이라고 주장하는 양반 이지도 사이에 소송이 벌어졌다. 이지도는 자신의 아버지 이유겸이 상속받은 노 윤필과 다물사리가 혼인하였고, 이미 그 가문에서는 다물사리의 자손들에 대한 소유권을 행사하고 있었다. 다물사리는 왜 스스로를 공노비라고 주장했을까? 당시 양인 여성이 노비와 결혼하면, 그 자손은 노비가 되며 아버지의 주인이 소유권을 가졌다. 이지도의 주장이 맞다면, 다물사리와 노비 윤필의 자손은 모두 자신의 소유가 된다. 하지만 노비끼리 결혼한 경우에는 어머니의 주인이 소유권을 갖기 때문에, 다물사리의 주장대로라면 그 자손은 모두 그녀가 속한 성균관의 공노비가 된다. 사노비보다는 공노비가 비교적 나은 처지에 있었기 때문에 다물사리는 자신의 자손을 위해 스스로 노비라고 주장했지만, 판관은 다물사리를 양인이라고 판결하였다. 결국 다물사리의 자손은 모두 이지도의 사노비가 되었다.

② 사회 정책과 제도

1. 법률

(1) 법전과 법률

① 형법

㉠ 기본적으로 『경국대전』에 근거, 대개는 『대명률大明律』 적용

㉡ 반역죄와 강상죄는 중죄로 다스림

㉢ 연좌제 시행, 태·장·도·유·사의 형벌 체계 적용

② 민법

㉠ 지방관(관찰사·수령)이 관습법에 의거하여 처리

㉡ 노비 쟁송이 많았으나 장례원 설치 후로는 산송山訟이 주류

㉢ 가족 제도 관련 내용은 『주자가례』에 주로 의거

(2) 사법 기관과 운영

① 사법 기관

㉠ 중앙: 사헌부·의금부·형조·한성부·장례원 등

㉡ 지방: 지방관이 관할 구역 내의 사법권 행사, 행정과 사법이 미분리

② 운영

㉠ 상고 가능, 사형수에게는 금부삼복법에 따라 삼심제 적용

㉡ 신문고나 격쟁 등으로 임금에게 직접 호소 가능

◇ 『주자가례』
『주자가례』는 성리학적 종법 질서를 반영한 양반 사대부의 예법을 담고 있는 책이다. 성리학은 의리와 명분에 의한 군신제, 사족 중심의 신분제, 지주와 전호로 구성된 지주제 등 수직적 질서에 기초하고 있다. 양반 사대부들은 주자가례의 질서를 반영하여 적장자 중심의 상속제도와 가부장적 친영례 및 장자봉사를 골자로 하는 가족제도를 확립하여 갔다.

◇ 조선의 사법 기관

기관	담당 업무
사헌부	감찰
의금부	국가 중죄
형조	사법 행정
한성부	수도 치안
장례원	노비 쟁송
포도청	일반민 처리
수령	지방 민법

◇ 금부삼복법禁府三覆法
사형수를 세 번 심판하게 한 제도로 세종 때 제정되었다. 이의 운영을 위해 형조에 상복사詳覆司를 두었다.

2. 사회 제도

(1) 기본 시책의 방향
① 목적
  ㉠ 농민 생활의 안정을 통한 안정적인 조세 징수
  ㉡ 성리학적 명분론에 입각한 사회 질서 유지
② 방법: 안정책과 통제책의 활용

(2) 진휼·진대책°
① 의창
  ㉠ 고려의 기구 계승하여 진휼(무상 분급)과 진대(환곡, 원곡 회수)로 운영
  ㉡ 백성들이 갚지 못한 미납 환곡이 쌓이자 일분모회록 제도° 실시 → 수탈 도구로 활용
② 상평창
  ㉠ 고려를 계승하여 물가 조절, 점차 진휼 사업에도 관여
  ㉡ 의창과 상평창은 1525년(중종 20) 진휼청으로 통합
③ 사창
  ㉠ 지방 각 군현에 설치하여 민간 자치로 곡물을 대여
  ㉡ 양반인 사수社首가 관리를 맡고 농민들이 양곡을 모아 운영 → 고리대 기관으로 전락, 성종 대에 폐지됨°

(2) 의료 시설
① 혜민서°
  ㉠ 고려의 혜민국 계승 → 태조 때 혜민고국 설치, 세조 때 혜민서로 변화
  ㉡ 의약과 서민 구료 담당
② 제생원
  ㉠ 태조 때 설치, 세조 때 혜민서에 합병
  ㉡ 의료·의약, 향약의 수납 및 보급, 의학 교육과 편찬사업(『향약제생집성방』(태조))
③ 활인서°
  ㉠ 태조 때 동·서대비원 계승·설치 → 태종 때 동·서활인원 → 세조 때 하나의 활인서로 통합, 1882년에 폐지
  ㉡ 동소문과 서소문 밖에 두어 도성 내의 행려병자와 기민 구휼, 의식 지급

(3) 통제책
① 호적제: 군역·요역의 부과, 신분 증명, 노비 소유권의 확인 등을 위해 호구단자 작성°
② 호패법: 16세 이상의 남자에게 호패 채용 의무°
③ 오가작통법: 5가家를 1통으로 묶어 서로 감시와 연대 책임을 지게 함°

◇ **진휼과 진대**
진휼은 백성에게 식량 또는 의복 등을 제공하는 것으로 회수하지 않았고, 진대는 백성에게 창고의 곡식을 대여하는 것으로 추수 후에 완납하게 하였다.

◇ **일분모회록一分耗會錄**
원곡의 1/10을 모곡으로 거두어들여 호조 회계에 편입시키는 것이다. 그 결과 환곡 이자가 국가 세입의 큰 일부가 되면서 점차 부세의 성격을 띠게 되었다.

◇ **사창제 실시와 폐지**
세종 때 시범적으로 실시된 뒤 문종 대에 사창 설치 규정이 마련되고 세조 대에 전국적으로 실시되었다. 그러나 고리대로 변질되면서 성종 때 혁파되었다. 16세기 이후 부활 논의가 지속되었고, 지방 사족들이 향약과 함께 간헐적으로 실시하기도 하였다. 영·정조 이후에는 환곡제의 폐단을 시정하기 위한 이정책의 하나로 사창제 부활 논의가 끊임없이 대두되었으나, 지방 재정 대부분을 환곡에 의지하던 지방 관리와 향리들의 반발로 본격적인 실시는 보지 못하였다. 철종 대에 삼정이정청에서 재차 환곡제 폐지가 논의되었고, 흥선 대원군 집권기인 1866년(고종 3) '사창절목'이 반포되었다.

◇ **혜민서**
혜민서는 환자를 모아서 치료하는 것이 아니라, 환자의 요청이 있을 때 가서 치료하거나 다른 기관에 의원을 파견하여 치료하였다.

◇ **동·서 활인서**
동·서 활인서의 승려와 무녀는 환자의 간호 등을 담당하였다. 예조 소속 시설이었지만, 한성부와 사헌부의 감찰을 받기도 하였다.

◇ **호구단자**
호주가 3년마다 호구식에 따라 호구단자 2부를 작성해서 올리면 이를 주군에 보내고, 주군에서 살펴본 뒤 1부는 호주에게 돌려주고, 1부는 관에 보관하였다.

3. 전기의 가족 제도

(1) 특징
  ① 성리학적 가족 제도를 보급하려는 노력과 고려 제도를 유지하려는 관습이 충돌
  ② 성종 대 이후 중앙과 지방에서 사림의 영향력이 커지면서 성리학적 질서 확산

(2) 사례
  ① 혼인 형태
    ㉠ 서류부가혼: 고려 시대 일반적인 결혼 형태로 15~16세기까지 지속
    ㉡ 친영: 부계 중심 종법 질서를 위해 사대부들이 도입
    ㉢ 서류부가혼과 친영의 절충 사례 증가
  ② 재가: 부녀자 재혼 금지 조치(성종)에도 불구하고 실제로는 사대부가에서도 재혼 빈번
  ③ 상속: 균분 상속과 윤회봉사가 일반적
  ④ 재산 소유: 혼인 후 여자의 재산 보장, 재가 시에도 재산 유지
  ⑤ 족보 편찬: 족보에 연령순으로 기재, 사위와 외손도 성을 기록

(3) 예학과 보학
  ① 발달 배경
    ㉠ 성리학적 도덕 윤리(명분론-상하 관계)에 기반을 두고 발달
    ㉡ 사림의 향촌 지배 강화에 따라 서원 건립·향약 실시 확산, 『소학』 보급, 가묘와 사당 건립 → 점차 가부장적 질서 형성
  ② 예학(예론)
    ㉠ 종족 내부의 의례 규정, 양반 사대부들이 신분적 우월성을 강조하고자 확산
    ㉡ 성리학적 명분론 중시, 삼강오륜 강조 → 가묘·사당 건립의 배경
    ㉢ 신분제 강화, 상장제례 의식 고착화, 유교적 사족 제도 확립에 기여
    ㉣ 양란 이후 심화 → 사림 간 정쟁의 배경(예송)
  ③ 보학
    ㉠ 고려 시대부터 족보 편찬, 안동권씨성화보安東權氏成化譜(성종, 1476)가 현존 최고, 문화유씨가정보文化柳氏嘉靖譜(명종, 1565) 등이 유명
    ㉡ 양반 사림의 문벌 형성과 신분적 우위 확보에 유용
    ㉢ 종족의 종적 내력·횡적 종족 관계를 확인하여 종족 내부의 결속 강화
    ㉣ 혼인 상대를 구하거나 붕당을 구별할 때에도 중요한 자료로 쓰임

◇ 호패법의 변천

태종	실시 – 폐지
세조	실시
성종	폐지
광해군	실시 – 폐지
인조	실시 – 폐지
숙종	실시

◇ 사회 시책과 통제책

구분	사회 시책	통제책
국가	의창(환곡), 상평창	호패법, 오가작통법
양반 지주	사창	향약, 서원, 유향소

● **읽기 자료** ●

족보의 기록 순서

족보는 대개 다음과 같은 순서로 기록하였다. 우선 족보 일반의 의의와 그 일족의 근원과 내력 등을 일족 가운데 학식이 뛰어난 사람이 기록한 서문序文이 권두卷頭에 있다. 다음에는 시조나 중시조의 사전史傳을 기록 한 문장이 들어가고, 다음에는 시조의 분묘도墳墓圖와 시조 발상지에 해당하는 향리 지도 등을 나타낸 도표가 들어가며, 그 밑에 범례가 있다. 끝으로 족보의 중심이 되는 계보표가 기재된다. 이것은 우선 시조에서 시작하여 세대순으로 종계宗系를 이루며, 같은 항렬은 횡으로 배열하여 동일 세대임을 표시한다. 기재된 사람은 각 사람마다 그 이름·호號·시호諡號·생몰生沒 연월일·관직·봉호封號·훈업勳業·덕행德行·충효忠孝·문장·저술著述 등을 기록한다. 또 자녀에 대해서는 입양 관계, 적서의 구별 및 남녀의 구별 등을 명백하게 한다.

3 향촌 사회의 모습

1. 향촌의 구조와 운영 기반

(1) 향촌과 촌락
① 향촌: 중앙에 대비되는 개념, 행정구역상 군현 단위로 중앙에서 지방관 파견
② 촌락
  ㉠ 향촌을 구성하는 자연촌, 국가에서는 면리제를 통해 조직
  ㉡ 지방관이 파견되지 않고 향촌 유력자가 면임(권농관)·이정 등을 맡음
  ㉢ 신흥 사족이 이주하자 향촌에 민촌과 반촌이 구분되기도 함(18세기 이후 동성 촌락으로 발전)

(2) 사족의 향촌 지배
① 유향소(향소·향청)
  ㉠ 설치
    • 고려 말 유향품관들이 자치적으로 향촌 사회 질서를 유지하고자 설치
    • 조선 초에 치폐를 거듭하다가 세조 때 이시애의 난을 계기로 혁파
    • 성종 때 사림의 건의로 복설, 이때 유향소 통제 위해 경재소 설치
  ㉡ 역할과 변천
    • 중앙에서 파견된 수령 보좌, 향리 규찰, 지역민들의 풍속 교정 담당
    • 16세기에 훈구들이 유향소에 영향력 → 사마소˚와 마찰, 조광조가 혁파 건의
    • 임진왜란 직후 경재소 혁파를 계기로 유향소의 기능은 더욱 강화
  ㉢ 조직
    • 향임 구성: 좌수·별감 등 선발, 경재소의 재가
    • 향안 작성: 구성원들의 명단, 양란 이후에는 군현마다 보편화
    • 향회: 유향소 구성원들의 회의, 사족들의 결속과 촌락민 지배 도모
    • 향규: 향회의 운영 규칙, 사족들의 비리, 이서배의 부정 등을 통제
② 경재소
  ㉠ 설치와 폐지
    • 유향품관에 대비되는 거경품관으로 태종 때 설치된 것으로 추정
    • 성종 때 유향소 복설할 때 재설치
    • 유향소와 결탁하여 제기능을 상실, 임진왜란 직후 혁파(1603)
  ㉡ 역할
    • 중앙과 해당 지역 사이의 연락·업무 주선
    • 해당 지역 유향소 품관을 임명·감독·통제
  ㉢ 조직
    • 해당 지역 출신으로서 중앙 관리로 근무하는 고관들이 구성원
    • 좌수 1인과 몇 명의 별감을 둠

◇ 사마소
16세기 초, 생진과 합격생들이 지방에서 친목 도모, 교육 활동 등을 위해 설치한 자치 기구였다. 훈구파의 유향소에 대응하고자 설치되었으나, 점차 관권에 대한 압력 기구로 변하여 유향소를 유명무실하게 만들고 수령에게 간섭하기에 이르렀다. 심지어 토지와 노비를 늘리는 등 폐단이 심해지자, 1603년 류성룡이 건의하여 폐지되었다.

③ 향약
  ㉠ 의미: 향촌 자치 규약 및 그 조직
  ㉡ 시행
    • 중종 때 김안국이 『여씨향약』 언해, 조광조의 건의로
    • 이황의 예안향약(명종), 이이의 해주향약(선조)을 거치며 토착화
    • 사림 집권 이후 전국 확산 → 전국적 실시보다는 향촌에 따라 개별적 향약 시행
  ㉢ 운영과 조직
    • 유력 사림이 약정, 부약정·직월 등 간부(대개 좌수·별감·유사 등 겸직)
    • 일반 농민들은 서약 후 대부분 자동 가입
    • 유향소나 서원에서 독회
  ㉣ 내용
    • 삼강오륜 등 유교 윤리에 토착 풍습 가미 → 신분 질서와 지주제적 성격 반영
    • 여씨향약의 4대 덕목이 기본
  ㉤ 결과
    • 풍속 교화, 치안 안정, 농민 통제 등 향촌 사회의 질서 유지에 기여
    • 지방 사림의 지위 강화 수단으로 이용, 토호와 향반이 농민 수탈에 이용

> **읽기 자료**
>
> **향약의 보급과 주체**
> 김안국은 경상도 관찰사로 있으면서 향약을 보급하고자 노력하였고, 중종에게 건의하여 이를 실현시켰다. 당시 향약은 전통과 조화된 자치적인 성격의 것이 아니라 관찰사나 수령 등 지방관들이 반강제적으로 보급하는 방식이었다. 이 경우 사림의 향촌 지배권보다는 수령의 지배권이 강화될 터였으므로, 조광조도 감사가 구박하여 행하므로 왕도에 어긋나는 촉박한 향약의 문제점을 지적하였다. 사림들은 풍속을 교화하며 개별적으로 향약을 시행하고 보급하고자 하였다. 명종 때 이황은 예안향약을, 선조 때 이이는 서원향약과 해주향약을 만들었는데, 이들 향약은 향촌의 개별 실정에 맞게 운용되는 것이었다. 선조 때 조정에서는 허엽 등의 건으로 다시 관주도의 향약 보급을 시도했으나, 이이는 '양민養民이 먼저이고 교민敎民은 나중'이라며 이를 저지했고, 결국 해주향약의 실시와 함께 사족 중심의 개별 향약이 본격적으로 보급되기 시작하였다. 전란 이후 무너진 질서와 생활 윤리를 재건하고자 상하를 망라한 새로운 향약, 즉 향규와 향도의 약속을 종합한 지연적인 자치 조직으로서 동계洞契·동약洞約이 출현하기도 하였다. 사림이 주도하는 이같은 향약은 서원과 더불어 사림의 세력 기반이 되었고 향촌 자치 규약으로서 기능하였다. 그러나 사림과 산림의 권한이 비대해지자, 정조는 향약을 수령이 주관하게 하였다.

2. 촌락 공동체와 풍습

(1) 사족 공동체 및 풍습

① 동약
  ㉠ 향촌 단위의 규약인 향약에 대비되는 촌락 단위의 규약
  ㉡ 사족들이 촌락민에 대한 지배력 강화를 위해 작성
  ㉢ 신분 질서 유지를 위한 규율과 부세제 운영 등에 관여, 양란 이후 성격이 모호해짐
② 동계洞契
  ㉠ 촌락 단위 행사에 필요한 공동 경비를 부담할 목적으로 만든 조직 및 공동 재산
  ㉡ 공동 재산은 촌락 회의에서 선출한 유사有司가 관리
  ㉢ 회원은 대개 촌락의 전 가구, 새로 이사 온 주민은 정해진 기금을 내고 입회식
  ㉣ 향약의 성격까지 갖고 주로 양반들이 주도하였으나, 양란 이후 상하 합계로 발전

◇ **여씨향약**
송나라 때 여대균 형제들이 향촌을 교화하기 위해 만든 향촌 자치 규약으로, 이후 주자가 이를 손질하였다. 송 대 양쯔강 이남이 본격적으로 개발되면서 성장한 사대부들이 세력 기반인 향촌을 안정시키기 위해 실시한 것이 향약이었다.

◇ **향약의 종류**
조선은 중국과는 전통과 풍토가 다르므로 중국의 향약을 그대로 실시하지 않고, 향촌의 개별적인 특성을 살려 실시하였다. 사족이 주체가 될 때에는 사족향약으로 불렸고, 수령이 주체가 될 때에는 수령 향약, 동 이하의 공동체 단합을 위한 목적에서 실시하는 경우에는 동약, 면약, 리약 등으로 불렸다.

◇ **4대 덕목**
덕업상권德業相勸
과실상규過失相規
예속상교禮俗相交
환난상휼患難相恤

◇ **계契**
특정 목적을 위하여 여러 사람이 모여 공동으로 기금을 염출하고, 그 기금, 또는 기금을 통한 이자 등을 통해 목적을 달성하려는 결사체이다.

◇ 향음주례

향촌의 선비나 유생이 학덕과 연륜이 높은 이를 주된 손님으로 모시고 술을 마시며 잔치를 하는 의례의 하나이다. 어진 이를 존중하고 노인을 봉양하는 의미를 지닌다.

③ 향음주례鄕飮酒禮
  ㉠ 유생들이 서원 등에 모여 향약을 읽고 술을 마시며 잔치를 벌이는 의례
  ㉡ 술로 인한 실례失禮 방지, 장유유서의 예절 확립 목적 → 주로 봄·가을로 거행함
④ 향사례鄕射禮
  ㉠ 유생들이 향교 등에 모여 활쏘기 하는 의례
  ㉡ 『국조오례의』에 규정된 군례軍禮의 하나로, 유향소 복설과 함께 사림들이 시행

(2) 촌락민의 풍습
① 향도계·동린계
  ㉠ 공동체의 어려운 일을 서로 돕기 위해 자생적으로 조직한 계의 일종
  ㉡ 조선 초기에는 주로 향도를 단위 조직, 대개 상두계처럼 장례를 돕는 역할
  ㉢ 평상시 일정 금액을 거두고, 구성원이 상喪을 당했을 때 장례 비용을 보조, 일손을 도움 → 양반들은 음사淫邪라 하여 금지하기도 함
② 두레
  ㉠ 농삿일이나 길쌈 등을 위해 일손을 모았던 공동 노동 조직
  ㉡ 행수라는 전체 통솔자와 여러 임원을 갖춘 체계적 조직, 엄격한 규율
  ㉢ 조선 후기에 동계와 섞여 나타남
③ 품앗이: 주로 개인 의사에 따라 이루어지는 소규모의 노동력 교환 조직
④ 향도
  ㉠ 고려의 향도 계승 → 조선 시대에는 주로 향촌 공동체 조직으로 존속
  ㉡ 촌락 단위로 함께 술을 마시거나 장례 등을 도움(상두꾼)
  ㉢ 변화
    • 초기: 국가에서 향도를 단위로 역을 징발
    • 16세기: 재지사족들이 향도를 향약의 하부 조직으로 편입하여 사족 중심의 향약을 상계上契로, 향도를 하계下契로 편제
    • 17세기 이후: 이앙법의 보급 등으로 두레가 공동 노동 조직 역할을 수행함에 따라 점차 소멸
⑤ 석전石戰
  ㉠ 고구려·고려 풍습, 정월 대보름에 마을끼리 돌을 던지며 싸우는 민간 풍속
  ㉡ 조선 초에는 국가에서 석전 부대를 모집하고 왕이 친히 관람

4 신분제의 동요와 향촌 질서의 변화

1. 신분제의 동요
(1) 양반층
① 양반 지위의 변화
  ㉠ 양반층의 분화
    • 붕당 정치의 변질로 권반(벌열 양반)을 제외한 다수 양반들이 향반·잔반으로 몰락
    • 몰락한 양반들은 자영을 하거나 심지어 소작으로 생계 유지

◇ 잔반
경제적으로 몰락하여 직접 농사를 짓기도 하고, 서당의 훈장이나 풍수꾼으로 생계를 유지하였다. 일부는 사회 현실에 불만을 품고 농민 봉기를 주도하기도 하였다.

ⓒ 양반 수의 증가
- 부농·대상인들이 납속책이나 공명첩 등 합법적 방법으로 양반 신분 획득
- 족보 매입이나 위조, 홍패 위조, 모칭유학 등 불법적 방법으로 신분 상승

② 대응
ⓐ 정부의 대응
- 양반 수 증가로 부세 담당자가 감소하자 노비 해방, 호포제 실시 논의
- 향촌에서 총액제와 공동납제 실시 → 백성에 대한 수탈로 이어짐

ⓑ 양반의 대응
- 구향들은 신향들과 스스로를 구분 시도
- 동족·동성마을 형성, 문중 중심의 서원·사우 건립, 족보 편찬 강화, 친족 중에서 양자를 들여 대를 잇고 가부장적 질서 강화(가정 내 여성의 지위는 낮아짐)
- 군현 단위의 향약 지배가 점차 어려워지자 촌락 단위의 동약을 강화

(2) 중인의 성장
① 서얼 허통 운동
ⓐ 서얼은 서얼금고법에 따라 관직 진출 제한, 임진왜란을 거치며 차별 점차 완화
ⓑ 영조 때 통청윤음 반포: 서얼의 문과 응시와 청요직 진출 허용
ⓒ 정조 때 규장각 검서관에 기용(유득공, 박제가, 이덕무, 서이수)
ⓓ 철종 때 청요직 진출(1851)

② 중인
ⓐ 서울 곳곳에서 시사 조직, 양반과 비슷한 인문 교양 과시
ⓑ 서얼 허통에 자극, 철종 때 대규모 소청 운동 전개 → 실패

(3) 상민의 변화
① 신분 상승: 합법·불법적 수단으로 양반이 됨
② 상민 수의 증가: 노비들이 속량됨에 따라 상민 수가 늘어나는 지역이 생김

(4) 노비 해방
① 노비 정책의 변화
ⓐ 공노비 유지의 비효율성으로 인해 정부는 입역 노비를 납공 노비로 전환
ⓑ 신공 납부에 비총제 적용하여 강화
ⓒ 도망 노비 속출 → 노비 주인들의 추노, 정조 때 노비 추쇄 금지

② 노비종모법
ⓐ 배경: 군공·납속·도망 등을 통해 면천 노비 증가 → 군역 대상자 확보 필요
ⓑ 법 정비 과정
- 현종 때 송시열 주장으로 '노양처소생 종모종량법奴良妻所生從母從良法' 실시(1669)
- 당파에 따라 치폐: 숙종 원년 환천, 7년 종량, 15년 환천 → 영조 7년(1731) 종모법으로 고착

◇ 납속책, 공명첩
곡물이나 돈을 기부하는 자들에게 면천첩, 공명첩, 서얼허통첩, 훈도첩 등을 주었다. 이를 통해 부농, 대상, 서얼 등이 자신의 신분을 양반으로 상승시킬 수 있었다. 본래는 임진왜란 때 군량을 마우기 위해 임시로 시행한 정책이었으나, 전쟁 후에도 재정 확충과 기민 구제를 목적으로 수시로 시행되었다.

◇ 청요직
홍문관·예문관·승문원 등의 문한관을 지칭한다. 벼슬길의 꽃으로 명예로운 관직으로 여겼으며, 정승·판서 등 고관으로의 출세가 보장되었다.

◇ 중인의 시사詩社 조직
『옥계십이승첩』은 18세기 중인들의 시 모임 중 가장 대표적인 옥계시사에서 임득명이 1786년에 만든 시화집이다. 유숙이 그린 『수계도권』은 왕희지가 353년에 곡수천에서 가진 모임을 1500년 후인 1853년에 우리 강토 서울 남산에서 재현한 것을 그린 그림이다. 중인 출신의 여항문인 30명이 모여 시를 짓고 이를 기념하기 위해 제작한 시화집이다. 경제적으로 성장한 중인들은 양반 문화의 상징처럼 여겨졌던 시회 등의 모임을 조직하여 자신들의 학문과 교양이 양반 못지않음을 보여 주고자 하였다.

ⓒ 직역 확보를 위한 예외 사례
- 토졸土卒: 함경도 이북 진보鎭堡 입역자인 토졸의 경우, 여자는 어미의 역을 따르고 남자는 아비의 역을 따라 토졸로 편입(양인, 종부법)
- 역노驛奴: 『속대전』에는 역노양처 소생의 경우 억억驛役을 지원하는 경우 종량從良하고 역리로 승격시켜 역에 입속시킨다고 하였으나, 자원자가 없자 정조때부터 무조건 역역에 입속(노비, 종부법)

③ 공노비 해방: 66,000여 명의 내시노비內侍奴婢 해방(순조, 1801)

2. 향촌 질서의 변화

(1) 양반의 권위 약화
① 족보, 청금록, 향안을 통한 양반의 권위 → 양반층 분화로 권반 외에는 권위 상실◇
② 신향의 성장, 경제 관계가 중시되는 분위기에서 향촌 내 양반의 권위 약화

(2) 부농의 성장
① 부농(요호부민)들은 수령과 결탁하여 사족의 향촌 지배권에 도전
② 신향이 수령과 결탁하여 부세 운영에 참여하고, 향안에도 이름을 올림 → 향전 발생
③ 구향의 대응: 동약 강화, 족적 결합 강화로 입지를 유지하려 노력

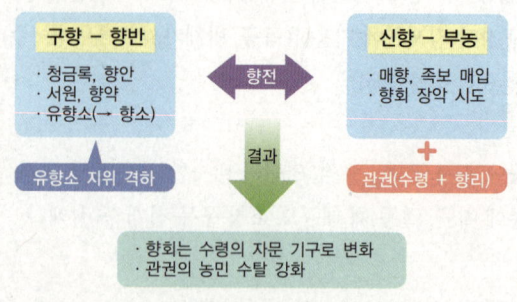

[향전의 전개]

(3) 관 주도의 지방 지배
① 관료제의 강화: 일당 전제화로 중앙의 정치 권력을 장악한 권반들이 자파 인맥의 수령을 동원 → 수령권은 강화되고 재지 사족들의 활동은 위축
② 수령의 권한 강화
  ㉠ 전개 과정
  - 정조는 수령이 직접 향약을 시행하게 함
  - 수령은 향교의 고강이나 백일장 채점 등을 담당, 향교 운영을 장악
  - 국가-수령-사족으로 이어지는 기존의 지방 지배 구조 붕괴, 수령에 기생하여 신향층 성장
  - 향회는 수령의 부세 정책에 대한 자문 기구로 전락
  ㉡ 총액제 부세 정책
  - 도결都結: 각종 부세가 토지로 집중
  - 수령의 책임 아래 총액제에 기초한 공동납 운영 → 수령권 강화
  - 백성의 유리·도망 속에서 수령은 정해진 세액을 채우기 위해 신향 포섭, 향회에 참여

◇ **양반의 자격**
양반의 구별이 모호해지면서 4조 중 현관顯官을 지낸 사람이 있어야만 사족으로 인정받아 과거에 응시할 수 있었고, 유학幼學으로 기록된 경우에만 군역을 면제해 주었다.

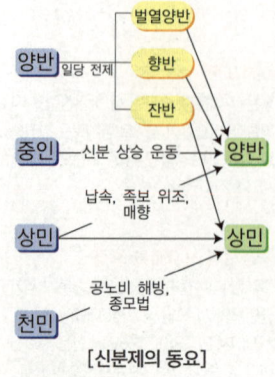

[신분제의 동요]

③ 과거제의 붕괴
  ㉠ 18세기 이후 관권의 강화 추세와 맞물려 과거 시험에 부정과 비리가 난무
  ㉡ 사족(식자층) 중심의 양반 관료제가 붕괴

(4) 가족 제도의 변화
 ① 배경
  ㉠ 양란 이후 사회 질서 붕괴
  ㉡ 지배층이 자신들의 지배권 유지를 위해 성리학 교조화, 예론 확산 → 부계 친족 중심의 가족 제도 확립
  ㉢ 향전에 대한 대응으로 가부장적 질서 강화 노력
 ② 사례
  ㉠ 남자의 축첩 허용, 가정 내의 적서 차별 보편화
  ㉡ 친영례(親迎禮) 확립, 서류(婿留)부가혼 기간이 단축(1년 이내, 혹은 3일)되고 서류부가혼은 점차 소멸
  ㉢ 장자 봉사로 장자에게 재산을 조금 더 상속 → 장자가 제사를 독점, 여자 차별
  ㉣ 아들이 없는 경우 양자를 들이는 것이 일반화
  ㉤ 부계 위주의 족보 편찬, 동성촌 형성
  ㉥ 효와 정절을 강조하여 효자와 열녀에 대한 포상 증가

3. 인구의 변동
 (1) 호적의 작성
  ① 3년마다 호적 대장 작성, 공물과 군역 등을 부과하는 기준
  ② 성인 남성 위주로 기록되어 인구 통계로는 부정확
 (2) 전국의 인구
  ① 인구 분포: 경상·전라·충청에 50%, 경기·강원에 20%, 평안·황해·함경에 30% 정도
  ② 인구 수: 건국 무렵 550~750만 명, 16세기 1,000만 명, 19세기 말 1,700만 명 정도로 추산
  ③ 한성의 인구는 세종 때에 10만 명에서 18세기에 들어 20만 명이 넘음
  ④ 신분 비중: 양반 비율이 매우 높아진 반면, 노비는 점차 소멸

(단위 : %)

연도	1690년(숙종 16)	1729년(영조 5)	1783년(정조 7)	1858년(철종 9)
양반	9.2	18.7	37.5	70.3
상인	53.7	54.7	57.5	28.2
노비	37.1	26.6	5.0	1.5

[조선 후기의 인구 변동]

5 새로운 사회에 대한 대응

1. 사회 불안의 심화와 민심의 동요

(1) 사회 불안과 농민 의식의 성장
  ① 신분제 동요와 지배층의 수탈, 계속된 자연재해◇ 등으로 지배층과 농민층의 갈등 심화
  ② 농민 의식의 향상
    ㉠ 서민 경제 발전 → 교육 보급
    ㉡ 예언 사상·천주교·동학 등이 전파 → 농민 의식이 크게 향상됨
  ③ 이양선의 출몰: 19세기에 이양선 출몰이 잦아지며 불안감 증폭

(2) 새로운 사상의 대두
  ① 배경:
    ㉠ 유교가 사회 운영의 원리로 기능하지 못하자 유교 외의 민간 신앙에 대한 관심
    ㉡ 예언 사상의 유행
      • 민심 혼란: 비기와 도참 등이 유행, 『정감록』과 선운사 마애불 전설 등◇
    ㉢ 『정감록』◇
      • 여러 감결류와 비결서를 집대성한 책
      • 현 사회의 문란상 지적, 신분 질서에 대한 부정, 새 왕조 개창 등의 내용
      • 16세기 정여립의 난에서도 정치적으로 이용됨
    ㉣ 미륵 사상과 민간 신앙
      • 일반 민인들의 현실 인식에 크게 작용
      • 숙종 때 승려 여환이 11명의 사람들을 모아 모반을 꾸미다 처형당하기도 함
      • 새로운 사회를 바라는 당시 사람들의 변혁의식, 19세기 농민 봉기의 이념적 기반

2. 천주교와 동학의 유행

(1) 천주교
  ① 수용
    ㉠ 17세기 이후 중국에 파견된 사신들이◇ 서양 문물과 『천주실의天主實義』 등 서양 서적을 서학西學으로 소개
    ㉡ 근기 남인 계열의 학자들 중심으로 연구
  ② 신앙화
    ㉠ 과학 기술 뿐 아니라 천주교도 적극 수용해야 한다는 입장: 이승훈, 북경에서 영세를 받아 천주교인이 된 후 돌아와 이벽 등과 같이 협력하여 천주교회 창설(1784)
    ㉡ 서양의 과학 기술을 수용하되 천주교는 배척하는 입장: 이익, 안정복◇
    ㉢ 서구의 과학 기술을 수용하면서 천주교의 평등사상을 긍정하는 입장: 정약용
  ③ 활동
    ㉠ 서울·전주 등지에서 신앙 공동체 조직 결성
    ㉡ 남인 계열 학자들은 유학과 서학 강학회를 경기 광주의 천진암 등지에서 개최
    ㉢ 천주교의 평등 사상, 내세 사상이 백성들 사이에서 환영받으면서 여성 중심으로 확대

◇ **조선 후기 자연재해**
1792년, 1832년, 1845년의 대규모 홍수, 1729년, 1733년, 1809년에는 한발로 인해 수많은 인명이 희생되었다. 또 콜레라, 장티푸스, 천연두 등으로 1699년에는 25여 만 명이, 1749년에는 50여만 명이 사망하였다.

◇ **선운사 마애불**

전북 고창 선운사에 있는 조선 시대의 불상으로 조선 후기에 이르러 마애불의 배꼽에 있는 감실을 둘러싼 몇 가지 전설이 생겼다. 감실에 비결이 있는데 이것이 세상에 나오면 한양이 망한다는 것이었다. 또 전라감사 이서구가 비결을 열었는데, '이서구가 열어본다.'라는 대목을 보고 도로 넣었다거나 1894년 동학 농민 운동 직전 손화중이 비결을 꺼내 가져갔다는 전설이 내려온다.

◇ **정감록의 내용**
『정감록』은 제작 시기가 분명치 않으며, 이본異本이 많다. 병란설, 피란설, 말세관으로 구성되어 있다. 1864년 큰 전란이 있을 것이므로 이에 대비하여 몸을 피할 수 있는 10승지를 강조하였다.

◇ **중국의 서양 문화 수용**
15세기 이후 포르투갈, 에스파냐 등을 중심으로 유럽 국가들이 아시아 지역으로 진출하면서 무역과 포교 사업에 주력하였다. 특히 포르투갈이 후원하였던 제수이트 교단이 포교 수단으로 서학을 내세워 중국 정계와 학계에 침투하였다. 대표적인 인물이 마테오 리치Matteo Ricci였다. 마테오 리치는 서구의 서적을 한문으로 번역·보급하였다.

◇ **천주실의**
『천주실의』는 마테오 리치가 1595년 한문으로 저술한 가톨릭 교리서로 가톨릭 신앙과 서구 윤리를 전파하는 데 기여하였다. 특히 이수광이 『지봉유설』에서 이 책을 소개하면서 우리나라에 큰 영향을 끼쳤다.

④ 탄압
  ㉠ 배경: 조상에 대한 제사 금지, 평등사상 때문에 천주교를 사교로 규정
  ㉡ 을사 추조 적발 사건(정조, 1785): 비밀 집회를 적발함
  ㉢ 신해사옥辛亥邪獄(정조, 1791)
    • 배경: 윤지충·권상연의 전라도 진산 사건
    • 이승훈 관직 삭탈 → 이를 빌미로 천주교도에 대한 박해를 확대하지는 않음
    • 공서파와 신서파(채제공)의 대립 대두

> **읽기 자료**
>
> **윤지충·황사영·김대건 사건**
>
> 윤지충은 전라도 진산에서 제사를 허례라 하여 위패를 소각한 벌로 신해사옥 때 처형당하였다. 황사영은 신유사옥의 사실을 당시 베이징 주교에게 전달하려 탄원서를 보냈으나 발각되어 처형당하였다. 한편, 우리나라 최초의 신부인 김대건은 외국 선교사들이 입국할 비밀 통로를 개척하다 발각되어 병오사옥 때 처형당하였다.

  ㉣ 신유사옥辛酉邪獄(순조, 1801)
    • 순조 즉위로 벽파의 정권 장악 이후 천주교에 대한 탄압 확대
    • 이승훈·이가환·정약종·황사영 등 남인 명사들 사형, 중국인 신부 주문모도 사형
    • 정약전·정약용 형제는 각각 흑산도와 강진으로 유배 → 황사영 백서 사건 발생
  ㉤ 안동 김씨 집권기에 탄압이 완화, 교구 설정, 교세 확장 → 공서파인 풍양 조씨 집권으로 다시 사옥 발생
  ㉥ 기해사옥己亥邪獄(헌종, 1839)
    • 헌종 때 척사윤음斥邪綸音 반포, 오가작통을 활용한 대대적인 탄압
    • 정하상이 『상재상서上宰相書』 편찬: 호교론
  ㉦ 병오사옥丙午邪獄(헌종, 1846)
    • 프랑스 신부와 우리나라 최초의 신부인 김대건 처형
  ㉧ 병인사옥丙寅邪獄(고종, 1866)
    • 프랑스 신부 이용, 러시아 견제 시도 → 실패
    • 대대적인 천주교도에 대한 탄압 발생 → 병인양요의 원인

신해사옥	정조, 1791년	진산 사건(윤지충), 노론의 남인 탄압
신유사옥	순조, 1801년	정순 왕후의 시파 탄압(이승훈, 정약용), 황사영 백서 사건 발생
기해사옥	헌종, 1839년	풍양 조씨의 안동 김씨 공격, 정하상이 『상재상서』 저술, 오가작통법 활용
병오사옥	헌종, 1846년	김대건 신부가 선교사 비밀 통로를 개척하려다가 발각됨
병인사옥	고종, 1866년	흥선 대원군의 러시아 견제 정책이 실패하자 발생

[조선 후기의 천주교 탄압 사례]

◇ **안정복의 『천학문답』**
안정복은 정약용 형제 등 남인 학자들이 정학正學이 아닌 사학邪學에 빠져 있는 현실에 개탄하여, 을사 추조 적발 사건을 계기로 천주교의 이론들을 유교 입장에서 비판한 『천학문답天學問答』과 『천학고天學考』를 저술하였다(1785).

◇ **신유사옥에 대한 기록**
『사학징의』는 1801년(순조 1)에 일어난 신유사옥의 진행 과정에 대해 기록한 책이다. 형조와 포도청 등 정부 측 기록을 수집하여 정리한 이 책에는 정순왕후의 명령에 따라 사학邪學 죄인들을 분초한 내용 등이 수록되어 있다.

◇ **정약전·정약용 형제**
유배지에서 정약전은 일종의 어류 도감인 『자산어보茲山魚譜』를 저술했으며, 정약용은 세도 정치기의 혼란을 고발하고 정치 개혁을 설파한 여러 저서를 남겼다.

◇ **황사영 백서 사건**
천주교 신자 황사영은 조선 교회 사정을 북경을 통하여 서양에 전하여, 원조를 받으려 하다가 발각되어 사형에 처해졌다.

◇ **정하상의 『상재상서』**
정하상은 정약전의 둘째 아들이자 정약용의 조카로, 서양인 신부의 영입을 주선하고, 조선 교구를 북경 교구에서 독립시키는 데 성공하였다. 기해사옥이 일어나자 미리 지어둔 우리나라 최초의 호교론서로 꼽히는 『상재상서』를 체포 직후 재상인 이지연에게 전달하였다.

◇ **이필제의 난**

이필제는 1863년에 동학에 입도하여 적극 포교하면서 농민을 규합해 나갔다. 충청도와 경남 진주 일대로 피신하며 세력을 모아, 1870년 진주작변을 일으켰으나 실패하였다. 그는 중국으로 쳐들어가 새 왕조를 세우겠다는 정치적 야망을 품고, 진주 군기고의 무기를 빼앗아 중국으로 들어갈 계획을 세웠으나 밀고로 실패하였다. 진주작변이 실패한 뒤 경상북도 영해로 피신, 동학의 2대 교주인 최시형을 설득하여 동학교도 전체의 신원 운동을 전개할 계획을 세워 1871년 3월 이른바 이필제의 난을 일으켰다. 그해 8월에 체포되어 능지처참을 당했다. 당시 이 난에는 흥선 대원군의 경복궁 중건 등으로 불만을 가진 농민들이 대거 가담했기 때문에, 이는 동학의 종교 운동이자 민란의 성격을 동시에 지니는 것으로 평가받는다. 이필제는 동학을 정부 타도를 위한 조직으로 활용하려 하였고, 최시형은 동학의 종교화를 추진하였는데, 호남 지방에서는 현실 세계를 변혁하려는 성격이 강하게 나타났다. 이는 1894년 동학 농민 운동 과정에서 양자가 노선을 달리하는 요인이 되었다.

◇ **『동경대전』과 『용담유사』**

『동경대전』은 동학의 경전으로, 포덕문布德文·논학문論學文·수덕문修德文·불연기연不然其然의 네 편으로 되어 있다. 『용담유사』는 1860년~1863년에 걸쳐 지은 가사책으로, 1881년에 간행되었다. 수록 내용은 용담가龍潭歌·안심가安心歌·교훈가敎訓歌·몽중노소문답가夢中老少問答歌·도수사道修詞·권학가勸學歌·도덕가道德歌·흥비가興比歌·검결劍訣의 9편으로 이루어져 있다.

◇ **포접제**

동학에서 각지에 포(包=군 단위)와 접(接=도 단위)을 조직하고 책임자인 포주, 접주, 대접주를 통해 교세를 확장시킨 제도이다. 접주 또는 대접주가 여러 포를 통솔하고, 각 포 사이의 원활한 사무 처리를 위해 교장敎長, 도집都執, 집강執綱, 대정大正, 중정中正 등의 직분을 두었다.

(2) 동학

① 창시 배경
  ㉠ 당시 세도 정치기 지배층의 수탈로 농민 봉기가 각지에서 전개
  ㉡ 이양선의 출현과 서학의 전래 → 전통 질서에 큰 동요
  ㉢ 경주 잔반 최제우가 서학에 대비하는 이름의 동학 창시(1860)

② 교리
  ㉠ 토착 사상의 결합: 유·불·선의 내용과 민간 요소 결합
  ㉡ 시천주侍天主, 사인여천事人如天
    • 시천주: 한울님을 모시고 있는 '사람이 곧 하늘이다[人乃天]'라는 평등사상의 바탕
    • 신분 차별과 노비제 폐지, 여성과 어린이 존중을 주장 → 유교 윤리와 양반 질서를 부정하는 반봉건적 성격
  ㉢ 후천개벽後天開闢: 조선 왕조를 부정하고 새로운 사회를 건설하는 혁명적 성격
  ㉣ 사회 모순 해결을 위해 보국안민輔國安民과 제폭구민除暴救民의 기치

③ 교세의 확장
  ㉠ 대중적인 교리를 바탕으로 교세가 급속히 확장 → 삼남 지방의 농민에게 전파
  ㉡ 최제우가 포교를 위해 남원으로 이주
  ㉢ 잔반 이필제◇가 동학교도와 연계하여 경북 영해에서 봉기

④ 탄압
  ㉠ 조정은 동학을 불온한 사상으로 몰아 '혹세무민'의 죄를 물어 최제우 처형(1864)
  ㉡ 최시형이 2대 대주인大主人이 되어 『동경대전東經大全』(1880)과 『용담유사龍潭遺詞』(1881)◇ 간행, 교세 확장을 위해 포접제包接制◇ 실시

3. 농민의 항거

(1) 농민 저항의 양상
  ① 18세기까지 항조·거세 운동, 소청 운동, 벽서·괘서 등 소극적인 성격
  ② 19세기부터는 삼정의 문란·고마고(민고)의 수탈 등에 시달리던 농민들이 봉기

(2) 홍경래의 난(1811)
  ① 배경
    ㉠ 조선 후기 이래 대청 무역 발달 → 평안도 지역에 신흥 상공업 세력 등장
    ㉡ 서북민은 정부의 차별 정책으로 중앙 진출에 어려움
    ㉢ 세도 정치기에 서울 상인을 보호하기 위해 평안도민의 상공업 활동 억압

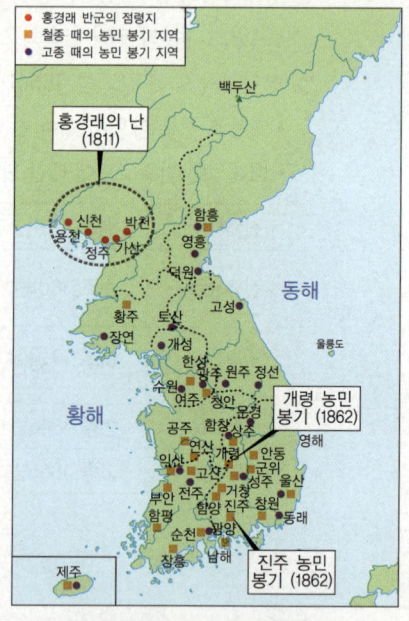

[홍경래의 난과 임술 농민 봉기]

② 주도 세력
  ㉠ 홍경래 등 잔반 주도, 이희저 등 부상대고富商大賈들의 군자금 제공
  ㉡ 각 지역의 명망가名望家들이 실제 전투력 세력, 무전無田 농민들은 광산 노동자로 포섭된 뒤 군사로 동원
③ 전개 과정
  ㉠ 가산군 다복동에서 봉기한 홍경래군은 가산·박천·정주 등 청천강 이북 일대 장악
  ㉡ 지도부 내부 분열로 홍경래가 부상, 송림 전투에서 패배한 후 진압됨
④ 의의와 한계
  ㉠ 의의: 홍경래의 난은 하층 농민들에게 왕조 전복의 의지를 심어줌
  ㉡ 한계: 토지 개혁 등 농민의 참여와 다른 지역의 호응을 이끌어 낼 구체적인 계획 부재, 새로운 사회에 대한 대안 제시에 실패

(3) 임술 농민 봉기(1862)
  ① 배경
    ㉠ 지주전호제 확대와 삼정의 문란
    ㉡ 경상 우병사 백낙신의 수탈
  ② 전개
    ㉠ 단성에서 시작한 후 진주로 파급, 잔반 유계춘이 농민과 합세하여 진주성 점령 → 이후 삼남 지방으로 확대
    ㉡ 농민들이 관청을 습격, 아전 살해, 도결都結 혁파를 약속받음
  ③ 정부의 대응
    ㉠ 초기에는 수령과 향리를 처벌하고 봉기 주도자들을 처형하는 것으로 대응
    ㉡ 각지의 봉기가 제주에서 함흥에 이르기까지 전국적으로 확산
    ㉢ 암행어사와 안핵사 파견, 삼정의 문란 해소를 위해 안핵사 박규수의 건의를 받아들여 삼정이정청 설치, 구체적인 개선안을 마련하고자 하였으나 실패

◇ **삼정이정청**
1862년 5월 진주 농민 봉기를 조사한 박규수가 농민들을 달래기 위해 삼정의 개선을 건의하자 임시로 설치한 기관이다. 하지만 박규수가 건의한 양전 실시, 군포제 개선, 환곡 폐지 등을 제대로 논의하지 못하고 8월에 문을 닫았다.

◇ **삼정 운영 개선책**
삼정이정청이 설치된 이후 정부는 동포제·사창제 등을 논의하며 삼정 운영 방식을 개선하기로 하였다. 그러나 전정과 군정에서는 문제로 지적된 사항들을 금지하는 것에 그쳤고, 양전의 실시 필요성은 인정하되 당장은 시행할 수 없다고 결정하였다. 환곡은 폐지하고 이를 토지에 부과시키는 방침이 마련되었다. 이는 농민 경제의 안정보다는 국가 재정 확충과 사태 수습을 위한 양반 지배층의 이해를 대변하는 보수적인 대응이었다. 이마저도 임술 농민 봉기가 소강 상태에 들어가자 철회되어 예전의 제도로 돌아갔다.

V.

전근대사 - 문화

CHAPTER 01
사상사

CHAPTER 02
각종 문화유산

CHAPTER 01 사상사

1 불교

1. 삼국

(1) 삼국의 불교 수용: 중앙 집권 체제를 정비하던 4세기 무렵에 전래
  ① 수용 배경: 통일된 국론을 만들어 내기 위해 고등 종교로 사상적 통일 도모
  ② 특성
    ㉠ 지배 질서 강화: 왕즉불王即佛·불국토佛國土 사상과 윤회설·업설 등을 적극 수용
    ㉡ 호국적 성향
    ㉢ 민간에 확산되어 미륵 신앙 발달
  ③ 삼국의 불교 수용

구분		시기	내용
고구려		소수림왕(372)	중국 전진의 순도를 통해 불교 수용
백제		침류왕(384)	중국 동진에서 온 인도 승려 마라난타를 통해 불교 수용
신라	수용	눌지 마립간(457)	고구려(묵호자)를 통해 불교 수용, 민간 신앙 전파
	공인	법흥왕(527)	이차돈의 순교로 불교 국가 공인

> **읽기 자료**
>
> **이차돈의 순교**
>
> 이차돈異次頓/處道은 법흥왕의 근신으로서 일찍부터 불교를 신봉하였으며, 벼슬이 내사사인에 올랐다. 당시 법흥왕은 불교를 국교로 하려 했으나, 재래의 전통 신앙에 젖은 귀족들의 반대로 뜻을 이루지 못하고 있었다. 이때 이차돈은 혼자 불교의 공인을 주장하다가 순교를 자청하여 주살당하였다. 만일 부처가 있다면, 자기가 죽은 뒤 반드시 이적異蹟이 있으리라고 예언했던 바, 과연 죽은 뒤 잘린 목에서 흰 피가 나오고, 하늘이 깜깜해지더니 꽃 비가 내리는 기적이 일어나, 신하들도 마음을 굽혀 불교를 공인하게 되었다.

(2) 삼국 불교의 전개
  ① 고구려
    ㉠ 삼론종 발달: '공空'을 강조하는 대승 불교 계열의 이론 불교
    ㉡ 주요 승려
      • 승랑: 중국에 가서 중국 삼론종의 3대조
      • 혜관과 도징: 일본에 삼론학 전파
      • 혜량: 신라로 망명하여 진흥왕에 의해 국통에 임명
      • 혜자: 일본 쇼토쿠 태자의 스승
      • 보덕: 열반종을 일으켰으나 보장왕의 도교 숭상에 반발하여 백제 완산주로 망명

◇ **삼국 불교 수용의 특징**
고구려와 백제의 경우 전진, 동진 등에서 국가 사절을 통해 불교가 전해지고 따라서 왕실의 환영을 받으면서 수용되었다. 신라는 민간에 먼저 전래되었으나 귀족들의 반대로 70여 년이 흐른 뒤 공인될 수 있었다.

◇ **업설**
사람의 행위에 따라 업보를 받는다는 이론을 말한다. 왕과 귀족의 우월한 지위는 선한 공덕을 많이 쌓은 결과라는 해석이 가능하여, 왕의 권위와 귀족의 특권을 인정하는 일면이 있다.

◇ **우리 역사 속의 호국 불교**

삼국 시대	황룡사 9층 목탑, 원광법사의 세속오계, 걸사표
통일 신라	만파식적, 감은사 건립
고려	팔관회, 대장경 조판, 별무반
조선	임진왜란 때의 승병

[이차돈 순교 사실을 새긴 돌기둥(백률사)]

헌덕왕 때 이차돈을 추모하여 세운 돌기둥으로, 이차돈 공양당·백률사 석당石幢 등으로 불린다.

◇ **삼론종**
인도의 고승 용수의 『중론中論』과 『십이문론十二門論』, 제바提婆의 『백론百論』 등 삼론을 주요 경전으로 삼아 성립된 종파이다. 중국에서는 수나라 때 삼론종이 성립되었으며, 고구려의 승랑이 중국에서 삼론학을 집대성하여 삼론종의 성장에 원동력이 되었다. 백제의 혜균도 중국에서 삼론종을 연구하였다.

② 백제
- ㉠ 중국 남조의 영향으로 계율종 발달
- ㉡ 주요 승려
  - 겸익: 성왕 때 인도를 방문하여 『아비담장』과 5부 율문을 가지고 옴
  - 노리사치계: 성왕 때 일본에 계율종 전파
  - 관륵: 무왕 때 일본에 불교 전파

③ 신라
- ㉠ 불교식 왕명 사용, 호국적 성격의 불교 행사(인왕회 등) 개최, 진종설(眞種說)(진평왕)
- ㉡ 국통제(진흥왕, 551): 초대 국통에 고구려 승려 혜량
- ㉢ 주요 승려
  - 원광(진평왕): 걸사표와 세속오계, 섭론종 연구
  - 자장(선덕여왕): 대국통, 황룡사 9층 목탑 건립 건의, 계율종(통도사)

④ 가야: 대가야의 고령 고아동 벽화에 연꽃무늬(부여 능사리 벽화와 유사)

2. 남북국

(1) 통일 신라

① 사상 체계의 정립
- ㉠ 배경: 삼국 불교를 통합하고 도당 유학승이 전래시킨 여러 종파 심화
- ㉡ 특징: 교종 중심으로 발달, 통일 후 중앙 집권화에 이용, 여러 종파의 통합과 대중화

② 주요 승려
- ㉠ 원효(617~686)
  - 일심 사상·무애(無碍) 강조
  - 화쟁: 다른 종파와의 사상적 대립 조화, 분파 의식 극복 노력
  - 아미타 신앙을 전도, 정토 사상 보급
  - 법성종 개창(분황사)
  - 『금강삼매경론(金剛三昧經論)』·『대승기신론소(大乘起信論疏)』·『화엄경소(華嚴經疏)』·『십문화쟁론(十門和諍論)』
  - 고려의 의천에 의해 화쟁국사(和諍國師)로 추존
- ㉡ 의상(625~702)
  - 당에 유학하여 화엄 공부 후 귀국, 문무왕의 조언자
  - 화엄종 개창(부석사), '화엄일승법계도' 저술, 화엄 사상 정립 → 교단 형성, 제자 양성
  - 관음 신앙과 아미타 신앙을 화엄종단의 중심 신앙으로 수용

> **읽기 자료**
>
> **의상의 불교 대중화**
>
> 의상은 화엄을 이론으로만 이해하는 데 그치지 않고 옷 세 벌과 바리 하나 외에는 아무 것도 소유하지 않는 청정 계율의 실천에 앞장섰다. 또한 『화엄경(華嚴經)』에 토대를 두고 실제로 신라 땅 낙산에 관세음보살이 머물고 있다고 널리 알림으로써, 질병이나 재해 등 인간 생활의 현실적인 고뇌를 당장 해결하지 않으면 안 되는 어려운 사람들에게 희망을 주었다.

◇ **인왕회**
『인왕반야경(仁王般若經)』을 읽으면서 국가의 안위를 기원하는 불교 법회이다. 인왕백고좌회, 백좌법회라고도 한다. 『인왕경』에서는 나라의 재난을 막고 복을 부르기 위해서 국왕이 반야의 법문을 수지해야 한다고 당부하고 있는데, 이를 강의하는 인왕회를 통해 불교의 호국적 성격을 드러낼 수 있었다.

◇ **화쟁 사상**
원효 사상의 근본을 이루는 화해(和解)와 회통(會通)의 논리체계로, 객관적 논리에 근거한 비판과 분석을 통해 한 쪽에 치우치지 않는 높은 가치를 이끌어내고자 하였다. 원효는 이에 근거하여 원융회통을 강조하며 공(空)에 치우친 중관파와 식(識)을 강조하는 유식파를 모두 비판하였다.

◇ **아미타 신앙**
깊은 불심을 가지고 '나무아미타불'을 열심히 외면 극락정토에 왕생할 수 있다는 내세 신앙이다. 백성들에게 크게 환영을 받았다.

◇ **원효에 대한 추존**
원효가 입적한 후 100여 년이 지난 애장왕 대(800~809)에 후손 중업과 각간 김언승 등이 중심이 되어 그를 추모하는 고선사 서당화상비를 세웠으며, 1101년 8월 고려 숙종이 화쟁국사(和諍國師)라는 시호를 추증하였다. 전체 33행의 사륙변려문체로 지어진 고선사 서당화상비에는 원효의 탄생과 학문 태도, '십문화쟁론'의 성격과 원효의 신이한 행적, 원효의 명성이 일본에까지 알려졌다는 내용 등이 적혀 있다.

◇ **화엄일승법계도**

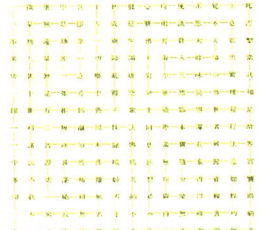

의상이 화엄 사상의 요지를 간결한 시로 축약한 글로, 내용 210자를 54각(角)이 있는 도인(圖印)에 합쳐서 만든 것이다. '나 속에 모두가 있고 모든 것 속에 하나가 있다. 하나가 곧 모두이며, 모두가 곧 하나이다. 한 작은 티끌 속에 우주만물을 머금고 모든 티끌 속이 또한 이와 같다.'라 하여 하나(一)와 전체(多)가 서로 긴밀한 상호 작용을 가지기 때문에 모든 존재는 상호 의존적인 관계에 있으면서(연기緣起) 서로 조화를 이루고 있다(원융圓融)고 보았다.

◇ **화엄 사상**
일즉다즉일一卽多多卽一의 원융 사상에 근본을 두고 있다. 우주의 다양한 현상을 하나로 귀결시킨다는 이 사상은 전제 왕권을 중심으로 하는 중앙 집권적 통치 체제를 뒷받침하는 측면이 있다.

◇ **원측과 법상종**
법상종은 유식사상을 교의로 삼는데, 유식 사상은 중관파中觀派와 함께 인도 대승 불교의 2대 학파를 이루는 교학이다. 중국에서는 현장이 소개하고 그의 제자 규기가 자은사를 중심으로 하나의 종파로 성립시켜 자은종이라고도 한다. 현장 제자였던 원측은 당에서 활약하면서 유식 일변도의 중국 법상종을 비판하고, 유有와 공空의 조화를 중시하는 서명학파를 세웠다. 우리나라에서는 원측의 제자들에 의해 유식학 연구가 시작되었다가 순경·태현 등에 의해 종파로 성립된 것으로 보인다. 흔히 법상종의 조사祖師로 알려진 진표의 점찰법占察法은 법상종의 한 계통이었을 것으로 보지만 정통으로 인정하지 않는 경향이 있다.

[왕오천축국전]
중국 둔황 석굴에 있던 것을 1908년 프랑스의 펠리오P. Pelliot가 가져갔다.

◇ **교종 5교**

종파	창시자	중심 사찰
열반종	보덕	전주 경복사
계율종	자장	양산 통도사
법성종	원효	경주 분황사
화엄종	의상	영주 부석사
법상종	진표(?)	김제 금산사

◇ **무염**
무염은 무열왕 8대손으로 845년(문성왕 7) 귀국하여 공주 성주사聖住寺를 성주산문의 본산으로 삼고 40여 년 동안 교화하였다. 최치원이 지은 성주사 낭혜화상비가 전한다.

◇ **고려 전기의 불교**
고려에서는 귀족도 불교에 큰 관심을 보였는데, 이들은 정치 이념으로 삼았던 유교와 신앙인 불교가 배치되는 것으로 생각하지 않았다. 일반인도 현세적인 기복 신앙으로서 불교를 널리 신봉하였고, 지방의 신앙 공동체였던 향도에는 불교와 함께 토속 신앙의 면모도 보이며, 불교와 풍수지리설이 융합된 모습도 보인다.

ⓒ 원측(613~696)
- 당에 유학하여 현장법사에게서 유식 불교 수학
- 현장의 제자인 규기와 논쟁하며 서명학파 성립, 티벳 불교에 영향◦
- 『해심밀경소解深密經疏』

ⓔ 혜초(704~?): 인도·중앙아시아 기행문인 『왕오천축국전往五天竺國傳』 저술(성덕왕)

ⓜ 도의(?~?)
- 선덕왕 때 유학, 헌덕왕 때 귀국하여 설법 → 진전사에서 염거에게 남선南禪 전파
- 염거 제자 체증이 가지산파 개창, 도의는 가지산파迦智山派의 개조

③ 교종 5교의 성립
④ 선종의 등장: 신라 통일 전후에 전래되었으나 말기에 유행 → 호족들의 호응
ⓐ 특징: 실천 수행을 통한 깨달음, 개인의 주체성과 자각 강조[不立文字, 見性悟道]
ⓑ 영향
- 왕실의 관심, 무염◦과 같은 진골들도 수용
- 호족들의 지원 → 지방 세력 성장, 고려 건국의 사상적 바탕
- 9산 선문의 종파 형성 → 지방 문화 역량 증대, 승탑과 거대 불상 유행

[신라 하대의 9산 선문]

> **읽기 자료**
> **신라 말기 선종 불교의 영향**
> 선종은 통일 전후에 신라에 수용되었으나 널리 퍼지지는 못하였다. 784년에 도의가 본격적으로 남종선을 배우고자 당나라에 간 이래 혜소·혜철·무염 등이 뒤를 이었고, 이들 선사들은 820년대 초에 처음 귀국한 도의를 따라 차례로 귀국하였다. 신라 사회의 변화로 선종이 관심의 대상으로 떠오르기 시작하였으나 도의 자신은 교종의 반발로 서울인 경주에서 교화의 기반을 마련하지 못하고 설악산에 은거하고 말았다. 대신 도의보다 조금 늦게 귀국한 흥척은 흥덕왕과 같은 왕실의 관심의 대상이 되었다. 그러나 선문 9산의 대부분은 왕실이나 중앙 귀족이 아니라 이 시기에 새롭게 부상한 지방 세력, 곧 호족의 적극적인 지원을 받았다.

(2) 발해
① 왕실 불교: 왕실과 귀족 중심, 문왕은 '전륜성왕轉輪聖王' 자칭
② 유적·유물: 상경성 내에 많은 사찰, 흑룡강성의 석등, 동경성 터에서 발견된 이불병좌상

3. 고려
(1) 숭불 정책◦
① 태조
ⓐ 개경에 호국도량護國道場 10찰 건립, 후백제 정벌 후 황산에 개태사 창건
ⓑ '훈요 10조'에서 비보 사찰◦ 보호, 연등회와 팔관회 개최 등을 당부
② 광종
ⓐ 승과僧科 실시: 승계僧階 정비, 국사國師·왕사王師 제도 및 승록사僧錄司 정비◦
ⓑ 화엄종을 중심으로 교종 정비, 법안종을 중심으로 선종 통합
③ 현종: 초조대장경 조판, 성종이 폐지한 연등회와 팔관회 부활

> **읽기 자료**
>
> **연등회와 팔관회**
> 고려 시대 불교는 왕실과 귀족부터 일반 서민까지 모든 사회 계층이 신봉한 종교였다. 국가는 나라의 안녕과 왕실의 번영을 기원하는 각종 불교 행사를 주관하였다. 이 중 가장 성대한 행사가 연등회와 팔관회였다. 연등회는 국초에는 정월 15일, 현종 이후에는 2월 15일에 열렸다. 연등회는 부처 공양과 태조 숭상이라는 정치적 의미를 띠고 있어 왕은 연등회 행사의 공연이 끝나면 봉은사의 태조 사당에 참배하였다. 팔관회는 천령·오악·명산·대천·용신을 섬기는 대회로 불교 의식의 하나였다. 여덟 가지 계율을 하룻낮 하룻밤 동안 엄격히 지켜 불교 입문의 상징으로 삼았으며 이 8계를 수여하는 의식을 팔관회라 하였다. 팔관회는 매년 11월 15일에 열렸으며, 고려 왕의 정치적 권위를 확인하는 자리이기도 하였다. 이 불교 의식은 송의 상인이나 여진과 탐라의 사절이 와서 축하 선물을 바치고 무역을 하는 등 국제적 규모의 행사가 되었다.

(2) 초기(교·선 양립기)

① 균여
  ㉠ 광종 때 귀법사의 주지
  ㉡ '성상융회(性相融會)'를 설파하여 남악파와 북악파의 통합을 위해 노력
  ㉢ 화엄 사상을 정비하고 보살의 실천행 강조, '보현십원가(普賢十願歌)'(향가) 지음

② 제관·의통
  ㉠ 광종 때 남중국에 파견되어 천태학 전파
  ㉡ 제관은 『천태사교의(天台四教儀)』 저술, 의통은 중국 천태종의 교조

(3) 중기(교·선 절충기)

① 교종 발달: 개경에 현화사(현종)·흥왕사(문종) 건립, 왕실과 귀족의 지원으로 화엄종과 법상종 융성

② 의천(대각국사大覺國師)
  ㉠ 문종의 넷째 아들, 중국에 유학하여 화엄종 공부
  ㉡ 교단 통합 노력
  - 원효의 화쟁사상 계승
  - 성상겸학(性相兼學) 논리로 화엄종 중심으로 법상종 통합(흥왕사)
  ㉢ 천태종 개창(숙종, 1097)
  - 선종 개혁 목적, 법안종 승려 다수 포함
  - 천태종 중심으로 선종을 포섭(국청사)
  - 균여의 화엄학을 관념적이라고 비판 → 교관겸수(教觀兼修)·내외겸전(內外兼全) 주장, 이론과 실천의 양면 강조
  ㉣ 『원종문류(圓宗文類)』, 『석원사림(釋苑詞林)』, 『천태사교의주(天台四教儀註)』, 『계악권선면학(誡惡勸善勉學)』
  ㉤ 교장 간행: 송·요·고려 등의 장소(章疏)를 모아 『신편제종교장총록(新編諸宗教藏總錄)』 간행, 흥왕사의 교장도감에서 인쇄
  ㉥ 한계: 폐단에 대한 시정 노력 미흡, 교·선 통합이 학문적·이론적 차원에 그침 → 결국 의천 사후에 교단 분열

◇ **비보 사찰설**
비보 사찰설, 비보 사탑설 또는 비보 사상이란 나말여초의 격변기에 도선이 불교 교단을 재정비하고 나아가 전국토를 재개발하기 위해 수립한 사상체계이다. 불교의 밀교사상(密敎思想)과 도참사상(圖讖思想)이 결합되어 형성된 것이다.

◇ **국사·왕사 제도와 승록사의 연원**
국사와 왕사, 승록사 등에 대한 기록은 태조 때부터 보인다. 국사는 효공왕 때 혜통이 국통과는 별개로 국사로 책봉된 사례가 있었고, 왕사는 고려 건국 때인 918년에 책봉된 경유가 시초이다. 승록사는 이미 태조 때 우왕가도(右王可道)로 편제되어 있었다고 전하는데, 이는 당·송의 것과 유사하다. 고대부터 승계와 승관(僧官)이 있었고 태조의 개국 과정에 중국에 유학한 많은 승려들이 참여했던 것이 영향을 끼쳤으리라 보인다. 이들 제도는 광종 때 승과를 실시하면서 체계적으로 정비되었다.

◇ **남악파와 북악파**
신라 하대에 화엄종이 남악과 북악으로 대립하고 있었는데 견훤은 지리산 중심의 남악파를, 왕건은 부석사를 중심 사찰로 하는 북악파를 후원하였다. 고려 왕조는 기본적으로 북악파를 계승하고 있었던 바, 광종 때 왕실의 후원을 받은 균여는 귀법사의 주지를 역임하며 북악파 중심으로 남악파를 통합하고자 하였다. 이에 보살의 실천행을 강조하며 화엄종 통합의 기본 이론으로 '성상융회'를 주장하였다.

◇ **화엄종과 법상종**
화엄종은 화엄 사상을 바탕으로 하는 종파이고, 법상종은 유식 사상을 중심으로 하는 종파이다. 교종인 이 두 종파가 선종과 함께 고려 불교의 주축을 이루었다.

◇ **천태종**
천태종은 6세기 중국 수나라의 지자대사가 천태산에서 창시한 종단이다. 천태교리가 우리나라에 들어온 것은 삼국 시대 초기라는 기록이 전해지고 있으나 종파로서 문을 연 것은 고려 대각국사 의천이 개경의 국청사에서 천태교관을 선포한 1097년이다. 의천의 천태종은 선종 개혁을 위한 것이었으며, 신종으로 분류된다. 한국, 중국, 일본의 3국에 같은 이름의 종단이 있는 불교 종단은 천태종뿐이다.

◇ **내외겸전**
"교리를 배우는 이는 마음을 버리고 외적인 것을 구하는 일이 많고, 참선하는 사람은 밖의 인연을 잊고 내적으로 밝히기를 좋아한다. 이는 다 편벽된 집착이고 양극단에 치우친 것이다."

[영통사 대각국사비]
인종 때 세워진 비석으로 비문은 김부식이 짓고 글씨는 구양순체로 오언후가 썼다.

> **읽기 자료**
>
> **의천**
> 1085년 왕자의 몸으로 불법을 구하러 바다를 건너 송에 입국하였다. 그는 황궁 서문 근처 계성원에 머물며 화엄종의 저명한 승려 유성과 각엄사에서 교류했고, 흥국사에서 인도 출신 길상 삼장과 만나 산스크리트 불경에 대한 이해를 더했다. 또한 항주 혜인원에 오래 머물며 이전부터 서신을 주고받던 정원과 깊이 교류하였다. 항주에서 그는 상천축사의 종간, 용정사의 원정에게 천태학을 깊이 배웠다. 그는 이밖에도 많은 중국 승려들과 교류하였는데, 그가 만난 중국 승려들 대부분은 송종이 득세하는 당시 중국 불교계의 현실 속에서 교종의 침체를 우려하는 입장을 취한 인물들이었다. 그는 수집한 불서 3천 권을 갖고 1086년 5월 12일 귀국길에 올랐다.

③ 거사居士 불교의 유행
  ㉠ 특징
  • 출가하지 않고 일상에 있으면서 참선·독경·선승과의 교류 등 불교적 삶을 사는 유학자 등장
  • 불교, 유교, 도교 등 다양한 사상의 공존을 반영
  ㉡ 배경
  • 정치 현실에 대한 회의
  • 귀족 사회에서 불교의 일반화
  • 천태종 개창 이후에는 교종과 절충적 경향이 나타나는 데 대한 반성으로 순수 참선 중시
  ㉢ 윤언이(금강거사) 형제, 이자현(청평거사), 김부식(설당거사) 등

(4) 무신 집권기(교·선 일치기)
① 선종 발달: 교종의 타락 → 결사結社 운동 전개, 귀법사의 난 계기로 무신이 교종 탄압
② 지눌(보조국사普照國師)
  ㉠ 수선사修禪社 결사(권수정혜결사勸修定慧結社)
  • 팔공산 거조사에서 정혜사 결성 → 송광산 길상사에서 수선사로 개칭
  • 명리名利 집착 비판, 독경讀經과 선 수행·노동에 힘쓰자는 개혁 운동(송광사)
  • 개혁적인 승려들과 지방민의 호응 → 조계종 흥성
  ㉡ 교·선 일치
  • 선종을 중심으로 교종을 포용하여 교·선 대립 극복
  • 성적등지문惺寂等持門, 원돈신해문圓頓信解門, 간화경절문看話經截門 제창
  • 정혜쌍수定慧雙修와 돈오점수頓悟漸修 제시
③ 혜심(진각국사眞覺國師)
  ㉠ 유·불 일치설: 수선사 2대 사주, 유교와 불교의 통합 시도
  ㉡ 심성의 도야를 강조함으로써 성리학 수용의 사상적 발판 마련, 간화선看話禪 강조
  ㉢ 최씨 정권의 후원: 최우 두 아들을 혜심에게 출가, 고종이 선사禪師·대선사大禪師 제수

◇ **지눌의 삼문三門**
'성적등지문'은 참선할 때 맑게 깨어있음과 고요함을 함께 수행하는 정혜쌍수를 의미하며, '원돈신해문'은 화엄 교학과 선이 근본에서는 둘이 아님을 밝혀서 화엄사상을 선법에 받아들인 것이다. '간화경절문'은 화두를 참구해 단박에 깨달음을 얻는 간화선 수행법이다.

◇ **정혜쌍수와 돈오점수**
정혜쌍수는 선과 교학을 나란히 수행하되 선을 중심으로 교학을 포용하자는 이론이며, 돈오점수는 단번에 깨닫고 꾸준히 실천하자는 주장을 일컫는다. 지눌은 돈오를 지향처로 삼으면서도 사람들이 오래 익혀온 잘못된 습관을 고치려면 깨달음의 꾸준한 실천이 필요하다는 뜻에서 점수를 아울러 강조하였다.

④ 요세(원묘국사)
　㉠ 백련결사
　　• 천태종 중심의 백련결사 제창(만덕사)
　　• 염불을 통한 극락왕생, 원효의 정토 사상 강조
　　• 자신의 행동을 참회하는 법화 신앙에 중점, 일반 민을 위한 보현도량 설치
　　• 유학자 출신 진정국사 천책 등 활약
　㉡ 대몽 항쟁: 지방민의 호응 속에 대몽 항쟁 표방, 최충헌·최우 정권의 비호

(5) 원 간섭기(분열기)
　① 불교계의 타락: 개혁 운동의 의지 퇴색, 귀족과 결탁, 티벳 불교 유행
　② 보우(원증국사)
　　㉠ 임제종 도입: 공민왕 때의 원으로부터 간화선을 중시한 임제종 도입
　　㉡ 통합 노력: 불교계의 폐단을 시정하고 선종을 통합한 '도존'파 설립 시도
　③ 혜근(나옹화상)
　　㉠ 원에서 활동하다가 공민왕 때 귀국, 공민왕 요청으로 시관 역임
　　㉡ 참선과 교학을 함께 닦으며 간화선의 임제종 선풍 도입
　　㉢ 회암사 주지, 우왕 때 신륵사에서 입적

(6) 대장경
　① 초조대장경
　　㉠ 현종 때 거란 2차 침입을 물리치고자 교리 정리, 선종 때 6,000여 권 완성(1087)
　　　→ 흥왕사에 봉안
　　㉡ 대구 부인사에서 보관 중 몽골의 침입으로 소실, 교토 남례사 등에 일부 판본 잔존
　② 교장
　　㉠ 의천이 대장경을 보완하고 주소 중심으로 신라와 송·요 고승들의 저술 수록
　　㉡ 몽골의 2차 침입으로 소실, 송광사와 쓰시마 등에 일부 판본 잔존
　③ 재조대장경(팔만대장경)
　　㉠ 몽골의 침입을 격퇴하고자 1236년 최우에 의해 발원 → 수기 등이 주도
　　㉡ 강화도 선원사에 대장도감, 진주·남원·남해 등에 분사를 설치하여 1251년에 완성
　　㉢ 합천 해인사에 보관, 1995년 유네스코 세계 기록유산으로 지정

▶ 읽기 자료

삼보사찰三寶寺刹

경남 양산의 통도사, 합천의 해인사, 전남 순천의 송광사 셋을 가리킨다. 삼보는 불교의 신행 귀의대상인 불·법·승을 가리키는 말로서 통도사가 불, 해인사가 법, 송광사가 승에 해당한다. 자장이 중국 유학에서 돌아올 때 불경과 불사리를 가져 왔는데, 진신사리를 봉안할 목적으로 통도사에 금강계단을 조성하였다. 부처님의 진신사리를 모셨다고 하여 통도사를 불보사찰이라고 한다. 영원한 부처님의 법신을 상징하는 사리를 모셨기 때문에 통도사의 대적광전에는 따로 불상을 모시지 않았다. 해인사는 부처의 말씀을 기록한 대장경을 봉안한 곳이라고 해서 법보사찰이라고 한다. 송광사는 큰스님들이 많이 배출되었다고 해서 승보사찰이라고 한다. 지눌은 팔공산 거조사에서 결사 운동을 시작하여 송광사로 거처를 옮겼다. 지눌의 제자였던 혜심을 비롯하여, 조선 초기까지 16명의 국사가 연이어 이곳에서 배출되었다고 하여 승보사찰이라는 이름을 얻게 되었다. 오늘날 이 삼보사찰은 전통적인 승려 교육과정인 선원·강원, 그리고 율원의 세 기능을 다 집합시켜 놓았다는 뜻에서 각각 총림이라고도 한다.

◇ **임제종의 도입**

임제종은 고려 중기부터 일부에서 유행하였다. 원 간섭기에는 보우(공민왕의 왕사), 혜근을 포함한 고려 승려들이 원에 유학하면서 선종의 일파인 임제종 승려들과 활발하게 교류하였다. 임제종에서는 화두를 이용하는 '간화선'을 수행 방법으로 택하였으며, 스승과 제자의 관계를 중시하였다. 임제종의 승려였던 보우는 고려 후기 불교계의 분열을 통합하고자 하였으나 성공하지 못하였다.

◇ **대장경**

대장경은 경·율·논의 삼장으로 구성된, 불교 경전의 집대성이다. 경은 부처가 설한 근본 교리이고, 율은 교단에서 지켜야 할 윤리 조항과 생활 규범이며 논은 경과 율에 대한 승려나 학자의 의론과 해석을 일컫는다.

◇ **재조대장경(팔만대장경)**

몽골의 침략으로 소실된 초조대장경을 대신하여 고종 때 대장도감을 설치하여 16년 만에 재조대장경을 간행하였다. 8만 장이 넘는 목판이므로 팔만대장경이라고 부른다. 팔만대장경은 방대한 내용을 담았으면서도 잘못된 글자나 빠진 글자가 거의 없는, 제작의 정밀성과 글씨의 아름다움 등으로 세계에서 가장 우수한 대장경으로 꼽힌다.

4. 조선

(1) 억불 정책
① 태조: 도첩제 실시, 정도전의 『불씨잡변佛氏雜辨』 간행
② 태종
  ㉠ 사찰의 전토와 노비 몰수
  ㉡ 사찰 정리: 한양·개경은 5교 양종에서 각 종(11종)마다 1사寺, 부·목에는 선·교 각 1사, 군·현에는 선·교 중 1사만 남기고 정리
③ 세종
  ㉠ 선·교 양종 각 18사(도합 36사)로 정리
  ㉡ 승려의 도성 출입 금지, 승록사 폐지
④ 성종
  ㉠ 간경도감·도첩제·승과 폐지
  ㉡ 엘리트들의 출가 기피로 산간 불교화

(2) 신앙으로서의 명맥 유지
① 세종
  ㉠ 말년에 궁궐 내에 내불당◇ 설치
  ㉡ 수양대군에게 『석보상절釋譜詳節』·『월인천강지곡月印千江之曲』 편찬 지시
② 세조
  ㉠ 간경도감 설치, 『월인석보月印釋譜』와 많은 불경을 한글로 번역
  ㉡ 도성 내에 대원각사 창건, 원각사지 10층 석탑 건립
③ 명종
  ㉠ 문정 왕후의 후원으로 불교 회복 정책
  ㉡ 보우普雨
    • 선·교 양종 부활, 300여 개의 사찰을 정찰淨刹로 국가 공인
    • 도첩제에 따라 2년 동안 승려 4,000여 명 선발, 승과 부활
  ㉢ 서산대사 휴정·사명대사 유정 등의 고승 배출

◇**내불당**
세종이 유생들의 강력한 반대에도 불구하고 궁궐에 설치한 불당이다. 여기에 황금불 3구를 안치하였다.

2 유교

1. 한자의 보급과 유학 전래

(1) 한자의 보급
① 적어도 철기 시대부터 한자 전래(창원 다호리 붓), 한자와 한문을 기반으로 학문 발전
② 이두
  ㉠ 삼국 시대에 이두吏讀·향찰鄕札 등을 만들어 사용
  ㉡ 신라의 설총은 이두를 집대성하여 한문 교육의 보급과 대중화에 공헌

(2) 삼국의 학문 발달
　① 고구려: 태학과 경당에서 유교 경전과 역사 교육
　② 백제
　　㉠ 5경 박사·역박사·의박사 등의 존재
　　㉡ 왕인은 일본에 『논어』 보급, 개로왕의 국서와 사택지적비문 등의 한문학 수준
　③ 신라
　　㉠ 화랑도를 통해 경학 및 무술 교육 실시
　　㉡ 임신서기석과 진흥왕 순수비 등을 통해 유교 경전 학습 사실과 한문학 수준 짐작
　　㉢ 『논어』의 문구를 기록한 목간 출토

2. 남북국의 교육과 유학

(1) 통일 신라
　① 교육: 국학(태학), 독서삼품과
　② 주요 학자
　　㉠ 김대문
　　　• 성덕왕 때 활약한 진골 귀족
　　　• 신라의 문화를 주체적으로 인식하려는 서술 경향
　　　• 『화랑세기』, 『계림잡전』, 『고승전』, 『한산기』, 『악본』
　　㉡ 강수
　　　• 선덕여왕~신문왕 대에 활약한 가야 출신 6두품 유학자
　　　• 외교 문서에 능통, 일찍이 불교를 '세외교'라 비판
　　　• 통일 사업에 공헌, '청방인문표', '답설인귀서'
　　㉢ 설총
　　　• 무열왕~신문왕 대 활약한 6두품, 원효의 아들
　　　• 육경을 읽고 새기는 방법 발명, 향찰(이두) 정리
　　　• 신문왕을 위해 '화왕계' 저술
　　㉣ 최치원
　　　• 헌강왕~진성여왕 때 활약한 6두품 도당 유학생
　　　• 당의 빈공과에 급제, '격황소서', '사불허북국거상표'
　　　• 개혁안 10여 조 상주(진성여왕): 과거제 시행, 유교적 정치 이념 도입 등 건의
　　　• 『계원필경』, 『제왕연대력』, 『사륙집』, '난랑비서문', 해인사묘길상탑지, 사산비명

(2) 발해
　① 교육: 주자감(문왕)
　② 학문 발달
　　㉠ 도당 유학생이 빈공과에 합격, 쟁장·등제서열 사건
　　㉡ 6부의 명칭, 정혜공주·정효공주 묘지명에 보이는 고전, 변려체 수준

◇ 임신서기석

화랑으로 보이는 두 사람이 충성을 다짐하면서 유교 경전을 학습할 것을 맹세한 내용을 새긴 비석이다.

◇ 논어 목간

2000년대 이후의 발굴 조사를 통해 경남 김해 봉황동(2000), 인천 계양산성(2005), 충남 부여 쌍북리(2011) 등에서 논어의 문구를 기록한 목간이 발견되었다. 전체 길이가 1m 이상일 것으로 추정되는 학습용 목간으로 보이는데, 4세기~7세기경으로 연대가 비정되어 백제 또는 신라에서 제작한 것으로 추정된다.

◇ 화랑세기

김대문이 화랑의 기원과 역대 화랑의 지도자인 풍월주의 계보 및 행적 등을 향가와 함께 저술한 책이었다. 1889년에 필사본이 발견되면서 진위를 둘러싸고 많은 논란을 낳았다.

◇ 한산기

김대문이 성덕왕 때에 한산주의 도독으로 부임하였던 적이 있는데, 그때 듣고 본 한산 지역의 역사, 지리, 풍속 등을 기록한 서적으로 여겨진다.

◇ 사산비명

최치원이 작성한 4개의 비문으로, 지리산 쌍계사 진감선사대공탑비, 만수산 성주사 낭혜화상백월보광탑비, 초월산 대숭복사비, 희양산 봉암사 지증대사적조탑비 등이다. 이 중 대숭복사비는 현재 비문만 전한다.

◇ 쟁장·등제서열 사건

9세기에 신라의 국세가 점차 약해지고 발해가 성장하던 중, 빈공과에서 발해의 오소도가 신라의 이동을 제치고 수석을 차지하였다(872). 2년 뒤 빈공과에 합격한 최치원은 당에 끊임없이 발해를 폄훼하였는데, 얼마 뒤 발해 사신 대봉예가 신라보다 윗자리에 앉기를 청하는 사건이 발생했다(쟁장 사건, 897). 당의 거절로 무마되었으나 이 당시에도 최치원은 발해를 맹렬히 비난하였다. 그리고 오소도의 아들 오광찬이 빈공과에서 신라의 최언위보다 순위가 낮자, 당시 발해 재상이던 오소도가 아들의 순위를 올려달라 요청하는 일이 일어났다(등제 서열, 906). 일련의 사건들은 당시 발해와 신라의 국세가 달라짐에 따라 일어난 외교 분쟁이지만, 이를 통해 발해 유학생의 활동과 실력을 살필 수 있다.

> **읽기 자료**
>
> **쟁장 사건**
> - 쟁장 사건은 발해와 신라가 국제 사회에서의 서열을 두고 다툰 일이다. 급속히 성장하여 영토를 확장하였던 발해는 신라에 위협이 되었고, 발해는 우월한 국력을 바탕으로 국제 관계에서 신라보다 우위를 차지하고자 하였다. 그러나 발해의 사신과 재상의 요청을 당 조정이 모두 거절하였다. 이후 이 사건은 발해와 신라의 관계를 더욱 경쟁적으로 만들었다.
> - 872년 발해 유학생 오소도는 당 빈공과에 수석으로 합격하였다. 빈공과는 당이 외국인을 대상으로 시행한 과거 시험이었다. 수많은 외국인이 이 시험에 응시하였고, 신라인과 발해인도 앞다투어 이 시험을 봤다. 오소도가 수석을 차지하자 신라는 발칵 뒤집혔다. 지금까지 신라인이 아닌 발해인이 수석을 차지한 적이 없었기 때문이다. 아마도 발해는 이제 학문으로도 신라를 제쳤다고 자부하였을 것이다. 이런 자부심은 당이 외교 의례에서 발해보다 신라를 윗자리에 앉히는 것에 대한 불만으로 이어졌다. 897년 발해는 왕자 대봉예를 당에 사신으로 보내 외교 의례에서 두 나라의 자리를 바꿔 달라고 요청했다. 이제는 발해의 국력이 신라보다 강하기 때문에 자리를 바꿔야 한다는 주장이었다. 당은 국력으로 자리를 바꿀 수는 없다며 요청을 거부하였다. 비록 발해가 신라보다 강해졌지만, 당으로서는 신라와 전통적인 우호 관계를 깨트릴 수 없었던 것이다.

3. 고려의 유학

(1) 초기

① 태조: 6두품 계통의 유학자 활동◇

② 광종: 과거 제도 실시

③ 성종: 최승로의 '시무 28조' 채택, 교육 기관 정비, 문신월과 시행

◇ **나말 여초의 유학자**
나말 여초에는 6두품 유학자들이 활발히 활동하였다. 신라에서 활약하다 은거한 최치원, 견훤의 책사였던 최승우, 경순왕이 고려에 귀부하자 고려의 문한관이 된 최언위를 나말 3최, 고려 개국기부터 활약한 최언위, 최응, 최지몽을 여초 3최로 부르기도 한다.

(2) 중기

① 특징

㉠ 유교 사상이 점차 보수화, 시문 중시하는 훈고학 발달

㉡ 사서四書를 중시하는 등 성리학에 대한 단편적 인식을 엿볼 수 있음

② 주요 학자

㉠ 최충
- 문종 때 9재 학당 설립: 솔성, 대중 등 명칭에 『중용』 개념이 반영
- 훈고학적 유학에 철학적 경향 주입, 해동공자로 불림

㉡ 김부식
- 인종 때 활동한 보수적·현실적 유학자
- 귀족 취향의 경향, 유교 경전에 대한 이해 수준 심화

(3) 무신 집권기

① 특징: 유학 위축, 현실 도피적 유학자 등장(이인로, 임춘 등 강좌칠현江左七賢)

② 주요 학자

㉠ 이규보
- '동명왕편東明王篇', 『동국이상국집東國李相國集』
- 최충헌~최우 집권기 활동

㉡ 진화
- 이규보와 함께 시문으로 이름을 날린 관료
- '도원가', '사금통주구일使金通州九日', '봉사입금奉使入金'

(4) 말기
　① 성리학 유입
　　㉠ 충렬왕 때 안향이 신유학인 성리학 소개(1290)
　　㉡ 원에서 직접 수학한 백이정이 이제현·박충좌에게 전수
　　㉢ 이색·정몽주·정도전 등이 발전
　② 전개
　　㉠ 일상생활에 관계되는 실천적 기능을 강조, 『소학』, 『주자가례』 중시
　　㉡ 불교 비판의 사상적 배경으로 작용, 『불씨잡변』
　③ 주요 학자
　　㉠ 안향: 충렬왕 때 김문정을 중국 강남에 보내 공자와 70제자의 화상, 문묘에 사용할 제기, 육경·제자서·사서·주자서 등을 가져오게 함
　　㉡ 이제현
　　　• 충선왕 때 활약, 원에 가 있던 왕을 시종하여 티벳 등지를 여행
　　　• 연경에 만권당을 지어 원의 학자들과 교유
　　　• 공민왕 때 역사서 『사략』 저술
　　㉢ 이색: 이곡의 아들로, 공민왕 때 성균관 대사성 → 정몽주·정도전·권근 등에게 영향
　　㉣ 정몽주: '동방 이학의 조', '단심가'
　　㉤ 정도전: 『심문천답』(1375), 『학자지남도』(1375), 개국 후 『심기리편』(1394), 『불씨잡변』(1394)
　　㉥ 권근
　　　• 성리학 입문서인 『입학도설』 → 이황 등 조선 시대 성리학자들에게 큰 영향
　　　• 『오경천견록』은 경연에서 사용
　　　• 표전 문제로 명에 다녀오면서 명의 학자들과 교유
　④ 결과: 국가의 지도 이념 변화, 실천적 학문 발달 → 신진 사대부의 분화

4. 조선 전기의 성리학 발달
(1) 성리학의 발전
　① 15세기
　　㉠ 여러 계통의 유학을 포괄
　　㉡ 『주례』를 국가 통치 이념으로 삼음
　　㉢ 부국강병의 공리와 중앙 집권 강조(한·당 유학 영향) → 『정관정요』 중시
　　㉣ 기술학과 무학, 사장 중시, 유서학·육학 등 송대 유학 보급
　　㉤ 『성리대전』, 『주자대전』, 『주자어류』 등 간행
　② 16세기
　　㉠ 왕위 찬탈, 패도 정치, 훈구의 비리, 사회 경제적 모순 → 도통론·명분론 강조
　　㉡ 치자의 철저한 수신을 요구, 도덕적 실천 강조
　　㉢ 천명도 해석과 심성 논쟁이 '사단 칠정' 논쟁, 이기 논쟁으로 발전
　　㉣ 수신 기본서 『소학』 강조, 박세무의 『동몽선습』, 이이의 『격몽요결』 보급

◇ 불씨잡변
정도전이 1394년에 저술하였으며, 유학 입장에서 불교의 교설을 비판하였다. 불씨윤회설, 인과설, 심성변, 불씨의 작용이 성이라고 한 것 등에 대해 비판하였고, 불씨의 자비, 지옥설, 화복설, 걸식 등에 대해서도 비판하였다. 불법이 중국에 들어온 후 불을 섬기다가 화를 입은 실례를 들었으며, 끝으로는 불교를 이단이므로 배척해야 한다는 결론을 내리고 배불의 정당성을 역설하였다.

◇ 이제현의 활동
이제현은 1314년에 충선왕의 부름으로 만권당에 머물면서 원 생활을 시작하였다. 원의 수도 대도에서 쓰촨 성 어메이 산과 저장 성 푸퉈 산 에 이르기까지 여행하였으며, 유배 길에 오른 충선왕을 만나러 토번(현재 티베트)까지 다녀왔다. 충선왕은 중국 강남 지역을 여행하다 항저우의 유명한 화가에게 이제현의 초상을 직접 그리게 할 만큼 그를 총애하였다. 이제현은 10여 년 만에 귀국하여 이곡과 이색 등 신진 사대부를 길러냈다.

◇ 이곡
이곡은 충숙왕 7년에 과거에 급제하여 복주 사록 참군이 되었다가 충혜왕 원년에 예문 검열로 옮겼다. 충숙왕 후 원년에 정동성 향시에 1등으로 합격하였고 드디어 원의 제과(외국 사람이보는 과거)에 발탁되었다. 이보다 앞서 우리나라 사람들로 제과에 합격한 자들이 있었지만, 모두 낮은 성적이었다. 그런데 이곡의 답안은 시험관의 높은 평가를 받아 제2등으로 뽑혀 재상의 추천으로 한림국사 원검열관에 임명되었다.

◇ 천명도
16세기 조선 성리학계는 전례 없이 천명도를 여러 점 내놓았다. 천명도는 천명이 심성에서 발동하는 구조를 그린 그림이다. 천명도의 효시는 권근이 만든 것이었으나, 16세기에 정지운이 지으면서 본격적으로 제작되었다. 이황, 김인후, 기대승 등도 각기 천명도를 그리고 해설을 붙였다. 이렇게 천명사상을 중시하는 경향은 인·의·예·지의 사단과 희·노·애·구(락)·애·오·욕의 칠정을 이·기론으로 해석하는 사단 칠정론을 탄생시켰다. 이후 이황과 기대승 사이에 8년에 걸친 사단 칠정 논쟁이 전개되었고, 이이, 성혼 등 수많은 학자들이 이에 가담하였다. 이와 같이 천명사상이 강조되고 사단 칠정론이 이기론으로 발달한 것은 16세기 조선 성리학의 중요한 특색이다.

◇ **학파와 붕당**

학파	인물	지역	붕당
퇴계학파	이황	영남 지방	남인
남명학파	조식		북인
율곡학파	이이	기호 지방	노론
우계학파	성혼		소론

◇ **심성론과 사단칠정 논쟁**

성리학에서는 이기론을 바탕으로 심성론이 정립되었다. 심心이 발현하기 이전 상태를 도덕적 본성인 성性(사단)으로 보고, 심이 발현한 후의 상태를 개인적 욕망인 정情(칠정)으로 본다. 사단칠정 논쟁의 핵심은 사단과 칠정을 모두 정情으로 볼 것인지, 사단은 순수인 성性으로 볼 것인지이다. 이황은 후자를 주장하였고, 기대승은 전자를 주장하였다. 7년 여에 걸친 논쟁 과정에서 영남학파와 기호학파로 나뉘게 되었다.

◇ **성학십도**

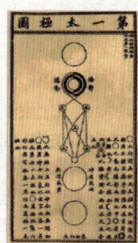

1568년, 68세의 이황이 왕위에 오른 지 몇 달 안 된 17세의 선조에게 성학의 개요를 설명한 것이다. 10개의 그림과 그에 대한 설명으로 구성되었고, 퇴계가 평생을 바쳐 공부하고 연구한 성리학에 대한 폭넓은 지식과 실천 방안이 녹아 있다. 위 그림은 『성학십도』 중의 태극도설이다.

---

(2) 성리학의 융성과 학파의 형성

① 학파와 붕당의 형성
  ㉠ 서경덕·이언적·이황·이이·조식·기대승·성혼 등에 의해 이론적으로 심화된 이기론·심성론·예론 발달
  ㉡ 학설·지역적 차이를 바탕으로 서원이 만들어지면서 학파와 붕당 형성

② 이기론理氣論
  ㉠ 이理: 보편적·불변적인 우주 만물의 자연법칙이자 도덕규범, 도道
  ㉡ 기氣: 현상적·가변적인 것, 이理가 현실에서 발현된 것

③ 주리론과 주기론
  ㉠ 주리론: 신분 질서 유지와 도덕규범 확립에 기여
  ㉡ 주기론: 경험적·현실적, 개혁적 성향

구분	주리론	주기론
등장 배경	· 주자 성리학에 대한 이해의 심화 · 구체제(훈구)에 대한 비판 의식	· 사림이 정권을 담당하는 현실 · 개혁 정치 주도
특징	· 도덕적 이상주의 · 이존기비理尊氣卑	· 사회 개혁적 성격 · 이통기국理通氣局
주요 학자	이언적, 이황	서경덕, 기대승, 조식, 이이
계승	동인, 영남학파	서인, 기호학파

④ 주요 학자
  ㉠ 회재 이언적(1491~1553)
    • 주희의 주리론적 입장에서 '이선기후설理先氣後說'과 '이기불상잡설理氣不相雜說' 강조
    • 이황에게로 계승되는 영남학파 성리설의 선구
    • 명종 때 양재역 벽서 사건에 연루되어 유배
  ㉡ 화담 서경덕(1489~1546)
    • 기의 본질이 태허太虛라는 '태허설太虛說'에 바탕
    • 이보다 기를 중시하는 독자적인 기일원론氣一元論을 완성, 주기론의 선구
    • 양명학에도 조예가 깊음
  ㉢ 퇴계 이황(1501~1570)
    • 도덕적 행위의 근거인 인간의 심성을 중시하여 주리론을 완성
    • '이기호발理氣互發', '이기이원론理氣二元論' 주장
    • 고봉 기대승과 사단 칠정 논쟁
    • 예안향약(명종), 도산서원에 배향
    • 『주자서절요朱子書節要』, 『성학십도聖學十圖』, 『전습록변傳習錄辨』
    • 유성룡, 정구, 김성일, 성혼, 이익 등에 이르는 학통(주로 동인 영남학파)
    • 일본 성리학의 형성에도 큰 영향

- ㉣ 남명 조식(1501~1572)
  - 경상우도를 대표
  - 경敬과 의義를 강조, 학문의 실천성을 강조('內明者敬 外斷者義'라 새겨진 칼)
  - 노장 사상에 포용적
  - 미출사, 현실 정치 비판: '단성현감 사직소'(명종), 서리망국론(선조, '무진봉사')
  - 정인홍, 김효원, 정구, 곽재우 등 배출
- ㉤ 율곡 이이(1536~1584)
  - 어머니 사후 잠시 출가하였다가 과거에 응시, '9도장원공'
  - 선조 즉위 직후 출사, 『동호문답東湖問答』, '만언봉사'
  - 16세기 후반의 조선 사회를 '중쇠기中衰期'로 판단, 일대 경장更張 강조 → 대공수미법, 십만양병설 등 현실 개혁 방안 제시
  - 『성학집요聖學輯要』, 『격몽요결』, 『기자실기』
  - '기발이승일도설氣發理乘一途說', 주기론의 입장에서 경험적 현실 세계 중시
  - 서원향약, 해주향약, 자운서원에 배향
  - 조헌, 김장생 등 서인 기호학파에 영향

(3) 학파의 형성과 대립
① 동인(영남 학파): 서경덕·이황·조식 학파, 정여립 모반 사건과 정철의 건저 사건 등으로 남인과 북인으로 분화
  - ㉠ 북인
    - 서경덕과 조식을 계승한 이들, 임진왜란 이후 정권 장악
    - 건저 사건 이후 서인(정철) 처벌에 강경한 태도
    - 의병장 배출, 중립 외교, 사회 경제 정책(대동법, 은광 개발)에 적극적
  - ㉡ 남인
    - 이황 학파
    - 서인(정철) 처벌에 온건한 태도, 일부는 인조반정에 참여
    - 인조~현종 대에는 서인과 경쟁, 환국 이후 정치 무대에서 쇠퇴
② 서인(기호 학파): 이이·성혼 학파, 인조반정 후 의리 명분론 강화(병자호란 초래), 이후 격렬한 척화론·의리명분론(송시열)으로 집권, 숙종 때 노론(송시열)과 소론(윤증)으로 분화
  - ㉠ 노론
    - 이이 학파를 계승
    - 송시열을 중심으로 민생 안정과 대의명분을 강조
    - 남인 처벌에 강경한 태도, 영조를 지지하여 조선 후기 정국 주도
  - ㉡ 소론
    - 성혼 학파를 계승
    - 윤증을 중심으로 북방 개척과 실리 추구
    - 성리학 이해에 탄력적인 태도, 양명학 수용

◇ **성학집요**
이이가 1575년 선조에게 지어 바친 책으로 국왕의 경연 교재로 많이 쓰였으며, 후기 실학자들에게도 많은 영향을 미쳤다. 총 8편으로 구성되었다. 1편은 신차進箚(왕에게 바치는 의도), 2~4편은 자기 몸을 수양하는 수기修己편, 5편은 가문을 바로잡는 정가正家편, 6~7편은 올바른 정치를 위한 위정爲政편, 8편은 학문과 옳은 정치를 위한 줄기인 성현도통聖賢道統에 관한 내용이다.

◇ **성학십도와 성학집요의 차이점**
'성학'은 모든 사람을 성인이 되도록 하는 학문이라는 의미로, 왕이 배우는 학문을 뜻한다. 『성학십도』에서는 군주 스스로가 성학을 따를 것을 제시한 반면, 『성학집요』에서는 현명한 신하가 성학을 군주에게 가르쳐 그 기질을 변화시켜야 한다고 주장하였다.

◇ **남인의 지역적 분화**

경기 남인	주자학 탈피, 서학 수용, 중농학파
영남 남인	이황의 주리론 계승, 위정척사

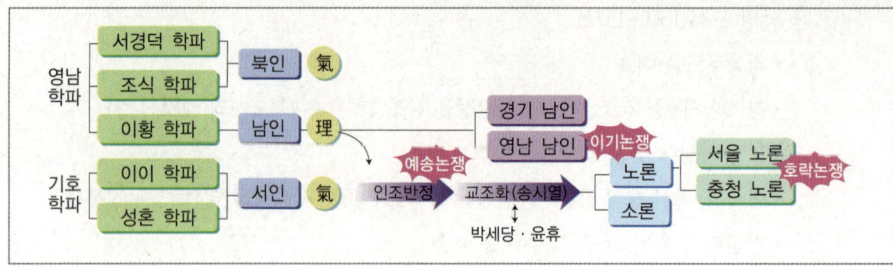

[성리학의 전개]

(4) 예학의 발달
① 배경: 16세기 『주자가례』에 대한 학문적 연구로 예禮에 깊은 관심 → 양란 이후 유교적 질서 회복 강조
② 주요 학자: 김장생은 『가례집람家禮輯覽』을, 정구는 『오선생예설분류五先生禮說分類』를 저술 → 예송 논쟁의 사상적 배경

5. 성리학의 교조화와 비판
(1) 성리학의 교조화
① 배경
  ㉠ 인조반정 이후 집권 세력이 주자 성리학을 신봉하면서 명분론 강화
  ㉡ 이론적 연구 심화 → 배타성이 강화, 사변적·형이상학적 경향
  ㉢ 존주론尊周論·소중화 의식에 기초한 중화 민족주의 대두
  ㉣ 송시열의 『주자대전차의』 집필
② 호락논쟁: 송시열 사후 노론 내부에서 인간과 사물의 본성을 두고 논쟁
  ㉠ 초기
    • 송시열의 제자인 권상하 문인 내부에서 논쟁
    • 이간은 인물성동론, 한원진은 인물성이론 → 권상하가 한원진 지지, 충청 노론 결집
  ㉡ 확대: 김창흡, 박필주 등 서울·경기 지역의 노론이 인물성동론에 동조, 지역적 대립
③ 군주도통론: 정조가 송시열의 도통론 부정, 군주의 도통 계승 주장 → 산림 위상 약화

(2) 반주자학적 경향
① 성리학의 상대화: 주자의 경전 해석 부정, 독자적인 경전 해석 시도
  ㉠ 침류대학사枕流大學士
    • 이단적 조류들과 성리학의 정신을 절충하여 새로운 학풍 조성
    • 17세기에 이수광, 유몽인, 한백겸, 최명길 등이 문학과 경학의 새로운 학문 체계
    • 6경을 중시하면서도 제자백가, 도가, 양명학, 선불교 등에 포용적
  ㉡ 한백겸: 주자의 학설에 구애받지 않고 독창적으로 6경 해석
  ㉢ 윤휴
    • 남인(청남), 서경덕의 영향
    • 한대漢代 주석과 해설을 참고하여 새로운 분장分章·분구分句 및 해석 시도
    • 『독서기讀書記』: 『중용』·『대학』·『효경』·『상서』·『주례』·『예기』·『춘추』 등을 재해석

◇ 오선생예설분류
송대 성리학자인 정호程顥·정이程頤·사마광司馬光·장재張載·주희朱熹 등의 예설을 모아 이를 관·혼·상·제와 잡례 등으로 체계 있게 분류하여 정리한 것으로, 전집은 주로 천자와 제후에 관한 예를 다루었고, 후집은 일반 사대부에 관한 예를 다루어 수록하였다. 단순한 예설만이 아니고 유교를 중심으로 한 모든 법질서에 관한 것들을 종합적으로 다루었다.

◇ 호락논쟁

구분	호론	낙론
내용	인물성이론	인물성동론
지방	충청도	서울 경기
학자	한원진	이간
계승	위정척사	북학
사상	'기국'(차별성)	'이통'(보편성)

◇ 도통론
송시열은 주자-이이-송시열로 이어지는 도통론을 확립하고, 권위를 부여하였다. 그리고 이를 배격하는 반대론자들을 사문난적으로 규정하고 배격하였다. 송시열은 나아가 명이 오랑캐인 청에게 멸망한 이후 중화의 정통이 조선에 이어졌다는 소중화 의식을 바탕으로 북벌론을 주장하고 의리주인義理主人을 자처하면서 국가 운영을 장악하였다.

◇ 윤휴
『대학』, 『중용』에 대해 해석에 있어서 주자는 '천리天理'를 늘 보존하려는 노력으로 이해하였는데, 윤휴는 '천리'를 경천敬天·사천事天·외천畏天으로 해석하여 실천적인 유학 이론을 전개하려고 하였다. 이에 대해 송시열은 윤휴를 사문난적斯文亂賊으로 지탄하였다.

        ㉣ 박세당
            - 소론, 노장사상의 영향, 사대부의 무능 비판, 현실적 외교 강조
            - 『사변록思辨錄』에서 주자의 형이상학적이고 사변적인 해석을 부정
            - 노장사상의 영향, 『신주도덕경新註道德經』
    ② 양명학
        ㉠ 수용
            - 16세기 중반 수용, 남언경이 최초의 양명학자
            - 이황이 『전습록변』에서 이단으로 간주 → 독자적인 학문으로 발달 불가
        ㉡ 내용
            - 명나라 왕수인(왕양명), 주기론적 입장에서 주관적·실천적 유학 체계를 세움
            - '심즉리心卽理', '치양지설致良知說', '지행합일知行合一', '친민설親民說'
            - 일반 민을 도덕 실천의 주체로 상정 → 신분제 폐지 주장
            - 여러 계층의 인간을 긍정적으로 이해, 실천성 강조
        ㉢ 확산
            - 17세기 최명길, 장유 등의 관심 → 근기 소론계 학자 사이에서 주로 논의
            - 성리학을 전면 부정하는 것이 아니라 학문하는 자세와 방법을 극복하는 차원
        ㉣ 강화 학파
            - 정제두가 1709년(숙종) 강화도 하곡으로 이주, 가학家學 형태로 계승
            - 『하곡집霞谷集』에 실린 '존언存言' 등을 통해 양명학의 체계를 집대성
            - 이광사, 이긍익, 정동유 등 배출, 이건창, 박은식, 정인보에 계승

구분		훈고학	성리학	양명학	고증학
중국	발생	한·당대	송대	명대	청대
	특징	경전 해설	관념 철학	지행합일	실사구시
한국	전래	삼국 시대	고려 후기	조선 전기(중종)	조선 후기
	특징	한학 발달	실천적·현실 개혁 → 조선의 통치 이념 → 조선 후기 교조화	실천성 강조 → 이황의 비판 → 이단으로 배척 → 17세기 소론 수용 → 18세기 강화 학파 형성	실학과 세도 정치기 학문에 영향을 끼침

[유학 사상의 전개]

6. 실학

    (1) 등장 배경
        ① 신분제 동요, 상품 화폐 경제의 발달로 서민층 성장
        ② 성리학의 교조화로 사회 경제적 변화에 대한 대응 능력 상실
        ③ 양명학, 천주교, 고증학 등이 전래 → 반주자학적인 학문 연구 경향 확산
        ④ 영·정조 대의 문물제도 정비 과정에서 많은 학자와 문인이 성장

◇ 『하곡집』

『하곡집』은 정제두의 글을 모아 펴낸 문집이다. 그는 '학변學辨', '존언存言' 등의 글에서 심心과 이理를 구별하는 주자의 견해를 비판하였다. 또한 지知와 행行을 둘로 구분하는 것은 물욕에 가려진 것이라고 하면서 양지良知의 본체에서 보면 지와 행은 하나라고 주장하였다. 그의 학문은 스승인 박세채, 윤증과의 교류를 통해 심화되었다.

◇ 강화 학파 계보

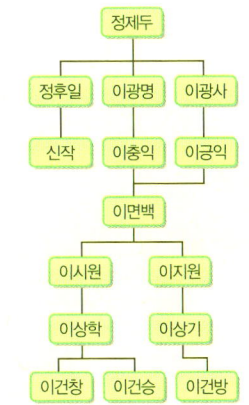

이긍익은 『연려실기술』을 지어 객관적 역사관을 수립했고, 이시원은 병인양요 후 자결하는 절의 정신을 보였고, 이건창은 당대의 가장 냉철한 지식인이었다. 근대 민족주의 학자 정인보 역시 이 학파의 계보를 잇고 있다.

◇ 실학의 반주자학적 경향

실학자들의 개혁론은 신분제 문제와 밀접하게 연관되었다. 이는 실학자들의 인성관에서 두드러지게 나타나는데, 유형원은 노비제의 혁파를 주장하였고, 이익은 노비의 관직 참여를 허용하였다. 정약용은 후천적 노력에 따라 군자·소인의 차이가 있다고 파악하였다. 나아가 통치자의 권력은 하늘이 내려준 것이 아니라 백성들의 합의에 의해 왕에게 위임된 것으로 파악하기도 하였다.

(2) 실학의 태동
① 특징
㉠ 실천적 성리학의 토대에서 수기修己에 도움이 되는 불교·도교·양명학, 실용적 기술학 인정
㉡ 실사구시의 사회 개혁 사상, 실증적·민족적·근대 지향적, 민본주의에 기반한 국가 재조론
② 주요 학자
㉠ 이수광: 『지봉유설』(광해군)에서 우리나라와 중국의 문화 전통 정리, 실학을 최초로 이론화
㉡ 한백겸: 독자적 6경 해석, 역사와 영토를 연계한 『동국지리지』로 실학적 지리학의 기초
③ 계승
㉠ 서학과 고증학 수용으로 18~19세기 실증적 사회 개혁론(농업 중심, 상공업 중심)
㉡ 개화 정책, 애국 계몽 운동으로 계승

(3) 농업 중심의 개혁론(경세치용 학파)
① 주도
㉠ 18세기 근기 남인
㉡ 6경 중심의 고학古學 연구, 중국 삼대의 이상 사회 추구 → 토지 재분배로 자영농 육성
② 주요 학자
㉠ 미수 허목(근기 남인)
  • 기해예송 때 송시열과 대립하며 왕권 강화 지지
  • 숙종 때 서인의 처벌에 대해 강경론을 펼친 청남의 영수
  • 호포제 비판, 토지 문제에 입각한 양역 변통론 주장 → 남인 중심 토지 개혁론의 단초
  • 서얼 허통에는 비판적
  • 『기언記言』, 『동사東事』
㉡ 반계 유형원(북인)
  • 『반계수록磻溪隨錄』에서 경무법頃畝法 사용, 신분에 따른 차등적인 균전제° 구상
  • 조세는 1/10로 책정, 자영농 육성·병농일치 주장(토지 4경 당 군인 1명, 보인 3명)
  • 양반 문벌·과거제·노비 세습제의 모순을 비판, 화폐 유통과 상설 점포의 설치 주장
  • 『동국여지지東國輿地誌』(중화사상에 바탕한 사찬 전국지리지)
㉢ 성호 이익(남인)
  • 『성호사설星湖僿說』, 『곽우록藿憂錄』° 등에서 한전론(영업전과 구분전 구분) 제안
  • 6좀(노비, 과거, 양반 문벌, 사치와 미신, 승려, 게으름) 비판, 사창제 주장
  • 소농 경제 파괴를 우려하여 동전 폐기론 주장
  • 천문학, 역사학° 등에도 조예가 깊고 천주교에는 비판적(성리학 중시)
  • 성호 학파 형성: 안정복, 이중환, 이가환, 정약용 등

◇ 유형원의 균전론
토지 국유론에 기반하여 농민에게는 1호당 1경의 토지를 지급하고, 수공업자와 상인에게는 농민의 절반을, 선비에게는 2~4경을, 관리에게는 품계에 따라 더 지급하는 것이었다.

◇ 『곽우록』
이익이 남긴 저술로, '곽우록藿憂'란 높은 벼슬을 하면서 국가 정책을 결정하는 '고기 먹는 사람'에 대비되는 '콩 먹는 사람'의 걱정, 곧 벼슬하지 않는 사람의 걱정이라는 뜻이다. 이 책에는 정해진 규모의 토지에 대해서는 매매를 금지하여 농민 가구가 생활에 필요한 최소한의 토지를 보유할 수 있도록 하자는 토지 개혁론과, 화폐 유통으로 농민 파산이 가속화되고 풍속이 각박해졌으므로 화폐 유통을 금지하자는 주장 등이 실려 있다.

◇ 이익의 역사 인식
이익은 우리 역사를 정통론 입장에서 체계화하였다. 특히 도덕 사관에서 벗어나 시비是非보다는 행불행幸不幸이, 그보다는 시세時勢가 중요하다는 독특한 인식을 보여주었다.

ㄹ 다산 정약용(남인)
- 1표 2서 등 500여 권의 저술을 통해 실학 집대성
- 정전론은 지형적 조건 때문에, 균전제·한전제는 제도적 난점 때문에 실시가 어렵다고 보고 여전론 제시 → 후에 현실에 맞게 수정하여 정전론(토지 국유론) 주장
- 상업적 농업 육성과 자유 상공업 진흥, 금·은·동화 유통, 금·은의 해외 유출 금지 주장
- 향촌 단위의 방위 체제로서 민보군 창설 제안, 기예론·탕론 등
- 거중기, 녹로, 유형서 등 고안
- 중화주의 비판

> **읽기 자료**
>
> **정약용**
>
> 정약용은 이익의 학풍을 계승하여 토지 제도를 비롯한 정치·사회 다방면에 전반적인 개혁이 필요함을 역설하였으며 당시 대두되고 있던 북학을 받아들여 실학을 집대성하였다. 먼저 군주 중심의 정치 체제를 수립하고 언관의 역할을 제한하며 6조의 기능을 재조정할 것을 제안하였다. 아울러 지방 행정의 효율성을 높이기 위해 전국 8도를 12개의 성으로 고쳐야 한다고 하였다. 또 교육과 선거 제도를 연계하고 고과 제도 개혁으로 관리의 전문성과 임기를 보장하여 능력을 극대화하고 민폐를 줄이려 하였다. 정약용은 이용감을 신설하여 과학 기술을 발전시키고 선박, 수레의 크기와 도로의 폭을 규격화하는 등 민생 안정과 경제 발전에 필요한 제도 개혁을 주관하게 하자고 제안하였다. 또한 토지를 무조건 재분배하기보다는 조세 제도를 개혁하여 정전제의 이념을 구현하려 하였다. 그는 근본적 개혁에 앞서 민생 안정을 위해 수령의 행동 지침서인 『목민심서』와 사법 제도 운영에 관한 『흠흠신서』를 저술하였다. 정약용은 정치 제도와 조세 제도의 개혁을 중시하면서도 청의 발달된 기술을 적극적으로 받아들여야 한다고 주장하였다. 이용감은 청 기술 도입과 운영을 전담하는 기구이다.

(4) 상공업 중심의 개혁론(이용후생 학파, 북학파)
① 주도
  ㉠ 근기 노론 출신
  ㉡ 청 문물의 수용을 적극 주장
  ㉢ 농업 생산력 증대, 상공업 진흥과 기술 혁신을 통한 부국강병 구상
② 주요 학자
  ㉠ 농암 유수원(소론)
    - 『우서』에서 중국과 우리나라의 문물 비교
    - 상업 진흥·화폐 유통 강조, 사농공상 사민의 직업적 평등 주장
    - 소상인의 합자에 의한 자본 확대 방안 구상 → 농촌 지역에 정기 시장 설치 제안
    - 사상과 도고에 대해서는 비판적
  ㉡ 담헌 홍대용(노론)
    - 『의산문답』에서 지전설과 무한우주론 → 중국 중심의 세계관 비판(역외춘추론)
    - 『임하경륜』에서 균전제 주장
    - 『연기』, 『주해수용』 저술

◇ **정약용의 대표 저술**
중앙 행정 체계를 서술한 『경세유표』, 지방관의 마음가짐을 다룬 『목민심서』, 형정을 다룬 사서인 『흠흠신서』를 1표 2서라 한다. 그 외 『탕론』(정치 운영), 『원목』(통치), 『전론』(토지), 『마과회통』(의학), 『아방강역고』(지리) 등 여러 분야의 서적을 저술하였다.

◇ **여전론**
정약용의 여전론은 자연촌을 단위로 여장을 두고 여장 관리 하에 지역 농민들이 공동 소유·경작·분배하는 제도이다. 여기에는 신분제 폐지를 토대로 능력과 노동력에 따라 소득을 분배하는 근대 경제 원리가 설정되어 있었다.

◇ **이용후생 학파, 북학파**
18세기 후반 베이징에 오가는 북경 사행의 왕래가 빈번해지면서 물산이 풍부하고 무역이 활발한 청나라를 보고 온 학자들이 청나라 문물의 수용을 주장하였다. 인물성 동론(낙론)의 영향을 받은 사람들로 박지원이 가장 대표적인 인물이었다.

◇ **의산문답**
홍대용이 저술한 책으로, 실옹과 허자의 문답 형식으로 되어 있다. 홍대용은 여기에서 지구는 자전하고 있고, 인간과 다른 생명체는 동등하며, 다른 별에도 우주인이 있을 수 있다는 등의 우주관을 피력하여 중국 중심의 세계관을 극복하였다.

◇ **역외춘추론**
공자가 주를 중국 역사의 정통으로 보고 저술한 역사서가 『춘추』이고, 여기에 바탕을 둔 것이 춘추 대의론이다. 역외춘추론이란 춘추 대의론과 대비되는 것으로, 세계에 안과 밖이 없으니 내가 서 있는 땅이 세계의 중심이라는 사상이다. 홍대용을 비롯한 북학자들은 지구 구형설에 근거하여 세계의 중심이 따로 존재하지 않는다고 주장함으로써 중국 중심의 천하관을 부정하였다.

◇ **홍대용의 균전제**
홍대용은 성인 남성에게 2결의 토지를 지급하고, 군역을 부과하는 병농일치 체제를 구상하였다.

ⓒ 연암 박지원(노론)
- 『한민명전의限民名田議』에서 상속에 따라 점진적 토지 분배를 이루자는 한전제(상한선) 주장
- 『과농소초課農小抄』에서 영농 방법 혁신을 통한 농업 생산력 증대 제인
- 상공업 진흥을 위한 기술 개발·청나라 문물 수용·수레와 선박의 이용·화폐 유통 주장
- 『열하일기熱河日記』에 실린 '허생전'·'양반전' 등을 통해 양반 문벌 제도의 비생산성과 도고의 폐단 등을 비판

ⓓ 초정 박제가(서얼)
- 적극적으로 상공업 진흥과 기술 도입의 필요성을 주장
- 『북학의北學議』에서 재물을 우물에 비유, 절약보다 소비 권장하여 생산 자극
- 청에 무역선 파견하여 세계 무역에 참여할 것을 주장
- 정약용과 함께 종두법 연구

(5) 19세기의 학문
① 실학의 계승
  ㉠ 특징
  - 실학과 개화 사상의 중간 위치에서 동도서기론 대두
  - 당대의 분위기 속에서 널리 영향을 끼치지 못함
  ㉡ 혜강 최한기°
  - 경험 철학에 바탕한 '기학氣學'
  - 서양의 역산曆算이나 기학에 상당히 조예가 깊었고, 서양 과학과 의학 도입 노력
  - 『심기도설心器圖說』, 『기측체의氣測體義』 등을 남겨 『명남루총서明南樓叢書』로 정리
② 고증학
  ㉠ 세도 정치기에 고증학 발달: 정치 개혁 소홀, 역사·지리 등의 연구가 활성화
  ㉡ 추사 김정희°
  - 고증학의 대가였던 청의 옹방강翁方綱, 완원阮元 등과 교유
  - 『금석과안록金石過眼錄』에서 진흥왕 순수비 고증

◇ 최한기
최한기는 서양 이론을 적극적으로 수용하고 소개하여 '경험 철학'에 입각한 근대 사상의 기틀을 마련하였다. 『명남루총서』에 그의 저작이 집대성되어 있는데, 당시 서양에서 유행하던 많은 종류의 근대 학문을 번역하거나 소개하고 있으며 나름의 연역법, 추측법 등을 통한 경험적 학설을 주장하고 있다.

◇ 김정희
경주 김씨 세도가였으나 정치적 격랑 속에서 여러 차례 유배형을 받았다. 박제가 문하로 실사구시의 실학을 계승했으며, 고증학이 발달한 청에서 옹방강의 제자가 되어 금석학·문자학 등을 접하고 돌아와 금석학파를 이루었다. 고금의 필법을 섭렵하여 추사체라 불리는 독보적인 서체를 완성하였고, 시·서·화에 능하여 난초 그림과 '세한도' 등의 문인화를 남겼다.

경세치용 학파	허목	『동사』, 『미수기언』
	유형원	『반계수록』
	이익	『성호사설』, 『곽우록』
	정약용	『경세유표』, 『목민심서』, 『흠흠신서』, 『탕론』, 『원목』, 『전론』, 『여유당전서』
이용후생 학파	유수원	『우서』
	홍대용	『의산문답』, 『임하경륜』, 『연기』, 『주해수용』, 『담헌서』
	박지원	『열하일기』, 『과농소초』, 『한민명전의』
	박제가	『북학의』

[실학자들의 주요 저서]

3 도교와 풍수지리·토속 신앙

1. 도교

(1) 성립과 발달

① 형성
  ㉠ 고대의 민간 신앙과 신선술 바탕, '무위자연'의 노장 사상과 음양·오행 이론 첨가
  ㉡ 불로장생과 현세구복 추구

② 발전
  ㉠ 불교나 유교 등 다른 사상과 접합
  ㉡ 4세기 이후에 불교의 체계와 조직을 모방하여 종교화, 교리와 교단 정비는 되지 못함

(2) 삼국

① 고구려
  ㉠ 고분 사신도에 도교의 방위신 사상
  ㉡ 영류왕 때 당에서 『도덕경道德經』 수입, 국교로 장려

② 백제
  ㉠ 무령왕릉 출토 매지권에 지신사상地神思想
  ㉡ 산수무늬 벽돌, 백제 금동 대향로에 신선의 이상 세계 표현
  ㉢ 사택지적비의 내용

③ 신라
  ㉠ 도솔가·혜성가 등의 향가
  ㉡ 화랑을 국선國仙으로 삼은 것

(3) 남북국

① 통일 신라
  ㉠ 김유신 묘의 12지신상에 도교의 방위 신앙 영향
  ㉡ 최치원의 '난랑비서'◇

② 발해: 정효 공주 묘의 묘지에 불로장생 사상

(4) 고려

① 초제醮祭(초재醮齋) 실시
  ㉠ 태조: 구요당九曜堂 건립
  ㉡ 현종: 궁중에서 천지와 산천에 대해 공식 초제 거행
  ㉢ 예종: 이중약 건의로 도관인 복원궁과 신격전·대초색 등 건립하고 하늘과 별에 제사

② 팔관회 거행

③ 대표적 인물
  ㉠ 묘청: 서경에 신을 모시는 팔성당 건립
  ㉡ 죽림칠현·죽고칠현: 무신정변이 일어나자 현학玄學·청담淸淡에 기반하여 현실 도피적 경향을 보이며 은둔

◇**최치원의 난랑비서**
최치원이 화랑인 난랑을 위하여 지은 비문의 서문이다. 『삼국사기』 진흥왕 37년 기사에 내용의 일부만이 인용되어 있다. 이를 통해 화랑도가 유, 불, 도의 기본 정신을 습합한 풍류도라는 우리 고유의 사상을 받들어 수련하고 있었음을 알 수 있다. "나라의 현묘한 도가 있으니 '풍류風流'라 한다. 그 교를 창설한 내력은 선사仙史에 자세히 실려 있으니 실은 유·불·선 삼교를 포함하여 군생群生을 접화하는 것이다. 들어와서는 집에서 효도하고 나아가서는 나라에 충성하는 것은 노나라 사구의 뜻과 같은 것이요, 무위無爲로 일을 처리하고 말하지 않은 교를 행함은 주나라 주사의 종지와 같은 것이며, 악한 일은 하지 않고 선한 일은 받들어 행하는 것은 축건태자의 교화이다."

◇ 소격서
고려의 소격전을 계승하여 세조 때 예조의 속아문으로 만들었다. 삼청三淸에 대한 제사를 지냈으며, 현재의 삼청동 자리에 있었다. 고려에 비해서는 규모가 축소되었고, 중종 때 조광조가 혁파를 건의한 바 있으며, 선조 때 완전히 혁파되었다.

(5) 조선
① 성리학의 융성으로 위축 → 도교 사원 정리, 도교 행사 축소
② 소격서: 왕실 권위 향상을 목표로 설치
③ 참성단: 일월성신에 제사, 마니산에서 기행된 초제에 도교와 민간 신앙 결합

• 읽기 자료 •

고대의 도교

- 고구려에는 일찍부터 초기 도교인 오두미도가 성행하였는데, 당이 도사와 천존상 등을 보내와 정식으로 도교가 전해졌다. 이에 고구려는 도교를 적극 수용하였다. 특히 고구려 말의 연개소문은 당에 도사 파견을 요청하는 등 도교를 융성시키며 귀족 세력의 후원을 받던 불교를 탄압하기도 하였다.
- 문무왕이 조성한 경주 동궁과 월지는 신선 사상과 불로장생 사상을 간직하고 있으며, 수도 경주 부근의 선도산 성모 전설과 같은 신선 사상이 전해지고 있다.
- 통일 신라 경덕왕 때의 김지성이라는 귀족은 노자와 장자를 사모하여 은둔 생활을 하였고, 김가기는 당의 빈공과에 급제한 진사이면서 도교에 깊은 뜻을 지녀 중국 종남산에 가서 도복을 입고 일생을 보냈다. 이광현은 중국 동해안에서 무역하는 사람을 따라다니다가 당의 도인에게 도교를 배우고 발해에 귀국하여 수련하였으나, 다시 중국 숭고산에 가서 도교 관련 저술을 남겼다.

• 읽기 자료 •

고려의 도교

고려 예종 때 수도 개경에 복원궁, 대청관 등의 도교 사원(도관)이 건립되었다. 그러나 도교는 불교적 요소, 도참사상, 민간 신앙적 요소가 섞이면서 일관된 체계를 갖추지 못하였고, 별도의 교단도 성립하지 못한 채 민간 신앙 형태로 유지되었다. 이에 따라 불교 승려였던 묘청이 8명의 산신을 모시는 팔성당을 건립한 것처럼, 도교 행사에는 도교와 불교, 그리고 민간신앙 등이 뒤섞인 모습이 자주 나타났다. 국가 행사의 하나로 명산대천에 제사하는 팔관회도 이 경우에 해당한다. 이러한 행사들은 풍수지리설과도 밀접한 관련이 있었다.

2. 풍수지리

(1) 전래
① 신라 말기 도선 등 선종 승려들에 의해 중국으로부터 전래
② 인문 지리학적 성격과 도참 예언의 결합 → 호족들에 의해 수용
③ 경주 중심의 지리 개념 탈피, 신라 정부의 권위를 약화

◇ 도선
도선은 자연환경을 유기적으로 파악하는 인문지리적 지식에 신라 말 안정된 사회를 염원하는 일반 백성의 인식을 종합하여 체계적인 풍수도참설을 만들었다.

• 읽기 자료 •

도선의 풍수지리 사상

신라 말기 풍수지리설의 대가로는 도선이 있다. 그는 선종 계통의 승려로서 전 국토의 자연환경을 유기적으로 파악하는 인문지리적 지식에다 경주 중앙 귀족들의 부패와 무능, 지방 호족들의 대두, 오랜 전란에 지쳐서 통일의 안정된 사회를 염원하는 일반 백성들의 인식을 종합하여 체계적인 풍수도참설을 만들었다. 이 풍수도참설은 민심을 경주에서 지방으로 바꿈으로써 각 지방에 대두하고 있던 호족 세력들의 분열을 합리화하여 주었다. 더 나아가 우리나라 역사의 중심지가 한반도 동남부 지방인 경주에서 중부 지방인 개성으로 옮겨 가고, 역사의 주인공도 경주의 진골 귀족에서 지방의 호족으론 바뀌는 데에 기여함으로써 개성 지방에서 성장한 호족 출신의 왕건이 후삼국을 통일할 수 있는 사상적 배경을 제공하였다.

(2) 고려 시대의 확산
　① 풍수지리설이 미래의 길흉화복을 예언하는 도참사상과 결합
　② 길지설
　　㉠ 삼경 설치: 서경(태조), 동경(성종), 남경(문종)
　　㉡ 남경 천도 계획(숙종, 김위제), 서경 천도 계획(인종, 묘청)
　③ 예종 때 풍수지리를 집대성한 『해동비록』 편찬, 부전
(3) 조선
　① 남경 길지설 바탕으로 한양 천도
　② 양반들의 산송 문제

3. 토속 신앙

(1) 고려
　① 시조신 숭배: 평양에 동명 신사, 개경에서 유화 부인 제사
　② 국왕의 신성화: 용의 혈통으로 신성시, 사후에 소상이나 초상으로 제작하고 사원에 안치한 후 제사
　③ 성황신: 국가에서는 공식적으로 성황신을 지정하여 숭배
　④ 지방 풍속
　　㉠ 토속 신에게 제사, 의례 행사 거행
　　㉡ 강릉 단오제는 대표적인 사례로, 유네스코 세계 무형유산에 등재

읽기 자료

강릉 단오제

강릉 단오제는 토착 세력인 향리가 주도하였으며, 관청의 실무를 담당하는 관노와 신을 섬기는 무당이 중요한 역할을 하였다. 강릉의 향리가 관노와 무당을 거느리고 대관령에 있는 사당에 가서 신을 모시고 오면 5월 1일부터 본격적으로 축제가 시작되었다. 무당은 굿을 하고, 관노는 가면극을 하였다. 5월 5일에는 강릉에 있는 신당과 중요한 관청 건물을 돌며 굿을 하였다. 5월 6일에는 사용한 기물을 불태우고, 신을 대관령으로 돌려보냄으로써 축제를 마무리하였다. 사람들은 이 기간에 대관령 산신에게 제물을 바치며 건강과 풍요를 기원하였다.

(2) 조선
　① 국조 숭배 사상
　　㉠ 황해도 구월산에 환인·환웅·단군의 삼신을 국조로 모시는 삼성사 설치
　　㉡ 평양에 단군을 모시는 숭녕전 건립 → 국가에서 제사, 중국 사신이 참배
　② 기타 사상
　　㉠ 무격신앙, 산신 사상, 삼신 숭배 등이 유행
　　㉡ 무당은 활인서에서 제사와 치료를 담당

◇ **풍수도참설**
통일 신라 시대 선종 계통의 승려인 도선이 발전시킨 이론으로, 전 국토의 자연환경을 유기적으로 파악하는 인문지리학적 지식에다 경주 중앙 귀족의 부패와 무능, 지방 호족의 대두, 오랜 전란에 지쳐서 통일의 안정된 사회를 염원하는 일반 백성의 인식을 종합하여 형성되었다.

◇ **성황신**
성황신은 고을을 지켜 주는 수호신이다. 고려에는 고을마다 수호신을 모셔 놓은 성황당이 있었다. 성황신은 공식적으로 나라에서 지정한 신으로 나라에 큰 경사가 있거나 전쟁과 같은 국가의 큰 혼란이 있을 때 제사를 지내는 대상이 되었다. 성황신을 소홀히 모시면 벌을 받기도 하였다. 등주에 부임한 관리 함유일은 성황신에 제사를 지내던 도중 절을 하지 않고 고개만 숙였다는 이유로 파면당하였다. 또한, 유학자였던 김부식은 묘청을 진압하러 떠나는 길에서 각 지방의 성황당에서 제사를 드리기도 하였다.

229

CHAPTER 02 각종 문화유산

1 문화재

1. 고분과 고분 벽화

(1) 고분의 종류와 벽화

① 고분의 종류

㉠ 돌무지무덤: 지상 또는 지하에 관을 안치, 청동기 시대 유제

㉡ 굴식 돌방무덤
- 돌로 널방을 짜고 그 위를 흙으로 덮은 구조
- 널방의 벽과 천장에 벽화
- 대부분 도굴되어 껴묻거리가 거의 없음
- 일부는 천장을 모줄임 구조로 만든 것이 특징

㉢ 돌무지덧널무덤
- 지상이나 지하에 시신과 껴묻거리를 넣은 나무 덧널을 설치하고 그 위에 냇돌을 쌓은 다음에 흙으로 덮은 구조
- 도굴이 어려워 껴묻거리가 남아 있음
- 벽화 없고 추가 매장 어려움

② 고분 벽화: 무덤 주인의 생활상 → 생활상과 연꽃 등의 장식 무늬 공존 → 도교의 영향으로 사신도·별자리 그림·신화와 종교적 내용의 그림 증가

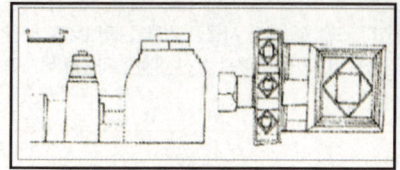
굴식 돌방무덤 구조도

굴식 돌방무덤 내부

모줄임 천장 구조

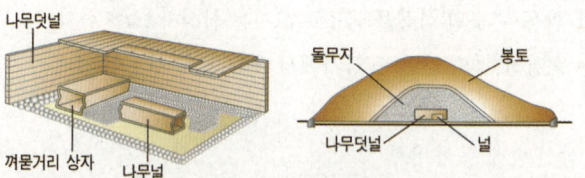
돌무지덧널무덤의 구조(천마총)

천마도
천마총 내부에서 출토되었으며, 자작나무로 만든 한 쌍의 말다래(장니)에 그려진 그림이다.

(2) 시기별 고분의 변천

① 고구려

ⓐ 초기: 지안의 계단식 돌무지무덤
- 태왕릉: 광개토 대왕릉비 남서쪽 300m에 위치, 흙 담 능원과 건물지 등이 발굴되었으며 돌방에서 '신묘년 호태왕○조령구십육(辛卯年 好太王○造鈴九十六)'이라는 명문이 새겨진 청동방울 외 1,000여 종 유물 출토
- 장군총

ⓑ 후기: 지안과 평양 부근의 굴식 돌방무덤
- 무용총(지안): 수렵도와 무용도
- 각저총(지안): 씨름하는 서역인의 모습, 곰·호랑이 그림
- 오회분(지안): 중앙 황룡과 사신도, 해와 달의 신, 신선 그림
- 모두루 묘(지안): 모두루의 묵서명(묘지)
- 강서대묘(평안도): 사신도
- 쌍영총(평안도): 두 기둥, 기마인물도, 기마행렬도, 무덤 주인 부부 모습
- 안악 3호분(황해도): 주인공(동수, 미천왕 등 추정) 부부, 부엌, 외양간, 행렬도, 수박희 등

장군총
- 만주 집안
- 광개토 대왕릉, 혹은 장수왕릉으로 추정
- 지상에 널방이 있음

② 백제

ⓐ 한성 시기
- 석촌동 계단식 돌무지무덤
- 백제 건국의 주도 세력이 고구려와 같은 계통이라는 근거

ⓑ 웅진 시기
- 송산리 고분군에 굴식 돌방무덤과 굴식 벽돌무덤
- 벽돌무덤은 중국 남조 문화의 영향, 송산리 6호분(사신도)과 무령왕릉이 대표적

ⓒ 사비 시기: 능산리 고분군에 작고 세련된 굴식 돌방무덤

석촌동 돌무지무덤
- 서울(한성)
- 고구려 양식을 계승

무령왕릉
- 공주(웅진)
- 묘지석, 매지권, 진묘수 등 발견
- 벽화는 없으나 화려한 벽돌 문양
- 천장은 아치형으로 되어 있음

> **읽기 자료**

무령왕릉

1971년, 송산리 고분군 배수로 공사 중에 우연히 발견되어 다른 무덤과는 달리 완전한 형태로 빛을 보게 되었다. 중국 남조의 영향으로 연꽃 등 우아하고 화려한 백제 특유의 무늬를 새긴 벽돌로 무덤 내부를 쌓았다. 백제의 와박사(瓦博士)가 중국 남조의 양의 관와(官瓦)를 모방하여 만든 것으로 추정된다. 무령왕의 지석(뒷면은 방위도)과 매지권(뒷면은 왕비의 지석)이 출토되었는데, 이에 따르면 무령왕은 523년 5월에 사망하고 525년 8월에 안치되었으며, 왕비는 526년 11월에 사망하고 529년 2월에 안치되었다. 매지권 위에는 오수전이 놓여 있었고, 무덤 입구에는 석수(진묘수)가 입구를 바라보며 자리하고 있는데 중국 남조에서 발견된 것들과 유사하다. 무령왕의 두침과 족좌는 옻칠과 단청 칠이 되어 있었으며, 목관의 고리와 못은 모두 금이나 은판을 씌운 화려한 것이었고 특히 그 목재는 일본산 금송이다. 무덤의 껴묻거리에는 외래 수입품으로 보이는 것들이 많이 있다. 청동 잔, 청동제 그릇 받침과 은으로 만든 잔, 청자 단지, 네 귀 달린 흑자 병, 백자 잔 등은 모두 중국 남조에서 유래한 물건들이다. '의자손수대경'이라는 이름이 붙은 청동 거울과 청동 다리미 등은 일본에서도 그와 똑같은 것들이 출토되었고, 무령왕비의 금제 귀걸이와 비슷한 것이 가야계 소국이 있었던 합천 옥전 고분군에서 출토되었다. 이로 보아 무령왕릉은 백제가 중국 남조의 선진 문화를 소화하여 가야나 왜에 전해 주는 국제적 지위를 차지하고 있었음을 증명하고 있다.

③ 신라
  ㉠ 대릉원 지구에 돌무지덧널무덤 다수
    • 천마총(천마도), 호우총(호우명 그릇), 금령총(금제 방울과 기마 인물형 토기)
    • 황남대총·금관총·서봉총에서 화려한 금관 출토
  ㉡ 삼국 통일 직전에는 굴식 돌방무덤도 제작

> **읽기 자료**

고분의 특징

• **지안 각저총**: 중국 지안현에 있는 돌방 무덤으로, 1935년 처음 조사하였을 때 널방 왼쪽 벽에 두 장사가 씨름하는 모습이 그려져 있어 '각저총'으로 이름하게 되었다. 전실의 네 벽과 널방 앞 벽에는 유난히 큰 나무들이, 널방 오른쪽 벽에는 커다란 나무 옆에서 노인을 심판으로 삼아 매부리코를 가진 중앙아시아계 인물과 고구려인이 엎치락뒤치락 겨루고 있는 씨름 장면과 부엌이, 안쪽 벽에는 주인공의 실내 생활 모습이, 왼쪽 벽에는 수레와 나무가 각각 그려져 있다. 천장에는 덩굴무늬와 해와 달, 별자리 등으로 화려하게 장식되었다.

• **지안 오회분 4호 묘**: 지안현에 있는 굴식 돌방 무덤으로 모줄임 천장 구조로 되어 있으며 벽화가 그려져 있다. 특히 천장에 사신, 해와 달의 신, 대장장이와 수레 바퀴를 고치는 신, 농사의 신 등 다양한 신의 모습들과 용과 학을 탄 신선 등이 묘사되어 있다.

• **평안남도 덕흥리 고분**: 평안남도 남포시에 있는 굴식 돌방 무덤으로, 408년(광개토대왕 17)에 축조된 고구려의 대신급 인물 '진(鎭)'의 무덤이다. 내부에 묵서가 남아 있어 주인공과 축조 연대를 알 수 있다. 안 벽에는 주인공의 생활 모습이, 천장에는 천체의 모습과 견우와 직녀 설화를 반영한 상상화들이 그려져 있다.

• **경주 금령총**: 1924년 경주에서 발굴된 돌무지 덧널무덤이다. 껴묻거리 가운데 특이한 금제 방울이 들어 있어서 '금령총'이라는 별칭으로 불리게 되었다. 칼, 관모, 금동 신발, 마구, 칠기, 유리잔, 기마인물형 토기 등이 출토되었다.

• **경주 금관총**: 1921년 껴묻거리가 우연히 드러나 수습된 무덤으로, 금관과 세 자루의 큰 칼 등이 출토되어 지대한 관심을 끌었다. 특히 2013년에는 유물을 보존 처리하던 과정에서 세고리 자루 큰 칼에서 '이사지왕(尒斯智王)'이라는 글자가 발견되어 피장자가 누구인가에 대한 학계의 논의가 활발히 일어났다.

◇ **금령총과 순장**

3세기 중엽 고구려 동천왕이 죽었을 때 중천왕이 순장을 금지하였으나 여전히 따라 죽는 사람이 많았다고 한다. 신라에서는 왕권이 강화된 6세기 초에 지증왕이 순장을 금지하였으며, 그 후 신라의 왕릉 묘제가 대폭 축소되었다. 6세기 초에 해당하는 경주 금령총에서는 기마 인물형 토기가 출토되었는데, 이 시기부터 통일 신라 시대까지 순장의 증거는 잘 보이지 않고 인물을 형상화한 토용(土俑)이 출토되었다. 따라서 순장 금지 조치는 지증왕, 법흥왕 때부터 계속 이어졌음을 알 수 있다.

④ 통일 신라
  ㉠ 불교 영향으로 화장 유행: 문무왕 수중릉
  ㉡ 규모가 작은 굴식 돌방무덤의 봉토 주위에 둘레돌(12지신상 등 조각): 김유신 묘·성덕왕릉·원성왕릉(괘릉) 흥덕왕릉 등

대왕암

김유신 묘 및 둘레돌

⑤ 발해
  ㉠ 정혜 공주 묘: 육정산 고분군의 굴식 돌방무덤, 모줄임 천장 구조, 돌사자상과 묘지명 출토
  ㉡ 정효 공주 묘: 용두산 고분군의 벽돌무덤(묘탑), 화려한 벽화(인물도), 묘지명 출토

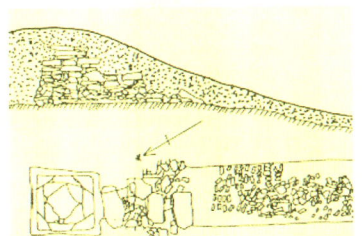
정혜 공주 묘 구조도

정효 공주 묘의 벽화

정혜 공주 묘	정효 공주 묘
· 문왕 2녀 · 육정산 고분군(구국) · 굴식 돌방무덤(모줄임 천장) · 벽화 X · 돌 사자상	· 문왕 4녀 · 용두산 고분군(중경) · 벽돌 무덤 · 벽화 ○ (인물 그림) · 봉토 위에 묘탑
묘지명 출토 : 4·6 변려체, 도교의 영향 　　　　　　대흥·보력 연호, '황상' 표현	

[문왕의 두 공주 묘]

◇ 묘지墓誌
죽은 자의 생애와 가족 관계 등을 기록하여 관과 함께 묻은 유물이다. 돌에 기록하기도 하고, 석관에 기록한 것도 있으며, 조선 시대에는 백자로 만들기도 하였다. 돌방 무덤의 경우 벽에 적기도 하였다. 정혜 공주 묘의 묘지는 마모가 심해 판독이 어려운데, 정효 공주 묘에서 같은 형식과 내용에 주인공 이름만 바꾼 묘지가 출토되었다.

2. 탑

(1) 삼국

① 고구려: 주로 목탑 건립, 부전

② 백제: 익산 미륵사지에 목탑지, 목탑 양식의 석탑

◇ **사리호와 사리봉안기**
2009년 미륵사서석탑 사리공 안에서 금동 사리호와 금제 사리호 및 사리와 구슬, 금제 사리봉안기가 발견되었다. 앞뒷면 총 193자의 글자가 사륙변려체로 쓰여 있다. 미륵사 창건 주체가 무왕 왕후인 귀족 사택적덕의 딸이라는 점, 당시 무왕을 '대왕 폐하'라고 불렀다는 점 등을 알 수 있다.

미륵사지 복원도와 석탑
- 익산, 무왕 건립
- 목탑 양식을 계승
- 6층까지 남아 있음(복원)
- 사리호 및 봉안기 출토◇

정림사지 5층 석탑
- 부여(사비)
- 목탑 양식(배흘림 기법)이 보임
- '평제탑'으로 잘못 알려짐

③ 신라

황룡사 복원도
- 경주, 진흥왕 건립
- 9층 목탑(선덕여왕 건립): 자장의 건의(호국 불교), 백제 장인 아비지의 건축
  → 몽골 침입으로 소실

분황사 모전 석탑
- 경주, 선덕여왕 건립
- 벽돌 양식 모방
- 3층까지 남아 있음

(2) 남북국

① 통일 신라

㉠ 불탑: 이중 기단에 3층 석탑의 전형적인 양식◇

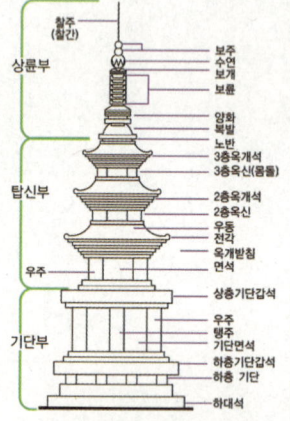

석탑의 구조와 각 부분의 명칭

감은사지 3층 석탑
- 감포, 신문왕 건립
- 호국룡 문무왕을 위해 건립
- 쌍탑 형식

불국사 3층 석탑
- 경주, 경덕왕 건립
- '무구정광대다라니경' 출토

㉡ 불탑: 이형異形 탑

◇ **불국사 다보탑**
불국사 3층 석탑과 나란히 세워 '과거의 부처'인 다보불이 '현재의 부처'인 석가여래의 설법 때 옆에서 옳다고 한다는 『법화경』의 내용을 직접 볼 수 있도록 꾸며졌다. 목조 건축의 복잡한 구조를 참신한 발상을 통해 산만하지 않게 표현하였고, 4각, 8각, 원을 한 탑에서 짜임새 있게 구성하고, 각 부분의 길이·너비·두께를 일정하게 통일시킨 것 등 8세기 통일 신라 건축 미술의 정수를 보여준다.

불국사 다보탑◇
- 경주, 경덕왕 건립
- 『법화경』 내용 구현

화엄사 4사자 3층 석탑
- 구례
- 기단부에 4사자 배치

정혜사지 13층 석탑
· 경주(옥산)
· 1단 기단 위 13층

진전사지 3층 석탑
· 양양
· 탑신과 기단부에 부조

ⓒ 승탑: 하대, 선종의 유행과 함께 승탑과 탑비 유행, 팔각원당형이 전형적

쌍봉사 철감선사 승탑
· 화순
· 팔각원당형

② 발해

영광탑
· 중국 길림
· 당 양식의 전탑

(3) 고려
① 불탑
  ㉠ 신라 양식의 전통 계승

불일사 5층 석탑
· 개성. 광종
· 신라 양식 계승. 고구려 영향 가미

무량사 5층 석탑
· 부여
· 신라 양식 계승

현화사 7층 석탑
· 개성. 현종
· 고구려 영향
· 벽돌 모양의 기단부, 탑신에 조각

◇ 승탑

승려의 사리나 유골을 봉안한 묘 탑이다. 선종에서 절대자의 개념이 거룩한 부처에 머물지 않고 참선 등으로 깨우친 마음을 가진 이가 곧 부처라고 설파하였기 때문에 석가모니의 사리를 모신 탑을 세우듯 고승의 사리를 모시기 위한 승탑의 건립이 유행하였다.

◇ 영광탑

1908년 장평타이(張平泰)라는 청나라 관리가 '공자 사당의 영광전(靈光殿)처럼 오랜 세월 속에서도 의연하게 남아 있다'고 평한 뒤로 영광탑이라 부르게 되었다고 한다. 1980년대 초에 이르러서야 발해 시대의 묘탑으로 확인되었다. 탑의 평면은 4각형이고, 모두 5층이며 전체 높이는 약 13m이다. 1층 탑신의 4면에는 각각 왕(王)·립(立)·국(國)·토(土)라는 글자 모양의 벽돌 문양이 있다.

ⓒ 고려의 독자적 조형 감각 가미, 다각 다층탑

월정사 8각 9층 석탑
- 평창(오대산)
- 송 영향의 다각다층탑
- 고구려 영향 가미

ⓒ 후기에 원의 라마교 영향으로 대리석에 화려한 탑, 조선으로 계승

경천사지 10층 석탑
- 개성→일본→경복궁→국립중앙박물관, 1348(충목왕)
- 대리석에 조각, 원 황제 칭송
- 원의 라마교 영향

원각사지 10층 석탑
- 서울(탑골공원), 세조
- 경천사 탑 계승

② 승탑
㉠ 신라의 팔각 원당형 계승

고달사지 승탑
- 여주
- 신라 팔각원당형 계승

ⓒ 이형 승탑, 석종형 승탑이 나타나 조선으로 계승

법천사 지광국사 현묘탑
· 원주 → 일본 → 경복궁
· 사각형의 독특한 조형미

정토사지 홍법국사 실상탑
· 충주 → 경복궁 → 국립중앙 박물관, 현종
· 구형의 탑신부

사나사 원증국사탑

3. 건축

(1) 삼국
  ① 고구려: 평양의 안학궁 터
  ② 백제
    ㉠ 익산 미륵사 터(무왕): 3탑 3금당 방식, 일본의 가람 배치에 영향
    ㉡ 부여 궁남지
  ③ 신라: 진흥왕의 팽창 의지를 반영한 황룡사 터

(2) 남북국
  ① 통일 신라: 불국사와 석굴암(경덕왕), 월지
  ② 발해: 온돌 장치의 궁궐 터와 거대한 사원 터(상경 용천부), 장안성을 본떠 건설

불국사
· 경주, 경덕왕
· 불국토의 이상 세계
· 『불국사고금창기』에 따르면, 528년(법흥왕 15) 법흥왕의 어머니 영제 부인의 발원으로 창건하게 되었고, 574년 진흥왕의 어머니인 지소부인이 중건하면서 비로자나불과 아미타불을 주조해 봉안하였고, 그 후 751년(경덕왕 10)에 김대성에 의하여 크게 개수되면서 탑과 석교 등도 만들었다고 한다.

석굴암
· 경주, 경덕왕
· 네모난 전실과 둥근 주실의 인공 석굴
· 정교한 과학 기술
· 석굴암 석굴의 구조는 입구인 직사각형의 전실(前室)과 원형의 주실(主室)이 복도 역할을 하는 통로로 연결되어 있으며, 360여 개의 넓적한 돌로 원형 주실의 천장을 교묘하게 구축하였다. 이러한 건축 기법은 세계에 유례가 없는 뛰어난 기술이다.

◇ **주령구酒令具**
월지 발굴 조사 도중 1975년에 출토된 14면체 목제 놀이 도구이다. 1974년부터 시작된 발굴 조사로 월지에서는 나무 배, 목간, 각종 생활 도구 등 3만 5,000여 점의 유물이 수습되었다. 주령구 원본은 습기 제거 작업 도중 실수로 소실되었다.

월지(안압지)
- 경주
- 뛰어난 조경술, 신라 귀족의 사치 생활 반영
- 월성(月城)의 북동쪽에 인접하였다. 『삼국사기』 674년(문무왕 14) 기록에 '궁성 안에 못을 파고 산을 만들어 화초를 기르고 진금이수(珍禽異獸)를 양육하였다.'라고 하였는데, 바로 그때 판 못이 아닌가 하며, 동궁전으로 추정되는 임해전에 딸린 것으로 보인다. 주령구◇ 목간 등 중요한 기록물이 출토되었다.

상경용천부 평면도
- 중국 흑룡강성, 문왕
- 계획 도시
- 온돌 발견
- 당의 수도인 장안성을 본떠 만든 계획 도시이다. 외성을 두르고 남북 방향의 주작대로를 설치하였으며, 그 안에 궁궐과 사원이 배치되었다. 상경의 발굴 작업을 통해 궁궐 건물 중에 온돌 장치가 발견되었는데, 이는 고구려 문화 계승의 근거로 여겨지고 있다.

(3) 고려

① 전기: 건축은 궁궐과 사원 중심
  ㉠ 개성 만월대 터: 경사진 면에 축대를 쌓음
  ㉡ 현화사·흥왕사 등 사찰 건축 활발, 부전

② 후기
  ㉠ 주심포 양식◇ 건물이 일부 현존
  ㉡ 원의 영향을 받은 다포 양식◇ 등장, 조선 건축에 영향

◇ **주심포柱心包 양식**

지붕의 무게를 기둥에 전달하면서 건물을 치장하는 공포가 기둥 위에만 짜여 있는 건축 양식이다.

◇ **다포多包 양식**

공포가 기둥 위뿐만 아니라 기둥 사이에도 짜여 있는 건물로, 웅장한 지붕과 화려한 건물 치장에 유리하다

봉정사 극락전
- 안동, 12~13세기(추정)
- 공민왕(1363) 때 지붕 중수 기록
- 주심포 양식
- 현존 최고 목조 건물

수덕사 대웅전
- 예산, 1308
- 기록을 알 수 있는 최고의 목조 건물
- 주심포 양식

부석사 무량수전
- 영주, 13세기(추정)
- 우왕(1376) 때 중창 기록
- 주심포 양식, 팔작지붕, 배흘림기둥
- 소조 아미타여래 좌상 안치

성불사 응진전
- 황해도 사리원
- 원 영향, 다포 양식

(4) 조선

① 15세기

㉠ 국가 건축
- 궁궐·관아·성문·학교 등: 건물주의 신분에 따라 크기와 장식에 제한
- 개성 남대문과 평양 보통문: 고려의 양식 계승
- 서울 창덕궁 돈화문·창경궁 명정전(임진왜란 때 소실, 광해군 때 중건)·서울 숭례문(소실)
- 읍성: 국초부터 행정 구역 단위로 군사적 요충지에 건축(『신증동국여지승람』에 한양 도성을 비롯 160개 성이 기록.

㉡ 불교 건축
- 강진 무위사 극락전: 검박하고 단정
- 합천 해인사 장경판전: 과학 기술의 집약

개성 남대문

평양 보통문

강진 무위사 극락전

합천 해인사 장경판전

② 16세기

㉠ 서원 건축: 안동 도산 서원, 경주 옥산 서원, 산청 덕천 서원 등

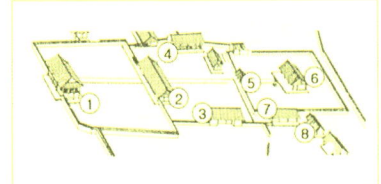

① 누각(대문) ② 강당
③ ④ 동·서재
⑤ 내삼문 ⑥ 사우
⑦ 장서각 ⑧ 장판각

서원의 배치도

㉡ 정원: 지방 사림들에 의해 고졸한 정원·정자 건축 발달, 담양의 소쇄원과 식영정 등

③ 17세기

㉠ 다층 사원 건축: 불교의 사회적 지위 향상과 양반 지주층의 경제적 성장 반영
㉡ 임진왜란 이후 종묘와 창덕궁 돈화문 재건

보은 법주사 팔상전

구례 화엄사 각황전

김제 금산사 미륵전

◇ 서원 건축

서원은 남북의 중심축을 설정하고 축선상에 대문에서 사당에 이르는 중요 건물을 배치하고, 그 외의 건물들을 좌우로 벌려서 늘어놓는 법도에 따라 건설하는 것이 일반적이다. 기숙 공간인 동재와 서재를 마주 보게 건축하고, 그 축선에 강당을 두었으며, 사당은 대개 강당 뒤편에 세웠다. 강당 주변에는 제기를 보관하는 전사청과 서적을 보관하는 장서각 등이 있었다. 서원의 건축 자체는 주택 양식이되, 건물의 배치는 가람 양식을 따랐다. 우리나라의 서원 중 소수서원, 남계서원, 옥산서원, 도산서원, 필암서원, 도동서원, 병산서원, 무성서원, 돈암서원의 9개가 유네스코 세계문화유산에 등재되었다(2019).

④ 18세기
  ㉠ 장식성 강한 사원: 사회적으로 성장한 부농과 상인의 시원, 논산 쌍계사·부안 개암사·안성 석남사 등
  ㉡ 계획도시 수원 화성(정조): 방어와 공격을 겸한 성곽
⑤ 19세기: 경복궁의 근정전과 경회루(고종)

수원 화성   논산 쌍계사 대웅전   경복궁 경회루

⑥ 조선의 도성과 궁궐
  ㉠ 도성 건설
    • 한양: 유학이 지향하는 이상적 도시, 『주례』에 따라 건설
    • 북악산 아래 경복궁을 남향으로 건립
    • '좌묘우사 전조후시'의 원칙
    • 5행 반영: 홍인지문(동)·돈의문(서)·숭례문(남)·숙정문(북) 건립, 중앙에 보신각(종각)
  ㉡ 경복궁: 조선의 정궁, 북궐北闕
    • 정문인 광화문 뒤에 근정전(집전실)·사정전(편전)·강녕전(침전)·중전(중궁전), 오른쪽에 동궁, 가장 안쪽인 북쪽에는 후원後園 배치
    • 동서남북 네 방향에 건춘문(동)·영추문(서)·광화문(남)·신무문(북)
    • 임진왜란 때 전소되었고 고종 때 중건
    • 일제가 1915년에 경복궁에서 조선 물산 공진회 개최 → 유교 법궁인 경복궁에 각종 불교 관련 기물들을 옮겨 전시하여 그 위상을 훼손
    • 조선 총독부 청사 건축 → 1995년 광복 50주년을 기념하여 철거
  ㉢ 창덕궁: 경복궁의 이궁으로 건립(1405), 임진왜란 이후 정궁 역할
    • 정문인 돈화문 및 인정전(정사)·선정전(편전)·선원전(어진 보관) 등의 건축물
    • 유네스코 세계 문화유산 지정(1997)
  ㉣ 창경궁(동궐): 세조·덕종·예종 세 왕후 거처로 수강궁 터에 건축(1484)
    • 임진왜란 때 소실 → 광해군 복원
    • 일제가 창경원으로 격하시켜 동물원과 식물원으로 활용
  ㉤ 경희궁(서궐): 유사시 피우避寓하는 이궁으로 건축(광해군)
    • 일제가 일본인 학교를 세우면서 대부분 훼손
  ㉥ 덕수궁: 월산대군의 집터 → 정릉동 행궁(선조) → 경운궁으로 개칭(광해군)
    • 아관파천 후 대한 제국 수립, 중화전·정관헌·석조전 등 건물 건축
    • 중명전에서 을사늑약 체결, 덕수궁으로 개칭(1907)
    • 석조전에서 미·소 공동 위원회 개최

> **읽기 자료**
>
> **경복궁**
>
> 경복궁은 조선 건국 이후 한양으로 천도할 때 가장 먼저 세운 궁궐이다. 조선 왕조는 『주례』를 참고하여 한양을 유학이 지향하는 이상적 도시로 만들고자 하였다. 『주례』에 따라 북악산 아래 경복궁을 남쪽으로 향하게 짓고, 왼쪽과 오른쪽에는 각각 조상에게 제사를 지내는 종묘와 토지 및 곡식의 신에게 제사를 지내는 사직을 두었다. 한양 도성의 동, 서, 남, 북에 대문을 만들고, 흥인지문, 돈의문, 숭례문, 숙정문이라고 하였다. 경복궁 앞에는 관청과 시장을 각각 배치하였다. 경복궁의 다른 건물과 문 이름도 『시경』과 『서경』 등 유학 경전에서 따서 붙였다. 구조를 보면 정문인 광화문 뒤에 왕과 신하의 집전실인 근정전, 임금이 평시에 집무를 보는 편전인 사정전, 임금의 침전인 강녕전, 왕비의 침전인 중전(중궁)이 있고, 오른쪽에 세자가 거하는 동궁이 있었다. 가장 안쪽인 북쪽에는 후원이 있었다. 임진왜란으로 소실된 것을 흥선 대원군이 중건하였다

4. 불상

(1) 삼국

① 고구려
  - ㉠ 연가 7년명 금동 여래 입상
    - 동사(東寺)에서 제작된 천불상의 하나
    - 북조 양식과 고구려 양식의 혼합
  - ㉡ 평남 평원 원오리 사지: 6세기 고구려의 소조 불상들과 진흙 틀
② 백제: 서산 마애 삼존불상(서산 용현리 마애여래 삼존상)
③ 신라: 경주 배리 석불 입상(경주 배동 석조여래 삼존 입상)
④ 삼국 공통: 미륵보살 반가사유상 많이 제작

◇ **연가 연호**

연가(延嘉)는 고구려 안원왕 때의 연호로 추정된다. 광개토 대왕 때의 영락 외에 고구려의 유물에 나타나 연호로 추정되는 것은 장수왕 때의 연수(延壽)(412~491), 안원왕 때의 연가(延嘉)(531~545), 장수왕 또는 영양왕 때의 건흥(建興)(590~618), 영류왕 또는 평원왕 때의 영강(永康)(6세기~7세기) 등이 있다. 연가 7년명 금동여래 입상. 영강 7년명 금동 불상, 건흥 5년명 금동 불상. 경주 서봉총 출토 연수 원년명 은합 등에 보인다. 그 외 소수림왕 때로 추정되는 건시(建始)(371~384), 역시 북한에서 소수림왕 때로 추정하는 태녕(太寧), 문자명왕 때로 추정되는 백선(白善)(492~519) 등이 있다.

연가 7년명 금동 여래 입상

서산 마애 삼존불상
(서산 용현리 마애여래 삼존상)

경주 배리 삼존불상
(경주 배동 석조여래 삼존 입상)

금동 미륵보살 반가 사유상

> **읽기 자료**
>
> **부처의 종류**
>
> - 석가모니불: 아미타불이 현세에 내려 보낸 현재불이다.
> - 아미타불: 극락 세계, 서방 정토를 관장하는 과거불이다.
> - 미륵불: 먼 미래에 중생을 구제하러 올 미래불이다.
> - 비로자나불: 깨달음을 얻은 석가모니의 드넓은 지혜를 형상화한 불상이다.
> - 관세음보살: 부처가 아니라 보살로, 화려한 의상과 장식을 갖추었으며, 민중의 소원을 들어준다.
> - 미륵보살: 미래에 부처로 태어나 중생을 구제하기로 정해져 있는 보살이다. 지금은 도솔천에서 중생을 구제하기 위하여 정진과 사색에 매진하고 있다고 하는데, 미륵보살 반가상은 이런 모습을 형상화한 것이다.

◇ **석굴암**

전실·통로·주실로 이루어져 있다. 사각형인 전실은 예배가 이루어지는 곳으로 땅을 상징하며, 팔부중상과 금강역사상이 있고 사천왕상이 있는 좁은 통로를 지나면 주실이 나온다. 원형인 주실은 석가여래가 존재하는 하늘 세계를 상징하며, 주실 중앙에는 석가모니 대불이 있고, 벽면에는 입구에서부터 범천상과 제석천상, 보현, 문수보살상, 그리고 십대 제자상이 대칭을 이루도록 조각되어 있다.

석굴암 본존불

이불병좌상

◇ **함화 4년명 비상과 발해의 문화 교류**

함화 4년명 비상(일본 오쿠라 미술관 소장)의 '함화'는 대이진왕 때의 연호이므로 834년에 조성된 것으로 추정된다. 조상의 공덕을 기리며 발원하는 내용이 비교적 세련된 문장으로 표현되어 있어 발해의 학문 수준을 짐작해 볼 수 있는 귀중한 자료이다. 정효 공주의 묘지석에 남아 있는 문장을 통해서도 발해의 유학과 학문 수준을 짐작할 수 있으며, 양태사, 왕효렴, 배정 등이 일본 문인들과 교류하며 남긴 시문이 일본 고대 문집에 전해지고 있다.

(2) 남북국
 ① 통일 신라
  ㉠ 석굴암◇ 본존불: 세계에서도 가장 이상적인 미美를 대표
  ㉡ 아미타불의 유행: 정토 신앙의 유행
  ㉢ 철원 도피안사 철조 비로자나불
   • 하대의 철불
   • 화엄종의 주된 숭배 대상인 비로자나불 유행
 ② 발해
  ㉠ 이불병좌상
   • 고구려 불상 양식 계승
   • 동경과 중경의 절터에서 발견
   • 중국 천태종의 교리로 고구려 후기에 유행한 법화 신앙 관련
  ㉡ 함경도 절골 유적: 고구려~발해에 이르는 연속적인 문화층
  ㉢ 함화 4년명 비상:◇ 일본에 전파, 높은 한문학 수준

(3) 고려
 ① 특징: 신라 이래의 전통 계승, 균형미와 조형미 다소 부족
 ② 신라 양식 계승(초기): 영주 부석사 소조 아미타여래 좌상
 ③ 호족의 영향(초기): 하남 하사창동 철조 여래 좌상·논산 관촉사 석조 미륵보살 입상·안동 이천동 석불·파주 용미리 석불 입상
 ④ 황제국 인식: 하남 교산동 마애 약사여래 좌상('태평 2년'(977), '황제만세원' 명문)

영주 부석사 소조
아미타여래 좌상

하남 하사창동
철조 여래 좌상

논산 관촉사 석조
미륵보살 입상

안동 이천동
마애 여래 입상

파주 용미리
마애 이불 입상

충주 중원 미륵리사지
석조 여래 입상

하남 교산동 마애
약사여래 좌상

5. 공예

(1) 삼국

① 고구려: 철 생산량이 풍부하고 제철 기술이 발달, 고분 벽화에 제련·제철 및 수레바퀴 제작 기술자 묘사

② 백제: 4세기 후반 칠지도 제작, 백제 금동 대향로(부여 능산리 절터 출토)

③ 신라: 금 세공 기술 발달, 화려한 금관(순금, 도금) 출토, 소박하고 해학적인 토우와 토기도 다수 제작

황남대총 금관

토우

◇ **칠지도**

'날이 일곱 개 달린 칼'이라는 이름의 칠지도는 현재 일본의 이소노카미 신궁에 보관되어 있다. 칼 몸체의 전·후면에 60여 자의 금 상감 글씨가 새겨져 있다.

(2) 남북국

① 통일 신라
  ㉠ 석등: 불국사 석등, 법주사 쌍사자 석등
  ㉡ 동종: 현존 최고의 동종인 오대산 상원사 동종, 성덕대왕 신종(비천상)

② 발해: 고구려의 영향을 받은 유물
  ㉠ 8각형 기둥의 석등(흑룡강 성)
  ㉡ 정혜 공주 묘 출토 돌사자상: 고구려와 당 영향
  ㉢ 기와 무늬·치미 등

◇ **백제 금동 대향로**

청동 표면에 금을 입혔다. 전체 높이 62.5m로 뚜껑, 몸체, 다리 부분을 따로 주조하여 하나로 만들었다. 받침을 이루는 용과 향을 담는 연꽃이 몸통이고, 산과 새가 뚜껑이며 12개의 연기 구멍이 있다. 기러기, 5인의 주악상, 인물상, 화염문 등이 등장하여 봉래산을 형상하는 것으로 보아, 도교 사상과 불교 사상의 근본 원리가 융합된 작품으로 이해된다. 특히 악사가 연주하는 완함·피리·배소는 서역에서, 거문고는 고구려에서, 북은 동남아시아에서 들어온 것으로 보인다.

법주사 쌍사자 석등
(보은)

상원사 동종
(평창)

성덕대왕 신종과 비천상 (국보 제29호).
우리나라에 남아 있는 종 가운데 가장 큰 것으로, 에밀레종 혹은 봉덕사종이라고도 한다.

발해의 석등
(흑룡강 성)

정혜 공주 묘의
돌사자상

고구려와 발해의 치미

기마 인물형 토기

청동제 은입사 포류수금무늬 정병

나전 국당초문 염주 합

◇ **청자**

청자는 철분이 조금 섞인 점토로 형태를 만들고 잘 말려 섭씨 700~800도에서 한 번 구워낸 다음, 그 위에 철분이 1~3% 정도 들어 있는 석회질의 유약을 입혀 1,250~1,300도 정도의 높은 온도에서 환원염으로 구워낸다. 청자는 자기를 만들 수 있는 흙이 생산되고 연료가 풍부한 지역에서 구워졌는데, 전라도 강진과 부안이 유명하였다. 특히 강진에서는 최고급의 청자를 만들어 중앙에 공급하기도 하였다. 청자는 구름·학·모란·국화·연꽃 등의 무늬를 넣어 병·항아리·연적 등을 우아한 형태로 만들었다.

(3) 고려와 조선

① 고려: 귀족의 생활 도구, 불교 의식에 사용되는 불구 등 발전
  ㉠ 금속 공예: 은입사 기술 발달, 버드나무와 동물 무늬를 새긴 청동 정병
  ㉡ 나전 칠기 공예: 불경을 넣는 경함·화장품갑·문방구 등
② 조선: 장롱·문갑 등의 목공예와 돗자리, 화각 공예, 자개 공예 등 다양한 공예품 발달

6. 자기

(1) 고대

① 삼국 시대의 토기: 가야의 수레바퀴 모양 토기, 신라의 기마 인물형 토기와 오리 모양·집 모양 토기 등 이형 토기
② 발해의 자기는 중국에 수출했던 특산품

(2) 고려

① 순청자◇
  ㉠ 신라와 발해의 전통 기술에 송의 자기 기술 결합 → 11세기에 독자적 경지
  ㉡ 10세기 후반인 광종·성종 연간에 시작되어 12세기 전반에 비색 청자로 발전
② 상감 청자
  ㉠ 12세기 중엽에 상감법이 자기에 활용, 13세기에 전성기 → 원 간섭기 쇠퇴
  ㉡ 제작 기법: 그릇 표면을 파낸 자리에 백토·흑토를 메워 무늬를 내는 방법
  ㉢ 제작 장소: 주로 강진·부안·강화 등의 자기 소
③ 분청사기
  ㉠ 제작 배경: 고려 말 관요官窯 도공들이 왜구의 침략을 피해 내륙으로 이동하여 민요民窯가 발달 → 원의 북방가마를 도입하여 분청사기 제작
  ㉡ 제작 기법: 회색 또는 회흑색의 태토 위에 백토 분장하고 문양을 새긴 후 그 위에 유약, 귀얄문·덤벙문 등 다양한 기법 활용
  ㉢ 제작 장소: 조선 전기에는 사용원 관할 하에 여주·이천·광주 등지의 도요지에서 관수용으로 제작
  ㉣ 특징: 민중의 순박하고 소박한 정서, 양반 중심으로 민간에서도 사용

청자 쌍룡 필가

청자 진사 연화무늬 표형 주자

청자 소문 과형병

청자 칠보
투각 향로

청자 상감
운학문 매병

분청사기 조화
어문 편병

분청사기 철화
어문병

(3) 조선

① 순백자

　㉠ 제작: 전국작 생산, 사용원 광주 분원이 유명, 16세기 이후 유행

　㉡ 변화: 후기에 다양한 형태, 달항아리는 백자 예술의 정수

　㉢ 일본으로 전파: 임진왜란 때 끌려간 도공들에 의해 일본에 백자 제작 기법 전파

② 청화 백자

　㉠ 조선 후기 백자 제작에 청화·철화·진사 등 안료 사용이 증가

　㉡ 제작 기법: 순도 높은 백자에 청색의 코발트 성분을 안료로 그림, 그 위에 투명 유약

　㉢ 제작 시기: 전기에는 주로 왕실에서 사용, 17세기 이후 민간에서 유행

③ 옹기: 18~19세기를 거치면서 사회의 요구에 따라 급속하게 확산, 서민들이 많이 사용

순백자 병

달 항아리

청화백자 죽문 각병

7. 회화

(1) 고대

① 고구려: 고분 벽화를 통해 회화 수준 짐작 가능

② 백제: 무령왕릉에서 출토된 두침의 세화

③ 신라: 천마도를 통해 회화 수준 짐작, 솔거의 황룡사 벽화에 관한 이야기

무령왕릉 출토 두침과 세화

(2) 고려

① 전기: 도화원 화원들의 그림, 예성강도(예종, 부전) 그린 이령과 그 아들 이광필 유명

② 후기

　㉠ 문인화

　　• 사군자 중심의 문인화(부전)

　　• 공민왕(추정)의 천산대렵도: 원대 북화의 영향

　㉡ 불화

　　• 수월관음보살도(일본 소장), 혜허의 양류관음도(일본 소장)

　　• 치성광불여래왕림도(미국 소장): 서양의 황도 12궁 그림 → 동서양 교류 흔적

　㉢ 사경화:

　　• 불교 경전의 그림과 글씨를 금이나 은으로 손수 제작

　　• 화엄경보현행원품

　㉣ 벽화: 부석사 조사당 벽화에 사천왕상과 보살상

천마도

천산대렵도　부석사 조사당 벽화　양류관음도(혜허)　수월관음보살도

> **읽기 자료**
>
> **사경화와 불화**
>
> 귀족들은 사경寫經과 불화를 많이 제작하였다. 사경은 비싼 금과 은으로 글씨를 쓰기도 하였고, 책머리나 경전 중간에 섬세하고 화려한 그림을 그리기도 하였다. 그림은 경전 내용을 쉽게 알 수 있도록 표현한 것이다. 불화는 극락왕생을 기원하는 아미타불도와 지장보살도, 관음보살도가 많이 그려졌다. 불화는 보통 최고의 기량을 지닌 화가가 왕실이나 귀족의 지원을 받아 만들었기 때문에 예술성이 뛰어난 작품이 많았다. 고려의 불화는 은은한 갈색 배경에 주로 녹색과 붉은색으로 그림을 그린 후 순금으로 윤곽선을 덧그려 환상적인 분위기를 풍긴다. 또한, 금을 풍부하게 사용하여 중국이나 일본의 불화와는 다른 고려 불화만의 특징을 지니고 있다. 현재 남아있는 고려 불화는 13~14세기에 만들어진 것이 대부분이며, 상당수가 일본에 보관되어 있다. 불화에는 국왕의 만수무강이나, 불화 제작을 의뢰한 사람의 극락왕생 등의 소망이 담겨 있다. 몽골군의 퇴치를 소망하는 불화도 있다.

(3) 조선 전기

① 15세기

　㉠ 특징
- 독자적·진취적 화풍 발달, 화원은 도화서에 소속되어 기록화와 지도 제작
- 이수문·문청 등이 일본에 건너가 무로마치 미술에 영향

　㉡ 대표작
- 안견의 몽유도원도(세종): 안평대군의 꿈
- 강희안의 고사관수도

② 16세기

　㉠ 문인화 발달: 산수화와 사군자 등 다양한 화풍
- 이암의 동물 그림, 신사임당의 초충화
- 3절三絶: 이정의 묵죽도, 황집중의 포도도, 어몽룡의 매화도

　㉡ 도화원: 이상좌(노비 출신)의 송하보월도

몽유도원도(안견, 일본 덴리대학교 소장)

고사관수도(강희안)

초충도(신사임당)

묵죽도(이정)

월매도(어몽룡)

송하보월도(이상좌)

(4) 조선 후기
  ① 17세기
    ㉠ 산수화 유행 → 진경산수화에 영향
    ㉡ 김명국의 달마도
  ② 18세기
    ㉠ 진경산수화
      • 정선의 인왕제색도·금강전도: 중국 남종·북종 화법의 선택적 수용
      • 강세황의 영통골입구도: 서양화의 원근법 도입
      • 19세기 문인화의 부활로 침체 → 구한말에 새로운 모습으로 부활
    ㉡ 풍속화: 김홍도·신윤복·김득신
    ㉢ 민화: 서민의 미적 감각 대두, 장식성이 강함
  ③ 19세기
    ㉠ 장승업의 군마도, 김정희의 세한도
    ㉡ 흥선대원군의 난초도

◇ **단원 김홍도**
혜원 신윤복, 오원 장승업과 더불어 조선 후기 삼원三園 중 한 명인 도화서 출신 김홍도(1745~?)는 기본적으로 섬세하고 정교한 필치로 어진, 의궤, 정조의 화성 행차와 같은 궁중 기록화, 진경산수화, 신선도 등을 많이 그렸지만, 정감어린 풍속화를 그린 것으로 유명하다. 그는 밭갈이, 추수, 씨름, 서당, 시장 등에서 자신의 일에 몰두하는 사람들의 특징을 소탈하고 익살스러운 필치로 묘사하였다. 이러한 김홍도의 그림은 당시 궁궐에서뿐만 아니라 경제적으로 부유한 중·상인 계층에서도 매우 인기가 좋아 그의 개인적인 후원자들이 등장하였다. 김홍도의 그림은 당시 풍속화의 전형이 되어 이후 김득신 등에게 영향을 주었다.

금강전도(정선)

인왕제색도(정선)

영통골 입구도(강세황)

경작도(김홍도)

무동(김홍도)

단오풍정(신윤복)

파적도(김득신)

까치와 호랑이

운룡도

세한도(김정희)

8. 서예

(1) 고대
① 고구려의 광개토 대왕릉비문과 중원 고구려비문
② 백제의 사택지적비문
③ 신라의 진흥왕 순수비, 김생의 서체

(2) 고려
① 전기: 당의 구양순체와 왕희지체가 주류, 구양순체의 탄연·유신·오언후
② 후기: 원나라 때 조맹부의 송설체 유행, 이암
③ 신품神品 4현: 이규보가 『동국이상국집』에서 신라의 김생, 탄연·유신·최우를 지칭

(3) 조선
① 전기: 송설체의 안평대군, 초서를 잘 쓴 양사언, 왕희지체의 영향으로 석봉체 만든 한호
② 후기: 18세기에 동국진체의 이광사,° 19세기에 추사체 창안한 김정희

2 무형 문화

1. 음악

(1) 고대
① 종교와 노동 관련 음악이 다수
② 고구려: 왕산악의 거문고 제작, 무용도를 통해 음악의 존재 유추
③ 가야: 우륵이 가야금을 제작하고 12악곡 지음
④ 신라: 백결 선생의 '방아타령', 유리왕 때 노동요인 '회소곡', 화랑의 가무, 통일 신라의 옥보고는 거문고로 유명
⑤ 발해: '발해악(고려악)'이 일본 도다이 사 낙성식 때 연주, 일본의 아악으로 발전

(2) 고려
① 아악: 송나라에서 수입한 대성악이 궁중 음악으로 발전
② 속악(향악): 당악의 영향을 받아 발달, '동동'·'대동강' 등

(3) 조선 전기
① 백성의 교화 수단과 국가 의례로서 중시
② 태조: 관습도감을 설치하여 악곡·악보 정리, 아악의 체계화
③ 세종: 정간보(악보)를 만들고 '여민락'을 지음, 박연을 통해 악기 개량, 아악 완성
④ 성종: 성현이 『악학궤범樂學軌範』 편찬
⑤ 16세기: 민간에서 당악과 향악이 속악으로 발전
⑥ 무용의 발달: 궁중과 관청 의례 때 쓰인 '처용무',° 민간에서 농악무와 산대 놀이 등

(4) 조선 후기
① 양반층: 가곡歌曲과 시조
② 서민: 민요, 광대와 기생이 판소리°·산조散調°·잡가雜歌를 창작하여 발전

◇ **동국진체**
명·청 교체 이후 조선 중화주의 경향에서 탈피하여, 조선적인 왕희지체에 기본을 둔 서체 운동이 나타났다. 왕희지체에 송 대 서예가인 미불의 서체를 일부 수용한 데서 시작되었는데, 원교 이광사에 이르러 완성된 것으로 평가받는다.

◇ **처용무**
신라 헌강왕 때의 처용 설화에서 비롯된 가면무로, 궁중에서 악귀를 쫓기 위해 공연되었다. 세종 때 시작되어 성종 때를 거치며 체계화되었다. 유네스코 세계 무형유산에 등재되어 있다.

◇ **판소리**
광대가 한 편의 이야기를 노래에 해당하는 창과 이야기에 해당하는 아니리, 몸놀림인 발림으로 연출한다. 19세기 후반 신재효가 정리하였으며, 유네스코 세계 무형유산에 등재되어 있다.

◇ **산조**
느린 장단으로부터 빠른 장단으로 연주하는 기악 독주의 민속 음악으로, 장구 반주가 따르며, 무속 음악과 시나위에 기교가 확대되어 19세기에 탄생하였다.

2. 문학

(1) 고대

① 고구려: 유리왕의 '황조가(黃鳥歌)', 을지문덕의 '여수장우중문시'

② 백제: '정읍사'

③ 신라: 『삼국유사』에 남아 있는 향가

④ 가야: '구지가'

⑤ 통일 신라: 진성여왕 때 각간 위홍과 대구화상이 향가집인 『삼대목(三代目)』 편찬, 부전

⑥ 발해: 4·6 변려체 유행, 양태사의 '다듬이 소리(夜聽擣衣聲)'가 『일본서기(日本書紀)』에 전함

(2) 고려

① 전기

  ㉠ 향가: 균여의 '보현십원가'(광종), 정서의 '정과정곡'(의종)

  ㉡ 향가는 한문학에 밀려 점차 쇠퇴

② 중기: 귀족 문학 발달, 당의 시와 송의 산문을 숭상하는 풍조

③ 후기

  ㉠ 경향: 낭만적이고 현실 도피적인 성향, 말기에는 현실 비판적인 문학 발달

  ㉡ 가전체 문학: 무신 집권기에 유행

  - 이규보의 '국선생전'
  - 이곡의 '죽부인전'
  - 임춘의 '국순전', '공방전'
  - 이첨의 '저생전'

  ㉢ 패관 문학: 민간에 구전되는 이야기를 일부 고쳐 기록

  - 이규보의 『백운소설(白雲小說)』
  - 이제현의 『역옹패설(櫟翁稗說)』

  ㉣ 문학집

  - 이인로의 『파한집(破閑集)』
  - 최자의 『보한집(補閑集)』

  ㉤ 경기체가: 신진 사대부들 주도, '한림별곡', '관동별곡', '죽계별곡'

  ㉥ 한시: 사회 부패상 비판, 이제현·정몽주·이곡 등의 유학자를 중심으로 발전

  ㉦ 고려장가(속요): '청산별곡', '쌍화점', '가시리'

◇ **경기체가景幾體歌**

무신 정변 이후 과거를 통해 중앙 관료로 진출한 사대부들의 작품이기 때문에 도도하고 유연하면서도 득의에 찬 생활과 감정을 반영하고 있다. 한자 위주의 사용으로 사대부 사회에서만 유행하다가 사라졌는데, 고종 때 한림학자들이 문인, 서적, 명필, 명주, 음악, 누각 등을 노래한 '한림별곡(翰林別曲)'과 충렬왕 때 안축이 관동 지방과 그의 고향인 죽계의 경치를 노래한 '관동별곡(關東別曲)'과 '죽계별곡(竹溪別曲)'이 대표적 작품이다.

(3) 조선 전기

① 한글 창제

  ㉠ 창제 경위
- 세종이 정음청 설치, 집현전 학사들과 훈민정음訓民正音 창제(1443)
- 최만리·하위지 등의 반발, 세종은 '용비어천가龍飛御天歌'를 지어 시험한 뒤 반포(1446)
- 우리나라 최초의 운서韻書인『동국정운東國正韻』간행(1448)

  ㉡ 보급: 한문으로 쓰인 주요 서적을 한글로 풀이
- 세종 때 '월인천강지곡', 세조 때『금강경金剛經』, 성종 때『삼강행실도三綱行實圖』번역를 한글로 번역하여 간행
- 중종 때 최세진이『훈몽자회訓蒙字會』를 지어 훈민정음 보급에 기여

  ㉢ 활용: 서리 채용 시험에 훈민정음 이용, 국문 시가·산문 등장

② 15세기: 격식을 중시하고 질서와 조화를 내세우는 경향

  ㉠ 악장·한문학
- 왕조 개창을 알리는 악장 발달
- 성종 때 서거정의『동문선東文選』

  ㉡ 시조: 김종서와 남이, 길재 등의 시조

  ㉢ 설화 문학(패관 문학): 김시습의『금오신화金鰲新話』, 성현의『용재총화慵齋叢話』, 서거정의『필원잡기筆苑雜記』

  ㉣ 견문록: 신숙주의『해동제국기海東諸國記』(성종), 최부의『표해록漂海錄』(성종)

③ 16세기 이후: 표현보다 내용을 중시하는 사림 문학, 인간 내면의 심성과 감성 표현

  ㉠ 시조: 황진이, 윤선도의 '오우가', '어부사시사'

  ㉡ 가사: 송순의 '면앙정가', 정철의 '관동별곡', '사미인곡', '속미인곡'

  ㉢ 방외인 문학: 어숙권(서얼)의『패관잡기稗官雜記』, 임제의『원생몽유록元生夢遊錄』

  ㉣ 여류 문인: 신사임당과 허난설헌

> **읽기 자료**
>
> **16세기의 문학**
>
> 16세기 서울과 기호 지방의 훈구 세력과 사림 중에서 한시, 가사, 시조 분야에 뛰어난 작가들이 배출되었다. 특히 송순, 정철은 국문으로 가사를 지어 국문학의 새 경지를 열었다. 정철의『송강가사』에는 금강산을 비롯해 관동 8경의 아름다움을 노래한 '관동별곡'과 임금에 대한 충성심을 아름다운 미인에 비유한 '사미인곡' 등이 수록되어 있다. 한편, 관료와 사림을 비판한 방외인 문학이 나타났다. 방외인은 사회 질서 밖에서 방랑하면서 기이한 행적을 남겼고, 대개 도가의 선술仙術이나 민간 신앙을 받아들이면서 체제 비판적인 시나 소설을 즐겨 썼다. 15세기 말 김시습으로부터 시작된 방외인 문학은 16세기 들어서 임제, 어숙권 등이 활약하면서 사회 비판적 성격이 더욱 커졌다. 대표적인 작품으로는『원생몽유록』,『패관잡기』등이 있다. 임제의『원생몽유록』은 사육신과 단종의 사후 생활을 그린 작품으로 세조를 비판하였고, 어숙권의『패관잡기』는 적서 차별과 같은 신분제의 모순을 부각시켜 기술하였다.

(4) 조선 후기 문화계의 변화
  ① 서민 문화의 발달: 상공업의 발달, 농업 생산력의 증대, 서당 교육의 보급 등으로 발달
  ② 서민 문학
    ㉠ 한글 소설
      - 허균의 『홍길동전』
      - 『전우치전』, 『윤군평전』, 『곽재우전』, 『춘향전』, 『심청전』
      - 김만중의 『사씨남정기(謝氏南征記)』·『구운몽(九雲夢)』(숙종)
    ㉡ 사설 시조 유행
    ㉢ 판소리 문학: 12마당 → 신재효가 5마당 정리(춘향가, 심청가, 흥보가, 적벽가, 수궁가)
    ㉣ 탈놀이는 마을굿, 산대놀이는 가면극으로 민중에게 정착, 주로 승려의 부패와 위선, 양반의 허구를 폭로
    ㉤ 문학의 보급: 민간에서 세책방(貰冊房) 성행, 방각본(坊刻本) 유행, 사람이 많이 모이는 곳에서는 전기수(傳奇叟)가 활동
  ③ 양반 문학의 변화
    ㉠ 한문학: 소설 박지원의 '허생전(許生傳)'·'호질(虎叱)'·'양반전(兩班傳)', 홍대용의 『의산문답(醫山問答)』, 한시 정약용의 '애절양(哀絶陽)'
    ㉡ 풍자 시인: 김병연(김삿갓), 정수동
    ㉢ 문집 편찬: 김천택의 『청구영언(靑丘永言)』, 김수장의 『해동가요(海東歌謠)』
    ㉣ 시사(詩社): 위항인들이 인왕산, 삼청동, 청계천 등지에서 결성, 『옥계십이승첩(玉溪十二勝帖)』, 유숙의 『수계도권(修禊圖卷)』
    ㉤ 향리들의 역사를 담은 이진흥의 『연조귀감(掾曹龜鑑)』, 서얼 차별을 비판한 대구 달서 정사의 『규사(葵史)』 편찬

> **◇ 세책방과 방각본 출판**
> 세책(貰冊)은 돈을 주고 소설책을 빌려 읽는 방식으로 여성 독자에게 인기가 있었다. 18세기 이후에는 집안에서 만들어 사용하던 물건들이 대량으로 상품화되어 시장에서 구입이 가능하였기 때문에 여성들에게 여유가 생겼고, 시간을 보내는 데는 소설이 유용하였다. 세책이 서울에서 유행하였다면 지방에서는 방각본 출판이 활발하였다. 방각본은 민간에서 소설을 판각해 인쇄한 책으로 서울, 안성, 전주와 같은 상업 중심지에서 성행하였다. 방각본 소설은 몇몇 중심지에서만 즐겨 읽히던 소설들이 전국적으로 보급되는 데 결정적으로 기여하였다. 방각본으로 출판된 소설에는 『조웅전』, 『소대성전』, 『장풍운전』, 『춘향전』, 『심청전』 등이 있다.

읽기 자료

김병연

조선 후기 정수동과 함께 대표적인 풍자 시인으로 손꼽히는 인물이 바로 김병연이다. 김병연의 조부였던 김익순은 홍경래의 난 당시 평안도 선천 부사였으나 홍경래에게 투항한 죄로 집안이 폐족이 되었다. 김병연은 과거에서 김익순을 조롱하는 내용을 담은 논정가산충절사탄김익순죄통우천(論鄭嘉山忠節死嘆金益淳罪通于天)'이라는 시제로 장원급제하였으나 집안의 내력을 알게되어 이후 삿갓을 쓰고 방랑길에 올랐다고 한다.

3 과학 기술의 발달

1. 천문학

(1) 고대
① 농경 및 왕권 신성화와 관련하여 천체 관측 활발
② 고구려: 천문도, 고분 벽화의 별자리 그림
③ 백제: 역박사 존재, 송의 원가력 사용
④ 신라: 첨성대(선덕여왕), 『삼국사기』에 정확한 천문 관측 기록
⑤ 통일 신라: 누각전(성덕왕), 둔갑·천문·역술에 능했던 사천대 박사 김암, 당의 인덕력 사용

(2) 고려
① 사천대(서운관): 천문과 역법 담당, 첨성대
② 역법: 당의 선명력 사용, 충선왕 때 수시력 채용, 공민왕 때 명의 대통력(수시력의 개칭)

> **읽기 자료**
>
> **고려의 천문학**
>
> 고려 시대에도 천재지변을 하늘의 뜻으로 생각했기 때문에 이를 알아내기 위한 천문 관측에 많은 노력을 기울였다. 『고려사』의 '천문지'에는 그러한 흔적이 잘 드러나 있다. 고려 시대에 일어난 일식, 월식, 무지개, 혜성, 별똥별 등 다양한 천문 현상뿐만 아니라 금성, 화성, 목성, 토성 등 행성에 대한 내용도 자세히 수록되어 있다. 이처럼 고려는 천체의 움직임과 천문 현상을 체계적으로 기록했으며, 그 과정에서 중국과 다른 독자적인 역법 계산법도 사용하였다.

(3) 조선 전기
① 과학 기술의 발달: 세종 때 크게 발달, 전통 과학 기술에 서역과 중국의 기술 수용
② 관상감: 세조 때 서운관을 관상감으로 개칭, 천문·지리·측우 등 관장
③ 천상열차분야지도天象列次分野之圖: 태조 4년 고구려의 천문도를 토대로 각석, 왕조 개창의 정당성 확보
④ 관측 기기: 세종 때 혼의·간의, 앙부일구, 자격루, 측우기 등 제작
⑤ 역법: 간의대를 설치하고 『칠정산七政算』 편찬(세종, 1442)
  ㉠ 세종의 명을 받은 정흠지와 정인지 등이 제작
  ㉡ 수시력에 대통력의 장점을 가미하여 『칠정산내편』, 아라비아의 회회력을 연구하여 해설한 『칠정산외편』
  ㉢ 한양 기준의 역법

> **읽기 자료**
>
> **세종 대의 과학자**
>
> 이천은 세계적 수준을 자랑하는 천문 기구를 제작하고, 금속 활자의 꽃으로 평가받는 갑인자 제작을 주도하였다. 이 밖에 화약 무기 개발, 악기 개량, 도량형 표준화 등 여러 분야에서 탁월한 업적을 남겼다. 장영실은 노비 출신이라는 신분의 벽을 뛰어넘어 활약했던 대표적인 기계 기술자로, 측우기, 자격루, 앙부일구, 혼천의 등과 갑인자 제작에 참여하였다. 이순지는 천문 역법 사업의 책임자로, 중국과 서역의 천문학을 연구해 독자적인 역법서인 『칠정산』을 편찬하였다.

◇ **고구려 고분의 별자리 그림**

고구려 오회분 4호묘 천장에 해, 달, 별자리가 그려진 것을 확인할 수 있다. 당시 천문학에 대한 전문적인 지식이 갖추어졌음을 알 수 있다.

◇ **수시력授時曆**

1년을 365.2425일로 계산한 달력을 말한다. 이것은 300년 후인 16세기 말 서양에서 개정한 그레고리우스력과 같다.

◇ **천상열차분야지도**

◇ **앙부일구**

앙부일구는 백성들에게 시간을 알리고 통제할 목적으로 만들어졌다. 세종 때 앙부일구를 만들어 백성들의 왕래가 잦은 혜정교 옆과 종묘 남쪽에 설치하였다는 사실은 앙부일구가 백성들이 직접 보고 시간을 알 수 있도록 하기 위한 공중시계였음을 알려 준다. 세종 때 앙부일구에서는 지평환 부분에 시각을 글자로 표시하지 않고 12지신의 동물 그림으로 표현했는데, 이는 글자를 모르는 백성들로 하여금 시간을 읽을 수 있도록 배려한 것이었다. 24절기를 알 수 있어 농사에 도움이 되었으며, 현주일구, 천평일구 등 휴대용을 비롯하여 조선 후기까지 다양한 크기와 재질로 많이 만들어졌다.

(4) 조선 후기
① 서양 과학의 도입으로 새로운 천문 인식
② 주요 학자
  ㉠ 이수광: 『지봉유설芝峯類說』에서 일식, 월식, 조수 간만 등에 대해 소개
  ㉡ 이익
    • 서양 천문학에 큰 관심, 중국 중심의 세계관 비판
    • 『성호사설星湖僿說』에서 지구의 자전 가능성 언급, 이후 『주역周易』에 실린 '하늘은 끊임없이 움직인다天行健'를 받아들여 번복
  ㉢ 김석문: 『역학도해易學圖解』에서 우리나라 처음으로 지전설 주장, 독자적인 지전설의 체계 구축
  ㉣ 홍대용: 김석문의 영향을 받아 지전설과 무한 우주론 주장
  ㉤ 최한기
    • 『기측체의氣測體義』와 『지구전요地球典要』에서 지구 구형설을 자각하고 지전설 주장
    • 공전설을 소개하고 이를지지
    • 『명남루총서明南樓叢書』를 간행하여 만유인력설을 비롯한 서양 과학 기술 소개
③ 역법: 효종 때 김육의 노력으로 아담 샬의 시헌력 도입, 정조 때 천세력 개발

2 인쇄술의 발달

(1) 고대
① 배경: 불경 인쇄를 위해 인쇄술·제지술 발달
② 무구정광대다라니경: 석가탑에서 발견, 8세기 초 닥나무 종이에 인쇄

(2) 고려
① 목판 인쇄술
  ㉠ 특징: 한 가지 책을 다량으로 인쇄하는 데 적합
  ㉡ 장경 인쇄: 초조대장경, 재조대장경(팔만대장경), 의천의 '교장'
② 활자 인쇄술
  ㉠ 특징: 세계 최초로 금속 활자 인쇄술 발명, 여러 가지의 책 소량 인쇄에 적합
  ㉡ 『상정고금예문詳定古今禮文』: 강화 천도기에 주자로 인쇄했다는 기록(1234), 부전
  ㉢ 『직지심체요절直指心體要節』: 청주 흥덕사에서 간행, 현존하는 세계 최고最古의 금속 활자본, 유네스코 세계 기록유산으로 등재
  ㉣ 활자 출토: 개성 역사 유적 지구의 만월대 터에서 12~13세기 경 제작된 실물 금속활자 발굴
  ㉤ 서적원: 공양왕 때 설치, 활자의 주조와 인쇄 담당
③ 제지술: 전국적으로 닥나무 재배 장려, 종이 제조를 위해 전담 관서 설치

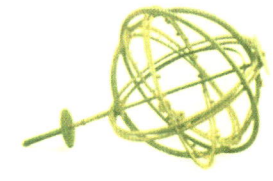

홍대용이 만든 혼천의

◇ 최한기
최한기(1803~1877)는 서양의 경험 철학을 바탕으로 독자적인 '기학氣學'을 체계화하였다. 『해국도지海國圖志』, 『영환지략瀛環志略』을 깊이 연구하여 『지구전요地球典要』를 저술하였고, 『심기도설心器圖說』, 『기학氣學』 등 20여 종의 저서를 통해 근대 실학과 개화 사상의 가교 역할을 했다는 평가를 받는다.

[무구정광대다라니경]

조그마한 탑을 무수히 만들어 공양하고 법에 따라 신주神呪를 염송하면 복을 얻고 성불할 수 있다는 내용이 적혀 있다(국보 제126호). 1966년 도굴꾼들이 불국사 3층 석탑 안에 있는 사리함을 훔치려고 탑을 해체하려다 미완에 그친 것을 계기로 탑을 해체하자 2층 탑신부에서 사리함과 함께 발견되었다. 당의 측천무후가 집권한 시기에 만들어져 사용되었다고 하는 글자들이 사용된 것, 종이 상태 등을 통해 8세기 전반에 제작된 것으로 여겨져 세계 최고最古의 인쇄물로 평가받고 있다.

◇ 『상정고금예문』
12세기 인종 때 최윤의 등이 지은 의례서인데, 강화도로 천도할 때 예관이 가지고 오지 못하였으나 최우가 보관하던 것을 가져가 금속 활자로 28부 인쇄하였다는 내용이 이규보의 『동국이상국집』에 전한다.

◇ 『직지심체요절』
정식 서명은 『백운화상초록불조직지심체요절白雲和尙抄錄佛祖直指心體要節』이다. 1377년(우왕 3) 7월, 청주목의 교외에 있던 흥덕사에서 금속 활자인 주자로 찍어낸 것이 전한다. 상하 2권 중 지금까지 전하는 것은 하권 1책이며, 현재 프랑스 국립 도서관에 소장되어 있다.

> **읽기 자료**
>
> **'남명천화상송증도가'와 '증도가자'**
>
> '남명천화상송증도가'는 당나라 현각玄覺이 지은 '증도가'에 송나라의 남명선사가 시를 넣어 만든 노래이다. 본래 주자본으로 있던 것을 강화 천도기인 1239년에 번각본으로 목판 인쇄한 주자번각본이 현재 남아 있다. 2010년에 인사동의 고미술관에서 번각본 글자와 동일한 모양의 금속활자가 여러 개 발견되었는데, 방사성탄소연대측정법으로 측정한 결과 활자에 묻은 먹의 연대가 11~12세기경으로 판명되었다. 따라서 이 활자(일명 '증도가자')가 본래의 주자본에 사용된 것이라는 주장이 제기되어 학계의 비상한 관심을 끌었다. 그러나 결국 이는 중국의 문화재 위조가들과 손잡고 벌인 조작극으로 밝혀졌다.

(3) 조선

① 활자 인쇄술°

　㉠ 계미자癸未字: 태종 3년 주자소를 설치하고 계미자 주조

　㉡ 갑인자甲寅字: 세종 2년 계미자를 개량하여 경자자 주조, 세종 16년 경자자를 갑인자로 개량

② 제지술: 태종 때 저화 발행을 위해 조지소 설치 → 세종 때 조지소를 공조의 속아문으로 둠 → 세조 때 조지서로 변경

3. 기타

(1) 농업 기술의 발달

① 고대: 철제 농기구의 보급과 우경으로 농업 생산력 발달

② 고려

　㉠ 12세기 이후 간척 사업 추진

　㉡ 후기에 시비법, 이앙법 보급, 밭농사에 윤작법 보급

　㉢ 수차 도입(공민왕)과 수리 시설의 발달

　㉣ 목화 재배(문익점·정천익)

③ 조선 전기

　㉠ 남부 지방에서 이모작 실시, 밭농사에서 윤작법 확산

　㉡ 밑거름과 덧거름을 주는 시비법으로 연작 상경

　㉢ 목화 재배 확대, 양잠 보급

④ 조선 후기: 이앙법의 보급, 밭농사에서 견종법

(2) 의학

① 고려

　㉠ 태의감 설치, 지방에 의학박사 파견

　㉡ 혜민국, 동서 대비원, 제위보 설치

　㉢ 향약방의 발달로 많은 의서 편찬

② 조선

　㉠ 전의감에서 의학 업무 담당

　㉡ 내약방, 혜민국, 동서 대비원(→ 활인서), 종약색, 제생원, 의학 교수원 설치

　㉢ 우리 풍토에 맞는 의서 편찬, 중국의 의학을 체계적으로 수용·정리

◇ **활자 주조**

계미자는 네 모퉁이를 고정시킨 후 위아래에 동판을 마련하고, 바닥에 밀랍을 깐 후 활자를 배열하고, 이어 열을 가해 밀랍을 녹여 활자를 고정하는 방식이었다. 갑인자는 활자를 반듯한 네모 모양의 똑같은 크기로 만들었고, 밀랍을 사용하지 않고 식자판을 사용하여 인쇄 능률이 계미자에 비해 8~10배 향상되었다.

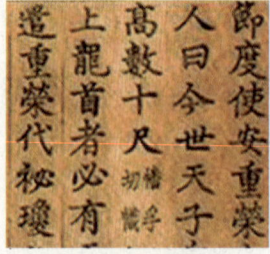

자치통감강목
갑인자로 찍은 책이다.

(3) 수학

① 고대

㉠ 고구려: 고분의 석실과 천장 구조의 정교한 비례

㉡ 백제와 신라: 정림사지 탑, 황룡사 목탑과 석굴암, 불국사 탑 등에 수학적 지식 활용

② 조선 후기: 마테오 리치의 『기하원본幾何原本』 유입, 최석정의 『구수략九數略』, 홍대용의 『주해수용籌解需用』

(4) 무기 제조와 조선술

① 고려: 최무선이 화통도감 설치(우왕, 1377), 대형 범선과 조운선 제작

② 조선: 병서 편찬, 각종 무기 제조 기술 발달

㉠ 태종 때 최해산이 군기감에서 화약 무기 제조에 기여

㉡ 세종 때 신기전 제작(여진족 상대 목적), 대신기전·소신기전 등

㉢ 문종 때 화차 개발, 신기전 100개 발사, 바퀴 장착

㉣ 태종 때 거북선과 비거도선이라는 작고 날쌘 전투선 제조

㉤ 선조 때 이장손이 비격진천뢰 제작

화차

비격진천뢰

(5) 조선 후기 서양 과학의 전래

① 사신에 의한 문물 전래

㉠ 선조 때 이광정에 의해 '곤여만국전도' 전래

㉡ 인조 때 정두원이 화포·천리경·자명종 등을 소개

② 표류인°

㉠ 인조 때 벨테브레이는 훈련도감에서 서양식 대포 제조법을 가르침

㉡ 효종 때 하멜은 15년 억류 끝에 네덜란드로 가서 『하멜표류기』 집필

③ 『기기도설奇器圖說』: 정조 때 정약용이 『고금도서집성古今圖書集成』에 있었던 『기기도설』을 참고하여 거중기 등 건축 기계 제작, 한강에 배다리 설계

◇ 벨테브레이와 하멜

인조 때 제주도에 표류한 벨테브레이는 우리나라에 귀화하였고, 훈련도감에 소속되어 서양식 대포의 제조법과 조종법을 전수하였다. 조선 여성과 결혼하여 1남 1녀를 두었다고 하며, 박연이라는 이름을 사용하였다. 효종 때 도착한 하멜은 네덜란드로 돌아가 『하멜표류기』를 지었다.

4 서적 편찬

1. 역사서

(1) 고대

① 삼국: 정통성과 권위를 과시, 귀족과 백성의 단합 도모

㉠ 고구려: 『유기留記』 100권 → 이문진이 『신집新集』 5권(영양왕, 600)

㉡ 백제: 박사 고흥이 『서기書記』(근초고왕, 375), 『일본서기日本書紀』에 백제 3서 『백제기百濟記』·『백제본기百濟本記』·『백제신찬百濟新撰』 수록

㉢ 신라: 거칠부가 『국사國史』 편찬(진흥왕, 545)

② 남북국

㉠ 신라 중대: 김대문의 『화랑세기花郞世記』·『고승전高僧傳』

㉡ 신라 하대: 최치원의 『제왕연대력帝王年代曆』(김부식이 비판함)

255

◇ 역사 편찬 방식

기전체 紀傳體	본기, 세가, 지, 열전, 표 등으로 나누어 서술
편년체 編年體	시간의 순서대로 서술
기사본말체 紀事本末體	사건별로 원인과 결과를 서술
강목체 綱目體	큰 글씨의 대강·작은 글씨 세목을 구분

◇ 동명왕편
3부로 구성되었는데, 서장에서는 동명왕이 탄생하기 이전의 계보를 밝혔다. 본장에서는 동명왕의 출생으로부터 건국하고 죽기까지의 사실을 묘사하였으며, 종장에서 왕업을 계승한 유리왕이 즉위하기까지의 경로 및 작자의 소감을 부언하였다.

◇ 삼국유사
『삼국유사』는 전 5권에 9편으로 이루어졌다. 서술 체계가 『삼국사기』만큼 체계화되지 않았지만, 『삼국사기』에 기술되지 않은 단군 설화, 민간 설화, 불교에 관한 내용을 수록하여 우리의 역사 전통과 사회 문화 전반에 관한 소중하고 풍부한 자료를 전해 준다. 특히 다른 책에는 전하지 않는 신라의 향가가 11수나 실려 있어 국문학 연구에도 귀중한 자료를 제공해 준다.

---

(2) 고려

① 초기: 자주적이고 주체적인 사관 발달
　㉠ 『구삼국사舊三國史』: 관찬 사서로 추측
　㉡ 『7대 실록』: 현종 때 거란 침입으로 소실된 태조~목종 실록을 다시 편찬, 부전

② 중기: 유교의 영향으로 보수적 사관의 대두
　㉠ 『삼국사기』(인종, 1145)
　　• 김부식이 왕명을 받아 편찬한 관찬 사서, 현존 최고最古
　　• 기전체(본기)◇, 유교적 합리주의, 술이부작述而不作의 원칙('논찬' 구분), 고대적 설화 비판
　　• 고조선·삼한·고구려·발해에 대해 소홀, 신라에 유리한 해석이 많음
　　• 삼국을 '우리'라고 표현, 고조선 인정

> **읽기 자료**
>
> **『삼국사기』의 자주성**
>
> 김부식의 '진삼국사기표'에는 정작 우리 역사를 잘 알기 위해 『삼국사기』를 편찬했다는 뜻이 나타나 있다. 김부식은 '괴력난신怪力亂神은 서술하지 않는다.'라는 원칙을 따랐지만, 삼국 고유의 기록을 존중하였다. 이에 고구려 주몽이나 신라 박혁거세의 건국 신화도 실었다. 유교적 가치관에 맞지 않는 사실이라 해도 있는 그대로 기록했고, 저자의 평을 구분하여 서술하였다. 또한, 고구려·백제·신라의 본기를 똑같이 두었으며, 각 본기에서 해당 국가를 '우리나라'라고 칭하였다. 본기는 기전체 사서에서 황제의 행적을 다룬 부분이다. 이처럼 『삼국사기』에는 삼국의 역사를 동등하게 다루고, 중국의 역사와 대등하게 인식했던 흔적이 있다.

　㉡ 기타: 『가락국기駕洛國記』(문종), 박인량의 『고금록古今錄』(숙종), 홍관의 『속편년통재』(『편년통재編年通載』 속편, 예종), 김관의의 『편년통록編年通錄』(의종) 등, 부전

③ 무신 집권기: 민족적 자주 의식을 바탕으로 전통문화를 이해하려는 경향 대두
　㉠ 『동명왕편東明王篇』◇ (명종, 1193)
　　• 이규보가 이의민 집권기에 지은 장편 서사시
　　• 『동국이상국집東國李相國集』에 수록
　　• 고구려 계승 의식 강조
　㉡ 『해동고승전海東高僧傳』(고종, 1215): 승려 각훈이 삼국~고려 승려 30명의 전기를 기록

④ 원 간섭기: 민족적 자존감을 회복하고자 하는 역사 인식의 대두
　㉠ 『삼국유사三國遺事』◇ (충렬왕, 1281)
　　• 선종 승려인 일연이 편찬
　　• 『삼국사기』에 수록되지 않은 이야기, '왕력'·'기이'·'흥법'·'탑상' 등 항목
　　• 민족의 위기를 민족 공통의 시조 인식을 통해 극복하고자 하는 인식
　　• 단군을 민족의 시조로 인식, 고조선 계승 의식을 보여줌
　　• 신라 사적이 많음

ⓒ 『제왕운기』(충렬왕, 1287)
- 신진 사류였던 이승휴가 두타산에서 집필한 서사시
- 상권에 중국의 역사를 7언시로, 하권에 우리나라의 역사를 5언시로 서술
- 우리 역사의 시작을 단군에 두고 중국과 대등하게 발전했음을 강조
- 단군-기자-위만의 3조선, 발해를 모두 우리 역사로 인식
- 유교적 역사 인식을 바탕으로 도교적·민간 신앙적 요소를 수용

ⓒ 『사략』(공민왕, 1357)
- 이제현 집필, 현재 '사론'만 전함
- 성리학의 영향으로 정통과 대의명분 강조
- 개혁을 단행하여 왕권을 중심으로 국가 질서를 회복하려는 의식 반영

(3) 조선 전기

① 15세기: 왕조 개창의 정당성 확보와 성리학적 통치 규범 정착 목적, 단군의 건국 설화와 그 계승성을 밝힌 책 다수

㉠ 『고려국사』(태조, 1395): 정도전·정총이 조선 왕조 개창 정당화 목적

㉡ 『동국사략』(태종, 1402)
- 권근이 삼국사를 정리하여 『고려국사』에 연결시킬 목적으로 편찬
- 단군 조선-기자 조선-위만 조선-한사군-삼한-삼국으로 체계화 → 『동국통감』에 계승

㉢ 『동국세년가』(세종, 1436): 윤회·권제가 왕명으로 단군~고려 역사를 노래(영사체)

㉣ 『고려사』(문종, 1451)
- 세종의 명으로 편찬이 시작되었으나 문종 때 완성
- 김종서가 중심이 되어 『고려국사』의 부실함과 오류를 보완하여 기전체로 편찬
- 고려의 왕을 세가에 기록, 고려를 제후 국가로 서술
- 조선의 정통성을 드러내기 위해 우왕과 창왕을 열전에 기록

㉤ 『고려사절요』(문종, 1452): 편년체 사서, 국왕보다는 재상 중심

㉥ 『삼국사절요』(성종, 1476): 단군~삼국 멸망까지의 역사를 편년체로 편찬

㉦ 『동국통감』(성종, 1485)
- 세조 때 편찬 시도, 서거정 등이 왕명을 받아 편년체 통사로 완성
- 『삼국사절요』와 『고려사절요』를 통합
- 삼국기, 신라기, 고려기, 외기로 구분
- 고조선부터 고려까지의 역사, 사림의 역사 인식 반영

② 16세기: 사림의 존화주의·왕도주의 반영

㉠ 박상의 『동국사략』(중종): 『동국통감』 축약한 교양서, 절의와 사대 중시, 단군~삼한을 본편에 수록

㉡ 유희령의 『표제음주동국사략』(중종): 『동국통감』의 축약본, 박상의 『동국사략』을 비판한 자주적 사서, 단군~고려사 정리(고구려사 강조), 삼국 이전을 본편에 수록, 가야·발해 수록

㉢ 윤두수의 『기자지』(선조): 왕명으로 기자 관련 기록 정리

㉣ 이이의 『기자실기』(선조): 『기자지』를 체계적으로 정리, 기자의 교화를 높이 평가

◇ 고려 후기의 역사 서술
고려 후기에는 신진 사대부의 대두와 함께 『삼국사기』의 전통을 이은 유교 사관이 다시 발달하였다. 충렬왕 때 원부 등이 편찬한 『고금록』과 정가신이 지은 『천추금경록』, 『천추금경록』을 중수하여 민지·권보가 편찬한 『세대편년절요』, 충숙왕 때 민지가 저술한 『본조편년강목』, 공민왕 때 이제현이 편찬한 『사략』 등에는 유교의 합리주의 사관이 반영되어 있다.

◇ 조선 초의 단군 인식
건국 초 조선은 단군을 수명지주로, 기자를 교지주로 규정하여 둘의 선후 관계를 명확히 하였고, 단군사와 삼성사를 중심으로 단군을 제사하였다. 이는 조선 초기 자주적인 역사 인식을 드러내는 것이었다.

◇ 고려국사
단시일 내에 편찬되어 이제현의 『사략』의 영향을 많이 받았으며, 조선 개창 과정이 소략하다는 문제가 제기되어 여러 차례 수정되었다. 한편, 『고려국사』에 실렸던 사론은 『고려사절요』에 인용되어 있다.

◇ 권근의 동국사략
『동국사략』에 대해서는 성리학적 명분론을 표명하여 왕권을 안정시키는 토대를 마련하려는 것으로 이해하여 『고려국사』와 대립되는 것으로 보기도 한다.

(4) 조선 후기

① 17세기

㉠ 오운의 『동사찬요東史纂要』(광해군, 1609): 임진왜란 직후 왕명으로 편찬

㉡ 홍여하
- 『휘찬여사彙纂麗史』(효종~현종): 유교 사관에 입각한 기전체 고려사, 외이부록外夷附錄 구성
- 『동국통감제강東國通鑑提綱』(현종, 1672): 『동국통감』의 가숙용家塾用 강목체 교재로, 조선(기자 - 마한 정통)·삼국·신라의 세 시기로 구분하고 단군과 위만은 기자 밑에, 진한과 변한은 마한 밑에 부기함으로써 기자 - 마한 정통론을 세움(발해는 무시)

㉢ 유계의 『여사제강麗史提綱』(현종, 1667): 서인인 유계가 북벌을 주장

㉣ 허목의 『동사東事』(현종, 1667): 남인 허목이 붕당 정치와 북벌을 비판, 우리 고유 전통 기록

② 18세기 이후

㉠ 홍만종의 『동국역대총목東國歷代總目』(숙종, 1705): '단군-기자-마한-통일 신라'로 이어지는 정통론 제시, 삼국 시대는 정통이 없는 시대로 인식

㉡ 임상덕의 『동사회강東史會綱』(숙종, 1711): 강목체(편년체), 단군과 기자에 대한 문헌 고증 시도, 안정복의 역사 인식에 영향

㉢ 이익의 『성호사설星湖僿說』(영조)
- 실증적이고 비판적인 역사 서술 제시
- 중국 중심의 역사관에서 벗어나 우리 역사를 체계화할 것을 주장
- 역사를 움직이는 힘을 시세時勢-행불행幸不幸-시비是非의 순서로 보아 도덕 사관 비판
- 우리 역사를 중국과 대등하게 인식하고 '단군-기자-삼한-삼국(무통)-통일 신라-고려'로 이어지는 삼한 정통론 체계화 → 『동사강목東史綱目』에 영향

㉣ 이긍익의 『연려실기술燃藜室記述』: 기사본말체, 실증적·객관적 서술로 조선 시대의 정치와 문화를 백과사전식으로 기술

㉤ 안정복의 『동사강목東史綱目』(정조, 1778)
- 강목체, 한국사를 정통론에 입각하여 정리한 조선 후기 최고의 역사서
- 여러 문헌을 비교 분석하는 방법론으로 고증 사학의 토대
- '단군-기자-삼한(마한)-무통-통일 신라-고려'로 이어지는 성리학의 역사 인식 계승
- 삼한 정통론을 바탕으로 중국 중심의 역사관에서 탈피(소중화 인식)
- 신라사에 치우친 인식을 비판하고 고구려사를 강조하여 발해까지도 중시
- 정통의 흐름에서 발해사를 배제하여 외기에 넣음
- 태조~영조를 다룬 편년체 『열조통기列朝通記』로 완성

㉥ 유득공의 『발해고渤海考』(정조, 1784)
- 고대사 연구의 시야를 만주 지방으로 확대시켜 한반도 중심의 협소한 사관 극복
- 신라와 발해를 '남북국' 시대로 인식

- ⓐ 이종휘의 『동사東史』(정조~순조)
  - 기전체, 고조선사를 중심으로 삼국 시대를 연결
  - 삼한 정통론의 '기자-마한-신라'의 입장을 취하면서도 '단군-부여-고구려'의 연결성을 함께 중시
  - 고구려가 단군의 혈통과 기자의 문화를 동시에 계승하였음을 주장
  - 발해를 고구려를 계승한 독립적인 국가로 파악
- ⓑ 한치윤의 『해동역사海東釋史』(순조)
  - 열전이 없는 기전체 사서, 조카 한진서가 『지리고地理考』 속편 15권을 편찬하여 완성
  - 단군 조선에서부터 고려까지 서술(기자 조선 이동설), 발해는 외기로 처리하여 신라와 함께 취급
  - 500종이 넘는 다양한 중국 및 일본 자료를 인용하여 민족사 인식의 폭 확대
- ⓒ 김정희의 『금석과안록金石過眼錄』(철종, 1852): 고증학에 입각하여 황초령비와 북한산비가 진흥왕 순수비임을 고증
- ⓓ 이진흥의 『연조귀감』(정조~헌종): 향리들이 양반에서 분화된 존재였음을 밝힘
- ⓔ 조희룡의 『호산외기壺山外記』(헌종): 중인·승려·화가 등 위항인委巷人들의 전기
- ⓕ 이진택의 『규사葵史』(철종, 1858): 서얼에 대한 역사 정리
- ⓖ 유재건의 『이향견문록里鄕見聞錄』(철종): 위항인 308명 수록

(5) 관찬 기록

① 『조선왕조실록朝鮮王朝實錄』
  - ㉠ 특징
    - 국가 주도로 편찬한 편년체 역사서
    - 왕의 행적과 국정 전반 뿐 아니라 천재지변에 대한 기록까지 기록
    - 태종 때 편찬이 시작되어 조선 왕조 내내 이어짐
  - ㉡ 편찬 절차
    - 왕 사후 춘추관 내에 실록청 설치
    - 전前 왕대의 사초, 시정기, 조보, 상소문, 선원보 등을, 후기에는 『등록謄錄』, 『승정원일기承政院日記』, 『일성록日省錄』 등의 자료를 합하여 편찬
  - ㉢ 보관
    - 4부를 만들어 춘추관·충주·전주·성주의 4대 사고에 보관, 정기적인 포쇄 작업
    - 임진왜란으로 전주본을 제외한 3곳 소실, 선조 때 재간행하여 춘추관·묘향산(광해군 때 적상산으로 이관)·마니산(효종 때 정족산으로 이관)·오대산·태백산의 5대 사고에 보관
  - ㉣ 기타
    - 실록과 사초의 열람은 엄격히 금지, 어람용 『국조보감國朝寶鑑』 편찬
    - 수정하지 않는 것이 원칙이나, 붕당간의 이해 관계에 따라 『선조수정실록』, 『경종수정실록』, 『현종개수실록』, 『숙종실록보궐정오』 편찬 → 이전 실록과 수정한 것 함께 보관

◇ **사초史草**
예문관 관원, 승정원의 승지, 기타 사간원이나 의정부의 일부 관원들이 사관史官이 되어 국왕과 신하의 모든 행적을 기록하였는데, 이를 사초라 한다. 평소 2부를 작성하여 1부는 춘추관에 두고, 1부는 사관의 집에 보관하는 것이 원칙이었다. 왕 사후 이를 바탕으로 춘추관에서 초초初草를 만들고, 다시 정초正草로 완성하면 이전의 사초는 모두 씻어버려[세초洗草] 흔적을 지움으로써 사관의 지위를 보장하였다.

◇ **국조보감**
방대한 실록의 내용 중 역대 임금의 치적과 훌륭한 정치에 대한 내용을 간추려 편찬한 것으로, 왕들의 정치 지침서로 활용되었다. 세조 때 태조, 태종, 세종, 문종의 4대 보감을 편찬한 것을 시작으로 숙종·정조·순조 때도 편찬되었다.

② 조선왕조 의궤儀軌
  ㉠ 편찬
    • 왕실이나 국가가 치른 중요 행사에 관한 일체의 내용을 글과 그림으로 기록
    • 왕실에서 혼례·잔치·국왕의 행차 등이 있을 때 도감을 두고 행사, 행사가 끝나면 의궤청을 두어 작성
  ㉡ 보관
    • 필사 혹은 활자 인쇄 후 어람용 1부를 두고 기타 관련 관청 및 사고에 나누어 보관
    • 임진왜란 이전의 의궤는 소실
    • 1601년 의인왕후 장례를 담은 『의인왕후산릉도감의궤』가 현전 최고
    • 서울대학교 규장각(546종 2,940책), 한국학 중앙연구원(287종 490책)에 소장
  ㉢ 기타
    • 한자 뿐 아니라 이두, 차자借字, 고유 한자어 등을 포함
    • 정조 대 화성 건설과 수원 행차 내용을 담은 의궤도 현존
    • 병인양요 시 약탈당한 외규장각 도서, 5년 임대 형식으로 반환(2011)
③ 일성록
  ㉠ 편찬
    • 국왕의 동정과 국정을 기록한 일기
    • 정조가 세손 시절 쓰기 시작한 『존현각일기尊賢閣日記』에서 출발(1760년, 영조 36)
    • 규장각 신하들이 대신 기록 → 국정 운영에 참고, 국정 전반을 성찰하는 국가 일기 (1910년까지 작성)
  ㉡ 특징
    • 왕이 필요할 때마다 열람
    • 왕에게 올린 건의서나 왕의 명령, 왕의 동정, 서적의 편찬, 경연에서 읽은 책의 내용, 군사 훈련, 죄수 심리, 백성에 대한 진휼 등이 상세하게 기록
    • 2011년에 유네스코 세계 기록유산으로 등재

2. 지도와 지리서

(1) 조선 전기
① 편찬 배경
  ㉠ 통치 체제 정비를 위한 전국 각지의 지리 조사로 각종 지리지와 지도 편찬
  ㉡ 16세기 이후 향촌 자치가 진전 → 읍지邑誌 편찬, 민간 지리지 작성
② 지도
  ㉠ 혼일강리역대국도지도(태종)
    • 원의 혼일강리도를 바탕으로 1402년에 이무·김사형·이회가 제작
    • 중앙의 중국과 우리나라가 중심, 일본은 우리나라보다 작게 그려짐
    • 아프리카와 유럽도 빈약하게 그려져 있으나 아메리카나 대양주는 미반영
    • 현재 원본은 전하지 않고 일본에 모사본이 전함, 현존하는 동양 최고最古

◇ 혼일강리역대국도지도

지도 하단에 쓰인 권근의 글에 의하면, 중국에서 수입한 '성교광피도'와 '혼일강리도'를 기초로 하고, 우리나라와 일본의 지도를 합해 제작하였다고 한다. 이 중 '성교광피도'는 중국 원 대에 이슬람 지도학의 영향을 받아 제작된 지도로, 이슬람의 지도 제작 기술이 동서 교류를 통해 중국에 들어오고, 이것이 조선에까지 영향을 미친 것으로 보인다.

- ⓒ 팔도도(태종): 이회, 북방 영토를 정밀히 제작, 세종 대 보완된 것으로 보임
- ⓒ 동국지도(세조): 양성지·정척, 도·주·부·군·현의 실측 지도를 모은 것, 부전
- ⓔ 팔도총도(성종)
  - 『동국여지승람』에 실려 있었을 것으로 추정, 『신증동국여지승람』 수록본 현존
  - 울릉도와 우산도(독도)가 별개로 표기
- ⓜ 조선방역지도(명종): '동국지도'를 참조하여 제작, 만주와 대마도 표기

③ 지리지
- ⓞ 『신찬팔도지리지新撰八道地理志』(세종): 전국 8도의 읍지를 바탕으로 지리·역사·산업·교통 등을 수록한 인문 지리지, 왕명으로 편찬
- ⓒ 『세종실록지리지世宗實錄地理志』(단종)
  - 세종 때 편찬된 지리지를 바탕으로 보완
  - 호구·군정·전결 등 경제 사항, 명산·역관·봉수 등 국방 사항, 성씨·인물 등 신분 사항 등 60여 개 항목이 자세히 기록
  - '평양 조'에 단군 설화 수록
  - '강원도 울진현 조'에 무릉도(울릉도)와 독도(우산도)를 별개의 섬으로 기록
- ⓒ 『동국여지승람』(성종)
  - 조선 전기 지리지 편찬의 완성
  - 팔도총도가 수록되었을 것으로 추정

(2) 조선 후기
① 편찬 배경
- ⓞ 관 주도의 지방 지배 강화, 우리 역사에 대한 인식 심화
- ⓒ 과학 기술의 발달 등으로 정밀하고 풍부한 지도와 지리서 편찬

② 지도
- ⓞ 곤여만국전도 전래: 서양식 세계 전도의 전래, 과학적이고 정밀한 지도 제작
- ⓒ 김수홍의 조선팔도고금총람도(현종)
  - 세계지도인 천하고금대총편람도에 이어 만든 지도
  - 울릉도와 우산도(독도) 표기
- ⓒ 이이명의 요계관방도(숙종)
  - 화원이 중국의 지도를 모사해 와서 북벌 정신을 담아 제작
  - 우리나라 북방과 만주의 군사 요새지 상세히 기록
- ⓔ 정상기의 동국지도(영조): 최초로 100리 척 사용, 전국 채색 지도
- ⓜ 해동지도(영조): 필사본 채색 지도책, 회화사적으로 높은 가치
- ⓑ 김정호의 청구도(순조): 서양식 축적(216,000:1)으로 만든 지도첩
- ⓢ 김정호의 대동여지도(철종)
  - 실측 지도로 10리마다 눈금 표시
  - 산맥·하천·포구·도로망 등을 정확히 표시
  - 목판으로 인쇄하여 22첩으로 구성된 책으로 편찬, 목판 현존

◇ **곤여만국전도**

곤여만국전도는 1602년에 마테오 리치와 명의 학자 이지조가 함께 만들어 목판으로 찍어 펴낸 것으로, 가로 533cm, 세로 170cm이다. 6폭의 타원형 세계 지도인데 선조 36년(1603) 북경에 파견되었던 이광정과 권희가 돌아올 때 가지고 왔다. 지도에는 유럽, 아프리카 등의 5대 주가 나타나 있고, 850여 개가 넘는 지명이 적혀 있으며, 각지의 민족과 산물에 대해 서술되어 있다. 중국과 조선에 대한 내용은 중국측 지식을 근거로 쓰여 있다.

대동여지도

③ 지리서
  ㉠ 서양 지리서의 전래
    • 마테오리치의 『만국도지萬國圖志』
    • 알레니의 『직방외기職方外紀』: 곤여만국전도 해설서
  ㉡ 한백겸의 『동국지리지東國地理志』(광해군, 1615)
    • 역사지리서의 효시, 실학의 선구적 작업
    • 한강 이북은 고조선과 고구려(만주), 한강 이남은 진국과 삼한으로 비정
    • '삼조선 - 사군四郡 - 이부二府 - 고구려'와 '삼한 - 백제·신라·가야'의 이원적 파악
  ㉢ 유형원의 『동국여지지東國輿地誌』(효종, 1656): 인문지리서, 재정 확보의 보조 자료
  ㉣ 『여지도서輿地圖書』(영조)
    • 관찬 지리서
    • 16세기 이후 편찬된 '읍지邑誌'를 바탕으로 『동국여지승람東國輿地勝覽』 보완
  ㉤ 이중환의 『택리지擇里志』(영조, 1751)
    • 각 지역의 자연 환경·물산·풍속 등을 소개한 인문 지리서
    • '팔도총론'에서 각 도의 인심을, '복거총론'에서 살기 좋은 곳[可居地]을 소개

> **읽기 자료**
>
> **이중환의 『택리지』**
>
> 이중환은 이익의 문인이었다. 이중환은 숙종 39년 증광 문과에 병과로 급제하여 숙종~경종 시기 병조정랑·전적을 역임하였다. 영조 즉위 후 목호룡의 당여로 구금되어 1725년 2월부터 4월까지 네차례나 형을 받고 유배되었다가 다음해 석방되었으나 사헌부의 탄핵으로 다시 유배되었다. 이후 이중환은 일정한 거처가 없이 이곳저곳을 떠돌아 다니며 전라도와 평안도를 제외한 우리나라 전 지역을 두루 답사했고, 이 과정에서 당시 전국의 인심과 풍속 및 물화의 생산지, 집산지 등을 파악할 수 있었다. 그가 이 방면에 특히 관심을 가지게 된 동기는 관직에서 물러난 사대부들이 살아갈 수 있는 새로운 삶의 터전을 찾아보자는 데 있었다. 그가 가장 좋은 곳을 선정하는 기본 관점은 인심과 산천이 좋을 뿐만 아니라 경제적 교류가 좋은 곳이었는데, 이러한 것을 바탕으로 쓴 저서가 바로 『택리지』이다. 『택리지』는 사민四民 총론, 팔도 총론, 복거(卜居) 총론으로 구성되어 있다. 각 지방의 자연 환경, 풍속, 인물 등을 자세히 수록하였으며, 특히 취락과 거주지의 이상적인 조건으로는 지리, 생리生利, 인심, 산수를 제시하였다.

  ㉥ 『산경표山經表』(영조)
    • 신경준(추정)이 풍수지리에 입각하여 우리나라의 산과 강을 체계적으로 정리
    • 신경준의 문집인 『여암전서旅庵全書』에 실린 '산수고', '도로고' 등이 저본
  ㉦ 정약용의 『아방강역고我邦疆域考』(순조, 1811)
    • 우리나라의 강역을 고증한 역사지리서
    • 고조선 재평양설 수장, 『만주원류고滿洲源流考』에 대한 대응 성격
    • 백제 수도가 서울(한성)이라는 점, 발해의 중심지가 백두산 동쪽이라는 점 등을 고증
  ㉧ 김정호의 『대동지지大東地志』(철종): 남북국 시대 인식

3. 법전과 윤리·의례서, 언어 연구

(1) 법전

① 법전 편찬 방식
  ㉠ 과정: 수교受敎를 법조문화하고 이를 정리한 등록謄錄을 바탕으로 법전 편찬
  ㉡ 조선 법전 편찬의 원칙
   • 『주례』의 통치 이념 원용, 6전 체제
   • '조종성헌祖宗成憲'을 준수하고 수정 내용만 각주로 명기하여 보완(태종)
   • 법전·조례와 법령을 '전典'과 '록錄'으로 구분(세종)

② 주요 법전
  ㉠ 『조선경국전朝鮮經國典』(태조)
   • 정도전(사찬), 『주례』의 6전 체제(치治·부賦·예禮·정政·헌憲·공工)로 서술
   • 치전治典에서 재상 역할 강조
  ㉡ 『경제문감經濟文鑑』(태조)
   • 정도전(사찬), 상권에는 재상 제도의 변천, 하권에는 그 외 직책 기록
   • 재상 중심 정치 체제로 구상한 정치 조직의 초안
  ㉢ 『대명률직해大明律直解』(태조)
   • 『대명률』을 우리 실정에 맞게 조정하여 이두로 번역
   • 형률 중심, 별도 조문을 병기
  ㉣ 『경제육전經濟六典』(태조)
   • 조준(관찬), 위화도 회군 이후의 조례 정리
   • 조종성헌 준수 원칙에 따라 편찬, 원육전·이두원육전이라고 별칭
  ㉤ 『속육전續六典』(태종·세종): 하륜·황희 등, 『경제육전』 이후 교지·수교·조례 정리
  ㉥ 『경국대전經國大典』(성종)
   • 세조 때 편찬을 시작하여 '호전'과 '형전' 완성, 성종 때 6전이 모두 완성되어 반포
   • 조종성헌 준수, 전과 록의 구분, 『대명률』과 다른 우리 실정의 수교를 형전으로 구성
   • 유교적 통치 질서와 문물 정비의 완성, 조선 후기까지 법률 체제의 골격
   • 『대전속록』(성종), 『대전후속록』(중종), 『전록통고』(숙종), 『열조수교』(숙종) 등 지속 보완
  ㉦ 『속대전續大典』(영조)
   • 『경국대전』의 내용 중 중요한 것 재정리 및 보완
   • 형전 내용 대폭 재정비
  ㉧ 『대전통편大典通編』(정조)
   • 『경국대전』과 『속대전』의 내용 통합·정리
   • 원原·속續·증增으로 구성
   • 『탁지지度支志』, 『추관지秋官志』, 『춘관지春官志』 등의 사례집을 함께 편찬
  ㉨ 『대전회통大典會通』(고종)
   • 조선의 마지막 통일 법전, 이전 법전들의 내용을 모두 정리
   • 원·속·증·보補로 구성
   • 육조의 법규 사례집인 『육전조례六典條例』 편찬

◇ **교敎와 등록謄錄, 전典과 록錄**
국왕이 사안에 대해 결정한 문서를 지旨라 하는데, 지를 전달하는 행위 또는 그 문서 자체를 보통 전지傳旨라고 한다. 이를 각 관청에서 받은 것을 수교受敎라고 하며, 수교를 날짜별로 등재하여 모으는 행위나 모은 문서철이 등록謄錄이다. 수교가 법적 효력을 갖게 된 것을 조례, 조령 등으로 표현한다. 등록은 세월이 지나면서 누적되면서로 모순되거나 중복되는 경우가 많으므로, 이를 영구적으로 시행할 내용永久遵行之典인 전典과 실정에 맞게 준용할 내용權宜之法인 록錄으로 체계화하여 정리할 필요가 있다. 법전 편찬은 바로 등록된 수교를 정리하는 작업으로, 그 중 영구지법을 정리한 것이 법전이다.

◇ 오례 정비
주周 왕조의 정치 제도를 총괄하는 『주례』에 나오는 국가의 다섯 가지 예禮인 길례(제사), 흉례(상례), 군례, 빈례(외교), 가례(즉위, 국혼 등)를 정리하였다.

(2) 윤리·의례서
① 고려: 『상정고금예문詳定古今禮文』(인종): 최윤의가 작성, 부전
② 조선
  ㉠ 『효행록孝行錄』(세종): 중국 책 번역
  ㉡ 『삼강행실도三綱行實圖』(세종)
    • 중국과 우리나라의 고전 속에서 충신, 효자, 열녀를 뽑아 3권 1책으로 완성
    • 백성들에게 보급하기 위해 그림 수록(추후 한글로 번역)
  ㉢ 『국조오례의國朝五禮儀』(성종): 세종 때 정비된 오례◇를 바탕으로 성종 때 편찬
  ㉣ 『이륜행실도二倫行實圖』(중종): 장유와 붕우의 사회 윤리를 담은 의례서
  ㉤ 어린이용 윤리 의례서 간행
    • 『소학』과 『동몽수지童蒙須知』 간행(중종)
    • 박세무의 『동몽선습童蒙先習』(중종)
    • 이이의 『격몽요결擊蒙要訣』(선조)
  ㉥ 김장생의 『가례집람家禮輯覽』(선조·숙종 때 간행): 주자의 『가례家禮』를 증보
  ㉦ 정구의 『오선생예설분류五先生禮說分類』(인조)

(3) 언어(한글)
① 한글 창제와 보급
  ㉠ 『훈민정음訓民正音』(세종, 1446)
    • 창제 목적: 조선 한자음의 혼란 방지, 피지배층과의 소통
    • 창제 원리: 1940년에 발견된 해례본을 통해 발음 기관을 본떠 자음을 만들고, 천·지·인을 형상화하여 모음을 만들었음을 알게 됨
  ㉡ 보급
    • 『용비어천가龍飛御天歌』
    • 『월인천강지곡月印千江之曲』, 『석보상절釋譜詳節』, 『금강경언해金剛經諺解』
    • 『농사직설農事直說』, 『삼강행실도』
    • 서리들의 채용 시험(이과)
  ㉢ 『동국정운東國正韻』(세종, 1448): 왕명으로 간행된 음운서
  ㉣ 최세진의 『훈몽자회訓蒙字會』(중종, 1527): 아동용 한자 학습서, 한글로 음운 표기
② 어휘집·연구서
  ㉠ 권문해의 『대동운부군옥大東韻府群玉』(선조): 어휘의 끝 자를 기준으로 분류한 백과사전식 어휘집
  ㉡ 최석정의 『경세정운經世正韻』(숙종): 훈민정음과 한자 음운을 그림으로 표현
  ㉢ 신경순의 『훈민성음운해訓民正音韻解』(영조): 훈민정음의 음운 원리를 초성·중성·종성으로 나누어 설명
  ㉣ 황윤석의 『자모변字母辯』(정조): 한글 자모 연구
  ㉤ 이의봉의 『고금석림古今釋林』(정조): 우리나라의 방언·속담과 주위 나라의 어휘 정리
  ㉥ 유희의 『언문지諺文志』(순조): 한글과 한자음의 관계 연구, 훈민정음이 우수한 표음 문자임을 밝힘
  ㉦ 유희의 『물명고物名攷』(순조): 천문, 지리, 신체 등의 항목에 따라 정리한 어휘 사전

> **읽기 자료**
>
> **고려와 조선의 외국어 학습서**
>
> **고려의 외국어 학습서**
> 상인의 무역 활동을 주로 기술한 『노걸대老乞大』에는 고려 말 고려 상인과 중국 상인의 대화가 실려 있어 육로를 통한 고려의 국제 교역 모습을 엿볼 수 있다. 이와 더불어 일상생활에 관련된 내용을 담고 있는 『박통사朴通事』는 고려의 대표적인 외국어 학습서로 평가받는다.
>
> **조선 역관의 외국어 교재**
> 역관의 집안에서 태어난 아이들은 아버지의 뒤를 이어 역관이 되어야 했기 때문에, 어려서부터 혹독하게 외국어를 공부하였다. 이들은 아버지에게 직접 회화를 배우거나 오늘날처럼 회화 교재를 이용하기도 했다. 『노걸대언해老乞大諺解』와 강우성의 『첩해신어捷解新語』는 조선에서 사용하던 가장 대표적인 회화 교재였다. 『노걸대언해』는 중국어를 한글로 해설한 것이고, 『첩해신어』는 일본어 학습을 위해 만든 교재이다.

4. 대장경, 의서, 병서, 농·어업서, 백과사전, 기타

(1) 대장경

① 초조대장경初雕大藏經(현종)

② 교장敎藏(선종)

③ 재조대장경再雕大藏經(고종)

> **읽기 자료**
>
> **대장경과 국제 교류**
>
> · 고려는 거란과도 교류하였다. 고려가 거란의 세 차례에 걸친 침략을 격퇴한 뒤 많은 거란 병사가 포로로 고려에 들어와 있었는데, 이들은 여러 가지 기구와 직물 제조업에 종사하여 고려의 수공업 발전에 기여하였다. 한편, 거란의 대장경이 다섯 차례에 걸쳐 고려에 들어왔고, 고려는 거란에 서적을 보내기도 하였다. 이 밖에도 여진, 일본, 아라비아 상인들과는 무역을 통해 문물 교류가 이루어졌다.
>
> · 고려와 요, 금은 비록 송과의 교류에 비해 비중이 크지 않았으나, 상호 교류를 통하여 적지 않은 영향을 주고받았다. 요의 대장경이 유입되어 고려의 대장경 및 의천의 교장 간행에 영향을 끼쳤다. 또한, 요의 승려가 편찬한 불교 자전이 고려에 전해지고 고려의 불교 서적이 요에 전해졌다. 자기와 금속 공예 분야에서도 고려와 요, 금 사이에 교류가 이루어졌다.
>
> · 왜구의 침탈이 근절되지 않자 대마도를 직접 공격하여 항복을 받았다. 그 후 부산포, 제포(창원), 염포(울산)를 다시 열어 교역을 허가하였다. 조선은 일본에 식량과 의복, 면포, 서적 등을 제공하고, 구리와 유황, 물감, 향료, 약재 등 무기 원료와 기호품을 구입하였다. 이때 조선에서 일본으로 팔만대장경 인쇄본이 전해져 일본에서 불교가 발전하는 데 크게 이바지하였다.
>
> · 유구는 조선에서 기증받은 팔만대장경 인쇄본을 보관하고자 1502년에 원감지円鑑池라는 연못을 파고, 인공 섬인 중지도中之島 위에 건물을 지었다. 그러나 1609년 사쓰마 번의 침입으로 대장경은 소실되었다.

(2) 의서

① 고려: 우리나라 실정에 맞는 자주적 의학 발달, 향약방이라는 독자적 처방

㉠ 『향약구급방鄕藥救急方』(1236)

- 강화 천도기 대장도감에서 간행, 현존 최고最古
- 국산 약재 180여 종 소개

㉡ 『삼화자향약방三和子鄕藥方』: 『향약제생집성방』, 『향약집성방』 등에 인용

㉢ 『향약고방鄕藥古方』, 『동인경험방東人經驗方』, 『향약혜민경험방鄕藥惠民經驗方』, 『향약간이방鄕藥簡易方』

② 조선 전기: 향약 집대성, 중국 의학을 체계적으로 정리
  ㉠ 『향약제생집성방鄕藥濟生集成方』(태조)
    • 강원도 관찰사 김희선 등이 저술, 제생원에서 편찬
    • 『향약집성방』의 저본
  ㉡ 『향약채취월령鄕藥採取月令』(세종, 1431)
    • 『향약집성방』 편찬 준비 작업, 일반민의 향약 채취에 도움
    • 춘하추동 12개월별 토산 약재를 배열, 채취 월령 및 이름이 이두로 기록
  ㉢ 『향약집성방鄕藥集成方』(세종, 1433)
    • 고려 이래 향약鄕藥 육성책 계승, 『향약제생집성방』과 『향약채취월령』 확장·증보
    • 모든 병을 강과 목으로 나누어 병론과 처방을 정리
  ㉣ 『의방유취醫方類聚』(세종, 1445)
    • 당·송·원·명의 중국 의서와 국내 의서 153종을 총망라한 의학 백과사전
    • 총론에는 의학 이론과 의료 윤리를 서술, 구체적인 병증은 대강에 정리

③ 조선 후기: 임상을 거친 실증적 의학이 가미되어 독자적인 한의학 체계 확립
  ㉠ 허준의 『동의보감東醫寶鑑』(광해군, 1610)
    • 한자와 한글을 사용하여 전통 한의학 체계 정리
    • 유네스코 세계 기록유산
  ㉡ 허준의 『신찬벽온방新纂辟溫方』(광해군, 1613): 전염병 치료, 간행은 『동의보감』보다 앞
  ㉢ 허임의 『침구경험방鍼灸經驗方』(인조, 1644): 침구술을 집대성
  ㉣ 안경창의 『벽온신방辟瘟新方』(효종, 1653): 왕명으로 만든 전염병 치료서
  ㉤ 정약용의 『마과회통麻科會通』(정조, 1798)◇
    • 마진(홍역)과 두진(천연두)에 대한 다양한 치료법을 모아 저술
    • 부록인 '신증종두기법新證種痘奇法'에 제너의 종두법 소개
  ㉥ 황필수의 『방약합편方藥合編』(고종, 1884): 실용적 처방과 약물을 한글로 정리
  ㉦ 지석영의 『우두신설牛痘新說』(고종, 1885): 일본을 통해 우두법을 도입하여 소개
  ㉧ 이제마의 『동의수세보원東醫壽世保元』(고종, 1894): 사람의 체질을 구분한 사상의학의 체계 정립

◇ 『마과회통』의 편찬 연대
정약용의 『마과회통』은 1797년에 편찬되었는데, 책의 부록에는 '종두요지種痘要旨'라는 이름으로 천연두에 대한 예방 접종 기법이 소개되어 있다. 같은 책의 권말에 '종두기법種痘奇法'이 부기되어 있는데, 여기에 제너의 우두에 의한 종두법이 소개되어 있다. 그 내용이 정약용이 책을 저술한 당시에 기록된 것이라면 이는 제너가 종두를 발명한 지 1년 만의 일이다. 혹은 1828~1849년 사이에 전래된 것이 후대에 부기된 것이라 보기도 한다.

> 읽기 자료

정약용과 박제가의 종두 연구

정약용은 1797년 곡산 부사 시절에 『마과회통』을 편찬하여 두진 치료에 앞장섰던 인물이다. 정약용은 1799년 가을 북경을 다녀온 의주 사람으로부터 종두에 대한 비법서인 '종두방' 필사본 두어 장을 전해 받았다. 이듬해 1800년 규장각에서 박제가를 만나 이를 이야기했더니 박제가 역시 규장각 소장 도서 중에서 종두에 대한 내용을 베껴 둔 것이 있다며, 그 동안 내용이 소략하여 알기 어려웠으니 이 둘을 합치자고 제안을 했다. 일부만 초록된 두 사람의 필사본을 합치면 종두법을 완성할 수 있으리라 기대한 박세가는 서울에서 영평현으로 귀가하여 즉시 사람을 보내어 자신의 초록본을 정약용에게 보냈다. 정약용은 두 가지 내용을 연결하여 한 권으로 만든 후 이해하기 어려운 부분은 주석을 달고 허황된 서술은 대폭 삭제했다. 책을 완성하자 정약용은 곧 박제가에게 이를 보냈고, 이후 다시 서울에서 박제가와 만나 종두법의 가능성을 논의했다. 다만, 두묘(예방 접종의 원료)를 확보하지 못하여 그 제조법을 논의했으나 딱히 방도를 찾지 못하였다. 그러던 중 수십 일 후에 박제가는 다시 정약용을 방문하여 두묘를 완성했으며, 당시 영평현의 이방과 노비의 아이 그리고 자신의 조카에게 접종하여 성공했다고 밝혔다. 두 사람의 연구가 결실을 맺은 순간이었다. 다산은 이 일을 1800년 6월 정조의 승하 전으로 기억했다. 조선에서 종두법이 처음 시행된 역사적 순간은 1800년 봄에서 여름 수개월 사이의 어느 날이었다.

― 김호, 『실학, 조선의 르네상스를 열다』 중 발췌

(3) 병서

① 조선 전기
- ㉠ 『진도陣圖(진법)』(태조): 정도전이 요동 정벌을 추진하는 과정에서 편찬
- ㉡ 『총통등록銃筒謄錄』(세종): 태종 때 최해산이 만든 무기들을 정리, 화약 무기 제작·사용법 기술
- ㉢ 『동국병감東國兵鑑』(문종): 고조선에서 고려 말까지 이민족과의 전쟁사를 주로 정리
- ㉣ 『진법陣法』(성종): 군사 훈련 지침서
- ㉤ 『제승방략制勝方略』(선조): 김종서의 저서를 이일이 복간, 지역 방어 체제를 다룸

② 조선 후기
- ㉠ 『병장도설兵將圖說』(영조): 성종 때의 『진법』 복간
- ㉡ 『무예도보통지武藝圖譜通志』(정조): 규장각 검서관들과 백동수 등이 편찬한 장용영 군사 훈련 지침서

(4) 농·어업서

① 고려: 1286년에 편찬된 『농상집요農桑輯要』를 충정왕 때 이암이 원에서 수입, 화북 농법
② 조선 전기: 생산력 증대를 위해 활발한 농서 편찬
- ㉠ 『농서집요農書輯要』(태종)
  - 『농상집요』 초록본: 우리 농사에 필요한 밭갈이와 벼, 보리, 밀 재배 기술 등을 이두로 번역
  - 중종 때 신간新刊한 것의 필사본만 현전
- ㉡ 『농사직설農事直說』(세종, 1429)
  - 정초 등이 왕명으로 편찬, 농부들의 경험을 토대로 우리 실정에 맞는 농법을 정리
  - 이앙법 소개, 후에 한글로 번역
- ㉢ 『사시찬요四時纂要』(세조, 1466): 왕명으로 강희맹이 편찬, 중국 농서의 번역본으로 추정
- ㉣ 『양화소록養花小錄』(성종, 1474): 강희안이 세조 때 편찬한 원예서, 성종 때 간행
- ㉤ 『금양잡록衿陽雜錄』(성종, 1492): 강희맹이 세조 때 금양(경기도 시흥) 지방에서 농사를 지으며 자신의 경험을 정리, 성종 때 간행
- ㉥ 『잠서언해蠶書諺解』(중종, 1518): 김안국이 중국의 양잠서를 한글로 번역
- ㉦ 『구황촬요救荒撮要』(명종, 1554): 영호남 기근으로 빈민 구제책을 담은 서적, 한글

③ 조선 후기: 17세기 이후 상업적 농업이 발달함에 따라 다양한 농서 편찬
- ㉠ 신속의 『농가집성農家集成』(효종, 1655)
  - 왕명으로 편찬, 『농사직설』·『금양잡록』·『구황촬요』 등 모두 합본
  - 이앙법과 견종법 보급에 기여
- ㉡ 박세당의 『색경穡經』(숙종): 상품 작물 재배, 축산·어업 등 내용도 수록
- ㉢ 홍만선의 『산림경제山林經濟』(숙종): 일종의 농업 백과 사전, 축산·어업 등 동·식물학 내용 수록
- ㉣ 서호수의 『해동농서海東農書』(정조): 왕명으로 편찬, 우리 농학과 중국 농학을 종합
- ㉤ 박지원의 『과농소초課農小抄』(정조): 조선 시대 농업 기술과 정책
- ㉥ 서유구의 『임원경제지林園經濟志』(순조~헌종): 농촌 생활 백과사전

◇ **서유구**
풍석 서유구는 아버지 서호수의 뒤를 이어 농학을 집대성하고, 농촌 생활의 모든 정보를 담은 농업 백과사전인 『임원경제지』를 저술했다. 또 농업 기술 및 영농 방법의 개선과 더불어 국영 농장의 경영을 내용으로 하는 둔전제를 실시하여 혁신적 농법과 경영 방법으로 수익을 올려서 국가 재정을 보충할 것을 제안했다.

◈ 김사철의 『잠상촬요蠶桑撮要』(1884): 우리나라와 중국의 잠상 서적 편집
◉ 정약전의 『자산어보玆山魚譜』(순조)
- 신유사옥으로 흑산도에 유배하던 시절에 저술한 어업서
- 수산물 분포와 어군의 이동, 어류의 명칭 및 분포, 형태, 습성 등을 정리

(5) 백과사전
① 유서학의 대두: 조선 전기에도 편찬이 되었으나, 후기에 다양한 학문에 대한 관심과 성과를 반영
② 주요 저서
㉠ 이수광의 『지봉유설芝峯類說』(광해군)
- 실학의 효시로 평가
- 마테오 리치의 『천주실의天主實義』 소개
- 천문·지리·군사 등 각 영역을 25개 부분으로 나누어 기술
㉡ 이익의 『성호사설星湖僿說』(영조)
- 천지·만물·경사·인사·시문의 5개 항목으로 나누어 기술
- 천문학과 역사학에 대한 깊이 있는 서술
㉢ 이덕무의 『청장관전서靑莊館全書』(정조): 중국의 역사와 풍속·제도 등을 서술
㉣ 이규경의 『오주연문장전산고五洲衍文長箋散稿』(헌종)
- 기존의 백과사전 저서들과 『동국문헌비고東國文獻備考』를 종합
- 중국과 우리나라의 고금 사물 1,417항을 고증
㉤ 서유구의 『임원경제지林園經濟志』(순조): 농업 백과사전
㉥ 『동국문헌비고東國文獻備考』(영조)
- 왕명으로 편찬된 한국학 백과사전
- 고종 때 『증보문헌비고增補文獻備考』로 재정리

(6) 기타
① 여민락與民樂(세종): 세종 때 창제된 '봉래의鳳來儀'에 포함된 음악, 용비어천가의 일부를 노래하기 위해 만든 음악
② 『칠정산七政算』(세종): 천체의 운행을 계산한 한양 기준의 역법서
③ 『동문선東文選』(성종): 서거정 등이 삼국 이래 우리나라의 문장 130편을 수록
④ 『악학궤범樂學軌範』(성종): 성현 등이 편찬, 의궤에 수록되어 있던 악보를 정리, 정읍사·처용가와 같은 고대 시가도 수록

5. 일본으로 간 우리 문화

(1) 삼국의 문화 전파

① 백제: 삼국 중에서 지리적·정치적으로 가장 밀접하게 연결, 야마토 조정의 성립(6세기)과 아스카 문화의 형성(7세기)에 큰 역할

[삼국 문화의 일본 전파]

　㉠ 근초고왕(4세기)
　　• 아직기: 기마술을 알려주고 일본 태자에게 한자를 가르침
　　• 왕인 박사: 『논어』와 『천자문』을 전하고 경사를 가르침
　㉡ 무령왕(6세기): 5경 박사인 단양이와 고안무 파견
　㉢ 성왕(6세기)
　　• 5경 박사·역박사·의박사·천문박사 파견
　　• 노리사치계를 통해 처음으로 불교(계율종)를 전함
　㉣ 위덕왕(6세기): 아좌 태자가 쇼토쿠 태자의 화상을 제작
　㉤ 무왕(7세기)
　　• 관륵을 통해 역·천문 지리·둔갑방술의 책을 전함
　　• 미마지는 일본 가면극의 원조인 기악을 전함
　㉥ 불교 문화
　　• 백제인에 의해 고류사 미륵보살 반가사유상과 호류사 백제 관음상 제작
　　• 일본에서 백제 가람 양식이 유행

② 고구려: 승려를 통해 문화면에서 영향, 7세기 이후 교류가 다소 확대
　㉠ 영양왕(7세기 초)
　　• 혜자가 왜의 쇼토쿠 태자의 스승
　　• 담징은 종이·먹의 제조 방법을 전수하고 호류사 금당 벽화를 제작
　㉡ 영류왕(7세기)
　　• 혜관은 일본 삼론종의 시조
　　• 도징은 일본에 가서 삼론을 가르쳐 일본 불교에 기여
　㉢ 벽화 문화: 수산리 고분 벽화는 일본 다카마쓰 고분 벽화에 영향

③ 신라: 군사적 대립이 잦아 문화 전수가 활발하지는 못함
　㉠ 조선술과 제방 축조술을 전수하여 '한인의 연못'
　㉡ 토기 제조술, 의약, 불상 등

④ 가야: 토기 제작 기술이 일본에 전파되어 일본 스에키 토기로 발전

금동 미륵보살 반가 사유상 　　고류사 미륵보살 반가사유상 　　호류사 금당 벽화(복원도)

가야 토기와 스에키 토기 　　고구려 수산리 고분 벽화 　　다카마쓰 고분 벽화

(2) 남북국의 문화 전파
 ① 신라
  ㉠ 사신을 통한 전파: 원효·강수·설총이 발전시킨 불교와 유교 문화가 7세기 후반 일본 하쿠호 문화의 성립에 큰 영향
  ㉡ 화엄종: 심상이 화엄 사상을 전파하여 일본 료벤良辯의 화엄종에 영향
 ② 발해
  ㉠ 749년 12월 도다이 지에서 대당악·오악·오절전무 등과 함께 발해악 연주◇
  ㉡ 함화 4년명 비상◇과 불정존승다라니경(861년 발해사신 이거정이 전달)을 통해 불교 전파 사실 확인
(3) 조선
 ① 15세기 화풍: 일본 무로마치 미술에 큰 영향
 ② 임진왜란 중 각종 서적과 활자, 도공, 이후 통신사

◇ **발해악**
삼국의 음악과 발해악은 9세기 중반 헤이안平安 시대의 악제 개편에 따라 일본풍으로 정비되어 고려악이라는 이름으로 통합되었다.

◇ **함화 4년명 비상**
함화는 발해 11대왕인 대이진의 연호로, 함화 4년은 834년이다. 고구려 양식을 보여주는 5존불이 새겨진 비석으로, 일본 오쿠라 미술관에 소장되어 있다. 명문 중에 '허왕부虛王府'라는 표현이 있어 발해가 황제국 체제를 지향했음을 알려준다.

memo

VI.

근대 사회의 전개

CHAPTER 01

흥선 대원군의 개혁과 개화 정책

CHAPTER 02

근대 국가 수립을 위한 노력

CHAPTER 03

국권 피탈과 저항

CHAPTER 04

경제적 침탈과 저항

CHAPTER 05

근대 사회·문화의 변화

CHAPTER 01 흥선 대원군의 개혁과 개화 정책

1 흥선 대원군의 개혁 정치와 통상 수교 거부 정책

1. 흥선 대원군 집권기 국내외 정세
(1) 국내: 세도 정치로 정치 기강 문란, 재정 위기 심화, 탐관오리의 부정으로 농민 수탈 심화
→ 임술 농민 봉기와 같은 대규모 농민 봉기 발생, 동학과 천주교의 교세 확장

(2) 국외: 이양선 출몰, 제2차 아편 전쟁, 러시아가 연해주 차지(조선과 국경)

2. 흥선 대원군의 개혁 정치
(1) 삼정 문란의 해결
① 전정: 전국 규모의 양전 사업으로 은결隱結 색출(수령의 고과에 반영), 지방관·토호의 토지 겸병 금지, 수령과 아전의 부정 행위 금지
② 군정: 양반에게도 군포를 징수하는 호포제 시행
③ 환곡: 사창제 실시 → 리里 단위로 사창을 두어 운영, 이후 향촌 자치 구휼 제도로 바뀜(함경도, 평안도, 강원도에서는 미실시)

> **사료 읽기**
>
> **호포제 시행**
>
> 군역에 뽑힌 장정들에게 군포를 받는데, 그 폐단이 많아 백성들이 뼈를 깎는 원한을 갖고 있었다. 사족들은 한가하게 놀며 신역身役이 없었으므로 과거의 명신들도 이에 대한 여론이 있었다. 그러나 유속流俗에 끌려 결국 이행되지 못하다가 갑자년(1864) 초에 대원군이 강력히 중원衆怨을 책임지고, 귀천이 동일하게 장정 한 사람마다 세납전歲納錢 2꾸러미를 바치게 하여, 이를 동포전洞布錢이라고 칭하였다.
> – 황현, 『매천야록梅泉野錄』 –

(2) 서원 정리
① 목적: 지방 토호의 발호 억제, 서원의 불법적 경제 기반◇ 환수
② 추진
㉠ 만동묘◇ 철폐를 시작으로 선유先儒 1인에 서원 하나를 기준으로 47개의 서원을 제외하고 모두 정리
㉡ 서원전에 징세, 수령을 서원의 장으로 임명

(3) 통치 체제의 재정비
① 인재 등용
㉠ 안동 김씨 제거, 남인·소론 등을 등용
㉡ 종친 우대: 종친과 실시, 종친부 권한 강화
② 통치 기구 정비: 비변사 혁파 → 의정부와 삼군부 기능 부활◇
③ 국방력 강화: 삼수병 강화, 서양 화포 기술 도입, 심도포량미沁都砲糧米◇ 수취
④ 법전 편찬: 『대전회통』, 『육전조례』

◇**서원의 경제적 기반**
16세기 이후 남설된 서원은 대부분 사액 서원으로 면세의 혜택을 받았다. 조선 후기로 갈수록 재지 사족들은 자신들의 토지를 서원 이름으로 토지 대장에 등록하여 면세하고자 하였다. 이는 곧 국가 재정의 고갈을 가져왔다.

◇**만동묘**
만동묘는 노론의 영수 송시열이 남긴 명에 따라 제자 권상하가 임진왜란 당시 조선에 원군을 보낸 명의 신종과 의종을 제사하기 위해 충청도 괴산의 화양동 서원에 건립한 사당이다.

◇**삼군부의 부활**
1865년(고종 2)에 비변사를 의정부에 통합하고 정부와 군부를 분립시켜 군사 기관인 삼군부를 복설했다. 즉 훈련도감의 신영, 남영, 마병소와 5영 가운데 낮 순찰을 담당한 주사소晝仕所를 합하여 삼군부라 했다.

◇**심도포량미세**
병인양요와 신미양요를 겪은 조선 조정에서는 포대를 증설하고 포군과 총수를 늘렸다. 그리고 이들의 재원 마련을 위해 도문세都門稅와 심도포량미세를 징수하고 호포법을 실시하였다. 심도포량미세는 1871년에 영의정 김병학의 건의로 실시되었는데, 강화 진무영 관하의 각 진영에서 소요되는 경비를 항상 비축해두기 위해 거두는 특별 목적의 국방세였다. 평안도·함경도를 제외한 6도의 전결에서 1결당 1두씩을 징수하는 것으로, 반드시 답주畓主가 부담하게 하였으며 1년 세수는 약 5만석 가량이었다.

(4) 경복궁 중건(1865~1868)

① 목적: 왕실의 위신을 높이고 권력 구조를 개편하고자 함

② 실행: 영건도감 설치

㉠ 경기도 지방의 백성들을 무차별적으로 징발하고 양반의 묘지림 벌목

㉡ 원납전(願納錢): 기부금 명목, 실제로는 빈부 구별 없이 호마다 강제 징수

㉢ 당백전(當百錢): 실질 가치가 5~6배에 지나지 않아 화폐 가치 하락, 물가 폭등 → 1868년 당백전 사용을 금지하고 청나라 동전(淸錢)을 수입하여 사용

㉣ 결두전·성문세: 논 1결마다 결두전, 사대문 출입자와 물품에 통행세 징수

(5) 민란의 발생

① 광양 민란(1869): 전라도 일대에서 장기간의 사전 준비를 통한 민란 발생

② 이필제의 난(1871): 잔반 이필제가 동학교도와 연계하여 경북 영해에서 봉기

③ 명화적(明火賊)의 확산: 전국적으로 장기화된 활동 전개

3. 통상 수교 거부 정책과 양요

[병인양요와 신미양요의 전개도]

(1) 병인양요(1866)

① 병인사옥(1866. 1.)

㉠ 러시아의 통상 요구에 대응하고자 흥선 대원군이 프랑스 선교사의 알선으로 프랑스 세력을 이용하려다 실패

㉡ 천주교 신부 9명을 포함한 천주교도 8,000여 명을 처형

㉢ 이때 살아남은 3명의 선교사가 프랑스 해군 제독 로즈(P. G. Roze)에게 이 사실을 보고

② 병인양요(1866. 9.)

㉠ 1차 침입: 1866년 8월 프랑스가 3척의 군함을 보내 한강 탐사

㉡ 2차 침입: 다음 달 로즈 제독이 7척의 군함을 이끌고 강화도를 점령, 프랑스 신부 처형에 대한 책임과 통상 요구

㉢ 대응: 흥선 대원군이 '양이보국책' 반포, 순무영 설치

㉣ 격퇴: 문수산성(한성근)·정족산성(양헌수) 전투에서 승리 → 프랑스군이 외규장각 도서 등 약탈

㉤ 영향: 진무영 위상 강화, 포군 배치, 수뢰포·화포 제작

◇ **관련 사건 발생 순서**

| 병인사옥(1866. 5.) |
| 제너럴 셔먼 호 사건(1866. 7.) |
| 병인양요(1866. 9.) |
| 오페르트 도굴 사건(1868) |
| 신미양요(1871) |
| 척화비 건립(1871) |

◇ **순무영**

외침이나 반란이 일어났을 때 수습을 위해 임시로 설치하던 군영이다. 영조 대의 이인좌의 난, 순조 대의 홍경래의 난 등을 진압하고자 설치한 바 있었고, 1866년 병인양요로 한성이 위험에 처하자 흥선 대원군도 순무영을 설치하였다. 당시 대장에는 훈련대장 이경하, 천총에 양헌수가 임명되어 강화 수복에 나섰다.

◇ **정족산성 전투**

프랑스 해군은 강화를 점령하여 수도인 한양(서울)의 안보를 크게 위협하였다. 이에 조선 정부는 순무영을 설치하고 대장에 이경하, 중군에 이용희, 천총(부대장)에 양헌수를 임명하였다. 양헌수는 11월 7일 달이 없는 그믐밤에 도하하여 정족산성으로 들어갔다. 프랑스 군은 조선군의 무기가 노후한 것을 알고 160명의 분견대를 이끌고 정족산성을 공격했으나 조선군이 일제히 포격을 가해서 프랑스 군을 제압, 큰 승리를 거두었다. 이 정족산성 전투에서 프랑스 군은 전사자 6명에 80여 명의 사상자를 내었으나, 조선군은 전사자 1명과 부상자 4명뿐이었다. 정족산성 전투는 병인양요에서 프랑스 군이 패퇴하는 데 결정적인 역할을 하였다.

◇ **외규장각 도서**

외규장각은 조선의 정조가 왕실 관련 서적을 보관할 목적으로 세운 도서관으로, 규장각의 부속 도서관 역할을 하였다. 의궤를 비롯해 약 1,000여 권의 서적을 보관하였으나, 병인양요 당시 약탈되었다. 1975년 박병선 씨가 베르사유 궁전 별관의 파손된 창고에서 처음으로 이를 발견하였다. 우리 정부는 1991년 외규장각 도서가 불법적인 방법으로 약탈되었음을 근거로 반환을 요청하였지만, 프랑스 정부에서 이를 거부하였다. 2010년 11월 G20 정상 회의에서 양국 대통령 간에 새로운 합의가 이루어져, 우리 정부는 프랑스로부터 외규장각 도서를 5년 단위 갱신이 가능한 임대 형식으로 반환 받기로 하였고 2011년 모두 반환되었다.

◇ **척화비 내용**
서양 오랑캐가 침범해 오는데 싸우지 않으면 곧 화의하는 것이요, 화의를 주장함은 곧 나라를 파는 것이다. 우리 만대 자손들에게 이를 타이르노라. 병인년에 글을 짓고, 신미년에 비를 세우다 洋夷侵犯 非戰則和 主和賣國 戒我萬年子孫 丙寅作 辛未立.

◇ **고종의 친정과 개화 정책**
고종은 친정 직후 암행어사 파견을 통해 부패관리 척결에 주력하였고, 이 과정에서 일본과의 외교를 담당하던 경상도 관찰사와 동래부 대일외교 담당 관리 등을 전원 교체하였다.

◇ **정한론**
1868년 일본은 메이지 유신 이후 왕정 복고를 조선에 알림과 동시에 국교를 청하는 사신을 보냈으나, 조선은 세계가 종전과 다르다며 사신의 접견조차 거부하였다. 이를 계기로 1870년대 전후 일본 정계에서 대두된 조선에 대한 정벌론을 정한론이라 한다.

◇ **운요 호 사건(1875)**
1875년 조선 연해에 출현한 일본의 운요 호는 부산항에서 한 차례 무력시위를 한 뒤 강화도 바닷길을 따라 한강을 거슬러 올라가려고 하였다. 이에 강화도의 초지진 포대가 운요 호에 경고 사격을 하자 운요 호는 초지진에 대대적인 포격을 가하고 이어 영종도에 상륙하여 살인과 약탈 및 방화를 자행하고 일본으로 돌아갔다. 일본은 이 사건의 책임을 묻는다는 구실로 전권대사 쿠로다 키요타카黑田淸隆를 보내 함포 사격을 가하면서 개항을 강요하였다.

◇ **만국공법**
서구의 국제법이 '만국공법'으로 번역되어 동아시아에 전래된 것은 19세기 중반이었다. 청은 1864년 미국 법학자 헨리 휘턴Henry Wheaton의 『국제법 원리 Elements of International Law』를 『만국공법』으로 번역 출간했다. 일본은 1868년 『국제법 원리』를 일본어로 번역했고, 조선은 한역된 청의 『만국공법』을 수용했다. 청은 자국만이 자주국이라 생각하고 조선 등 주변국을 속국으로 여겼기 때문에 만국공법의 논리에 크게 동조하지 않았으나, 일본은 미국과의 수호 조약 체결 후 청이나 조선과 조약을 체결함에 있어 이 논리를 내세웠다. 이는 중국 중심의 국제 질서를 흔들기 위한 의도였다.

(2) 신미양요(1871)
① 제너럴 셔먼 호 사건(1866. 7.): 미국 상선 제너럴 셔먼 호가 대동강을 거슬러 평양으로 들어와 탐사 작업 → 평안감사 박규수와 관민들이 제너럴 셔먼 호를 불태우고 선원들을 살해
② 오페르트 도굴 사건(1868. 4.): 독일 상인 오페르트E. J. Oppert가 프랑스와 미국의 지원을 받아 충남 덕산에 위치한 남연군 묘를 도굴하려다가 실패
③ 신미양요(1871. 5.)
  ㉠ 미국의 침입: 미국이 제너럴 셔먼 호 사건을 구실로 배상금 지불과 통상 조약 체결 요구하였으나 조선이 거부 → 로저스J. Rogers 제독이 군함 5척과 1,200여 병력으로 초지진·덕진진 함락
  ㉡ 격퇴: 광성보(어재연)의 조선 수비진이 강력하게 저항하였으나 함락, 어재연 장군의 '수'자 기帥字旗 약탈 → 조선이 협상에 응하지 않자 결국 철수
④ 척화비 건립: 신미양요 직후 흥선 대원군은 전국에 척화비 건립

4. 흥선 대원군의 하야
(1) 흥선 대원군의 개혁 정책은 민생 안정에 기여했으나 봉건 체제 내의 복고적 개혁
(2) 경복궁 중건은 백성들의 반발에 부딪히고, 호포제 실시, 서원 철폐 등에 유생들이 반발
  → 결국 최익현의 상소 등으로 흥선 대원군은 10년 만에 물러남

2 개항과 개화 정책

1. 조선의 문호 개방
(1) 배경
① 대내적
  ㉠ 고종의 친정 체제 구축으로 민씨 및 개화 세력들의 정국 주도
  ㉡ 통상 개화론자들의 개항 여론 형성, 특히 박규수는 일본의 급속한 근대화와 취약한 조선의 국방력을 고려할 때 개항이 필요하다고 강력히 주장
② 대외적
  ㉠ 러시아를 견제하려던 미국과 영국이 일본을 후원하여 조선에 대한 개항을 추진
  ㉡ 서계 사건(1868)으로 일본 내에서 정한론征韓論 대두
  ㉢ 메이지 정부는 대외 정벌을 일으켜 내부의 갈등을 밖으로 돌리기 위해 조선에 대해 무력 도발 → 운요 호 사건 발생
(2) 강화도 조약
① 조·일 수호 조규(1876)
  ㉠ 외국과 맺은 최초의 근대적 조약
  ㉡ 만국공법 구실로 청의 간섭 배제
  ㉢ 해안 측량권과 영사 재판권(치외법권) 등을 규정한 불평등 조약
  ㉣ 최익현이 '지부복궐상소(5불가소)'를 올려 반대했으나 무산

② 조·일 무역 규칙(1876. 7.): 양곡 유출, 무항세
③ 조·일 수호 조규 부록(1876. 7.): 한행리정 10리, 개항장에서 일본 화폐 유통
④ 기타 추수 조약
  ㉠ 조·일 수호 조규 속약(1882. 7.)
    • 배경: 임오군란의 결과로 청이 조·청 상민 수륙 무역 장정(1882. 8.)을 체결하려 하자, 일본이 이보다 앞서 체결(제물포 조약(조·일 강화 조약)과 함께 체결)
    • 주요 내용: 한행리정을 50리로 확대, 2년 후 100리로 확대, 1년 후 양화진을 개시장(開市場)으로 함
  ㉡ 조·일 통상 장정 및 해관 세칙 개정(1883. 6.)
    • 배경: 조·미 수호 조규 체결(1882. 4.)로 미국에게 최혜국 대우가 주어지고 관세가 부과되자 조·일 무역 규칙의 개정 조약 명분으로 체결
    • 주요 내용: 관세 자주권 회복, 방곡령 규정 신설(1개월 전 통고 의무), 최혜국 대우 부여
⑤ 결과
  ㉠ 부산(1876), 원산(1880), 인천(1883)을 차례로 개항
  ㉡ 1차 수신사 김기수를 일본에 파견
  ㉢ 1877년에 일본 공사관이 설치되고 초대 공사 하나부사 요시모토(花房義質) 부임
  ㉣ 조선의 경제 구조가 흔들리고, 이에 대한 저항으로 두모진 사건(1878)◇ 등이 발생
  ㉤ 일본의 정치·경제·군사적 침략 발판 마련, 조선이 세계 자본주의 체제에 강제 편입

(3) 각 국과의 조약
① 조·미 수호 통상 조약(1882. 4.)
  ㉠ 배경
    • 2차 수신사 김홍집이 가져온 황쭌셴(黃遵憲)의 『조선책략(朝鮮策略)』으로 미국에 대한 기대감 상승
    • 청이 러시아와 일본을 견제하고자 미국과의 수교를 알선, 속방 내용을 넣으려 함◇
    • 『조선책략』 유포와 조약 체결 움직임에 영남 만인소 등의 반대 → 무산
  ㉡ 내용
    • 서구 열강과 체결한 최초의 근대적 조약
    • 거중 조정,◇ 관세 자주권 인정, 미국 상인의 내지 통상 금지, 방곡령 규정(즉시 가능), 상주 외교관 파견, 치외 법권 및 최혜국 대우
  ㉢ 결과
    • 초대 주한공사 푸트(L. H. Foote) 파견 → 조선은 보빙사 파견(1883)
    • 박정양을 초대 미국 공사로 파견(1887)◇
    • 서구 열강과의 관계 공식화: 고종이 임오군란 진압 후 척화비 철거(1882. 8.)
② 조·영 수호 통상 조약(1883. 10.)
  ㉠ 체결 과정: 조약 체결(1882. 4.) 후 동아시아 주재 영국인들의 반대로 영국 정부가 비준을 거부하였고, 협상을 통해 이권을 확대하는 내용으로 다시 체결(1883. 10.)

◇ **조·일 통상 장정 개정 배경**
미국과 체결한 조약은 영사 재판권, 최혜국 대우 등 당시 미국이 청이나 일본과 맺은 불평등 조약의 틀을 유지하고 있었지만, 강화도 조약에 비해 조선에 유리한 내용도 담고 있었다. 치외 법권을 짐작할 수 있는 것으로 하였으며 일용품 10%, 사치품 30%의 비교적 높은 관세율을 적용하였다. 조선은 이 조약을 근거로 일본과의 통상 장정을 개정하여 관세를 적용할 수 있었다.

◇ **두모진 사건**
개항 이후 유통 경제가 확대되자 조선 정부는 포구세 등을 통해 관세와는 별도로 상품에 대한 과세를 추진하였다. 일본은 이를 관세로 보고 강화도 조약을 근거로 철폐할 것을 요구하였다. 조선 정부는 개항장 밖 과세는 전통적인 수세 행위라는 입장으로 맞섰으나 두모진에서 양국 상인의 충돌이 일어났고, 무력을 동원한 일본의 강력한 항의에 굴복하여 개항장 밖 과세를 중지할 수밖에 없었다(1878). 그 후 조·일 무역 규칙이 개정되면서 5% 무역 관세 외 무역품에 대한 개항장 밖 과세는 하지 않기로 협약하였다. 이로 인해 정부는 개항장 밖에서 행해지던 전통적 포구세, 장시세 등에 대해서까지 외국의 항의를 받게 되었다.

◇ **청의 속방 조회 삽입**
청은 조선과 미국의 조약을 주선하는 대가로, 조약 내용 중에 조선이 청의 속방임을 명시하고자 하였다. 그러나 미국이 이에 반대하였다. 결국 조선과의 관계에서 어떤 사건이 생길 경우 미리 청에게 외교 문서의 형태로 협의를 구하도록 하는 '속방조회'를 하는 것으로 대체하였다.

◇ **거중 조정**
조약 체결 당사국 중 한 나라가 제 3국으로부터 부당한 압제를 받을 경우 서로 도와준다는 내용으로, 미국은 이 조항을 바탕으로 동아시아에서 우군을 많이 형성할 수 있었다. 이에 대해서 당시 조선은 군사 동맹에 준하는 내용으로 해석하였으나, 미국은 외교상의 의례적인 표현으로 여겼다.

◇ **공사 활동에 대한 청의 방해**
푸트의 부임 이후로 청은 조선에 압력을 넣어 미국 공사의 파견을 계속 방해하다가, 결국 미국 공사가 외무성을 방문하거나 주요 안건을 협의할 때 청 공사와 함께 한다는 것을 전제로 파견을 승인하였다. 한편 박정양이 미국에 파견될 때에는 위안스카이가 그를 불러 속국의 사신이 지켜야 할 세 가지의 원칙(영약삼단(另約三端))을 지시했다. 첫째, 미국에 도착하면 먼저

◇ 거문도 사건

러시아가 조선과 통상 조약을 맺고 영흥만을 점령할 것이라는 소문이 돌자, 러시아와 대립 관계에 있던 영국이 1885년 3월 거문도를 불법 점령한 사건이다. 거문도는 주변 수심이 깊어 대형 선박을 수용할 수 있는 좋은 조건을 갖추고 있고, 또한 대한 해협의 문호로서 한·일 양국 간의 해상 통로로 이용되었으며, 러시아 동양 함대의 길목에 위치한 전략적 요충지였다. 조선 정부의 강력한 반발에도 불구하고 1887년 2월 5일까지 영국 군대가 거문도에 주둔하였다.

◇ 조·러 밀약설

1886년 8월 13일에 위안스카이袁世凱는 '러시아의 개입을 호소한 고종의 밀서'라는 것을 이홍장에게 전보로 보고하였다. 밀서의 요지는 "조선은 자주 독립국인데도 타국의 압력을 받고 있다. 지금 우리 대군주는 나라의 진흥에 힘써 영구히 타국의 구속을 받지 않으려고 한다. 이에 혹 타국이 반대할 경우 귀정부에 보고하면 우리나라를 극력 보호하고 병선을 파견해 상조하기 바란다."는 것이었다. 위안스카이에 의하면, 그 문서는 영의정 심순택이 베베르 공사에게 보낸 고종의 서한으로서 민영익을 통해 입수했다는 것이었다. 그러나 이는 진위가 불분명한 것이었고 러시아에서는 밀서의 존재를 부정하였다. 영국의 거문도 철수, 톈진 조약으로 인한 일본의 불간섭 등의 분위기에서 청은 이 사건을 계기로 조선에 대한 종주권을 더욱 강화하였다.

미국 주차 청국 공사관을 방문하여 인사를 드리고 그의 안내를 받아 대통령에게 신임장을 제정할 것, 둘째, 미국 정부에서 주최하는 각종 외교 모임에서 조선 공사는 반드시 중국 공사보다 아랫자리에 앉을 것, 셋째, 미국에서의 제반 외교 업무를 청국 공사와 상의하여 처리할 것이 그것이었다. 그러나 초대 주미 공사 박정양은 미국 대통령에게 신임장을 단독으로 제출하였고, 결국 청의 위협과 압력으로 박정양 공사 일행이 소환되었다.

ⓒ 내용
- 불평등 조약 체제의 완성 → 이후 다른 나라와의 조약 체결에 영향
- 치외법권·협정 관세·영국 군함의 항행권·최혜국 대우 규정
- 방곡령 규정(개정 때 1개월 전 공시 규정 추가), 거중조정의 소극적 적용
- 기존 개항장 이외에 한양과 양화진 개항
- 거류지 안에서 토지 가옥의 임차 및 구매, 주택·창고·공장 설립 허용, 거류지 밖 10리까지 외국인의 토지 소유 허용

③ 조·러 수호 통상 조약(1884. 7.) 및 밀약
  ⊙ 배경
  - 임오군란 이후 청의 영향력 확대에 대한 고종의 견제
  - 러시아의 항구 개척 노력 → 베베르K. I. Wäber와 묄렌도르프P. G. Möllendorff 주선으로 청의 간섭 없이 조약 체결
  ⓒ 내용: 육로 무역 규정을 넣으려다 실패하고 영국·독일과의 조약 내용을 따름
  ⓒ 조·러 밀약설과 거문도 사건
  - 조·러 밀약(1885. 3.):◇ 갑신정변 후 고종이 묄렌도르프 통해 러시아와 접촉 → 러시아의 조선 보호 및 군사교관 파견 대가로 영흥만 조차 합의
  - 거문도 사건(1885. 4.~1887. 2.):◇ 한성조약 후 조선이 러시아 접촉 → 러시아 견제 위해 일본은 텐진조약 체결, 영국은 거문도 점령 → 조·러 밀약설◇ 대두하자 청은 묄렌도르프 해임하고 조선 병합 시도 → 아프가니스탄 문제가 해결되자 영국이 거문도를 타국(러시아)이 점령하지 않는다는 확인을 받고 철수

④ 조·프 수호 통상 조약(1886. 6.)
  ⊙ 내용: '교회敎誨'의 명문화를 통해 천주교 포교권 인정
  ⓒ 영향: 이후 선교사들의 활동이 확대되었고, 개신교계 사립학교 설립도 활발하게 추진

⑤ 그밖에 독일(1883), 이탈리아(1884), 오스트리아(1892)와도 조약 체결

2. 개화 세력의 형성과 분화

(1) 통상 개화론자의 형성
① 형성: 북학파의 실학 사상이 뿌리, 양무운동과 문명개화론의 영향
② 주요 인물: 박규수(양반)·오경석(역관)·유홍기(의관) 등의 초기 개화 사상가들, 조선의 부국강병을 위한 서양 문물의 수용 필요성 주장◇
③ 분화
  ⊙ 임오군란을 계기로 정부가 친청·보수화하는 경향
  ⓒ 박규수·유홍기 등을 사사한 일부 젊은 세력들이 기성 세력을 사대당·수구당이라 공격하고 스스로를 독립당·개화당이라 칭함

(2) 개화 세력의 분화◇
① 온건 개화파(수구당·사대당): 김홍집·김윤식·어윤중·곽기락·윤선학 등
  ⊙ 정치적 입장: 민씨 정권의 후원을 받은 집권 세력으로서 전통적인 청과의 관계를 중시 → 전·현직 관료, 재야 유생 등에게 확산
  ⓒ 개혁 방안: 청의 양무운동을 모방하여 동도서기론東道西器論에 입각한 점진적 개혁 추구, 서양의 과학 기술 수용에 적극적이나 정치·사상 등은 현 체제 유지 주장, 개화를 '유교에 의해 교화되었다.'라는 의미로 이해하여 이미 조선은 개화된 나라라고 인식

② 급진 개화파(개화당·독립당): 김옥균·박영효·홍영식·서광범 등
  ㉠ 정치적 입장: 임오군란 이후 청의 내정 간섭과 정부의 사대 정책에 반발 → 청에 대한 사대 관계의 종식, 조선의 독립 주장
  ㉡ 개혁 방안: 문명개화론에 심취, 메이지 유신을 모델로 서양의 과학 기술뿐만 아니라 제도나 사상까지 받아들여 체제 전반에 걸친 급진적 개혁을 추구, '군민공치(君民共治)' 정체 수립 지향

3. 개화 정책의 추진

(1) 체제의 정비

① 통리기무아문(1880)
  ㉠ 개화 정책을 추진하는 기구로, 그 아래 실무를 담당하는 12사(司) 설치
  ㉡ 김윤식·박정양·김홍집·김옥균 등 개화파 활동, 시원임대신(時原任大臣)의 겸임
② 군제 개편: 5군영을 무위영·장어영의 2영으로 축소, 신식 군대인 별기군 창설하고 일본 교관(호리모토 레이조(堀本禮造))을 초빙해 훈련
③ 규장각 부활: 규장각의 기능을 부활시켜 서양 서적을 비치

(2) 선진 문물의 수용

① 개화 사절단 파견
  ㉠ 조사 시찰단(박정양, 1881)
    • 4개월간 일본에 머물면서 각 정부 기관·근대 공장 등 산업 시설·군사 시설·각종 학교·병원, 신문·우편·화폐 제도와 군사 제도·조세 제도·경찰 제도·법률 제도 등을 시찰
    • 귀국 후 시찰 보고서인 『일본문견사건(日本聞見事件)』을 작성하여 제출
    • 단원 안종수가 서양의 근대 농법 소개 위해 『농정신편(農政新編)』 편찬(1885)
  ㉡ 영선사(김윤식, 1881)
    • 유학생과 기술자들을 청에 파견하여 기기국과 수사학당, 수뢰학당에 배속되어 기술 연구
    • 이들을 중심으로 우리나라 최초의 근대식 무기 제조 시설인 기기창 설치(1883)
② 기타 사절단
  ㉠ 1차 수신사(1876): 강화도 조약 체결 이후 일본의 사절단 파견 요청으로 김기수 파견 → 『일동기유(日東記游)』, 『수신사일기(修信使日記)』 등 저술
  ㉡ 2차 수신사(1880): 추가 개항과 관세 문제에 대하여 여러 가지를 요구하는 일본의 의중을 파악하기 위해 김홍집 파견 → 『수신사일기(修信使日記)』 저술, 황쭌셴이 쓴 『조선책략』 유입
  ㉢ 3차 수신사(1882): 임오군란 사과 명목으로 박영효 파견 → 배 안에서 역관 이응준이 제작한 태극기를 수정하여 일본에서 게양, 『사화기략(使和記略)』 저술, 박문국 설치 주도
  ㉣ 보빙사(1883): 조·미 수호 통상 조약 체결 후 공사 파견에 대한 답례로 민영익·유길준·홍영식·서광범 등을 파견, 미국 대통령을 만나 국서를 전달, 학교 설립 논의 → 유길준, 『서유견문(西遊見聞)』(1895) 간행
③ 영향: 개항 이후 근대 시설이 도입되었으나, 기술과 관리는 외국에 의존하여 국가 재정에 부담

◇ 오경석이 가져온 책

『해국도지(海國圖志)』는 1842년에 청의 웨이유안(魏源)이 지은 세계 지리서로, 서양 각 나라의 지리와 역사 등을 자세히 설명하여 세계에 대한 이해의 폭을 넓혔다. 서양 오랑캐를 막기 위해서는 서양의 과학기술을 받아들여야 한다고 주장하였다. 『영환지략(瀛環志略)』은 청의 쉬지위(徐繼畬)가 1850년에 간행한 세계 지리책이다.

◇ 개화 세력의 분화

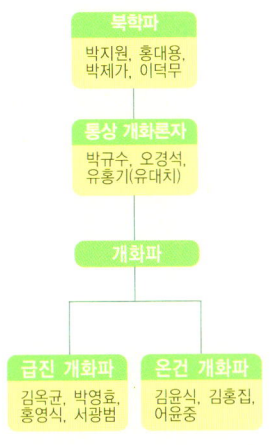

별기군

3 개화 정책에 대한 반발

1. 위정척사 운동의 전개

(1) **위정척사**衛正斥邪 **세력의 형성**: 서양의 통상 요구와 개화 정책의 추진에 반대, 정학(성리학)을 수호하고 사학(서학, 평등 사상)을 배척

(2) **위정척사 운동의 흐름**
  ① 통상 수교 거부 운동(1860년대)
    ㉠ 이항로·기정진
    ㉡ 병인양요 계기로 척화주전론 대두
    ㉢ 흥선 대원군의 통상 수교 거부 정책 지지
  ② 개항 반대 운동(1870년대)
    ㉠ 최익현·유인석·김평묵
    ㉡ 강화도 조약 체결 직전 최익현은 '지부복궐상소(불가소)'를 통해 왜양일체론을 내세워 일본의 정치적·경제적 침략 예견
    ㉢ 김평묵은 강화도 조약 체결 직후 홍재구·유인석 등과 연명 상소 통해 개항 반대
  ③ 개화 반대 운동(1880년대)
    ㉠ 이만손·홍재학
    ㉡ 통리기무아문 설치와 『조선책략』 유포에 대한 반발
    ㉢ 이만손을 소두疏頭로 한 영남 만인소
    ㉣ 홍재학은 고종에게 개항을 추진하는 관료를 처벌하라는 신사辛巳 척사 운동(1881) 전개 → 이재선 역모 사건을 빌미로 김평묵·홍재학 등 탄압

(3) **의의와 한계**
  ① 성격: 주체적·자주적이었으나 성리학적 질서를 유지하려 하였다는 점에서 한계
  ② 의병 투쟁에 영향: 이소응·유인석 등의 의병 운동 전개 → 항일 의병 투쟁에 영향

2. 임오군란(1882. 6.)

(1) **배경**
  ① 개화파와 위정척사파의 대립: 개화를 추진하는 민씨 정권과 흥선 대원군을 정치에 복귀시키려는 위정척사파의 대립 심화
  ② 일제의 경제 침탈: 개항 이후 쌀이 일본으로 유출되어 쌀값 폭등˚ → 농민과 도시 빈민들의 생계 곤란, 정부의 특권 상인 보호 조치로 난전에 가담한 군인들의 삶이 곤궁
  ③ 구식 군인 차별: 별기군 신설로 구식 군인 실직·월급 미지급

(2) **경과**
  ① 구식 군인들의 불만 고조: 월급 지급 과정에서 선혜청 당상관 민겸호 고지기가 농간 → 김춘영·유복만 등 구식 군인들이 미곡 수령을 거부하고 항의하다가 투옥
  ② 구식 군인들의 봉기
    ㉠ 민겸호의 집 파괴 후 흥선 대원군에게 도움 요청 → 심복 허욱을 통해 지휘하여 포도청과 의금부 습격, 일본 공사관 공격, 일본인 교관 살해

◇ **일본으로 곡물 대량 유출**
개항 이후 일본 상인은 조선의 쌀을 대량으로 사들여 일본으로 가지고 갔다. 이는 조선의 쌀값이 일본의 3분의 1에 불과하여 큰 이익을 얻을 수 있었기 때문이다. 이에 따라 조선에서는 점차 쌀이 부족해진데다가, 1882년에 때마침 극심한 흉년이 들었기 때문에 쌀값이 폭등하게 되었다. 그 결과 서울의 일반 서민들과 하층민들의 생활은 더욱 어려워졌고, 일본에 대한 반감이 커지게 되었다.

- ⓒ 왕십리와 이태원 일대 빈민들 합세, 창덕궁을 습격하여 민겸호·이최응 등 정부 고위 관리들 처단
- ⓓ 민왕후는 충주 장호원으로 피신
③ 흥선 대원군의 재집권: 고종이 흥선 대원군의 입궐을 명하여 흥선 대원군이 복고 정책 추진
- ⓐ 통리기무아문과 별기군 폐지
- ⓑ 5군영과 삼군부 부활
- ⓒ 유배되었던 유생 석방, 민왕후의 국장(國葬) 선포
④ 청의 개입: 청이 4,500명의 군대를 파견하여 군란을 진압하고 흥선 대원군을 청으로 압송(1882.7.), 수백 명 살상하며 난을 진압

(3) 결과
① 청의 내정 간섭
- ⓐ 고문 파견: 마젠창(馬建常)과 묄렌도르프°가 고문으로 파견되어 조선의 내정과 외교 간섭
- ⓑ 군사권 장악: 위안스카이(袁世凱)가 이끄는 청군이 조선의 군사권 장악
- ⓒ 조·청 상민 수륙 무역 장정 체결
  - 속방(屬邦) 관계 명시
  - 치외법권·연안 어업권·청국 군함 항행권 허용 등 불평등 조약
  - 관세 자주권 부정, 내지 통상권·연안 무역권 인정 → 청 상인의 내륙 침투 허용
② 정부 정책의 친청·보수화
- ⓐ 전국의 척화비 철거
- ⓑ 민씨 정권의 재집권, 정부의 친청화
- ⓒ 청의 군제를 모방한 좌우전후 4영의 친군영 창설
- ⓓ 급진 개화파 형성: 수구당·사대당을 비난하고 개화당·독립당을 자처하는 세력 대두
③ 일본의 이익
- ⓐ 제물포 조약 체결
  - 조선은 일본 정부에 배상금 지불
  - 일본 공사관의 경비 병력 주둔 허용
  - 조약 체결 후 김옥균·박영효 등이 사죄단의 형태로 파견(3차 수신사)
- ⓑ 조·일 수호 조규 속약 체결
  - 일본의 한행리정(閒行里程) 확대, 양화진 개시
  - 일본 공사·영사 등의 내지 통행 자유 허용
④ 혜상공국 설치: 보부상의 특권 유지를 위한 혜상공국 신설

◇ **묄렌도르프**
주청 독일 영사관에서 근무하고 청의 세관리(稅關吏)로 활동하다가 임오군란이 일어나자 조선 정부의 요청에 따라 청으로부터 파견된 제3국인 고문관이다. 이홍장의 추천으로 한국 최초의 서양인 고문으로 부임해 통리아문의 외무협판이 되어 외교 고문 역할을 담당하였다. 1884년 조·러 수교를 위해 톈진 주재 러시아 공사 베베르가 내한하자 적극 주선에 나서, 통상 조약이 체결되는 데 일조하였다. 갑신정변 때에는 청 군대가 개화파 정부를 무너뜨리고 민씨 정권을 복귀시키는 데 앞장서기도 하였다.

CHAPTER 02 근대 국가 수립을 위한 노력

1 근대화 운동의 전개

1. 갑신정변(1884. 10.)

(1) 배경

① 개화당의 성장과 좌절◇
② 청의 간섭과 개화 정책의 후퇴: 청이 임오군란 진압 후 조선 내정과 재정·외교에 적극 간섭하자 민씨 정권은 친청 정책을 표방하고 개화당의 활동 탄압
③ 차관 도입 실패: 재정난을 타개하기 위해 묄렌도르프는 당오전◇ 발행을, 김옥균은 일본에서 차관 도입을 주장 → 차관 교섭 실패
④ 일본의 지원 약속: 청이 프랑스와의 전쟁으로 군대 일부를 철수, 일본 공사 다케조에 신이치로竹添進一郎가 군대 동원과 차관 약속

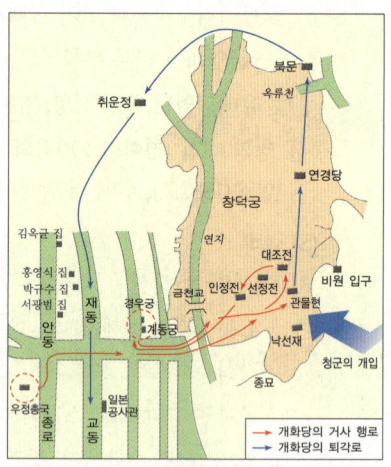
[갑신정변 전개도]

◇ 개화당의 활동
수신사·보빙사 등에 참여하며 성장한 개화당은 이후 고종의 총애를 받으며 나름대로 개화 정책을 추진해 나갔다. 박영효는 한성부 판윤에 임명되어 김옥균의 『치도약론』 내용을 따라 치도국을 설치하고 도로 정비 사업을 벌였다. 또한 박문국을 설치하고 『한성순보』 간행을 주도하기도 하였다. 그러나 이러한 사업들이 재정난에 부딪히고 한성 부민들의 원성을 사면서 개화당은 입지가 좁아지고 말았다.

◇ 당오전
1883년에 설치된 전환국에서 재정난을 타개하기 위하여 주조되어 1894년까지 유통되었으나 물가의 폭등을 일으키는 등 당시의 사회 경제적 모순을 심화시키고 화폐 제도의 혼란을 초래하였다.

> **읽기 자료**
>
> 갑신정변 배경
> · 일본에서 돌아오자마자 한성부 판윤에 임명된 박영효는 개화 정책을 적극적으로 펼쳐나갔다. 그는 신문을 발간하여 개화의 필요성을 널리 알리기 위해 박문국을 설치하였고, 신식 경찰 제도를 실시하려고 한성부에 순경부를 설치하였다. 이러한 개화 정책들은 박영효가 민씨 정권의 미움을 받아 4개월 만에 광주 유수로 좌천되는 바람에 중단되고 말았다. 다만, 신문 간행 사업은 온건 개화파에 의해 수용되어 한성순보가 창간되었다. 한편, 홍영식이 근대적 우편제도의 실시를 주장하여 우정국이 설치되었다.
> · 개화당과 민씨 일파는 개화 정책에 관한 의견 차이로 갈등을 빚었는데, 그중에서 대표적인 것이 재정난 해결을 위한 방법을 둘러싸고 일어난 대립이었다. 두 세력은 재정을 확보하기 위해 화폐를 주조할 것인가, 아니면 일본으로부터 차관을 도입할 것인가를 놓고 격론을 벌였다. 민씨 일파의 후원을 받은 묄렌도르프는 당오전 주조로 물가가 뛰어 올라 비난을 받자, 조선에 가장 해가 되는 것은 당오전이 아니라 김옥균이라며 개화당을 비난하였다. 이러한 갈등 속에서 김옥균은 고종의 승낙을 받아 일본에서 차관을 얻으려 하였으나, 일본 정부가 약속을 어겨 실패하였다. 그 결과 개화당의 활동은 더욱 위축되었다.

(2) 경과

① 개화당 정부 수립
  ㉠ 김옥균·홍영식 등 개화낭 인사들이 우정총국 개국 축하연 때 거사 실행◇
  ㉡ 민씨 고관 살해 → 고종과 왕비는 창덕궁에서 경우궁으로 이어 → 개화당 정부 수립
  ㉢ 14개조의 혁신 정강 발표
    • 청 간섭 배제
    • 인민평등권 제정, 조세 제도 개편, 재정 일원화(호조)
    • 내시부 혁파, 규장각 폐지, 4영 축소 및 근위대 설치, 대신과 참찬의 정령 의결·반포
    • 환곡 폐지, 혜상공국 혁파

◇ 우정총국 개국 축하연
우정총국 개국 축하연은 참판 홍영식이 주관하였다. 연회가 끝나갈 무렵에 담장 밖에서 불길이 일어났는데, 이때 민영익도 연회에 참가하였다가 불을 끄려고 먼저 일어나 문 밖으로 나갔다가 밖의 여러 명의 흉도들로부터 공격을 받아 칼을 맞고 쓰러졌다. 자리에 있던 사람들이 모두 놀라 흩어지자 김옥균·홍영식 등이 자리에서 일어나 궐내로 들어가 곧바로 고종에게 변고를 고하고 경우궁으로 거처를 옮기도록 하였다.

② 3일 천하
　㉠ 민왕후가 청군에 도움을 요청하여 청군 개입, 일본이 약속을 지키지 않음
　㉡ 개화당 정권 붕괴: 홍영식 피살, 김옥균·박영효 등 망명 → 심순택·김홍집 중심의 정권 수립

(3) 결과
① 정부의 친청·보수화
　㉠ 청의 내정간섭 심화로 민씨 정권은 더욱 친청·보수화
　㉡ 개화 사상에 대한 불신 풍조 만연
② 일본의 이익
　㉠ 한성 조약(조·일, 1884. 11.)
　　• 일본은 조선에 배상금 지급
　　• 공사관 신축비 부담
　㉡ 텐진 조약(청·일, 1885. 3.): 청과 일본이 조선에서 공동 철병, 이후 파병할 경우 반드시 서로 문서를 보내 통보 → 청은 조선의 정치적 주도권 장악, 일본은 청과 대등한 군사적 권한을 확보하고 조선에 경제적 영향력 행사
③ 조선 중립화론 대두: 러시아·일본·영국·청 등의 경쟁 심화

[갑신정변 직후 국제 관계]

청의 영향력이 확대되는 가운데 조선 정부는 미국, 러시아 등과 적극적으로 교섭을 시도하였다. 조·러 수호 통상 조약 이후 조선에 와 있던 러시아 공사 베베르는 반청 성향을 보이던 조선 정부에 접근하여 조·러 밀약을 체결(1885)하려 하였고, 경흥과 영흥 지역을 조차할 것을 요구하였다. 이러한 분위기에서 청은 친러 성향을 띠는 조선 정부를 견제하고자 흥선 대원군을 석방하고 고종의 폐위를 기도하기도 하였다. 또한, 친러적 성향을 지닌 묄렌도르프 대신 미국인 데니를 고문으로 파견하였다. 영국이나 미국 역시 러시아를 견제하고자 하였다. 영국은 거문도 사건을 일으켰고, 정치적 입지가 약화된 일본은 경제 침투를 강화하였다.

　㉠ 부들러Hermann Budler: 청·일·러의 조약 체결 전제로, 청과 일본 견제 위해 스위스를 모델로 한 영세 국외 중립국 선언 주장
　㉡ 유길준: 양절체제兩截體制 제안, 러시아 남하를 견제하기 위해 청이 주도하는 가운데 만국공법에 따른 중립화론 주장
　㉢ 김옥균: 일본 망명 중 리홍장李鴻章에게 보낸 공개 서한에서 한반도 중립화 주장(1886)
④ 내무부內務府 설치(1885): 근대화 사업 총괄, 조세와 재정 제도 시정은 실패

◇ **갑신정변의 실패**
김옥균 등은 우정총국에서 정변을 일으키고 청이 쳐들어올 것에 대비하여 적은 군사력으로도 효과적으로 방어할 수 있는 경우궁으로 왕과 왕비를 옮겼다. 그러나 김옥균이 궁을 비우고 개혁 정강을 발표 하는 사이 왕비의 주장으로 다시 창덕궁으로 이궁하였으며, 결국 청군의 무력 개입으로 개화 세력은 몰락하였다.

◇ **청한론淸韓論과 청한종속론淸韓從屬論**
묄렌도르프의 후임 외교 고문으로 부임한 데니Owen N. Denny는 조선 주차관 원세개의 횡포를 비난하고 조선과 청의 조공 관계는 예속 관계는 아님을 주장하는 『청한론China and Korea』(1888)을 저술하였다. 이에 묄렌도르프는 '청한종속론a Reply to Mr. Denny'에서 조선은 삼국 통일 이후로 줄곧 중국의 속국이었음을 주장하였다.

◇ **유길준의 양절론兩截論**
유길준은 전통적 중화 질서가 잔존하는 가운데 다른 한편으로 서방 국가들과 수교하면서 주권 질서가 작동하던 체제를, 하나의 조직 원리가 다른 조직 원리에 간섭할 수 없는 양절체제兩截體制라고 인식했다. 유길준은 조선이 독립국이며 청의 속방이 아님을 밝히기 위해 조선과 같이 주권이 불완전한 국가들을 세 가지 형태로 분류했는데, 첫째는 증공국贈貢國, 둘째는 자주권이 전혀 없는 속방屬邦, 셋째는 독립국이지만 자위 수단으로 다른 나라의 보호를 받는 수호국受護國이다. 그리고 조선은 청과의 관계에서는 증공국이면서 수호국인 이중적 관계에 있으니, 상호 독립국으로 전통적 조공 관계와 근대적인 국제법 관계를 공유하는 양절 관계라는 것이었다. 주미공사 박정양의 자주 외교에 대해 청이 '영약삼단另約三端'을 내세워 문제삼을 때 이러한 양절론이 대두한 바 있었다.

◇ **갑신정변 이후의 개화 정책**
갑신정변으로 급진 개화파가 몰락하였으나, 집권 세력은 자주적인 개혁을 위해 개화 정책의 필요성을 인식하고 있었다. 이에 정부는 내무부 산하에 개화 정책을 담당하는 기구를 두고 부국강병을 목표로 근대적 산업 기술을 도입하는 개화 정책을 계속 추진하였다. 근대적 의료 시설인 제중원(1885), 전신 가설을 위한 전보국(1885), 근대식 교육 기관인 육영 공원(1886), 사관 양성을 위한 연무 공원(1888) 등을 설립하였으며, 이 과정에서 외국인 교사와 기술자를 초빙하기도 하였다.

◇ 『동경대전』과 『용담유사』

『동경대전』은 동학의 경전으로, 포덕문布德文·논학문論學文·수덕문修德文·불연기연不然其然의 네 편으로 되어 있다. 『용담유사』는 1860년~1863년에 걸쳐 지은 가사책으로, 1881년에 간행되었다. 수록 내용은 용담가龍潭歌·안심가安心歌·교훈가敎訓歌·몽중노소문답가夢中老少問答歌·도수사道修詞·권학가勸學歌·도덕가道德歌·흥비가興比歌·검결劍訣의 9편으로 이루어져 있다.

◇ 균전사·전운사

1893년 전라도에 파견된 균전사 김창석은 진전 개간과 궁방전 관리를 담당하면서, 진전 개간을 독려하기 위해 면세를 약속하고는 정작 개간한 전답에 세금을 마음대로 거두어 원성을 샀다. 전운사는 1883년 설치된 전운국의 관원이다. 정부는 청·일 해운선에 대응하고 조운을 직접 관장하고자 전운사를 설치했는데, 기선을 구입하느라 많은 비용이 들자 전운사를 통해 기선 경비를 거두어 들였다.

◇ 사발통문

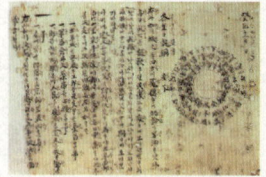

민중이 곳곳에 모여서 말하되 "났네 났어, 난리가 났어", "에이 참, 잘 되었지. 그냥 이대로 지내서야 백성이 한 사람이라도 남아 있겠는가"하며 그날이 오기만 기다리더라. …… 결의된 내용은 아래와 같다.
· 고부성을 격파하고 군수 조병갑을 효수할 것.
· 군기창과 화약고를 점령할 것.
· 군수에게 아첨하여 인민의 것을 빼앗은 탐관오리를 공격하여 징계할 것.

(4) 의의와 한계
① 의의
 ㉠ 정치적 의의: 중국과의 전통적인 외교 관계 청산, 입헌 군주제로 바꾸려는 최초의 정치 개혁 시도
 ㉡ 사회적 의의: 문벌 폐지, 인민 평등권 확립 등 봉건적인 신분 제도 폐지 시도
 ㉢ 근대화 운동의 선구: 근대 국가 건설을 목표로 한 최초의 정치 개혁 운동
② 한계: 토지 제도 개혁에 소홀, 민중의 지지를 결여한 위로부터의 개혁, 혁명 역량의 부족, 일본의 침략 의도 인지 실패

2. 동학 농민 운동(1894)

(1) 배경
① 경제 악화
 ㉠ 일본이 '입도선매' 등을 통해 경제 침략 강화 → 함경도 방곡령 사건(1889)
 ㉡ 배상금 지불로 인한 국가 재정 악화
② 동학의 창시와 확산
 ㉠ 창시: 경주 잔반 최제우가 창시(1860), 혹세무민惑世誣民 구실로 처형(1864)
 ㉡ 확산: 2대 교주 최시형이 교단과 교리 정비, 『동경대전東經大全』(1880)과 『용담유사龍潭遺詞』(1881) 간행, 교세 확장을 위해 포접제包接制 실시
 ㉢ 교조 신원 운동 전개

삼례 집회 (1892. 10.)	· 공주·삼례 등지에서 교조 신원과 동학교도 탄압 중지 요구 · 전라 관찰사 이경직과 충청 관찰사 조병식의 약속을 받고 해산
서울 복합 상소 (1893. 1.)	· 박광호·손병희 등 40여 명이 한양에서 엎드려 상소 · 정부에 의해 강제 해산
보은 집회 (1893. 3.)	· 복합 상소 무산으로 농민들까지 참여한 대규모 집회 · 보국안민輔國安民·제폭구민除暴救民(반봉건), 척왜양창의斥倭洋倡義(반외세) 등의 구호가 등장하며 정치 운동으로 전환 · 양호선무사 어윤중 파견, 충청도·전라도 관찰사 교체, 군대 파견(홍계훈)
금구 집회 (1893. 3.)	· 전봉준·황하일 등 남접 주도 아래 전라도 금구에서 별도 집회 · 보은 집회 해산과 동학 간부들의 반대로 중단

(2) 전개
① 고부 민란(1894. 1.)
 ㉠ 배경: 고부 군수 조병갑의 만석보 사건, 균전사·전운사의 폐단◇
 ㉡ 과정: 전봉준이 사발통문◇을 돌린 후 1천여 명의 농민들을 이끌고 관아 습격 → 아전들을 처벌하고 만석보를 해체, 곡식을 농민들에게 나눠주고 자진 해산
 ㉢ 결과: 조병갑을 파면하고 박원명을 신임 군수로 임명, 사건 수습을 위해 안핵사 이용태 파견

② 1차 봉기(1894. 3.): 남접 중심으로 전개
  ㉠ 배경: 안핵사 이용태가 동학교도를 역적으로 취급하며 체포령
  ㉡ 과정: 전봉준이 무장에서 첫 봉기 → 고부 점령한 후 백산에 집결, 백산에서 격문과 4대 강령 발표, 호남창의대장소 설치 → 황토현 전투, 호남 점령 후 황룡촌 전투 승리 → 전주성 장악 → 김학진 신임 전라 감사가 회유 시도

◇ 북접과 남접
동학은 포교 과정에서 북접과 남접의 두 계열로 갈라졌는데, 고부 봉기는 정치적 개혁을 지향한 남접 중심으로 일어났다. 교조 최제우의 억울한 죽음을 밝히고 포교의 자유를 획득하는 데 중점을 두었던 북접은 남접의 봉기를 반대하는 입장이었다.

[동학 농민 운동 전개도]

농민군은 3월 하순 백산에 모여 4대 강령과 농민 봉기를 알리는 격문을 발표하였다. 이때는 동학교도보다 주로 일반 농민들이 참여하였으며, 이 지역 농민들에 대한 수탈로 원성이 높았던 전운사와 균전사를 없애라고 강력히 요구하였다. 황토현 전투 후 농민군이 남하한 것은 정부군을 유인하고 농민군 세력을 규합하려는 의도가 있는 것으로 보인다. 일본의 경복궁 점령과 청·일 전쟁에 위기의식을 느낀 농민군은 9월 삼례에서 2차 봉기를 하였다. 이때는 충청도와 경상도 지역에 기반을 둔 교단 지도부와도 연합하였으며, 공주 우금치에서 일본군과 관군의 연합군에 맞섰다가 패배하였다.

③ 전주 화약(1894. 5.)
  ㉠ 정부가 청에게 파병 요청하자 제물포 조약과 톈진 조약을 구실로 일본도 파병 준비, 정부가 한편으로 초토사 홍계훈을 전주에 파견
  ㉡ 동학 농민군은 청·일 양군 철수를 위해 정부측과 전주 화약을 체결하고 정부에 폐정 개혁안을 제시
  ㉢ 전라도 지역에 자치 기구인 집강소 설치하여 향촌 차원의 개혁 시도, 전주에 대도소(大都所)를 설치하여 집강소 지휘
  ㉣ 양반들은 민보군(民堡軍)을 조직하여 농민 세력에 맞서기도 함

④ 청·일 전쟁의 발발(1894. 6.)
  ㉠ 배경: 조선에 대한 청·일 간의 세력 다툼 심화
  ㉡ 과정: 일본의 철군 거부, 개혁 강요 → 정부가 교정청(校正廳) 설치(1894. 6. 11.) 후 자주적 개혁 실시 → 일본이 무력으로 경복궁 점령(1894. 6. 21.), 풍도 앞바다에서 청군을 공격하여 전쟁 개시(1894. 6. 23.) → 교정청 없애고 군국기무처 설치(1894. 6. 25.) → 성환 전투·평양 전투(1894. 8. 16.)·황해 전투에서 일본군이 연전연승, 랴오둥(遼東) 반도의 뤼순(旅順)·다롄(大連) 점령, 산둥(山東) 반도의 웨이하이웨이(威海衛)의 북양함대 공격

◇ 민보군
평등을 주장하는 동학 농민군의 주장은 양반의 입장에서는 적대적 행위로 인식되었다. 양반들은 군현으로 격문을 보내 세력을 규합하고 노비, 농민, 사냥꾼, 보부상, 군교 등을 모아 동학 농민군을 토벌하기 위해 '유회군' 또는 '민보군'을 조직하였다. 이들은 위정척사 사상에 입각하여 동학을 사악한 무리로 규정하고 이에 맞서는 것을 의(義)로 여겼다. 민보군은 2차 봉기부터 활발히 조직되었고, 우금치 전투 이후 후퇴하는 동학 농민군을 공격하여 큰 피해를 입혔다.

◇ 교정청
조선 정부가 1894년 6월 독자적으로 개혁을 추진하기 위해 설치한 기구로, 당상 15명과 낭청 2명을 관리로 임명하였다.

[청·일 전쟁 전개도]

◇ 연도 표시
이 장 본문의 날짜는 1895년 이후는 양력으로 표기하였다.

◇ 군국기무처 회의
5개월 동안 200여 건의 개혁안을 처리하였다. 청·일 전쟁으로 일본의 간섭이 어려웠던 1차 개혁 당시 군국기무처는 자주적으로 개혁을 추진할 수 있었다.

◇ 궁내부
조선 후기 왕실 관부와 행정 업무를 총괄 관리하던 기구였는데, 1차 갑오개혁 때 전자만 맡아보는 독립 기구로 분리시켰다. 후자의 업무는 의정부가 맡게 하여 궁내부 권한을 축소하였다.

◇ 외획外劃
종래 지방관이 징수한 세금을 국고에 납부하기 이전, 일정한 금액을 제3자에게 인도하라는 명령을 의미한다. 이 명령서는 그 금액을 받을 제3자에게 교부되었는데, 국고에 일시적으로 차입금借入金이 필요하여 중앙 정부가 상인으로부터 돈을 빌려 쓰고 지방관이 상인에게 직접 인도하라고 한 경우, 특정 지방 관청에서 경비지출을 시급하게 필요로 한 경우, 중앙 관리가 지방에 출장을 나갈 때 여비가 필요한 경우 등 내려졌다. 외획은 우리 나라의 고유하고도 전통적인 금융제도로 전근대적인 사회에서 중앙과 지방, 그리고 지방과 지방의 자금의 유통을 원활하게 하는 중대한 기능을 수행하였다. 따라서 외획은 환換의 기능을 수행하였을 뿐만 아니라 무거운 상평통보의 운반에 수반되는 불편과 위험을 제거하는 데 필요한 구실을 하였던 것이다. 외획제도의 운영에 중개인 구실을 한 상인을 차인差人이라 했는데, 차인은 지방에서 징수한 세금을 지방관으로부터 대여받아 지방에서 물품을 구입하여 서울로 수송하고 그의 판매대금으로 지방관을 대신하여 세금을 국고에 납입하는 상인이었다. 그러므로 차인은 지방에서 징수한 세금을 대여받아 상업자금으로 운용한 뒤 국고에 세금을 납부함으로써 재정자금을 일시 상업자금으로 운용하였다. 다만 재정이 궁핍하여짐에 따라 적지 않은 폐해를 수반하기도 했는데, 1905년 8월 국고國庫 제도가 확립되면서 군수가 세금을 징수하지 못하게 되어 외획 제도는 폐지되었다.

ⓒ 결과: 시모노세키下關 조약 체결로 일본이 막대한 배상금과 랴오둥 반도·타이완臺灣·펑후澎湖 열도 할양 받음

⑤ 2차 봉기(1894. 9.)
  ㉠ 배경: 일본의 내정 간섭에 반발
  ㉡ 전개: 전봉준(전주), 손화중(광주) 등이 삼례에서 봉기 → 북접(손병희)의 합류로 논산에서 대규모 집결 → 공주 우금치에서 관군·일본군의 연합군과 교전하였으나 대패 → 동학의 잔당들은 보은에서 마지막까지 저항, 전봉준·김개남 등 체포 후 처형

(3) 의의와 한계
① 의의
  ㉠ 정치적: 반봉건·반외세, 아래로부터의 움직임, 이후 갑오개혁과 의병 운동에 영향을 줌
  ㉡ 경제적: 조세 수취 제도의 개선 등을 통해 농민과 상인, 수공업자들이 자립할 수 있게 됨
② 한계: 국왕의 존재를 부정하지 못함, 근대 사회 건설을 위한 구체적 방략을 제시하지 못함, 국민의 지지 확보에 실패

3. 갑오·을미개혁(1894~1895)

(1) 배경
① 대내적: 교정청 설치 후 폐정 개혁안 수용 약속, 자주적인 개혁의 필요성 인식
② 대외적: 일본이 경복궁을 점령하고 내정 개혁 강요

(2) 1차 개혁(1차 갑오개혁, 1894. 6.~11.)◇
① 특징
  ㉠ 1차 김홍집 정부: 흥선 대원군이 섭정에 추대되고, 영의정 김홍집이 중심이 되어 일본이 설치한 군국기무처에서 개혁 추진(1894. 6. 25.)◇
  ㉡ 자주적 개혁: 일본이 청·일 전쟁 때문에 간섭할 여력이 없는 틈을 타 갑신정변 때의 14개조 정강과 동학 농민군의 폐정 개혁안 등 내부적 요구를 많이 반영하여 2차·3차 개혁에 비해 자주적으로 실시
② 개혁 내용
  ㉠ 정치
    • 청의 연호 폐지 → 개국 기원 사용
    • 왕실과 궁내부◇의 권한 축소
    • 6조를 8아문으로 개편, 의정부와 8아문의 권한 강화
    • 과거제 폐지, 내무아문內務衙門 산하에 경무청 설치
  ㉡ 경제
    • 국가 재정을 탁지아문에서 일원화
    • 은본위제 채택, 신식화폐발행장정 제정 → 은화 대신 백동화 발행(인플레이션 초래)
    • 조세 금납화(국고 은행이 없어 외획外劃의 폐단◇ 발생)
    • 도량형 통일
    • 육의전의 금난전권 폐지

[중앙 행정 조직 개편]

ⓒ 사회
- 신분제 폐지, 고문과 연좌제 금지, 조혼 금지, 과부의 재가 허용
- '향회에 관한 의안': 지방 자치 규정 마련

> **읽기 자료**
>
> **근대적 향회**
>
> 道臣으로 하여금 地方官에 飭하여 鄕會를 設立하되 各面 人民들이 綜明老鍊한 자 각 1인을 圈選하여 鄕會員으로 삼고 本邑 公堂에 모여 무릇 發令, 醫療 등에 관한 事項으로 마땅히 本邑에서 施行할 일의 可否를 評議하여 公同으로 決定한 後 施行하도록 한다.
> - 『舊韓國官報』, 1894년 7월 12일, '군국기무처 의안' -
>
> 제도적인 측면에서 보면 한말 지방자치 정책은 1894년부터 본격적으로 제시되었다. 1894년 7월에 공포된 군국기무처의 '향회鄕會에 관한 의안'을 보면 중앙정부는 지방자치의 주체를 향회로 규정하고 향회에 총명하고 노련한 인물들을 선발하여 자치 운영의 중추적 역할을 하도록 하였다. 향회는 재지사족을 중심으로 하는 '향약질서'의 연장선상에 있으면서도 여러 가지 측면에서 그 성격을 달리하고 있었다. 무엇보다도 커다란 차이는 기존의 향약이 재지사족의 조직이었다고 한다면 향회는 재지사족의 지방 지배력이 약화되고 요호부민 등 새로이 성장하는 계층이 다수 참여하고 있다는 데에 있었다. 1862년 농민전쟁시에 향회는 이미 지방 정치의 중심적 위치를 점하고 있었다. 이렇게 아래로부터 향회조직의 발달이 이루어지고 갑오농민전쟁을 통해 이것이 정치적 힘으로 작용함으로써 결국 1894년 중앙정부는 향회를 지방자치의 공식 기관으로 추인하지 않을 수 없었던 것이다. "마땅히 本邑에서 施行할 일의 可否를 評議하여 公同으로 決定한 後 施行하도록"한 것은 민의 수렴기구로서의 향회의 기능을 정확하게 표현하고 있다. 향원의 계층 구성에 있어서도 "文·蔭·武·生·進·幼學 등에 구애받지 말고"라는 표현에서 읽을 수 있듯이 신분제 해체 이후의 유동적 계층 이동의 양상을 적극적으로 수용하고 있었음을 알 수 있다. 그러나 이러한 갑오개혁 초기의 방향은 1895년 3월 '내각관제內閣官制'를 반포하여 군주권을 약화시킨 뒤 내부대신 박영효 등을 중심으로 제도 개정을 단행하면서 점차 변질되기 시작하였다. 이 시기 중앙정부의 정책방향은 자치조직의 재정 간여를 배제하고 일제의 통제권 아래 있는 재무기구를 신설하는 것을 골간으로 하고 있었다. 1895년 11월 3일 '향회조규鄕會條規'와 '향약판무규정鄕約辦務規程'이 공포되었는데, 근대적 향회를 법제화하였다는 점에서 큰 의미를 지니는 것이었지만, 일제의 작용에 의해 재정운영의 권한을 상실한 상태에서의 법제화라는 제한적인 의미만을 지니는 것이었다.

(3) 2차 개혁(2차 갑오개혁, 1894. 11.~1895. 7.)
① 특징
　ⓐ 청·일 전쟁에서 우위를 점한 일본이 적극적 내정 간섭 시작
　ⓑ 2차 김홍집 내각: 군국기무처 폐지, 흥선 대원군 퇴진, 김홍집·박영효 연립 내각 구성 (삼국 간섭 후 내무 대신 박영효 중심)
　ⓒ 홍범 14조◇ 반포: 고종은 독립서고문과 함께 홍범 14조 반포(1894. 12. 12.)
② 개혁 내용
　ⓐ 정치·사회
- 의정부와 8아문을 내각과 7부部로 개편
- 전국을 23부 337군으로 편성
- 사법권 독립(재판소 설립), 훈련대◇와 시위대◇ 설치(활동 저조)
- 규장각을 규장원으로 격하
- 교육 입국 조서 반포(1895) → 한성 사범 학교와 외국어 학교 설립

◇**홍범 14조**
고종은 1차 개혁 때 실시되던 각종 근대적 개혁안의 일부를 홍범 14조라는 이름으로 반포하였는데, 개혁안의 내용이 갑신정변의 개혁 정강과 동학 농민군의 폐정 개혁안 등을 반영하고 있다는 점에서 큰 의미를 지닌다. 홍범 14조에는 청으로부터의 자주 독립, 흥선 대원군과 명성 황후의 정치 개입 배제, 근대적인 내각 제도 확립, 탁지아문 관할 하의 재정 일원화, 조세 법정주의 및 예산 제도 수립, 지방 제도 개편, 해외 유학생 파견에 의한 외국 선진 문물 도입, 국민 개병주의에 입각한 군사 제도 확립, 법치주의에 의거한 국민의 생명 및 재산권 보호, 문벌 폐지와 능력에 따른 인재 등용 등의 내용이 담겨 있다.

◇**훈련대**
일본의 후원으로 만들어진 군대였다. 정확한 창설 시기는 알 수 없으나, 이미 1894년에는 존재하고 있었고, 2차 갑오개혁 당시에 연대와 대대의 구성이 확대, 개편된 것으로 보인다. 삼국 간섭으로 일본의 세력이 약화된 틈을 타 조선 정부에서 미국과 러시아의 후원으로 시위대를 설치하자 훈련대는 이들과 대립하였다. 결국 을미사변 때 훈련대는 시위대장 홍계훈과 명성 황후를 시해하는 만행에 가담하였고, 이를 계기로 열강의 압력을 받아 해산되었다. 그 후 을미개혁 때 친위대로 재편되었다.

◇**시위대**
1895년 5월, 일본이 주도하여 창설한 훈련대와 별도로, 우리 정부에서 독자적으로 마련한 중앙군이었다. 처음 설치되었던 시위대는 을미사변 때 일제가 조직한 훈련대와 충돌하고 그들과 교전했다는 이유로 훈련대로 편입되었다. 그러나 1896년 아관 파천 후 구성된 친러 내각에서는 당시 훈련대의 후신으로 조직된 친위대 중 일부를 선발하여 시위대를 재조직하였다. 그리고 고종이 환궁할 때 배종陪從하였다. 주로 러시아식 훈련을 받은 장교와 사병으로 구성되었다. 대한 제국기에 그 규모가 증강되었지만, 러·일 전쟁에서 승리한 일제에 의해 1905년 4월 강제로 감축되었다가 1907년에 해산되었다. 이 때 시위대장 박승환이 자결하였고 그 세력은 정미 의병으로 흡수되었다.

◇ **시모노세키 조약과 삼국 간섭 (1895)**
청·일 전쟁 승리 후 시모노세키 조약(양 4. 17.)을 통해 일본은 조선이 독립국임을 천명하고 랴오둥 반도 및 타이완 일대를 청으로부터 할양받기로 했는데, 러시아는 이에 대응하여 독일, 프랑스와 함께 삼국 간섭을 일으켰다(양 4. 23.). 그 결과 일본은 랴오둥 반도를 할양받은 지 불과 일주일 만에 청에게 반환해야 했으며, 이 과정에서 러시아는 한반도에 영향력을 행사하면서 만주에 대한 지분을 확보할 수 있었다.

◇ **태양력**
음력 1895년 11월 17일을 양력 1896년 1월 1일로 하여 태양력을 단행하고, 건양 연호를 사용하였다. 이로써 근대적 시간 제도를 도입하여, 국가의 통제력을 강화할 수 있었다.

◇ **친위대**
을미사변 때 일제가 명성 황후 시해에 훈련대를 동원하였다는 비난을 받게 되자, 김홍집 내각은 훈련대를 해산하고 이른바 육군편제강령을 반포하여 왕성 수비를 위한 중앙군으로 친위대를 설치하였다. 고종 환궁 이후 대한 제국을 선포하면서 친위대도 증강하였는데, 일제의 강압이 본격화됨으로써 목적의 큰 효과는 거두지 못하였다. 러·일 전쟁에서 승리한 일제는 군제 개혁의 명목 아래 1905년 군대 감축을 실시, 제1단계로 친위대를 폐지하였다.

◇ **진위대**
을미사변 후 훈련대를 해산하고, 중앙의 친위대와 더불어 만든 지방군이었다. 전주와 평양을 시작으로, 강화, 수원 등 전국 각지에 조직하였다. 대한 제국기에 구식 군대로 조직되었던 지방대를 흡수하여, 지방 요지 중심의 진위대로 점차 통합하였다. 1900년 7월에는 원수부의 명으로 진위대와 지방대를 합쳐 전국의 진위대 조직을 6개 연대로 재편하였다. 1907년 중앙의 시위대가 해산되고 이어 진위대도 해산될 조짐이 보이자, 의병 투쟁으로 일제에 저항하였다.

ⓒ 경제
- 탁지부 관할 하에 관세사管稅司 9개소와 징세서徵稅署 220개소 설치
- 육의전·상리국商理局 폐지

(4) 삼국 간섭과 을미사변
① 삼국 간섭(1895. 4. 23.): 시모노세키 조약 체결(1895. 4. 17.) 후 러시아가 프랑스·독일과 함께 일본에 압력을 넣어 랴오둥 반도를 청에 반환하도록 함◇
② 3차 김홍집 내각: 친러 민씨 일파가 반역 음모를 꾸미며 박영효 추방(1895. 5. 14.) → 3차 김홍집 내각(이범진·이완용)을 구성(1895. 7. 5.)하여 배일 정책 추진
③ 을미사변(1895. 8. 20.): 대조선 강경론자 미우라三浦梧樓를 조선 주재 일본 공사에 임명 → 일본 낭인 등을 동원하여 경복궁 옥호루에서 명성 황후 시해 후 흥선 대원군과 조선군 훈련대를 유인하여 책임 전가

(5) 3차 개혁(을미개혁, 1895. 8.~1896. 2.)
① 특징
　㉠ 을미사변 이후 4차 김홍집 내각 구성, 유길준·서광범 등 급진 세력을 중심으로 개혁 추진
　㉡ 백성들의 반일·반정부 감정 고조, 을미의병 발발
　㉢ 고종의 아관 파천으로 친러 내각이 구성되면서 개혁 중단
② 개혁 내용
　㉠ 정치
- 태양력◇ 실시 → 건양建陽 연호 사용
- 한성 친위대◇와 지방 진위대◇ 설치
　㉡ 사회
- 단발령 공포로 상투와 망건 금지
- 외국 의복 착용 허가
- 전국적으로 종두법 시행
- 우체사 설치
- 소학교령 반포로 서울에 4개 소학교 설립

(6) 갑오·을미개혁의 의의와 한계
① 의의: 조선의 정치·경제·사회·문화 전 분야에 걸쳐 근대 사회로 진행할 수 있는 제도적 토대 마련
② 한계: 백성의 지지를 받지 못함, 군사와 토지 제도 개혁 미미

4. 아관 파천과 러시아의 세력 강화

(1) 아관 파천(1896. 2. 11.)
① 배경: 일본 주도로 을미개혁 추진 → 미국과 러시아가 조선에 영향력 행사 기도
② 전개 과정
　㉠ 춘생문 사건(1895. 11.)
- 일부 친미·친러 인사들이 정동파(정동구락부club)를 형성하여 민씨 세력과 함께 고종을 미국 공사관으로 피신시키려다 실패
- 언더우드H. G. Underwood·헐버트H. B. Hulbert 등 선교사들과 미국 공사 알렌H. N. Allen, 러시아 공사 베베르K. I. Wäber 등이 관여

ⓒ 아관 파천: 을미 의병으로 친위대 병력이 지방으로 내려가 궁궐 경비가 허술해진 틈을 타 고종과 왕세자가 러시아 공사관으로 피신
③ 결과
  ㉠ 갑오 5적신 피살 → 이범진·이완용·윤치호 등을 중심으로 친러 내각 구성
  ㉡ 러시아 영향력 강화
    • 러시아 군사 교관 및 재정 고문단 파견
    • 열강들의 이권 침탈 본격화
  ㉢ 복고 정책 실시
    • 단발령 철회
    • 내각 폐지 및 의정부 제도 복구, 행정 구역 13도로 환원
    • 음력의 부분적 사용 허용
    • 호적제 개편: 신분 대신 직업 기재

> **읽기 자료**
>
> **민영환이 러시아에 요청한 내용과 그에 대한 답변**
> 1. 만족할 만한 수준의 조선 군대가 창설될 때까지 국왕의 호위를 러시아 경비병이 맡아줄 것 → 조선 국왕은 원하는 한 러시아 공사관에 체류할 수 있고 환궁 시 러시아가 안전을 보장한다. 경비병 파견은 서울 주재 러시아 공사의 판단에 따른다.
> 2. 군사와 경찰의 훈련을 위해 다수의 교관을 파견해 줄 것 → 군사 교관과 재정 전문가를 파견한다.
> 3. 내각과 산업 및 철도 분야를 지도할 고문을 보내줄 것
> 4. 3백만 엔의 차관을 허용해 줄 것 → 조선 정부의 재정 상태 확인 후 고려한다.
> 5. 조선과 러시아를 연결하는 전신선 설치에 동의해 줄 것 → 육로 전선 연결을 승인한다.

(2) 러시아와 일본의 협상
  ① 베베르-고무라(小村壽太郎) 각서(1896. 5. 14.): 러시아와 일본의 병력 수를 동일하게 유지
  ② 로바노프Alexei Lobanov-Rostovsky-야마가타(山縣有朋) 의정서(1896. 6. 9.): 조선의 차관 필요시 양국이 합의를 통해 제공, 일본이 러시아에게 조선의 북위 38도선을 기준으로 분할 점령하자고 제안, 러시아와 일본 주둔군 사이에 완충 지대 설치
  ③ 로젠Roman Romanovitch Rosen-니시(西德二郎) 협정(1898. 4. 25.): 러시아는 한반도로부터 군사·재정 고문단 철수, 한러은행 폐쇄 합의, 일본의 한반도 내 경제적 우위 확보 인정

2 독립 협회와 대한 제국의 수립

1. 독립 협회(1896~1898)

(1) 창설 배경
  ① 이권 침탈 심화: 아관 파천 이후 열강들의 이권 침탈 심화, 독립 국가의 위신 손상
  ② 러시아의 세력 강화
    ㉠ 열강의 러시아 견제
    ㉡ 고종의 환궁을 요구하는 목소리 고조

◇ **민영환의 노력**
민영환은 1896년 6월, 러시아로 가서 경비병의 형식으로 군사 교관을 파견해줄 것을 요청하였다. 그러나 러시아의 로바노프 외상은 열강들을 우려하여 요청 수락에 소극적이었고, 결국 군사 교관 13인만 민영환과 입국하였다.

<1894년>
1.   고부 민란
3.   1차 봉기
4.   황토현 전투, 전주성 점령
5.   청·일 출병, 전주화약
6. 11. 교정청 설치
6. 21. 일, 경복궁 점령
6. 23. 청·일 전쟁
6. 25. 1차 내각 - 1차 개혁
8.   평양 전투
9.   2차 봉기
11. 12. 우금치 전투, 패배
11. 21. 2차 내각 - 2차 개혁
<1895년>
4. 17. 시모노세키 조약
4. 23. 삼국 간섭
7.   3차 내각
8. 20. 을미사변
9.   4차 내각 - 을미개혁
<1896>
2. 11. 아관 파천

[1894~1896년 사건 일지]

[독립문과 영은문]

③ 계몽 필요성 대두
- ㉠ 시민층의 성장으로 근대 문물 수용과 대중 계몽의 필요성 대두
- ㉡ 정부의 지원을 받아 서재필과 개화 관료들이 『독립신문』 간행(1896. 4.)
- ㉢ 독립문 건립 과정에서 독립 협회 조직(1896. 7.)

(2) 활동
① 관료층 중심의 사교 단체 성격으로 출발
- ㉠ 서재필 등 친미 관료 및 친러 관료들 주도: 안경수(회장), 이완용(위원장), 서재필(서재필), 윤치호, 이상재, 남궁억 등
- ㉡ 주요 활동
  - 국민의 성금을 모아 영은문 자리에 독립문 건립, 모화관 개조하여 독립관 건립
  - 국기 계양 주장, 애국가 제정 및 보급 노력
  - 『대조선 독립협회 회보』 창간(1896. 11.),
② 민중 계몽 단체로 변모
- ㉠ 독립문 건립 과정에서 민중 가입 → 계몽 단체의 성격으로 변화
- ㉡ 1897년부터 강연회와 토론회 개최, 신문과 잡지 발간 등으로 민권·국권 사상 고취 → 민중들의 정치 의식 성장
③ 민중 운동을 주도하는 반정부 성격 강화
- ㉠ 대한 제국 수립 후 정부에 비판적 입장을 보이자 관료층 이탈 → 민중적 사회 단체로 변모
- ㉡ 자주 국권 확립을 촉구하는 구국 선언 상소
- ㉢ 1차 만민 공동회(1898. 3.) 개최
  - 우리나라 최초의 근대적 민중 대회
  - 러시아의 침략 정책을 규탄하고 대한 제국의 자주 독립권을 지키자는 결의안 채택
④ 정치 투쟁 전개
- ㉠ 전국에 지회를 두고 4천 명의 회원을 가진 민중 기구로 성장
- ㉡ 조직 개편: 전·현직 관료, 교사, 언론인, 학생, 시전 상인 등이 주도하는 정치 단체로 내부에 평의원제 설치
- ㉢ 보수파 관리들이 독립 협회 탄압
  - 서재필 추방 기도
  - 김홍륙 독차 사건을 계기로 연좌법·노륙법 挐戮法 부활 시도
- ㉣ 민중들이 자발적 만민 공동회 개최(1898. 4.~)하여 저항
  - 악법 부활 규탄 및 중추원 개편(의회 설립)에 관한 논의 진행
  - 박정양·민영환 주도의 개혁파 세력 확대 계기
- ㉤ 황제권 제한 시도
  - 정부 대신의 부정부패 등을 비판하여 황제 권력 제한 시도
  - 황제 측근 이용익을 백동화 남발 혐의로 고등 재판소에 고발

◇ 만민 공동회

독립 협회가 러시아를 견제하고자 만민 공동회를 개최한 며칠 뒤부터, 서울 시민들이 자발적으로 만민 공동회를 주도하기 시작하였다. 여기서는 ① 서재필 추방 반대 운동, ② 생명과 재산의 자유권 수호 운동, ③ 탐관 오리의 규탄, ④ 러시아의 목포·진남포 항구 매도 요구 저지, ⑤ 독일 등 외국의 이권 요구 반대, ⑥ 프랑스의 광산 이권 요구 반대, ⑦ 이권 양여의 조사, ⑧ 무관학교 학생 선발 부정 비판, ⑨ 의학교 설립 요구, ⑩ 의병에 피살된 일본인에 대한 일본의 배상 요구 저지와 이권 요구 반대, ⑪ 황실 호위 외인 부대 창설 저지, ⑫ 노륙법挐戮法 및 연좌법 부활 저지, ⑬ 7 대신 규탄과 개혁 정부 수립 요구, ⑭ 민족 상권 수호 운동 고조, ⑮ 언론과 집회의 자유권 수호 운동과 의회 설립 운동 등을 전개하였다. 특히 정치 운동에서 주목되는 것은 의회 설립을 요구하고 친러 수구파의 퇴진과 개혁파 정부의 수립을 요구하여, 마침내 1898년 10월 12일 박정양·민영환의 개혁파 정부를 세우는 데 성공하였다는 점이다.

> **읽기 자료**
>
> **김홍륙 독차 사건**
>
> 연좌법과 노륙법은 1894년 갑오개혁 때 폐지된 법이었다. 연좌법은 죄인의 가족에게 중형을 내리는 법이었고, 노륙법은 죄인의 스승, 아들, 남편, 아비를 죽이는 법이었다. 1898년 9월 11일 고종 황제와 황태자가 커피를 마신 후 토하고 정신이 혼미해지는 사건이 발생하였다. 이 사건의 주범으로 전 러시아 통역관인 김홍륙이 지목되었고 관련자들이 체포되었다. 이 '김홍륙 독차 사건'을 계기로 수구파 및 중추원 의장 신기선을 비롯한 34인의 의관이 연좌법과 노륙법을 부활해야 한다는 청원서를 올렸다. 또한 경무사 민영기는 이 사건으로 체포된 부녀자와 무고한 사람들까지 무참히 고문하였다. 결국 고문을 받던 공홍식이라는 이가 자살시도를 하는 일이 벌어졌다. 이에 독립 협회는 통상회에서 법부의 죄인에 대한 고문과 중추원의 노륙법 및 연좌법의 부활 시도가 국민의 생명과 재산의 자유권을 침해하는 것으로 규정하고 반대 운동을 진개하기로 결정하였다. 독립 협회는 10월 1일 중추원 문 앞에서 첫 집회를 개최하여 신기선의 사임과 고등재판소에의 고발을 의결함과 동시에 노륙법 및 연좌법 부활 시도를 규탄하였다. 이후 집회는 중추원, 고등재판소, 경운궁 순으로 계속해서 열리며 수구파 정부를 몰아내고 개화파 정부 수립을 요구하는 것으로 이어졌다. 황국중앙총상회와 협력하여 종로 네거리 시전 상인들이 철시를 주도하기도 하였고, 심지어 소학교 학생들까지 참여하여 수구파 정권에 위협을 가했다.

⑤ 관민 공동회(1898. 10.)
  ㉠ 독립 협회 지도부와 박정양 제안으로 관민 공동회 개최
  ㉡ '헌의 6조'를 결의하여 채택 → 고종이 '조칙 5조'로 화답
  ㉢ 중추원 관제를 개편하여 양원제 의회로 바꾸기로 결정(11. 5. 설립 예정)

(3) 해체
  ① 보수파의 반격
    ㉠ 조병식 등 보수파와 황실 측근 세력의 모함으로 익명서 사건 발생(11. 4.)
    ㉡ 결과
      • 의회 설립 무산, 이튿날 독립 협회 해산령·간부 17명 긴급 체포
      • 박정양 내각 와해되고 조병식 내각 수립
  ② 상설 만민 공동회(1898. 11. 5. ~ 12. 26.)
    ㉠ 경복궁 앞에서 철야 농성 시작 → 지도부 석방
    ㉡ 세력 확대 후 독립협회 복설, 모략배의 재판, 헌의 6조 등의 실시 요구 → 황국협회와 전국의 보부상이 동원되어 만민 공동회 습격
    ㉢ 계속된 만민 공동회 → 고종이 독립협회 복설 허가하고 중추원 명단 발표(50명 중 13인이 독립 협회측 인물)
    ㉣ 친러 내각이 수립되고 중추원이 자문 기구로 변질되자 투표로 결정된 11인의 내각 명단을 천거하고 중추원을 활용하여 입헌군주제 수립 기도
  ③ 강제 해산(1898. 12.): 일본 후원 하에 군대 및 황국협회 동원하여 만민 공동회 해산

(4) 의의와 한계
  ① 의의
    ㉠ 민중에 기반하여 자주 국권, 자유 민권, 자강 개혁 등 근대적 시민 운동 전개
    ㉡ 애국 계몽 운동으로 계승
  ② 한계
    ㉠ 의병 투쟁에 부정적
    ㉡ 이권 수호 운동의 양면성: 일본·미국·영국에 대해서 상대적으로 우호

◇ **익명서 사건**
대한 제국 시기 개화파 세력을 일소하기 위해 보수파 관료들이 조작한 사건으로, 당시 군부대신 서리였던 유기환이 독립 협회가 국체를 변경하여 공화 정치를 실시하려고 한다는 익명서를 붙여 이를 빌미로 독립 협회와 개화 세력을 탄압하였다.

◇ **황국협회**
1898년(광무 2) 독립 협회를 해산시키기 위해 홍종우 등이 보부상 조직을 기본으로 만든 어용 단체이다. 황국 협회와 만민 공동회 간에 충돌이 발생하자, 이를 계기로 정부는 독립 협회와 황국 협회를 모두 해체하였다.

◇ **보부상**
보상褓商과 부상負商은 각각 별개의 행상 조직으로 성장해오다가, 조선 후기에 들어서 전국적이고 단일한 조직으로 합쳐지게 되었다. 1883년(고종 20) 혜상공국惠商公局을 설치하면서 부상단과 보상단을 통합하여 군국아문軍國衙門에 소속시켰다. 1885년에는 혜상공국을 상리국商理局으로 개칭하였고, 1894년 부상과 보상을 농상아문農商衙門 관할에 두었다가, 1899년 상무사가 발족함에 따라 보부상을 여기에 이속시키면서 부상을 좌사左社, 보상을 우사右社로 불렀다.

◇ **환구단(원구단)과 황궁우**

고종은 1897년 황제 즉위식을 치르기 위해 환구단을 쌓았다. 일제는 국권 강탈 후 환구단을 허물고 철도 호텔을 세웠다. 왼쪽 건물은 오늘날까지 남아 있는 황궁우이다.

◇ **제국익문사(1902~1909)**

신문사로 사보社報를 매일 발간하는 동시에 국가 서적도 인쇄하였다. 그러나 실제로는 황제 직속의 정보 기관 역할을 했고, 주로 고종의 밀서를 외국에 전달하는 일을 맡았다. 1920년 경까지 비밀리에 존속했던 것으로 보인다.

◇ **무관 학교의 설립**

군사권 강화를 위한 기본 조치로 무관 학교가 필요하다는 인식에서 설립되었으며, 지청천, 이동휘, 김좌진 등 무관 학교 출신 인사들이 이후 신흥 무관 학교나 임시 정부에서 군사 활동을 전개하는 발판을 마련하였다.

◇ **경위원(1901~1910)**

궁전 내외의 경비·수위·규찰 등의 일을 맡아본 관청으로 궁내부 소속이었다. 1905년 황궁경위국皇宮警衛局으로 개편되었다가 1910년 국권 피탈과 함께 폐지되었다.

2. 대한 제국의 수립과 광무개혁

(1) 대한 제국의 수립

① 환궁: 독립 협회와 열강들의 환궁 요구로 고종이 경운궁(덕수궁)으로 환궁(1897. 2.)

② 즉위: 연호를 '광무光武'로 개칭(건원, 1897. 8.), 환구단을 세워 황제로 즉위(1897. 9.), 국호를 '대한 제국'으로 선포(칭제, 1897. 10.).

(2) 광무개혁

① 개혁 원칙

㉠ 구본신참舊本新參: 갑오·을미개혁의 급진성을 비판하고 온건하고 점진적인 개혁 표방

㉡ 자주적 개혁: 외세의 간섭을 배제한 자주적 개혁 추진

② 정치 개혁

㉠ 전제 황권 강화
- 황제 직속의 입법 기구인 교정소 설치, 1899년 대한국 국제 선포로 자주 독립국 천명
- 황제가 군대 통수권·입법권·행정권·사법권·외교권 등을 장악
- 제국익문사帝國益聞社 설치
- 탁지부 관할 수익 사업을 황실 직속의 궁내부 내장원으로 이관, 전환국의 화폐 주조 이익을 황제의 수입으로 귀속

㉡ 군사권 강화
- 원수부 설치로 황제가 육·해군 통솔
- 시위대·친위대·진위대 군사 수 증강
- 고종이 대원수에 올라 서양식 대원수 군복 착용(1899)
- 장교 양성을 위하여 무관 학교 설립(1898)
- 경위원警衛院 설치

㉢ 자주적 외교
- 한·청 통상 조약 체결(1899): 조·청 상민 수륙 장정을 폐기하고 중국과 대등한 관계에서 조약 체결
- 독도: '대한 제국 칙령 41호'로 관보에 독도를 우리 영토로 명기하고 강원도가 관할(1900)
- 간도: 이범윤을 시찰사로 파견한 뒤(1902) 이듬해 관리사로 임명(함경도로 편입, 1903),
- 중립화 추진: 영구 중립화에 대한 미국의 지원 획득 시도 → 이범진·민영찬·민철훈 등 측근을 유럽 주재 공사로 파견하고 이용익 등에게 중립화를 위한 외교 활동 전개 지원, 러·일 전쟁 직전 국외 중립 선언
- 연해주에 해삼위 통상사무관 파견(1900)
- 국가國歌·어기와 태극기·친왕기·훈장 등 제정
- 만국 우편 연합 가입(1900), 만국 박람회 참가(파리 1900, 오사카 1903), 국제 적십자 활동 참여(1903)
- 벨기에(1901)·덴마크(1902) 등과 국교 수립

ⓔ 도시 개조 사업
- 망육순 칭경기념식을 빌미로 미국에서 돌아온 박정양·이채연 등을 중심으로 워싱턴을 모델로 한 황도 건설 사업 추진
- 경운궁 중심의 도시 구조: 대안문 중심의 방사형 도로망 정비, 독립문·환구단 건립
- 독립 공원, 탑골 공원, 장충단을 비롯한 기념물과 건물 건립
- 전차, 전등, 수도, 전화 시설, 하천 정비

　　ⓔ 도시 개조 사업: 망육순 칭경기념식을 빌미로 미국에서 돌아온 박정양·이채연 등을 중심으로 워싱턴을 모델로 한 황도 건설 사업 추진, 탑골 공원을 비롯한 기념물과 건물 건립, 전차와 도로 정비

③ 경제 개혁
　ⓐ 양전·지계 사업(1898~1904)
- 목적: 근대적 토지 소유권을 통해 조세 징수, 외국인의 토지 소유 제한
- 양지아문 설치(1898): 미국인 측량 기사를 통해 전국 토지 측량
- 지계아문 설치(1901): 근대적 토지 소유권인 지계 발급, 전토만이 아니라 산림·토지·전답·가사 등으로 발급 대상 확대, 이듬해 양지아문과 합설
- 외국인 소유 금지: 개항장 이외 외국인의 토지 소유를 금지한다는 조항 명문화

　ⓑ 식산 흥업 정책
- 회사 설립: 직조 권업장(1898), 인공 양잠 합자회사(1900) 등 설립 장려, 황실이 한성 전기 회사에 출자
- 실업학교 설립: 우무학당·전무학당(1897), 상공 학교, 광무 학교 등
- 금융: 대한천일은행 설립, 중앙은행 설립하여 금본위제를 실시 노력, 백동화 대량 발행
- 상행위를 관리하기 위해 상무사, 도량형을 통일하기 위해 평식원 설치
- 광산 채굴권을 궁내부로 이관

　ⓒ 철도 부설
- 국내철도규칙 제정(1896) →대한 제국기 철도사 설치하여 서울-목포, 영남지선 등 계획
- 철도원: 농상공부 소관의 경부선과 경의선 철도 감독 사무 이관
- 경의선·경원선 궁내부 직영으로 부설 시도(이용익 건의)
- 서북철도국 설치(내장원 내): 철도학교 출신 중심으로 자주적 철도 부설 노력
- 부하철도회사(박기종, 1898) → 대한철도회사(1899): 경원·함경선 부설권 확보, 정부로부터 경의선 부설권 양여

　ⓓ 기타 근대 시설 확충
- 서울 시내에 전화 개통(1902), 전차 운행(한성전기회사, 1900)
- 목포·진남포(1897), 마산·군산(1899) 등 개항

◇ 장충단

장충단은 1900년, 을미사변 낭시 순국한 시위 대장 홍계훈 및 여러 군인을 기리기 위해 세운 제단이었다. 이후 추모 대상에 임오군란과 갑신정변 당시에 죽은 문신들도 포함하면서 나라를 위해 목숨을 바친 문무관 등 많은 사람을 추모하는 국가적 성소로 자리 잡았다. 1910년 8월 일제는 장충단을 폐사하였고, 1920년대 후반부터 이곳 일대에 벚꽃을 심고 공원 시설을 설치하여 상하이 사변 당시 일본군 결사대로 전사한 육탄 삼용사의 동상을 세우고 이토를 기리는 박문사를 건립하였다.

◇ 대한 제국의 예산표

기관	세출액(원)	비율(%)
황실	900,000	11.9
궁내부	257,017	3.4
원수부	65,275	0.9
내부	973,410	12.8
외부	288,838	3.8
탁지부	578,736	7.6
군부	2,786,290	36.7
학부	167,730	2.2
경무청	276,154	3.6
지계아문	22,108	0.3
통신원	374,910	4.9
기타	241,569	3.3
임시비	53,840	0.7
예비비	600,000	7.9
세출 총계	7,585,877	100

◇ 한성 전기 회사

1899년에 황실과 미국 콜브란(H. Collbran)사의 합자로 설립되었으며, 여기에서 동대문 발전소를 건설하면서 대한 제국에 전기 시설이 갖추어져 갔다.

◇ 군산항의 개항

금강 하구에 자리 잡은 군산은 마산, 성진 등의 항구와 함께 고종의 칙령에 따라 자주적으로 개항하였다. 조약에 따른 개항이 수동적이었다고 한다면, 칙령에 의한 개항은 능동적이었다. 고종은 세계 열강을 끌어들여 세력 균형을 이루려 하였고, 이를 실행에 옮기기 위해 칙령 개항을 하였다.

◇ **백두산 정계비의 위치**

◇ **백두산 정계비의 토문**

목극등은 백두산 천지에서 동남쪽으로 4km 지점인 2,200m 고지에 이 비석을 세웠다. 그는 백두산에서 발원하는 물줄기를 일일이 확인하지 않고 모두 동쪽으로 흘러 두만강을 이룰 것으로 생각하였는데, 이 물줄기가 동류하다가 북쪽으로 휘어져 쑹화강의 지류로 연결된다는 사실이 나중에 확인되었다. 목극등은 정계비를 세울 때 물줄기가 어느 정도 흐르다가 땅속으로 복류한 뒤 다시 솟아나는 것으로 생각하고 복류 지점에 목책을 세울 것을 조선 정부에 요구하였으나 물줄기는 두만강으로 흐르지 않고 복류도 하지 않았다. 조선에서는 정계비에서 목극등이 지목한 수원까지 목책과 돌담을 쌓도록 지시하였는데, 현지에서는 두만강 발원지로 판단한 수원까지 목책과 흙담을 쌓았다. 토문강이 현재의 두만강인지 아니면 쑹화강의 한 지류인지를 놓고 양국 간에 지속적인 논란이 되었다

◇ **간도 관리사**

대한 제국 정부는 간도에 파견되어 있던 이범윤을 간도 관리사로 임명하여, 간도의 토지와 호구를 조사하고 조선인을 보호하는 영사의 역할을 수행하게 하였다. 이범윤은 간도에 군대를 주둔시키고 관청을 설치하고자 간도에 거주하는 한국인에게 조세를 징수하였다.

◇ **통감부 간도 파출소**

대한 제국은 1906년 11월 통감부에 간도의 한국인을 보호해 줄 것을 요청하였다. 한반도를 통해 만주로 진출하려던 일본은 1907년 2월 통감부 파출소를 설치하고 도쿄에 사무소를 창설하였고 같은 해 8월 이 사무소를 간도 용정촌에 옮겨 사무를 시작하였다. 이로써 간도 문제는 청과 일본 사이의 영유권 문제로 변하였다. 간도 파출소를 설치한 일본은 간도가 대한 제국의 영토이며, 간도에 거주하는 한국인은 청 정부에 납세할 의무가 없다고 천명하였다.

④ 기타
  ㉠ 순회 재판소 설치
  ㉡ 국가 주도로 광제원(1900), 잠업 시험장, 연초 회사 설립
  ㉢ 관복제 개정(양복), 호적 제도 근대적으로 개편
  ㉣ 유교의 국교화와 신교육을 강화하는 흥학조칙興學詔勅 반포(1899), 소학교·중학교·외국어학교·의학교 설립, 외국에 유학생 파견
  ㉤ 제위에 오른 직후 명성 황후 국장(1897. 11. 12.)
  ㉥ 단발령 재실시(1900), 군수삭발령을 통해 공직자 단발 강제(1906)

(3) 광무개혁의 의의와 한계
  ① 의의
    ㉠ 국가의 자주독립과 근대화 지향, 외세의 간섭 배제
    ㉡ 산업·교육 부면에서 근대적 성과
  ② 한계
    ㉠ 황실 주도의 개혁, 황제권 강화, 민중의 저항에 직면
    ㉡ 재정 확보 실패와 집권 세력의 부정부패

3. 간도와 독도

(1) 간도 귀속 문제
  ① 백두산 정계비(1712): 조선과 청이 압록강과 토문강을 경계로 국경 확정◇
  ② 청의 봉금 정책: 청이 만주 일대를 봉금 지역으로 설정(1677) → 19세기 이후 조선인들이 이 지역으로 집단 이주, 베이징 조약 후 봉금 정책 해제
  ③ 감계 회담: 을유(1885)·정해(1887) 감계 회담 개최
  ④ 우리의 대응
    ㉠ 1883년 서북경략사 어윤중 파견
    ㉡ 1885년 토문감계사 이중하 파견(감계 회담)
    ㉢ 1901년 회령에 변계경무서 설치
    ㉣ 1902년 간도 시찰사 이범윤 파견, 이듬해 간도 관리사로 임명◇
  ⑤ 일본의 간도 문제 개입
    ㉠ 조선 통감부 간도 파출소 설치(1907):◇ 표면적으로 한인韓人 보호, 실질적으로 간도 지배 → 열강의 간섭 초래
    ㉡ 간도 협약(1909): 남만주 철도 부설권 대가로 간도를 청의 영토로 인정하는 협약 체결, 국경 확정, 간도 파출소 철수 및 영사관 설치
    ㉢ 만주 5안건 협약(1909): 간도 협약 당일 체결, 길장선吉長線의 옌지延吉 남쪽 연장, 푸순撫順·옌타이烟台 탄광 채굴권, 안봉선安奉線 개축 사업 참여
  ⑥ 조·중 변계 조약朝中邊界條約(1962): 북한과 중국이 1950년대 중·소 충돌을 계기로 조·중 변계 조약을 체결하여 압록강·두만강 상의 섬과 사주의 분할 근거 제시, 1964년 3월에는 조·중 변계 의정서 체결로 백두산 천지의 국경 확정

(2) 독도 영유권 문제

① 전근대기

　㉠ 지증왕의 우산국 정벌(512)

　㉡ 조선 태종 때 쇄환 정책 실시(1416)로 일본인 출몰 잦아짐

　㉢ 『세종실록』 지리지와 『신증동국여지승람』의 팔도총도(1503)에 우리 영토로 기록

　㉣ 도쿠가와(德川) 막부에서 일본인에게 도해(渡海) 면허 발급(1618)

　㉤ 일본측 자료인 『은주시청합기(隱州視聽合紀)』(1667)와 삼국접양지도(三國接壤之圖)(울릉도와 독도는 한국 것(朝鮮ノ持二), 1785)에 우리 영토로 기록

　㉥ 숙종 때 안용복이 일본에서 독도와 울릉도에 대한 영유권을 확인(1693, 1696)

② 근대기

　㉠ 1870년 일본 메이지(明治) 정부 외무성에서 '울릉도와 독도가 조선 영토로 되어 있는 전말(朝鮮國交際始末內探書)'을 조사

　㉡ 1877년 일본 전국 지도 작성 중 '울릉도와 독도는 조선의 영토이므로 일본과 관계없는 땅'이라고 결정(태정관(太政官) 지령)

　㉢ 울릉도 개척: 1883년 김옥균이 동남 개척사로 울릉도 개척, 이듬해 삼척 영장이 울릉도 첨사를 겸임하며 쇄환 정책 중단

　㉣ 대한 제국 칙령: 1900년 대한 제국 칙령 41호를 통해 울릉도를 울도로 개칭하고 관할 지역을 '울릉전도, 죽도, 석도'로 규정(10. 25.), 이를 관보에 게재(10. 27.)

③ 일제의 강탈

　㉠ 러·일 전쟁 발발 후 무주지선점론(無主地先占論)을 근거로 독도를 다케시마(竹島)로 명명하고 시마네 현 고시 제40호를 통해 일방적으로 자신들의 영토로 편입(1905. 2.)

　㉡ 일본은 미국을 비롯한 서구 국가에 대해 사전 통고와 협의 절차를 거치면서, 대한 제국에는 아무런 문의나 통고 없음

④ 우리의 대응

　㉠ 울도 군수가 강원도 관찰사와 중앙 정부에 보고 → 내부 대신과 참정대신은 '독도가 일본의 영토라는 것은 전혀 근거가 없다.'라면서 사실 관계 재조사 지시

　㉡ 을사늑약으로 아무런 외교 조치를 취할 수 없는 가운데『대한매일신보』와 『황성신문』등에 일본의 독도 편입에 항의하는 글 게재

⑤ 광복 후 독도 문제

　　㉠ 1946년 SCAPIN 제 677조에서 독도를 일본 통치권에서 제외

　　㉡ 1952년 1월 18일 '인접 해양의 주권에 관한 대통령 선언(평화선)' 선포

　　㉢ 1953년 국회, 경비대를 상주하도록 함

　　㉣ 1953년 독도 의용수비대 창설(활동 기간: 1953. 4. 20.~1956. 12. 25.)

　　㉤ 1954년 일본, '국제 사법 재판소에 독도 문제를 제소할 것' 제의

　　㉥ 1965년 한·일 어업 협정 체결

　　㉦ 1983년 3월 22일 일본, 독도는 일본 영유라는 공식 견해 발표

팔도총도

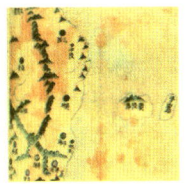

조선전도(18C 후반)

삼국접양지도(18세기 후반)

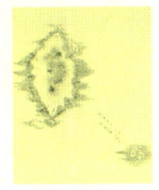

기죽도략도

◇태정관 지령

메이지 유신으로 근대화를 추진하던 일본은 1876년부터 전국의 지적도를 편찬하기 시작하였다. 이때 시마네(島根) 현은 '울릉도 외 한 섬(松島)'에 대한 기록과 '기죽도(울릉도)략도(磯竹島略圖)'라는 지도를 자국의 내무성에 제출하면서 '울릉도 외 한 섬'을 시마네 현 지적도에 올릴 것인지 문의하였다. 국가 최고 기관인 태정관은 시마네 현이 올린 문서와 지도를 조사한 끝에 '울릉도 외 한 섬'은 일본과 관계 없다고 하였다. '한 섬'이 독도라는 것은 기죽도 략도를 통해 확인할 수 있다.

CHAPTER 03 국권 피탈과 저항

1 국권의 피탈

1. 러·일 전쟁(1904. 2. 8.)

(1) **배경**: 러시아와 일본이 대한 제국과 만주를 둘러싸고 대립하던 중 용암포 사건(1903)◇ 발발

러시아의 진출	일본(미·영)의 견제
· 베이징 조약으로 연해주 획득(1860) · 조·러 조약 체결(1884), 조·러 밀약설(1885) · 삼국 간섭으로 일본 견제, 아관 파천 · 목포, 마산포 점령 계획 · 여순·대련 조차 시도, 시베리아 철도 부설 · 용암포 사건(1903)◇	· 강화도 조약(1876) → 원산 개항(1880) · 거문도 사건(1885) · 을미사변, 을미개혁 cf. 독립 협회의 이권 수호 운동 · 러·일 협상(한반도 분할 논의 실패) · 제1차 영·일 동맹(1902) · 영·미·일의 반환 요구(무력 개입)

[러시아와 일본의 대립 구도]

(2) **전개 과정**: 고종의 대한 제국 국외 중립 선언(1904. 1. 21.) → 일본이 러시아 뤼순 기지 기습(1904. 2.) → 러시아가 반격에 나섰으나 국내에서 러시아 혁명(피의 일요일, 1905. 1.) 발발, 발틱 함대Baltic Fleet가 일본 함대에 패배

(3) **결과**: 미국의 중재로 포츠머스 강화 조약 체결 → 일본은 열강들로부터 한반도와 만주 지역에 대한 지배권을 인정받음

◇**용암포 사건**
러시아가 압록강 하구에 위치한 용암포를 불법으로 점령하고 대한 제국 정부에 조차를 요구한 사건이다(1903. 7.~9.). 러시아와 일본은 용암포를 둘러싸고 날카롭게 대립하였는데, 이는 후에 러·일 전쟁의 도화선으로 작용하였다.

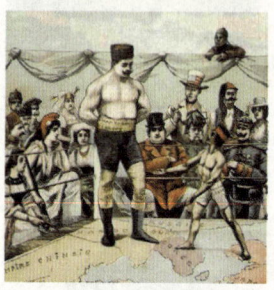

[러·일 전쟁 풍자도]

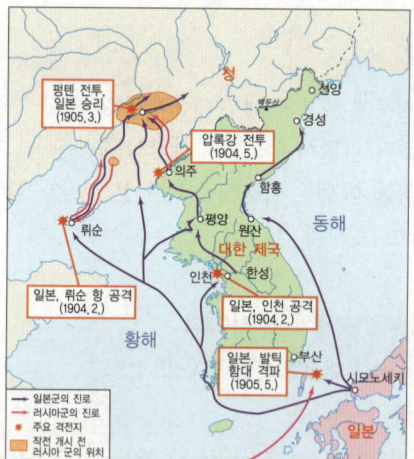

[러·일 전쟁 전개도]

러시아는 일본에게 한반도를 군사적으로 이용하지 말 것과 북위 39도 이북 땅을 중립 지대로 만들 것을 제안하였으나 일제는 이를 거부하고 경부선 철도 건설을 서두르는 한편, 뤼순 항을 기습 공격하여 러·일 전쟁을 일으켰다.

2. 국권 피탈 과정

(1) 러·일 전쟁과 일본의 국권 장악

① 한·일 의정서(1904. 2. 23.)
  ㉠ 일본이 동양평화론을 구실로 강제 체결
  ㉡ 한반도를 군용지로 사용
② 대한 시설 강령(1904. 5.): 일본 내각 회의에서 채택하여 한반도에 대한 침략 본격화
③ 제1차 한·일 협약(한·일 협정서, 1904. 8.): 재정과 외교 부문에 메가타目賀田種太郞와 스티븐스D. W. Stevens를 파견하여 내정 간섭 본격화
④ 열강이 일본의 한국 지배 승인
  ㉠ 가쓰라·태프트 밀약桂太郎-W. H. Taft Agreement(미-일, 1905. 7.)
  ㉡ 제2차 영·일 동맹(영-일, 1905. 8.)
  ㉢ 포츠머스 강화 조약Treaty of Portsmouth(러-일, 1905. 9.)◇

(2) 국권의 피탈

① 제2차 한·일 협약(을사늑약, 1905. 11.)◇
  ㉠ 미·영·러가 일본과의 조약을 통해 일본의 대한 제국 지배를 인정
  ㉡ 일본은 대한 제국 보호 명분으로 통감부·이사청理事廳 설치,◇ 이토 히로부미伊藤博文 통감 파견
  ㉢ 외교권을 박탈하여 각국 공사관 폐쇄
② 고종 강제 퇴위(1907. 7. 20.)
  ㉠ 만국 평화 회의에 헤이그 특사(이상설·이준·이위종) 파견 빌미
  ㉡ 순종 즉위식 거행, 연호를 '융희隆熙'로 바꿈(국권 피탈 후 순종을 왕으로 강등)
③ 한·일 신협약(정미 7조약, 1907. 7. 24.)
  ㉠ 통감의 인사권 장악
  ㉡ 부속 조약으로 일본인 차관 임명, 군대 해산(1907. 8.)
  ㉢ 신문지법(7. 24.)과 보안법(7. 27.) 제정하여 저항 봉쇄
④ 기유각서(1909. 7.): 2대 통감 소네 아라스케曾禰荒助가 체결, 사법권 박탈
⑤ 경찰사무 위탁각서(1910. 6.): 3대 통감 데라우치 마사타케寺内正毅가 체결, 경찰권 박탈
⑥ 한국 병합에 관한 조약(경술국치, 1910. 8. 22.)
  ㉠ 대한 제국의 내각 총리대신인 이완용과 3대 통감인 데라우치가 체결
  ㉡ 1910년 8월 29일 조약 공포, 총독부를 설치

◇ **포츠머스 강화 조약**
조약의 주요 내용을 요약하면 다음과 같다.
- 러시아 제국은 대한 제국에 대한 일본 제국의 지도, 보호, 감독권을 승인한다.
- 러시아 제국은 뤼순旅順과 다롄大連의 조차권을 승인하고 창춘長春 이남의 철도 부설권을 할양한다.
- 일본 제국이 배상금을 요구하지 않는 조건으로 러시아는북 위 50도 이남의 남 사할린Sakhalin 섬을 할양한다.
- 러시아 제국은 동해, 오호츠크Okhotsk 해, 베링Bering 해의 러시아령 연안의 어업권을 일본 제국에 양도한다.

◇ **을사늑약에 대한 저항**
- 상소: 민영환, 조병세, 이상설 등
- 자결: 이한응(늑약 전), 민영환, 조병세 등
- 외교: 고종의 친서(영·독 등), 헐버트 파견, 헤이그Hague 특사(이준·이상설·이위종)
- 을사의병
- 자강회(기산도): 을사오적 처단 목적, 이근택 공격
- 자신회(나철·오기호): 을사오적 암살 시도
- 언론: 장지연의 '시일야방성대곡'(『황성신문』)

◇ **이사청**
통감부의 지방기관으로, 을사늑약 조인에 따라 12월 21일자 일왕의 칙령으로 '통감부 및 이사청관제統監府及理事廳官制'를 공포하고 설치하였다. 중앙에 통감부와 그에 부속된 기구를 설치하고 각지의 영사관 자리에 이사청을 두어 이듬해 2월 통감부와 함께 개청開廳, 서울과 지방에서 본격적인 한국 침탈 작업을 시작하였다. 1910년 '조선총독부 지방관 관제'에 따라 폐지되었다.

◇ **국권 피탈기의 저항 사례**
- 고종 퇴위에 대한 저항: 정미의병, 대한 자강회
- 군대 해산에 대한 저항: 박승환 자결, 정미의병
- 국권 피탈에 대한 저항: 절명시(황현)

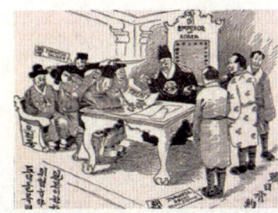

한·일 협약도
고종 황제가 마지막 비준 절차에 해당하는 칙유에 서명하지 않았기 때문에 을사늑약은 국제법상 불법이다. 그림에서도 '협자'를 '協(화합할 협)'이 아닌 '脅(으를 협)'으로 쓰면서 이를 풍자하고 있다.

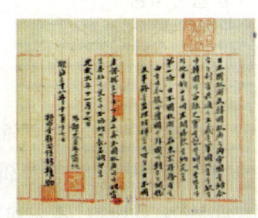

을사늑약 원본 첫 장과 마지막 장
공식 명칭의 자리가 비어 있으며, 대한 제국의 외무대신과 주한 일본 공사의 도장만 찍혀 있을 뿐 양국의 최고 통수권자인 고종 황제와 일왕의 날인이 없다.

2 국권 회복 운동

1. 의병 투쟁의 전개

(1) 을미의병

① 배경: 을미사변과 단발령 구실, '존왕양이尊王洋夷'(일본 세력을 배척, 친일 관료를 처단)

② 특징
- ㉠ 위정척사 운동의 반외세·반침략 정신을 계승
- ㉡ 동학 농민군이 의병 세력으로 대거 가담
- ㉢ 아관 파천 이후 고종이 단발령을 철회하고 해산 조칙을 내리자 대부분 해산
- ㉣ 이들 중 일부는 해산 이후 영학당·활빈당 등으로 활동

③ 주요 의병장: 제천의 유인석(1910년 연해주에서 13도 의군 도총재로 추대), 춘천의 이소응, 선산의 허위, 장성의 기우만

(2) 농민 세력의 저항◇

① 제주 민란(1898)
- ㉠ 방성칠, 강벽곡, 정세마 등이 남학당 교도 수백명을 끌로 전라도에서 제주로 이주하여 포교 → 마장세 징수 등에 반발하여 제주목 점거
- ㉡ 조세 제도 개혁 및 제주도 독립 주장

② 영학당英學黨(1898, 1899)
- ㉠ 동학의 남접 잔존 세력이 탄압을 피하기 위해 영국인을 앞세우고 서학 행세를 하며 '영학' 명칭 사용
- ㉡ 보국안민輔國安民, 척양척왜斥攘斥倭 주장하며 전라도 일대에서 두 차례 봉기
- ㉢ 광주와 전주 등 함락시키고 활빈당 민중 운동의 기폭제로 작용

③ 활빈당活貧黨(1900~1904)
- ㉠ 청·일 전쟁 이후 곡물의 대량 유출과 지주제 확대로 유망한 농민 세력
- ㉡ 농민군·을미의병·영학당·화적 등이 전국적 규모의 활빈당으로 발전
- ㉢ 광산과 철도가 토지 황폐화의 주범이라 인식하여 이들 이권 양여에 대해 격하게 저항, 토지 개혁과 방곡 실시 등 주장

④ 신축민란(이재수의 난, 1901)
- ㉠ 지방 관리의 수탈과 천주교 신부 및 교도들의 횡포에 제주도민들이 저항
- ㉡ 이재수의 지휘 아래 도민과 관리들이 제주성 장악하고 천주교도 처벌
- ㉢ 프랑스 군이 개입하여 국제전으로 번질 조짐이 보이자 이재수 외 3인이 자수하고 해산
- ㉣ 항조·항세 반봉건 운동, 천주교 반대를 내세운 반외세 민란

(3) 을사의병

① 배경: 을사늑약

② 특징
- ㉠ 평민 의병장(신돌석)의 등장
- ㉡ 활빈당·영학당 등의 세력이 의병에 가담 → 전국적 규모로 확산◇

③ 주요 의병장: 홍성의 민종식(홍주성), 태인의 최익현(쓰시마에서 순절)과 임병찬, 울진의 신돌석(태백산 호랑이)

◇ **을미의병 이후의 농민 운동**

을미의병이 해산한 후 전국에서 농민 항쟁이 일어났는데 자료에 남학당·영학당·동학당·북대·남대·초적·화적으로 기록되어 있는 것이 그때의 농민 조직이었다. 그들은 1900년 무렵부터 활빈당으로 정비되어 가다가 다시 을사의병으로 전환해 갔다. 남학당·활빈당 등의 농민 항쟁을 광무 농민 운동이라고도 하는데, 당시는 반봉건적 성향이 강했다. 그러나 한일의정서 이후 일제의 침략 이후로 활빈당은 반제국주의 성향이 강한 의병의 성격을 띠었다.

(4) 정미의병

① 배경: 고종의 강제 퇴위에 이은 군대 해산 조치

② 특징

㉠ 해산병의 가담: 다양한 계층과 직업군 참여, 단순 투쟁이 아닌 전쟁으로 발전

㉡ 서울 진공 작전
- 유생 의병장들이 주도하여 13도 연합 의병(13도 창의군, 총대장에 이인영, 군사장에 허위 추대) 결성
- 각국 외교 사절에 통문을 보내 국제법상 교전 단체임을 밝힘
- 허위가 300여 명의 선발대를 이끌고 1908년 1월 서울을 공격

㉢ 해산: 일본의 남한 대토벌(호남 대토벌, 1909)로 세력이 크게 약화, 만주나 연해주 지역으로 이동하여 국외 독립군으로 재편

㉣ 13도 의군(연해주, 1910): 이상설·이범윤·홍범도 등이 유인석을 도총재로 추대하여 국내 침투 계획

③ 주요 의병장

㉠ 이인영(원주): 13도 의병 연합의 총대장

㉡ 김수민(개성), 홍범도(갑산): 대표적인 평민 의병장, 포수 출신 홍범도는 이후 연해주 등지에서 활약하다가 대한 독립군을 이끌었음

㉢ 안규홍(순천): '동모산 머슴새'라는 별명, 호남 대토벌 작전으로 체포

㉣ 기삼연(호남): 호남창의회맹소 조직

> **읽기 자료**
>
> **의병장의 한계**
>
> 1895년 3월, 충주성 부근의 청룡촌 싸움에서 패배한 뒤, 선봉장 김백선이 그 책임 문제를 가지고 작전 약속을 지키지 않은 중군장 안승(양반 유생 출신)에게 따지자, 유인석은 일개 포군이 감히 양반에게 무례하게 대든 불경죄를 저질렀다고 하며 김백선을 참살하였다. 최익현은 을사년에 거병하고는 "그들이 왜(倭)라면 마땅히 한번 결전을 벌여 보겠지만 왜가 아니고 관군이라면 이것은 우리가 우리를 치는 것이니 어찌 차마 할 수 있겠는가."라며 항복하였고, 13도 창의군 총대장 이인영은 부친상을 당하자 "나라에 대한 불충은 어버이에 대한 불효요, 어버이에 대한 불효는 나라에 대한 불충이다. 그러므로 나는 3년상을 치른 뒤 다시 의병을 일으켜 일본을 소탕하고 대한(大韓)을 회복하겠다."고 하였다. 13도 창의군이 성립될 당시에도, 각도 의병장을 선정하고 부대를 재편하는 가운데 평민 의병장이었던 홍범도, 신돌석, 김수민 등이 제외되었다.

(5) 의사와 열사의 투쟁

① 장인환·전명운 의거(1908)

㉠ 미국 샌프란시스코 오클랜드 San Francisco-Oakland에서 외교 고문 스티븐스 사살

㉡ 대동 보국회 소속의 장인환과 공립협회 소속의 전명운 → 이후 (대한인)국민회 결성 배경

② 안중근 의거(1909)

㉠ 초대 통감 이토 히로부미를 만주 하얼빈(哈爾濱) 역에서 사살

㉡ 연해주 의병장으로 활약하다가 단지 동맹을 맺고 거사 계획

㉢ 체포된 후 옥중에서 『동양평화론』 저술

③ 이재명 의거(1909)

㉠ 명동 성당 앞에서 이완용 암살 시도

㉡ 미국 공립협회 소속

◇ 정미의병 당시 의병의 모습

비록 무기와 복장은 통일되지 않았으나, 유생·군인·농민·상인·포수 등 각계각층이 참여하여 대일 항쟁을 전개하였다.

◇ 허위

왕산 허위(1854~1908)는 경상북도 구미에서 출생하였다. 성균관 박사, 평리원 재판장 등을 역임하였다. 한·일 신협약 체결과 군대 해산에 반발하여 결성된 13도 창의군에서 군사장을 맡았다. 13도 창의군은 각지의 유생 의병장이 중심이 되어 결성한 의병 부대로 총 병력이 1만 여명에 이르렀으며, 총대장에는 대한관동창의대장 이인영을 추대하였다. 허위는 군사장으로서 300여 명의 선발대를 이끌고 1908년 1월 서울을 공격하였으나 패배하였고, 경기도 양평에서 일본 헌병에게 체포되어 서대문 감옥에서 순국하였다.

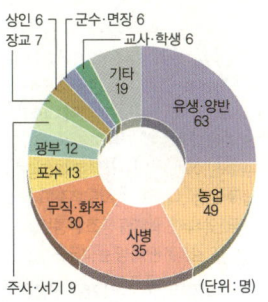

◇ 정미의병장의 신분 및 직업 분포

해산 군인의 가담으로 정미의병의 전투력은 강화되었으나, 일제의 대토벌 작전으로 1908년 이후 점차 소멸하였다.

> 읽기 자료
>
> **장인환·전명운 의거**
>
> 1908년 장인환과 전명운은 미국 샌프란시스코에서 대한 제국의 외교 고문이자 통감부 고문인 친일 미국인 스티븐스를 처단하였다. 스티븐스는 을사늑약 체결 이후 일본의 입장을 선전하기 위해 1908년 3월 휴가를 얻어 미국으로 돌아갔다. 스티븐스는 샌프란시스코에서 한국민이 일본의 보호 정치를 찬양하고 있다면서 '일본의 한국 지배는 한국에게 유익하다Japan's Control, A Benefit to Corea'라는 제목의 왜곡된 친일 성명서를 발표하였다. 우리 교포들은 이에 크게 분노하여 공립협회와 대동보국회를 중심으로 공동회를 개최, 대표로 4인을 파견하여 스티븐스에게 항의했으나, 스티븐스는 '한국인들이 어리석어 독립할 자격이 없다'는 등의 망언을 이어갔다. 결국 장인환과 전명운이 캘리포니아 주 오클랜드 역에서 스티븐스를 사살하였고, 이후 공립협회와 대동보국회는 2차 공동회를 결성하여 양 의사의 후원회를 결성하였다. 재미 한인들은 후원회를 중심으로 후원 경비를 조달하였고, 변호사를 선임하는 한편 법정을 통해 일제 침략의 실상을 세계 만방에 알리고자 하였다. 이 사건을 '샌프란시스코 크로니클' 지를 비롯한 미국의 신문들이 대대적으로 보도하자 당시 반일감정이 고조되어 있던 미국인들도 관심을 가졌고, 미국 본토와 하와이는 물론 멕시코, 중국, 일본, 러시아의 동포들로부터도 많은 응원과 후원이 이어졌다. 전명운은 구속된지 97일 만에 살인미수죄에 대해 증거불충분으로 무죄를 선고받았으며, 장인환은 일급 모살 혐의로 기소되어 8개월 동안 재판투쟁을 벌였다. 이때 한국측 변호인단은 장인환에 대해 애국충정의 발로로 인한 정당 행위를 들어 무죄 석방을 주장하였다. 각고의 노력 끝에 결국 장인환은 살인을 면하고 25년형을 선고받았으며, 10년만인 1919년에 가석방 되었다.

2. 애국 계몽 운동

(1) 애국 계몽 운동의 의미와 특징
 ① 의미: 국권 피탈기(러·일 전쟁~국권 피탈) 국권 회복을 위한 계몽 활동의 통칭
 ② 특징
  ㉠ 개화 자강 계열의 지식인·관료·개혁적 유학자들이 주도
  ㉡ 사회 진화론에 기반
  ㉢ 교육과 산업 진흥으로 민족의 실력을 양성하여 독립 시도(자강론, 준비론)

(2) 주요 단체
 ① 보안회(1904)
  ㉠ 결성: 일본이 '황무지 개간'을 구실로 토지 약탈 시도하자, 이에 대한 대응으로 보부상단과 전 독립 협회 회원들이 중심이 되어 결성(이권 수호 단체)
  ㉡ 활동
   • 일제의 황무지 개간권 요구 저지
   • 농광 회사◇를 통해 황무지 개간 사업을 전개
   • 일진회◇의 탄압으로 해산
 ② 공진회(1904)
  ㉠ 결성: 보안회 해산 후 그 구성원들이 결성
  ㉡ 활동: 일진회에 대항하여 국권 수호 운동 전개, 해산 후 일부 회원들이 헌정 연구회 조직
 ③ 헌정연구회(1905)
  ㉠ 결성: 독립 협회를 계승하여 이준·윤효정 등이 조직
  ㉡ 활동
   • 국민의 정치 의식 고취하고 입헌 군주제 수립을 통한 민권 확대 운동
   • 을사늑약 계기로 일진회 규탄하다가 통감부의 탄압으로 해산(1906)

◇ **농광 회사**
일제의 토지 침탈에 맞서 개간 사업을 목적으로 설립된 근대적 농업 회사이다. 황무지 개간권을 일제에 넘기지 말고 한국인에게 관련 사업을 직접 맡기자는 여론에 따라 이도재, 박용화 등을 중심으로 세워졌으며, 정부에 개간 사업 허가를 요청하였다.

◇ **일진회(1904)**
대한 제국 때의 매국적인 친일 단체이다. 송병준 등이 조직하였던 유신회를 1904년(광무 8)에 개칭한 것이다. 그해 12월 동학의 친일 인사 이용구가 조직한 진보회와 통합하여 일본군의 자금 지원을 받으며 적극적인 친일 활동을 전개하였다. 1905년에는 을사늑약 지지를 선언하였으며, 1909년에는 황제에게 한·일 합병 건의서를 올리기도 하였다. 1910년 경술국치를 기하여 자진 해산하였다.

④ 대한 자강회(1906)
  ㉠ 결성: 헌정 연구회를 계승하여 윤효정·장지연 중심으로 결성
  ㉡ 활동
    • 민권 운동, 교육과 산업 진흥 노력
    • 전국 25개 지회 설립, 『대한 자강회 월보』 간행, 강연회 개최
    • 고종의 강제 퇴위에 반대하다 통감부의 보안법에 의해 해산(1907)
⑤ 대한협회(1907)
  ㉠ 결성: 대한 자강회 계승, 오세창·남궁억·윤효정·장지연 등이 설립
  ㉡ 활동
    • 정당 정치론을 주장하고 스스로 정당임을 자처
    • 교육 보급과 산업 개발, 회보 발행하고 전국 70여 개 지회 설치
    • 학회(서우학회·한북흥학회) 설립 주도
    • 친일 경향도 보였으나, 국권 피탈 가시화되자 일진회 규탄
⑥ 신민회(1907)
  ㉠ 결성: 미국 신민회의 안창호가 귀국하여 양기탁과 함께 결성한 비밀 결사
  ㉡ 조직
    • 회장 윤치호, 부회장 안창호 임명, 박은식·신채호·이동휘·이시영·이회영·이상재 등 활동
    • 서북 지역 출신 기독교 세력이 주축(서울 상동교회를 거점)
    • 총본부, 총감소, 군감소, 반 등을 조직하여 전국적 조직화 도모
  ㉢ 목표: 실력 양성을 통한 국권 회복, 공화정체의 근대 국민 국가 건설
  ㉣ 활동: 표면적 실력 양성 운동, 비밀리에 '독립 전쟁론'에 기반
    • 교육: 대성 학교(평양, 안창호)와 오산 학교(정주, 이승훈) 등 전국적 학교 설립
    • 산업: 자기 회사(평양)·방직 공장·연초 공장 등을 세워 민족 자본 육성 시도, 국채 보상 운동 참여
    • 계몽·출판: 민중 계몽 및 강연 활동, 평양과 대구에 출판사 겸 서점인 태극 서관 개설, 『대한매일신보』를 기관지로 활용, 조선 광문회(1910) 활동 지원
    • 군사 기지 건설: 서간도 삼원보에 기지 건설 후 신흥 강습소(→ 신흥 무관 학교) 설립
  ㉤ 해체: 105인 사건으로 해산(1911) → 이후 안창호는 미국에서 흥사단 조직

(3) 교육 활동

① 학회 설립: 애국 계몽 운동의 일환으로, 지역 출신들이 학회를 결성 → 학회령(1908)

  ㉠ 서북학회(1908)
- 박은식·노백린 등 서북 지역 출신 인사들이 서우학회 조직(『서우』 발간) → 한북흥학회와 합쳐 서북학회로 확대 개편, 이동휘·안창호 등 회동
- 국권 회복·인권 신장 도모하며 근대 국가 수립 목적, 독립 전쟁론으로 기지 건설 노력
- 서북 협성학교·수상 야학·심학 강습소·농림 강습소 등 설립

  ㉡ 기호흥학회(1908): 지석영·이상재 등 주도, 기호학교 설립

  ㉢ 청년학우회(1909): 안창호·윤치호·최남선 등이 신민회의 외곽 단체로 창립 → 흥사단·수양동우회 설립으로 계승

② 학교 설립 → 사립학교령(1908), 언론·출판 → 신문지법(1907), 출판법(1909)

(4) 애국 계몽 운동의 의의와 한계

① 의의

  ㉠ 독립운동의 이념 제시: 국권 회복과 근대 국민 국가 수립을 목표로 제시

  ㉡ 독립운동의 전략 제시: 국내에서 문화적·경제적 실력 양성과 국외에서 독립운동 기지 건설에 의한 무장 투쟁 등 다양한 전략을 제시

  ㉢ 민족 독립운동의 기반 조성: 근대적 교육 실시, 민족 산업 육성, 국외 독립운동 기지 건설 등을 통해 장기적인 민족 독립운동의 기반을 구축

② 한계: 일제에 의해 예속되어 성과 미미, 국권 상실의 원인을 민족의 실력 부족으로 파악하여 열강의 침략을 합리화(사회진화론 영향)

CHAPTER 04 경제적 침탈과 저항

1 양곡 유출·상권 침탈과 저항

1. 청·일의 경제 침탈

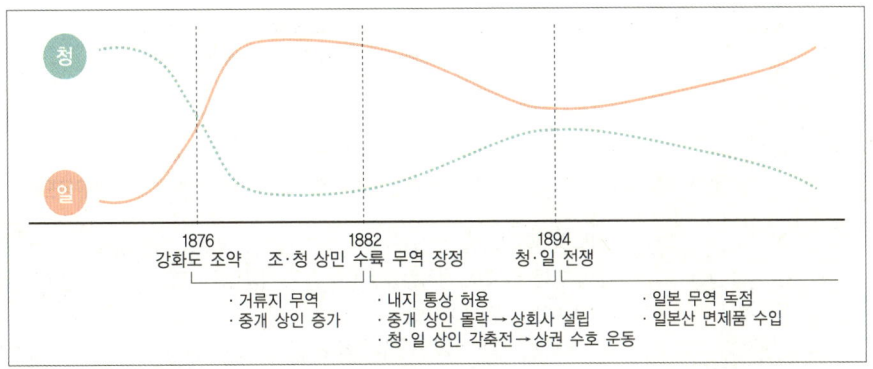

[개항 이후 청·일 양국의 무역량 비교]

(1) 일본으로의 양곡 유출
① 조·일 무역 규칙(1876): 무항세, 양곡의 무제한 유출
② 조·일 통상 장정(1883): 협정 관세 설정, 방곡령 규정(1개월 전 통고 조건) 신설

(2) 상권 침탈
① 거류지 무역(1876~1882)
  ㉠ 조·일 수호 조규 부록(1876)으로 한행리정 10리 제한 → 객주·여각·보부상 등 중개상 활동
  ㉡ 일본 상인들은 영국산 면제품 중계 무역(미면 교환 체제) → 조선 면방직 공업 형성 불가
② 내지 침투의 확대
  ㉠ 조·청 상민 수륙 무역 장정(1882) 이후 청 상인 내지 침투 본격화
  ㉡ 조·일 수호 조규 속약(1882)으로 일본인 한행리정이 50리(2년 후 100리)로 확대
  ㉢ 1889년 외국 상인의 내지 통상 전면 허용 → 서울 시내와 지방 장시에 청·일 상인 침투
  ㉣ 1895년 청·일 전쟁 종료 후 일본인의 무역 독점(일본산 면제품 유입), 호남 지역 불법 토지 매입
  ㉤ 1897년 목포, 1899년 군산·마산 개항 후 대일 수출 창구 역할

◇**대일 수출 품목과 그 구성비**

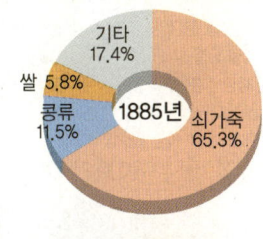

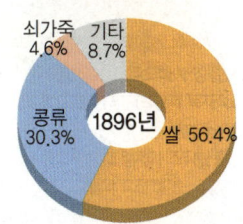

개항 초기에는 대일 수출 품목 중에서 쇠가죽의 비율이 높았다. 그러나 1890년대 일본이 산업화에 힘을 기울이면서 낮은 임금을 유지하기 위해 값싼 쌀을 수입함에 따라 쌀이 가장 높은 비율을 차지하게 되었다.

조·일 무역 규칙 (1876)	· 조선국 여러 항구에 거주하는 일본인의 쌀과 잡곡 수출을 허용한다(제6칙). · 일본국 정부에 소속된 선박의 항세 납부를 면제한다(제7칙).
조·일 수호 조규 부록 (1876)	· 긴급 사태 때 일본인의 내지 여행을 허용한다(제1조). · 부산에서 일본인의 한행리정을 10리로 한정한다(제4조). · 개항장에서 일본 화폐 유통을 허가한다(제7조).
조·청 상민 수륙 무역 장정 (1882)	· 북경과 한성, 양화진에서 청과 조선 양국 상인의 무역을 허용한다. 지방관이 발행한 여행 허가증이 있으면 내륙까지 들어갈 수 있다(제4조). · 책문, 의주, 훈춘, 회령에서의 개시를 허한다(제5조). · 국경 무역에서 홍삼을 제외하고는 5%의 관세를 부과한다(제6조).
조·일 수호 조규 속약 (1882)	· 개항장의 한행리정을 각 50리로 하고 2년 후에 100리로 한다. 1년 후 양화진을 개시한다(제1조). · 일본국 공사·영사 및 그 수행원과 가족에게 조선 각지 여행의 자유를 허가한다(제2조).
조·일 통상 장정 및 해관 세칙 개정 (1883)	· 조선국 항구에 머무는 일본인의 쌀과 잡곡 수출의 권리를 인정한다(제6조). · 자연재해 등으로 인해 방곡령을 실시할 경우, 지방관은 시행 1개월 전에 일본 영사관에 통고해야 한다(제37조). · 조선 화폐에 의한 관세 및 벌금 납입을 규정한다(제40조). · 일본 상인에 대한 최혜국 대우를 적용한다(제42조).

[청·일과 체결한 경제적 조약]

2. 민족의 대응

(1) 방곡령防穀令
  ① 제정: 조·일 통상 장정(1883)으로 규정 신설
  ② 실시: 일본 상인의 입도선매로 곡가 폭등 → 지방관들이 선포(1904년까지 약 100여 차례 발효)
  ③ 결과: 함경도(조병식, 1889)와 황해도(한장석, 1890) 방곡령 → 일본은 1개월 전 통보 규정 위반을 구실로 배상금 요구 → 방곡령 실패

(2) 민족 자본 육성
  ① 1880년대: 내지 침투로 인해 중개상 타격 → 관에서 설립, 또는 관허 방식으로 근대적 객주 합자 상회사 설립, 정부는 영업 독점권을 주고 영업세 징수
    ㉠ 대동상회(평양, 1883): 선박 유통·상하이 무역 주도한 우리나라 최초의 근대적인 회사
    ㉡ 장통상회(서울, 1883): 서울 최초의 민간 상회사
    ㉢ 태평상회(인천, 1885), 해산회사(부산, 1888년경)
    ㉣ 경강상인: 증기선 구입
    ㉤ 이운사利運社(1892): 전운국°의 기선을 인수하여 세곡 운반한 관민 합판회사

[경제 자주권 수호 운동]

◇ 전운서轉運署
임오군란 후의 관제 개혁으로 1883년에 설치된 부서로, 삼남 지방 연안 부근의 세미稅米 운송 업무를 관장하였다. 1886년에 전운국으로 개칭하고, 일본 상선의 해운 지배권에 대응하고자 미곡 운송을 위한 근대식 기선汽船을 도입하였다. 재정 난으로 문제를 야기하다가 1892년에 이운사에 기선을 넘겼고 갑오개혁 당시 관제 개혁으로 폐지되었다.

② 1890년대: 국가 차원에서 회사 및 은행 설립을 지원
  ㉠ 방직 회사: 대한 직조 공장(1897), 종로 직조사(1900)
  ㉡ 운송 회사: 대한 협동 우선회사(1900)
  ㉢ 철도 회사: 부하 철도 회사(1898), 대한 철도 회사(1899)
  ㉣ 광업 회사: 해서 철광 회사(1900), 수인 금광 합자회사(1903)
  ㉤ 민족 은행: 조선 은행(1896), 한성 은행(1897), 대한 천일 은행(1899)

◇ **대한 천일 은행의 활동**

1899년 1월, 한성의 유력한 대상인인 김두승·김기영 등에 의해 최초로 논의된 뒤 고종 황제의 적극적인 지원 아래 설립되었다. 당시 전환국에서 발행한 백동화는 정부의 재정 적자를 해결하기 위해 주조되었으나, 불법·불량 백동화가 유통되면서 심각한 물가 상승을 일으켰다. 이에 대한 천일 은행은 백동화를 전국에 고르게 유통시키고, 백동화를 근간으로 하는 금융 신용 체계를 형성하는 데 노력하였다. 대한 천일 은행은 외환 거래도 담당하였고 1905년까지 각 지방의 조세금을 예금으로 받아서 상인 등에게 대출해 주면서 성장하였다.

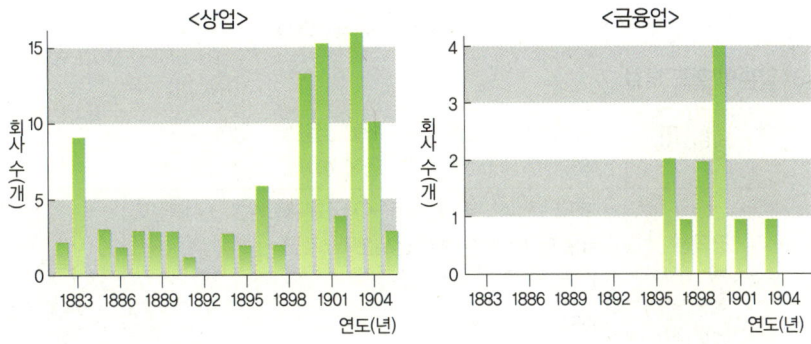

[시기별 회사 설립 추이]

(3) 상권 수호 운동
 ① 장터 민족주의(1890년경): 도시 근교의 장터에서 보부상들이 철시 투쟁
 ② 황국 중앙 총상회(1898): 시전 상인들이 독립 협회와 연계하여 철시 투쟁

◇ **철시 투쟁**

상인들이 외국 자본의 유입에 반대하여 장시를 닫고 불매 운동을 펼친 것으로, 1890년의 장터 민족주의 발호, 1898년 황국 중앙 총상회의 투쟁 사건이 유명하다. 을사늑약, 3·1 운동기 등 민족 독립운동이 있을 때마다 상인들이 전개하였다.

(4) 정부의 대응
 ① 농·상업 진흥
  ㉠ 농과규칙農課規則(1883): 통리군국사무아문에서 통호統戶 규칙·농무農務 규칙·잠상蠶桑 규칙 제정
  ㉡ 농무목축시험장(1884): 보빙사 건의로 농업 개량을 위해 설치한 모범 농장, 미국으로부터 종자, 가축 품종, 기술 등을 도입
  ㉢ 잠상공사(1884): 관영 잠상 회사
  ㉣ 혜상공국(1883) 설치, 도고 혁파

2 이권·토지·금융 침탈과 수호

1. 이권 침탈과 수호

(1) 배경
 ① 청·일 전쟁과 아관 파천을 거치며 이권 침탈 본격화, 최혜국 대우
 ② 대한 제국의 근대 문물 수용과 이권 균점 시도

(2) 각국의 이권 요구
 ① 러시아
  ㉠ 항구 및 저탄소(절영도, 목포, 증남포, 경흥만)
  ㉡ 삼림 채벌권(압록강, 두만강, 울릉도), 광산채굴권(경원, 종성, 경성)
 ② 미국
  ㉠ 운산 금광(모오스J. R. Morse 사, 1896) → 일본이 인수(1939)
  ㉡ 전기·전차(한성 전기 회사), 전화, 경인선(1896) → 일본에 양여(1897)

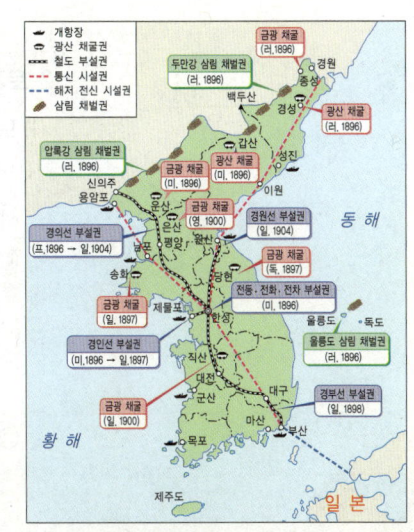

[열강들의 이권 침탈]

③ 일본
  ㉠ 경인선, 경부선(1898), 경의선
  ㉡ 직산 금광(1900)
  ㉢ 충청도·황해도·평안도 어채권(1904)
④ 독일: 당현 금광(1897)
⑤ 영국: 은산 금광(1900)
⑥ 프랑스: 경의선(1896) → 반납 → 일본이 강탈(1904)

(3) 일본의 철도 부설

경인선	· 1896년 미국 부설권 획득 → 1897년 일본에게 양여 · 1899년 인천-노량진 개통(이듬해 서울)	
경의선	· 1896년 프랑스 부설권 획득 → 자금 문제로 반환 → 서북철도국 설치(내장원) → 1904년 일본에게 침탈 · 1906년 개통	침략 > 수탈 (군용 성격)
경부선	· 1898년 부설권 획득 · 1901년 기공, 1905년 개통, 일본의 침략 수단	
호남선	· 1904년 대한 제국 부설 시도 → 일본 방해로 실패 · 1911~1914년 개통, 농산물의 운송을 목적으로 간선 철도로 부설	침략 < 수탈
경원선	· 1899년 민간 부설 시도 → 일본 방해로 실패 · 1905년 기공(러·일 전쟁 중), 1911~1914년 개통	

(4) 이권 수호 운동
① 대한 제국 정부의 대응: 1898년 모든 광산을 궁내부로 이관
② 각종 단체의 활동
  ㉠ 독립 협회
    • 이권 침탈 저지: 러시아의 절영도 저탄소 설치 저지, 한·러 은행 폐쇄, 목포·진남포 부근 도서 매입 요구 저지
    • 헌의 6조: 이권 양여를 제도적으로 저지할 수 있는 규정 마련
  ㉡ 활빈당: 광산 채굴 및 철도 부설 반대

2. 토지·금융 침탈과 저항

(1) 토지 약탈과 저항
① 토지 약탈의 심화
  ㉠ 청·일 전쟁기: 일본이 나주·군산 등에 농장을 불법적으로 확대
  ㉡ 러·일 전쟁기
    • 한·일 의정서로 군용지 요구
    • 공사 하야시 곤스케林權助가 궁내부에 황무지 개간권 요청
    • 철도, 관공서 등 각종 시설 개선 명목으로 토지 약탈
  ㉢ 을사늑약 후
    • 통감부 등기제: 일본이 토지 가옥 증명 규칙(1906)을 통해 외국인의 토지 소유권 보장
    • 동양 척식 주식회사 설립(1908): 일본의 약탈 토지를 관리할 목적 → 일본인 이민 급증

② 저항
  ㉠ 양전 지계 사업: 지계 발행, 외국인 토지 소유 엄금
  ㉡ 보안회와 농광 회사
  ㉢ 활빈당: 농본주의에 입각하여 토지 침탈에 저항

(2) 금융 침탈과 저항
① 차관 도입
  ㉠ 청·일 전쟁 이후: 근대 문물 수용 과정에서 일본에서의 차관 도입
  ㉡ 러·일 전쟁 이후: 화폐 정리 사업 등 시설 개선 명목으로 일본에서의 차관 급증
② 국권피탈 전 일본의 경제 침탈
  ㉠ 재정 고문 메가타가 일련의 개혁 추진
  ㉡ 제일은행을◇ 국고國庫로 삼아 재정 지출·수입 통제
  ㉢ 황실 재정 정리 사업(1904.10.)
    • 궁내부 기구 개편, 회계 심사 제도 도입, 경리원 폐지(역둔토 국유화, 잡세 국고 편입)
    • 광산 및 궁장토 몰수, 홍삼 전매권 국가 이관, 황실 소유 건물 및 채무 정리
  ㉣ 조세 제도 개편
    • 호구 조사(1906) 및 토지 기초 조사(1907): 징세 호수 두 배로 증가
    • 가옥세家屋稅·연초세煙草稅·주세酒稅 부과
③ 자주적 금융 개혁 노력
  ㉠ 전환국에서 근대 주화 발행
    • 배경: 당백전 발행, 청전 유통, 당오전 발행(전환국, 1883) 등으로 화폐 제도 혼란
    • 내용: 시주화 발행(1885), 은화·적동화 발행(1887), 서양 조폐 기술 도입(1888)
  ㉡ 신식화폐조례(1892)
    • 배경: 전환국 방판 안경수가 일본으로부터 자금·기술 지원 약속받고 은본위제 시도
    • 내용: 은화(5냥은 외국인 전용, 1냥은 국내인 거래), 백동화(2전 5푼), 적동화(5푼), 황동화(1푼) 총 5종 발행 → 일본의 약속 불이행으로 중단, 조례 폐지
  ㉢ 신식화폐발행장정(1894)
    • 배경: 일본이 청일전쟁 수행 위해 5냥 은화 및 자국 은화 사용 목적으로 강요
    • 내용: 5냥 은화 본위로 하고 1냥 은화 이하를 보조 화폐로 활용, 외국 화폐 혼용 가능
    • 결과: 일본 화폐 유통 구조 마련, 불법 사주조 남발, 수익성 높은 백동화 다량 유통
  ㉣ 화폐조례(1901)
    • 배경: 일본 화폐에 대한 광무 정권 담당자들의 반발, 금본위제 실시 노력◇
    • 내용: 금화(20환, 10환, 5환)를 본위로 하고 기존 유통 화폐를 보조 화폐로 규정
    • 결과: 금화와 기타 화폐 간 환율 혼란 발생, 민간 주조 관리 부실 → 백동화 환율 급등
  ㉤ 중앙은행조례(1903)
    • 배경: 중앙은행 설립 노력(1896 조선은행, 1899 대한천일은행 등이 업무 대행 노력), 일본 제일은행권 유통 허용(1901), 금본위제 확립 노력
    • 결과: 러일전쟁으로 은행 설립 무산

◇ **제일은행**
개항 후 조선에 제일 먼저 진출한 은행으로 일찍부터 조선의 재정 자금을 이용하고 상업 자금을 취급하여 수익을 올렸다. 1878년 부산에 지점을 개설한 이후 1880년 원산, 1882년 인천, 1888년 경성에 각각 출장소를 개설하고 지점으로 승격시켜 나가는 등 영업망을 확충해 갔다. 1884년 묄렌도르프와 해관세 취급 조약을 체결하여 이후 조선의 개항장에서 해관이 징수하는 관세 수수료·벌금 등을 거의 모두 취급하였고, 1901년부터는 단독 은행권을 발행하여 유통시켰다. 1905년 화폐 정리 사업 때 백동화를 정리하고 은행권을 발행하며 조선의 중앙은행으로 공인되었다. 1906년 식민지 개발을 위한 자금 조달을 목적으로 조선의 독자적 중앙은행으로서 한국은행 설립이 시도되면서 경성과 부산의 두 지점을 제외한 나머지 모든 지점을 한국은행에 인계한 후 폐쇄되었다.

◇ **대한 제국의 금본위제 노력**
1897년(고종 34) 일본이 금본위 화폐 제도를 수립한 이후, 대한 제국은 1898년 한러은행을 설립하여 금본위 화폐의 발행을 시도했다. 그러나 정치적 이유로 한러은행이 폐점되면서 이 계획은 무산되었다. 이후 여러 원인으로 국내 은화의 부족 현상이 일어나고, 정부가 이를 대신하여 백동화를 대량 발행하면서 백동화의 가치가 급격히 떨어져 인플레이션이 발생했다. 또한 국제적으로 주변 국가들이 금본위제로 전환하고 그에 따라 국제 금과 은의 교환 가치가 크게 벌어지면서 대외 환율도 대단히 불안해졌다. 이에 대한 제국은 1901년 금본위제 화폐 제도를 규정한 '화폐조례'를 선포했다.

④ 화폐 정리 사업(1905)
  ㉠ 배경
    - 대한 제국의 화폐 발행과 은행 설립 노력
    - 대한 시설 강령에 따른 일본의 경제 침탈 목적: 국고·회계 제도 확립 및 징세 제도 근대화를 구실로 내세웠으나 실제로는 재정권 장악과 세금 징수 목적
  ㉡ 절차 및 내용
    - 전환국 폐지(1904.11.): 백동화 주조 중단
    - '화폐조례 실시에 관한 건'(1905.1.): 일본은행권을 지불 준비금으로 삼고 일본 제일은행권을 본위화로 유통
    - 한국 화폐와 모양 및 무게가 동일한 일본 화폐의 자유로운 사용 보장
    - 구화폐 정리: 대한 제국의 백동화 및 엽전을 일본 제일은행권으로 교환 → 금본위제 채택 부등가 교환(구화폐 2원을 신화폐 1원으로 교환, 을종·병종은 차감) 한국인에게 고시 기간 부족
  ㉢ 결과
    - 개시 전: 한국인들은 면포·쌀·토지·가옥 등 매입 시도, 백동화 처분 시도 → 백동화 가치 하락
    - 개시 후: 일본인들은 백동화 매수하여 투기 이익 시중 유동자금 부족, 신화폐 부족: 국가 재정 악화, 통화량 부족으로 물가 하락 구화폐를 보유하고 있던 상인 및 금융 기관 몰락 → 일본 자본의 고리대 침투 차관 도입 급증으로 대한 제국 재정이 일본에 예속 제일은행이 대한 제국의 중앙은행 지위 확보
  ㉣ 통감부의 후속 조치
    - 외획外劃 금지(1905.8.): 국고제도 확립으로 조세 자금을 활용하던 한국 상인들의 자금량 감소
    - 농공은행 설립(1906), '지방금융조합규칙' 및 '지방금융조합설립에 관한 건' 공포(1907): 고리대 실시, 화폐 정리 사업 지원, 일본인 금융 지원 ④ 국채 보상 운동(1907)
⑤ 국채 보상 운동(1907)
  ㉠ 배경: 통감부의 거액 차관 제공
  ㉡ 전개
    - 대구 광문사에서 서상돈·김광제 등이 국채 보상 기성회 조직
    - 양기탁의 『대한매일신보』 주도 하에 각 언론들의 홍보 활동, 전국적 모금 운동 전개
    - 금주·금연, 가락지와 비녀 빼기 등을 통해 '1인당 3원씩' 모금 운동
    - 대구 7부인회와 진주 애국 부인회, 대한 자강회, 신민회 등 참여
  ㉢ 결과
    - 통감부가 신문지법 개정하여(1908) 『대한매일신보』 탄압
    - 양기탁을 공금 횡령죄로 구속 → 일진회와 통감부의 방해로 실패
  ㉣ 의의: 하층민도 자발적으로 참여, 관련 기록물이 유네스코 세계 기록유산에 등재

CHAPTER 05 근대 사회·문화의 변화

1 근대 의식의 확산과 사회 모습의 변화

1. 평등 사회로의 이행

(1) 법제적 변화
  ① 1801년(순조): 양인 수 확보를 위해 공노비 대거 해방
  ② 1882년: 서북인·서얼·중인 등 한품 서용 받던 계층의 고위 관직 진출 허용
  ③ 1884년: 갑신정변 때 급진 세력들이 문벌 폐지와 인민 평등권 제정 요구
  ④ 1886년: 고종의 조서에 의해 노비 세습제 폐지
  ⑤ 1894년: 동학 농민 운동에서 노비 문서 소각, 천인 차별 개선 등 요구
  ⑥ 1894년: 갑오개혁 때 법적으로 공·사 노비법을 비롯한 신분제 폐지
  ⑦ 1896년: 호구 조사 규칙 제정으로 근대 호적 마련(신분 대신 직업 기재)

(2) 평등 의식의 확산
  ① 독립 협회의 자유 민권 운동
    ㉠ 신문 발간과 토론회·강연회 개최 등을 통해 민권 신장 운동 전개
    ㉡ 시전 상인이 만민 공동회 회장으로 피선되고 백정이 관민 공동회 개막 연설
  ② 찬양회
    ㉠ 서울 북촌의 양반집 부인들이 주도하여 조직한 최초의 여성 인권 단체(1898)
    ㉡ '여권 통문' 발표, 독립 협회와 연대하여 만민 공동회에 참여
    ㉢ 한국인이 세운 최초의 여학교인 순성 여학교 설립(1899)
  ③ 애국 계몽 운동: 계몽 활동과 근대 교육으로 민권 의식 확산

2. 생활 모습의 변화

(1) 의식주의 변화
  ① 의생활: 한복의 간소화, 양복·두루마기·마고자나 조끼 등이 등장, 여자들은 장옷과 쓰개치마가 사라지고 양산 활용
  ② 식생활: 남녀의 겸상과 두레상이 등장, 일부 상류층 사이에서 일본 및 중국 음식과 술·양과자·커피 등 유행, 술·두부·떡을 만드는 가공 공장이 등장
  ③ 주거 문화의 변화: 벽돌집·양옥 등장, 양옥과 한옥의 절충 시도, 공장·학교·성당 등의 건축물과 외국 공사관 등 건립

[명동 성당]
1898년에 건립된 고딕 양식 건물

[손탁 호텔]
1902년 서울 정동에 러시아 공사관 베베르와 함께 온 독일 여성인 손탁이 세운 호텔이다. 손탁은 여러 나라의 언어를 능숙하게 구사했고 정치적 수완이 뛰어나 당시 서울 외교가의 중심 인물이었다. 헐버트, 베델 등은 주로 손탁 호텔에서 활동했으며, 을사늑약 직전 이토 히로부미도 이곳에 머물렀다고 한다.

[덕수궁 석조전]
1900년에 착공하여 1910년에 완공하였다. 하딩 J. R. Harding을 비롯한 영국인들이 설계한 르네상스 양식 건물로 황제국 궁궐로는 사용하지 못하였다.

(2) 국외 이주 동포의 증가
① 배경: 19세기 후반 과중한 세금 부담과 지배층의 수탈로 민생고 가중, 일제의 경제 침탈, 통감부 설치 이후 일본을 피해 독립운동의 공간을 마련할 목적
② 지역별 이주
㉠ 간도: 한반도와 가까운 지리적 조건, 주로 개간을 통한 농업·수렵·벌목 등으로 생업에 종사하였고 국권 피탈기 독립운동 기지 건설
㉡ 연해주: 러시아 정부가 변방 개척을 위해 한인 이주 장려, 의병 계열들이 주로 진출
㉢ 미주: 이민 업무를 담당하는 수민원綏民院 설치, 하와이Hawaii 사탕수수 농장주들이 『황성신문』광고를 통해 이민 노동자 모집 → 미국 공사 알렌의 주선으로 합법 이민(1903)

2 근대 문물의 수용

1. 근대 시설의 확충

(1) 특징
① 동도서기론에 기반
② 민중의 생활 수준 향상과 열강의 이권 침탈이라는 양면성

(2) 주요 시설

초기 근대 시설	박문국(1883)	3차 수신사 박영효의 건의로 만든 인쇄소, 『한성순보』 발간◇
	광인사(1884)	최초의 민간 출판사
	기기창(1883)	영선사 파견을 계기로 만들어진 무기 공장
	전환국(1883)	· 묄렌도르프 건의로 만든 화폐 제조국 · 당오전 발행(1883), 각종 근대 화폐 발행하다 화폐 정리 사업으로 폐쇄
	전등(1887)	간이 수력 발전기를 이용하여 경복궁 향원정에 첫 점등
	전신(1885)	일본의 해저 전신 부설 후 청에 의해 민간용 경인·경의 전신 부설 후 전보총국 설치, 경부(1888)·경원(1891) 전신 독자 부설
	우편(1884)	· 우정국 설치 → 갑신정변으로 중단, 을미개혁 때 재개 · 1900년에 만국 우편 연합 가입
	광혜원(1885)	알렌이 운영을 맡은 왕립 병원 → 제중원으로 이름 변경
	우두국(1883)	· 전주에 설치, 천연두 백신 접종소 · 지석영『우두신설牛痘新說』저술(1885)
대한 제국기 시설	전화(1896)	궁중 가설 이후 1902년에 민간용 서울 시내에 가설
	전차(1899)	한성 전기 회사를 설립하여 서대문~청량리 노선 개통
	철도(1900~)	경인선(1899~1900) / 경부선(1905) / 경의선(1906)
	광제원(1900)	정부 출자 관립 의료 시설 → 대한의원으로 개편(1907)
	자혜의원(1909)	전국에 설치된 지방 도립 병원

◇ **한성순보**
1883년 수신사로 일본에 다녀온 직후 한성 판윤에 임명된 박영효는 고종에게 여러 차례 신문 발행의 필요성을 아뢰었다. 결국 고종으로부터 한성부에서 주관하여 신문을 발행하라는 명이 내려졌다. 박영효는 박문국을 설치하고 신문 간행의 모든 실무를 유길준에게 맡겼다. 그러나 박영효가 민씨 집권 세력의 견제를 받아 그 해 4월 광주 유수로 좌천되자 유길준도 물러났다. 그 뒤 신문 간행의 사무는 온건 개화파 김만식의 손으로 넘어가 결국 1883년 10월 신문 창간호가 나오게 되었다. 신문 발행은 박문국이 맡았는데, 박문국은 지금의 명동 성당 동쪽 큰길 건너편 을지로 2가 저동에 있었다. 근처에는 지금도 영세한 인쇄소들이 밀집해 있어 인쇄소 골목으로 유명하다.

2. 언론의 발달

구분	신문명(발간 시기)	특징
초기	한성순보(1883~1884)	순한문, 박문국에서 간행한 최초의 관보로 개화 시책 홍보
	한성주보(1886~1888)	국·한문 혼용, 상업 광고 게재, 박문국 폐지로 폐간
	독립신문(1896~1899)	서재필(→ 윤치호 → 아펜젤러 H. G. Appenzeller), 순한글(영문판 발행), 계몽 목적, 근대적 지식 보급 및 국권·민권 사상 고취
애국 계몽기	황성신문(1898~1910)	유생층을 대상으로 한 국·한문 혼용, 수[雄]신문, 시일야방성대곡 게재
	제국신문(1898~1910)	순한글로 쓰인 일반 서민 및 부녀자층 대상 신문, 암[雌]신문
	대한매일신보 (1904~1910)	순한글 → 국·한문 혼용(영문판 발행), 베델·양기탁, 신민회의 기관지로 기능
	대한민보(1909~1910))	대한협회 기관지, 국·한문 혼용, 시사 연재 만화 게재, 일진회 비판
종교	만세보(1906)	천도교, 이듬해 이인직이 인수하여 친일지『대한신문』으로 변경됨
	경향신문(1906~)	천주교
해외	해조신문(1908)	연해주에서 발행 → 신문지법 개정 배경
친일	한성신보(1895~1906)	일본인이 발간한 친일 신문, 한글과 국·한문으로 발간
	국민신보(1906~1910)	이용구와 송병준이 만든 일진회의 기관지
	경성일보(1906~1945)	『한성신보』를 계승한 통감부의 일본어 기관지, 국문인『매일신보』, 영문인『The Seoul Press』와 함께 총독부의 기관지 역할
	대한신문(1907~1910)	이인직이『만세보』를 인수하여 만든 친일 내각지
	매일신보(1910~1945)	『대한매일신보』의 제호를 빌려 만든 총독부 기관지

> **읽기 자료**
>
> ### 어니스트 토머스 베델 Ernest Thomas Bethel(裵說, 1872~1909)
>
> "나는 죽더라도 신문만은 살려 한국 동포를 구원하겠다."
>
> 베델은 영국 브리스톨에서 태어나 아버지의 사업을 돕기 위해 일본으로 건너갔다. 때마침 발발한 러·일 전쟁에서 일본이 승기를 잡자, 일본의 침략 행위에 분노를 느낀 베델은 '순수하고 순박한 한국인을 구하고 싶은 마음'으로, 1904년 런던 데일리 뉴스 특파원 자격으로 한국에 들어왔다. 베델은 바로 그 해 7월, 자신의 사재와 월급을 모두 털어 양기탁과『대한매일신보』를 발간하였다. 이들 신문은 일본의 침략 전쟁을 강도 높게 비판하였으나, 당시 영국과 일본의 관계로 말미암아 영국인 사장의 이 신문들은 일본이 쉽게 건드릴 수 없는 상황이었다.
>
> 『대한매일신보』는 을사늑약이 체결되자 해외 호외 등을 통해 일본의 침략 행위를 규탄하고 국채 보상 운동의 지원금 총합소를 자처하였으며, 양기탁, 박은식, 신채호, 안창호, 장지연 등을 주필로 내세워 애국 계몽의 중추적 역할을 담당하기도 하였다. 당시 통감이던 이토 히로부미는 "이 이등伊藤의 백 마디 말보다 신문의 일필이 한국인을 감통케 하는 힘이 크다. 그 중에도 일개 외국인의『대한매일신보』는 일본 시책을 반대하고 한국인을 선동함이 계속되고, 끊임이 없으니 통감으로서 가장 힘든 일이 아닐 수 없다."라고 말할 정도였다. 결국 일본은 영국 정부에 외교 공작을 펼쳐 베델의 추방을 시도하였고, 베델은 1907년 10월과 1908년 6월에 서울 주재 영국 총영사의 재판에 회부되어, 상하이에서 3주간 금고형을 받았다.
>
> 한국으로 돌아와 언론 활동을 계속하던 베델은 다시 한 번 국채 보상 운동과 관련하여 재판에 회부되었다. 평소 브랜디와 담배를 즐기던 베델은 이후 건강이 매우 악화되었고, 1909년 5월, 37세의 나이로 순절하였다. 베델은 임종 순간에 양기탁의 손을 잡고 "나는 죽으나, 신보申報는 영생케하여 한국 동포를 구하시오."라고 유언하였다 한다. 사후 양화진 묘지에 안장되었으며 1968년에 건국 훈장 대통령장을 추서받았다.

3 근대 교육과 국학 연구, 종교·문화계의 변화

1. 근대 학교의 설립
(1) 초기 학교
① 원산 학사(1883)
  ㉠ 덕원 지역 관료와 주민들이 건립한 근대 사립 학교
  ㉡ 문예반·무예반 편성, 외국어와 법률·만국공법 등 근대 학문 교육
② 동문학(1883)
  ㉠ 묄렌도르프의 건의로 만든 관립 외국어 교육 기관
  ㉡ 오전·오후반으로 나누어 영어·일본어·서양의 필산筆算 등 교육
  ㉢ 육영 공원으로 개편
③ 육영 공원(1886)◇
  ㉠ 최초의 근대적 공립 학교
  ㉡ 보빙사 민영익 등이 설립 건의 → 헐버트·길모어G. W. Gilmore·벙커D. A. Bunker 세 명의 선교사 교육 담당
  ㉢ 양반 자제들을 관료로 양성하는 목적, 좌원·우원으로 구성
④ 연무 공원(1888)
  ㉠ 미국인 교관을 초빙하여 운영한 사관 양성 학교
  ㉡ 1894년 일본의 경복궁 점령으로 무장해제당하고 12월에 폐교
⑤ 개신교계 학교: 배재 학당(아펜젤러, 1885), 경신 학교(언더우드, 1886), 이화 학당(스크랜튼W. B. Scranton, 1886)◇

(2) 관립 학교
① 교육 입국 조서 반포
  ㉠ 한성 사범 학교를 비롯한 근대적 관립 학교 설립
  ㉡ 근대적 교육 제도를 위한 교과서 편찬
② 소학교(1895), 한성 중학교(1899), 외국어학교(1896년 법어학교法語學校, 1896년 아어학교俄語學校, 1898년 덕어학교德語學校 등) 등 순차적 설립
③ 실업 학교 설립: 광무개혁의 식산 흥업 정책 일환으로 경성 의학교(1899), 상공학교(1899), 광무학교(1900) 등 설립

(3) 민족주의계 사립 학교: 국권 회복과 민족의식 고취를 표방◇
① 최초: 흥화학교(민영익, 1898)와 순성여학교(1899)
② 애국 계몽 운동기에 설립 확대

◇ **육영 공원**
육영 공원의 성립은 조·미 수호 조약 체결 후, 보빙 대사로 미국에 갔던 민영익의 귀국으로 본격화되었다. 미국 시찰로부터 돌아온 그는 현대식 학교의 설립을 제의하였다. 이에 고종은 미국 정부에 이러한 학교를 세우고 가르칠 수 있는 교사 세 사람을 추천해 줄 것을 요청하였다. 이 요청에 따라 뉴욕에 있던 유니온 신학교 학생인 길모어, 벙커, 헐버트가 추천되었고, 이들은 1886년 7월 4일 우리나라에 와서 동년 9월부터 수업을 시작하였다.

◇ **개신교 계열 사립학교**

학교명	설립년도	설립자
배재학당	1885	아펜젤러
경신학교	1886	언더우드
이화학당	1886	스크랜튼
정동여학당 (정신학교)	1887	앨러스
숭실학교	1897	베어드

◇ **민족주의계 사립학교**

학교명	설립년도	설립자
흥화학교	1898	민영환
보성학교	1905	이용익
광성의숙 (휘문학교)	1906	민영휘
진명여학교	1906	엄준원
명신여학교 (숙명학교)	1906	엄귀비
대성학교, 오산학교	1907	신민회
서전서숙	1906	이상설

> **읽기 자료**
>
> **호머 헐버트 Homer. B. Hulbert(轄甫, 1863~1949)**
>
> 헐버트는 미국 버몬트 주 교육가의 집안에서 태어났다. 어느 날 조선에서 육영 공원 교사 파견을 요청해 왔다는 아버지의 말을 들은 헐버트는, 그저 이름만 알고 있던 먼 나라에 교사 파견을 자청하였다. 길모어, 벙커와 함께 1886년 조선에 첫발을 내디딘 헐버트는 이후 1891년까지 육영 공원에서 약 5년간 영어를 가르쳤는데, 한국에 온 지 3년 만에 한글로 책을 낼 수준에 이를 정도가 되었다. 1891년에는 세계 실정에 무지한 한국인들을 위해 세계 여러 나라의 자연환경과 정치, 학문 등을 종합적으로 정리한 『사민필지』를 간행하여 육영 공원의 교과서처럼 사용하기도 하였다.
>
> 육영 공원이 재정 문제로 축소 운영되자 교사직을 사임하고 미국으로 돌아간 헐버트는 2년 뒤 선교사로 재입국하여 배재 학당, 한성 사범 학교 등에서 학생들을 가르치면서 근대적 교과서의 제작과 출판 등을 담당하였다. 이후 18여 종의 한글 교과서를 펴내고 국문연구소 설립을 건의하였으며, 훈민정음에 관한 논문을 외국에 발표하는 등 우리 글 보급에도 크게 기여하였다. 1895년 일어난 을미사변은 헐버트가 조선의 독립운동에 뛰어드는 계기가 되었다.
>
> 당시 언더우드와 함께 고종의 침전을 지키고 있던 헐버트는 이후 고종의 최측근 보필 역할을 하며 서방 국가와의 외교 창구 역할을 담당하였다. 1901년부터는 영문 월간지인 <Korea Review>를 발간하였고, <Times>나 AP 통신 객원 특파원 등으로 활약하며 러·일 전쟁을 심층 취재하여 보도하기도 하였다.
>
> 1905년 을사늑약이 체결되자 헐버트는 고종의 특사를 자처하여 루스벨트 대통령을 만나기 위해 미국을 방문, 을사늑약을 저지해 줄 것을 미국 정부와 민간에 호소하였다. 그 후 1907년에는 고종의 밀서를 받아 헤이그 특사의 만국 평화 회의 파견을 돕기도 하였다. 그러나 일본의 방해로 헤이그 특사는 회의장에 입국조차 하지 못하였고 이로 인해 헐버트는 대한 제국에서 추방되고 말았다. 이후 헐버트는 미국으로 돌아가 서재필 등과 한국의 독립을 위한 활동을 지속하였다. 1944년 헐버트는 『한국의 소리』라는 한인 간행지에 루스벨트 대통령이 을사늑약 직후 고종 황제의 청을 받아들이지 않아 동양의 역사가 바뀌었고 미국의 친일 정책으로 태평양 전쟁이 일어났다는 비난의 글을 실었다. 해방 후 헐버트는 이승만 대통령의 초청으로 내한하였으나 1주일 만에 병사하고 말았다. 최초의 외국인 사회장으로 영결식이 거행되었고 양화진 외국인 묘지에 묻혔다. 그의 묘비에는 "I would rather be buried in Korea than Westminster abbey"라고 적혀 있다. 1950년 3월 1일, 외국인 최초로 건국 공로 훈장을 추서받았다. 대표적인 저서로는 『대한 제국 멸망사 The Passing of Korea』가 있다.

2. 국학 연구

(1) 계몽 사학

① 위인전·외국 흥망사: 민족·독립 의식을 고취

　㉠ 신채호의 『을지문덕乙支文德』(1908), '수군 제일 위인 이순신전'·'동국 거걸 최도통전'(『대한매일신보』에 연재) 등

　㉡ 『미국독립사』, 『월남망국사』(현채·주시경 역), 『이태리 건국 삼걸전』(신채호 역) 등이 대표적

② 역사서

　㉠ 신채호의 『독사신론讀史新論』(1908): 민족주의 사학의 연구 방향 제시

　㉡ 황현의 『매천야록』(1910)과 정교의 『대한계년사』(1910): 일제 침략 비판

③ 현채의 『유년필독幼年必讀』(1907): 각급 학교의 교재로 활용

◇ **월남망국사**
- 저술: 판보이쩌우潘佩珠가 구술하고 중국인 량치차오梁啓超가 기록
- 요점: 고국 베트남이 프랑스 식민지로 전락하는 과정
- 번역: 현채가 국한문 혼용체로 번역, 주시경은 순한글로 번역
- 영향: 베트남이라는 거울을 통해 제국주의 침략의 현실 직시, 박은식의 『한국통사韓國痛史』 집필 등에 영향

◇ **독사신론**

1908년 신채호가 『대한매일신보』에 발표한 사론이다. 만주와 부여족을 중심에 두고 우리나라 고대사를 서술하고 있다. 신채호는 여기서 역사 서술의 주체를 민족으로 설정하여 왕조 중심의 사관을 극복하였으며, 일본의 식민주의 사학, 특히 학부의 교과서 편찬에 대응하여 민족주의 사학의 연구 방향을 제시하였다.

◇ 주시경
주시경(1876~1914)은 독립신문의 교보원校補員이 되어 순 한글 표기의 통일성을 해결하기 위해 독립신문사 안에 국문동식회國文同式會를 조직했다. 1897년 4월에는 '국문론'이라는 글을 발표하여, 당시의 문장들이 한문에 토를 다는 형식에 그치고 있다면서 실제로 말하는 대로 글을 쓰는 '언문일치'가 필요하다고 주장했다.

◇ 시천교
일진회를 조직하여 친일적 정치 활동을 하던 이용구가 동학을 기반으로 1906년 창시한 종교이다. 한·일 병합을 주장하는 등 친일 활동을 하다가 이용구 사망 후 유명무실화되었다.

(2) 국어 연구
① 국·한문 혼용체
  ㉠ 관보인 『한성주보』(1886)
  ㉡ 유길준의 『서유견문』(1895): 서양의 정치 이론을 담은 기행문
② 한글 전용 신문: 『독립신문』, 『제국신문』, 『대한매일신보』 등
③ 국문 연구소(1907): 지석영·주시경◇이 주도하여 설립한 국가 기관, 국어학 연구소(주시경, 1908)로 계승
④ 문법책
  ㉠ 지석영의 상소로 대한 제국의 국문 개혁안인 『신정국문新訂國文』 공포(1905)
  ㉡ 유길준의 『대한문전大韓文典』(1909): 1897년~1902년에 라틴 문법의 모형에 따라 최초의 국어 문법서인 『조선문전』을 지었고 이를 1909년에 간행
  ㉢ 주시경의 『국어문법』(1910): 국어 표기법과 음운에 대해 연구한 후 저술, 국어 연구의 기초를 확립 → 1914년에 『말의 소리』 저술

3. 종교

(1) 민족 종교의 탄생
① 천도교
  ㉠ 동학당 이용구가 진보회를 만들어 친일 활동 부각 → 손병희가 정교분리를 내세우며 동학의 후신으로 창시(1905, 시천교◇와 대립)
  ㉡ 『만세보』 발간, 보성 학교과 동덕 여학교 운영
② 대종교
  ㉠ 나철이 단군교 창시(1909) → 국권 피탈 후 대종교로 개명
  ㉡ 무장 투쟁을 위해 근거지를 만주로 옮겨 중광단 조직(1911)

(2) 종교계의 변화
① 유교
  ㉠ 친일 유림: 이완용·조중응이 유림계를 친일화시키려는 일제의 의도에 따라 이토 히로부미로부터 2만 원의 자금을 제공받아 대동학회 조직(1907)
  ㉡ 박은식의 '유교구신론'(1909): 양명학을 바탕으로 유교 개혁 주장, 이어 대동교 설립 운동 주도
② 천주교: 프랑스와 수교 이후 포교의 자유 획득, 고아원·양로원 등 건립하고 애국 계몽 운동의 일환으로 『경향신문』 발간
③ 개신교: 서양 의술과 근대 교육 보급에 기여, 성경을 번역하고 신문과 잡지 발간, 숭실학교(1897)와 숭의여학교(1903) 등 설립

4. 문학과 예술

(1) 신소설
① 특징
  ㉠ 순한글, 언문일치의 문장 사용
  ㉡ 신분 타파, 양성 평등, 자주 독립의식 고취 등 새로운 주제
  ㉢ 이인직의 『혈의 누』(1906, 최초), 이해조의 『자유종』(1910)
② 의의
  ㉠ 근대 계몽 사상의 확산에 기여
  ㉡ 안국선의 『금수회의록』(1908): 제국주의를 비판하고 자주 독립 의식 고취
③ 한계: 일본을 통해 유입되어 제목이나 문체가 일본어 구조를 따름, 일본의 침략 행위를 묵인 혹은 정당화하는 내용도 있음

(2) 신체시
① 특징: 개화기에 등장한 시가로, 근대시 확립 전 과도기 형태(신시新詩로 통용)◇
② 범주: 1908년 11월 『소년』 창간호에 실린 최남선의 '해海에게서 소년少年에게'를 기점으로 1919년 『창조』 창간호에 실린 주요한의 '불노리' 이전 시들을 일컬음
③ 한계: 형식적으로는 근대성을 띠고 있으나 내용적으로는 서구 지향적 현상을 보임

(3) 창가
① 특징: 서구의 악곡에 맞추어 제작된 노래 가사
② 유래: 1876년 새문안교회 교인들이 지어서 부른 '황제탄신경축가'가 효시, 이후 민간 단체나 교회에서 조직원들의 단체가로 지어 불림
③ 확산: 자주 독립과 애국·권학 등을 주제로 애국 계몽 운동의 성격을 띠며 확산, 4·4조 혹은 7·4조의 정형성을 띠고 하나의 양식으로 발전

(4) 기타 문예의 변화
① 신극: 한국 최초의 서양식 사설 극장인 원각사(1908)◇에서 이인직의 신소설 『은세계』와 『치악산』 등을 각색하여 공연
② 번역: 『성경』, 『천로역정』, 『이솝이야기』, 『로빈슨표류기』 등
③ 음악·미술: 신재효의 판소리 여섯 마당, 오원 장승업과 심전 안중식 등의 활약
④ 활동사진: 변사가 이야기를 풀어 나가는 활동사진이 상영

◇ **신체시의 유래**
신체시라는 용어는 사실 일본의 『신체시초新體詩抄』에서 메이지明治 시대의 시가의 한 종류를 지칭한 용어를 그대로 차용한 것으로, 역시 『소년』지에서 "신체시가 대 모집"공고를 통해 그 용어를 사용하면서 굳어졌다.

◇ **원각사**
1908년에 건립되었으며, 그해 11월 이인직의 신소설 은세계를 처음으로 신극화하여 상연하였다. 1902년 정부에서 고종 즉위 40년을 기념하기 위해 칭경예식장으로 지금의 종로 새문안교회 자리에 로마 원형 극장을 본떠 2,000여 명 규모의 희대戲臺(극장)를 지었는데 이것이 원각사의 전신이다. 그 해 8월 칭경예식을 위한 준비로 협률사協律司라는 관청을 두어 기녀들을 뽑아 교습시켰는데, 콜레라 등으로 칭경예식이 연기된 후 기녀들이 협률사라는 단체를 조직하고 희대에서 공연과 활동사진 상영 등을 계속하였다. 이후 1908년에 이인직이 이 건물에 원각사를 개설하여 극장이 되었고, 1909년에 폐지되었다. 1914년 화재로 소실되었다.

VII.

일제 강점과 민족 독립운동

CHAPTER 01
일제의 식민 통치와 경제 수탈

CHAPTER 02
민족 독립운동

CHAPTER 03
사회·경제적 민족 운동

CHAPTER 04
민족 문화 수호 운동

CHAPTER 01 일제의 식민 통치와 경제 수탈

1 일제 통치 체제의 변화

1. 무단 통치

(1) 특징
① 헌병 경찰을 내세운 강압적 통치 방식
② 초대 총독 데라우치(1910~1916), 2대 총독 하세가와 요시미치 長谷川好道(1916~1919)
③ 총독부 권한 막강
  ㉠ 일왕 직속 기구, 총독은 내각 총리 대신과 같은 지위
  ㉡ 정무 총감과 경무 총감(헌병 사령관이 겸임)으로 구성
  ㉢ 총독 자문 기구로 중추원◇ 설치

(2) 통치 양상
① 한국인을 군사적으로 통치
  ㉠ 총독은 육·해군 대장 중에서 임명
  ㉡ 헌병이 경찰 업무를 대행하고 즉결 처분권으로 재판 없이 구류·벌금 가능
  ㉢ 교사와 관리들이 제복을 입고 대검帶劍
② 일상 생활 규제
  ㉠ 언론·출판·집회·결사의 자유 박탈: 신문지법(1907), 보안법(1907), 출판법(1909), 집회 단속법(1910. 8.) 등의 유지
  ㉡ 교육 기회 박탈: 조선 교육령(1911. 8.) 제정, 사립 학교 규칙(1911, 1915 개정)과 서당 규칙(1918)으로 민족 교육 금지
  ㉢ 각종 법률: 한국인에게만 적용된 조선 태형령(1912~1920), 조선 민사령·형사령(1912), 경찰범 처벌 규칙(1912), 정치에 관한 범죄 처벌의 건(1919. 4.)

(3) 지방 제도
① 변천
  ㉠ 1910년 10월 1일 조선총독부 지방관 관제(총독에게 위임): 임시로 대한 제국의 도道(장관)-부府(부윤)-군郡(군수)-면面(면장) 체제 유지
    • 종래 행정 구역 체제를 계승하되 일부 부와 군이 승격 또는 강등
    • 이사청理事廳 폐지, 외국인 거류지 특권 폐지
  ㉡ 1914년 3월 1일 부·군·면 실정 조사 후 전면 재조정: 형식은 유지하며 일본 제도에 맞추어 조정
    • 부는 일본의 시市, 면은 일본의 정촌町村에 해당하는 행정 구역으로 조정
    • 부제府制·면제面制: 부·면이 지방세 징수, 직원을 두어 지방 자치단체의 성격
    • 부협의회 설치: 자문기관에 불과, 협의회원은 도장관이 임명, 면협의회는 없음
  ㉢ 1920년 10월 1일 법령 개정: 표면적 지방 자치 허용
    • 도평의회와 면협의회 설치: 부협의회원 및 일부 면협의회원을 주민 선거로 선출

◇ **중추원**
식민지 통치에 조선인의 의사를 반영한다는 명분으로 총독의 자문 기구로 설치되었다. 대한 제국의 황족을 예우하고 친일파에게 명예직을 주기 위한 형식적 기구였으며, 의장은 정무총감이 겸임하였다. 1915년, 총독부에서는 1906년부터 부동산법조사회에서 실시하던 구관제도조사사업을 중추원으로 이관하고 '조선총독부 중추원은 조선 총독에 속하여 조선 총독의 자문에 응해야 한다.'고 규정하였다. 1921년에는 '조선 총독은 중추원으로 하여금 조선의 관습 및 제도에 관한 사항을 조사시킬 수 있다.'고 하여 민사 관습, 상거래 관습, 제도, 풍속을 망라해 한국의 관습과 문화 전반을 조사하게 하였다. 통치를 위한 기본 자료 조사와 더불어 한국문화, 관습의 낙후성을 입증하기 위한 작업이었다.

- ㉣ 1931년 4월 1일 법령 개정: 일본식 지방 자치제 실시
  - 자문기관인 부협의회가 의결기관인 부회로 변경, 면을 읍과 면으로 세분하고 읍에도 의결기관인 읍회 설치, 모든 면협의회원을 선거로 선출, 1933년 4월 1일에는 도에도 법인격 부여하고 도회 설치
  - 부·읍은 일본의 시·정촌, 도는 일본의 부·현府縣과 동등한 수준의 지방 자치단체가 됨
- ② 조직
  - ㉠ 도: 대한 제국 13도 계승, 관찰사觀察使 → 도장관道長官(1910) → 도지사道知事(1919)
    - 1920년 도평의회 설치로 일부 자치 허용
    - 1933년 지방 자치 실시: 도지사는 여전히 임명직, 협의회원 1/3은 도지사가 임명, 2/3은 하위 기구 협의회에서 간선
  - ㉡ 부: 대한 제국의 부를 계승하다가 1914년 부제 시행으로 일본의 시市 급 행정구역으로 변경, 부윤府尹
    - 1914년 12부 지정: 경성·인천·군산·목포·대구·부산·마산·평양·진남포·신의주·원산·청진, 주로 개항 이후 일본인이 많이 거주하던 지역에 새로운 도시 체계 확립
    - 1931년 개정 이후 22부로 확대: 개성·함흥·대전·광주·전주·나진·해주·진주·성진·흥남 추가 지정
  - ㉢ 면: 말단 행정구역으로 일본의 정촌町村 급, 지방 공무원이 있어 자체 세금 징수
    - 지정면指定面(1917): 면 가운데 비교적 인구가 많고 상공업도 발달하는 등 도시적인 면모를 갖추었다고 판단되는 면 → 1931년 읍면제邑面制 실시하면서 읍으로 변경
    - 1920년 면협의회 설치, 일부 회원 선출(1931년 모두 선출), 1931년 읍회 설치

2. 민족 분열 통치('문화' 통치)

(1) 특징
① 3·1 운동과 국제 여론의 변화를 계기로 한국인에 대한 통치 방식의 전환 시도
② 3대·5대 총독 사이토 마코토齋藤實(1919~1927, 1929~1931), 4대 총독 야마나시 한조山梨半造 (1927~1929)
③ '동화同化'를 표면적으로 내세워 민족 분열 시도, 기만 통치

(2) 통치 양상
① 일시동인一視同仁: 사이토 총독 시정 방침
② 총독 관제 개편: 문관 총독도 임명 가능하도록 했으나 실제 임명된 사례는 없음
③ 경찰제 개편
  ㉠ 보통 경찰제 실시, 인원과 장비가 3~4배 가량 증가('1면 1주재소')
  ㉡ 고등 경찰제 도입으로 사상범과 정치범 탄압, 밀정 제도 확대
  ㉢ 치안 유지법(1925) 제정으로 사회주의자와 독립운동가 탄압 → 1928년 개정으로 처벌 규정 강화(사형) → 1941년 개정으로 적용 범위 확대
  ㉣ 폭력 행위 등 처벌에 관한 법률(1926)로 농민·노동 운동의 조직적 실력 행사 금지
④ 언론 허용: 『동아일보』와 『조선일보』 등이 창간되었으나(1920) 삭제와 검열 및 정간과 폐간이 수시로 이루어져 비판적 언론 활동 불가능

⑤ 참정 기회 확대: 도평의회, 부·면협의회가 구성되었으나 일부 친일 자산가에 국한, 선거권과 피선거권 제한
⑥ 조선신궁 건립: 서울의 남산 중턱에 건립(1925), '천황제'이데올로기 주입

3. 민족 말살 통치

1) 특징
① 만주 사변을 계기로 시작, 중·일 전쟁을 거치며 본격화
② 6대 총독 우가키 가즈시게宇垣 一成(1927년 임시 총독 대리, 1931~1936), 7대 총독 미나미 지로南次郞(1936~1942), 8대 총독 고이소 구니아키小磯國昭(1942~1944), 9대 총독 아베 노부유키阿部信行(1944~1945. 9. 28.)

(2) 통치 양상
① 민족 정신 말살
  ㉠ 내선일체론과 일선동조론
  ㉡ '황국 신민'화의 구호 아래 황국 신민의 서사 강제 암송(1937)
  ㉢ 궁성 요배와 신사 참배◇(1937) 및 봉안전 참배 강요
  ㉣ 일본식 씨성 사용('창씨개명', 1940)
② 언론 활동 금지: 『조선일보』와 『동아일보』 자진 폐간 형태로 강제 폐간(1940)
③ 주민 감시
  ㉠ 애국반(1938)
    • 1938년 조직한 국민정신총동원조선연맹의 최말단 조직
    • 10호 단위의 주민 감시 체제
    • 주민 의무 가입으로 신사 참배와 반상회 등에 참가
  ㉡ 조선방공협회(1938): 공산주의자 박멸 시도
  ㉢ 대화숙大和塾(1938), 정식 명칭 시국대응전선사상보국연맹時局對應全鮮思想報國聯盟
    • 조선사상범 보호 관찰소의 외곽 단체
    • 민족운동 또는 좌익운동과 관련된 사상 전력자 중 친일 변절한 자를 맹원으로 함
④ 법령 개정
  ㉠ 조선 사상범 보호 관찰령(1936):◇ 치안유지법 위반자 대상
  ㉡ 조선 사상범 예방 구금령(1941): 치안유지법 위반자 중 재범 우려가 높을 경우 예방 목적으로 구금 가능, 자의적 구금 및 제재 허용, 예방 구금소 설치

❷ 일제의 경제 정책

1. 1910년대의 경제 침탈

(1) 토지 조사 사업(1912~1918)
① 목적: 근대적 토지 소유권의 확립과 조세 수입 확보, 토지 약탈을 전제
② 방법
  ㉠ 기한내 신고주의 원칙: 토지 소유권자가 토지 가격·지형·지목·인감 등을 확인하여 신고
  ㉡ 지적도와 토지대장 작성

◇ **신사 참배**
1925년 신사는 이미 전국적으로 150여 개에 달했는데, 일제는 만주 사변 이후 신사 참배를 강요하기 시작하였다. 1937년 이후 신사 참배를 거부하다 투옥된 사람은 2천여 명에 이르렀고 광복 후 불과 일주일 동안 전국에서 136건의 신사가 파괴되었다.

◇ **조선 사상범 보호 관찰령**
조선 총독부가 1936년 12월 12일에 조선인 사상 통제책의 일환으로 공포하였다. 치안유지법 위반자 중 집행 유예나 형 집행 종료 또는 가출옥한 자들을 보호·관찰할 수 있도록 한 것으로서, 독립운동 관련자들을 감시하기 위한 법이다. 2년 동안 피보호자의 사상과 행동을 관찰하며 거주·통신·교우의 제한 및 기타 적당한 조건의 준수를 명할 수 있고, 심사회의 결의로 그 기간을 연장할 수 있도록 하였다. 이를 위해 서울, 대구, 광주, 평양, 신의주, 함흥, 청진에 사상범 보호 관찰소가 설치되었다.

③ 결과
　㉠ 미신고 토지(국유지·궁방전·역둔전·문중 토지)는 총독부 소유로 이전
　㉡ 동양 척식 주식회사에서 위탁·불하받아 관리, 일본인 이민 지주 증가
　㉢ 한국의 소작인들은 도지권,° 경작권, 입회권° 등의 권리 상실
　㉣ 지주의 배타적 소유권 강화되어 토지 이용이 자유로워짐.
　㉤ 기한부 계약제 소작농으로 전락
　㉥ 농민의 해외 이주 증가, 친일 지주나 일본인 지주가 증가

(2) 경제 침탈을 위한 각종 법령
① 회사령(1910): 회사 설립을 허가제로 하여 민족 자본의 성장 억제 및 일본 영세 자본 보호, 공공질서 위배시 해산도 가능
② 산업 침탈 법령
　㉠ 삼림령(1911): 임야의 소유권 제한 및 박탈, 일본 독점자본 등에 대부·양여 가능 규정, 국유지로 편입된 임야의 원소유자에게 조림造林을 조건으로 해당 임야 대부
　㉡ 임야 조사령(1918): 근대적 등기 제도 도입을 통해 방대한 임야를 국유림으로 확보, 지번제地番制 도입, 일반인의 산림 이용권 제한
　㉢ 어업령(1911): 조선 총독부는 일본인에게 어업권·어업 어장의 무차별적 양도와 어업 면허 혜택, 조선 어업자의 권익 무시 → 조선인 영세 어민으로 전락
　㉣ 광업령(1915): 재래식 덕대제 폐지, 한국인들의 광업권 부정 → 일본인들의 독점 경영 체제 강화, 토지 수탈
③ 지세령(1914): 세율 증대와 과세 대상 확대, 지가地價에 따라 지세 산출 → 농민들의 몰락 → 총독부는 지세령을 새롭게 제정하여 지가의 1.3% 수준으로 조정(1918)
④ 은행령(1912)
　㉠ 민족 자본을 통제하고 금융 지배를 도모(1912)
　㉡ 통감부에서 중앙은행으로 만든 한국은행(1909)은 조선은행(1911)으로, 산업 지원을 위해 만든 농공은행(1906)은 조선식산은행(1918)으로 변경 → 동양 척식 주식회사는 조선식산은행과 협력하여 성장

◇ 도지권
소작지에서의 부분 소유권으로 도지권을 가진 소작농은 그 소작지를 영구히 경작할 수 있었다. 그러나 일제 강점기 토지 조사 사업에서 부정되었고, 이에 소작농들이 도지 조합을 결성하여 도지권 수호 운동을 전개하였으나 일제의 무력 탄압으로 좌절되어 급격히 소멸하였다.

◇ 입회권
마을 주변의 주인 없는 토지에 대한 농민들의 공동 이용권을 말한다. 농민들은 공유지인 산림이나 들에서 공동으로 여물, 두엄 등의 풀과 땔감용 잡목 등을 거둘 수 있었다.

> **읽기 자료**
>
> **일제 강점기의 조합組合**
>
> 대한제국의 농업 조직은 종래 한국 농민들이 조직했던 '계契'와 거류 일본인이 조직한 '조합組合' 또는 '회會'의 2가지 계통이 있었다. 조합과 회는 러일전쟁 후 급격히 증가한 일본 이주 농민들이 주로 조직했는데 1905년까지만 해도 군산농사조합, 강경토지조합, 부산농업조합, 군산토지연합조합, 대구농회 등 소수에 불과하였다. 이들은 주로 관청의 대행 기관으로 토지대장의 관리 및 열람, 농사에 관한 자문과 건의 등의 업무를 담당하였다. 국권을 강탈한 뒤 총독 데라우치는 각 군에 계를 잘 활용하여 농사 개량과 산업 발전에 활용하라는 훈시를 한 후 각종 산업 단체 설립에 주력하였다. 이로 인해 1911년 10월 개성축산동업조합을 효시로 전국에 각종 산업 단체가 설립되어, 면작조합, 양잠조합, 축산조합, 승입조합繩入組合 등이 설립되었다. 이는 일제가 대한 제국을 강점한 후 농산물 증산 활동 계획을 펴 국민들의 환심을 사는 한편, 일제가 필요로 하는 농업 생산물의 공급을 수월하게 하기 위한 것이었다. 그 중 면작조합과 양잠조합은 일본 공업원료인 미국 품종 육지면과 생사를 생산하여 헐값에 사들이기 위한 목적으로 설립한 것이었다.

◇ **흥남 질소 비료 공장**
1926년에 건설된 부전강 수력 발전소의 전력 공급을 바탕으로, 1927년에 건립된 동양 최대 규모의 비료 공장이었다. 산미 증식 계획에 부응하였고, 1930년대에는 값싼 비료를 대량으로 공급하여 병참 기지화 정책에도 기여하였다.

◇ **농가 경영별 농민 계급 구성 비율 변화**

연도	지주	자작농	자작겸 소작농	소작농
1916	2.5	20.1	40.6	36.8
1919	3.4	19.7	39.2	37.6
1922	3.7	19.7	35.8	40.8
1925	3.8	19.9	33.2	42.2
1928	3.7	18.3	32.0	44.9
1932	3.6	16.3	25.3	52.8

(단위 : %)

◇ **관세철폐**
조선총독부와 일본 내각 사이의 관세 폐지는 이미 1910년에 결정되었으나, 10년간 보류한 것이었다. 이에 따라 1920년에는 조선에서 일본으로 가는 물건, 1923년에는 일본에서 이입되는 물건에 대한 관세가 폐지되었다, 단 주류와 면직물은 예외였다.

⑤ 박람회와 공진회 개최
  ㉠ 생산성 강화 홍보, 일본 상품을 우월하게 소개하여 전통 문화를 말살할 목적
  ㉡ 조선 물산 공진회(1915): '합방' 5주년 기념으로 경복궁에서 개최, 전국의 불교 문화재를 전시 → 유교 문화를 압살하려는 조치
⑥ 전매 사업
  ㉠ 1908년 제정된 홍삼 전매법을 시작으로 총독부에서 소금·인삼 등의 판매를 독점
  ㉡ 홍삼 전매령(1920), 연초 전매령(1921), 조선 전매령(1942, 소금 전매 규정) 공포

2. 1920년대의 정책 변화
(1) 산미 증식 계획(1920~1934)
  ① 배경: 동경 쌀 폭동(1918) 등 일본의 농업 생산 위축으로 인한 쌀 부족 현상 → 조선을 쌀 공급지로 삼아 사회 불안 문제 해결 시도
  ② 방법: 수리 시설 확충, 비료 보급,◇ 쌀 단작화, 경지 정리 등을 통해 한국 내 쌀 생산 증가
  ③ 결과◇
    ㉠ 생산량 증가분보다 많은 수출량으로 국내 양곡 부족, 만주에서 잡곡 수입
    ㉡ 수리 조합비 과중과 각종 증산 비용 추가로 영세 자영농과 소작농의 몰락
    ㉢ 쌀 단작화로 인해 국내 농업 기반의 붕괴
    ㉣ 몰락 농민들의 해외 이주 및 소작 쟁의 발생
    ㉤ 농촌 진흥 운동 실시(1932~1940), 조선 소작 조정령(1932)·조선 농지령(1934) 제정: 1930년대 소작 쟁의 성격이 변화하자 일제가 농민들의 좌경화를 방지할 목적
  ④ 중단: 1929년 경제 대공황과 만주 사변(1931) 및 일본 공업화의 부진으로 중단

(2) 일본 경제의 이식
  ① 회사령 폐지: 회사령을 신고제로 전환(1920) → 한국 기업 설립, 일본 기업의 진출 급증
  ② 관세 철폐(1923):◇ 일본 상품 수입 증가로 대일 의존도 심화, 국내 기업 몰락
  ③ 신은행령(1928)
    ㉠ 1928년 금융 공황으로 인해 공포
    ㉡ 은행 자본금의 최저 한도를 200만 엔 이상으로 규정, 한국인 소유 은행의 강제 병합
    ㉢ 국내 민족 자본의 성장 억제, 일본 자본의 경제적 지배 강화

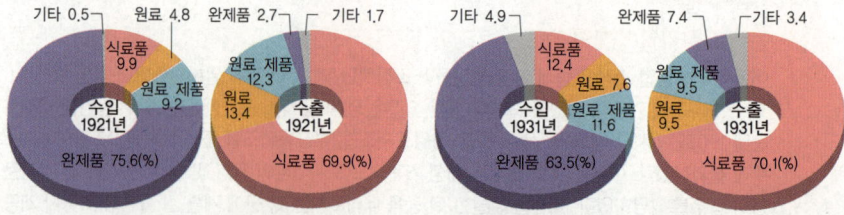

[일제 강점기 품목별 대일 수출·수입액 비교]

3. 전쟁의 확대와 경제 수탈의 심화

(1) 병참 기지화 정책
① 남면북양 정책(1934): 한국에서 공업 원료를 충당하기 위한 목적
② 중공업 육성: 대륙 침략을 위해 한반도 북부 지방에 군수 공업 확충, 병참 기지화 정책과 맞물려 한국의 기형적 공업화 진전
③ 산업 법령 제정
  ㉠ 중요산업통제법(1937, 본토는 1931): 조선 산업의 전시체제 재편을 표방하고 군수·중화학 공업화 시도(일본 독점자본이 장악)
  ㉡ 임시자금조정법(1937): 설비와 자금 공급의 우선순위를 세 단계로 설정하여 지원, 조선 내 본격적인 군수 산업 육성 시도
④ 민수용품의 생산을 억제하고 자금 대부 통제

(2) 국가 전시 총동원령(1938)
① 성격: 중·일 전쟁을 계기로 전쟁 물자 및 인력의 수탈을 위해 내린 법령
② 물적 수탈
  ㉠ 군량 확보 목적으로 산미 증식 계획의 재개(1940)라는 미명하에 도별로 양곡 공출 강제, 한국 내 식량 사정 악화 → 식량 배급제 시행
  ㉡ 금속·가축 등에 대한 공출
  ㉢ 국방헌금 강제 징수
③ 인적 수탈
  ㉠ 지원병 제도(1938)
  ㉡ 강제 징용 제도(1939): 만 16~40세의 청장년 중 현재 총동원 업무에 종사하지 않는 모든 사람들 대상
  ㉢ 학도 지원병 모집(1943): 전문학교 재학생 이상의 조선인들을 전선에 투입
  ㉣ 징병제(1944): 징병 대상자(17~50세) 중 20~30세 청장년들을 강제 징병
  ㉤ 여자 정신대 근로령(1944)
   • 12~40세의 배우자 없는 여성들 대상
   • 중·일 전쟁 이후 조직적으로 일본군 '위안부' 동원
  ㉥ 국민 총력 운동(1940): 국가 총동원령 이후 조직된 국민정신 총동원 조선 연맹, 국민 총력 조선 연맹 등을 바탕으로 전개
  ㉦ 근로보국대(1941): 국민근로보국령(1940)에 따라 근로보국대 편성, '몸뻬もんぺ'와 작업복의 일상화

[금차 봉납도(김은호)]

친일 매국노의 부인과 친일 여성 지식인들이 참여한 애국 금차회라는 여성 친일 단체의 결성식 때, 즉석에서 모은 금붙이 등을 조선 총독 미나미 지로에게 증정하는 모습을 담은 그림이다.

[애국 헌납기 1444호의 모습]

중·일 전쟁 이후 일제가 대대적인 국방헌금을 강요하는 상황에서 일제와 협력 관계에 있던 각 지역의 유지들은 국방헌금을 내는 데 앞장섰다. 특히 전국적으로 비행기 헌납 기성회를 조직하여 8대의 군용기를 헌납하였다.

CHAPTER 02 민족 독립운동

1 1910년대 국내외의 민족 운동

1. 국내의 비밀 결사

(1) 특징

① 비밀 결사: 일제가 보안법을 제정하고 결사의 자유를 제한하자 비밀 결사를 조직

② 노선 변화: 의병 투쟁과° 애국 계몽 운동이 존속하는 가운데 양자를 결합하려는 움직임

(2) 주요 단체 및 활동

① 독립 의군부(1912)
  ㉠ 고종의 밀명을 받아 임병찬이 조직한 국내 의병 단체
  ㉡ 고종 황제 복위를 꾀하여 복벽주의를 지향
  ㉢ 총독부에 국권 반환 요구서를 제출하려다 발각되어 해산

② 송죽회(1913)
  ㉠ 평양에서 숭의 여학교 여교사(김경희)들을 중심으로 조직
  ㉡ 국외에서 활동하는 독립운동가들의 가족 지원, 독립군 군자금 지원, 여성 계몽 운동 전개
  ㉢ 3·1 운동에 적극 가담

③ 기성단(1914)
  ㉠ 차이석·김영윤 등 대성학교 출신들이 야구부를 가장하여 결성
  ㉡ 평양 지역 청년들을 규합해 서간도나 미국 네브래스카Nebraska 등지의 무관학교로 파견

④ 조선 국민회(1915)
  ㉠ 평양 숭실학교 졸업생 장일환이 미국에서 하와이 국민회 박용만을 만나 국내 지부로 결성
  ㉡ 재미 국민회 및 해외동포와 연락 도모, 간도로 진출하여 회원 모집

⑤ 대한 광복회(1915)
  ㉠ 박상진의 조선 국권 회복단°과 채기중의 풍기 광복단°이 결합하여 조직(사령관 박상진, 이듬해 부사령관 김좌진)
  ㉡ 행형부를 설치하여 친일파를 처단하고 군자금을 모금하는 등의 군사 활동 전개
  ㉢ 공화정체의 국가 수립 목표
  ㉣ 만주에 사관 학교 설립 계획
  ㉤ 아산 도고면장 박용하를 처단하는 과정에서 조직 발각, 해체 후 만주로 이동하여 암살 및 군사 활동에 가담

⑥ 기타
  ㉠ 선명단(1915): 유학자 중심으로 일제 요인 암살단을 조직하고 공화주의를 표방
  ㉡ 자립단(1915): 함경도 대성 학교 출신 기독교 계통에서 조직
  ㉢ 조선 산직장려계(1915): 서울 경성 고보와 중앙 학교 학생들이 교사 최남선·백남운 등

◇ **1910년대 의병**

1910년대에도 의병 활동은 산발적으로 지속되다가, 1915년에 마지막 의병장 채응언이 체포되었다. 채응언은 1907년 숙천에서 의병을 일으켜 평안도와 함경도 등지에서 활약하였고, 함남 안변 마전동 주재소, 황해도 선암 헌병 분견소 등을 습격하여 크게 명성을 떨쳤다.

◇ **조선국권회복단(1915)**

1915년 1월, 박상진, 서상일, 이시영 등 대구 지역 혁신 유림들이 만든 조직으로, 중요한 활동 거점은 대구 박상진의 상덕태상회尙德泰商會, 서상일의 태궁상회太弓商會, 경상북도 칠곡 윤한병尹翰炳의 향산상회香山商會, 부산 안희제安熙濟의 백산상회白山商會 등으로서 모두 곡물상회였다. 단원들이 대부분 부호이거나 중류 이상의 경제력을 지니고 있어, 이들로부터 많은 군자금을 거둬들여 만주의 무장 독립군에 제공하였다. 1915년 7월, 이 같은 방식의 항일 운동에 한계를 느낀 박상진이 이미 1913년에 조직되어 활동 중인 풍기 광복단과 함께 대한 광복회를 조직, 총사령이 되었다. 그 후에도 국권 회복단은 별도의 조직체로 활동을 계속 하다가, 1919년 3·1 운동이 일어나자 경상남도 창원에서 만세 시위를 주도하였고, 유림이 파리 강화 회의에 독립 청원서를 보낸 파리장서 의거를 추진하기도 하였다.

◇ **광복단(1913)**

1913년 경북 풍기에서 채기중, 유창순, 유장렬 등이 중심이 되어 조직한 항일 독립운동 단체로 나중에 대한 광복회로 개편되었다.

과 민족 경제 자립을 목표로 조직

2. 3·1 운동 이전의 국외 기지 건설

(1) 만주와 연해주

① 서간도: 남만주에 신한민촌 형성, 신민회가 중심이 되어 개척한 삼원보가 독립 기지로 기능

학교	신흥강습소 (1911~1920)	· 이회영 형제, 이동녕 등 신민회 인사들이 설립 · 신흥 무관 학교로 개편
단체	경학사(1911)	· 신민회 인사들 중심으로 설립, 신흥 강습소◇ 운영 · 흉년과 중국인의 배척 등으로 해산
	부민단(1912)	경학사를 계승하여 이회영·이상룡이 조직, 백서농장 운영
	한족회(1919)	3·1 운동 이후 부민단이 개편, 서로군정서로 계승
군대	대한독립단(1919)	박장호 등 의병 세력 중심으로 조직
	서로군정서(1919)	지청천 주도, 한족회를 계승하여 임시 정부 산하로 편제

◇ **신흥 강습소**
서간도 지역에서 이회영, 이동녕 등이 중심이 되어 설립한 교육 기관으로, 이후에 신흥 무관 학교로 바뀌어 폐교될 때까지 3,000명 이상의 졸업생을 배출했다. 이들은 무장 독립 전쟁에 중추적인 역할을 하였다.

② 북간도: 룽징龍井(용두레 우물), 옌지, 명동明東, 왕칭汪淸 등의 지역에서 활동 전개

학교◇	서전서숙(1906)	· 이상설·이동녕 주도, 헤이그 특사 사건 이후 탄압 · 재정난과 일제의 방해 등으로 졸업식 직후 자진 해산(1907)
	명동 학교(1908)	· 김약연 주도, 군사 훈련 병행(나운규·윤동주 등 배출) · 여학교 병설, 민족 독립 사상 고취
단체	중광단(1911)	· 대종교 계열의 서일 주도 · 정의단(1919) → 북로군정서(1919)로 개편
	간민회(1913)	· 김약연 중심, 간민교육회(1907)에서 발전 · 위안스카이의 명령으로 해산, 안무의 국민회군으로 계승
	의민단(1919)	천주교 계열이 주도한 무장 단체
군대	대한 독립군(1919)	홍범도의 의병 계열이 조직
	북로군정서(1919)	총사령관 김좌진, 정의단을 계승하여 임시 정부 산하로 편제

◇ **서전서숙과 명동 학교**
서전서숙은 이상설이 만주 용정에 1906년에 세운 학교로, 신학문과 역사를 가르쳤으며 반일 애국 정신을 기르는 데 중점을 두었다. 이후 북간도 지역에 여러 학교가 세워졌는데, 그중 명동 학교는 이 지역 항일 민족 운동의 요람으로 항일 독립운동에 끼친 영향이 지대하다.

③ 연해주
㉠ 초기에 이주민들이 개척리開拓里 등 마을 형성
㉡ 러시아 정부는 블라디보스토크Vladivostok에 신한촌 형성하여 한인 세력 규합·통제
㉢ 일본과 러시아의 연대로 탄압을 받기도 하였고, 러시아 혁명 과정에서는 볼셰비키Bolsheviks 군과 연대하여 사회주의의 영향을 받기도 함

학교	계동 학교(1907)	개척리에 설립, 한민 학교로 계승
	한민 학교(1911)	권업회 주도, 신한촌 건설 후 계동 학교를 이전하여 설립
단체	성명회(1910)	· 이상설·유인석·이범윤 등 의병 계열이 조직 · 결사대 조직 → 일본인과 거류지 습격
	권업회(1911)	· 이상설 등이 조직, 의병 계열과 계몽 계열의 합작 · 『권업신문』 발행, 대전학교 설립·운영
	한인 사회당(1918)	· 러시아 혁명 이후 이동휘 중심으로 결성 · 고려 공산당(1921)으로 계승

군대 및 정부	13도 의군(1910)	· 이상설·유인석 등 의병 주도 · 국내 진공과 고종의 연해주 파천 계획
	대한 광복군 정부 (1914)	· 권업회 중심, 이상설(정통령)·이동휘(부통령)에 추대 · 공화정 체제를 지향한 군 정부 조직
	전로 한족회 중앙총회(1917)	전 러시아 한인 대표자 대회를 통해 결성
	대한 국민 의회 (1919)	· 전로 한족회 중앙총회 주도로 설립, 파리 강화 회의에 대표 파견 · 3·1 운동 이후 손병희를 대통령으로 선출

④ 북만주: 이상설 등이 미산密山부 한흥동韓興洞에 기지 건설(1909), 농토 개간 및 민족 교육 실시

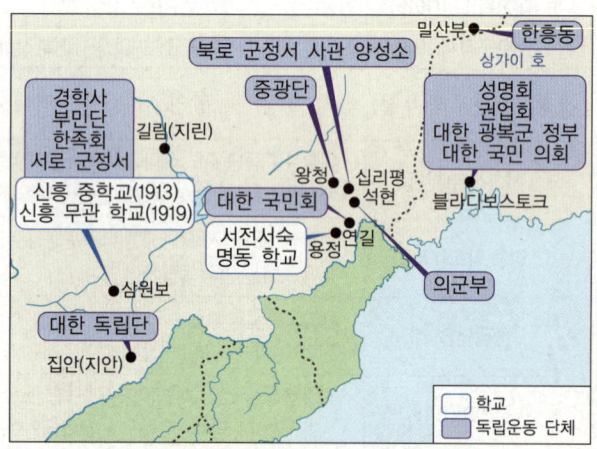

[만주와 연해주의 독립운동 기지 건설]

(2) 미주와 중국

① 미주: 대한 제국기 이민 정책으로 이주한 이들과 유학생을 중심으로 한인 자치 단체 결성, 특히 을사늑약 이후 전명운·장인환 의거를 계기로 활발

학교	한인 소년병 학교(1909)	네브라스카에서 박용만·정한경이 설립
	숭무 학교(1910)	멕시코에서 결성된 무관 학교
단체	대한 신민회(1906)	안창호 등이 L.A.에서 국내 신민회의 전신으로 조직
	공립협회(1905)	샌프란시스코에서 안창호가 주도한 친목회(1903)를 계승
	대동보국회(1907)	샌프란시스코에서 만든 항일 단체
	국민회(1909)	공립협회와 하와이의 한인 합성 협회(1907) 통합, 『신한민보』 발간
	대한인 국민회 (1910)	· 전명운·장인환 의거를 계기로 국민회와 대동보국회의 통합 · 샌프란시스코 중앙 총회 및 각 지부 설립(북미·하와이·만주·연해주) · 임시 정부와 연대, 파리 강화 회의에 대표 파견, 위임 통치 청원서 제출
	흥사단(1913)	· 안창호가 샌프란시스코에서 만든 계몽 단체 · 이광수를 통해 국내에 수양동우회(1926~1937) 조직
군대	대조선 국민군단 (1914)	· 박용만이 대한인 국민회 사업의 일환으로 하와이에서 만든 군대, 사관학교 설립 · 하와이 국민회 국내지부로 숭실 학교 학생들이 조선 국민회(1915) 결성

② 상하이上海: 각국 외교 공사관 밀집 지역, 중국 국민당과 협력 가능한 곳으로 다수 독립지사들이 이주

학교	박달학원(1913)	동제사를 중심으로 청년 교육에 주력
	인성 학교(1917)	· 여운형을 중심으로 이주민 자제들을 교육한 기독교 계열 학교 · 임시 정부 산하로 들어가 학교 내에 보습과를 설치, 중국 상급 학교에 입학하기 전 영어·한문·산학 등 교육
단체	동제사(1912)	· 신규식·박은식·정인보·신채호·조소앙 등을 중심으로 한 비밀 결사 · 중국 국민당과 연대하여 신아동제사로 개편(1913), 박달학원 운영하며 군사 교육 강조
	대동 보국단(1915)	· 신규식·박은식 등이 대동 사상을 중심으로 결성 · 외교 활동과 민족 교육 활동 주력
	신한 혁명당(1915)	박은식·신규식·이상설 등이 조직, 국제정세 대응 추진
	신한 청년당(1918)	· 여운형·김규식 중심의 외교 조직 · 독립 청원서를 작성하여 김규식을 파리 강화 회의에 파견 · 상하이 임시 정부로 개편

2 3·1 운동과 대한민국 임시 정부 수립

1. 3·1 운동

(1) 배경
① 국제 정세의 변화
㉠ 러시아 볼셰비키 혁명(1917) 이후, 레닌Vladimir I. Lenin이 약소 민족의 자결권 선언의 지원 약속
㉡ 제1차 세계 대전 종전 후 파리 강화 회의(1919)에서 윌슨T. W. Wilson 대통령이 민족 자결주의 제창('민족'은 패전국의 식민지로 국한)
② 민족 세력의 동향: 국제 사회의 도움으로 스스로 독립권을 제창하는 움직임
㉠ 대동단결의 선언(1917, 상하이): 신규식·박은식·조소앙·신채호 등 중심, 공화주의 표방
㉡ 대한 독립 선언(1919, 만주): 무오 독립 선언, 신채호·박은식·이승만·김좌진 등 39인의 명의로 발표, 민중의 폭력을 강조하는 무장 투쟁 노선
㉢ 2·8 독립 선언(1919, 도쿄): 일본 조선 유학생 동우회 세력(김원벽·이광수 등)들이 조선 청년 독립단 명의로 발표, 기미 독립 선언서를 작성하는 기초
㉣ 파리 강화 회의 참여: 상하이의 신한 청년당에서 김규식을 대표로 파견하여 독립을 청원, 연해주의 대한 국민 의회와 미주의 대한인 국민회 등에서도 대표 파견 논의
③ 고종의 서거: 고종 황제의 급서에 대해 독살설이 퍼지면서 민중들이 소요, 고종의 인산일을 기해 대규모 만세 시위 계획

(2) 과정
① 발발
㉠ 종교인과 학생 주도, 종교인들이 태화관에서 독립 선언서(최남선 작성, 한용운 '공약 3장' 작성) 낭독
㉡ 학생들 주도로 탑골 공원에서 비폭력 만세 시위

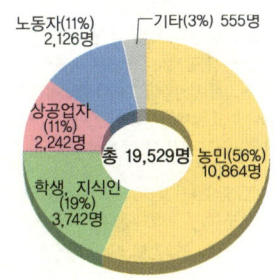

◇투옥자의 직업별 비율

◇ **해외의 만세 운동**
북간도 룽징에서는 독립 선언서 낭독에 이은 만세 시위가 전개되었고, 훈춘과 서간도의 삼원보 등지에서도 시위가 일어났다. 연해주에서는 대한 국민 의회 주도의 만세 운동이, 미주에서는 대한인 국민회 주도의 미주 동포 대회가 개최되었으며, 특히 필라델피아에서는 서재필을 중심으로 한인 자유 대회가 개최되었다. 일본에서는 도쿄 유학생들과 오사카 교민들의 만세 시위가 일어났다.

◇ **화성 제암리 사건**
3·1 운동이 전국적으로 퍼져 나가자 화성군 제암리 청년들이 장날에 만세 운동을 일으켰다. 헌병 경찰은 '전날의 무자비한 탄압을 사과할 테니 신도들은 교회에 모이라.'하고는 주민들이 모이자 출입문에 못질을 하고 일제히 사격을 한 다음 석유를 뿌리고 불을 질러 주민을 학살하였다.

② 전국적 확산
  ㉠ 도시 노동자와 상인들 가세: 상인들의 철시 투쟁과 경성 철도 노동자 파업 및 총독부 인쇄공의 파업
  ㉡ 농민들의 가세로 점차 폭력적 시위로 변모
  ㉢ 철도 노선을 따라 지방으로 확산, 학생들은 지하 신문을 만들어 배포하며 시위 확산에 기여
③ 해외 확산: 만주(삼원보·룽징·훈춘琿春), 연해주, 미주(필라델피아Philadelphia), 일본(도쿄東京, 오사카大阪) 등으로 시위 확산
④ 일제의 탄압: 가혹한 탄압으로 수많은 희생(제암리 학살, 유관순 사건 등)

(3) 결과
① 통치 방식의 변화: '문화' 통치 시작, 합법적 결사 허용에 따라 실력 양성 계열의 문화 운동 및 사회주의 계열 계급 운동 대두
② 다양한 사상의 유입: 주권 재민의 기초한 공화주의가 민족운동에 영향을 줌, 사회주의가 유입·확산되어 독립운동 이념과 방략이 다양화
③ 참여 계층의 확대: 일부 지식인 중심에서 학생·노동자·농민이 참여 주체로 성장
④ 임시 정부 수립: 독립운동의 구심점 필요성 인식 → 다양한 임시 정부를 수립하는 계기
⑤ 무장 투쟁 활성화: 평화 시위 한계 절감, 국외에서 무장 투쟁 활발
⑥ 세계 민족 운동에 영향: 중국의 5·4 운동과 인도의 반영 운동에 자극을 줌

2. 대한민국 임시 정부

(1) 수립
① 배경: 3·1 운동을 계기로 독립운동의 구심점이 필요함을 인식
② 각지의 정부 수립
  ㉠ 대한 국민 의회(1919. 3. 노령 임정): 연해주에서 손병희를 대통령, 박영효를 부통령, 이승만을 국무총리로 추대하여 수립
  ㉡ 상하이 임시 정부(1919. 4. 상하이 임정): 신한 청년당 개편, 상하이에서 이동녕을 의정원 의장, 이승만을 국무총리로 추대
  ㉢ 한성 정부(1919. 4.): 13도 대표 회의를 거쳐 수립, 서울에서 이승만을 집정관 총재, 이동휘를 국무총리로 추대
③ 통합: 삼권 분립에 기반한 대한민국 임시 정부 수립(1919. 9. 한성 정부 계승, 상하이로 위치 확정)

임시 정부의 통합

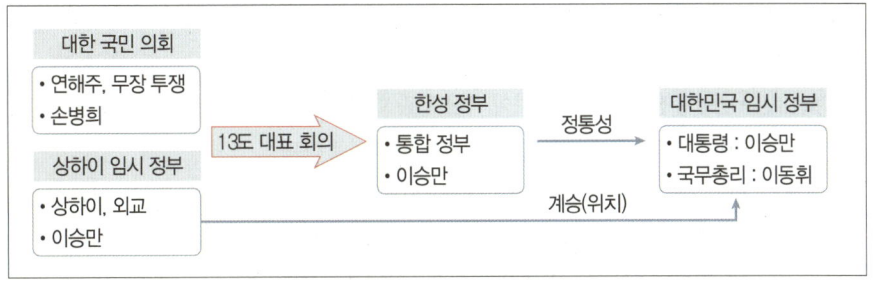

[대한민국 임시 정부 통합 과정]

(2) 정체 및 조직

① 구성

㉠ 1919년 4월 11일, 임시 의정원에서 정부 수립 결의하고 삼권 분립(임시 의정원·국무원·법원)에 기초한 민주 공화제 채택(임시 헌장 발표)

㉡ 같은 해 9월 통합 정부 구성
- 대통령에 이승만, 국무총리에 이동휘, 내무총장에 안창호 선임
- 1차 개헌: 임시 헌장 10조와 한성 정부의 '약법 6조' 참고

② 지방 조직

㉠ 연통제: 비밀리에 조직된 지방행정 기관, 독판·군감·면감 체제로 구성

㉡ 교통국: 국내 및 만주와의 연락, 군자금 모금 등을 담당하는 통신 정보 기구, 이륭양행(만주, 교통국 지부)과 백산상회(부산) 등의 비밀 조직 운영

③ 정체 변화: 대통령 중심제(1919) → 국무령제(1925) → 국무위원 중심제(1927) → 주석제(1940, 김구 중심 체제) → 주석·부주석제(1944)

[임시 정부의 조직도]

(3) 활동

① 초기(1919~1921년경): 연통제와 교통국 등을 바탕으로 국내와 만주 지역까지 연결하여 외교·무장 투쟁·문화 운동을 망라하는 정부의 기능을 담당

㉠ 군자금 모금: 애국 공채(독립 공채) 발행, 의연금 모금

㉡ 외교 활동
- 신한 청년당의 김규식을 외무총장으로 임명
- 구미 위원부: 이승만을 중심으로 워싱턴Washington에 설치(1928년 해체)
- 소련과 공수 동맹(이동휘)

[임시 정부 신년 기념 촬영]

◇ **대한민국 임시 정부 조직**

대한민국 임시 정부에는 민족주의자들뿐만 아니라 이동휘를 중심으로 하는 사회주의 조직인 한인 사회당이 조직적으로 참여하여 통일 전선의 성격도 함께 가졌다. 반면, 연해주와 만주 지역에서 활동하던 대한 국민 의회 계열의 무장 투쟁론자들과 베이징 지역에서 활동하던 의열 투쟁론자들은 외교 독립론 중심의 대한민국 임시 정부에 참여하지 않았다.

◇ **이륭양행**

대한민국 임시 정부의 군자금 조달에 이용된 위장 사업체로 영국 국적의 아일랜드 사람 쇼G. L. Shaw가 경영하면서 임시 정부에 빌려주었다. 임시 정부가 이곳에 교통국의 안동 지부를 설치하여 국내 정보를 수집하고 군자금을 조달하는 등의 일을 맡아 처리하였다.

◇ **임시 정부-소련 간 공수 동맹**

임시 정부의 국무총리였던 이동휘는 좌파 세력의 확장을 위해 민족 진영의 인사까지 끌어들여 1920년 공산주의자 그룹을 조직하고 이를 발전시켜 1921년 종래의 한인 사회당을 고려 공산당으로 개칭하였다. 이후 소련과 공수 동맹을 체결하여 모스크바의 레닌으로부터 200만 루블의 원조를 받았으나, 그중 40만 루블을 고려 공산당 조직 기금으로 유용한 것이 임시 정부에 발각되어 사임하였다.

◇ **사료 편찬소**
외교 활동에 필요한 자료를 준비할 목적으로, 박은식을 중심으로 조직하였다. 『한일 관계 사료집』을 발간하여 국제 연맹에 제출함으로써 일제의 침략을 폭로하고자 하였으며, 박은식의 『한국 독립운동지혈사韓國獨立運動之血史』를 간행하였다(상하이 유신사 출판, 1920).

◇ **광복군 사령부**
1920년 만주에서 조직된 독립운동 단체로 남만주의 독립운동 단체인 대한 의용 군사 의회, 한족회, 대한 독립단 등을 상하이의 대한민국 임시 정부 산하에 두기 위하여 통합 조직한 군사 기관이다. 임시 정부 군무부의 직할 기관이었으며 각 지방에 군영을 설치하여 독립 전쟁을 전개하였다.

　　ⓒ 교육·문화 활동: 인성 학교 운영, 『독립신문』 간행, 사료 편찬소◇ 설치
　　ⓔ 군사 활동
　　　• 군무총장 직속으로 상하이 육군 무관 학교 설립
　　　• 이동휘 주도로 1920년을 독립전쟁 원년으로 선포
　　　• 만주에 광복군 총영·광복군 사령부 설치(1920),◇ 서로 군정서·북로 군정서 편입(1919~1920) → 이들을 중심으로 육군 주만 참의부 구성(1923)
　　　• 대한민국 임시군구제(1920): 서간도·북간도·강동(노령) 군구 설정
　　　• 대한민국 육군 임시 군제(1920): 북로군사령부·동로군사령부·광복군사령부 3개 지방 사령부 조직, 20~50세에 병역 의무 부과
　　　• 윌로우스Willows 비행사양성소(1920~1921): 샌프란시스코에서 김종림 후원으로 노백린 주도
　② 위기(1921년경~1923): 연통제 붕괴, 무장 투쟁 실패, 외교 활동의 부진 등으로 독립 방략과 노선을 둘러싼 갈등 발생
　　ⓐ 연통제와 교통국이 파괴되어 자금 지원 단절
　　ⓑ 민족주의와 사회주의의 대립 심화
　　ⓒ 이승만의 위임 통치 청원서를 계기로 외교론·무장 투쟁론·실력 양성론의 노선 대립
　③ 국민 대표 회의(1923): 임시 정부의 위기를 타개하기 위한 움직임의 일환
　　ⓐ 신채호·박용만 등 무장 투쟁론자들이 군사 통일 준비회를 조직하고(1921) 회의 소집 주창 → 이승만 등 옹호자의 회의 소집 반대
　　ⓑ 박은식이 국민 대표 회의 소집(1923), 상하이에서 수개월 간 회의 진행
　　ⓒ 신채호 중심의 창조파가 임시 정부 해체 주장, 임정 수정론자(개조파, 안창호 중심)와 존속을 주장하는 자(고수파) 등이 대립하여 회의 결렬 → 결국 창조파와 개조파 대부분 임시 정부 이탈
　　ⓓ 임시 의정원에서 이승만 대통령 탄핵(1925), 2대 대통령에 박은식이 추대되어 국무령제 개편
　④ 위기 극복 노력
　　ⓐ 국무령 김구의 조직 정비 노력
　　　• 약헌 공포(1927): 임시의정원 중심 체제, 이동녕 주석 하 국무위원 중심 집단 지도 체제
　　　• '이당치국론': 민족유일당 운동 → 한국독립당 창당(1930)
　　ⓑ 한인 애국단 창설(1931): 이봉창·윤봉길 의거 → 일본의 탄압으로 이동, 중국 국민당 정부의 지원
　　ⓒ 군사 활동 준비: 뤄양洛陽 군관 학교의 한국인 특별반(광복군 무관 양성소)에서 군사 훈련(1933)
　　ⓓ 한국 국민당 창당(1935)
　⑤ 중흥(1940~)
　　ⓐ 한국 독립당 창당(1940): 대한민국 임시 정부의 한국 국민당·지청천의 조선 혁명당·조소앙의 한국 독립당의 3당이 합당 합의, 충칭重慶에 정착하여 창당식
　　ⓑ 주석제 개헌(1940): 주석을 중심으로 한 권력 집중제, 김구 중심 지도 체제 확립

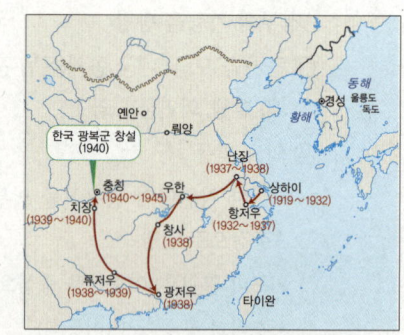

[임시 정부의 이동]

ⓒ 한국 광복군 창설(1940): 뤄양 군관학교 출신, 지청천의 만주 한국 독립군 세력 등이 연합하여 임시 정부의 정규군인 한국 광복군 창설, 총사령관에 지청천 취임
ⓔ 건국 강령 발표(1941): 조소앙이 1931년에 발표한 삼균주의를 건국 강령으로 채택
ⓜ 참전과 선전 포고(1941): 태평양 전쟁 발발로 대일 선전포고, 연합군의 일원으로 참전, 1945년 독일에 선전포고
- 1943년에는 영국군과 인도·미얀마 전선에 참전
- 1945년에는 미국 OSS와 연대하여 국내 정진군 편성, 독수리 작전

ⓗ 조선 민족 혁명당 흡수(1942): 김원봉이 이끄는 조선 민족 혁명당과 합당, 조선 의용대 흡수 → 1944년에 주석·부주석제로 개편, 부주석에 민족 혁명당 계열의 김규식 임명

대통령제	1대 대통령	이승만	1919. 4. 10.~1925. 3. 21.
	2대 대통령	박은식	1925. 3. 24.~1925. 9.
국무령제 (내각제)	3대 국무령	이상룡	1925. 9.~1926. 1.
	4대 국무령	양기탁	1926. 1.~1926. 4. 29.
	5대 국무령	이동녕	1926. 4. 30.~1926. 5. 3.
	6대 국무령	안창호	1926. 5. 3.~1926. 5. 16.
	7대 국무령	이동녕	1926. 5. 16.~1926. 7. 7.
	8대 국무령	홍진	1926. 7. 7.~1926. 12. 14.
	9·10대 국무령	김구	1926. 12. 14.~1927. 8.
국무위원제	11~15대 주석◇	이동녕	1927. 8. 19.~1940. 3. 13. ◇주석 : 국무위원 대표 명칭
주석제	16대 주석	김구	1940. 3.~1944. 4.
	17대 주석	김구	1944. 4.~1947. 3. / 부주석 김규식 추대

[역대 임시 정부 수반]

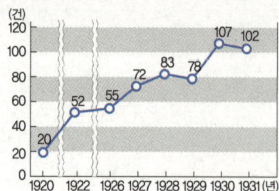

[1920년대 이후의 동맹 휴학 건수]

◇ **동맹 휴학**

학생들이 교육·정치적 요구를 관철하기 위해 집단적으로 벌였던 등교·수업 거부 운동으로, 시위와 더불어 급진적인 행동이었다. 이 행동은 교육적 차원을 넘어서 사회적 차원으로까지 항의를 확산시킬 수 있었던 투쟁 방식이다. 일제 강점기 식민지 교육에 대한 항거로 활발히 일어났으며, 특히 3·1 운동을 계기로 1920년대에 들어 항일적 성격을 띠고 대거 발생하였다. 일제의 통계에 따르면 1921년 33건, 1922년 52건, 1923년 57건으로 점차 증가하여 1928년 83건, 1929년 78건, 1930년 107건으로 최고봉에 달하였다가 1934년 이후 감소하였다. 1926년의 6·10 만세 운동과 1929년의 광주 학생 항일 운동은 이러한 동맹 휴학의 방법을 동원하여 전개된 대표적인 학생 투쟁이었다.

◇ **1920년대의 학생 조직**

6·10 만세 운동을 계기로 전국의 중등학교에는 독서회가 조직되었고, 전남 광주의 성진회(이후 독서회로 발전)와 같이 학생 운동을 지도하는 비밀 결사 형태의 조직들이 만들어졌다. 이들은 식민지 교육 반대와 조선인 본위 교육 등을 내걸고 동맹 휴교를 전개하면서 계급 의식과 민족 의식을 고양시켰다. 1927년부터 1928년까지 전개된 함흥 고보의 동맹 휴교는 이 시기를 대표하는 사례였다.

◇ **신간회의 지원**

광주 학생 항일 운동이 일어나자 일제는 언론을 통제하여 이 운동의 보도를 금하고 전국적 확산을 막으려 하였다. 이에 신간회는 광주 학생 항일 운동을 계기로 민중 대회를 개최하여 이를 거족적 민중 운동으로 확산시키고자 하였다. 그러나 이 일이 사전에 발각되어 신간회 지도부가 구속되었고, 이는 신간회의 성격이 변질되는 계기가 되었다. 한편 신간회 광주 지회와 근우회 등 자매 단체들은 학생들의 동맹 휴학과 연대하며 광주 학생 운동을 전국적으로 확산시키는 데 기여하였다. 결국 광주 학생 항일 운동은 서울 지역을 비롯, 전국에서 호응하는 거족적 운동으로 발전할 수 있었다.

3 국내의 만세 운동

1. 6·10 만세 운동(1926)

(1) 배경

① 순종의 서거: 3·1 운동 이후 제2의 만세 운동을 준비하던 천도교 계열이 만세 운동 계획

② 사회주의계의 변화: 조선공산당 세력 가세, 동맹 휴학◇ 등을 통해 조직화된 학생들의 참여

(2) 전개

① 조선공산당과 천도교 계열의 모의 → 거사 전 발각

② 조선 학생 과학연구회 등의 주도로 인산일 당일에 격문 살포하며 만세 시위 전개

③ 일본 군경에 의해 진압(전국적 확산에 실패)

(3) 의의

① 학생이 민족 운동의 구심체로 성장

② 사회주의계와 민족주의계의 연대 가능성으로 이후 신간회 결성에 영향

2. 광주 학생 항일 운동(1929)

(1) 배경

① 식민지 차별 교육

② 학생의 성장: 전남 광주의 성진회◇와 같은 조직 등을 통해 민족 해방 의식 성장

(2) 전개

① 통학 열차에서 학생 충돌: 전남 나주로 통학하는 열차에서 광주 중학교 일본 학생과 광주 고등 보통학교 조선 학생 충돌 → 경찰과 교육 당국이 일본인 학생만 두둔

② 광주고보 학생들의 가두 시위: 일왕 생일[明治節]인 11월 3일, 광주고보 학생들의 항의 시위, 광주일보사에 폭동 → 신사 참배를 마치고 돌아오던 광주중학 학생들과 집단 충돌, 흉기 피격 사건 발생으로 여러 학교 학생 가담 → 광주시내 모든 중등학교에 휴교령, 학생들 구금·탄압

③ 전국 확산: 신간회◇와 청년 단체·학생 단체에서 진상 조사 명목으로 적극적인 개입과 지원 운동을 전개 → 경성 제국 대학을 비롯 각종 공·사립 학교에 총궐기 격문 살포, 전국적 확산(참가한 학교 194개, 학생 수 5만 4,000여 명, 퇴학 처분자 582명, 무기정학 2,330명, 피검자 1,642명)

④ 거족적 항일 운동으로 발전: 간도를 비롯한 해외 지역으로 확산

(3) 의의: 3·1 운동 이후 최대 규모의 민족 운동

구분	6·10 만세 운동	광주 학생 항일 운동
공통점	· 식민지 차별 교육에 대한 저항 → 문화 통치의 기만성 · 언론, 출판, 집회, 결사의 자유 요구 · 학생 주도(동맹휴학)	
차이점	· 반제 독립운동의 성격 · 사회주의의 영향 ↑ · 계획적 but 초기 진압	· 학생 중심의 구호 → 반제 투쟁으로 발전 · 신간회의 역할 · 우발적 → 전국 확산

[6·10 만세 운동과 광주 학생 항일 운동 비교]

4 1920년대 국내외의 무장 투쟁

1. 국내외의 의사와 열사

(1) 의열단(1919)

① 조직: 김원봉과 윤세주 외 신흥 무관 학교 출신이 만주 지린에서 조직('공약 10조' 채택), 상하이·베이징 등을 근거지로 삼아 활동

② 사상: 신채호의 '조선 혁명 선언'(1923)을 강령으로 삼고 무정부주의에 기반한 파괴 활동 전개

③ 활동

㉠ 초기: 개별 폭력에 주력하여 일제 요인과 민족 반역자 암살, 주요 식민지 기구에 투탄, '5파괴 7가살七可殺'의 목표를 정하고 활동

박재혁	부산경찰서 투탄 → 서장 등 3명 즉사(1920. 9.)
최수봉	밀양경찰서 투탄(1920. 12.)
김익상	조선 총독부 투탄(1921. 9.)
김익상·이종암·오성륜	일본군 육군 대장 다나카 기이치田中義一 저격 시도(황포탄黃浦灘 의거, 1922)
김상옥	종로경찰서 투탄(1923. 1.)
김시현	사이토 총독 암살을 위해 폭탄 반입 시도(1923. 3.)
김지섭	일본 제국의회 투탄 계획, 도쿄 왕궁의 니쥬바시二重橋에 투탄(1924. 1.)
나석주	동양 척식 주식회사 및 조선식산은행에 투탄(1926. 12.)

㉡ 노선 변화
- 개별 투쟁의 한계를 인식하고 조직적 무장 투쟁 준비
- 1924년 중국에서 국공 합작이 일어나자 중국 세력과의 연대를 모색
- 1926년 김원봉 및 단원들이 쑨원孫文과의 면담을 통해 황푸黃浦 군관 학교에 입학
- 만주 사변이 발발하자 1932년 난징에 조선 군사 혁명 간부 학교 설립

㉢ 정당과 군대 결성
- 독립당촉성운동 선언: '통일적 총지휘 기관의 확립' 촉구, 당 조직의 방법 제시
- 관내의 민족 유일당인 민족 혁명당 결성(1935)
- 중·일 전쟁이 발발하자 관내 최초의 한국인 부대인 조선 의용대 조직(1938)

(2) 한인애국단(1931)

① 배경: 대한민국 임시 정부의 위기, 만보산 사건 등으로 인한 중국과의 갈등

② 조직: 국무회의를 개최하여 비밀 조직으로 특무대를 결성(책임자: 김구), 단장은 김구, 단원은 안공근·김동우(본명 노종균)·김해산·안경근·백정기·이덕주·이봉창·윤봉길·유상근·최흥식 등 80여명 정도로 추정

③ 활동

이봉창(1932. 1.)	도쿄 일왕(히로히토) 관병식 때 사쿠라다몬櫻田門 앞에서 투탄 → 중국『국민일보』의 보도('不幸不中'), 상하이 사변 발발
이즈모 호 폭파 계획(1932. 2.)	상하이 사변 중 일본군 사령부가 있던 이즈모出雲호에 폭탄 설치
이덕주·유진식(1932. 4.)	우가키 조선 총독 처단 계획
윤봉길(1932. 4.)	일왕 생일 겸 상하이 사변 전승 기념식이 열린 훙커우虹口 공원에 투탄
최흥식·유상근·이성원(1932. 5.)	리튼 조사단 파견 시 관동군 사령관과 만철滿鐵 총재 처단 계획

◇ **5파괴 7가살**

그들은 암살 대상으로 ① 조선 총독 이하 고관, ② 군부 수뇌, ③ 대만 총독, ④ 매국노, ⑤ 친일파 거두, ⑥ 적의 밀정, ⑦ 반민족적 토호 열신 등을 규정하니 뒤의 의열단 7가살七可殺이라 하는 것이 바로 이것이요, 파괴 대상은 ① 조선 총독부, ② 동양 척식 회사, ③ 매일 신보사, ④ 각 경찰서, ⑤ 기타 왜적 중요 기관 등이었다.

◇ **황푸 군관 학교**

1924년 중국 광저우廣州에서 설립된 중국의 무관 학교로, 1928년에는 난징에서 중앙 육군 군관 학교로 개편되었다. 1931년에 폐쇄될 때까지 대한민국 임시 정부, 의열단 계열의 한국인들이 군사 훈련을 받을 수 있게 지원하였다.

◇ **특무대와 한인애국단**

한인애국단이라는 명칭이 알려지기 시작한 것은 이봉창 의거 후, 1932년 9월 28일 김구가 한인애국단장의 명의로 '동경작안東京炸案의 진상'이라는 글을 발표했을 때였다.

◇ **안공근**

안중근의 동생으로, 최근 밝혀진 바에 따르면 그의 집이 거사 전 준비 작업을 수행한 본부였던 것으로 추정된다.

④ 영향
  ㉠ 윤봉길 의거 후 일본 측의 주모자 색출로 안창호·이유필 등 검거
  ㉡ 김구를 비롯한 관계자들의 도피 생활 시작
  ㉢ 중국 국민당의 지원, 한·중 갈등 완화로 독립운동의 활로 모색

(3) 기타
① 강우규: 노인동맹단 소속, 남대문역(현 서울역)에서 사이토 총독 폭살 시도(1919)
② 박열: 무정부주의자, 일본 왕자 히로히토裕仁 폭살 계획(1923)
③ 조명하: 대만에서 일왕 히로히토의 장인인 육군대장 구니노미야 구니히코久邇宮邦彦 독살 계획(1928)
④ 남자현: 여성 독립운동가, 사이토 총독 암살 기획(1924), 국제연맹 리튼 조사단에게 '한국독립원'이라는 혈서 작성(1932), 주만 일본대사 무토 노부요시武藤信義 암살하려다 체포(1933)
⑤ 부민관 폭탄 의거(1945. 7.): 대한 애국 청년단 단원 조문기·유만수·강윤국 등이 투탄

2. 국내의 무장 투쟁

(1) 배경
① 의병 활동의 종료: 마지막 의병장 채응언의 체포 후 산악 지대에서 유격전 전개
② 만주 무장 투쟁의 활성화: 3·1 운동을 계기로 만주 지역의 무장 투쟁이 활발히 전개, 국내 항일 유격대가 이들과 연대하여 항일 투쟁 전개

(2) 주요 단체
① 천마산대(1920)
  ㉠ 최시흥과 최지풍 등이 중심이 되어 편성, 평안북도 천마산을 근거로 활동
  ㉡ 만주의 광복군 사령부와 협력(최지풍은 광복군 총영의 국내 지부장)
  ㉢ 도내 각지에서 군자금 모금, 유격전 전개
  ㉣ 1922년 대원들이 검거되면서 만주로 이동하여 대한 통의부에 편입
② 보합단(1920)
  ㉠ 신흥 무관 학교 출신인 김동식이 조직
  ㉡ 임시 정부에 군자금을 전달하고 암살대를 조직하여 친일파를 숙청
  ㉢ 만주의 대한 독립단에 흡수
③ 구월산대(1920): 대한 독립단의 국내 파견 부대, 황해도 구월산에서 항일 투쟁을 전개

3. 1920년대 만주의 무장 투쟁

(1) 배경
① 3·1 운동 결과 민족 운동의 고조, 조직적인 무장 독립 투쟁의 필요성
② 만주와 연해주 일대에서 독립군 기지 건설 및 군대 양성 진행

[1920년대의 무장 독립 단체]

(2) 독립군의 결성

서간도	서로 군정서(1919)	· 한족회 산하 조직, 지청천(이청천) 총사령관 · 신흥 학교를 신흥 무관 학교로 개편하여 간부 양성 · 국내 진입 작전 감행
	대한 독립단(1919)	· 박장호·조맹선·백삼규 등 의병 계열들이 조직 · 임시 정부 산하의 광복군 사령부에 흡수
	광복군 총영(1920)	· 7월에 조직된 대한민국 임시 정부 군무부 산하 지방 사령부 · 국내의 천마산대를 철마별영으로 삼고 최시흥을 별영장에 임명 · 1922년 서간도 통일 기관인 대한통의부가 조직되자 발전적 해체
	광복군 사령부(1920)	· 8월에 대한민국 임시 정부 군무부 산하 지방 사령부로 설치 시도 · 조맹선을 사령장으로 하여 조직 → 유명무실화
	대한 통의부(1922)	· 서간도 독립 운동 단체의 연합 세력인 대한 통군부의 확대·개편 · 의군부(복벽주의) 세력 분리, 이후 참의부와 정의부로 분화
북간도	북로 군정서(1919)	· 중광단과 정의단이 발전한 대한 군정서의 별칭, 김좌진 총사령관 · 사관 연성소(왕청)를 설치하여 신흥 무관 학교 출신의 교관 초빙 · 러시아 백군으로부터 무기 구매, 체코 군단의 무기 양여
	대한 독립군(1919)	· 홍범도가 주도한 의병 계열 부대, 안무의 국민회군과 연대 활동 · 대한 국민회의 지원을 받음
북간도	국민회군(1919)	· 기독교 세력 중심의 대한 국민회 소속 군대, 안무 총사령관
	군무 도독부군(1919)	· 최진동을 총사령관으로 하는 의병 계열 부대
	의민단(1919)	· 천주교 계열의 무장 단체, 방우룡 단장

(3) 독립군의 활동과 시련

① 봉오동 전투(1920. 6.)
  ㉠ 일제의 침입: 일제 대규모 병력이 두만강을 건너 독립군 공격(삼둔자 전투) → 독립군 본거지 봉오동 공격 시도
  ㉡ 대한 독립군(홍범도) 주도, 국민회군(안무)과 군무 도독부군(최진동)의 연합군 참전
  ㉢ 결과: 봉오동 골짜기로 유인하여 포위·공격하여 섬멸
  ㉣ 10여 년 후 독립군들은 봉오동 전투를 '독립 전쟁 제1회전'이라 부름, 임시 정부도 1920년을 '독립 전쟁 원년의 해'라고 선언
② 훈춘 사건(1920. 10.): 일본 군대의 만주 출병 명분을 만들기 위한 사건◇
③ 청산리 전투(1920. 10.)
  ㉠ 일본군 추격을 피해 이동하던 대한 독립군(홍범도)이 북간도 지역 독립군(북로 군정서군◇·국민회군·대한 신민단·한민회군·의민단)들과 함께 집결
  ㉡ 백운평: 일본이 북로 군정서군(김좌진) 추적 → 백운평 골짜기에서 매복·섬멸
  ㉢ 완루구: 대한 독립군·국민회군 등의 연합 부대가 유인 작전을 통해 일본군 대파
  ㉣ 천수평·어랑촌·고동하 등 청산리 일대에서 전투 지속
④ 간도 참변(1920. 10.): 봉오동·청산리 전투에서 패배한 일본군이 독립군 색출 및 보복을 위해 간도 일대 주민들 학살(경신참변)
⑤ 대한 독립 군단(1920. 12.): 간도 참변을 피해 독립군들이 미산부 한흥동에 집결, 서일을 총재로 군단 결성 후 소련령으로 이동

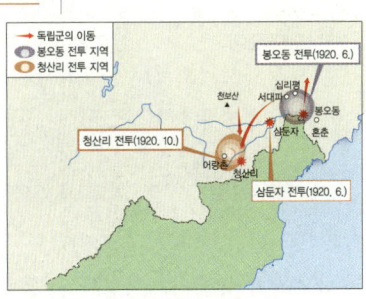

[봉오동 전투와 청산리 전투]

◇ **훈춘 사건**
간도 지역의 독립군을 토벌하기 위해 일제가 조작한 사건으로 간도 출병의 구실이 되었다. 일제가 마적단을 매수하여 훈춘의 일본 영사관을 급습하게 한 뒤, 이를 계기로 만주에 출병하였다.

◇ **북로 군정서군**
1911년 북간도에서 대종교도들이 중심이 되어 항일 단체인 중광단을 조직하였다. 이 단체는 1919년 임시 정부 군무부 산하의 북로 군정서로 개편하면서 서일을 총재로, 김좌진을 군사령관으로 삼아 무장 독립 전쟁을 준비하였다. 북로 군정서는 사관 연성소를 설립하여 독립군을 훈련하고 사관을 양성하는 한편, 군비와 무기 확충에 노력하였다.

◇ **자유시 참변**

한국인 공산주의 조직인 고려 공산당 내부에는 연해주 지역에서 러시아 적군과 연대했던 이르쿠츠크Irkutsk 파와, 임시 정부를 지지한 대한 국민 의회 출신의 상하이 파의 두 계열이 있었다. 전자는 자유시에서 자유대대(최고려 중심)를 구성하였는데, 후자 중 일부 세력이 사할린 의용대(박일리아 중심)를 조직하여 이들과 대립하였다. 두 세력이 반목하는 가운데, 소련에서는 한국인 독립 부대에 대해 무장 해제와 투항을 요구하였고, 이를 거부하자 소련군(적군)과 연대한 자유대대가 사할린 의용대를 공격하여 독립군이 대규모 피해를 입었다.

◇ **남만주의 정부 결성**

남만주에서는 서로 군정서와 대한 독립단 등이 통합하여 1922년 2월에 대한 통군부를 조직하였고, 대한 통군부는 다시 남만주 8개 단체 통합을 통해 대한 통의부로 개편되었다. 이후 노선 대립으로 의군부 세력이 이탈하자, 남만주 세력은 상하이 임시 정부의 승인을 받아 육군 주만 참의부를 만들었다. 참의부는 지안 현을 중심으로 한인 사회를 이끌어 가는 자치 정부의 성격을 띠고 있었으며, 군사 조직을 갖추고 군사 교육도 실시하였다. 참의부와 입장을 달리했던 세력은 국민 대표 회의가 성과를 거두지 못하자 김동삼을 중심으로 정의부를 만들었다.

⑥ 자유시 참변(1921. 6.)◇

  ㉠ 만주에서 이동한 독립군 부대와 연해주의 유격대 총집결, 이르쿠츠크 파 고려공산당과 상하이 파 고려공산당의 군사 지휘권 대립, 무장 해제 요구에 불응하는 독립군 공격

  ㉡ 만주 지역 내 사회주의·민족주의 계열의 무장부대 연합 단절

⑦ 3부 결성(1923~1925)

  ㉠ 만주 한인 사회의 자치를 담당하는 민정 기관과 항일 전쟁을 수행하는 군정 기관의 역할을 동시에 수행하는 군정부

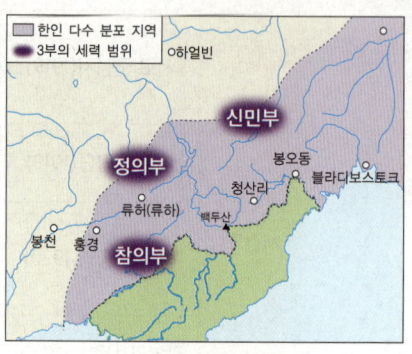

[3부의 성립]

  ㉡ 남만주에 8개 독립군의 통합 조직으로 대한 통의부 결성(1922) → 참의부와 정의부로 분화, 자유시에서 내려온 세력 흡수◇

  ㉢ 소련령을 탈출한 대한 독립 군단 일부 세력과 김좌진 계열의 북로 군정서 세력들이 북만주에서 결집하여 신민부 결성

육군주만 참의부 (1923)	· 대한 통의부 내 임시 정부 지지 세력 · 중앙 의회 개최를 통해 임시 정부 직할 군단으로 설치 · 지안集安 현 중심, 13개 지방 행정구를 두어 자치 활동 지원
정의부 (1924)	· 대한 통의부 세력과 서로 군정서 등의 연합 · 국민 대표 회의 결렬되자 김동삼 중심으로 결성 · 남만주와 지린吉林, 하얼빈 세력을 포괄
신민부 (1925)	· 대한 독립 군단 계열의 대종교와 민족주의 계열 중심 · 북만주 일대의 항일 투쟁 활동, 『신민보』 발행

⑧ 미쓰야 협정(1925): 조선 총독부 경무국장 미쓰야 미야마쓰三矢宮松와 중국 봉천성 경무처장 사이의 협약, 독립군 체포 및 일본 경찰에 인도 등을 규정

⑨ 민족 유일당 운동: 국내의 민족 유일당 운동과 중국 국공합작 등의 영향으로 만주 지역에서 3부 통합 운동이 일어남

  ㉠ 혁신의회(1928)

  • 개인 본위 3부 통합을 주장한 전민족 유일당 조직 촉성회 주도
  • 김좌진의 군정위원회 계열 및 정의부의 지청천 계열과 참의부의 김승학 계열 등이 소속 단체 해체를 선언하고 개인 자격으로 참여하여 조직
  • 과도 성격으로 존재하다가 이듬해에 해체한 후 김좌진·지청천 등이 한족총연합회 발족
  • 김좌진 암살 후 1930년 한국 독립당 창당, 만주사변 이후 한국 독립군 창설(총사령관 지청천)

  ㉡ 국민부(1929)

  • 단체 본위 통합을 주장한 정의부 중심 전민족 유일당 조직 협의회가 주도
  • 3부 통합 운동 중 혁신의회 계열 이탈 후 남만주에서 결성된 통합 정부
  • 국민부 산하 조선 혁명당과 조선 혁명군 결성, 만주 사변 후 양세봉이 조선 혁명군 총사령관에 취임

5 1930년대 이후 국외의 무장 투쟁

1. 만주의 무장 투쟁

 (1) 한·중 연합 작전

  ① 배경

   ㉠ 만주 사변 후 미쓰야 협정 파기, 한인 애국단의 활동 → 한국에 적대적이던 중국의 태도 변화하여 한·중 연합 작전 전개

   ㉡ 1920년대 후반 만주 지역에서 일어난 민족 유일당 운동 결과 결집한 독립군 세력 형성

  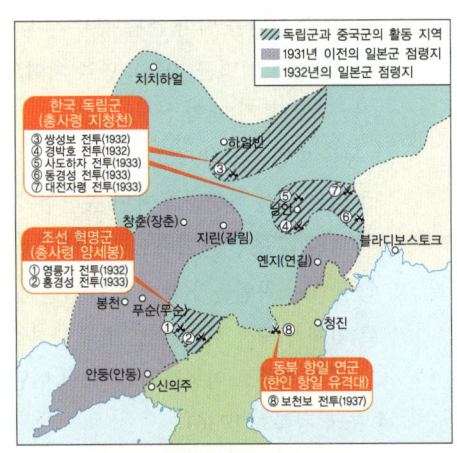

  [1930년대 독립군의 대일 항전]

  ② 활동

   ㉠ 한국 독립군(지청천)
   - 중국 호로군과 연합
   - 쌍성보·사도하자·대전자령·동경성 전투에서 승리

   ㉡ 조선 혁명군(양세봉)
   - 중국 의용군과 연합 → 한·중 항일 동맹회 조직(1935)
   - 영릉가·흥경성 전투에서 항일 무장 투쟁 전개
   - 조선 혁명군 군관학교 설립(교장 양세봉)

  ③ 결과: 일본군의 만주국 수립으로 만주의 무장 독립 투쟁 좌절, 일부는 해체, 일부는 관내로 이동하여 무장 투쟁 지속

   ㉠ 한국 독립군
   - 중국 호로군과의 갈등 속에 무장 해제 당함
   - 임시 정부 요청에 따라 중국 관내로 이동(1933)
   - 중국 국민당 정부 중앙 군관 학교(황포 군관 학교의 후신)의 뤄양 분교에 한국인 특별반을 설치하여 교육 → 임시 정부의 한국 광복군으로 재편

   ㉡ 조선 혁명군
   - 일제의 계략으로 양세봉 피살(1934), 1937년에 사실상 해체
   - 일부는 소련과 중국의 공산주의 세력과 연대, 일부는 만주에서 활동하던 사회주의 세력과 연대하여 동북 항일 연군으로 흡수

◇ **춘황 투쟁과 추수 투쟁**
만주에서 농민들과 공산주의자들이 춘궁기와 가을걷이 때 중국인이나 친일 지주들로부터 쌀을 빼앗아 가난한 농민에게 나누어 주었던 활동을 의미한다. 1930년대에 들어서는 무장 투쟁의 성격을 띠기 시작하였고, 토지 개혁을 주장하는 단계에까지 이르렀다.

◇ **보천보 전투**

1937년 6월 4일, 김일성이 이끄는 100명에 미달하는 소규모 부대가 압록강을 넘어 함경남도 보천보를 습격한 사건이다. 전형적인 유격전이었으나, 1930년대 중엽 이후 만주 지역의 독립운동이 거의 전무한 상태에서 발생한 사건이기 때문에 큰 파장을 불러왔다.

◇ **혜산 사건**
1937년 10월과 1938년 9~10월 두 차례에 걸쳐 조국 광복회 관련자를 검거한 사건이다. 739명의 관련자가 체포되면서 조국 광복회의 국내 조직인 조선 민족 해방 동맹은 심각한 타격을 입었다.

◇ **88 특별 여단**
연해주에서 소련군의 지도를 받다가 1945년 7월, 소련이 전후 점령지 통치를 위해 조선 공작단을 편성하여 파견할 때 주요 세력이 되었다. 광복 후 북한의 주요 지도 세력으로 부상하였다.

◇ **한국 독립당**
1930년 1월, 상하이에서 김구, 이시영, 김두봉, 조소앙 등이 조직한 임시 정부 산하의 정당이었다. 이 때 조소앙의 삼균주의 三均主義를 당의 및 당강으로 채택하였고, 한인 애국단의 활동을 주도하였다. 윤봉길의 상하이 의거 후 사실상 와해되어 조소앙 계열의 항주파, 김구 계열의 가흥파, 이유필 계열의 상해파로 나뉘었고, 그 뒤 조소앙 중심 세력이 민족 혁명당 창당에 참여하였다. 조소앙은 그 뒤 민족 혁명당에서 이탈하여 한국 독립당(신한 독립당)을 재건하고 김구의 한국 국민당의 지원을 받으며 활동하였는데, 1940년 5월 3당의 해체가 선언되어 다시금 한국 독립당이 임시 정부의 여당이 되었다. 만주에서 혁신의회를 개편하여 지청천이 조직한 한국 독립당과는 별개의 정당이다.

(2) 항일 유격대의 활동

① 소규모 농민 조직: 만주 사변 이후 만주 지역 한국인 공산주의자들과 민중들이 중국 공산당 지원을 받아 춘황·추수 투쟁의 형태의 항일 운동 진행◇

② 동북 인민 혁명군(1933): 만주 지역의 항일 유격대들이 조직, 자치 정부(해방구)의 기능 담당, 토지 개혁 실시

③ 동북 항일 연군(1936)

 ㉠ 일부 조선 혁명군과 재만 공산주의자들이 기존의 중국군들과 함께 편성

 ㉡ 조직 내 조선인 기반으로 국내에 반일 민족 통일 전선 단체인 조국 광복회 조직

 ㉢ 국내 조직원들과 함께 함남 갑산군 혜산진의 보천보 전투(1937)◇ 실행

 ㉣ 일제가 혜산 사건◇으로 조국 광복회 국내 조직 탄압, 1939년부터 대규모 토벌 → 소련 연해주로 이동하여 88 특별 여단◇으로 편성(1942)

④ 조국 광복회(1936)

 ㉠ 동북 항일 연군 조선인 간부들과 국내 기독교 및 천도교 계열이 연대하여 조직한 좌우 합작 성격의 단체

 ㉡ 광복 후 북한 갑산파 공산당의 주축

2. 중국 관내의 무장 투쟁

(1) 관내 독립운동 세력의 통합과 분열

① 민족 혁명당(난징, 1935)

 ㉠ 김원봉의 의열단이 주축, 관내와 만주의 5개 단체(김원봉의 의열단, 조소앙의 한국 독립당, 최동오의 조선 혁명당, 지청천의 신한 독립당, 김규식의 대한 독립당) 통합 당으로 좌우 세력을 망라한 민족 유일당

 ㉡ 임시 정부 해체 요구, 김구의 임시 정부 계열은 이들을 비판·불참

② 관내 세력의 분열

 ㉠ 조소앙이 한국 독립당◇을 재건하여 민족 혁명당에서 탈퇴(1935)

 ㉡ 김구·이동녕 등 임정 고수파들이 한국 국민당 창당(난징, 1935)

 ㉢ 지청천이 조선 혁명당을 조직하여 민족 혁명당에서 탈퇴(1937)

③ 한국 광복 운동 단체 연합회(광복진선, 1937. 8.)

 ㉠ 중·일 전쟁 발발 직전 한국 독립당·한국 국민당·조선 혁명당 대표가 임정 옹호와 합당에 합의

 ㉡ 중·일 전쟁 발발 직후인 8월 1일, 중국과 연대를 위해 '한국광복운동단체연합전선' 선언문 발표

 • 동일한 주의主義를 가진 강력한 광복진선光復陣線의 건립과 확대

 • 진정한 통일을 통한 당면 공작의 전개

 • 임시 정부의 적극 옹호 지지

 ㉢ 8월 17일, 3개 정당과 한인애국단·미주 대한인국민회·하와이 대한국민회·대한인단합회·대한인 부인구제회·대한인 동지회 등 9개 단체가 한국 광복 운동 단체 연합회 조직

 ㉣ 1938년 2월, 일본군이 난징南京으로 진격해오자 창사長沙로 이전, 김구 계열의 한국 국민당이 주도권을 행사

④ 조선 민족 전선 연맹(민족진선, 1937. 12.)
  ㉠ 중·일 전쟁 발발 전 민족 혁명당·조선 민족 해방 동맹(김성숙 주도 사회주의 계열)·조선 혁명자 연맹(아나키스트 단체) 세력이 민족적 통일전선의 결성 준비
  ㉡ 중·일 전쟁 발발 후 11월 12일, 조선 민족 전선 연맹 결성
  ㉢ 계급전선이나 인민전선이 아닌 민족전선임을 표방
⑤ 전국 연합 진선 협회(1939)
  ㉠ 중국 국민당 장제스蔣介石의 제안으로 김구와 김원봉의 연합 시도: 1939년 5월 연명으로 '동지들에게 보내는 서신'이라는 공동선언 발표
  ㉡ 7당 통일 회의 개최: 광복진선 3당, 민족진선 4당 14인과 주석단(조소앙·신익희·조완구) → 일부 청년 세력 이탈 후 5당이 전국 연합 진선 협회 조직
  ㉢ 민주 공화국 건설, 토지 국유화와 농민에 대한 분배 등 정치 강령 채택
  ㉣ 최고 권력기관을 임시 정부로 하자는 광복진선과 당으로 하자는 민족진선 대립, 결렬

(2) 조선 의용대(우창武昌=우한武漢, 1938)
  ① 결성
    ㉠ 중·일 전쟁이 발발하자 중국 관내 항일 투쟁의 필요성 고조
    ㉡ 중국 국민당도 한국인의 군대 창설 지원
  ② 조직 및 특징
    ㉠ 민족 혁명당 및 조선 민족 전선 연맹 산하의 군사 조직
    ㉡ 중국 국민당 지원(통제)을 받은 관내 최초의 한국인 부대
    ㉢ 의열단 계열이 주축, 황푸 군관 학교와 조선 혁명 간부 학교 등지에서 군사 훈련을 받았던 이들이 대거 참여

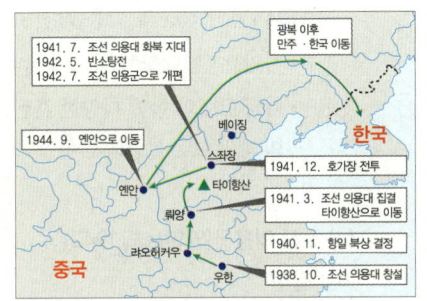
[조선 의용대의 이동 경로]

  ③ 활동: 중국 국민당 통제로 주로 정보 수집·선전 작업·포로 심문·후방 교란(파괴 공작) 또는 적의 문서 번역
  ④ 분화
    ㉠ 민족 혁명당 내 청년 세력이 만든 조선청년전위동맹 쪽 조선의용대원들이 화북으로 이동하여 조선 의용대 화북 지대 결성(1941)
    ㉡ 나머지 세력은 김원봉 주도 하에 임시 정부의 한국 광복군에 합류(1942)

(3) 한국 광복군(충칭, 1940)
  ① 결성
    ㉠ 전국 연합 진선 협회 해체 후 한국 국민당, 한국 독립당, 조선 혁명당의 3당 합당으로 한국 독립당 결성
    ㉡ 충칭 정착 후 중국 국민당의 승인을 얻어 한국 광복군 창설

◇한국 광복군의 편제

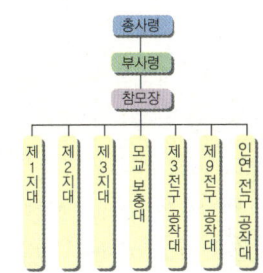

1940년 9월 대한민국 임시 정부의 군대로 지청천을 사령관으로 한 한국 광복군이 창설되었다. 이 군대는 4개 지대로 구성되었는데, 1942년에는 화북으로 북상하지 않은 조선 의용대를 흡수하여 김원봉과 이범석, 김학규를 지대장으로 하는 1, 2, 3지대로 개편하면서 병력이 증강되었다. 이 군대는 병력을 모집하는 초모 활동을 지속적으로 전개하였다. 특히 일본군에 소속된 한인 병사나 적 후방의 한인 청년들에게 탈출·투항하여 참여할 것을 촉구하였다.

◇ **1940년대 임시 정부의 활동**
1940. 5. 한국 독립당 합당
1940. 9. 충칭 정착
1940. 9. 한국 광복군 창설
1941. 11. 건국강령 공포 행동준승 규정
1941. 12. 태평양 전쟁으로 선전 포고
1942. 5. 조선 민족 혁명당 합류 결정(합류는 10월)
   cf. 조선 독립 동맹(조선 의용군) 결성(1942. 7.)
1943.   인도, 미얀마 전선 파견
1944. 4. 좌우 연합으로 부주석에 김규식 선임
1945. 1. 국내 정진군 충칭 도착
1945. 4.~7. 미 OSS와 훈련

② 조직 및 특징
  ㉠ 지청천 총사령관, 이범석 참모장, 신흥 무관 학교와 뤄양 군관학교 출신 등이 중심
  ㉡ 1942년 김원봉의 조선 의용대를 흡수하여 세력 강화
  ㉢ 임시 정부에서 공포한 '건국 강령'(1941. 11.)을 이념으로 삼음
  ㉣ '한국 광복군 행동 준승'에 따라 제약을 받음
③ 활동
  ㉠ 대일 선전 포고(1941. 12.): 연합국의 일원으로 참여, 이어 1945년 2월에 독일에도 선전 포고
  ㉡ 초모 활동: 병력 모집 및 일본군 소속 한인 병사들의 탈출과 투항 촉구
  ㉢ 1943년 인도·미얀마 전선에서 영국군과 연합하여 포로 심문·암호 해독·정보 수집 등의 임무
  ㉣ 1944년 미국군과 합동 작전 수행
    • 시안西安 지대를 중심으로 국내 정진군 편성
    • 미국 OSS와 함께 다양한 훈련을 거쳐 국내 진공 작전(독수리 작전) 준비(1945) → 일본의 패망으로 실현되지 못함

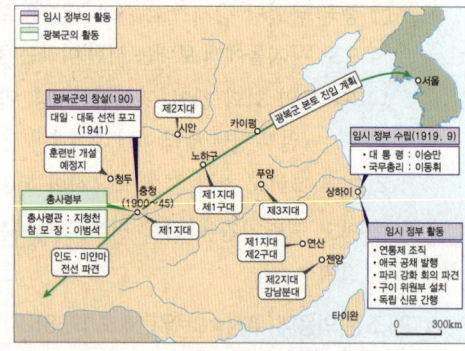
[한국 광복군의 활동]

(4) 조선 의용군(옌안延安, 1942)
① 결성
  ㉠ 조선 의용대 화북 지대(1941): 화북 일대에서 호가장 전투, 반소탕전 등 주도
  ㉡ 최창익·무정 등이 김두봉을 주석으로 추대하여 조선 독립 동맹을 조직, '건국 강령' 공포
  ㉢ 조선 의용대 화북 지대를 조선 의용군으로 개편
② 활동
  ㉠ 중국 팔로군과 연합 작전 수행
  ㉡ 일제 패망 후 국공 내전에 참여하였다가 북한 인민군에 편입

CHAPTER 03 사회·경제적 민족 운동

1 실력 양성 운동

1. 경제적 실력 양성

(1) 민족 기업 설립 운동

① 배경: 회사령 폐지로 국내 기업 설립 가능

② 활동: 경성 방직(지주), 평양 메리야쓰·고무신 공장(상인) 등이 민족 자본에 의해 설립

(2) 물산 장려 운동

① 배경: 회사령 폐지로 일본 기업의 투자 증가, 관세 철폐 움직임으로 일본 기업과 상품 유입 증가 우려

② 활동

㉠ 조만식이 평양 물산 장려회(1920)를 조직했으나 활동 미미

㉡ 관세 철폐 소식이 들리자 자작회(서울, 학생, 1922) 주도로 확산

㉢ 조선 청년 연합회의 표어 대회: '내 살림 내 것으로'·'조선 사람 조선 것'·'불매원물 유토물애不買遠物 惟土物愛' 등 당선

㉣ 전국 단체인 조선 물산 장려회(1923), 토산 애용 부인회(1923) 등 결성

㉤ 토산품 애용, 일본 상품 배격, 근검저축 및 금주·금연을 통한 자본 확립 주장

③ 결과

㉠ 주로 상층민 중심으로 전개, 국내 기업의 생산력 부족으로 토산품 가격 폭등

㉡ 사회주의 세력의 비판과 논쟁 대두

- 중산계급의 이기적 운동: 유산계급의 이익 확대를 위하여 마련된 무산자 약탈, 조선의 산업이 다소 발달하더라도, 무산대중의 입장에서 일본인 자본가에게 착취당하는 것과 다를 것이 없다는 주장과 민중이 처음부터 시작한 운동이었다는 반박

- '민족자본'의 형성 문제: 물산 장려 대상이 공장 물건이므로 민중 수탈에 불과하다는 주장과 농촌 가내 수공업품의 물산 장려이므로 농민 소득 증가라는 주장의 대립, 다시 조선 농촌 수공업은 회생 불가라는 반박

- 무산자의 계급의식 약화 문제: 사회주의 혁명만이 노동계급의 이익이라는 주장과 물산 장려 운동은 반제운동의 첫 단계로 점차로 유산자와 무산자를 하나로 결집시키고 나아가 무산자들의 의식까지도 높여 줄 수 있다는 반박

㉢ 일제는 처음에 묵인하다가 민족 운동의 성격이 나타나자 탄압·회유 → 일부 기업은 총독부에 협조, 자치 운동으로 전환

㉣ 조선 물산 장려회는 1940년까지 존속

◇ **실력 양성 운동의 성격**

실력 양성론은 애국 계몽 운동을 계승하여 장기적인 민족 운동의 방향성을 제시했다는 점에서 큰 의미가 있다. 그러나 일제가 허용하는 범위 내에서 전개할 수밖에 없었고 '선 실력 양성, 후 독립'을 표방하여 실력 양성에 국한하다보니, 점차 완전 독립이 아닌 개량주의적 성격을 띠어갔다. 결국 일부 타협적 민족주의자들은 친일화 경향을 보이기도 하였다.

◇ **국내 기업 설립의 추이**

1920년에 회사령이 신고제로 전환되면서 국내의 회사 설립 요건이 완화되자, 경제 자립을 목표로 한 기업 설립이 두드러졌다. 그러나 물산 장려 운동 과정에서 성장한 일부 기업들은, 1920년대 후반부터 진행된 일본의 공업화 정책에 협조하여 식민지 예속 자본으로서 총독부와 결탁한 대기업으로 성장하였다. 중·일 전쟁기 이후로 이들 기업은 전시 총동원령에 따라 많은 원료와 물자를 일제에 제공하였고, 총독부의 기업 정비령(1942) 이후에 해체되거나 일본 기업에 흡수되었다. 김성수의 경성 방직, 김연수의 조선 석유, 박흥식의 조선 제철과 조선 비행기 등이 대표적이었다.

물산 장려 운동 선전 시가 행진

경성 방직의 광고

◇ **조선 교육회**
1920년 6월 민립 대학 설립을 목적으로 이상재를 임시 석장으로 뽑아 구성된 조직이었다. 같은 해 4월에 설립한 조선 여자 교육회와 함께 당시의 대표적인 교육 운동 단체였다. "한민족의 교육은 한민족의 손으로 이루어야 한다."는 취지 아래 회장에 한규설, 임원에 이상재·윤치소·이달원·김계병이 선임되었다. 민립대학 설립 운동을 위해 조선 총독부의 인가를 받고자 일제 당국에 정치성 배제를 약속한 후 1921년 1월 조선교육협회로 개칭하여 인가를 얻었다. 기관지로 『신교육』과 『노동야학총서』를 발간하는 한편, 조선어 강습회를 개최하고 일본인 교사 축출 운동, 교육 및 신문화에 대한 계몽 활동을 전개하는 등 교육 대중화에 힘썼다. 신간회 결성과 함께 발전적으로 해체되었다.

◇ **경성 제국 대학**
일제가 민립 대학 설립 운동을 무마하고 친일 세력을 양성하며, 한국 내 일본인의 고등 교육 여건을 마련할 목적으로 설립하였다. 한국인 학생의 입학은 매우 제한적이고 그 수도 적었다. 1924년 예과가 설립된 이후 1926년에 법과와 의학과가 개설되어 총독부에서 특채할 목적의 기술관을 양성하였다.

◇ **야학**
주로 민간단체나 학생 등이 근로 청소년이나 정규 교육을 받지 못한 성인 등을 대상으로 운영하는 비정규 교육기관을 이르는 말로 일제 강점기에는 공식 명칭을 '사설 학술 강습회'라 하였다. 이 시기 대부분의 야학은 사설 기관이었고 민족주의적 색채를 강하게 띠었으나, 사회주의자들과 학생, 언론계의 호응을 얻어 전국적으로 확산되었다.

◇ **농촌 계몽 운동의 이면**
『동아일보』, 수양동우회, 흥업구락부 등이 농촌에서 전개한 한글 보급 운동, 생활 개선 운동, 소비조합 운동 등의 개량적 운동은, 한편으로는 농촌의 피폐 및 그에 따른 사회주의 사상의 침투에 대응하여 전개한 측면도 있었다. 이러한 운동들은 일제의 농촌 진흥운동과 차별성을 잃는 것이었기 때문에 결국 그것에 흡수되고 말았다.

한글 원본

브나로드 운동

> **읽기 자료**
>
> **관세 철폐와 실력양성론**
> 일본 자본주의는 호황기였던 제1차 세계대전이 종료된 이후 공황기에 빠져들었다. 이에 일본 자본주의는 '과잉 생산에 따른 공황'을 돌파하기 위해 식민지 조선을 활용하고자 하였다. 즉 그동안 식량과 원료의 공급지로 주로 활용해오던 식민지 조선을 한편으로는 이제 과잉 생산된 상품의 수출시장으로서, 다른 한편으로는 과잉 축적된 자본의 수출시장으로서 그 용도를 확장시키고자 했던 것이다. 여기서 일본 정부는 1910년 '한일병합' 때 서구열강에 1920년까지 유보하기로 약속하였던 조선에 대한 관세를 완전히 철폐하는 방안을 검토하기 시작하였다. 당시 일본의 자본가들은 일본과 조선과의 관세가 일본과 조선의 경제권을 독립적으로 존재하게 만드는 요인이라면서 '일선융화'를 해치는 관세제도를 폐지하라고 요구하고 있었다. 그러나 당시 총독부의 재정 수입에서 관세는 지세 수입 다음으로 큰 비중을 차지하고 있었기 때문에 이를 전면 철폐할 수는 없었다. 따라서 일본 정부와 총독부는 1923년 4월 관세 수입의 약 반을 남기는 선에서 기존의 관세를 조정하였다. 이때 관세가 그대로 유지된 것은 주류와 직물류였다. 1920년 8월 이후 관세 철폐 문제가 제기될 때마다 『동아일보』 등 조선의 각 언론매체는 이 관세의 철폐가 일본산 상품이 조선에 물밀듯 밀려와 한국 시장을 독점하여 자본과 기술에서 열세에 놓여 있는 조선의 공업을 형적도 없이 만들 것이며, 총독부 수입을 감소시켜 조선인들의 조세 부담을 증가시키게 될 것이라면서 강력히 반대하였다.

2. 민족 교육 운동

(1) 민립 대학 설립 운동

① 배경
- ㉠ 학교 부족(3면 1교 정책)과 고등 교육 기관 미비
- ㉡ 제2차 교육령 공포로 고등 교육 가능

② 활동
- ㉠ 조선 교육회◇ 주도로, 이상재·한용운·이승훈·김성수·송진우 등이 민립 대학 설립 기성회(1922) 조직
- ㉡ 전국적으로 천만원 모금 운동 전개("한민족 1천만이 한 사람이 1원씩")
- ㉢ 일제의 방해와 자연재해, 관동 대지진 등으로 인한 모금 부진으로 실패
- ㉣ 일제는 회유책으로 경성 제국 대학 설립(1924)◇

(2) 문맹 퇴치 운동

① 야학: 1920년대에는 야학 운동이 중심◇

② 언론사의 활동: 1930년을 전후하여 언론사 주도의 문맹 퇴치 운동 전개
- ㉠ 『조선일보』
  - '아는 것이 힘, 배워야 산다' 구호의 문자 보급 운동(1929~1935) 전개
  - 장지영 주도로 『한글원본』 교재 보급하고 전국 강연회 개최
- ㉡ 『동아일보』
  - 1928년 글장님 없애기 운동: 강연회 준비하다가 실패
  - 브나로드Vnarod 운동(1931~1934): 문맹 퇴치와 미신 타파를 목표로 4회에 걸쳐 전개, 방학에 '계몽대원' 파견하여 농촌에서 한글 교습 및 조선어학회와 함께 한글 강습회 개최◇
  - 『한글공부』, 『신철자편람』, 『일용계수법』 편찬
  - 농민 문학 문예 공모 진행, 심훈의 '상록수'(1935) 당선

③ 조선어 강습회
- ㉠ 조선어 연구회: 조선중앙기독교청년회YMCA와 하기夏期 한글 강습회 개최(1930)
- ㉡ 조선어 학회: 언론사와 함께 조선어 강습회 개최, 이윤재의 『한글공부』(1931) 보급

2 민족 운동의 분화와 합작

1. 민족 운동의 분화
(1) 민족주의계의 분화
  ① 타협적 민족주의
   ㉠ 연정회: 이광수·최린·김성수 등이 민족개조론°에 기반하여 자치 운동과 참정 운동 전개, 실현 가능한 정치 운동 주장 → 민중들의 반발로 결성 무산
   ㉡ 이광수는 『동아일보』에 '민족적 경륜'이라는 글을 발표하여 정치적 결사 제안(1924)
  ② 비타협적 민족주의
   ㉠ 이상재·안재홍 등이 타협적 민족주의를 비판하고 사회주의 세력과의 연대 주장
   ㉡ 제1차 국공 합작(1924)과 안창호의 한국 독립 유일당 북경 촉성회 설립(1926) 등으로 민족 유일당 운동이 활발해짐
   ㉢ 6·10 만세 운동으로 좌우 합작 가능성이 구체화 → 물산 장려계 민족주의 인사들과 서울 청년회 사회주의자 등이 조선 민흥회 조직(1926. 7.)
   ㉣ 조선사정연구회(1925)
     • 비타협적민족주의 계열이 조직한 조선 사정에 대한 학술 조사 연구 단체
     • 백남훈, 백남운, 안재홍, 조병옥 등이 주도, 교육·재정 금융·상업·농업·공업 분과 등을 두고 공개 강연회 개최 → 신간회에 참여

> **읽기 자료**
>
> **관내의 민족 유일당 운동**
> 중국에서 제1차 국공 합작이 이루어지고, 1926년 중국 국민당이 북벌을 시작하자 국민 대표 회의의 결렬로 침체에 빠져 있던 중국 관내 지역의 민족 운동 세력은 새로운 활력을 찾았다. 이들은 안창호의 제창으로 민족 유일당 운동을 시작하였다. 그 결과 1927년 관내 여러 조직의 연합체인 한국 독립당 관내 촉성회 연합회가 상하이에서 결성되었다. 임시 정부도 개헌을 통해 앞으로 만들어질 민족 유일당이 임시 정부를 지휘한다는 이당치국 방침을 결정하였다. 그러나 1927년 제1차 국공 합작이 와해되고 중국 국민당과 중국 공산당의 대립이 격화되자, 민족 운동 세력 내에서도 좌우 대결이 격화되어 1929년 한국 독립당 관내 촉성회 연합회가 해체되었다.

(2) 사회주의 사상의 전파
  ① 수용
   ㉠ 3·1 운동을 계기로 청년·국내의 지식인층이 본격적으로 수용
   ㉡ 서울청년회 결성(1921)
     • 『동아일보』의 장덕수가 조선청년연합회 설립 제안, 1920년 12월에 결성
     • 1921년 1월 서울청년회 설립: 민족주의 그룹, 장덕수 등 사회혁명당(상하이파 고려공산당 지부) 그룹, 김사국 등 사회주의자 그룹으로 형성 → 김윤식 사회장 사건(1922), 사기 공산당 사건° 등을 거치며 사회주의자 그룹이 장악
   ㉢ 화요회(신사상연구회),° 북풍회(북성회)° 등이 사상 보급에 기여

◇ **민족 개조론**
이광수가 1922년 『개벽』 5월호에 발표한 글의 제목으로, 조선인은 민족성으로 보아 독립할 능력이 없다는 조선 독립 불능론에 근거를 둔 사상이었다. 이광수는 조선 민족이 쇠퇴하게 된 근본 원인이 타락한 민족성에 있다고 보고, 우리 민족이 완전한 멸망에 빠지기 전에 살아남을 수 있는 유일한 길은 민족성을 개조하는 것이라고 주장하였다.

◇ **김윤식 사회장 사건**
국권 피탈 때 일제에게 작위와 은사금을 받았으나 3·1 운동 이후 독립 청원서를 제출하고 작위를 반납하는 등의 행동으로 민족 개량주의의 대표격이 되었던 김윤식이 1922년에 사망하였다. 『동아일보』 중심의 민족주의계 인사들은 김윤식의 죽음을 기회로 민족주의자를 연합하고자 사회장을 준비했는데, 사회주의자들이 이를 극렬히 반대하며 사회장에 찬성한 사회혁명당 계열들까지도 비난하였다. 이 사건은 사회혁명당에 큰 타격을 주었다.

◇ **사기 공산당 사건**
사회혁명당과 상하이파 공산당은 민족주의자들과 연합하여 일제로부터 벗어나는 것이 계급 투쟁보다 선결 과제라는 입장이었다. 장덕수·최팔용 등 사회혁명당 계열 인사들이 상하이파 공산당 이동휘·김철수를 통해 전달된 코민테른의 자금을 전용한 일이 있었는데, 이때 사회주의자 계열은 사회혁명당 계열을 가짜 사회주의라며 비난하였다.

◇ **화요회**
1924년 서울에서 조직된 사회주의 표현 단체로 신사상 연구회가 개칭되어 성립되었다. 일종의 학술 연구 단체로 1925년 4월 조선공산당 창립에 주도적인 활동을 하였다.

◇ **북풍회**
1924년 서울에서 조직된 사회주의운동 단체이다. 재일 사회주의 단체인 북성회의 국내 지부로 설립되었으며 한국에서의 사회주의 목표 실현을 위해 한·일 무산자 계급의 관계 강화를 주장하였다.

② 조선공산당
  ㉠ 결성
    - 서울에 코민테른이 설치(1923. 6.)되어 한국 지부로 승인을 받자, 이를 계기로 조선 공산당이 설립 논의
    - 김재봉·김약수·박헌영 등 19인이 조선공산당 1차 당대회를 통해 국내 단일의 공산주의 정당으로 결성(1925. 4.)
  ㉡ 활동
    - 노동·농민 운동 등과 연계하여 계급 운동 전개
    - 을축년 대홍수(1925) 때 수해 이재민들을 돕기 위한 활동 전개
    - 농민·노동자 대상으로 전국 순회 강연, 일본인 사회주의자 초대 강연 등 개최
    - 각 직업별 노동조합 창설 지도
    - 『조선지광』·『신흥청년』 등의 발행을 통해 사회주의 선전
    - 6·10 만세 운동 준비
  ㉢ 조선공산당 사건
    - 1차(1925. 11.): 신의주에서 당원이 변호사를 구타한 사건 → 박헌영의 서신 발각, 조선공산당 검거
    - 2차(1926. 8.): 1925년 12월 조선공산당이 재건, 권오설 주도 아래 6·10 만세 운동 준비 중 사전에 발각 → 조직 해체
    - 3차(1928. 2.): 1926년 9월에 다시 조직, 정우회 선언과 신간회 결성 주도하고 조선노농총동맹을 조선노동총동맹과 조선농민총동맹으로 분맹 지도, 노동·소작쟁의 구체적 전술 결정 → 일제에 의해 탄압
    - 4차(1928. 7.): 신간회와 연대하며 해외 공산당 조직과 연계 시도, 일제에 발각 → 코민테른은 노동자와 농민 중심의 당 재건 시도, 신간회 해소론으로 이어짐
  ㉣ 당 재건 운동
    - 12월 테제(1928): 1928년 12월 10일 코민테른 6차 집행위원회에서 파벌화된 조선공산당의 승인을 취소하고 노동자와 농민을 기초로 당을 재건할 것을 지령 → 서울파, 상해파, 화요파, ML파 등 국내외 각처의 사회주의 그룹들이 조선공산당 재건을 위해 노력
    - 경성 트로이카(1933): 이재유 주도로 당 재건 운동, 학생 운동, 노동 운동, 농민 운동, 여성 운동, 독서회, 반제 운동 등을 주도하면서 대중 기반의 확대를 도모
    - 경성 콤그룹(1939): 노동자·농민·학생의 조직화를 기반으로 이재유 계열 인사들이 결성한 비밀 조직, 1940년 박헌영을 지도자로 하여 활동하다 광복 후 조선공산당 재건

2. 민족 유일당 운동

(1) 배경
① 국내 세력의 변화
  ㉠ 민족주의계의 분화로 비타협적 민족주의계 세력 약화 → 민족 협동 전선 거론
  ㉡ 사회주의 내부의 파쟁, 치안 유지법(1차 조선공산당 사건) → 합법 공간을 모색할 필요성 대두
  ㉢ 코민테른에서 민족 협동 전선을 강조하는 지령
  ㉣ 노동·농민 운동에서 교육의 필요성 대두 → 민족주의계와의 연대 도모
② 좌우 합작의 유행: 국내외에서 유일당 운동 전개 → 한국 독립당 관내 촉성회 연합회, 만주의 3부 통합 운동, 6·10 만세 운동, 조선 민흥회 조직 등
③ 정우회政友會 조직(1926. 4.): 화요회, 북풍회, 조선노동당, 무산자동맹회의 연합
  ㉠ 민족협동전선론 대두로 사회주의 내의 통일 시도 → 4단체 합동위원회 구성 → 정우회로 발전적 해체
  ㉡ 서울청년회(→ 사상 단체인 전진회前進會 구성)와 양립
  ㉢ 2차 조선공산당 사건 계기로 정우회 선언 발표(1926. 11.)
  ㉣ 사회주의 단체와 조선공산당이 모두 '정우회 선언'을 지지

(2) 신간회의 결성(1927. 2.~1931. 5.)
① 성격
  ㉠ 좌우 합작으로 이루어진 합법적 정치 단체(회장 이상재, 부회장 홍명희)
  ㉡ 전국 지회 설립, 농민·노동자 다수 참여◇
  ㉢ 『조선일보』가 신간회의 기관지 역할, 지회 설립에도 관여 → 군郡 단위 지회는 사회주의 계열이 주도
  ㉣ 3대 강령: 정치적·경제적 각성 촉구, 민족 단결, 기회주의 배격
② 활동◇
  ㉠ 강연회, 노동 야학, 교양 강좌 등을 통해 민중 계몽 운동 주도
  ㉡ 청년 운동, 여성 운동, 형평 운동, 노동·농민 운동과 연계
  ㉢ 원산 총파업, 단천 농민 운동, 갑산 화전민 사건◇ 등을 지원, 광주 학생 항일 운동에 조사단 파견
③ 해소
  ㉠ 광주 학생 항일 운동을 지원하여 중앙 조직 와해 → 집행부의 우경화
  ㉡ 국공 합작 결렬 및 코민테른의 노선 변화(적색노조론)로 사회주의자 중심으로 해소론 대두(안재홍의 반대) → 중앙 집행부에서 열린 전국 대회에서 논의 후 해소 결의
④ 해소 결과
  ㉠ 합법적 대중 조직의 소멸, 타협적 민족주의자들이 민족 운동에서 이탈
  ㉡ 민족주의 계열의 문화 운동, 사회주의 계열은 혁명적 조합 결성으로 양분
⑤ 의의: 최초의 민족 협동 단체, 최대 규모의 반일 사회운동 단체로 민중의 절대적 지지 획득

◇**신간회 회원의 직업별 분포**

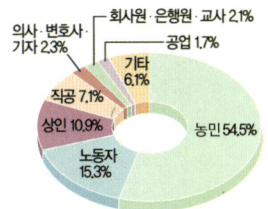

신간회는 지회가 140여 개를 상회하고 회원 수가 4만여 명에 달하는 전국적 단체였다. 특히 사회주의의 영향으로 농민과 노동자들의 참여가 두드러졌다.

◇**신간회의 투쟁 목표**
· 언론, 집회, 출판, 결사의 자유
· 단결권, 파업권, 단체 계약권의 확립
· 조선 민족을 억압하는 모든 법령 철폐
· 경작권의 확립
· 동양 척식 주식회사 폐지
· 일본인의 조선 이민 반대
· 시간 노동제 실시
· 부당한 납세 반대
· 최저 임금, 최저 봉급제 실시
· 산업 정책을 조선인 본위로
· 모든 학교 교육을 조선인 본위로
· 여자의 법률상 및 사회상 차별 철폐
· 형평사원 취업에 대한 일체 차별 반대
-'신간회 동경 지회의 정책 제안' 中 -

◇**갑산군 화전민 사건(1929)**
일제의 식민지 수탈 정책으로 증가한 화전민들이 함경남도 갑산 지역에서 일제의 추방 정책에 저항한 사건이다. 신간회는 이 사건의 진상 규명을 위해 노력하였다.

3 사회 운동과 한국인의 생활

1. 노동 운동과 농민 운동

(1) 1920년대의 노동 운동

① 배경
  ㉠ 회사령 폐지로 기업 증가, 토지 조사 사업과 산미 증식 계획으로 몰락한 농민 발생
  → 새로운 노동 계층 성장
  ㉡ 1930년대 병참 기지화 정책으로 노동 여건 열악
  ㉢ 사회주의의 확산으로 노동자들의 의식 성장

② 주요 단체

조선 노동 공제회 (1920)	· 박중화·신백우 등이 조직 · 노동자·농민의 권익 보호, 계몽주의적 성격
조선 노동 연맹회 (1922)	· 윤덕병·백광흠 등이 조직 · 사회주의 노동 단체
조선 노·농 총동맹 (1924)	· 노농 계급의 해방, 노동자 계급 의식 증대, 노동 시간 8시간 제한 등 주장 · 경성 고무공장·평양 양말공장 파업(1923)에 호응
조선 노동 총동맹 (1927)	· 노동 운동과 농민 운동의 분화 필요성 제기 · 지역별·산업별 노동조합 연합체 구성 노력

③ 성격: 주로 임금 인상, 노동 조건 개선 등을 내세우는 생존권 투쟁

(2) 1920년대의 농민 운동

① 배경
  ㉠ 식민지 지주제 강화로 농민 몰락 가속화
  ㉡ 사회주의의 확산으로 농민 의식 성장

② 주요 단체

소작인 조합(농우회) 설립	· 소작 쟁의 중심(합법적·격렬한 양상) · 소작인 선언(1922)
조선 노·농 총동맹(1924)	· 농민조합 주도(소작농+자작농), 전국 단위의 조합 설립
조선 농민 총동맹(1927)	· 쟁의 건수 증가, 대규모 농민 조직 다수 출현, 전반적 농업 문제 해결 시도

③ 성격: 소작료 인하, 소작권 이동 반대 등 생존권 투쟁

④ 암태도 소작 쟁의(1923)
  ㉠ 1923년 9월부터 1년간 전남 무안군 암태도의 소작인들과 지주 문재철 사이에 발생
  ㉡ 서태석 주도로 암태도소작회 창립, 소작료 불납 동맹 시작
  ㉢ 암태 청년회와 암태 부인회가 투쟁에 참여, 단식 투쟁 전개
  ㉣ 소작료 인하 성공: 일제는 처음에는 암태도 소작인들을 탄압, 산미 증식 계획의 원활한 추진을 위해 조선인 지주에게 타협을 요구하면서 농민의 요구 조건 부분적 수용

(3) 1930년대 노·농 운동의 변화

① 민족 중심: 계급 투쟁에서 민족 투쟁으로 변화

② 불법화

　㉠ 불법적 투쟁은 반제·반일 투쟁으로 발전, 점차 지하 조직화·폭력화

　㉡ 혁명적 노동·농민 조합 설립, 산별 노조와 지역별 농민 단체 증가

③ 요구 조건 변화: 농민 운동의 경우 지주제의 폐지와 토지 개혁까지 요구

④ 일제의 회유: 농촌 진흥 운동과 조선 소작 조정령 등을 통해 회유(1932), 중·일 전쟁 이후 노·농 투쟁 감소

⑤ 대표적 사례

　㉠ 원산 총파업(1929)
- 영국 석유 회사 Rising sun 원산 공장에서 일본인 현장 감독이 조선인 노동자 구타 → 일본인 감독의 파면과 생활 조건 개선 등을 요구 → 회사 측의 약속 불이행 → 원산 노동연합회의 총파업
- 외국 노동자들의 격려 전문, 국제적 노동 운동으로 인식
- 일제의 탄압으로 실패, 일제 강점기 최대 규모

　㉡ 불이농장 소작 쟁의(1925~1931)
- 불이흥업 주식회사 평안북도 용천 농장에서 발발 → 소작인들이 농장측 고용인들과 경찰에 맞서 격렬히 싸우는 도중에 용천 소작 조합을 결성
- 경제 중심의 운동에서 혁명적 농민 운동으로 이행되는 과도기적 양상

　㉢ 강주룡, 평양 을밀대 투쟁(1931)
- 강주룡: 서간도에서 독립운동을 하다가, 남편이 죽은 뒤 귀국하여 평양 평원 고무공장에서 근무
- 1931년 5월 사측이 대공황의 피해를 노동자들에게 떠넘기며 일방적으로 임금 삭감, 근무 시간 연장, 정리 해고를 단행 → 을밀대 지붕에 올라가 농성 → 체포된 후 옥중에서 단식 투쟁 끝에 아사

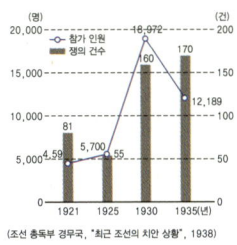

[연도별 노동 쟁의 발생 건수]

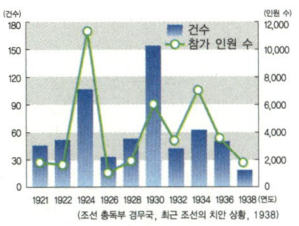

[연도별 소작쟁의 발생 건수 1]

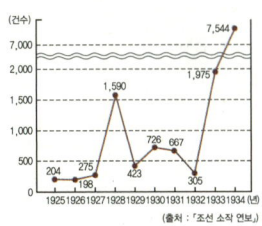

[연도별 소작쟁의 발생 건수 2]

> **읽기 자료**
>
> **농민 운동의 전개**
>
> 1920년대 소작 쟁의는 소작료 인하, 지세 공과금의 지주 부담, 소작권 이동 반대 등 생존권을 요구하는 투쟁이 많았다. 이 시기 대표적인 소작 쟁의로는 전남 무안군의 암태도 소작 쟁의, 황해도 재령군 북율면 소작 쟁의 등을 들 수 있다. 이와 같은 소작 쟁의는 소작인 조합을 중심으로 진행되었으며, 각 지역의 사회주의 운동가들이 이를 지원하였다. 이후 농민 운동이 대중 운동으로 발전해야 한다는 주장에 따라, 기존 소작인 조합은 자작농을 포함하는 농민 조합으로 개편되어 갔다. 대공황으로 1930년대 들어 농민 생활이 더욱 어려워지자 소작 쟁의가 급증하였다. 조선 총독부는 이에 대한 대책으로 소작인이 지주와 분쟁이 있을 때 당국에 조정을 요청하도록 하는 조선 소작 조정령을 시행하였다. 그 결과 소작 쟁의는 대부분 규모가 축소되었고, 점차 개인적인 쟁의로 변화하였다. 이러한 가운데 사회주의자들이 주도하는 혁명적 농민 조합 운동에 참여하는 소작농이 늘어나자, 일제는 1934년 조선 농지령을 시행하여 작물에 따라 소작 기간을 3~7년으로 하였다. 이는 소작인의 소작권을 안정시켜 농촌 사회의 불안을 완화하려는 것이었으나, 실제 운영 과정에서 지주의 권익을 옹호하고 마름의 횡포를 전혀 통제하지 않았다. 또한, 소작료도 여전히 고율이어서 이러한 법령의 시행만으로 조선 농촌의 위기 상황을 해결하기는 어려웠다.

2. 그 외 각 계층의 운동

(1) 청년 운동

① 배경: 3·1 운동 이후 청년·학생 세력이 대두

② 조선청년연합회(1920): 서울에서 조직된 116개 청년 운동 단체의 연합기관

㉠ 분산된 청년 단체의 통합 목적

㉡ 『동아일보』 주도로 조선청년회연합기성회 발기 → 조선청년연합회 결성

㉢ 1922년 1월 김윤식 사회장 문제로 내분: 간부인 오상근·장덕수 등은 사회장위원회에 관계, 김사국·김한 등 서울청년회 출신 간부들은 사회장 반대 → 정기대회에서 김사국·김한 등이 모스크바 선전자금 수수로 야기된 '사기공산당 사건' 관련자의 제명 요구, 받아들여지지 않자 서울청년회 및 18개 단체의 탈퇴

㉣ 서울청년회가 조선청년총동맹 조직을 추진하자 대세에 따라 해산하고 여기에 합류

③ 서울 청년회(1921)

㉠ 민족주의가 강한 사회혁명당 계열 장덕수 등과 사회주의 계열 김사국 등이 창립 → 조선청년회연합회 성원으로 등록

㉡ 초기에는 민족주의 경향 → 김윤식 사회장 문제와 사기 공산당 사건을 계기로 분열, 사회주의 단체로 재편

㉢ 화요회 중심의 조선공산당 결성에 일부 세력 참여, 1929년 해체 후 조선청년총동맹의 중앙청년동맹에 합류

④ 조선청년총동맹(1924)

㉠ 조선청년연합회에서 이탈한 서울청년회 계열이 주도, 223개 전국 청년 단체 규합

㉡ 최창섭·한종유·조봉암·최창익·박헌영 등 활동

㉢ 신간회와 연대, 광주 학생 항일 운동 관련 검거 때 좌익 계열 대부분이 검거 → 우경화

㉣ 신간회 해소 운동과 함께 해소론 대두, 좌익 계열은 적색조합에 합류

(2) 소년 운동

① 천도교 소년회(1921)

㉠ 천도교 청년회 부문 단체로, 5월 1일에 어린이의 인격 옹호, 어린이의 정서 함양, 건전한 사회성 함양을 목적으로 조직(방정환 중심)

㉡ 1923년 불교 소년회, 조선 소년군 등과 조선소년운동협회 결성, 어린이날 공포

㉢ 『어린이』 창간, 어린이날 행사를 통해 소년 운동 단체의 연대 모색

㉣ 중·일 전쟁 이후 어린이날 행사 불가능, 사실상 소멸

② 조선소년운동협회(1923. 4.): 어린이날 행사를 위해 조직, '소년 운동 선언' 발표

③ 색동회(1923)

㉠ 방정환·손진태·윤극영·마해송 등이 활동한 아동 문학 동인 단체

㉡ 어린이날 행사를 본격적으로 개최

㉢ 1931년 방정환 사망으로 활동 침체, 일부 동인들의 친일화로 소멸

㉣ 광복 후 『어린이』 복간, 어린이날 5월 5일로 변경, 1957년 '어린이 헌장' 선포

④ 오월회(1925)
  ㉠ 조선소년운동협회에 반발한 세력들이 별도로 조직, 무산 소년 운동 표방
  ㉡ 1926년 어린이날 행사를 별도 기획(순종 서거로 무산) → 1927년 별도 행사로 지탄
  ㉢ 두 단체의 통합 노력 → 조선소년연합회 창립(1927), 이듬해 오월회 해체
⑤ 조선소년연합회(1927)
  ㉠ 조선소년운동협회와 오월회의 통합
  ㉡ 점차 좌익의 장악에 따라 조선소년총연맹으로 변경(1928)
⑥ 조선소년군(1922)
  ㉠ 중앙학교 체조 교사 조철호가 만든 보이스카우트
  ㉡ 조선소년척후대와 통합하여 소년척후단조선총연맹 결성(1924, 이상재 총재) → 이내 분리
⑦ 조선소년척후대(1922): 중앙기독교청년회 소년부 정성채가 조직한 보이스카우트

(3) 여성 운동
① 배경: 3·1 운동 이후 신교육을 받은 여성들의 사회 참여 확대, 자신을 독립운동의 주체로 인식하고 민족 운동에 적극적으로 참여
② 대한민국 애국부인회(1919): 대한민국 임시 정부 수립 후 그 산하에서 독립운동을 추진하기 위해 조직된 항일 여성 단체
  ㉠ 서울 대한민국 애국부인회
    • 혈성단부인회·대조선독립애국부인회 등을 통합하여 결성(김마리아·오현주·최숙자·황에스더 등)
    • 교회 여성, 여교사, 간호사 등이 주축 → 전쟁에서 활동 목적
    • 전국 지부 조직, 상하이로 군자금 송금
  ㉡ 평양 대한애국부인회
    • 기독교계 여성들이 임시 정부 권유에 따라 만든 전국적 비밀결사
    • 장로교계 애국부인회와 감리교계 애국부인회의 연합(한영신·박승일·손진실)
    • 전국 지부 조직, 상하이로 군자금 송금
  ㉢ 상하이 대한민국 애국부인회
    • 국내 애국부인회에 고무되어 1919년 10월 상하이에서 조직
    • 임시 정부 활동 보조
    • 1943년 충칭에서 재건 대회(김순애·방순희 등)
  ㉣ 간도 대한애국부인회: 1919년 4월 '대한독립여자선언서' 작성
③ 조선 여자 교육회(1920): 배화학당 사감 차미리사가 조직한 여성 계몽교육 단체(김선·허정숙 등), 근화학원 설립(1921)
④ 조선 여자 기독교청년회 연합회YWCA: 문맹 퇴치와 봉건적 악습 타파 주장, 금주·금연 운동, 여성 지위 향상 운동 전개
⑤ 조선 여성 동우회(1924): 박원희·허정숙 등이 조직, 계몽적 여성 교육 비판하고 사회주의적 여성 해방론 주장→ 1925년 사회주의계 분쟁 때 경성여자청년동맹과 경성여자청년회로 분파 → 도쿄 유학생 황신덕 등이 귀국하여 민족유일당 운동 전개, 근우회와 연대

◇ **조철호(1890~1941)**
지청천과 일본 육사 동기로, 졸업 후 조선군 용산 부대에 근무하던 중 군사 기밀을 빼내어 임시 정부로 망명하려다가 체포되었고, 다시 정주 오산학교 체육 교사로 근무하던 중 조만식 교장과 3·1 운동을 주도하여 옥고를 치렀다. 출옥 후 중앙학교 교사로 근무하면서 구한국군 교련 방식의 체육 교련을 실시하고 독립 사상을 고취하였다. 그 결과물이 1922년 10월의 조선소년군 창설이었다. 6·10 만세 운동 때 중앙학교 학생 대표들을 지도하고 후원하다가 다시 체포되었다.

⑥ 근우회(1927)
  ㉠ 결성: 여성 운동 통일에 대한 필요성 증대 → 중앙여자청년동맹 결성을 거쳐 창립, 김활란·유영준·황신덕·정칠성·정종명 등
  ㉡ 활동
    • 지방 순회 강연, 야학, 부인 강좌 개설, 『근우』 발간
    • 사회운동 실태 조사: 노동 여성과 농민 여성의 조직화 노력
    • 해외 동포 및 수재민 구호
  ㉢ 해소: 광주 학생 항일 운동 때 서울 여학생 시위를 계기로 사회주의계 대거 검거 → 중앙회가 점차 우경화되고 해소론 등장
⑦ 기타
  ㉠ 나혜석: 서양화가이자 시인·소설가, 3·1 운동 참여로 옥고, 임신·출산·육아 경험을 공론화하는 『어머니 된 감상서』 집필, 이혼 뒤 기존의 인습을 비판하고 자신의 심경을 밝힌 '이혼 고백서' 발표
  ㉡ 권기옥: 평양 숭의 여학교 3학년 때 송죽회에 가입하여 활동, 3·1 운동 참가, 대한민국 임시 정부에 보낼 독립운동 자금 모금 활동으로 옥고, 1920년 상하이로 망명하여 한국 최초의 여류 비행사로서 중국 공군에 근무하면서 독립운동 지원
  ㉢ 여성 트로이카: 조선공산당에서 활동하던 주세죽·허정숙·고명
  ㉣ 『여자시론』(1920): 일본 요코하마(橫濱)에서 창간하고 서울에서 판매한 잡지

(4) 형평 운동(백정)
① 배경: 신분제 폐지 이후에도 잔존하는 실질적 차별에 대응, 일본 유학을 다녀온 백정을 중심으로 일본 수평사를 본떠 조선 형평사 조직
② 활동
  ㉠ 진주에서 창립 총회를 열어 조선 형평사 설립(1923, 이학찬), 신현수(양반)·강상호(양반)·장지필(백정) 등 활동
  ㉡ 호적 개편과 모욕적 칭호 금지 등을 주장하며 신분 해방 운동 전개
  ㉢ 형평사 대회(1925): 서울에서 개최, 사회적 차별과 자녀 교육 문제, 각종 사회운동 대책 논의
  ㉣ 각지에 형평청년회 조직, 자녀 교육을 목적으로 형평학우회 조직하고 권학단 파견
  ㉤ 반反형평운동(예천형평사분사, 1925)과의 대립 이후 여러 사회단체와 제휴, 조선노농총동맹·조선청년총동맹 등과 연대, 신간회와 협력
③ 결과: 1930년대 초 호적에서 백정의 신분 표시 삭제, 백정 자녀의 입학 허용 등 획득
④ 한계: 내부 대립과 일제 탄압으로 급진 세력 몰락, 1935년 대동사로 개칭되며 경제적 이익 단체로 변질

3. 국외 동포의 이주와 시련
(1) 만주
① 이주 배경
  ㉠ 국권 피탈과 일제의 정치·경제적 압박, 해외 독립운동 움직임
  ㉡ 만주 사변 이후 일본이 만주 개발을 위해 조선인을 강제 이주

② 활동과 시련
 ㉠ 독립 기지 건설, 이주 한인들은 개간을 통해 토지 소유
 ㉡ 간도 참변(1920)과 미쓰야 협정(1925) 및 만보산 사건(1931)◇ 등으로 크게 위축

(2) 연해주
 ① 이주 배경
  ㉠ 러시아 정부가 연해주 지역 개척을 위해 조선인 이주 허용·장려 → 19세기 후반부터 연해주를 중심으로 한인 집단촌 형성(신한촌)
  ㉡ 의병 계열들의 망명 활발
 ② 활동과 시련
  ㉠ 의병 세력과 계몽 운동가들이 국내 진공 작전 계획(13도 의군)
  ㉡ 대한 광복군 정부와 대한 국민 의회 등의 정부 수립, 러시아 혁명 후 항일 투쟁 전개
  ㉢ 자유시 참변(1921), 스탈린의 강제 이주 정책으로(1937) 중앙아시아로 강제 이주◇

(3) 일본
 ① 이주 배경
  ㉠ 국권 피탈 후 농민들이 산업 노동자로 취업
  ㉡ 전시 총동원기에는 강제 노동 및 징병으로 인한 이주 급증
 ② 활동과 시련
  ㉠ 2·8 독립 선언 발표
  ㉡ 문학과 예술의 새로운 사조 유입에 크게 기여
  ㉢ 1923년에 관동 대지진 과정에서 많은 교민들 희생◇

(4) 미주
 ① 이주 배경
  ㉠ 대한 제국기 정부 공인 하에 하와이 사탕수수 농장으로 이민, '사진혼인' 여성 증가
  ㉡ 멕시코 애니깽Anniquin 농장으로 이주
 ② 활동
  ㉠ 대한인 국민회·대조선 국민군단·임시 정부 구미 위원부의 활동 지원
  ㉡ 교회를 통해 한인 사회 결속
  ㉢ 재미 한족 연합 위원회·한인 국방 경비대(1941, 맹호군)◇ 등이 임시 정부와 연대

◇ **만보산 사건(1931)**
중국 길림성 장춘현 만보산 지역에서 한국인 농민과 중국인 농민이 벌인 유혈 사태를 말한다. 이 지역에 이주한 한국인들이 농지를 개척하기 위해 수로 공사를 하여 현지인과 자주 충돌하였는데, 일본 경찰은 조선인만 편들고 나서 한국인과 중국인 사이를 이간시켰다. 중국 농민들이 수로를 일부 매몰시키자, 일본 군경이 중국인에게 발포하여 많은 사상자가 발생하였다. 이후 한국 내 신문을 통해 중국인을 적대시하는 분위기가 조성되었다.

◇ **중앙아시아 강제 이주**
스탈린은 1937년에서 1939년 사이에 연해주에 거주하던 172,000명의 한국인을 일본의 첩자가 될 수 있다는 명목으로 카자흐스탄과 우즈베키스탄으로 강제 이주시켰다. 이때, 여러 공동체의 지도자들은 추방되거나 사형되었고, 이주 도중 많은 일반인들도 희생되었다. 일본의 부추김에 의한 것이라는 설도 있다. 이들의 후예가 오늘날 고려인이라 불리고 있다.

◇ **관동 대학살**
1923년 9월 1일에 일본 관동 지방에서 대지진이 발생하였다. 일본 정부는 사태 수습에 나섰으나 혼란이 더욱 심해지자, 국민의 불만을 다른 곳으로 돌리기 위해 한국인과 사회주의자들이 폭동을 일으키려 한다는 소문을 조직적으로 퍼뜨렸다. 이에 자극을 받은 일본인들이 자경단을 조직하여 군대·관원들과 함께 조선인을 무조건 체포·구타·학살하였다. 일본은 이 사건에 대한 국내 보도를 엄금하였고, 자경단원은 모두 석방되었다.

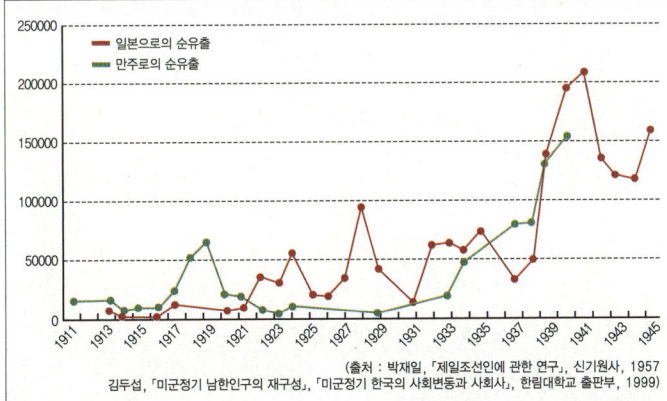

식민지 시기 한국의 인구 유출

1911~1945년 총 184만여 명이 일본으로 건너갔는데, 도표에서 보듯이 1922년 이후와 1939년 이후 두 차례에 걸쳐 크게 증가하는 추세를 보였다. 1939년 이후 모집, 알선, 징용 72만 명도 거기 포함되어 있다. 해방 후 60만~70만 명이 일본에 잔류하여 오늘날의 재일 교포로 이어지고 있다. 만주로의 인구 유출은 같은 기간 총 94만여 명이었다. 도표에서 보듯이 1917~1919년에 한 차례 크게 증가한 다음, 만주국이 세워진 이후인 1934년부터 본격적으로 늘어났다.

◇ **한인 국방 경비대**
1941년, 미주 지역의 한인 동포들은 재미 한족 연합 위원회를 결성하고 의연금을 모아 대한민국 임시 정부를 지원하는 한편, 로스앤젤레스에서 한인 국방 경비대(맹호군)를 조직하여 무장 독립 전쟁을 준비하였다. 임시 정부는 한인 국방 경비대를 한국 광복군의 일원으로 인정하였다. 한편, 재미 한족 연합 위원회는 미국무부에 한국을 연합국의 일원으로 인정하고, 임시 정부를 승인해 달라고 요청하였으나 받아들여지지 않았다.

4. 생활 모습의 변화

(1) 인구 증가와 도시 발달

① 인구 증가: 1919년에 1,700만 명에서 1942년에는 2,600만 명으로 집계, 경성(서울)으로의 인구 집중 심화 → 1920년 20만 명에 불과하던 인구가 1940년에는 93만 명 정도로 증가

② 조선 총독부의 도시 개수 계획과 도로 정비

  ㉠ 궁궐을 헐고 식민지 통치 기구 건립

  ㉡ 서울의 도로가 직선화되면서 가街와 로路를 중심으로 재편, 태평로(광화문~경성역) 건설(1912)

  ㉢ 남촌과 북촌: 청계천 북쪽은 북촌으로 낙후된 채로 존재(한국인 거주 지역), 일본인이 거주하던 본정(충무로)·명치정(명동)·황금정(을지로) 일대의 남촌은 근대 도시로 탈바꿈

(2) 생활의 변화

① 의생활: 양복 착용 증가, 블라우스와 스커트, 스타킹과 하이힐 등이 '신여성'의 유행품이 됨 → 이른바 '모던 걸', '모던 뽀이'라 불리는 젊은이들 등장

  ㉠ 색복장려회(1930년대): 조선 총독부에서 흰 옷 금지, 검은 옷 장려 → 흰옷에 염색하자는 강연회 개최, 장시를 중심으로 염색법을 가르치는 모임 개최

  ㉡ 중·일 전쟁 이후 국민복과 전투모(남성), 몸뻬(여성) 등의 착용 강제

② 식생활

  ㉠ 1910년 이후 서양식 과자, 빵, 카스텔라, 아이스크림 등 소개

  ㉡ 일반 서민들의 경우 산미 증식 계획과 전쟁기의 공출로 식량 사정 악화

  ㉢ 일본인과 중국인이 만든 음식(우동·어묵·짜장면·호떡 등)의 토착화

③ 주생활◇

  ㉠ 개량 한옥과 문화 주택(2층 양옥) 등장

  ㉡ 심각한 주택난으로 일제가 1941년 조선 주택 영단을 설립하여 영단 주택 공급(서민 주택)

  ㉢ 빈민들은 토막집에 거주

④ 시간관념의 형성: 교통과 통신의 발달 및 총독부의 장려 등으로 정확한 시간관념 확산 → 총독부가 학교·공장 등에 종 설치, 기념일 제정을 통한 시간관념 주입

⑤ 일상생활에 대한 통제

  ㉠ 조선민사령(1912): 일본의 민법 적용, 남성만이 호주, 호주의 가부장권 행사

  ㉡ 생활 통제: 좌측통행, 양력 사용, 새로운 도량형법 보급, 일본어 등의 사용 강요

◇ **식민지 시기 도시의 주택 보급**
인구가 도시에 집중되면서 도시에는 다양한 형태의 주택들이 보급되었다. 개량 한옥은 전통 한옥에서 사랑을 없애서 대지를 좁힌 것으로, 대청마루에 유리문을 달고 벽돌을 사용하기도 하였다. 문화 주택은 1920년대 후반부터 등장한 2층 양옥으로, 내부에 식당과 욕실, 화장실 등을 갖춘 상류층의 주택이었다. 영단 주택은 일제가 심각한 주택난 해결을 위해 1941년 조선 주택 영단을 설립하여 공급한 서민 주택으로, 일본식 주택 문화에 우리의 온돌을 가미한 구조로 되어 있었다.

CHAPTER 04 민족 문화 수호 운동

1 일제의 교육 정책과 역사·언론·종교 탄압

1. 식민지 교육 정책

(1) 무단 통치기(1910~1919)

① 조선 교육령(1911)
  ㉠ 충량한 국민 육성과 일본어 보급 목적
  ㉡ 한국인의 교육을 보통·실업·전문 교육으로만 구성하는 우민화 정책
  ㉢ 일본어를 국어라 하여 수업 시수 대폭 확대
  ㉣ 조선어는 한문에 포함된 외국어로 교육

② 사립 학교 규칙(1911)
  ㉠ 내용: 학교의 설립과 폐쇄 및 교원의 임용 등을 총독부의 허가 사항으로 규정 → 민족 교육 억제
  ㉡ 결과: 반일적 성향의 한국인 경영 사립학교 폐쇄
  ㉢ 개정(1915): 규제 강화, 종교계 사립학교의 종교 교육 사실상 불가

③ 서당 규칙(1918)
  ㉠ 배경: 사립학교 규칙 이후 그 대안으로 개량서당 확산, 서당을 통해 민족 교육이 이루어짐
  ㉡ 내용: 서당 설립을 인가제에서 허가제로 전환, 교과서(총독부 편찬) 규제

④ 향교: 재산을 지방 관청 등으로 이속, 공립 보통학교의 유지비 등에 충당

(2) '문화' 통치기(1920~1937)

① 제2차 교육령(1922)
  ㉠ 일본과의 동화同化를 표방하여 교육령 개정(기만 정책에 불과)
  ㉡ 고등 교육을 할 수 있도록 법령 개정
  ㉢ 교육 연한 증가: 보통학교(6년), 고등보통학교(5년), 여자고등보통학교(4년)
  ㉣ 조선어 필수 교과(일어 상용자와 비상용자 차별), 조선사는 일본사에 편입
  ㉤ 조선인 학교와 일본인 학교 구분
    • 조선인: 보통학교, 보통학교 고등과, 고등보통학교, 여자고등보통학교
    • 일본인: 심상소학교, 고등소학교, 중학교, 고등여학교

② 경성 제국대학 설립(1924)
  ㉠ 목적: 조선인들의 민립 대학 설립 운동 저지, 식민지 현지의 고등 관료 양성
  ㉡ 특징
    • 법문학부와 의학부만 설치
    • 식민정책 수립을 위한 특수 사명 강조
    • 중·일 전쟁 이듬해 침략 전쟁에 필요한 기술 양성 위해 이공학부 설치
    • 전체 학생 중 한국인은 1/3 미만

③ 보통학교: 3면 1교(1919)에서 1면 1교 표방(1927), 취학률은 20% 미만

(3) 민족 말살 통치기(1938~1945)

① 제3차 교육령(심상 소학교령, 1938)
  ㉠ 국체명징國體明徵, 내선일체內鮮一體, 인고단련忍苦鍛鍊 강조
  ㉡ 학교 명칭을 (심상)소학교·중학교·고등여학교로 통일
  ㉢ 일본어·일본사·수신修身·체조 과목 강화
  ㉣ 조선어는 수의遂意 과목으로 변경
  ㉤ 학교 내 조선어 사용 금지, 사립 중학교 설립 금지

② 국민학교령(1941)
  ㉠ 심상소학교의 명칭을 '국민학교'로 개칭
  ㉡ 교과목을 국민과(역사 포함)·이수과·체련과·예능과의 4개로 통합

③ 제4차 교육령(1943)
  ㉠ 전시 동원 체제 확립 목적
  ㉡ 기존의 수업 연한 단축
  ㉢ 중학교와 고등여학교에 국민과 설치, 군사 훈련 강화(체련 교과목 신설)
  ㉣ 조선어 폐지

2. 역사, 언론, 종교 탄압

(1) 식민 사관의 형성

① 19세기: 일제가 대륙 침략 및 식민 지배를 합리화할 수 있는 역사관 구축 시작
② 1910년대: 박은식의 『한국통사』 국내 유입 → 총독부가 확산을 막고자 '조선반도사편찬위원회' 설치(1916), 3·1 운동을 계기로 편찬은 무산
③ 1920년대 이후
  ㉠ 조선사 편수회(1925)◊
  『조선사』(총 35권, 1938년 완간)·『조선사료총간』·『조선사료집진朝鮮史料集眞』(1938) 간행
  『근대조선사연구』·『조선통치사논고』(1944)
  ㉡ 조선총독부, 『조선사길잡이朝鮮史のしるべ』(1936): 시정 25주년 간행, 유네스코에 의해 번역
  ㉢ 식민 사학자들은 청구 학회를 만들어(1930) 『청구논총』 간행 → 식민 사관의 구체화
  ㉣ 이마니시 류今西龍, 『조선사안내朝鮮史の栞』(1935)
④ 식민 사관: 일제는 식민 지배 합리화를 위해 정체성론·타율성론·당파성론·반도성론·일선 동조론 등 주장
  ㉠ 타율성론: 한국사의 전개 과정은 외세의 간섭과 압력에 의해 타율적으로 전개, 임나일본부설과 일선동조론 등의 탄생
  ㉡ 정체성론: 왕조 교체에도 발전은 정체, 개항 이전까지 10세기 고대 일본 수준
  ㉢ 당파성론: 조선 시대 역사는 사적인 이해관계로 대립·충돌한 '당쟁의 역사', 당파성이 한국인의 민족성으로 고착되어 단결이 불가능하다고 주장

◇ **조선사 편수회**
1925년 조선 총독부 산하에 설치된 한국사 연구 기관이다. 여기에서 편찬한 사료집 『조선사』, 사진 도판집인 『조선사료집진朝鮮史料集眞』 3권 등은 그 방대한 양에도 불구하고 대부분 조선사의 부정적 측면만을 부각시켜 한국인을 우민화하고 비하하는 등 우리 역사를 왜곡하였다.

(2) 언론 탄압
① 1910년대: 언론·출판의 자유 제한, 『대한매일신보』는 총독부 기관지로 바꾸어 간행
② 1920년대: 민족계 신문(『조선일보』◇·『동아일보』◇·『시사민보』)과 잡지 발간 허용하고 검열과 삭제 및 정간·폐간 조치 등으로 언론을 조작·통제
③ 1930년대: 만주 사변 이후 규제 강화, 일장기 말소 사건(1936) 발생
④ 1940년대: 『조선일보』와 『동아일보』가 자진 폐간 형태로 폐간(1940)

(3) 종교 탄압
① 기독교
  ㉠ 안악 사건(1911)으로 서북 지역 기독교 세력에 대한 탄압
  ㉡ 1930년대 신사 참배 강요에 거부하는 장로회 회원들에 대한 탄압(주기철 순교)◇
② 불교: 사찰령(1911)·포교 규칙(1915) 등을 제정하여 민족 활동 억제
③ 대종교
  ㉠ 포교 규칙(1915)에서 대종교의 포교 부정
  ㉡ 미쓰야 협정(1925)에서 대종교도에 대한 탄압 규정
  ㉢ 조선어 학회 사건과 관련하여 임오교변◇ 발생
④ 유교: 경학사 규정(1911)◇으로 성균관 폐지 및 유교 교육 중단

2 국학 연구

1. 국어 연구 및 민족 교육

(1) 국어 연구
① 조선 광문회(1910)
  ㉠ 국권 피탈 직후 조선 총독부의 서적 반출에 반발, 최남선·박은식 등이 조직
  ㉡ 신민회의 후원
  ㉢ 『동사강목』, 『목민심서』 등 민족 고전 정리·간행
  ㉣ 주시경·김두봉 등은 1911년부터 사전 편찬의 기초 원고인 '말모이' 작성
② 조선어 연구회(1921)
  ㉠ 설립: 국문 연구소를 계승하여 장지연·이극로 등 주시경 제자들이 주도
  ㉡ 활동
    • 가갸날 제정(1926), 잡지 『한글』 간행(1927~1928, 1932년 속간)
    • 조선어 강습회 개최
③ 조선어 학회(1931~1942)
  ㉠ 설립: 조선어 연구회를 계승하여 조직 확대·개편
  ㉡ 활동
    • 『우리말 큰 사전』 편찬 노력('말모이' 사업 계승): 한글 맞춤법 통일안(1933)·표준어(1936)·외래어 표기법(1941) 등 제정 → 국어 표준화 작업에 기여 → 사전은 해방 후 결성된 한글 학회(1949)◇에서 편찬(1957)
    • 『동아일보』와 제휴하여 조선어 강습회 개최
  ㉢ 해체: 조선어 학회 사건◇으로 치안 유지법을 적용받아 해체(1942)

◇ **조선일보**
1920년 신문명 진보주의를 표방하고 민족지로 창간되었다. 신간회의 기관지 역할을 하고 조선어 학회의 활동을 지원하기도 하였으며, 이상재·안재홍·조만식 등 민족주의계 인사들이 사장을 역임하였다. 1933년에 방응모가 인수한 후 더욱 번성하여 잡지 『조광』(1935), 『여성』(1936) 등을 창간하였으나, 점차 친일적 논조의 신문으로 변모하였다가 1940년 폐간되었다.

◇ **동아일보**
1920년 김성수 등이 민족 정기를 높이고자 창간하였다. 훈춘 사건을 취재하던 장덕준 기자가 일본군에게 희생되어 최초의 순국 기자가 되었으며, 김성수와 사장 송진우가 일제에게 권총 협박을 당하여 언론 탄압에 저항하는 시위가 전국으로 번지기도 하였다(1924). 광복 후 우익 계열을 대변하는 신문으로 모스크바 3국 외상 회의에 대해 고의 오보를 보도하기도 하였고, 1970년대에는 자유 언론 실천 선언을 이끌기도 하였다.

◇ **신사 참배령과 기독교**
일제는 1938년, '기독교에 대한 지도 대책'을 수립하고, 경찰력을 동원하여 학교와 학생뿐만 아니라 교회와 일반 기독교인들에게까지 신사 참배를 강요하였다. 한국 기독교계 특히 장로교는 신사 참배가 기독교의 교리에 위반되고 양심과 종교의 자유를 침해하는 것으로 인식하여 강력히 반대하였다. 그러나 일제의 강요가 심해지자, 이에 굴복하는 개인과 교회들이 나타나기 시작하였고 장로회 평북노회에서는 일제 당국의 주장대로 "신사 참배는 종교가 아니요 국가 의식임을 시인"하기로 결의하였다. 이에 여기저기에서 신사 참배 거부 운동이 일어났는데, 일제의 구속과 가혹한 고문으로 최봉석 목사, 박관준 장로, 최상림 목사, 주기철 목사 등 많은 순교자가 발생하였다.

◇ **임오교변**
일제가 대종교도이자 조선어 학회 회원인 이극로가 교주 윤세복에게 보낸 편지글('널리 펴는 말')을 '조선 독립 선언서'로 조작하고, 조선어 학회 사건과 때를 맞추어 대종교 간부 21명을 구속한 사건이다.

◇ **경학사 규정**
종래의 성균관은 개화기에 들어와 경학經學 외에 기타 학과, 즉 신학문도 학습하는 곳으로 법규가 바뀌었다. 그러나 일본에 병탄된 지 1년만에 일제의 식민지 정책의 일환으로 전면적인 개혁을 강요당하여 경학원經學院으로 개칭되면서, 최고 학부로서의 교육 기능을 상실하고 석전향사釋奠享祀와 재산 관리를 주 임무로 하는 기관으로 바뀌게 되었다.

◇ **한글 학회**
1921년 국어의 정확한 학리를 연구할 목적으로 조직된 국어 연구 운동 난체인 '조선어 연구회'는 한글 규범의 확립을 목적으로 이름을 '조선어 학회'로 고쳤다(1931). 조선어 학회는 광복 후 1949년 9월 5일 정기 총회에서 '한글 학회'로 이름을 바꾸었다.

◇ **조선어 학회 사건**
1942년 함흥 영생고등여학교 학생 박영옥이 기차 안에서 한국말로 대화하다가 조선인 경찰관인 야스다(안정묵)에게 발각되어 취조를 받게 되었다. 경찰은 취조 결과 여학생들에게 민족주의 감화를 준 사람이 서울에서 사전 편찬을 하고있는 정태진임을 파악하고 그를 연행·취조해 조선어 학회가 민족주의 단체로서 독립운동을 목적으로 하고 있다는 자백을 받아냈다. 일제는 조선어 학회 및 이와 관련된 인사들을 검거, 취조하였고, 이들 중 상당수에게 '고유 언어는 민족의식을 양성하는 것이므로 조선어 학회의 사전 편찬은 조선 민족 정신을 유지하는 민족운동의 형태다'라는 함흥지방재판소의 예심종결 결정문에 따라 치안 유지법의 내란죄를 적용하였다. 이때 체포된 인사들은 혹독한 고문을 받았으며 이들 중 이윤재, 한징이 옥사하였고, 11명은 실형을 언도받았다. 이로 인해 조선어 학회는 해산되었다.

◇ **안창남의 고국 방문 비행**
제1차 대전 이후 항공기는 과학 기술의 상징이었다. 우리나라 최초의 비행사인 안창남은 일본에서 비행기 조종 및 정비 과정을 익히고, 1922년 여의도 상공에서 고국 방문 비행을 성공적으로 마쳤다. 당시 엄복동이라는 소문난 자전거 선수도 있었기 때문에 사람들은 '떴다 보아라 안창남의 비행기 내려다 보아라 엄복동의 자전거'라는 노래를 부르기도 하였다. 안창남은 중국 혁명군 부대의 항공 학교 교관으로 활약하고 국내에 비행대를 설치하여 항일 독립 운동을 벌이고자 하였으나 1930년 비행기 사고로 사망하였다.

(2) 민족 교육의 실시
  ① 학생 의식의 성장
    ㉠ 민립 대학 설립 운동, 야학 운동, 문맹 퇴치 운동 등 활발히 전개
    ㉡ 학생 주도의 시위(6·10 만세 운동과 광주 학생 항일 운동)에서 조선인 본위 교육 주장
  ② 과학 대중화 운동
    ㉠ 안창남의 고국 방문 비행과 『동아일보』의 주장으로 과학 기술에 대한 관심 증대
    ㉡ 과학 문명 보급회(1924)와 발명 학회(김용관, 1924) 창립, 『과학조선』 발간(1933), 과학지식보급회를 조직(1934)하여 과학의 날 행사 개최

2. 국사 연구

(1) 정통 역사학(민족주의 사학)
  ① 특징
    ㉠ 계몽 사학을 계승하여 독립운동의 일환으로 역사를 연구
    ㉡ 실천적 역사 인식을 보여주었으나 관념적 정신 사관에 불과하다는 비판
  ② 박은식: '나라가 형체라면 역사는 정신이요, 민족의 국교와 국사, 즉 '혼魂'을 지키면 나라가 망하지 않는다'는 역사관
    ㉠ 『한국통사韓國痛史』(1915)
      • 1860년대에서 국권 피탈까지 일제의 침략사 서술
      • 서문에서 '국혼' 강조, 1편에서 단군·부여·고구려·발해를 강조하는 국난 극복사, 2~3편에서 대원군 집정에서부터 망국에 이르는 흥망에 관계된 주요 사건 서술
      • 혁당지란革黨之亂(갑신정변)·갑오동학란·독립협회 비판, 병탄의 원인으로 세력 균형을 도모하지 못한 점을 주장
    ㉡ 『한국독립운동지혈사韓國獨立運動之血史』(1920)
      • 1880년대(갑신정변)에서 1920년(간도참변)까지의 독립운동에 대해 정리
      • 임시 정부에서 편찬한 『한일 관계 사료집』을 바탕으로 사료 편찬소에서 간행
      • 갑신독립당은 독립제국을 건설하려고 혁명을 일으킨 것으로 평가, 갑오동학당은 양반의 압제와 관리의 탐학에 대항한 평민혁명으로 재평가, 의병운동은 대규모 민중운동으로 적극적 평가, 3·1 운동은 '이제까지 역사에 없었던 맨손 혁명'이자 혁명의 신기원으로 평가
  ③ 신채호: 임시 정부와 반목하여 1920년대부터 역사 서술에 주력, 주로 고대사 연구에 치중, 대종교와 관련한 역사 인식을 바탕으로 단군을 중시
    ㉠ 『조선사연구초』(1924): 묘청을 재평가하고 '낭가 사상' 강조, 민족이동설 주장
    ㉡ 『조선(상고)사』(1931 연재, 1948 간행)
      • 단군 시대로부터 백제의 멸망과 그 부흥 운동까지 서술
      • 1920년대에 북경 대학에 기거하며 원고를 작성하였다고 하나, 신채호가 뤼순 감옥에 수감 중이던 1931년에 『조선일보』 학예란을 통해 『조선사』라는 제목으로 발표(1948년 종로서원에서 단행본으로 발행)
      • 총론에서 역사는 '아我와 비아非我의 투쟁'이라는 변증법적 역사 인식
    ㉢ 『조선상고문화사』(1931년 연재): 단군에 대한 연구

③ 정인보: 역사적 사실은 민족정신의 반영이며 역사 연구는 민족정신의 줄기를 세우는 것
　㉠ 『조선사연구』(1935~6 연재, 1946 간행): 양명학을 바탕으로 우리 민족의 시조를 단군으로 설정, '5천 년간 조선의 얼'에서 민족정신으로서의 '얼'을 강조
　㉡ 광개토 대왕릉비를 연구하여 임나일본부설 비판하고 백제의 요서 경략설 주장
④ 문일평: '조선 심'과 '민중'의 개념 강조
　㉠ 유고집 『호암사화집湖岩史話集』(1939), 『소년역사독본少年歷史讀本』(1940)
　　• 남조선경영설과 만선사관 비판
　　• 세종과 실학자들의 민족·민중·실용 지향을 높이 평가
　㉡ 『대미관계 50년사』(1934)
　　• 국제 관계에서 실리적 감각이 필요함을 강조
　　• 한반도 중심의 문화권에 일본도 포함한다고 설정(식민사관에 대항)
⑤ 안확: 국어·국사·음악·미술 등에 대한 연구 정리
　㉠ 『조선문명사』(1923): 민중의 의사가 결정되는 촌회, 붕당정치의 민주성 강조
　㉡ '자각론'(1920년대): 주체적 민족 문화 위에서 자유·자주 이념을 가지자고 주장
⑥ 조선학 운동
　㉠ 신간회 해산 후 국학 연구 활성화
　㉡ 정인보·문일평·안재홍 등이 정약용 서거 100년을 맞아 『여유당전서』 간행
　㉢ 이익과 유형원 등 다른 실학자들에 대한 연구로 확대
　㉣ 조선 문화의 특색을 학문적으로 재평가, 조선 후기 민중 지향적 사상 체계를 집대성하여 '실학'이라는 용어를 정착시킴

(2) 사회 경제 사학
① 특징
　㉠ 일제의 『조선사』 간행과 정체성론에 맞서 마르크스의 사적 유물론◇에 입각한 사회 경제 사학 연구
　㉡ 식민 사관을 비판하는 실천적 역사 인식, 도식적·교조적이라는 비판
② 백남운
　㉠ 조선학 운동 비판: 조선학 운동은 관념론에 빠져 민족의 특수성만을 강조한다고 인식, 특수성만으로는 식민사관을 극복할 수 없다고 주장
　㉡ 『조선사회경제사』(1933)·『조선봉건사회경제사』(1937): 한국사에도 세계사적(보편적) 발전 법칙이 있음을 강조 → 민족주의 사학의 정신주의와 식민사관의 정체성론·타율성론을 모두 비판

(3) 문헌 고증 사학(실증 사학)
① 특징
　㉠ 일제 사가들과 같은 랑케 류의 '실증' 방법으로 식민 사관을 극복하고자 하는 움직임
　㉡ 객관적 문헌 고증이라는 근대적 역사 연구 방법론 도입
　㉢ 식민 사관에 동조하는 연구 결과들도 발표하는 등 민족 현실 외면, 실천성 결여
② 진단 학회(1934): 이병도◇·이상백·손진태◇ 등의 주도로 결성, 『진단학보』 발간 → 일제의 탄압으로 활동 중단(1942), 광복 이후 활동 재개

◇ **변증법적 유물론과 유물 사관**
헤겔에 의해 주장된 정正-반反-합슴의 3단계 발전 법칙인 변증법을 원용하여 마르크스와 엥겔스가 만들어낸 이론으로, 감각으로 지각할 수 있는 물질 세계가 마음이나 정신과 독립하여 객관적인 실재성을 가진다는 이론이다. 유물 사관은 마르크스가 주장한 것으로 역사 발전의 원인을 생산력인 물질로 파악하는 역사관이다. 역사는 생산 관계에 따라 원시 공동체에서 고대 노예제, 중세 봉건제, 근대 자본주의를 거쳐 공산주의로 발전한다고 주장하였다.

◇ **이병도**
문헌 고증의 객관적 역사 연구 방법론을 제시하는 등 근대 역사학의 성립에 기여하였다. 그러나 일본 와세다 대학에서 공부하며 쓰다 소키치津田左右吉·이케우지 히로시池內宏 등 식민사관 주장자들로부터 영향을 받았고, 진단학회를 창립하기 전에 조선사 편수회의 수사관보와 촉탁을 지냈으며, 『조선사』 중 고대편을 편찬하기도 하였다.

◇ **손진태**
와세다早稻田 대학 사학과를 졸업하였으나 일제 강점기에 역사 연구를 진행하는 것에 한계를 느끼고 민속학 연구에 주력하였다. 조선민속학회(1932)·진단학회(1934) 창립에 기여했으며, 광복 후 신민족주의 사학론에 입각하여 『조선민족사개론』(1948), 『국사대요』(1947) 등을 저술하였다.

3 종교·문학·예술

1. 종교계의 변화

(1) 민족 종교의 성장

① 천도교
  ㉠ 보성전문학교와 동덕여학교 등을 경영, 800여 개의 강습소 운영
  ㉡ 3·1 운동 주도 → 제2의 3·1 운동 계획과 6·10 만세 운동 준비
  ㉢ 『개벽』(1920)·『어린이』(1923)·『신여성』(1923) 등의 잡지 간행
  ㉣ 계몽 활동과 농민 야학 운동 전개, 『조선농민』 발간(1925), 농민공생조합 결성(1931)

② 대종교: 만주에서 중광단(1911) → 북로 군정서(1919), 대한 독립 군단(1920)

③ 원불교
  ㉠ 사찰령 이후 '왜색 불교'에 반발하여 박중빈이 창시(1916)
  ㉡ 불교의 현대화와 생활화 주장
  ㉢ 경제적 자립을 목표로 개간·허례 폐지·미신 타파·금주·단연 등을 강조하는 새생활 운동 전개

(2) 기존 종교의 변화

① 불교(한용운◇)
  ㉠ 『조선 불교 유신론』(1910년 백담사에서 탈고, 1913년 간행): 승려 교육 강조
  ㉡ 『불교대전佛敎大典』(1913): 불교의 현실 참여 주장
  ㉢ 조선 불교 유신회(1921)
    • 청년 승려 중심으로 불교계 혁신 노력, 정교 분리·사찰 자치 주장
    • 왜색 불교를 비판하며 한민족 불교 수호 운동 전개
    • 사찰령 폐지 운동, 친일 주지 성토 운동 등 주도

② 개신교
  ㉠ 계몽 활동과 의료 활동에 주력
  ㉡ 3·1 운동 참여, 주일학교를 통한 농촌 계몽 활동, YMCA·YWCA 활동
  ㉢ 신사참배 거부 운동

③ 천주교
  ㉠ 적극적인 사회 참여 활동 전개, 고아원과 양로원 등 설립
  ㉡ 만주에 무장 단체인 의민단 조직(1918)
  ㉢ 『경향』(1911) 발간

◇**한용운**
을미의병 후 17세에 설악산 오세암에 들어갔다가 1905년, 27세의 나이로 백담사에서 승려가 되었다. 1918년에 홀로 불교 잡지인 『유심唯心』을 간행하였고, 3·1 운동, 민립 대학 설립 운동, 물산 장려 운동 등을 이끌었으며 신간회 발기인으로 활약하였다. 광주 학생 항일 운동 당시에도 민중 대회를 개최했고, 1930년 승려 비밀 결사인 만당卍黨의 영수로 추대되었다가 1937년에 '만당 사건' 배후로 체포되었다.

2. 문학·예술계의 변화

(1) 문학의 발달

① 무단 통치기
  ㉠ 이전의 계몽 문학 단계를 벗어나지 못함
  ㉡ 최남선의 신체시 보급, 이광수의 '무정' 연재(1917, 『매일신보』)
  ㉢ 최남선이 발행한 잡지: 『소년』(1908~1911)·『붉은 저고리』(1913)·『아이들보이』(1913~1914)·『새별』(1913~1915)·『청춘』(1914~1918)

② '문화' 통치기
  ㉠ 동인지 발간: 『창조』(1919)·『폐허』(1920)·『개벽』(1920)◇·『백조』(1922), 다양한 문예 사조 등장
  ㉡ 신경향파,◇ 사회주의의 영향을 받은 계급 문학(KAPF)과 이에 반발한 국민 문학, 저항 문학◇ 등장
  ㉢ 심훈의 『상록수』(1935): 농민 문학의 새로운 지평
  ㉣ 대중 잡지 『별건곤』(1926), 『삼천리』(1929) 등 발간

③ 민족 말살 통치기
  ㉠ 순수 문학: 김영랑·정지용 등이 『문장』 발간(1939), 이 잡지로 등단한 청록파◇ 시인
  ㉡ 일본의 군국주의를 찬양하는 친일 문학가들의 등장(최남선·이광수·노천명·서정주 등)
  ㉢ 문학을 통한 독립운동 추구(한용운, 이육사, 윤동주 등)

(2) 예술계의 동향

① 음악
  ㉠ 국권 피탈 직후에 창가 유행
  ㉡ 1920년대
  • 홍난파의 '봉선화'·현제명의 '고향 생각' 작곡, 윤극영은 '반달'·'고향의 봄' 작시
  • 윤심덕의 '사의 찬미'(1926): 대중가요의 효시
  ㉢ 1930년대
  • 일본 주류 대중음악의 영향으로 트로트 양식 유행
  • 안익태의 '코리아 환상곡Symphonic Fantasy No.1 "Korea"' 작곡(1936)

② 미술
  ㉠ 동양화: 안중식(장승업의 제자), 변관식
  ㉡ 서양화: 고희동(최초), 나혜석(최초의 여류 화가), 이중섭

③ 연극
  ㉠ 1920년대에 신파 극단이 통해 민중의 애환을 담고 계몽을 추구하는 작품들 공연
  ㉡ 토월회(1923): 도쿄 유학생들 중심으로 창립한 아마추어 연극 단체, 신파극을 벗어난 신극 운동 전개, 남녀 평등·봉건적 인습 비판 등을 주제로 순회 공연
  ㉢ 극예술 연구회(1931~1938): 김지섭·유치진 등을 중심으로 조직, '토막'과 '인형의 집' 등을 공연

◇ **개벽**
1920년, 천도교단에서 발행한 국한문 혼용체 잡지로, 일제에 대한 항쟁을 기본 노선으로 삼아 평등주의에 입각한 사회 개조와 민족 문화의 창달을 위하여 노력하였다. 『개벽』은 일제의 탄압 속에서도 민중의 자주 의식, 자유 사상, 독립 정신을 고취하는 데 크게 기여하였다.

◇ **신경향파**
1920년 무렵에 우리나라 문단에 나타난 사회주의 계열의 문학파를 지칭한다. 3·1운동 이후 병약한 문단의 분위기에 염증을 느낀 김기진, 박영희 등이 주동이 되어 사회주의 경향의 작품을 썼으며, 1925년에는 이들이 중심이 되어 조선 프롤레타리아 예술가 동맹Korea Artista Proleta Federatio이라는 사회주의 문학 단체를 결성하였다. 이들은 계급 의식에 입각한 조직적인 프롤레타리아 문학과 계급 혁명 운동을 목적으로 삼고 있었다.

◇ **저항 문학**

1920 년대	• 김소월, '진달래꽃'(1925, 시집 발간) • 한용운, '님의 침묵'(1926, 시집 발간) • 이상화, '빼앗긴 들에도 봄은 오는가'(1926, 개벽)
1930 년대	심훈, '그날이 오면'(1930, 조선일보)
1940 년대	• 이육사, '절정'(1940, 문장), 『꽃』(유고 시집) • 윤동주, '자화상'(1941, 문우), 『하늘과 바람과 별과 시』(유고 시집)

◇ **청록파**
1939년에 『문장』의 추천으로 등단한 박목월·박두진·조지훈이 광복 후 1946년에 『청록집』을 간행한 데에서 붙여진 이름이다. 주로 동양적 자연관을 노래했다고 평가받는다.

◇ **영화 '아리랑'**
나운규가 각색·주연·감독을 맡아 제작한 아리랑은 1926년 전국 각지에서 흥행에 성공하였고 1927년에는 일본에서도 상영되었다. 아리랑이 상영되는 극장은 마치 어느 의열단원이 서울 한구석에 공개적으로 폭탄을 던진 듯한 설렘으로 가득 찼다고 한다.

◇ **일장기 말소 사건**
여운형이 사장으로 있던 『조선중앙일보』와 송진우가 사장으로 있던 『동아일보』에서, 월계관을 쓴 손기정 선수의 가슴에 달린 일장기를 지우고 사진을 게재한 사건이다. 이 사건으로 두 신문은 정간되었고, 송진우와 사회부장 현진건, 문제의 사진을 게재한 기자 이길용 등이 구속되거나 사임하였다.

◇ **조선 체육회**
창립 직후 배재 고등보통학교 교정에서 제1회 전조선 야구대회를 개최하였는데, 이것은 오늘날 전국 체육대회의 기점이 되는 행사였다. 이후 전조선 축구대회(1921)·전조선 정구대회(1921)·육상대회(1924)·빙상대회(1925) 등 각종 경기대회를 개최하였고, 1934년부터는 종목별로 개최하던 경기대회를 통합하여 전조선 종합 경기대회를 열었다. 광복 직후 재건될 때 여운형이 회장을 맡았다.

④ 영화
  ㉠ 1910년대: 활동사진 소개, '의리적 투구'(1919, 단성사에서 상영)
  ㉡ 1920년대
  - '국경', '월하의 맹세'(1923)
  - 나운규가 조선 키네마 설립(1924), 저항 영화인 '아리랑' 개봉(1926, 단성사)◇
  ㉢ 중·일 전쟁 이후: 조선 영화령 공포(1940)로 일제의 통치에 협력적인 영화만을 제작

⑤ 체육
  ㉠ 엄복동: '전조선 자전차 경기대회'에서 일본 선수들을 꺾고 우승(1913, 1923)
  ㉡ 손기정과 남승룡: 베를린 올림픽(1936) 마라톤 경기에서 각각 1위와 3위 → 이를 보도하는 과정에서 일장기 말소 사건◇ 발생
  ㉢ 조선 체육회(1920)◇
  - 3·1 운동 직후 민족 정신을 고취하고자 변봉현 등이 창립(1920)
  - 1938년 일제에 의해 강제 해산, 일제가 1942년 조선체육진흥회와 조선학교체육진흥회 결성하여 통제

memo

VIII.

현대 사회의 발전

CHAPTER 01
광복과 분단

CHAPTER 02
민주주의의 시련과 발전

CHAPTER 03
남북 관계의 진전

CHAPTER 04
현대의 경제·사회·문화

CHAPTER 01 광복과 분단

1 강대국과 민족 세력의 갈등

1. 광복 당시의 상황

◇강대국이 한반도 분할 점령을 계획한 지도

(1) 국외 정세 변화

① 카이로 회담(1943. 11.)
  ㉠ 미국(루스벨트)·영국(처칠)·중국(장제스) 정상이 모여 한국 독립에 대해 최초 언급
  ㉡ 'in due course 적당한 시기에'라 하여 즉각적 독립 아님

② 얄타 회담(1945. 2.)
  ㉠ 미국(루스벨트)·영국(처칠)·소련(스탈린) 정상이 독일 패망 후의 사안 회의
  ㉡ 유럽 전선 종료 후 소련이 대일전에 참전하기로 함 → 38선 분할 점령의 계기
  ㉢ 루스벨트는 한반도에 대한 신탁 통치안 제안

③ 포츠담 선언(1945. 7.)
  ㉠ 미국(트루먼)·영국(처칠)·중국(장제스) 정상이 카이로 회담 내용 재확인
  ㉡ 일본 패망 후의 사항 합의(소련은 추후 동의)
  ㉢ 일본의 무조건 항복 종용, 일본 영토를 4개 섬 및 연합국이 결정하는 섬으로 한정하여 한국의 독립 재언급

(2) 일제 패망 이후를 준비한 우리 민족의 활동

① 대한민국 임시 정부(충칭, 1919)
  ㉠ 김구와 김원봉 계열을 중심으로 활동
  ㉡ 조소앙의 삼균주의를 건국 강령으로 채택하고 대일전 참전

② 조선 독립 동맹(옌안, 1942)
  ㉠ 화북 조선청년연합회와 조선의용대 화북지대가 통합하여 결성(위원장 김두봉)
  ㉡ 조선 의용군 편성
  ㉢ 건국 강령에서 보통 선거에 의한 민주 공화국 수립 제시
  ㉣ 대한민국 임시 정부 및 조선 건국 동맹과의 연계 노력

③ 조선 건국 동맹(1944)
  ㉠ 국내에서 여운형 등 중도파 중심으로 결성
  ㉡ 좌우 합작 지향했으나 좌익이 주도하는 가운데 극우 세력 불참
  ㉢ 일제 타도와 민주주의 국가 건설 목표
  ㉣ 광복 직전 여운형은 총독부에게 5개 사항을 요구하며 우리 민족 스스로의 정권 수립 노력
  ㉤ 광복 후 조선 건국 준비 위원회로 개편

◇조선 건국 동맹

조선 건국 동맹은 전국 10개 도에 지방 조직을 설치하고, 산하에 농민 동맹을 조직하여 일제의 징용·징병, 식량 공출, 군수 물자 수송 등을 방해하였다. 또한, 일본군의 후방 교란과 노농군 편성을 목적으로 하는 군사 위원회를 설치하였고, 국외 독립 운동 세력과 연합 작전을 전개하기 위해 조선 독립 동맹과 대한민국 임시 정부와의 연계를 모색하였다.

2. 광복 직후 남북의 정세

(1) 광복 직후 북위 38도선 이남의 정세

① 1945. 8. 14. 38도선 합의: 일본군 무장 해제를 명목으로 38도선을 기점으로 미·소 양군의 주둔 결정

② 1945. 8. 15. 조선 건국 준비 위원회(건준)◊
  ㉠ 여운형과 조선 총독부의 합의 → 조선 건국 동맹을 중심으로 발족
  ㉡ 위원장 여운형, 부위원장 안재홍·허헌
  ㉢ 김성수·송진우 계열의 극우 세력 불참, 좌익이 주도하자 안재홍 이탈 → 조선국민당 결성(1945. 9. 1.)
  ㉣ 활동
  • 임시 정부 요인 귀국을 기다리며 총독부로부터 치안권과 행정권을 이양받아 질서 유지를 위해 치안대 조직, 경제 안정을 위해 생필품 확보
  • 건국 작업을 위해 각 지역에 지부 설치(→ 조선 인민 공화국 수립 후 인민 위원회◊로 발전), 각종 시설의 보존·관리

③ 1945. 9. 6. 조선 인민 공화국 수립
  ㉠ 미 군정의 진주가 다가오자 건준은 전국 인민 대표자 대회를 통해 조선 인민 공화국 수립 선포, 주석 이승만·부주석 여운형 임명
  ㉡ 임정 추대론을 내세운 우익의 반대 속에 좌익이 조선공산당 결성(9. 11.)◊, 우익은 한국민주당 결성(9. 16.) → 조선 인민 공화국은 세력 기반 상실
  ㉢ 미 군정의 승인 거절 선포(10. 11.), 별도의 세력을 구축한 이승만은 주석 취임 거부(11. 7.)
  ㉣ 여운형은 조선인민당 창당(1945. 11. 12.),◊ 이듬해 조선 인민 공화국 소멸

④ 1945. 9. 8. 미 군정 실시
  ㉠ 미 군정은 맥아더 D. MacArthur 포고문 1호문에서 조선 인민 공화국과 충칭 임시 정부 부정 → 기존 총독부 체제 활용하여 직접 통치
  ㉡ 좌익 세력 약화를 위해 우익 지원, 좌익계 언론 탄압, 정판사 위조지폐 사건(1945. 10.)◊을 계기로 조선공산당 불법화

⑤ 1945. 9. 16. 한국민주당 창당
  ㉠ 김성수·송진우 등이 충칭 임시 정부 지지를 선언(임정 추대론)하며 창당, 지주 친일 계열들을 비롯하여 원세훈·김병로 등의 항일운동가들도 동참
  ㉡ 미 군정 통치에 협력, 군정청의 요직과 검찰·경찰·지방 관직 장악
  ㉢ 토지개혁이나 반민족행위자 처벌 등에 부정적인 입장

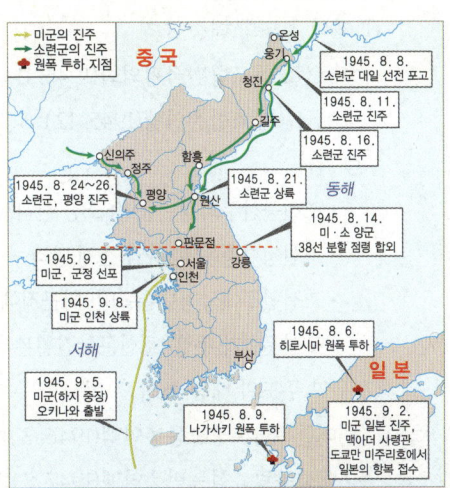

[미·소 양군의 한반도 분할 점령]

◊ **조선 건국 준비 위원회**
조선 건국 준비 위원회는 치안대를 창설하고 전국에 지부를 설치하여 사회 질서를 유지하는 한편, 식량을 비롯한 생활 필수품 확보에 주력하였다. 여운형은 미군이 진주하기에 앞서 미리 정부 조직을 만들어 두는 것이 좋겠다고 판단하여 조선 인민 공화국의 수립을 선포하였다. 이후 조선 건국 준비 위원회의 지부들은 인민 위원회로 전환되어 지방의 치안을 담당하였다.

◊ **인민 위원회**

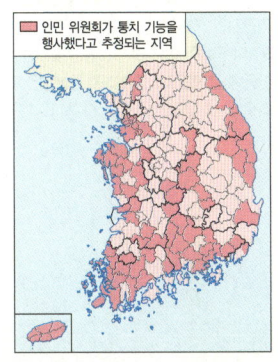

1945년 광복 직후 전국 각지에서 조직되어 실질적 통치 기능을 발휘하였던 민중 자치 기구들이 조선 인민 공화국 수립 후 개편된 이름이다. 대체로 조직·선전·치안·식량·재정 부서를 갖추었으나, 미군이 인민 공화국의 존재를 부인하고 군정을 선언함으로써 활동이 크게 위축되었다.

◊ **조선공산당 결성**
광복 직후 장안파·재건파 공산당이 박헌영의 재건파 중심으로 통합하였고, 10월에 북조선분국을 두었다. '현 정세와 우리의 임무'를 발표, 토지 혁명의 달성과 중요 시설의 국유화 등을 주장하였다. 조선 노동조합 전국 평의회·전국 농민 조합 총연맹 등의 대중단체를 결성하였고, 미군정이 탄압하자 신전술을 채택(1946)하고 9월 총파업·10월 항쟁을 전개하였다.

◊ **조선인민당**
미군정이 조선인민공화국을 부인하자 여운형이 결성하였다. 조선 건국 동맹을 주축으로 군소정파를 규합하였다. 좌익 중간당을 자처하였으며, 근로 대중을 중심으로 한 전 민족의 완전한 해방을 추구하였다. 계획 경제 제도 확립과 각계각층을 포괄한 완전한 통일 전선 실현을 주장하였다.

◇ **정판사 위조지폐 사건**
광복 이후 여러 정치 세력들이 난립하고 있는 상황에서 조선공산당이 일제가 조선은행권을 인쇄하던 빌딩을 접수하여 조선정판사로 개칭하고, 이를 위조지폐 발행 장소로 사용하였다는 혐의를 받은 사건이다. 미 군정은 관련자를 검거하고, 이를 공산당이 남한에서 자금 및 선전 활동비를 조달하고 남한 경제를 교란시킬 목적으로 일으킨 사건이라고 판결 내렸다. 당시 『해방일보』 등의 좌익 신문은 이 사건을 전혀 허위 날조된 사건이라고 주장하였으나, 이로 인해 이듬해 5월, 오히려 조선공산당 기관지인 『해방일보』는 정간되고 말았다. 또, 미 군정이 이를 계기로 공산당의 불법 행동에 강력한 조처를 취하자 공산당은 지하로 잠입하였다.

⑥ 1945. 9. 24. 조선국민당 창당
  ㉠ 안재홍의 (조선)국민당이 군소정파 규합, 신민족주의·신민주주의를 내걸고 창당
  ㉡ 임시 정부 절대 지지 주장 → 한국독립당과 합당(1946. 4.)
⑦ 1945. 10. 16. 이승만 귀국, 한민당 계열은 이승만에 대한 지지 선언
⑧ 1945. 10. 23. 독립 촉성 중앙협의회 조직
  ㉠ 이승만이 귀국 후 미군정의 지원, 이승만 자신이 초당파적 영수임을 강조
  ㉡ 한국민주당·조선국민당·조선공산당 등의 다양한 정당과 단체로 구성 → 민족반역자 제거 문제로 좌익 단체 탈퇴
⑨ 1945. 11. 24. 김구 귀국과 한국독립당 재건
  ㉠ 선언·당의·당강·당책·당면 구호 등을 새로이 채택(1945. 8.) → 개인 자격 귀국
  ㉡ 임시 정부의 역사적 법통을 내세워 미 군정에 행정권 이양 요청
  ㉢ 나중에 조선국민당·신한민족당과 3당 합당을 통해 세력 확대(1946. 4.)

(2) 광복 직후 북위 38도선 이북의 정세
① 1945. 8. 17. 평남 건국 준비 위원회
  ㉠ 조만식을 중심으로 민족주의계 인사들이 평양에서 조직, 각지에 인민 위원회를 조직하여 자치 활동 전개
  ㉡ 소련의 부정, 조만식은 조선민주당을 창당하였다가 제거 당함
② 1945. 8. 22. 소련군 진주
  ㉠ 소련군 원산으로 진주, 사령부 설치
  ㉡ 인민 위원회에 행정권 이양하여 간접 통치
  ㉢ 신탁통치 반대한 조만식 연금, 평남 건국 준비 위원회 해체
③ 1945. 8. 30. 김일성 귀국
  ㉠ 김일성은 소련군 사령군 지시로 북조선 5도 임시 인민 위원회 설립(10. 8.)
  ㉡ 조선공산당 북조선 분국 설치(10. 13.)
  ㉢ 5도 임시 인민 위원회를 5도 행정국으로 개편(11. 18.)하여 정권 장악

(3) 대중 조직의 결성
① 좌익 주도의 대중 조직
  ㉠ 조선노동조합전국평의회(1945. 11.): 9월 총파업 주도, 최저임금제 확립 주장
  ㉡ 전국농민조합총연맹(1945. 12.): 3·7제 소작료 운동, 토지개혁 실시, 미곡 수집령 반대
  ㉢ 기타
    • 조선공산주의청년동맹: 조공 산하, 광복 직후 조직(1945. 8. 18.)
    • 조선청년총동맹: 좌익 전체 망라 → 조선민주청년동맹(민청)으로 재조직
    • 조선민주애국청년총동맹: 미군정에 의해 민청 해산 직후 개칭(1947. 6.)
    • 조선문학가 동맹: 조선문학건설본부와 조선프롤레타리아문학동맹의 통합·결성
② 우익 주도의 대중 조직
  ㉠ 대한독립촉성노동총연맹(1946. 3.): 전평의 9월 총파업에 대항, 반공 투쟁
  ㉡ 대한독립촉성농민총연맹(1947. 8.): 대한노총의 일부 세력 중심
  ㉢ 전조선문필가협회(1946. 3.)·조선청년문학가협회(1946. 4.)

- ㉣ 대한민주청년동맹(1946. 4.): 유진산·김두한 중심
- ㉤ 조선민족청년단(1946. 10.): 이범석이 미군정 후원으로 조직, 정부 수립 후 이승만 지시로 해산 → 자유당 창당
- ㉥ 서북청년회(1946. 11.): 월남한 청년들의 대공 투쟁 조직
- ㉦ 대동청년단(1947. 9.): 지청천이 결성
- ㉧ 대한청년단(1948. 12.): 조선민족청년단·대동청년단 흡수

③ 여성운동 조직
- ㉠ 건국부녀동맹: 광복 직후 좌우 합작 → 우익의 이탈
- ㉡ 한국애국부인회: 우익 여성의 조직, 이후 독립촉성애국부인회로 개칭
- ㉢ 조선부녀총동맹: 좌익 여성의 조직

3. 좌우 대립과 좌우 합작 운동

(1) 모스크바 3국 외상 회의(1945. 12.)
① 배경: 미·영·소 3국의 외무장관이 한국 정부 수립을 논의하기 위해 회담 개최(7개 의제)
② 내용
- ㉠ 카이로 회담 내용을 구체적으로 결정
- ㉡ 조선 임시 민주주의 정부 수립 → 미국과 소련 합의로 정부 구성 결정
- ㉢ 미국은 최고 10년간 신탁통치안 제출, 소련은 즉각적인 임시 정부 수립 및 미·소 공동 위원회 개최와 한국의 정당 및 사회 단체 참여 등 제안 → 최대 5년간 4개국이 통치 협약을 작성할 수 있다는 내용으로 합의안 도출

③ 결과
- ㉠ 『동아일보』가 소련은 신탁통치를, 미국은 즉시 독립을 주장했다고 오보, 신탁통치를 식민 지배의 연장으로 인식하는 분위기에서 전폭적인 반탁 운동 전개
- ㉡ 전문 보도 후 좌익과 우익 간에 심각한 의견 대립 발생
  - 좌익: 임정 수립에 주목하여 모스크바 3국 외상 회의 결정 지지
  - 우익: 신탁 통치에 주목하여 반탁 운동 전개 → 이후 반소·반공 운동으로 발전
- ㉢ 즉시 독립을 원하던 민중의 지지로 민족주의계의 입지 상승, 친일 세력은 반공 이데올로기를 통해 민족주의적 세력으로 전환

(2) 신탁통치를 둘러싼 대립
① 대한민국 임시 정부와 한국독립당
- ㉠ 신탁통치 반대 국민 총동원 위원회 구성을 통해 대중적 호소
- ㉡ 행정권 장악을 위해 미군정과 정면 대치
- ㉢ 국내외 각계각층 대표를 소집하여 과도정권 수립을 주장
② 독립 촉성 중앙협의회: 완전 독립, 38도선 철폐, 신탁통치 반대 등의 내용이 담긴 결의문 채택
③ 1946. 1. 7. 4당 코뮤니케 발표
- ㉠ 한국민주당·조선국민당·조선공산당·조선인민당의 민족 통일전선 형성 시도
- ㉡ 3상 회의 결정 사항 지지, 신탁은 장래 수립될 우리 정부가 해결하도록 합의
- ㉢ 임시 정부 세력의 반발 속에 한국민주당·국민당의 입장 변화로 무효화

◇ **모스크바 3국 외상 회의 내용이 보도된 신문 기사 (1945. 12. 27.)**

'소련은 신탁 통치 주장, 소련의 구실은 38선 분할 점령, 미국은 즉시 독립 주장' 한민당의 김성수가 소유주였던 『동아일보』는 모스크바 3국 외상 회의에서 미국과 소련이 주장한 내용을 반대로 보도하였다. 이는 반탁 운동과 더불어 반소·반공 운동이 일어나는 계기가 되었다.

④ 1946. 2. 1. 비상 국민 회의 개최
  ㉠ 한국독립당(임정)과 독립 촉성 중앙협의회가 주도하여 회의 개최
  ㉡ 좌익의 이탈 속에 우익 각계 대표의 참석으로 개회
  ㉢ 최고 정무위원회 설치 및 이승만·김구에 의한 위원 선임 등을 규정
⑤ 1946. 2. 8. 대한 독립 촉성 국민회 결성◇
  ㉠ 이승만의 독립 촉성 중앙협의회와 김구의 신탁통치 반대 국민 총동원 위원회가 통합
  ㉡ 이승만 계열(독촉)과 김구 계열(한독당), 김규식 계열, 신익희 계열(정치공작대) 등의 파쟁
⑥ 1946. 2. 14. 남조선 대한국민 대표 민주의원 개원
  ㉠ 비상 국민 회의에서 이승만·김규식·김구에 일임하여 28명의 최고 정무위원 선출 → 미 군정의 요청으로 '민주의원'으로 변화
  ㉡ 주한 미군 사령관 하지J. R. Hodge의 자문기관 성격(민주주의 민족전선과 대립)
  ㉢ 우익 세력 망라(의장 이승만, 부의장 김규식, 부의장(→ 총리) 김구)
  ㉣ 신탁통치 반대, 미·소 공동 위원회에 제출할 우익의 안건 논의
  ㉤ 미·소 공동 위원회 개최일에 이승만 의장 사퇴, 이후 단독 정부 vs 통일 정부 수립 대립 → 미군정법령에 따라 남조선 과도입법의원 발족하자(1946. 12.) 실질적 기능 상실(1948년 5월 29일 정식 해산)
⑦ 1946. 2. 15. 민주주의 민족전선 조직
  ㉠ 남한의 모든 좌익 정당 및 사회단체 총집결, 과도정부 수립에 참여할 목적으로 결성
  ㉡ 여운형·박헌영·허헌·김원봉·백남운 5명의 의장
  ㉢ 김구 중심의 비상 국민 회의 및 미 군정 자문기관인 민주의원에 대항
  ㉣ 정판사 위조지폐 사건 이후 사실상 해체 → 이후 남조선노동당 창당◇
⑧ 1946. 3. 20. 제1차 미·소 공동 위원회 개최(덕수궁 석조전)
  ㉠ 미국: 정부 수립 논의에 모든 단체가 참여해야 한다고 주장
  ㉡ 소련: 모스크바 3국 외상 회의 결정을 지지하는 단체만 참여시키자고 주장
  ㉢ 결렬: 참여 단체의 성격을 둘러싼 대립으로 결렬, 무기 휴회 결정(1946. 5.)
⑨ 1946. 6. 3. 정읍 발언: 이승만이 남한만의 단독정부 수립 가능성 제안 → 민전의 규탄 대회

(3) 좌·우 합작 위원회
① 배경
  ㉠ 좌우 대립의 심화 속에서 중도파들이 합작 논의 진행
  ㉡ 이승만의 정읍 발언으로 우익의 지지율이 하락하자 미 군정이 워싱턴의 입장을 받아들여 중도파 중심의 정계 개편 시도
② 구성: 미 군정의 지원으로 김규식·여운형·안재홍 등 10인의 위원회 구성(1946. 7. 25.)
③ 활동
  ㉠ 좌우 합작 7원칙 발표(1946. 10. 7.)
    • 좌익 5원칙과 우익 8원칙의 의견을 수렴하여 중도 정부 수립 구상
    • 신탁통치·토지개혁·친일파 처벌 문제 등을 둘러싸고 갈등 발생

◇ **대한 독립 촉성 국민회**
여러 세력 간 갈등을 거듭하던 대한 독립 촉성 국민회는 점차 임정 봉대파와, 제2차 미소공위 후 남한만의 총선거를 주장하는 이승만계로 분열되었다. 그러던 중 임정 봉대파에서 임시 정부 추진회를 구성하자, 수도경찰청장(장택상)이 추진회를 강제 해산시키는 일이 발생하였다. 결국 대한 독립 촉성 국민회는 점차 이승만 계열의 우익 국민운동 조직으로 변화하여 남한만의 단독정부를 지지하였다. 좌우 합작 위원회의 활동기에 잠시 일선에서 물러나 있었으나, 1947년 8월경부터 정계에 나서서 5·10 총선거를 준비해나갔다.

◇ **남조선노동당의 창당**
정판사 위조지폐 사건 후 좌익 세력은 재정비를 위해 조선공산당·남조선신민당·조선인민당의 합당을 통해 1946년 11월 23일, 남조선노동당을 창당하였다. 그러나 좌익이면서도 공산주의와는 거리가 있었던 여운형 계열이 이탈하여 근로인민당을 조직하였고(1947. 5.), 결국 박헌영이 이끌던 남조선노동당은 정부 수립 후인 1949년 6월 24일, 북조선노동당에 통합하여 조선노동당이 되었다.

- ⓛ 남조선 과도입법의원 개원(1946. 12. 12.)
  - 배경: 좌우합작 운동이 좌·우익의 반대와 10월 항쟁 등으로 표류
  - 추진: 미 군정이 중도파들을 활용한 입법의원 설치 도모
  - 구성: 관선(하지가 임명)과 간접 선거(1946. 10. 21~31.)로 구성(의장 김규식)
  - 활동: '민족반역자·부일 협력자·간상배에 대한 특별법' 등 11건 공포, 50건 심의
- ⓒ 남조선 과도정부 수립(1947. 2.): 민정장관에 안재홍이 선임되어 미 군정과 협의할 정부 구성
  - 배경: 미 군정장관 러치A. L. Lerche의 행정권 이양(미 군정은 부결권만 행사) 약속(1946. 9.), 과도입법의원의 개원
  - 구성: 민정장관 안재홍 임명 → 대법원장 김무용 임명으로 삼권 분립, 한미인韓美人최고의정관에 서재필 임명하여 군정의 고문 담당케 함

④ 해체
- ⓐ 좌·우익의 불참
  - 한민당·남로당 반대, 이승만은 조건부 찬성, 김구는 불참하고 통합 정부 구성 지지
  - 이승만이 12월에 도미하여 단정 수립의 정당성 주장
- ⓑ 9월 총파업(1946. 9.)
  - 미 군정 정책과 반민족 부역자에 대한 반대 여론 → 조선공산당의 신전술 채택
  - 미곡 수집령에 반발해 쌀 공출 폐지, 토지개혁 실시, 식민 교육 철폐 등 요구
  - 철도 노동자 파업 → 조선공산당의 지도 → 대구 등 여러 곳의 민중 봉기로 확산(10월 항쟁) → 경찰과 우익 단체들에 의해 무력으로 진압
- ⓒ 냉전: 트루먼 독트린Truman Doctrine(1947. 3.)◇ 발표 이후 미 군정 지원 철회
- ⓓ 2차 미·소 공동 위원회 결렬(1947. 5.~10.)
  - 미국이 4개국 회의 제안, 소련이 거부하자 한반도 문제를 UN 총회에 상정(1947. 9.)
  - 소련은 미·소 양군의 한반도 철수 제안하며 UN 총회 거부
- ⓔ 여운형 암살(1947. 7. 19.) 후 좌우 합작 위원회 해체(1947. 10. 6.)
- ⓕ 김규식은 홍명희·안재홍 등과 민족 자주 연맹 결성(1947. 12. 20.)

(4) 북위 38도선 이북의 정세
① 1946. 2. 8. 북조선 임시 인민 위원회 수립
- ⓐ 각 지방의 인민 위원회를 총괄하는 중앙 권력 기구로 출범, 위원장 김일성·부위원장 김두봉
- ⓑ 무상 몰수·무상 분배 방식의 토지개혁 단행(1946. 3.)
- ⓒ 기타 정책
  - 노동법 시행: 8시간 노동제, 출산 휴가 보장, 노동자에 대한 의무적 사회 보장제도 적용
  - 남녀 평등권법 시행: 축첩 행위와 성매매 행위, 여성에 대한 부당한 착취 행위 등 금지
  - 공장·광산·철도를 비롯한 중요 산업과 지하자원·산림 등을 국유화
② 1946. 2. 16. 북조선신민당 창당: 김두봉이 창당하고 주석이 됨
③ 1946. 8. 30. 북조선노동당 창당 → 남조선노동당 흡수하여 조선노동당 성립(1949. 6.)◇

◇ **트루먼 독트린(1947)**
미국 대통령 트루먼이 공산주의 폭동으로 위협을 받고 있던 그리스 정부와 지중해에서 소련의 팽창으로 압력을 받고 있던 터키에 대해 즉각적인 경제·군사 원조를 제공할 것을 공약한 선언이다. 미국과 소련의 직접적인 대결 구도가 나타나기 시작하였다.

◇ **조선노동당의 성립 과정**
1945년 9월 11일 국내파 공산주의자들이 서울에 조선공산당을 재건하자, 이 사태를 지켜보던 소비에트 연방은 1국 1당 주의라는 명분을 위해 같은 해 10월 13일, 친소파 공산당원을 중심으로 한 조선공산당 북조선 분국을 설치했다. '분국'이라는 개념은 박헌영이 주도하는 서울의 조선공산당을 '중앙'으로 인정한다는 의미였다. 그러나 김일성은 1945년 12월 17일 조선공산당 북조선 분국 제3차 위원회에서 '분국'의 명칭을 거부하고 위원장에 추대되었다. 결국 북조선 분국은 1946년 6월 22일, 명칭을 '북조선공산당'으로 바꾸고, 조선공산당으로부터 독립하였다. 이 과정에서 박헌영을 따르는 국내파 공산주의자들의 반대도 있었으나, 김일성은 소련군의 지원을 받아 같은 해 8월 30일, 연안파가 세운 조선 독립 동맹 계열 중심의 조선신민당과 통합하고 '북조선노동당'을 발족하여 북반부의 유일한 집권당이 되었다. 이어 1949년 6월 24일 남조선노동당을 흡수, 6월 30일 '조선노동당'으로 명칭을 바꾸고 김일성을 위원장으로 선출하며 현재의 모습이 되었다.

2 5·10 총선거와 대한민국 정부의 수립

1. 단정 수립 결정과 반대

(1) 단정 결의

① 1947. 11. 14. UN 총회 결의

㉠ 미국의 4개국 회의 제안 → 소련 거부 → 미국이 UN에 의제 상정 요청 → UN에서 회부(1947. 9. 23.)

- 미국: 미·소가 각각 점령지에서 UN 감시하 선거(인구비례 총선) → 전국적인 국회 및 정부 수립 → 새로 수립된 한국 정부와 합의하여 미·소 점령군 완전 철수 제안
- 소련: UN에서의 한국 문제 토의에 남북한의 대표 초청, 1948년 초까지 미·소 점령군 철수하고 한국인 자신에게 정부 수립 일임 제안

㉡ UN 감시하 인구비례에 의한 전국적 선거, UN 한국 임시위원단 설치 등의 수정 내용을 담은 미국안 통과

② 1948. 1. 8. UN 한국 임시위원단 파견: 우크라이나 제외한 8개국 위원단 입국 → 이북 주둔 소련군 사령관과 접촉 시도, 소련의 거부° → 철수

③ 1948. 2. 6. UN 소총회에 회부

㉠ 입국 거부 후 UN 내부의 대립

- 중국·프랑스·필리핀·엘살바도르(친미): 남한 단독의 독립 국가 건설안
- 시리아·호주·캐나다·인도(친영): 한국 분단 영구화 우려, 소총회 회부안

㉡ 한반도 내 지도자들의 대립

- 이승만·한민당: 적극적으로 남한 단선 주장
- 김구·김규식: UN 협조하 남북 요인 회담을 통해 전국 총선거 주장

④ 1948. 2. 10. 삼천만 동포에게 읍고함

㉠ 김구, 단독 정부 수립 추진 세력과 결별 선언

㉡ 김규식의 민족 자주 연맹, 북측에 회담 제안

⑤ 1948. 2. 26. UN 소총회 결의안 통과

㉠ 내용: 위원단이 접근 가능한 한국의 지역에서 11월 14일 총회 결의안에서 설정된 계획을 이행하는 것은 UN 한국 임시위원단에 부과된 의무

㉡ 반발: 소련 및 지지국은 소총회 불참, 호주·캐나다 반대, 중남미 3개국, 중동 5개국, 스칸디나비아 3개국은 기권

(2) 단정 수립 반대 노력

① 민전·전평 총파업

㉠ 2·7 구국 투쟁: 2월 8일 UN 한국 위원단 파견을 앞두고 '단독정부 수립 반대, 조국분단 절대 반대, 미군은 즉시 물러가라' 구호

㉡ 5·8 총파업: 총선 전날 총파업 → 경찰, 우익청년단, 대한노총이 진압, 전평 와해

② 남북 협상(1948. 4.)

㉠ 배경: 남측의 김구와 김규식이 북측의 김일성과 김두봉에게 협상 제안, 김구·김규식의 명의로 남북 지도자회담 개최 서신 발송(1948. 2.)

◇ **소련의 거부와 UN의 입장**

사실상 소련의 거부는 UN 결의안 통과 시점부터 예견된 것이었다. 소련은 한국 문제의 UN 이관 자체를 반대했었고, 미국이 UN에 제안한 한국 문제 해결방안은 소련이 항상 받아들이기를 거부해 왔던 '남북한 인구비례에 따른 총선'이었다. 따라서 소련은 UN 총회 결의안에 대해서 그것이 가결된다 하더라도 따르지 않을 것임을 미리 밝힌 바 있었다. UN 총회의 결의안이란 구속력이 없는 권고안에 불과하였다. 미국은 소련의 거부권 행사를 막기 위해 한국 문제를 안전보장이사회가 아니라 총회에 상정하였지만, 총회의 기능은 조사·토의 및 권고 등에 한정되어 있었다. 이렇게 보았을 때 UN 감시하의 전국 총선거란 사실상 남한 단독 선거안이었다. 실제로 미국은 남한만의 단독정부 수립안을 일찍부터 마련해 두었다.

- ⓒ 전개
  - 평양에서 남북 제정당 사회단체 연석회의 개최(1948. 4. 27.~30.), 회의 중 4김(김구·김규식·김일성·김두봉) 회담 진행
  - 단정 수립 반대를 명확히 하고 5·10 총선거에 불참할 것을 결의: 총선은 조선 정치 회의를 구성한 후 추진할 것이며, 미·소 양군의 철수를 강력히 촉구함
- ③ 제주 4·3 항쟁(1948. 4.)
  - ⓐ 발단
    - 1947년 제주도 3·1 운동 기념 집회 도중 경찰의 발포로 사상자 발생
    - 항의 시위·총파업 → 미 군정이 경찰과 서북 청년단을 동원하여 도민 탄압
    - 단독정부 수립이 결정되자 좌익 세력이 총봉기 계획
  - ⓑ 전개
    - 남로당 제주도당이 남한만의 단독 선거 반대, 통일 정부 수립 등을 주장하며 봉기
    - 군경과 서북청년단 등의 토벌대가 무고한 양민까지 폭력적 탄압 → 정부 수립 후에는 소개령◇을 내려 집단적 학살
    - 인민 유격대의 대응이 이어지며 1954년에 이르러 종료
  - ⓒ 결과
    - 이승만 정부의 반공 이데올로기 강화
    - 제주도 선거구 두 곳이 투표자 부족으로 총선 무효화
  - ⓓ '제주 4·3 사건 진상규명 및 희생자 명예 회복에 관한 특별법' 제정(2000. 1.)◇
- ④ 여수·순천 10·19 사건(1948. 10.)
  - ⓐ 발단
    - 여수와 순천의 군대에 4·3 항쟁 진압 명령
    - 숙군 사업으로 위축되어 있던 좌익계 군인들의 주도하에 출동을 거부하는 군사 반란 발생
    - 통일 정부 수립 등을 구호로 무장 봉기
  - ⓑ 전개
    - 미국 군사 고문단의 협조를 받아 신속하게 진압
    - 봉기를 진압하는 과정에서 양민 학살 발생
  - ⓒ 영향
    - 숙군 사업 강화 → 좌익계 군인들은 지리산 등지로 피신해 빨치산partizan이 됨
    - 반공 이념 강화('반공민족주의'): 국가보안법 제정(1948.12.),◇ 국민보도연맹 조직(1949.6.), 학도호국단 창설(1949.3. 조직, 1948.9. 발족)
    - 민중 통제: 유숙계留宿屆 시행◇, 애국반 개편, 양민증良民證 발급(1949)

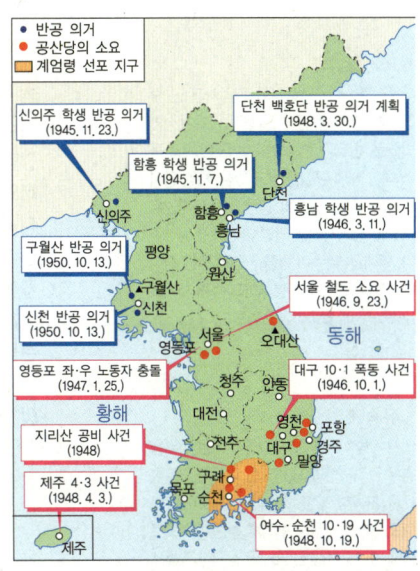

[반공 의거와 공산당 소요 사건]

◇ **소개령**
공습이나 화재 등에 대비하기 위해, 한 곳에 집중되어있는 주민이나 물자, 시설물 등을 분산시키는 명령을 뜻한다. 1948년 11월경부터 제주 중산간 마을에 소개령이 내려졌고, 이를 따르지 않은 주민들에 대해 집단적 학살이 이루어졌다.

◇ **제주도 4·3사건 진상규명 및 희생자 명예 회복에 관한 특별법**
2000년 1월 '제주도 4·3 사건 진상규명 및 희생자 명예 회복에 관한 특별법'이 제정되고, '제주 4·3 사건 진상규명 및 희생자 명예 회복 위원회'가 구성되어 활동하였다. 위원회는 제주도 4·3사건을 '1947년 3월 1일 경찰의 발포 사건을 기점으로 하여 경찰과 서청(서북청년회)의 탄압에 대한 저항과 단선·단정 반대를 기치로 1948년 4월 3일 남로당 제주도당 무장대가 봉기한 이래 1954년 9월 21일 한라산 금족 지역이 전면 개방될 때까지 제주도에서 발생한 무장대와 토벌대 간의 무력 충돌과 토벌대의 진압 과정에서 수많은 주민들이 희생당한 사건'이라고 정의하였다. 희생자는 2만 5천~3만 명으로 추정하고 있다.

◇ **국가보안법**
여수·순천 10·19 사건을 진압하고 난 후 정부가 좌익 세력을 처벌하기 위해 제정한 법률로, 반국가 단체의 구성 또는 가입 등에 대한 처벌 규정을 담고 있다. 제정 당시 소장파 국회의원들과 언론에서는 '치안유지법을 상기시키는 악법'이라며 반대하였다. 역대 정부는 이 법을 극단적 반공 정책에 대한 비판을 원천봉쇄하고 독재 체제를 구축하는 데 활용하기도 하였다.

◇ **유숙계**
외지 사람이 타지에서 하룻밤 이상 머무를 경우 인적사항과 그곳에 온 이유를 의무적으로 기록하게 한 제도이다. 1949년 5월 대도시에서 시작하여 이후 농촌 지역으로 확대, 6·25 전쟁 전 국민을 감시하고 통제하는 용도로 활용되었다.

> **읽기 자료**
>
> **학도호국단**
> 여수 순천 10·19 사건 직후인 1948년 12월, 문교부는 각 중등학교의 학생 간부 2,400여 명을 선발하여, 중앙학도훈련소에 입소시켜 단기 군사훈련을 실시하였다. 또 각급학교 학도들에게 군사훈련을 실시하고자 하였으나 이를 지도할 교관이 없자 전국 중고등학교와 대학의 체육 교사 387명을 육군사관학교에 입교시켜 군사에 관한 지식과 훈련을 받게 한 뒤, 육군 소위로 임명하여 당해 학교에 배속하였다. 이어 1949년 1월 '학도호국단조직요령'을 공포하여 중등학교는 2월 중에, 대학은 3~4월 중에 그 결성을 완료하였고, 9월에는 대통령령으로 '대한민국학도호국단규정'이 공포되었다. 중등학교 이상의 각급학교(대학 포함) 학생과 교직원을 단원으로 하여 전국적으로 조직된 학도호국단은 반공 교육을 통한 사상 통일, 단체 군사 훈련을 위한 것이었다. 1960년 4·19 혁명 직후 허정 과도 정부에서 해체하였다. 유신 체제를 선포한 박정희 정부는 개헌 청원 반대 운동을 비롯한 유신 반대 시위가 일어나자 1974년 긴급조치 1호를 내렸고, 이어 민청학련 사건과 2차 인민혁명당 사건 등을 조작하여 학생들을 비롯한 체제 저항 세력을 철저히 통제하였다. 그리고 베트남 공산화를 구실로 1975년 5월, 학도호국단을 재발족하였다(1980년대에 이르러 학생회 부활과 함께 해체).

2. 대한민국 정부 수립

(1) 총선거와 정부 수립 선포

① 5·10 총선거

㉠ 실시
- 38선 이남 지역에서 UN 한국 임시위원단의 감시 아래 선거 실시
- 남북 협상파(김구·김규식 등)와 좌익 계열은 통일 정부 수립을 요구하며 불참

㉡ 결과
- 제헌 의회 구성
- 이승만과 한민당 계열이 의석의 대다수 차지
- 제주 4·3 사건의 여파로 제주 선거구 두 곳은 무효 처리

㉢ 의의: 우리 역사상 최초의 직접·평등·비밀·보통 원칙 아래 실시된 선거

② 정부 수립

㉠ 제헌 의회에서 이승만 임시 의장의 주도 하에 제헌(7. 17.)
㉡ 국회 간선에 의해 대통령(이승만)과 부통령(이시영) 선출(7. 20.)
㉢ 국회의장 신익희와 국무총리 이범석 등의 정부 요인 결정
㉣ 정부 수립 선포(8. 15.)
㉤ UN에 의해 공인(12. 12.)

(2) 북한 정부의 수립

① 북조선 인민위원회(1947): 인민군 창설(1948. 2.), 단독정부 수립 준비 진행
② 헌법 초안 채택(1948. 4.)
㉠ 정치: 인민위원회를 국가권력의 기초로 하는 인민적 국가 형태·인민주권 형식
㉡ 경제: 국가·협동단체·개인의 소유를 모두 인정(인민민주주의)

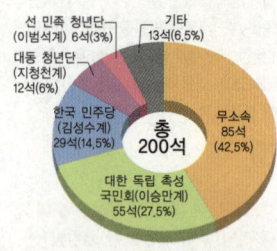

[5·10 총선거 정당별 의석 분포]

③ 조선 민주주의 인민공화국의 성립(1948. 9. 9.)
　㉠ 최고인민회의 선거: 대한민국 정부 수립 이후 최고인민대의원 선출(1948. 8. 25.)
　㉡ 최고인민회의: 헌법 제정, 조선 민주주의 인민공화국 수립 결정(수상: 김일성)
　㉢ 소련의 승인: 군사 고문단만 남겨 놓은 채 소련군 철수(1948. 12.)
　㉣ 의미: 남·북에 체제와 이념이 다른 정부가 수립되어 서로 대립

3 정부 수립 이후의 과제와 6·25 전쟁

1. 반민 특위의 활동과 좌절

(1) 반민족 행위 처벌법 제정(1948. 9.)
　① 청산 기회의 상실
　　㉠ 미 군정 주둔 후 일제 부역자를 정계에 기용하는 정책
　　㉡ 좌우 대립의 심화로 반공 이데올로기가 우선시되는 상황
　② 제헌 헌법의 규정: 친일파 처벌의 여론 → 제헌 헌법에서 특별법 제정에 대한 규정을 마련하여 '반민족 행위 처벌법(반민법)' 제정

(2) 처벌을 위한 노력
　① 특별 소급법: 공소 시효 2년의 특별 소급법, 단기간에 기소·처벌할 필요
　② 반민 특위 구성
　　㉠ 1948년 10월, '반민족 행위 특별 조사 위원회(반민 특위)' 구성, 김상덕 위원장 등 소장파 의원 10인 선임
　　㉡ 특별 검찰부(관장은 대검찰청장 권승렬)에서 기소, 특별 재판부(부장은 대법원장 김병로)에서 판결하는 절차
　③ 주요 활동
　　㉠ 1949년 1월, 7,000여 명의 일람표 작성
　　㉡ 미국으로 도피를 시도하던 박흥식을 시작으로 방의석·김태석·이광수·최린·최남선·김연수 등 체포

(3) 반민족 행위 특별 조사 위원회의 좌절
　① 배경
　　㉠ 반민족 행위 처벌보다 반공이 더 중요한 과제로 인식
　　㉡ 정·재계는 물론 군경과 법조계까지도 친일 인사들이 장악
　② 정부의 방해
　　㉠ 대통령의 입장: 노덕술이 체포되자 이승만은 반민 특위 활동을 비난하는 담화 발표, 반민 특위의 활동을 불법시하고 친일파를 적극 옹호
　　㉡ 국회 프락치 사건: 1949년 4월, 반민 특위에 앞장섰던 국회의원 김약수 등 13명의 의원을 남로당 프락치 혐의로 체포
　　㉢ 6·6 습격 사건: 1949년 6월 6일 경찰은 이승만 대통령의 지시에 따라 반민 특위 사무실을 습격하여 특경대 대원들을 체포하고 무장해제시킴
　③ 6월 26일 반민 특위의 정신적 구심점이었던 김구가 암살당함

◇**반민특위 암살 미수 사건**
1949년 10월 하순경 수도청 수사과장 최난수와 전 수사과장 노덕술 등은 반민 특위 강경파 의원들과 특검 관장인 권승렬, 특별 재판부장 김병로, 국회의장 신익희 등 15인을 암살할 계획을 세우기도 하였다.

◇**국회 프락치 사건**
당시 국회 부의장이던 김약수를 비롯한 진보적 소장파 의원들이 외국군의 완전 철수, 남북 정당·사회단체 대표로 구성된 남북 정치 회의 개최를 주요 내용으로 하는 '평화 통일 방안 7원칙'을 제시하자, 북진 통일을 주장하던 이승만 정권은 이들이 남로당 공작원과 접촉, 정국을 혼란시키려 했다는 혐의로 검거했다. 이들에게는 최고 10년부터 최하 3년까지의 실형이 선고되었으나, 2심 계류 중 6·25 전쟁이 발발하여 서대문 형무소에 수감되어 있던 이들은 서울을 점령한 인민군의 정치범 석방에 의해 모두 풀려났다.

④ 일부 국회의원들이 반민 특위의 활동이 사회의 불안을 조성한다는 이유로 공소시효를 1949년 8월 말까지로 단축하는 개정안을 국회에 제출하여 가결 → 반민 특위 조사위원이 이에 반발하여 전원 사퇴한 후 특위가 새로 구성되었으나 이후 활동 전무

⑤ 1949년 10월 반민 특위, 특별 검찰부, 특별 재판부 해체 → 반민족 행위 처벌법은 1951년 2월 폐지

⑥ 반민족 행위 처벌의 좌절: 실형 선고를 받은 12명은 6·25 전쟁 이전에 석방되거나 형 집행 정지

(4) 새로운 진상 규명 시도

① '친일 반민족행위자 재산 귀속 특별법' 제정(2005)

② '친일 반민족행위 진상규명 위원회' 발족(2005)

③ 민족 문제 연구소 주도로 『친일 인명사전』이 2차에 걸쳐 간행(2009)

2. 농지 개혁과 귀속 재산 처리

(1) 농지 개혁법(1949)

① 배경

㉠ 광복 이후 지속된 민중의 요구

㉡ 38도선 이북의 토지개혁

㉢ 미 군정의 신한공사(1946. 3.) 및 중앙토지행정처(1948. 3.)에서 귀속 토지의 80~85% 가량을 민간 불하

② 법령 제정 및 시행

㉠ 제헌 헌법 규정에 따라 법률 제정(1949. 6. 21.)

㉡ 이듬해 실행에 착수, 6·25 전쟁으로 중단되었다가 1957년 완료

③ 내용

㉠ '유상 매입 유상 분배'의 원칙에 따라 3정보 이상의 농경지(산림·임야 등은 제외) 강제 매입

㉡ 농민은 평년작 150%의 가격으로 토지 매입: 125%는 5년간 균분 상환, 차액은 정부가 보상

㉢ 지주에게 지가 증권 발행

④ 결과

㉠ 지주제 폐지: 지배 계급으로서의 지주 소멸, 기업농·부재지주 소멸 → 자영농 증가

㉡ 근대적 농민 중심의 토지 소유제 확립(경자유전耕者有田의 원칙)

㉢ 6·25 전쟁 때 농민들의 좌경화 방지

⑤ 한계

㉠ 실기失期 → 지주들이 농지를 사전 거래하거나 은닉

㉡ 지주와 농민 모두 반대

- 지주: 토지 매도 가격에 불만, 지가 증권의 거래로 자영농 및 중소 지주층 대다수가 산업자본가로 변신하는데 실패
- 농민: 유상 분배에 반대, 개혁 실시 후 토지 가격에 대한 부담과 생계 곤란으로 토지를 되팔거나 방기

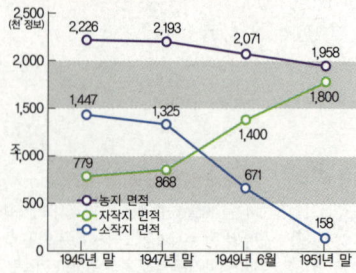

◇ 한국 농촌의 농지 소유 구조 변화

1947년부터 1951년까지 소작지 면적이 줄어들고 자작지 면적이 늘어나 소작지가 자작지로 바뀐 비율이 89.1%에 이르렀다. 그 내용을 살펴보면, 미 군정청의 귀속 농지 유상 분배에 의한 것이 18.9%였고, 지주의 임의 처분에 의한 것이 49.2%였다. 그리고 농지 개혁의 실시로 인한 변화 비율은 21%였다.

(2) 귀속 재산 처리
  ① 미 군정기
    ㉠ '패전국 소속 재산의 동결 및 이전 제한의 건'(1945. 9. 25.)
    ㉡ '조선 내 일인 재산의 권리 귀속에 관한 건'(1945. 12. 6.)
    ㉢ 신조선회사(1945. 11. 12.) → 신한공사로 개칭(1946. 2. 21.)
      • 동양 척식 주식회사 및 일본인 소유 토지와 적산敵産의 인수·관리
      • 32만여 정보의 토지와 소작 농가 관리: 소작권 인정, 3·7제(1/3) 소작료 적용
      • 농민들의 토지개혁 요구, 소작료 인하 투쟁 등으로 갈등
    ㉣ 중앙토지행정처(1948. 3. 22.)
      • 신한공사 소유 재산 이관, 신한공사 및 동척 해산
      • 일부 토지 민간에 불하
  ② 귀속 재산 처리법 제정(1949. 12. 9.) 및 시행령 공포(1950. 3.), 관재청管財廳 설치(1950. 4.)
    ㉠ 연고자에게 특혜 불하, 일부 거대 자본가에게 자본의 쏠림 현상 시작 → 1950년대 독점 자본의 성장과 정경 유착 초래
    ㉡ 민간 기업의 탄생: 전후 복구와 초기 산업 발전에 초석

3. 6·25 전쟁

(1) 배경
  ① 냉전 체제 심화
    ㉠ 중국 공산화로 고무된 소련이 북한을 지원하여 남침 계획 → 38선 부근 군사적 충돌
    ㉡ 애치슨 선언(1950. 1.)과 한·미 상호 방위 원조 협정 체결

1948. 2.	조선 인민군 창설, 소련이 탱크와 비행기 등 무기 원조
1949	소련 및 중국과 군사 협정 체결
1949. 7.~1950. 4.	조선 의용군 출신 병력 약 3만 명이 귀국하여 조선 인민군에 편입
1950. 3.~4.	김일성, 소련과 경제·문화 협정차 비밀 방문, 스탈린과 회담 → 스탈린, 북한의 통일 과업 개시(전쟁)에 동의
1950. 5.	김일성, 베이징에서 마오쩌둥과 회담 → 마오쩌둥 찬성, 미국 참전 시 중국군 파병 언급

[소련과 중국의 북한 지원]

  ② 내부 갈등
    ㉠ 남한: 반공 강화와 북진 통일론, 빨치산 활동 지속
    ㉡ 북한: 전쟁 준비 및 남한 빨치산 지원, 조선 의용군 귀국으로 군사력 증강

◇ 관재청

귀속 재산 처리를 위하여 일시 설치되었던 재무부의 외청이다. 1950년 4월 귀속 재산의 관리와 매각, 연합국 및 일본을 제외한 패전국 소관 재산의 관리, 기타 귀속 재산을 처리하기 위하여 설치되었다가 1956년 12월에 폐지되었다. ① 귀속재산의 임대차 계약, ② 연합국인의 재산의 반환과 관리, ③ 일본을 제외한 패전국인의 재산의 관리, ④ 귀속기업체의 회계 감사, ⑤ 귀속 재산의 관리 및 매각, ⑥ 귀속 재산의 가격 조사, ⑦ 귀속 재산의 청산에 관한 사항 등을 처리하였다.

◇ 애치슨 라인

미 국무장관 애치슨이 1950년 1월 12일에 행한 연설 내용의 일부는 다음과 같다. "미국의 극동에 있어서의 방위선은 알류산 열도로부터 일본, 오키나와를 거쳐 필리핀을 통과한다. 이 방위선 밖에 위치한 나라의 안보에 대해서는 군사적 공격에 대하여 아무도 보장할 수 없다. 만약 공격이 있을 때에는 …… 제차 조치는 공격을 받은 국민이 이에 저항하는 것이다."

◇ **장진호 전투**

장진호 전투는 6·25 전쟁 당시 중국군의 참전 이후 1950년 11월 미 제 10군단 예하 해병사단이 장진호 북쪽으로 진출하던 중국군과 충돌하여 2주간 전개한 철수 작전이다. 장진호 전투는 여러 측면에서 전선에 영향을 준 전투였다. 중국군은 장진호 부근 전투로 인해 상당한 피해를 입고 후방으로 철수하였다. 반면 미 해병사단은 중공군의 강력한 포위망을 돌파하여 함흥 지역으로 철수하는데 성공하였고 서부 전선의 미군이 위기를 모면하는 데 일조하였다.

◇ **정전 회담**

소련이 먼저 UN에 공식적으로 휴전을 제안하자, 이를 UN군과 공산군이 받아들임으로써 휴전 교섭이 시작되었다. 1951년 7월에 UN군을 대표한 미국과 공산국 측의 북한, 중국 대표가 참가한 가운데 첫 회담이 열렸다. 전쟁 초기에 이승만 대통령은 국군 작전 통제권을 UN군 사령관에게 넘겨주었는데, 이로 인하여 한국은 전쟁 당사자였지만 회담에는 참가하지 못하였다.

◇ **휴전선 합의**

6·25 전쟁 정전 회담의 쟁점 가운데 하나는 군사 분계선 설정이었는데, 당시 미국은 양측이 접전 중에 있는 현 상태의 전선을 주장하였고, 북한과 중국은 38도선을 주장하여 갈등을 빚었다. 결국 미국의 주장에 북한과 중국이 동의함으로써 오늘날의 휴전선이 결정되었다. 또한, 양측은 군사적 충돌을 피하기 위해 휴전선 남북으로 각각 2km 내의 지역을 비무장 지대DMZ로 설정하였다.

◇ **포로 송환 합의**

정전 회담에서 가장 큰 걸림돌은 포로 송환 문제였다. 북한은 전쟁이 끝나는 즉시 포로를 모두 돌려보내야 한다고 주장하였다. 반면 UN군은 인도주의를 내세워 포로 본인이 스스로 돌아갈 곳을 결정해야 한다고 주장하였다. 양측은 좀처럼 타협하지 못하다가 결국 '송환을 원하지 않는 포로는 중립국 포로 송환 위원회에 넘겨 처리한다.'라는 타협안에 합의하였다.

◇ **반공 포로 석방**

포로 송환 협정이 체결되면서 귀향을 원하는 포로들을 60일 내에 송환해야 했지만, 이승만은 한·미 방위 조약 체결 이전에는 휴전할 수 없다고 반대하며 남한 7개 수용소에 있었던 반공 포로 3만 7,000명 중 2만 7,000여 명을 미국의 동의 없이 석방시켰다.

(2) 전개

① 남침
  ㉠ 1950. 6. 25. 일요일 새벽에 북한 인민군이 전차를 앞세워 기습 남침
  ㉡ 1950. 6. 28. 서울 함락 → 낙동강에 최후 방어선 구축(1950. 9. 2.)

② UN 참전과 역전
  ㉠ 1950. 7. 5. UN에서 한반도에 지상군 파견 결정
  ㉡ 1950. 9. 15. 인천 상륙 작전
  ㉢ 1950. 9. 28. 서울 수복
  ㉣ 1950. 10. 1. 38도선 통과
  ㉤ 1950. 10. 19. 평양 탈환 → 압록강 전선 구축 (1950. 11. 1.)

③ 중국군 참전과 후퇴
  ㉠ 1950. 10. 25. 중국군 참전
  ㉡ 1950. 12. 5. 흥남 철수(장진호 전투◇)
  ㉢ 1951. 1. 4. 서울 재함락(1·4 후퇴)
  ㉣ 1951. 1. 8. 오산 전선

④ 총공세와 정전 회담
  ㉠ 1951. 3. 14. 서울 재수복
  ㉡ 1951. 7. 10. 정전 회담: 소련의 제의, UN vs 북·중◇

⑤ 정전 협정('UN군 총사령관을 일방으로 하고 조선 인민군 최고 사령관 및 중국 인민 지원군 사령관을 다른 일방으로 하는 한국 군사 정전에 관한 협정') 체결(1953. 7. 27.)
  ㉠ 군사 분계선 설정◇ 및 포로 교환 방식으로 난항◇
  ㉡ 반공 포로 석방:◇ 국민들의 정전 반대 여론 속에서 이승만 대통령이 단행 → 미국은 조속한 정전 조치가 필요해 우리 정부의 협조를 구함
  ㉢ 비무장 지대 설치, 군사 정전 위원회와 중립국 감시 위원단의 설치 등을 내용으로 한 정전 협정에 조인

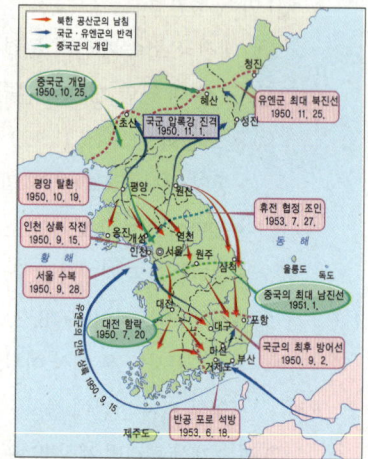

[6·25 전쟁 전황도]

> **읽기 자료**
>
> ### 6·25 전쟁 당시 정부의 실정
>
> **국민 보도 연맹 사건**
> 보도 연맹은 1949년 좌익 활동을 하다가 전향한 사람들로 조직된 반공 단체로, 1949년 말 가입자 수가 30만 명에 달했으나 가입은 강제성을 띤 경우가 많았다. 6·25 전쟁 직후, 남한에서는 보도 연맹원들에 대한 대대적인 처형이 있었다.
>
> **국민 방위군 사건**
> 중국군에 대응하고자 1950년 12월에 국민 방위군을 편성하였는데, 간부들이 정부 예산을 횡령하여 식량과 침구를 지급받지 못한 방위군 5만 명이 굶어 죽거나 기아 상태에 빠진 사건을 말한다.
>
> **거창 양민 학살 사건**
> 6·25 전쟁 중인 1951년 2월, 국군이 지리산 작전을 전개하던 중 경남 거창군 신원면 일대에서 700여 명의 양민을 대량 학살한 사건이다. 당시 빨치산 토벌 전공에 눈이 먼 군부대가 일으킨 사건으로 알려졌으나, 이승만 정부가 반공 이데올로기 강화를 위해 조작한 사건이라는 주장도 제기되고 있다.

(3) 결과

① 분단 고착화: 남과 북에 각기 독재 체제 구축
  ㉠ 남한: 뉴델리 밀회 조작 사건,◇ 국가보안법 개정 등 반공 체제 강화
  ㉡ 북한: 전쟁 패배의 책임을 물어 박헌영 등 김일성 반대 세력 숙청
② 국토 파괴: 각종 생산 시설과 전통 문화 파괴, 수백만의 민간인을 포함한 다수의 인명 피해, 이산가족 양산
③ 국제 질서의 변동
  ㉠ 샌프란시스코 강화 조약Treaty of Peace with Japan 체결(1951.9.8.)
    • 중국과 우리나라 등 동아시아 당사국을 배제한 채 연합국 대표인 미국이 체결 주도
    • 화해와 신뢰 회복을 위해 일본에게 징벌적 배상금을 요구하지 않는 관대한 방향으로 작성
    • 전쟁 피해국에 대한 배상은 생산품과 서비스로 하며 배상액은 개별 교섭한다고 규정
    • '일본은 한국의 독립을 승인하고, 제주도Quelpart, 거문도Hamilton, 울릉도Dagelet를 포함한 한국에 대한 모든 권리, 권원, 그리고 청구권을 포기한다.'라고 규정(독도에 대해 규정 않음)
  ㉡ 한·미 상호 방위 조약 체결◇
  ㉢ 제네바 회담(1954): 6·25 전쟁 이후 상황 정리 및 전쟁 확대 방지를 위한 회담 진행

◇ **뉴델리 밀회 조작 사건**
1953년 10월, 민주국민당 대표 신익희가 영국 여왕 엘리자베스 2세의 대관식에 참석하고 인도 뉴델리를 순방하던 중, 조선민주주의 인민공화국의 조소앙을 만나 영세중립화 음모를 꾀했다는 의혹이 제기된 사건이다. 대한민국 국회에서 진상조사단이 구성되어 조사에 나섰으나 결국 혐의없음으로 종결되었다. 그러나 사건 종결 뒤에도 조병옥, 김준연 등은 신익희가 조소앙을 만났다며 계속 의혹을 제기하였는데, 자유당은 이 사건을 크게 문제시하여 공포심을 조장하고 영구 집권을 위한 개헌 구실로 이용하였다.

◇ **한·미 상호 방위 조약**
1950년 7월 14일, 우리 정부는 UN군 사령관에게 작전 지휘권을 양여하였다. 전쟁 종료 후인 1953년 10월 1일, 한·미 상호 방위 조약의 체결로 대한민국 영토 내에 미국의 군대가 주둔하게 되었고, 이로써 한반도에 반공 기지가 형성될 수 있었다. 전쟁 중 작전 지휘권을 갖고 있던 미군은 한·미 상호 방위 조약 4조에 따라 대한민국 영토에 주둔하고 작전 지휘권의 명칭을 작전 통제권으로 바꾸어 우리 군을 지휘하였다. 1966년에는 주한 미군의 유대와 지위 보장을 위해 SOFAStatus of Forces Agreement를 체결하였다. 이후 1978년에 한미 연합 사령부가 창설되었고, 1994년에는 평시 작전 통제권이 우리 군의 합참의장에게 환수되었다.

CHAPTER 02 민주주의의 시련과 발전

1 제1공화국과 4·19 혁명

1. 제1공화국

(1) 제헌 의회와 정부 수립

① 제헌(1948. 7. 17.)
  ㉠ 대통령 중심제, 정·부통령 국회 간선(임기 4년, 연임 가능)
  ㉡ 단원제, 의회의 임기는 4년(제헌 의회는 2년)
  ㉢ 근로자의 이익 균점 권리, 주요 자원과 중요 산업의 국유·국영·공영

② 제1대 대선(1948. 7. 20): 대통령 이승만(독촉), 부통령 이시영(독촉, 국민 방위군 사건에 분노하여 사퇴 → 1951. 5. 16. 2대 김성수)

③ 정부 수립 선포(1948. 8. 15.), 제1공화국 출범

④ 토지 개혁과 친일파 처리 등에 관련한 법률 제정 과정에서 한민당 세력과 이승만 정부 사이 갈등

(2) 정부의 수립과 독재

① 제2대 총선(1950. 5. 30.): 무소속 126/201, 친이승만계 57/201
  ㉠ 남북협상파 대거 참여, 중도파의 약진과 한민당 계열과의 반목으로 이승만 대통령의 권력 기반 축소
  ㉡ 신익희의 민주국민당(24석)이 제1야당 → 2대 국회의장 신익희
  ㉢ 자유당 창당(1951. 12.)◇

② 6·25 전쟁의 발발로 정치 활동 중단 → 임시 수도 부산에서 정치 활동 재개

③ 1차 개헌(발췌 개헌, 1952. 7.)
  ㉠ 1952년 부산, 원래 예정되어 있던 1차 개헌 추진
  ㉡ 야당의 반대로 개헌안 부결 → 부산 정치 파동◇ 후 일부 개헌안을 뽑아(발췌) 통과
  ㉢ 정·부통령 직선제, 양원제를 골자로 한 개헌안(양원제 실제 소집되지는 않음)

④ 제2대 대선(1952. 8. 5.): 대통령 이승만(자유당), 부통령 함태영(무소속)
  ㉠ 직선제 정·부통령 선거
  ㉡ 부통령 선거에서 이승만 정부는 족청계 이범석 대신 무소속 함태영 지원

⑤ 제3대 민선(1954. 5. 20.): 자유당 114/203(경찰의 선거 개입 및 부정, 여촌야도)

⑥ 2차 개헌(사사오입 개헌, 1954. 11.)
  ㉠ 초대 대통령의 중임 제한 규정 삭제, 국민 투표제 신설, 국무총리제와 국무원 연대 책임제 폐지, 대통령 유고시 부통령에게 지위 승계권 부여 등
  ㉡ 국회 투표에서 정족수의 2/3에 미달하는 135표로 부결, 다음날 '사사오입' 논리로 통과
  ㉢ 야당 의원들이 호헌 동지회(→ 민주당으로 발전)라는 범 연대 세력을 구축

◇ 자유당
1951년 이승만이 신당 조직 의사를 표명하자, 그해 12월에 이승만의 지지기반이었던 원내 공화민정회 의원들과 원외의 국민회, 대한청년당, 대한노동조합총연맹, 농민조합연맹, 대한부인회 5개 단체가 함께 창당한 정당이었다. 부산 정치파동을 일으킨 뒤 이에 반발하는 자유당 부당수 이범석의 족청계를 제거하였고, 이후 자유당은 이기붕을 중심으로 이승만의 독재를 뒷받침하였다.

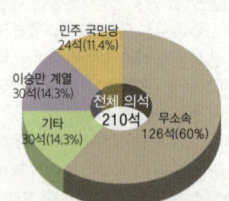

[제2대 국회 구성도(1950. 5. 30.)]

◇ 부산 정치 파동
1952년 임시 수도 부산에서 이승만이 대통령 재선과 독재 정권의 기반을 굳히기 위하여 대통령 직선제를 골자로 하는 발췌 개헌안을 강제로 통과시킨 정치 파동이다. 1차 개헌안이 국회에서 부결되자, 당시 국회의원들을 강제 납치·구금하여 재차 개헌을 추진하였다. 경찰이 국회를 포위한 위협적인 상황에서 기립 표결이라는 공개 투표 방식으로 개헌안이 통과되었다.

⑦ 제3대 대선(1956. 5. 15.): 대통령 이승만(자유당), 부통령 장면(민주당)◇
  ㉠ 자유당의 이승만·이기붕 vs 민주당의 신익희·장면 vs 무소속(진보당 창당 준비 위원회)의 조봉암·박기출 출마
  ㉡ 신익희의 사망과 박기출 사퇴로 이승만 vs 조봉암과 이기붕 vs 장면의 대결 구도 → 개표 과정의 극심한 부정으로 이승만 당선
⑧ 진보당 사건(1958. 1.)
  ㉠ 진보당을 결성한 조봉암 측에서 평화 통일론 제시 → 자유당 정권이 국가 보안법 위반 혐의로 조봉암 기소
  ㉡ 첫 판결에서 무혐의, 정부 측의 항소와 판사 교체 이후 사형 선고, 항소할 겨를도 없이 사형 집행(1959. 7.)◇
  ㉢ 이 사건을 계기로 자유당 측에서 보안법 파동 일으킴(신국가 보안법 제정, 1958. 12. 24.): 반공 이데올로기 강화, 언론 탄압 규정
  ㉣ 정부에 비판적 기사를 게재한 『경향신문』 폐간('여적餘滴' 필화 사건, 1959. 2. 4.)
⑨ 제4대 민선(1958. 5. 2.): 자유당 127/233(42.1%), 민주당 79/233(34.2%)
⑩ 제4대 대선(1960. 3. 15.): 대통령 이승만(자유당), 부통령 이기붕(자유당)
  ㉠ 자유당의 이승만·이기붕 vs 민주당의 조병옥·장면 출마
  ㉡ 조병옥이 미국에서 급서하여 이승만의 단독 출마
  ㉢ 이기붕을 부통령으로 당선시키기 위해 역대 최고의 부정 선거 자행

2. 4·19 혁명과 제2공화국 수립

(1) 4·19 혁명
① 배경
  ㉠ 이승만 정부와 자유당의 독재에 반발하여 국민들의 저항 확산
  ㉡ 미국의 무상 경제 원조가 유상 차관으로 전환 → 물가 상승과 경제 혼란
  ㉢ 3·15 부정 선거가 직접적 원인
② 경과
  ㉠ 대구 2·28 민주 운동◇ → 3·15선거를 즈음하여 경상도 일원으로 시위 확대
  ㉡ 마산 시위에서 실종된 김주열 학생의 시신 발견(4. 11.) → 시위 격화, 전국 확산
  ㉢ 고대생 피습 사건(4. 18.) → 전국 대학생들의 시위, 시국 선언문 발표(4. 19.)
  ㉣ 정부가 계엄령을 선포◇하고 공산주의자의 책동이라며 강경 진압, 경찰의 발포로 200여 명의 사망자 발생
  ㉤ 사태 수습을 위해 이기붕 사임과 내각 사퇴, 국민들은 대통령 퇴임을 요구
  ㉥ 대학 교수단의 시국 선언 발표(4. 25.) → 대통령 하야(4. 26.), 미국 망명
③ 결과: 대통령 선거 무효화, 외무부 장관 허정이 과도 정부 구성하고 개헌 추진

(2) 제2공화국의 출범(장면 정부)
① 3차 개헌(1960. 6.)
  ㉠ 내각 책임제 채택(대통령 국회 간선, 대통령이 총리 지명 후 국회 동의), 양원제 의회 규정
  ㉡ 지방 자치제◇ 전면 실시, 헌법재판소 신설(5·16 군사 정변으로 설치는 무산)
  ㉢ 언론·출판·집회·결사의 사전 허가제와 검열제 폐지

◇제3대 대통령 선거

민주당의 선거 구호인 '못살겠다 갈아보자'에 당시 많은 국민들이 호의적인 반응을 보였다.

◇조봉암 무죄 판결

2010년 조봉암 유족들의 항소를 받아들여 재판이 이루어진 결과, 조봉암은 2011년 대법원 무죄 판결을 받았고 그 유해를 국립묘지에 안장키로 결정하였다.

◇대구 2·28 민주 운동

대구에서 장면 후보 유세가 예정되어 있던 2월 28일, 학생들의 유세장 방문을 막기 위해 정부에서 대구 시내 고등학교에 등교령을 내리도록 종용한 사건이다. 학생들이 시위에 나서고 대구 시민들이 가세하며 자유당 정부에 저항하는 민주화 운동으로 발전하였다. 4·19 혁명의 출발이 된 최초의 민주화 운동으로, 2018년에 국가기념일로 지정되었다.

◇정부의 계엄령 선포

4·19 혁명이 일어나자 이승만 정부는 주요 도시에 비상계엄을 선포하고 군대를 투입하였다. 계엄군은 경찰과 달리 물리력 사용을 자제하며 최대한 중립을 지켰다. 미국 역시 민주화를 촉구하며 이승만에 대한 지지를 철회하였다. 4월 26일 대통령의 퇴진을 요구하는 범국민적 시위가 다시 일어났다. 마침내 이승만은 대통령직을 사임하겠다는 성명을 발표하였으며, 얼마 뒤 하와이로 망명의 길을 떠났다.

◇지방 자치제

헌법에 따라 제1공화국 때부터 지방 자치제가 실시되었으나, 실제로는 중앙 정부가 지방을 통제할 수 있는 요소가 많았다. 3차 개헌 이후 지방자치법 개정에 따라 우리나라 역사상 첫 서울특별시장·도지사 선거가 실시되었다. 그러나 5·16 군사 정변으로 지방 자치는 사실상 무산되었다가, 노태우 정부 이후 점진적으로 실현되었다.

② 초대 참선·제5대 민선(1960. 7. 29.): 민주당이 각각 31/58, 175/233(41.7%) 확보로 압승
③ 제4대 대선(1960. 8. 12.): 윤보선(민주당), 후보 등록 없이 국회의원이 이름 쓰는 방식
④ 장면 정부의 정책
　㉠ 4차 개헌(1960. 11.): 부정 선거 관련자 및 부정 축재자를 처벌할 수 있다는 소급 입법 개헌으로 특별법 제정
　㉡ 각종 규제 완화, 언론의 활성화, 노조 결성, 학도 호국단 폐지와 학생회 출범
　㉢ 공무원임용령(1960): 공무원 공개 채용 실시
　㉣ 학생과 혁신계 정당을 중심으로 '중립화 통일론', '남북 협상론' 제안 → 정부는 '선 경제 후통일론'으로 대응
　㉤ 경제 개발 5개년 계획 수립: 외자 도입을 통해 추진 계획 → 5·16 군사 정변으로 무산
　㉥ 국토건설본부 설치(1961. 1.): 국토 건설과 실업자 구제 목적
⑤ 한계
　㉠ 민주당 구파와 신파의 대립 → 신민당의 분당◇
　㉡ 개혁 의지 미흡, 통일 문제에도 소극적 → 국민과 대립, 군인이 정변을 일으킬 빌미 제공

◇ **신민당 분당**
민주당 구파인 윤보선·유진산·김영삼·박준규 등이 1960년 12월 4일에 분당하여 보수주의 성향의 정당인 신민당을 창당하였다. 분당 후 대통령 윤보선이 속한 신민당과 총리 장면이 속한 민주당이 사사건건 대립하는 양상이 빚어졌다. 5·16 군사 정변으로 강제 해산되었다가 정치 활동이 재개되자 민정당으로 계승되었다.

2 5·16 군사 정변과 제3공화국

1. 군사 정변의 발발

(1) 5·16 군사 정변(1961. 5. 16.)
① 배경
　㉠ 6·25 전쟁 종전 후 군의 정치 중립 요청 → 군부 강경파는 정치 개입 구실 모색
　㉡ 4·19 혁명 전후 때 학생들은 군의 정치 개입을 우려하여 비폭력 노선
　㉢ 급진적 통일론이 대두하자 공산 세력의 확대와 무질서, 정부의 무능을 구실로 정변 발생
② 경과
　㉠ 군부 세력이 계엄령 선포, 군사 혁명 위원회 발족, '혁명 공약' 발표(1961. 5. 16.)
　㉡ 비상임 기구인 국가 재건 최고 회의(1961. 5. 18.)를 통해 박정희(부의장)가 막후 권력 행사

(2) 군정 실시와 연장
① 국가 재건 비상 조치법: 국가 재건 최고 회의를 최고 기구로 설정
② 정책
　㉠ 중앙 정보부◇ 설치(1961. 6.), 반공법(1961. 7.) 제정
　㉡ 부정 축재자 처리법(1961. 6.)과 정치 활동 정화법(1962. 4.) 제정, 폭력배 소탕
　㉢ 농어촌 고리대 탕감, 화폐 개혁 실시, 경제 개발 5개년 계획 수립, 재건 국민운동 실시
　㉣ 언론 통제(『민족일보』 폐간), 정치 활동과 집회 금지
③ 군정 연장: 윤보선 대통령 하야(1962. 3.) → 군부 세력 1년간 군정 연장
④ 5차 개헌(1962. 12.): 국회 단원제, 대통령 직선제(임기 4년, 중임 가능), 헌법 개정에 대한 국민투표제 채택

◇ **중앙 정보부**
1961년 6월 10일에 국가 안전 보장에 관한 업무를 총괄적으로 수행하기 위해 창설되었다. 모든 국가 기구의 정보와 활동을 조정하고 감독할 수 있는 권한을 가지고 있으며, 박정희 정권 때에는 정치적 반대 세력을 감시·탄압하는 역할을 수행하였다. 1980년에 국가 안전 기획부로, 1999년에 국가 정보원으로 이름과 기능이 바뀌었다.

2. 제3공화국

(1) 제3공화국의 출범
① 민주공화당◇ 창당: 군사 정변 직후 준비, 중앙정보부 지원 통해 창당(4대 의혹 사건)
② 제5대 대선(1963. 10. 15.): 박정희(민주공화당, 46.64%) vs 윤보선(민정당, 45.09%)
③ 제6대 총선(1963. 11. 26.): 민주공화당이 110/175(33.5%), 전국구 비례대표제 도입
④ 과제: 미국과의 관계 안정과 경제 문제 해결

(2) 한·일 국교 정상화(1962~1965)
① 배경
  ㉠ 미국의 동아시아 정책
   • 한국과 일본을 동아시아 반공 기지로 인식
   • 일본을 정치·경제적 파트너로 인식 → 미일 강화조약 및 미일 안보 조약 체결(1951.9.)
  ㉡ 한국의 정세: 경제 및 군사 지원 필요
   • 1951년 10월 한일 국교 정상화를 위한 회담 시작
   • 1960년대 미국의 원조 감소
   • 군정의 정책: 경제개발을 통한 정당성 확보 및 미국의 협력 확보 목적
② 경과
  ㉠ 회담의 전개
   • 군정기: 김종필 특사가 일본의 오히라 마사요시大平正芳 외상과 청구권 문제 타결(1962.11.)
   • 제3공화국: 평화선 문제와 어로 문제 타결(1963.12.) → 한일 교섭안 발표(1964.2.22.)
  ㉡ 전국적인 반대 운동
   • '대일굴욕 외교 반대 범국민투쟁위원회'(1964.3.9.): 야당 인사 200명 주도, 전국 유세
   • 3·24 시위: 서울대 문리대, 고려대, 연세대 학생들의 대규모 가두시위(1964)
   • '민족적 민주주의 장례식 및 성토대회'(5.20.): 박정희 정부 반대 시위로 확산
   • 6·3 항쟁 → 휴교령과 서울 전역 계엄령 선포(~7.29.)
  ㉢ 반대 운동의 탄압
   • 내란죄 명목으로 학생, 언론인, 지식인 구속
   • 1차 인민혁명당 사건◇ 조작
   • 1964년 12월 7차 회담 속개, 1965년 4월 가조인
   • 학생들의 비준 무효화 투쟁에 대해 위수령 발동, 일본 수상 관저에서 기본 조약과 부속 4개 협정 조인(1965.6.22.),
③ 내용
  ㉠ 기본 조약
   • 한·일 양국 외교·영사 관계 개설
   • 1910년 8월 22일 '한일병합조약'과 그 이전에 대한제국과 일본이 체결한 모든 조약 및 협정이 무효임을 확인
   • 일본은 대한민국 정부가 한반도 유일의 합법 정부라는 사실을 인정

◇ **민주 공화당**
군정은 1963년 1월부터 정치 활동을 본격화함과 동시에 신당 창당을 준비하였다. 당시 중앙 정보부장 김종필이 중심이 되어 당을 조직하였고, 1963년 9월 새 당대표가 된 박정희를 제5대 대통령 후보로 지명하여 당선시켰다. 항명이 불가능한 박정희 체제의 정당으로 기능하다가, 10·26 사태 이후 1980년 10월에 공포된 제5공화국 헌법에 의하여 해산되었다. 창당 과정에서 중앙 정보부는 정치 자금 마련을 위해 증권 파동·워커힐 사건·새나라 자동차 사건·빠찡꼬 사건이라는 4대 의혹 사건을 일으켰고, 김종필이 이에 대한 책임으로 사퇴하였다.

◇ **인민혁명당 사건**
1964년 8월 14일, 중앙정보부가 도예종 등 41명의 혁신계 인사와 언론인·교수·학생이 인민혁명당을 결성하여 국가 전복을 음모했다고 발표한 사건이다. 중앙정보부의 사건 발표 직후 한국인권옹호협회가 특별 조사단을 구성하여 고문 사실과 사건의 진상 규명에 나서서 무료 변론을 맡고, 담당 검사들이 불기소 방침을 세웠다가 고위층의 압력을 받자 사표를 제출하는 등 사회적 파장을 불러왔다. 2002년 의문사진상규명위원회에서 '인혁당 사건은 중앙정보부 조작 사건'이라고 발표하였다.

        ⓒ 부속 협정
          - 청구권·경제 협력에 관한 협정: 3억 달러의 가치에 해당하는 일본국의 생산물 및 일본인의 용역을 10년에 나누어 무상으로 제공, 2억 달러의 장기 저리 정부 차관 및 3억 달러 이상의 상업 차관을 공여
          - 재일교포의 법적 지위와 대우에 관한 협정
          - 어업에 관한 협정
          - 문화재·문화 협력에 관한 협정
      ④ 결과 및 한계
        ⊙ 효과
          - 한·미·일 공동 안보 체제 구축으로 동아시아에 반공 구도 확립
          - 한국은 경제 개발의 초기 자금 마련
        ⓒ 한계
          - 일본의 침략 사실 인정과 식민 지배에 대한 진정한 사죄가 선행되지 않음
          - 개인 손해배상 청구권은 협정에 포함하지 않았고, 정치적·포괄적 형태로 양국과 양국민 간의 청구권에 관한 문제가 완전히, 최종적으로 해결되었다고 규정 → 개인에 대한 배상 문제는 법적 해결이 어려워짐
          - 어업 문제 및 문화재 반환 문제에 대해 지나치게 양보(독도 영유권 문제 발생 소지)

    (3) 베트남 파병(1964~1973)
      ① 배경: 5·16 군사 정변 직후 미국을 방문한 박정희 부의장이 케네디 J. F. Kennedy 대통령에게 제안 → 존슨 L. B. Johnson 대통령의 파병 요청 → 반공 정책 강화와 경제적 이익을 위해 수용
      ② 경과
        ⊙ 의무 요원과 태권도 교관 요원 파견(1964), 공병대 파견와 전투 부대 파병(1965) → 1973년까지 약 32만 명이 참전
        ⓒ 미 국무 장관의 '브라운 W. G. Brown 각서' 체결(1966)에 따라 베트남 특수
          - 한국군의 현대화 지원, 파병 비용 부담
          - 한국의 수출 진흥을 위해 기술 원조, AID 차관 공여
      ③ 결과와 한계
        ⊙ 한·미 관계 강화, 10억 달러 이상의 경제 효과
        ⓒ 국민의 많은 희생, 고엽제 후유증 문제, 라이따이한 문제, 양민 학살 문제 등

    (4) 정권 연장
      ① 제6대 대선(1967. 5. 3.): 박정희(민주공화당, 51.44%) vs 윤보선(신민당, 40.93%)
      ② 제7대 총선(1967. 6. 8.): 민주공화당 129/175(50.6%) → 3선 개헌 초석
        ⊙ 6·8 부정 선거: 막걸리·고무신 선거, 공개·대리 투표, 매표 등 부정 선거 → 여촌야도
        ⓒ 비난 여론과 대학가의 시위 급증 → 동백림 東伯林 간첩단 사건 조작°
      ③ 반공 강화
        ⊙ 베트남 파병을 기회로 삼은 북한의 대남 도발로 반공 이데올로기 강화
        ⓒ 김신조 남파 사건, 푸에블로 호 나포 사건, 울진·삼척 무장공비 침투 사건°
        ⓒ 향토 예비군 창설(1968. 4. 1.)

◇ **동백림 간첩단 사건 (1967. 7. 8.)**

6·8 부정 선거에 대한 비난이 급증하던 가운데, 중앙정보부 김형욱 부장은 유럽 유학생과 교민 중 194명이 동베를린 북한 대사관에서 간첩 활동을 했다고 발표했다. 독일에서 활동하던 음악가 윤이상과 화가 이응노가 납치되었고, 국제적 외교 갈등으로까지 번졌다. 2년 뒤 3선 개헌을 추진하던 과정에서 터진 유럽 간첩단 조작 사건과 더불어, 중앙정보부가 행한 대표적인 조작 사건으로, 2006년 이후 재조사에서 진실이 밝혀졌다.

◇ **김신조 남파, 푸에블로 호 나포, 울진·삼척 무장공비 침투 사건**

1968년 1월 21일 북한 민족보위성 정찰국 소속 공작원(124부대) 31명이 청와대를 습격하여 박정희 대통령을 암살하기 위하여 서울 세검정 고개까지 침투하였다. 이어 1월 23일에는 미국 첩보함인 푸에블로 호가 북한 영해를 침범하였다는 이유로 북한에 나포되었다. 베트남 전쟁 상황을 이용한 북한의 도발로 한반도에 긴장감이 고조되고 반공 이데올로기가 강화되었다. 10월 30일부터 11월 1일까지는 울진·삼척 지구 연안을 통하여 북한 측 무장공비 120명이 침투하였다. 11월 4일부터 신고를 받은 군경과 예비군이 공비를 소탕하였으나, 그 과정에서 민간인 23명을 포함, 60여 명이 사망하였다.

④ 6차 개헌(3선 개헌, 1969. 10.): 국가 안보 강화 및 지속적 경제 개발 구실

> **읽기 자료**
>
> **3선 개헌(1969. 10. 21.)**
> 대통령의 3선 연임을 허용하고, 대통령에 대한 탄핵소추 결의 요건을 강화하는 한편, 국회의원의 행정부 장·차관 겸직을 허용하는 것 등의 내용을 담고 있다. 당시 민주공화당 측은 야당인 신민당 의원 3명을 포섭하여 모두 122명의 개헌 지지선을 확보하였고, 대한반공연맹 등 50여 개의 사회 단체들을 동원하여 개헌 지지 성명을 발표하게 하였다. 야당과 대학생들이 연일 개헌 반대 시위를 벌였으나, 일요일 새벽을 기해 국회 별관에 122명의 의원들이 모여 기명 투표방식으로 찬성 122, 반대 0표로 개헌안을 변칙 통과시켰다. 그 후 개헌안은 국민투표에서 총유권자의 77.1% 참여에 65.1% 찬성을 얻어 확정되었고, 10월 21일에 공포 및 시행되었다.

⑤ 제7대 대선(1971. 4. 27.): 박정희(민주공화당, 53.19%) vs 김대중(신민당, 45.25%)
  ㉠ 신민당의 40대 기수론 돌풍
  ㉡ 극심한 부정 선거: 정부 예산 1/7 규모의 선거 자금 동원
⑥ 제8대 총선(1971. 5. 25.): 민주공화당 113/204석(48.8%), 신민당 89/204석(44.4%)
  ㉠ 진산 파동°으로 인한 위기와 중앙정보부의 공작 등에도 신민당이 개헌저지선 확보
  ㉡ 김대중·김영삼·이철승 등 중진들의 활약

3 유신 헌법과 장기 독재 체제의 구축

1. 정권 위기와 유신 체제

(1) 정권 위기
  ① 정치적 위기
    ㉠ 제7대 대선에서 고전, 제8대 총선에서 신민당이 개헌 저지선 확보
    ㉡ 장기 집권에 대한 국민의 불만 증가
  ② 경제적 위기
    ㉠ 정경 유착과 외환 위기 및 저임금 정책의 한계 등으로 경제 침체
    ㉡ 전태일 분신 사건(1970), 와우 아파트 붕괴 사건(1970), 광주 대단지 사건(1971)° 등 졸속 도시화와 산업화의 부작용
    ㉢ 정부는 경제 위기를 타개하고자 8·3 긴급 금융 조치 단행(1972)°
  ③ 냉전의 완화
    ㉠ 베트남 전쟁 장기화 → 닉슨 독트린Nixon Doctrine(1969), 주한미군 일부 철수(1971)
    ㉡ 박정희 정부의 체제 유지 기반인 반공 이데올로기 와해

> **읽기 자료**
>
> **닉슨 독트린(1969. 7. 25.)**
> 미국 대통령 닉슨이 괌에서 발표한 대아시아 정책으로, 괌 독트린Guam Doctrine이라고도 한다.
> ① 미국은 앞으로 베트남 전쟁과 같은 군사적 개입을 피한다.
> ② 미국은 아시아 제국諸國과의 조약상 약속을 지키지만, 강대국의 핵에 의한 위협의 경우를 제외하고는 내란이나 침략에 대하여 아시아 각국이 스스로 협력하여 그에 대처하여야 할 것이다.

◇**진산 파동(1971. 5. 6.)**
신민당 총재 유진산이 후보 등록 마감일에 갑자기 자신의 지역구인 서울 영등포구 갑구 출마를 포기하고 전국구 1번으로 등록한 사건이다. 당시 같은 지역구에 박정희 대통령 조카사위 장덕진이 출마했으므로, 이는 지역구를 넘겨주는 행위였고, 이로 인해 신민당 내부에서 크게 분열과 혼란이 빚어졌다.

◇**광주 대단지 사건**
박정희 정부의 산업화 정책에 따라 서울로 많은 인구가 유입되면서 정부는 인구 일부를 서울 주변으로 이주시켰다. 그러나 이에 대한 도시 계획은 미비하여 경기도 광주 지역의 주민 수만 명이 한동안 천막촌에 살아야만 했다.

◇**8·3 긴급 금융 조치**
박정희 정부는 1971년 수출 10억 달러를 돌파하며 경제 성장을 구가하였는데, 이는 1960년대 이후 오직 수출 증대에만 치중한 경제 정책의 성과였다. 1960년대 말 국제 경기가 약화되면서 수출이 감소하고 외채가 누적되었다. 여기에 차관 상환일이 도래하고 미국의 경제 규제가 강화되자, 많은 대기업이 도산 위기에 처하였다. 이에 정부는 긴급 금융 조치를 통해 3,352억 원의 사채를 동결하고 대기업에 대한 금융·조세 특혜를 제공하여 금리 인하 조치를 취하였다. 이로 인해 중소 자산가들이 피해를 입은 반면 재벌 중심의 경제 구조가 강화되었다.

③ 미국은 '태평양 국가'로서 그 지역에서 중요한 역할을 계속하지만 직접적·군사적인 또는 정치적인 과잉 개입은 하지 않으며 자조自助의 의사를 가진 아시아 제국의 자주적 행동을 측면 지원한다.
④ 아시아 제국에 대한 원조는 경제 중심으로 바꾸며 다수국간 방식을 강화하여 미국의 과중한 부담을 피한다.
⑤ 아시아 제국이 5~10년의 장래에는 상호 안전보장을 위한 군사 기구를 만들기를 기대한다.

(2) 유신 체제의 출범
① 국가 보위에 관한 특별 조치법(1971. 12.): 대통령에게 국가 비상사태 선포권 부여
② 유신 선포(1972. 10. 17.): 남북 대화와 평화 통일과 지속적 경제 성장 구실
  ㉠ '우리 민족의 지상 과제인 조국의 평화적 통일'을 뒷받침하기 위하여 '우리의 정치 체제를 개혁한다'고 선언
  ㉡ 초헌법적인 국가긴급권을 발동하여 국회 해산, 정치 활동 금지, 언론·출판·보도·방송의 사전 검열, 휴교령, 전국적 비상계엄령 선포
  ㉢ 10일 이내에 헌법 개정안을 작성하여 국민투표로써 확정하도록 지시
③ 7차 개헌(유신 헌법, 1972. 12.)
  ㉠ 10월 27일 평화적 통일 지향과 '한국적 민주주의'의 토착화 등을 특징으로 한 개헌안이 비상 국무회의에서 의결·공고
  ㉡ 11월 21일 국민투표에서 압도적 찬성(투표율 91.9%, 찬성 91.5%)으로 확정
  ㉢ 대통령 취임일에 유신 헌법 공포(1972. 12. 27.)
④ 제8대 대선(1972. 12. 23.): 박정희(99.92%), 후보자 이름 적는 방식
⑤ 유신 헌법 내용
  ㉠ 장기 집권의 토대 마련: 대통령 간선제 채택, 임기 6년, 중임 제한 철폐
  ㉡ 통일 주체 국민회의(의장 대통령) 신설: 통일 정책 결정, 대통령 선출, 국회의원 임명 동의 등을 수행한 전국 대의원 회의
  ㉢ 대통령 권한
    • 긴급 조치권°
    • 국회 해산권, 국회의원 1/3 추천권(유신정우회)
    • 법관 임명권: 대법원장은 국회 동의 후 임명, 나머지 법관은 대법원장 제청으로 임명
⑥ 제9대 총선(1973. 2. 27.): 민주공화당 73/219(38.6%), 유신정우회 73/219, 신민당 52/219(32.5%)

2. 유신 선포 이후의 상황들

(1) 유신 독재와 저항
① 민주화 운동 탄압: 계엄령과 위수령 선포로 인권 탄압 자행
  ㉠ 야간 통행금지,° 장발 및 미니스커트 단속, 출판 및 집회·결사의 자유 제한
  ㉡ 김대중 납치 사건(1973. 8. 8.)
  ㉢ 민청학련 사건(1974. 4.): 대학생들이 '전국 민주 청년 학생 총연맹' 명의로 유인물을 배포하고 반유신 운동을 전개하자 긴급조치 4호 공포, 민청학련 배후 조직으로 '인민혁명당 재건 위원회' 지목

◇ **긴급 조치권**
유신 헌법 53조에 규정되어 있던, 대통령의 권한으로 취할 수 있었던 특별 조치를 말한다. 박정희 대통령은 이 조치를 발동함으로써 '헌법상의 국민의 자유와 권리를 잠정적으로 정지'할 수 있는 권한을 가졌다. 1974년 1월 8일 긴급 조치 제1호를 시작으로 1975년 5월 13일의 제9호까지 총 9차례 공포했다. 1974년 4월 3일, 전국 민주 청년 학생 총연맹(민청학련) 주도로 전단지가 살포되고 전국 시위가 추진되자 제4호를 공포하여 180여 명의 대학생을 검거하였고, 1975년 4월 8일에 공포된 제7호는 고려대학교 휴교령이었다.

◇ **야간 통행금지**
1945년 9월에 미 군정은 서울과 수도권 일대에 야간 통행금지를 실시하였다. 이 조치는 6·25 전쟁 이후에 제주도 등 몇 군데를 제외하고 전국으로 확대되었다. 처음에는 밤 10시부터 새벽 4시까지 시행되다가 나중에 자정부터 새벽 4시까지로 단축되었다. 시간을 알리는 사이렌이 울려 퍼지면 도심이 조용해졌으며, 이따금 경찰관의 호루라기 소리만이 정적을 깨곤 하였다. 위반한 사람들은 경찰서에 연행되어 즉결 심판을 받은 뒤 과태료를 내야 풀려날 수 있었다. 1982년 1월 6일에 폐지되었다.

> **읽기 자료**
>
> **유신의 민주화 운동 탄압**
>
> 김대중 납치 사건
> 김대중은 박정희 정부의 독재와 유신 체제에 저항하여 한국 민주회복 통일 촉진 국민회의를 결성하였다. 중앙 정보부 요원들은 일본 토쿄東京에서 민주화 운동을 전개하던 김대중을 납치하여 구타하고 수장水葬을 시도하다가, 결국 국내로 끌고 왔다. 이는 한·일간 외교 문제로까지 번졌다.
>
> 인민혁명당 재건위 사건
> 민청학련 배후에 북한의 지령을 받은 인민 혁명당 재건 위원회가 있다 하여 민주화 운동을 벌이던 인물들을 구속한 사건이다. 혹독한 고문과 조작끝에 1975년 4월 8일에 형을 확정하고, 8명의 사형수에 대해서 18시간만에 형을 집행하였다. 국제법학자협회에서는 1975년 4월 9일을 '사법 역사상 암흑의 날Dark day for the history of jurisdictions'로 지정하였다. 시신은 정부에서 모두 탈취하여 화장하였고, 가족들은 연좌제에 연루되어 고통을 받았다. 2007년에 재심을 통해 관련자들이 모두 무죄 판결을 받았다.

② 저항
  ㉠ 개헌 청원 100만인 서명운동(1973. 12.): 김대중 납치 사건에 항의하여 백기완·함석헌·장준하 등 각계 민주화 인사들이 개헌 청원 운동본부 발족 → 긴급조치 1호(1974. 1.)
  ㉡ 천주교 정의구현 전국 사제단(1974. 9.)◦, 민주회복 국민회의(1974. 11.) 결성
  ㉢ 자유 언론 실천 선언 발표(1974. 10.): 『동아일보』 사태
  ㉣ 김상진 할복 사건(1975. 4.): 서울대생 김상진이 유신 체제와 긴급조치에 항거하여 할복 자살한 사건으로. 3·1 민주 구국선언 사건의 도화선 → 긴급조치 9호(1975. 5.)
  ㉤ 3·1 민주 구국 선언(1976. 3.): 명동성당에서 개최된 3·1절 기념 미사를 빌미로 정부가 윤보선·김대중·함석헌·문익환 등 18명의 지도급 인사들을 정부 전복 선동 혐의로 대거 구속

(2) 유신 붕괴
  ① 국제적 고립: 일본이나 미국 등 우방에서도 박정희 독재와 인권 탄압 비판
  ② 제9대 대선(1978. 7. 6.): 박정희(99.85%)
  ③ 제10대 총선(1978. 12. 12.): 민주공화당 68/231(31.7%), 유신정우회 77/231, 신민당 61/231(32.8%)
  ④ 경제 위기: 2차 석유 파동(1978)으로 중화학 공업 정책에 타격, 수출 중심의 선 성장·후 분배 정책으로 일관하던 정부와 기업의 과잉·중복 투자로 큰 위기
  ④ YH 무역 사건(1979. 8.)◦ → 여당과 신민당의 대립 격화, 김영삼 신민당 총재 제명
  ⑤ 부·마 민주 항쟁◦: 1979년 10월 부산과 마산 등지에서 민주화 운동 발생 → 계엄령 선포 및 군대 동원 진압 시도에도 불구하고 인근 공단 지역으로 확산
  ⑥ 10·26 사태: 부·마 민주 항쟁 진압 과정에서 군부 내 대립 발생 → 중앙 정보부장 김재규에 의해 박정희 대통령 피살

◇ **천주교 정의구현 전국 사제단 (1974. 9. 26.)**
1974년 7월 23일 지학순 주교가 '유신헌법 무효'라는 양심선언을 발표하고 체포되어 징역 15년형을 선고받은 뒤, 젊은 가톨릭 사제들이 중심이 되어 같은 해 9월 26일 강원도 원주에서 결성하였다. 결성 목적은 사제의 양심에 입각하여 교회 안에서는 복음화 운동을, 사회에서는 민주화와 인간화를 위해 활동하는 것이다. 1974년 민청학련 사건으로 구속된 양심수 석방 및 유신헌법 반대운동을 시작으로 민주회복국민운동, 김지하 구명운동, 1964년에 일어난 인혁당 사건의 진상 규명운동, 자유 언론 실천운동 등에 앞장섰다. 1987년 5월 18일에는 박종철 고문 치사사건의 축소·조작 및 은폐 사실을 폭로하여 6월 민주 항쟁에 불을 지폈다.

◇ **YH 무역 사건**
1979년 8월, YH 무역의 여성 근로자들이 폐업 조치와 집단 해고에 반발하여 신민당사에서 농성을 벌이다 경찰에 의하여 강제 해산당하였다. 이 과정에서 노조 위원장 김경숙이 곤봉에 맞아 옥상 위에서 떨어져 사망 하였다. 이 사건으로 노동 운동, 반체제 민주화 운동, 야당의 정치적 도전 등이 결합함으로써 박정희 정부는 큰 부담을 안게 되었다.

◇ **부·마 민주 항쟁**
1979년 5월 3일 신민당 전당대회에서 '민주회복'의 기치를 든 김영삼이 총재로 당선된 후 정국은 여야 격돌로 더욱 경색되었다. 이어 8월 11일 YH 사건, 9월 8일 김영삼에 대한 총재직 정지 가처분 결정, 10월 4일 김영삼의 의원직 박탈 등 일련의 사건이 발생함으로써 유신 체제에 대한 야당과 국민의 불만이 크게 고조되었다. 김영삼의 정치적 본거지인 부산에서는 10월 15일 부산대학에서 민주 선언문이 배포되었고, 16일 5,000여 명의 학생들이 시위를 주도, 시민들이 합세하여 대규모 반정부 시위가 전개되었다. 18일과 19일에는 마산 및 창원 지역으로 시위가 확산되었는데, 이에 정부는 18일 0시 부산 지역에 비상계엄령을 선포하고 1,058명을 연행, 66명을 군사재판에 회부하였으며, 20일 정오 마산 및 창원 일원에 위수령을 발동하고 군을 출동시켜 505명을 연행하고 59명을 군사재판에 회부하였다. 정부의 강경 진압으로 시위는 진정 국면에 접어들었으나, 일주일이 채 지나지 않아 10·26 사건이 발생하면서 유신 체제는 종결되었다. 2019년 9월 17일 부·마 민주항쟁 발생일인 10월 16일이 국가기념일로 지정되었다.

4 군사 정권의 연장과 6월 민주 항쟁

1. 서울의 봄

(1) 12·12 사태

① YWCA 위장 결혼 사건: 간선제 유지 반대, 거국 민주 내각 수립 시도 → 함석헌·윤보선·문동환·한명숙·백기완 등 140여명 체포, 고문

② 제10대 대선(1979. 12. 6.): 최규하(96.29%) → 직선제 개헌 후 재선거 예고

③ 군부 내 신진 세력(하나회)이 군의 정권 이양 정책을 거부하고 군사 반란(1979. 12. 12.)

④ 신군부 집권: 대통령 최규하를 협박·회유하여 권력 장악, 구속 혹은 연금 조치 등을 통해 정치인들의 정치 활동 탄압

⑤ 서울의 봄: 대학가를 중심으로 계엄령 철폐를 요구하는 민주화 운동 발발, 신군부가 무력으로 탄압

(2) 5·18 민주화 운동

① 서울역 시위(1980. 5. 15.)

㉠ 최규하 과도 정부가 유신 잔여 세력들의 규합체로 변질, 신군부의 권력 장악 → 대학생을 중심으로 대규모 집회 개최

㉡ '유신 잔당 퇴진', '계엄 철폐', '정치 일정 단축' 등을 주장 → 신군부 개입을 우려해 '서울역 철군'

② 계엄령 확대(1980. 5. 17.)

㉠ 계엄령 제주를 포함하여 전국으로 확대

㉡ 국회와 대학 폐쇄, 전국 학생 회장단 체포, 28인의 정치인 구속

③ 경과

㉠ 5월 14일~16일 광주 전남대·조선대 등의 교수 및 학생들이 '민족 민주 대성화 대회' 개최(횃불 시위)

㉡ 5월 17일 비상계엄 확대, 각 대학의 교내 출입 금지, 광주 시내 대학에 공수여단 진주

㉢ 전남대 앞에서 신군부의 비상계엄 확대와 휴교령에 반대하는 시위 → 공수 부대원들의 무자비한 진압

㉣ 분노한 시민들이 전남 도청 앞에 모이자 시위대를 향해 발포 → 광주 전역으로 시위 확대, 일부 시민들은 무기를 탈취하여 저항, 시민군 형성

㉤ 시민 수습 대책위원회 구성: 자발적 무기 회수 및 정부에 평화적 협상 요구

㉥ 5월 27일 탱크와 헬기를 동원한 계엄군 진압이 있기 전까지 열흘간 고립된 광주에서 민주화 운동이 진행

④ 결과

㉠ 군인·경찰·시민 등 수백 명의 사상자 발생

㉡ 정부가 공산당이 일으킨 폭동으로 호도, 김대중을 배후로 지목하여 사형 선고 → 신군부의 권력 장악 진행

㉢ 1980년대 민주화 운동의 뿌리, 반미 운동이 전개되는 계기

㉣ 1995년 5·18 민주화 운동 등에 관한 특별법 제정, 2011년 관련 기록물이 유네스코 세계 기록유산에 등재

2. 제5공화국과 6월 민주 항쟁

(1) 신군부의 권력 장악
① 국가 보위 비상 대책 위원회(1980. 5. 31.): 5·18 민주화 운동 진압 및 국회 해산 직후 구성, 3권 장악
② 정치 활동 규제: 김대중 내란 음모 혐의로 구속, 사회 정의 실현을 구실로 언론인과 교수 등 해직 조치, 삼청 교육대º 설치, 언론사 통폐합
③ 제11대 대선(1980. 8. 27.): 전두환(99.37%) by 통주
④ 8차 개헌(1980. 10.)
　㉠ 선거인단에 의한 대통령 간선제(7년 단임)
　㉡ 국회의원 비례 대표제(임기 4년)
　㉢ 대통령의 비상조치권과 국회 해산권 유지

(2) 제5공화국
① 민주 정의당 창당(1981. 1.)
② 제12대 대선(1981. 2. 25.): 전두환(민주정의당, 90.11%) vs 유치송(민주한국당, 7.66%)
③ 제11대 총선(1981. 3. 25.): 민주정의당 151/276(35.6%)
　㉠ 정치 활동 규제로 여당과 관제 야당만 참가
　㉡ 전국구는 지역구 1위 정당이 2/3 독식
④ 주요 정책
　㉠ 정의 사회 구현과 복지 실현을 구호로 내세우고 회유와 강경 양면책
　㉡ 탄압
　　• 언론 통폐합,º 언론 기본법 제정 → 보도 지침을 통해 언론 통제
　　• 정치 활동 규제, 민주화 운동과 노동 운동 철저히 탄압
　㉢ 회유
　　• 대학 제적생 복교, 졸업 정원제 실시, 교복·두발 자율화, 대학 학생회 부활(학도호국단 폐지)
　　• 야간 통행금지 해제, 해외 여행 자유화
　　• '국풍 81'º 개최, 3S(Sport, Screen, Sex) 정책, 독립 기념관·예술의 전당 건립, 컬러 텔레비전 방영, 올림픽 유치
　㉣ 경제 성장: 올림픽 특수와 3저 호황으로 무역 수지 흑자 규모 확대, 물가 안정

(3) 지속적인 민주화 운동
① 민주화 운동 청년연합(1983. 9.)
　㉠ 김근태 중심, 『민중신문』 발간, 광주영령 추모집회(1985) → 구속·고문
　㉡ 6월 민주 항쟁과 노동자 대투쟁 이후 발전적 해체
② 민주화 추진협의회(1984. 5.)
　㉠ 가택연금 중이던 김영삼과 미국의 김대중이 '8·15 공동 선언'하며 결성
　㉡ 대선 앞두고 김영삼·김대중 분열로 사실상 해체

◇ **삼청 교육대**
국가 보위 비상 대책 위원회가 사회 정화 정책의 일환으로 군부대 내에 설치한 교육대이다. 국보위의 '삼청계획 5호'에 따라 1980년 8월부터 불량배 일제 단속이 시작되었다. '계엄포고 제13호'에 의거해 연인원 80만 명의 군·경이 투입된 '삼청 작전'으로 1980년 8월 1일부터 1981년 1월 25일까지, 국보위 지침상의 검거 대상인 '개전의 정이 없이 주민의 지탄을 받는 자, 불건전한 생활 영위자 중 현행범과 재범 우려자, 사회 풍토 문란 사범, 사회 질서 저해 사범'등 총 6만 755명이 체포되었고, 극심한 인권 탄압 속에서 다수의 사망자가 발생하였다. 전두환 정부 초기의 대표적인 인권 침해 사례로 꼽힌다.

◇ **언론 기관 통폐합**
새로운 언론 풍토를 조성한다는 명분 아래 전두환 정부에 의해 추진되었다. 그 결과 전국의 언론 기관 64개 신문·방송·통신사 중에서 신문사 11개, 방송사 27개, 통신사 6개 등 44개 언론 매체가 통폐합되었다.

◇ **국풍 81**
제5공화국 헌법에 "국가는 전통문화의 계승 발전과 민족문화의 창달에 노력해야 한다."라는 조항이 추가됨에 따라 전두환 정부가 민족문화를 소재로 벌인 대규모 축제이다. 대표적인 우민화 정책이었다. 1981년 5월 28일부터 여의도에서 대규모 예술제가 열렸고 여의도 주변에서는 대학생들의 반대 시위가 잇따랐다.

◇ **부천경찰서 성고문 사건**

1985년 부천 공장에 위장취업 중이던 서울대학교 의류학과 4학년 권인숙이 공문서변조 혐의로 체포된 뒤 부천경찰서 문귀동 경장 등에게 성고문을 당한 사건이다. 조사를 받고 풀려나온 권인숙은 이를 폭로하고 문귀동을 고소하였다. 공안 당국은 수사 결과를 발표하면서 '성(性)을 혁명의 도구로 삼는다'고 매도하였고, 보도지침을 하달받은 언론은 '성적 수치심까지 정치적으로 이용하고 있다'며 여론을 호도하였다. 결국 7월 19일 명동성당에서 많은 학생과 시민들이 부천서 성고문 사건 및 김대중 용공 조작 사건 폭로 규탄대회를 열고 항의하였다. 검찰은 문귀동 불기소, 권인숙 징역 1년 6월형을 결정했으나, 6월 민주 항쟁 이후 재수사를 통해 권인숙 무죄, 문귀동 징역 5년형이 선고되었다.

◇ **애학투련 검거 사건**

당시 구속된 인원은 단일 사건 구속자 수로는 세계 최고 기록이었는데, 사전에 모의 사실을 알았던 경찰이 학생 운동을 일망타진하기 위해 의도적으로 농성을 유도했다는 견해가 유력하다. 사전 준비도 없던 일회성 사건을 공안당국은 조직적 농성으로 둔갑시켰고, 언론에서는 이를 연일 '빨갱이'·'용공분자'의 봉기로 보도하였다. 농성 중이던 10월 30일, 정부는 북한의 금강산 댐 건설에 대한 특집 방송을 하며 반공 분위기를 형성하였다.

◇ **박종철 열사 추모제**

1987년 1월 14일, 박종철이 수사 과정에서 고문으로 사망하는 사건이 발생하고, 천주교 정의구현 사제단이 이에 대한 전말을 밝혀내자 민주화의 물결이 일기 시작했다.

◇ **이한열 열사**

6월 민주 항쟁 당시 연세대학교 학생이던 이한열이 최루탄에 맞아 중상을 입은 사건은 시위의 불길을 더욱 타오르게 하였다. 결국 이한열은 회복하지 못하고 7월 5일에 사망하였다.

③ 제12대 총선(1985. 2. 12.): 민주정의당 148/276(35.2%), 신한민주당 67/276(29.3%)
  ㉠ 김영삼·김대중이 신한민주당 창당(1985. 1.) → 민정당이 선거 날짜 당겨 속행
  ㉡ 김대중 귀국, 신민당 후보 전원 당선, 총선 후 103석으로 증가 → 직선제 개헌 운동 전개
④ 민주 통일 민중운동 연합(1985. 3.)
  ㉠ 23개 재야 단체 연합, 문익환·함석헌·지학순 등
  ㉡ 신민당과 연대하여 직선제 개헌 운동 → 국본 결성 주도

(4) 직선제 개헌 운동과 6월 민주 항쟁

① 직선제 개헌을 위한 천만 명 서명 운동: 민추·신민당·민통련 등 주도로 서명 운동 전개
② 헌법개정특별위원회(1986. 7.): 민정당과 신민당 합의, 내각제 개헌 vs 직선제 개헌 대립 → 이민우 구상 → 김영삼·김대중 탈당하여 통일민주당 창당(1987. 1.)
③ 부천경찰서 성고문 사건(1986. 6.): 공권력·사법부·언론 실상 폭로, 민주화 운동의 발판
④ 건국대 점거 농성 사건(1986. 10.)
  ㉠ 전국 26개 대학생들이 '전국 반외세 반독재 애국학생 투쟁연합' 발족식 거행 도중 갑작스런 경찰 진입으로 4일간 점거 농성
  ㉡ '황소 30'작전: 8천여 명의 경찰력으로 1,525명 연행, 1,288명 구속
⑤ 박종철 고문치사 사건(1987. 1.)
  ㉠ 1987년 1월 14일, 경찰이 서울대학교 언어학과 박종철을 불법 체포하여 고문치사
  ㉡ 쇼크사로 발표 → 부검의 副檢醫 증언으로 의혹 → 물고문 인정하고 수사경관 구속
⑥ 4·13 호헌 조치(1987. 4.): 여야간 직선제 개헌의 방향을 논의하던 중, 전두환 대통령이 담화를 통해 직선제 개헌 논의 자체를 금지
⑦ 천주교 정의구현 전국사제단의 폭로(1987. 5.): 직선제 개헌 요구 시위가 한창이던 5월 18일, 5·18 민주화 운동 추도 미사에서 천주교 정의구현 전국사제단의 김승훈 신부가 박종철 고문 치사 사건이 축소·은폐되었음을 폭로 → 고문 살인의 은폐·조작을 규탄하는 대규모 대회 개최
⑧ 민주 헌법 쟁취를 위한 범국민 운동 본부(1987. 5.): 5월 27일 향린교회에서 국본 결성, 민정당 대통령 후보 지명일인 6월 10일에 맞춰 전국적 집회를 열기로 결정
⑨ 이한열 피격(1987. 6.): 6월 9일 연세대학교 이한열 학생이 경찰이 발포한 최루탄에 머리를 맞아 뇌사 상태
⑩ 6·10 항쟁: 6월 10일 18시, 서울시청 광장에서 국본이 주관한 대규모 시위 전개 → 경찰의 무자비한 탄압으로 일부 시위대가 명동성당으로 피신
⑪ 명동성당 농성 투쟁: 김수환 추기경 등의 비호 속에 농성 투쟁 전개 → 국제적 주목
⑫ 시위의 전국 확산: 정부는 전국 대학과 주요 도시에 군대 투입을 시도했으나, 올림픽을 앞두고 있던 상황에서 미국이 군대 투입 저지
⑬ 6·29 민주화 선언: 여당 대통령 후보 노태우가 직선제 개헌 요구 수용 선언 발표
⑭ 이한열 열사 장례식: 7월 9일 이한열 열사 장례식에 100만(정부 추산) 인파가 몰림, 직장인과 시민을 포함한 사회 각 계층의 참여
⑮ 9차 개헌(1987. 10.): 대통령 직선제(5년 단임제) 채택, 국회의 국정감사권 추가, 헌법재판소 설치

5 민주화의 진전

1. 제6공화국 출범

(1) 노태우 정부

① 제13대 대선(1987. 12. 16.): 노태우(민주정의당, 36.64%) vs 김영삼(통일민주당, 28.03%) vs 김대중(평화민주당, 27.04%)

② 제13대 총선(1988. 4. 26.): 민주정의당 125/299(34%), 평화민주당 70/299(19.3%), 통일민주당 59/299(23.8%), 신민주공화당 35/299(15.8%)

③ 주요 정책
   ㉠ 여소야대 구도에서 5공 청문회와 5·18 청문회 개최
   ㉡ 지방 자치 의회 선거 실시(지방 자치제의 부분적 실시)
   ㉢ 88 서울 올림픽 대회 성공적 개최 → 냉전 붕괴에 견인차 역할
   ㉣ 북방 외교: 몰타 회담 이후 북방 외교 추진 → 소련(1990)·중국(1992)과 수교, 북한과 UN에 동시 가입(1991. 9.)

④ 3당 합당(1990. 1.): 민정당(노태우)·통일민주당(김영삼)·신민주공화당(김종필)의 3당 합당으로 거대 여당(민주자유당) 탄생

⑤ 제14대 총선(1992. 3. 24.): 민주자유당 149/299(38.5%), 민주당 97/299(29.2%), 통일국민당 31/299(17.4%)

(2) 문민 정부(김영삼 정부)

① 제14대 대선(1992. 12. 18.): 김영삼(민주자유당, 41.96%) vs 김대중(민주당, 33.82%) vs 정주영(통일국민당, 16.31%)

② 주요 정책
   ㉠ 역사 바로 세우기
   • 신군부의 사조직인 '하나회' 청산, 전두환·노태우 두 전직 대통령 구속
   • 군부 통치의 잔재였던 역사 용어 변경◇
   • 5·18 기념일을 국가 기념일로 지정, 4·19 묘지를 국립 민주묘지로 승격
   • 광복 50주년을 맞아 조선 총독부 건물 철거, '국민학교'를 '초등학교'로 변경
   ㉡ 공직자 윤리법 개정, 고위 공직자 재산 공개
   ㉢ 지방 자치 단체장 선거 실시(지방 자치제 전면 부활)
   ㉣ 금융 실명제와 부동산 실명제(1993): 선진적 금융 문화 실천
   ㉤ 전교조 해직 교사가 대거 복직(1994), 민주노총 출범(1995), 대학수학능력 시험 실시

③ 경제 위기: OECD 가입(1996) 직후 외환 위기 사태 발생(IMF 관리 체제, 1997)

④ 제15대 총선(1996. 4. 11.): 신한국당 121/299(34.5%), 새정치국민회의 79/299(25.3%), 자유민주연합 50/299(16.2%), 통합민주당 15/299(11.2%)

◇ **역사 용어 변경**
4·19 의거 → 혁명
5·16 혁명 → 군사 정변
12·12 혁명 → 사태(쿠데타)
5·18 광주 사태 → 민주화 운동

2. 평화적 정권 교체

(1) 국민의 정부(김대중 정부)

① 제15대 대선(1997. 12. 18.): 김대중(새정치국민회의, 40.27%) vs 이회창(한나라당, 38.74%) vs 이인제(국민신당, 19.2%)

② 주요 정책
  ㉠ 금융 시장 개방으로 IMF 체제 극복
  ㉡ 햇볕 정책
   • 금강산 관광 사업(1998)
   • 남북 정상 회담 개최, 6·15 남북 공동 선언(2000. 6.) → 노벨 평화상 수상

③ 제16대 총선(2000. 4. 13.): 한나라당 133/273(39%), 새천년민주당 115/299(35.9%), 자유민주연합 17/299(9.8%)

(2) 참여 정부(노무현 정부)

① 제16대 대선(2002. 12. 19.): 노무현(새천년민주당, 48.91%) vs 이회창(한나라당, 46.58%)

② 주요 정책
  ㉠ 정경유착 단절과 권위주의 청산 추구
  ㉡ 과거사 진상 규명법 제정
  ㉢ 대북 지원과 협력 사업, 2차 남북 정상 회담과 10·4 공동 선언(2007. 10.)
  ㉣ 국가보안법 폐지·사립학교법 개정 시도 → 실패
  ㉤ 행정 수도 건설 시도 → 헌법재판소의 위헌 판결

③ 제17대 총선(2004. 4. 15.): 열린우리당 129+23/299(41.99%+38.3%), 한나라당 100+21/299(37.9%+35.8%), 민주노동당 2+8/299(4.31%+13%), 새천년민주당 5+4/299(7.96%+7.1%)

(3) 이명박 정부

① 제17대 대선(2007. 12. 19.): 이명박(한나라당, 48.67%) vs 정동영(대통합민주신당, 26.14%) vs 이회창(무소속, 15.07%)

② 제18대 총선(2008. 4. 9.): 한나라당 131+22/299(43.45%+37.5%), 통합민주당 68+15/299(28.92%+25.2%), 자유선진당 14+4/299(5.72%+6.8%), 친박연대 6+8/299(3.7%+13.2%), 민주노동당 2+3/299(3.39%+5.7%)

③ 주요 정책
  ㉠ 여대야소: 4대강 복원 사업 추진, 한미 FTA 발효
  ㉡ G20 정상회의·핵안보 정상회의 개최

② 제19대 총선(2012. 4. 11.): 새누리당 127+25/300(43.28%+42.8%), 민주통합당 106+21/300(37.85%+36.45%), 통합진보당 7+6/300(5.99%+10.3%)

(4) 박근혜 정부
  ① 제18대 대선(2012. 12. 19.): 박근혜(새누리당, 51.55%) vs 문재인(민주통합당, 48.02%)
  ② 주요 정책 및 사건
    ㉠ 세월호 사건(2014), 역사교과서 국정화 추진(2015)
    ㉡ 탄핵: 측근에 의한 국정 농단 → 헌법재판소 결정에 의해 탄핵
  ② 제20대 총선(2016. 4. 13.): 더불어민주당 110+13/300(37%+25.54%), 새누리당 105+17/300(38.33%+33.5%), 국민의당 25+13/300(14.85%+26.74%)

(5) 문재인 정부
  ① 제19대 대선(2017. 5. 9.): 문재인(더불어민주당, 41.08%) vs 홍준표(자유한국당, 24.03%) vs 안철수(국민의당, 21.41%)
  ② 제21대 총선(2020. 4. 15.): 더불어민주당 163+17/300(49.91%+33.35%), 미래통합당 84+19/300(41.46%+33.84%)

(6) 윤석열 정부
  ① 제20대 대선(2022. 3. 9.): 윤석열(국민의힘, 48.56%) vs 이재명(더불어민주당, 47.83%)

1대 이승만(1948~1952)	국회 간선제
2대 이승만(1952~1956)	직선제
3대 이승만(1956~1960)	직선제
4대 이승만(1960)	직선제 → 선거 무효로 하야
윤보선(1960~1961)	내각제 간선 → 5·16 군사 정변으로 하야
5대 박정희(1963~1967)	직선제
6대 박정희(1967~1971)	직선제
7대 박정희(1971~1972)	직선제 → 개헌으로 자진 사퇴
8대 박정희(1972~1978)	통일 주체 국민 회의 간선제
9대 박정희(1978~1979)	통일 주체 국민 회의 간선제 → 서거
10대 최규하(1979~1980)	통일 주체 국민 회의 간선제 → 신군부에 의해 하야
11대 전두환(1980~1981)	통일 주체 국민 회의 간선제 → 개헌으로 자진 사퇴
12대 전두환(1981~1988)	대통령 선거인단 간선제
13대 노태우(1988~1993)	직선제
14대 김영삼(1993~1998)	직선제
15대 김대중(1998~2003)	직선제
16대 노무현(2003~2008)	직선제
17대 이명박(2008~2013)	직선제
18대 박근혜(2013~2017)	직선제 → 탄핵 후 구속 수감으로 하야
19대 문재인(2017~2022)	직선제
20대 윤석열(2022~)	직선제

[역대 대통령 및 선출 방식]

CHAPTER 03 남북 관계의 진전

1 북한의 정치와 경제

1. 정치 변동

(1) 북한 독재 체제의 성립
① 분단의 고착: 광복 이후 소련의 군정 실시, 냉전 체제 강화로 6·25 전쟁 발발, 남북한에 각각 단독 정부 수립
② 전후 복구: 독재 체제 구축, 적화 통일론, 남한의 주한 미군 철수와 국가 보안법 철폐를 주장, 대남 강경책

> **읽기 자료**
>
> **조선 노동당 창당**
>
> 1945년 9월 11일 국내파 공산주의자들이 서울에 조선 공산당을 재건했는데, 이 사태를 지켜보던 소비에트 연방은 1국 1당 주의라는 명분을 위해 같은 해 10월 13일, 친소파 공산당원을 중심으로 한 조선 공산당 북조선 분국을 설치했다. '분국'이라는 개념은 박헌영이 주도하는 서울의 조선 공산당을 '중앙'으로 인정한다는 의미였다. 그러나 김일성은 1945년 12월 17일 조선 공산당 북조선 분국 제3차 위원회에서 '분국'의 명칭을 거부하고 위원장에 추대되었다. 결국 북조선 분국은 1946년 6월 22일, 명칭을 '북조선 공산당'으로 바꾸고, 조선 공산당으로부터 독립하였다. 이 과정에서 박헌영을 따르는 국내파 공산주의자들의 반대도 있었으나, 김일성은 소련군의 지원을 받아 같은 해 8월 30일, 연안파가 세운 조선 독립 동맹 계열 중심의 조선 신민당과 통합하고 '북조선 로동당'을 발족하여 북반부의 유일한 집권당이 되었다. 1946년 11월 23일, 서울의 조선 공산당, 조선 신민당, 조선 인민당의 합당이 이루어져 남조선노동당이 결성되었으나 1949년 6월 24일 북로당에 흡수되었고, 6월 30일 '조선 로동당'으로 명칭을 바꾸고 김일성을 위원장으로 선출하며 현재의 모습이 되었다.

(2) 독재의 구축
① 권력 연합: 정권 수립 후 북한은 김일성의 갑산파, 김두봉의 연안파, 박헌영의 남로당파, 허가이의 소련파 등 4개 당파가 연합 정권을 구축하며 공산주의·사회주의 체제 수립
② 갑산파 독재
  ㉠ 소 군정 점령기 평남 건국 준비 위원회를 이끌던 조만식을 비롯한 민족주의 계열을 제거
  ㉡ 6·25 전쟁기에 소련파와 연안파를 차례로 축출, 전쟁 종료 후 남로당파 대거 숙청
  ㉢ 8월 종파 사건(1956)◇으로 잔여 세력을 모두 숙청하고 정권 장악
③ 김일성 독재
  ㉠ 갑산파까지 제거 후 김일성 독재 구축, 주민 사상 검토 작업(1958~1959)
  ㉡ 중·소 분쟁◇을 계기로 독자적 자주 노선 모색, 주체 사상◇을 공식 이념으로 채택(1967)
④ 독자적 사회주의 추구
  ㉠ 사회주의 헌법 제정(1972. 12.): 주석제 도입, 김일성 취임, 수령의 유일한 영도체계 확립
  ㉡ 비동맹국가 회의 가입(1975)

◇ **8월 종파 사건(1956)**
북한의 조선 노동당 중앙위원회 8월 전원 회의에서 김일성을 중심으로 한 지배 집단과 반대 세력 간에 벌어진 집단적인 권력 투쟁 사건이다. 갑산파 중심 구도에 대해 연안파의 최창익, 윤공흠 등이 소련파와 연대하여 김일성 개인 숭배와 전후 복구 사업 등을 비판하고 나서자 전당대회를 통해 이들을 권력의 핵심에서 축출하였다.

◇ **중·소 분쟁**
1950년대 말 소련과 중국 사이에서 영토에 대한 분쟁이 발생하고, 1960년대 사회주의 노선에 대한 이념 분쟁이 발생한 것을 가리키는 말이다.

◇ **주체 사상**
이른바 사상의 주체, 정치의 자주, 경제의 자립, 군사의 자위, 학문의 주체 등을 내세운 북한의 독자적 정치 이론으로, 김일성 유일 지배 체제 구축 및 개인 숭배와 반대파 숙청에 이용되었다.

⑤ 김정일 후계 구도 작업
  ㉠ 1973년에 노동당 비서에 선출, 1974년에 후계자로 내정
  ㉡ 1980년에 후계 체제 공식화
  ㉢ 1993년에 국방 위원장에 취임
  ㉣ 김일성 사망 후 유훈 통치, 노동당 총비서에 취임(1997), 김일성 헌법 제정(1998)
⑥ 김정일 정권: 선군 정치 표방(2009), 부분적 개방 정책
⑦ 김정은 정권: 3대 권력 세습
⑧ 핵 개발과 인권 문제
  ㉠ 핵 개발 문제

1985. 12.	핵 확산 금지 조약NPT 가입
1991. 12.	남북한 한반도 비핵화 공동 선언 합의, 남북 핵 통제 공동 위원회 구성·운영
1992. 5.~1993. 2.	국제 원자력 기구IAEA 시찰 → 1차 핵 위기 : NPT 탈퇴 선언(1993)
1994. 10.	북미 제네바 기본 합의서: NPT 잔류, IAEA 시찰, 경수로 제공, 중유 공급
1995	한반도 에너지 개발 기구KEDO 설립: 신포 지구 경수로 착공(1997)
1998	미국이 핵 의혹 제기
2002	'악의 축' 발언→ 2차 핵 위기 : 핵 개발 계획 발표(2002)
2003. 8.	6자 회담(한국, 북한, 미국, 일본, 중국, 러시아) 개최
2005. 9.	6자 공동 성명 발표
2006. 10.	북한 핵 실험 강행

  ㉡ 인권 문제: 공개 처형과 정치범 수용소 문제

2. 경제 변화
 (1) 사회주의 경제 체제 확립
  ① 3개년 계획(1954~1956)
   ㉠ 농업과 경공업 동시 발전 계획
   ㉡ 3년만에 전전 상태로 복구 성공
  ② 5개년 계획(1957~1961)
   ㉠ 천리마 운동(1956~1975), 협동 농장 체제 확립
   ㉡ 사상·기술·문화의 혁명이라는 3대 혁명 운동(1958)
  ③ 1차 7개년 계획(1961~1967)
   ㉠ 공업 개선, 기술 개혁과 문화 혁명, 생활 개선을 목표로 경제 개발 계획 수립
   ㉡ 소련의 경제 원조 중단과 군사비 증가로 1970년대에 이르러서야 마무리
  ④ 6개년 계획(1971~1976)
   ㉠ 계획 경제의 실패로 인한 생산력 저하와 과도한 국방비 지출
   ㉡ 김정일의 3대 혁명 소조 운동(1973)과 3대 혁명기 쟁취 운동(1975) 등 시도
  ⑤ 2차·3차 7개년 계획(1978~1984, 1987~1993)
   ㉠ 농공 종합 발전, 인민 생활 모색 등을 내걸고 경제 회복 시도
   ㉡ 이전의 경제적 모순에 에너지와 사회 간접 시설 부족 등으로 회복 불능 상태

◇ **핵 확산 금지 조약(NPT)**
1969년 6월 UN 총회에서 결의된 것으로 비핵보유국이 새로 핵무기를 보유하는 것과 보유국이 비보유국에 대하여 핵무기를 양여하는 것을 동시에 금지하는 조약이다. 한국은 1975년 정식 비준국이 되었으며, 북한은 1985년 가입했으나, 1993년 3월 탈퇴하였다.

◇ **천리마 운동**
1956년 12월 노동당 전원 회의에서 김일성이 제안하면서 시작되었고, 전국 각지로 퍼져 나갔다. 처음에는 사회주의 생산 경제 운동 형태로 전개되었으나, 사회주의 건설에서 조선 노동당의 총노선으로 자리를 잡았다. 맡은 일에서 뛰어난 성과를 이룬 작업반이나 개인에게는 '천리마 영웅' 칭호가 주어졌다. 북한 주민의 노동력을 최대한으로 동원하기 위한 목적으로 대중의 열정을 끌어내기 위해 시행된 천리마 운동은 1950년대 후반과 1960년대 전반에 걸쳐 사회주의 경제 건설에 커다란 역할을 한 것으로 평가되고 있다.

◇ **3대 혁명 소조 운동**
과학자, 기술자, 청년들이 수십 명 단위로 소조를 만들어 생산 현장에 들어가 3대 혁명 과제를 실현하자는 운동이다. 이 운동은 김정일의 주도로 이루어졌으며, 이후 김정일 후계 체제를 구축하는 역할을 하였다.

(2) 북한의 변화

① 배경
  ㉠ 계획 경제 실패로 생산력 저하
  ㉡ 1980년대 사회주의 국가들의 개혁·개방 정책으로 고립, '우리식 사회주의'를 고집하다 결국 1990년대에 들어 지속적 마이너스 성장을 기록

② 개방 정책
  ㉠ 1880년대: 합영법◇ 제정(1984), NPT 가입(1985) 등으로 제한적 경제 개방 시도
  ㉡ 1990년대: 나진·선봉 자유 무역 지대(두만강 경제 특구) 지정(1991), 외국인 투자법 제정(1992), 신합영법 제정(1994) 등 개방 정책, UN 가입(1991)과 남한과의 경제 교류 추진(남한에 금강산 해로 관광 허용, 1998)

③ 경제 특구 지정: 금강산 특구(2000), 개성 공단 경제 특구(2000), 단동 신의주 경제 특구(2001) 지정

④ 7·1 경제 관리 개선 조치(2002): 물가·임금·환율의 인상, 기업 경영의 자율권 확대, 영농의 인센티브 강화, 배급제 폐지 등

⑤ 개방 정책 추진: 금강산 육로 관광 개방(2003), 개성 공단 건설(2003), 경의선과 동해선 복원(2000~2007) 시행

◇ **합영법**
북한이 서방의 자본과 기술을 도입하기 위해 1984년 제정한 것으로 북한에서 외국 자본과의 합작을 공식적으로 법제화한 최초의 법이다.

2 냉전과 남북 대화의 시작

1. 냉전과 남북 대치(1950~1960년대)

(1) 이승만 정부
  ① 북진 통일론
    ㉠ 반공 이데올로기를 바탕으로 북진 통일론 고수
    ㉡ 조봉암의 평화 통일론 주장을 탄압 → 진보당 사건 발생
  ② 제네바 회담(1954): 19개국 외상들이 6·25 전쟁 처리 문제와 평화적 통일 방안 모색
    ㉠ 남한: UN 결정을 토대로 남북 인구비례 총선거 주장
    ㉡ 북한: 주한 미군 철수 후 중립국 감시 하의 총선거 주장

(2) 장면 정부
  ① 선 경제·후 통일론: 남한은 통일 정책에 앞서 경제 성장을 우선시
  ② 민간 통일론
    ㉠ 중립화 통일론: 분단의 원인을 냉전으로 규정, 주변 강대국의 세력균형 이용한 통일
    ㉡ 남북 협상론: '자주·민주·평화'의 3대 원칙 아래 남북 교류·정치 협상 통한 단계적 통일
    ㉢ 남북 학생회담: 18개 대학 단체가 '가자 북으로, 오라 남으로' 등의 구호 제기
    ㉣ 민족 자주 통일 중앙협의회: 혁신계 정당이 주도, 남북 정치협상 주장

2. 대화의 시작(1970년대)

(1) 배경
  ① 국제 정세의 변화: 닉슨 독트린 이후 긴장 완화, 평화 공존의 분위기 조성
  ② 경제 성장: 1960년대의 경제 성장으로 대북 관계에도 자신감이 생김

(2) 박정희 정부의 통일 정책
  ① 초기: 반공 노선 강화: 선 경제건설 후 통일 주장
  ② 8·15 선언(1970)
    ㉠ 북한을 선의의 경쟁 상대로 인정
    ㉡ 분단 현실을 상호 인정하며 평화 공존을 지향해 갈 것을 선언
  ③ 남북 적십자 예비 회담 개최(1971): 남북 실무진이 이산가족 문제 논의
  ④ 7·4 남북 공동 성명(1972)
    ㉠ 남북 당국자 간의 (비공식) 첫 접촉
    ㉡ 자주·평화·민족적 대단결의 3대 원칙에 합의
    ㉢ 합의 사항 추진과 통일 문제 논의를 위해 남북 조절 위원회 두 차례 구성
    ㉣ 한계: 남북 긴장 완화를 위한 정책 추진 실패, 남북한 각각의 독재 체제 구축에 이용
  ⑤ 남북 적십자 본회담 개최(1972): 이산가족 상봉과 서신 왕래 등 논의 → 합의 실패
  ⑥ 6·23 평화 통일 선언(1973)
    ㉠ UN 가입에 반대하지 않음을 선언
    ㉡ 호혜 평등 원칙 하에 모든 국가에 문호를 개방할 것을 제안
  ⑦ 평화 통일 3대 원칙(1974): 남북 상호 불가침, 남북 교류 협력과 대화 추진, 남북 토착 인구 비례에 의한 자유 총선거 실시의 3대 원칙 제안
  ⑧ 북한의 정세
    ㉠ 7·4 남북 공동 성명 이후 김일성 독재 체제 완성
    ㉡ 판문점 도끼 만행 사건(1976), 대남 침투를 위한 땅굴 발견◇

3 남북 대화의 진전과 통일 논의

1. 대화의 진전(1980년대)
  (1) 배경
    ① 대내적: 대민 지지도를 끌어올리고 미국과의 관계를 회복할 필요성
    ② 대외적: 동구권 국가들의 체제 불안, 냉전 국가인 우리나라에서 88 서울 올림픽 대회 유치
  (2) 전두환 정부
    ① 민족 화합 민주 통일 방안(1982): 민족 통일 협의회를 구성하여 국민 투표로 통일 헌법을 확정한 후에 남북한 총선을 실시하여 통일 민주 공화국 건설할 것을 제시
    ② 북한의 도발: 아웅산Aung San 폭탄 테러 사건(1983)◇으로 남북 관계 악화
    ③ 관계 회복: 북한의 대남 쌀 지원, 88 서울 올림픽 대회를 앞두고 국교 재개
    ④ 남북 고향 방문단 교류(최초의 이산가족 방문, 1985), 예술단 교환 공연
  (3) 북한의 통일 정책
    ① 1970년대: 1973년 조국 통일 5대 강령, 고려 연방제 통일 방안 채택
    ② 1980년대: 1980년 고려 민주 연방 공화국 창립 방안(1민족 1국가 2제도 2정부) 채택
      ㉠ 총선거 주장을 폐기하고 남북한이 동등하게 참가하는 통일 정부 수립, 남북 각각에 지역 정부를 운영하는 연방 공화국 형태 주장
      ㉡ 통일 정부 수립에 앞서 국가보안법 폐지·미군 철수·미국의 내정 간섭 배제 등 제시

◇ **땅굴**
북한은 1971년 이른바 '9·25 교시'라 일컬어지는 김일성의 명령에 따라 기습전을 위한 땅굴 작전을 개시하였다. 1974년 11월 15일 고랑포에서 처음으로 발견된 후 1975년 3월 19일 철원에서, 1978년 10월 17일 판문점 부근에서 차례로 발견되었다. 1990년 3월 3일에는 강원도 양구 북방에서 4번째 땅굴이 발견되었다. 발견된 땅굴은 순서에 따라 제1, 제2, 제3, 제4 땅굴로 명명되었다.

◇ **아웅산 폭탄 테러 사건**
1983년 10월 9일 미얀마의 양곤 Yangon(당시 수도)에 있는 아웅산 국립 묘지에서 북한 공작원 3명이 전두환 대통령을 암살하기 위해 미리 설치한 폭탄을 터뜨려 한국인 17명과 미얀마 인 4명 등 21명이 사망하고 수십 명이 부상당한 사건이다.

2. 통일의 모색(1990~2000년대)

(1) 배경
① 대내적: 6월 민주 항쟁 이후의 분위기, 북한 체제 위기
② 대외적: 몰타 회담Malta Summit°으로 인한 소련의 붕괴, 동구권 국가와 중국 등 공산 국가들의 개방 정책, 독일 통일(1990)

◇ 몰타 회담(1989. 12. 2.~3.)
미 대통령 부시와 소련 서기장 고르바초프 간의 회담으로, 제2차 세계 대전 이후의 냉전 체제 종식, 동유럽 변혁, 미·소 양국의 군비 축소, 경제 협력, 남미와 중동의 지역 분쟁 해소 등에 대해서 논의하였다.

(2) 노태우 정부(북방 외교)
① 7·7 특별 선언(1988)
  ㉠ 북한을 민족 공동체로 인식
  ㉡ 경쟁과 대결 외교 종식, 국제무대에서의 협력, 사회주의권과의 관계 개선 추구
② 서울 올림픽 대회 개최(1988): 동·서구 국가 모두 참여
③ 한민족 공동체 통일 방안(1989): 자주·평화·민주 3원칙에 따라 남북한이 연합(과도 단계) 후 통일 민주 공화국을 실현하는 것이 목표
④ UN 가입(1991. 9.): 남북한이 UN에 동시 가입
⑤ 남북 기본 합의서(1991. 12.)
  ㉠ 5차에 걸친 남북 고위급 회담 결과 채택
  ㉡ 서로를 존중(1민족 2체제)하고 화해하며 상호 불가침을 원칙
  ㉢ 교류와 협력은 '민족 내부의 교류'로, 남북 관계는 '잠정적 특수 관계'로 규정, 한반도 비핵화에 대한 공동 선언에 합의(1992. 1., 공동 선언문 발표)

(3) 김영삼 정부
① 남북 정상 회담 논의
  ㉠ 1994년 남북 정상 회담 논의 → 김일성 사망으로 무산
  ㉡ 조문 파동°으로 남북 관계 냉각
② 한민족 공동체 건설을 위한 3단계 통일 방안(1994)
  ㉠ 1민족 1국가 1체제 1정부 지향
  ㉡ 화해와 협력을 바탕으로 남북이 연합하여 통일 국가를 수립(현행 남한의 통일 방안)
  ㉢ 연합 단계에서 남북 정상 회의, 남북 각료 회의, 남북 평의회, 공동 사무처 설치
  ㉣ 상호 개방과 교류 협력으로 민족 사회의 동질화와 통합 기반 마련
③ 대북 지원 사업
  ㉠ 경수로 건설 사업: 제네바 합의에 따라 KEDO 설치 → 신포 지구에 경수로 건설
  ㉡ 쌀 무상 지원: 북한이 수재로 식량난을 겪자 지원

◇ 조문 파동
1994년 6월 2일 남북 정상 회담이 추진되기 시작하던 시기에 김일성이 돌연 사망하였다. 이에 일부 대학생들이 중심이 되어 김일성에게 국가 차원의 조문 사절을 보내야 한다고 주장하고, 조문을 위해 밀입북을 시도하거나 학내에 빈소를 설치하여 파문을 일으켰다. 이에 정부는 대대적인 주체사상 관련 조직들을 검거하였으며, 이로 인해 남북 관계가 악화되었다.

(4) 김대중 정부(햇볕 정책)

① 금강산 관광: 1998년 현대 정주영 회장의 방북으로 금강산 해로 관광 시작

② 6·15 남북 공동 선언(2000)

ㄱ. 2000년 6월 13일~15일간 평양에서 열린 남북 정상 회담 결과 채택

ㄴ. 남한의 연합제 안과 북한의 낮은 단계의 연방제 안이 공통성이 있다는 것을 인정

ㄷ. 화해와 협력을 바탕으로 민간차원의 교류 활성화

ㄹ. 이산가족 서신 교환·왕래·상봉·방문 추진, 문화·스포츠 교류단 구성

ㅁ. 경제적 협력이 강화되어 경의선 복구, 개성 공단 설치, 신의주 경제특구 설치, 금강산 육로 관광 등 추진 → 이후 경의선과 동해선 철도 복구

③ 북한의 도발: 서해 연평 해전 사건

(5) 노무현 정부와 문재인 정부

① 햇볕 정책 계승: 대북 지원 사업 추진, 김대중 정부 때 합의한 개성 공단 사업 실행

② 10·4 남북 관계 발전과 평화 번영을 위한 선언: 2007년 제2차 남북 정상 회담을 통해 채택

③ 6자 회담: 2003년 이후 북핵 문제 해결 목적

구분	남한	북한
명칭	한민족 공동체 통일 방안	고려 민주 연방 공화국 창립 방안
통일 과정	· 화해·협력 단계 · 남북 연합 단계 - 남북 연합 헌장 채택 - 남북 연합 기구 구성, 운영 · 통일 국가 완성 단계 - 국민 투표로 통일 헌법 확정 - 총선거 실시	· 남한의 국가 보안법 폐지, 주한 미군 철수 · 고려 민주 연방 공화국 수립 - 최고 민족 연방 회의 구성 - 연방 상설 위원회 설치
과도 체제	남북 연합	없음
최종 국가 형태	1민족 1국가 1체제 1정부	1민족 1국가 2제도 2정부
특징	민족 사회 건설 우선(민족 통일 → 국가 통일)	국가 체제 조립 우선 (국가 통일 → 민족 통일)

[현재 남북한의 통일 정책 비교]

(6) 이명박 정부와 박근혜 정부

① 이명박 정부: 금강산 관광객 피살 사건, 연평도 포격 도발 사건 등으로 남북 관계 경색

② 박근혜 정부: 북한 4차 핵 실험으로 개성 공단 가동 중단·철수

◇ **서해 연평 해전 사건**
1999년 6월 15일과 2002년 6월 29일, 두 차례에 걸쳐 북방 한계선NLL 남쪽의 연평도 인근에서 대한민국 해군 함정과 북한 경비정 간에 발생한 해상 전투이다.

◇ **남북 정상 회담**
2000년 김대중 대통령, 2007년 노무현 대통령에 이어 2018년 문재인 대통령이 남북 정상 회담을 가졌다. 평창 동계 올림픽에 북한이 참가한 것을 시작으로, 4월 27일 첫 정상 회담으로 영구적 평화와 비핵화를 담은 판문점 선언이 합의되었고, 그 해 세 차례에 걸쳐 정상 회담이 개최되었다.

CHAPTER 04 현대의 경제·사회·문화

1 정부 수립 전후의 경제 상황

1. 광복 직후의 경제 혼란과 과제

(1) 미 군정기의 경제 상황

① 일제의 경제 정책
  ㉠ 민족 기업의 성장 억제, 남북 산업 형태의 불균형
  ㉡ 패전 직전 재정 충당을 위한 화폐 남발과 쌀 공출 및 배급제 등으로 물가 폭등
② 분단의 고착화: 남북 경제 교류 단절로 남측은 전력 공급과 원료 수급 문제 심각
③ 미 군정의 정책
  ㉠ 미곡 자유시장 정책: 미가 폭등 초래 → 12월에 미곡 최고가격 지정 → 시장 출하 부진, 매점매석으로 인한 식량난
  ㉡ 미곡 수집령 공포(1946. 1.): 강제 매입 및 배급 정책 → 일제 정책 잔재에 대한 거부감, 낮은 공정 가격, 운송수단 부족, 미곡 암거래 등으로 공출 실패
  ㉢ 중앙 경제위원회 설치(1946. 5.)
    • 조선 경제 고문회, 중앙 식량 행정처, 중앙 가격 행정처로 구성
    • 경제통제령 제정(1946. 5.), 신한공사 등을 활용하여 공출 확보
④ 인구 증가: 해외 동포의 귀국과 월남민 등으로 인구 증가 → 실업률 가중

(2) 미국의 경제 원조
① 점령지역 행정구호 원조Government Aid and Relief in Occupied Areas: 의식주와 의약품 지원
② 점령지역 경제부흥 자금Economic Rehabilitation in Occupied Areas: 원료 지원 → 대충자금 적립

2. 이승만 정부의 경제 정책

(1) 경제 정책과 전후 복구

① 정부 수립 직후
  ㉠ 농지 개혁과 귀속재산 처리법 제정: 제헌의회에서 법안 마련, 많은 부작용
  ㉡ 각종 경제 부흥계획 마련: 농업증산 3개년 계획(1949), 산업부흥 5개년 계획(1949)·물동物動 5개년 계획(물자 수급 목적, 1949) 등
  ㉢ 경제안정 15 원칙(1950. 3.): 한·미 원조 협정 체결 후 미국이 구상
  ㉣ 한국은행법(1950. 5.): 조선은행을 개편하여 중앙은행 설치
③ 전후 복구
  ㉠ 임시토지수득세 징수: 전쟁 중 양곡 수급 조절 목적으로 모든 토지세를 현물로 징세 → 전시 인플레이션을 농민에게 전가

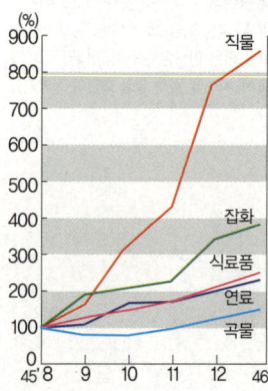

◇ 미 군정기 물가 지수

◇ 점령지역 행정구호 원조 GARIOA

광복 직후 미군이 한국·일본·오키나와 등에 제공한 원조로, 1945년부터 1948년까지 이루어졌다. 주로 경제 파탄을 수습할 목적으로 의식주와 의약품 등을 지원하였고, 이승만 정부 수립 후에는 한·미 원조 협정이 후속으로 체결되어 미국의 원조가 이어졌다.

◇ 점령지역 경제부흥 자금 EROA

미국이 점령지역의 경제부흥과 자립을 위하여 군사 예산에서 지출한 자금이다. 매년 미육군성 예산에서 지출되었는데, 경제 부흥에 필요한 물자를 미국 내에서 구매하여 그것을 점령지역에 송달하는 방식을 취하였다. 대한對韓 에로아는 주로 중유重油·점결탄粘結炭·목화 등의 원료가 중심이었는데, 한국에서는 이 원조물자를 국내에서 매각하여 그 환화대금圜貨代金을 대충자금對充資金으로 적립, 경제부흥 목적에 사용하였다. 1948년 8월 15일 정부 수립에 따른 미군정청의 해체 및 정권이양으로 중단되었으나, 1949년 미국 회계연도부터는 가리오아와 합쳐서 특정 가리오아 자금Appropriated GARIOA Fund이라는 단일예산으로 공여되었다.

ⓒ 통화개혁(1953. 2.): 100원을 1환으로 교환
ⓒ 원조자금에 의한 경제 재건계획 방침(1953. 8.): 시멘트 공장·판유리 공장 등 건설, 철도와 항만 보수, 발전소 건설
ⓔ 부흥부復興部 설립(1955): 기획국(산업 경제부흥 계획)과 조정국(관리 조정)으로 구성, 부흥위원회 설치, 외자 도입을 위해 외자청 설치

(2) 미국의 경제 원조

① 목적
  ㉠ 전쟁 복구와 동아시아 반공 기지 구축
  ㉡ 미국 내 잉여 농산물을 소비하는 조치

② 특징
  ㉠ 원조 물자의 대부분이 생활 필수품과 면화·설탕·밀가루(삼백) 등 소비재 물품
  ㉡ 원조 물자 판매 대금은 대충자금으로 적립하여 주한 미군 유지 및 무기 구입에 사용

③ 주요 원조 정책
  ㉠ 한·미 원조 협정(1948. 12.)
    • 미 경제협조처Economic Cooperation Administration에서 부흥 계획 수립
    • 한미 경제 안정위원회 설립
  ㉡ 한·미 상호 방위 원조 협정(1950. 1.)
    • 침략에 대한 공포에서 기인되는 불안전을 제거하는 대책으로 경제 발전 향상
    • 미국이 경제 및 군사 원조를 해 주기로 하였으나 전쟁으로 실현 불가
  ㉢ UN 한국 재건단United Nations Korean Reconstruction Agency(1950. 12.)
    • 한국 경제를 전쟁 전 수준으로 회복시키는 재건사업 추진 목적
    • 전쟁 중에는 주로 민간인 긴급구호 활동
    • 정전협정 후 산업·교통·통신 시설 복구와 주택·의료·교육 시설 개선사업(1958. 7. 1. 종료)
  ㉣ 한·미 경제조정 협정(마이어C. E. Meyer 협정, 1952. 5.)
    • UN군 대여금 상환 문제 합의
    • 인플레이션 수습 등을 위해 합동 경제 위원회CEB 설치, 군사·경제적 지원

④ 결과
  ㉠ 전후 복구에 큰 도움을 주어 식량 문제 해결에 기여, 재정 적자 보충
  ㉡ 국내 산업이 소비재 공업(삼백 산업) 중심으로 발전
  ㉢ 원조 물자 및 시설 자금 지원 과정에서 특혜 문제 발생 → 정경유착
  ㉣ 밀가루와 면화의 다량 원조로 국내 농산물 가격 하락
  ㉤ 대미 의존도 문제: 70%가 직접 군사 지원, 대충자금 처리 과정에서 심화

[1946~1961년 미국의 대한 원조 추이]
1946: 49,496 / 1949: 116,509 / 1952: 161,327 / 1955: 236,707 / 1958: 321,272 / 1961: 201,554 (단위:천 달러)

◇ **화폐 개혁**
역대 정부에서, 화폐의 액면가치 변동 없이 동일한 비율로 낮추거나 새로운 통화 단위로 바꾸는 리디노미네이션은 두 차례 단행된 바 있다. 1953년 2월 15일 전쟁 중에 '대통령 긴급명령 제13호'가 공포되어 화폐 액면 금액이 100대 1로 절하됐으며 화폐 단위는 '원'에서 '환'으로 바뀌었다. 즉 100원이 1환이 된 것이다. 이는 전쟁 중 군사비 지출 등이 크게 늘어 인플레이션 압력이 커지고 통화 대외가치가 폭락한 데 따른 것이었다. 2차 리디노미네이션은 지하 경제 양성화로 경제 개발 계획에 투자한다는 목적 등으로 1962년 6월 10일에 단행되었다. '긴급통화조치법'에 따라 구권인 환의 거래가 금지되고 새로운 원화 표시 화폐가 발행됐다. 화폐 액면은 10분의 1로 조정되어 10환이 1원이 되었다.

◇ **3대 공장**
UN 한국 재건단UNKRA의 경제 원조를 받아 외화 절약 및 고용 증대를 목적으로 문경 시멘트 공장(1957), 인천 판유리 공장(1957), 충주 비료 공장(1959)이 건립되었다.

◇ **미공법Public Law 480(1954)**
'미국의 농업 수출진흥 및 원조법'으로, 자국의 농산물 가격을 유지하고 농산물 수출을 진흥하는 한편 저개발국의 식량 부족을 완화하기 위한 법이다. 이 법은 미국의 정상적인 농산물의 대외수출에 일정량 이상을 더하며, 국제시장을 교란시키지 않는다는 2가지 전제에 따라 ① 현지 통화에 의한 판매, ② 기근 기타의 외국 구제, ③ 국제적인 무상 공여, 잉여 농산물과 전략물자의 교환 기타 등 3개 항목으로 구분하여 수출하도록 되어 있다. 한국은 1955년 ①항에 따라 협정을 체결하여 1956년부터 잉여 농산물 원조를 받기 시작하였다. 1961년에는 국토 건설사업을 위하여 ②항에 잉여 농산물 원조를 받은 일도 있다.

◇ **미 경제협조처ECA**
미국의 대외 원조기구로, 제2차 세계대전 후 미국 국무장관인 마셜이 주도한 유럽 부흥계획인 마셜 플랜Marshall Plan의 실시를 위한 대통령 직속기관으로 1948년 4월에 출범했다. 1951년 상호 안전보장 본부Mutual Security Agency로 바뀌었다가 1953년 다시 대외활동본부Foreign Operations Administration로 변경되었다. 1955년에는 국제협조처International Cooperation Administration로 대체되었다.

◇ **대충자금 처리**
미국에서 원조 받은 농산물을 판매한 돈은 PL 480에 따라 대충자금으로 적립되었나. 대충자금이란 미국의 원조를 받은 나라가 원조액에 해당하는 자기 나라 돈을 별도의 특별 계정을 만들어 적립한 것을 말한다. 이 대충자금은 미국과 협의에 따라 사용되었다. 대충자금은 국내 미군의 유지에 필요한 비용으로도 사용되었으며, 절반 가까이는 미국의 무기를 사들이는 데 소비되었다. 이에 따라 경제뿐만 아니라 무기 체계도 미국에 종속되어 갔다.

2 경제 개발 5개년 계획과 이후의 경제 변동

1. 경제 개발 계획의 수립

(1) 배경과 경과
  ① 이승만 정부기: 미국의 원조가 유상 차관으로 전환된 직후인 1959년 3개년 계획 수립 → 4·19 혁명으로 미실행
  ② 장면 정부기: 경제 개발 계획 수립 → 5·16 군사 정변으로 무산, 군정에서 경제 개발 5개년 계획에 착수하여 실행(1962~, 1~4차)

(2) 경제 개발 5개년 계획기(1960·70년대)
  ① 특징
    ㉠ 정부 주도
      • 경제기획원 창설(1961. 7.): 계획의 입안과 실시
      • 수입 대체 산업 육성, 성장 우선 전략에 따라 대기업 중심의 수출 주도 산업 육성
    ㉡ 저임금 저곡가 정책과 선 성장·후 분배 정책으로 빈부 격차와 도농 격차 심화
    ㉢ 외자 도입 등으로 인해 경제의 대외 의존 심화

읽기 자료

추곡수매제
정부는 1960~1970년대 한때 농민들로부터 쌀을 비싸게 사들여 싸게 파는 이중 곡가제를 실시하였다. 그러나 점차 수매 가격의 인상률을 낮추어 재정 적자의 폭을 줄이는 정책으로 전환하였다. 이로 인해 해마다 추곡 수매의 시기가 되면, 수매가를 크게 올리고 가급적 많은 쌀을 수매할 것을 요구하는 농민들과, 수매가를 적게 올리고 수매량도 제한하려는 정부 사이의 갈등이 반복되었다. 이러한 갈등을 완화시키기 위해 1988년부터는 추곡 수매가와 수매량의 국회 동의제가 실시되었다. 우루과이 라운드 타결 이후 정부는 쌀의 수매를 줄이고 민간 유통 기능을 활성화시키는 정책으로 전환하고 있다. 그러나 이러한 정부의 정책은 쌀 소비량의 축소와 맞물려 가을 쌀값을 떨어뜨리는 결과를 가져오고 있다. 그 때문에 추곡 수매를 둘러싼 농민과 정부의 갈등은 오히려 전보다 심해지고 있다.

---

  ② 1차 경제 개발 5개년 계획(1962~1966)
    ㉠ 통화개혁 실시(1962. 6.)
    ㉡ 수출 중심 경제 정책 추진
    ㉢ 자본과 기술의 부족으로 노동 집약적 경공업 중심(의류·합판·가발·신발 산업 등)
    ㉣ 공공 차관과 상업 차관의 대규모 도입
    ㉤ 해외이주법(1962. 3.) 제정 ◇
  ③ 2차 경제 개발 5개년 계획(1967~1971)
    ㉠ 베트남 파병으로 인한 경제 특수
    ㉡ 외국으로부터 차관 도입 증가, 외환 위기와 경공업 제품 수출의 한계
    ㉢ 외국인 투자 유치와 기업에 대한 특혜(8·3 조치)
    ㉣ 경공업 부문의 수입 대체 완료, 중화학 공업 관심, 재벌의 성장 가속화

◇ **해외이주법**
1962년 3월 9일 해외이주법이 제정되면서 합법적인 국외 이민이 시작되었다. 이 해에 브라질로 농업 이민 92명이 출발하였다. 박정희 정부는 외화를 획득하고자 이민이나 국외 이주를 장려하였다. 정부는 1966년에 서독과 특별 고용 계약을 맺고 간호사 3천 명, 탄광 광부 3천 명을 파견하였다. 1977년까지 진행된 파견으로 벌어들인 외화는 한국 경제 발전에 큰 도움이 되었다.

- ⑩ 사회 간접 자본 확충
  - 경인 고속 국도(1968)·경부 고속 국도(1970) 개통 → 전국 1일 생활권
  - 소양강 댐 착공(1967, 1973 완공)
  - 청계천 복개(1958 시작, 1978까지 추진)
  - 수출 자유 지역˚ 조성
  - 울산 공업 단지(1967), 여수 공업 단지(1967~9), 구미 공업 단지(1968) 등 조성
  - 울산 정유 공장(1964), 포항 제철(1973), 현대 조선소(1974) 완공
- ④ 3·4차 경제 개발 5개년 계획(1972~1981)
  - ㉠ 중화학 공업 육성으로 방향 전환 시도(제철·비철금속·전자·기계·조선·화학 등)
  - ㉡ 대기업 중심의 수출 주도형 산업 육성, 저임금 정책
  - ㉢ 1차 석유 파동(1973) 이후 중동 특수를 누리면서 고도의 경제 성장 → 1977년 수출 100억 달러 달성
  - ㉣ 2차 석유 파동(1978)으로 중화학 투자 조정 단행, 경제 침체

> **읽기 자료**
>
> **석유 파동**
> 1973년 10월 제4차 아랍-이스라엘 전쟁이 발생하자, 아랍 석유 수출국 기구 OAPEC와 석유 수출국 기구 OPEC는 두 차례에 걸쳐 원유 가격을 대폭 인상하였다. 그 결과 세계 경제는 커다란 혼란에 빠졌는데, 이를 '제1차 석유 파동'이라고 한다. 원유를 100% 수입에 의존하고 있던 우리나라도 어려움에 직면하였으나, 에너지 소비 절감 등으로 다른 나라에 비해 상대적으로 영향을 적게 받았다. 오히려 중동 여러 국가가 대대적으로 벌인 건설 공사에 국내 업체들이 참여하여 이른바 '오일 달러'를 벌어들임으로써 경제 발전의 계기가 되었다. 제2차 석유 파동은 1979년 세계 제2의 석유 수출국 이란이 원유 수출을 중단함으로써 일어났다. 제2차 석유 파동은 제1차 석유 파동에 비해 그 파장이 작았으나, 제1차 석유 파동 이후 별다른 대책을 세우지 않은 채 중화학 공업 투자에만 힘을 쏟던 우리나라는 오히려 더 큰 피해를 입었다. 1980년에는 처음으로 경제 성장률이 마이너스를 기록하였으며, 급속한 인플레이션, 경기 불황, 국제 수지 악화라는 3중고에 시달렸다.

(3) 올림픽 특수와 3저 호황(전두환 정부)
① 9·27 조치(1980): 제2차 석유 파동으로 대기업이 자금 압박을 받는 가운데 금리 자율화, 은행 민영화, 부실기업 정리 등을 단행 → 정부가 기업 장악
② 경제 특수: 올림픽 유치에 성공하고 3저 호황˚으로 수직적 경제 성장
③ 산업 구조 재편
  - ㉠ 기술 산업 육성: 기술 개발에 주력하여 첨단 산업 육성(전기·전자·반도체 등)
  - ㉡ 급격한 경제 발전과 함께 중소 기업과 금융 회사 증가
  - ㉢ 재벌의 성장: 과도한 경제 발전으로 기업의 과잉·중복 투자 만연, 외채율이 높아지는 현상 발생

(4) 신경제 5개년 계획(문민 정부)
① 3저 호황 및 올림픽 특수 소멸, 세계 경제 구조의 재편으로 자생적 경제 구조 절실
② 선진적 금융 문화
  - ㉠ 금융 실명제 도입(1993): 대통령 긴급명령으로 실시
  - ㉡ 부동산 실명제 실시

◇ **수출 자유 지역**
외국 기업이 원료와 반제품을 관세 없이 들여와 가공·제조·조립하여 수출할 수 있는 지역으로, 우리나라에는 마산과 익산(이리)이 대표적이다. 1970년 1월에 수출 자유 지역 설치법안이 확정되었고, 마산은 1970년 1월 1일에 착공하여 1971년 3월 12일에, 익산(당시 이리)은 1974년 12월에 착공하여 1993년 10월 17일에 각각 완공되었다.

◇ **3저 호황**
저달러·저유가·저금리 현상으로 1986~1988년에 걸쳐 우리 경제가 유례없는 호황을 누렸던 것을 일컫는 말이다. 3저 현상은 해외 원유·외자·수출에 크게 의존하여 경제 발전을 계속해 온 한국으로서는 의외의 호기였으며, 이를 통해 3년 동안 연 10% 이상의 고도 성장이 지속되었고 사상 최초로 무역수지 흑자를 달성하게 되었다. 1986년 이후의 수출 급신장은 올림픽 특수 등 내수의 괄목할만한 확대를 수반, 생산 전반의 확대 재생산을 부추겨 한국 자본주의를 유례없는 호황으로 이끌었으나, 1988년 이후 미국 중심의 경제 재편 과정에서 원화 절상 압력, 국제 원자재 가격 상승 등 대외적 여건이 변화한 데다 3저 호황기에 벌어들인 막대한 이윤이 생산적 투자가 아닌 부동산 및 주식 투기로 집중되는 등 대내적 요인마저 겹쳐, 1989년 이후 우리 경제는 다시 침체에 빠졌다.

> **읽기 자료**
>
> **금융 실명제**
>
> 김영삼 정부는 1993년 8월 대통령 긴급명령으로 모든 금융 거래를 실제 거래자 이름으로 하는 금융 실명제를 전격적으로 도입하였다. 금융 실명제는 자금의 흐름을 한눈에 파악하여 세금을 정확하게 매기고, 불법 자금의 유통을 막아 금융 거래의 투명성을 기하는 것을 목적으로 한다. 실명제 실시 이후 2개월간의 경제 동향에 대해 정부가 발표한 바에 따르면, 우려했던 부동산 등 실물 투기, 주가 폭락, 자금의 해외 도피 등은 없었다. 그러나 사금융의 위축으로 영세 기업은 자금 조달에 많은 어려움을 겪었다. 금융 실명제의 실시로 정경 유착의 관계가 드러나고 세금 포탈이 바로 잡히는 등 상당히 선진적 금융 문화가 정착될 수 있었다. 그러나 금융 실명제를 입법화하는 과정에서 정부는 여러 가지 보완 입법을 추진하였다. 차명 예금을 실명으로 전환할 경우 자금의 출처를 묻지 않았으며, 금융 종합 과세를 뒤로 늦추었다. 이는 당초 '금융 정책의 혁명'이라는 평가를 받았던 금융 실명제의 본질을 뒤흔들만한 정책적 퇴보였다.

③ 신경제 5개년 계획 발표로 각종 규제 완화 및 공기업 민영화

④ 세계화와 경제 위기

㉠ 우루과이 라운드Uruguay Round of Multinational Trade Negotiation 타결(1994)과 WTOWorld Trade Organization 체제 출범(1995)◇ → 1차 산업 타격

㉡ OECD 가입(1996)

㉢ 누적된 경제 모순이 폭발하면서 IMFInternational Monetary Fund 관리(1997)

(5) 신 자유주의

① IMF 관리 체제의 극복(2001. 8.)

㉠ 김영삼 정부 말기에 금 모으기 운동 전개(1997)

㉡ 노사정 위원회◇ 발족(1998)

㉢ 해외 자본을 유치 → 부실 기업 매각 혹은 합병

㉣ 강도 높은 구조 조정 → 비정규직 노동자의 증가 등 양극화 심화

② 벤처 육성과 소비 진흥: 혁신적 기술과 아이디어를 확보하기 위해 정부 차원에서 벤처 창업 육성, 소비 진흥을 위한 정책 추진

③ 참여 정부의 경제 정책

㉠ 미국과 자유 무역 협정Free Trade Agreement◇ 체결(2007년 일부 분야 한정, 재협상 후 발효는 2012년)

㉡ 빈부 격차 해소를 위한 복지 정책 추진

㉢ 경제 모순의 증폭으로 부동산 가격 폭등, 청년 빈곤 문제 대두

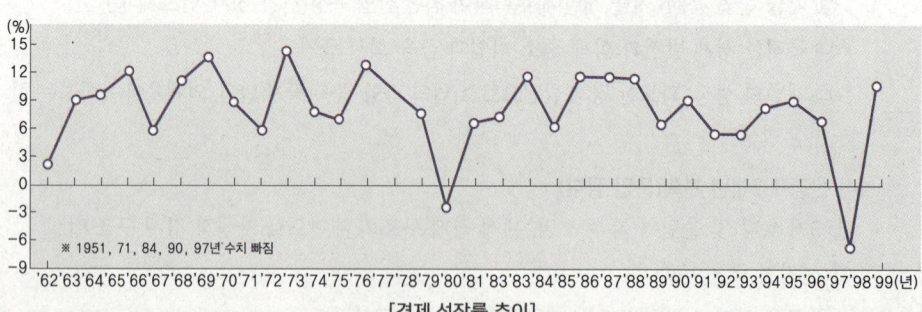

[경제 성장률 추이]

◇ **UR과 WTO**

GATTGeneral Agreementon Tariffs and Trade(관세 및 무역에 관한 일반 협정) 체제의 문제점을 해결하고, 이 기구를 다자간 무역기구로 발전시키기 위해 1986년부터 UR 협상이 시작되었다. 그 결과 1994년 4월, UR 각료회의에서는 모로코의 마라케시에서 마라케시 선언을 채택, UR 최종의정서, WTO 설립 협정, 정부 조달 협정 등에 서명하였다. 그 결과 WTO가 설립되어 국가간 경제분쟁에 대한 판결권과 그 판결의 강제집행권 이행, 국가간 분쟁 및 마찰 조정에 대한 권한 등을 행사하게 되었다.

◇ **노사정 위원회**

위원장, 간사 위원 각 1인과 근로자, 사용자, 정부를 대표하는 15인 이내의 위원으로 구성된 협의체로서, 대통령 자문 기구로서의 위상을 가진다. IMF 사태 이후 경제 위기 극복을 위한 국민적 합의를 이끌어 내기 위하여 노동 단체, 사용자 단체, 정치권과 정부가 위원회 구성에 전격 합의함에 따라 1998년 1월 15일에 제1기 노사정 위원회가 정식으로 발족되었다.

◇ **자유 무역 협정FTA**

1997년 외환위기 후 자유 무역 논의가 본격화되어, 경험이 많은 칠레와 협상을 벌여 2004년에 한·칠레 FTA가 체결되었다.

3 현대의 사회·문화

1. 현대 문화의 동향

(1) 교육

① 미 군정기
  ㉠ 6-3-3 학제와 남녀 공학 등 미국식 교육 제도 도입
  ㉡ 민주 시민 육성을 위해 사회생활과 강조
  ㉢ 국대안 파동(1946)
   • 국립 종합대학교 설립안 발표 → 전문대생 및 관계 대학생들이 동맹 휴학 전개
   • 서울대학교 설립을 시작으로 종합대학교 난립

② 이승만 정부
  ㉠ 반공 교육의 일상화, 홍익인간 이념 강조
  ㉡ 학도 호국단º 운영(1949)
  ㉢ 국민학교 의무 교육 실시 → 문맹률 감소
  ㉣ 교육 자치제 실시(1952)

③ 4·19 혁명 이후
  ㉠ 학원 정상화·사도(師道) 확립·교육 중립성 확보라는 3대 교육 방침 설정
  ㉡ 각 학교에 학생회 출범, 교원 노조 운동 대두

④ 박정희 정부
  ㉠ 교원 노조 불법화, 교육 자치제 폐지
  ㉡ 국가주의 강화
   • 국민교육 헌장 제정(1968)º
   • 교련 부활(1969): 고등학교와 대학교에서 군사 교육 실시
   • 국사 교육 강화: '국적 있는 교육', '주체적 민족사관 정립'을 명분으로 강화
   • 국민 윤리 교육 강화: '국민 윤리'가 대학 필수 과목(1970), 인문계 고교 독립 교과로 지정(1974)
   • 학도호국단 부활(1975): 자주 국방 태세의 확립 목적
  ㉢ 대학 입학 예비고사와 학사 자격 고시 시행
  ㉣ 교육열 과잉으로 무즙 파동(1964) 발생º → 중학교 무시험 검정제(1968) 시작
  ㉤ 고교 평준화

⑥ 전두환 정부
  ㉠ 과외 금지, 본고사 폐지
  ㉡ 졸업 정원제 시행(1980~1987)
  ㉢ 산간 도서 지역에 중학교 의무 교육 실시

⑦ 김영삼 정부
  ㉠ 대학 수학능력 시험 도입
  ㉡ 국민학교 명칭을 초등학교로 변경

◇ **학도 호국단**
1949년 발족한 학생 자치 단체로서 반공 교육과 함께 체력 단련, 향토 방위 훈련, 근로 봉사 등을 실시하였다. 4·19 혁명으로 해체되었다가 5·16 군사 정변 이후 재건 학생회가 그 기능을 계승하였다. 1975년 재건 학생회가 폐지되고 다시 학도 호국단이 발족하였으나, 1985년 학원 자율화 조치에 따라 폐지되었다.

◇ **향토 예비군과 국민교육 헌장**
1967년 제6대 대통령 선거에서 재선에 성공한 박정희는 북한의 군사적 도발에 대처하고 경제 성장을 지속하려 하였다. 박정희 정부는 군사 동원 체제를 수립하기 위해 1968년 향토 예비군을 창설하였다. 또한, 확고한 안보 의식과 투철한 국가관을 확립한다며 대학에서부터 군사 교육을 확대해갔다. 나아가 국민 모두가 반공 정신을 갖추고 국가에 충성하도록 요구하는 국민교육 헌장을 제정하였다.

◇ **무즙 파동**
1964년 12월 7일에 실시된 전기 중학 입학시험 공동 출제 18번 문항의 질문은 '엿기름 대신 넣어서 엿을 만들 수 있는 것은 무엇인가'였다. 출제 위원회는 정답을 '디아스타제'라고 발표하였다. 그러나 일부 학부모들은 답안의 보기 중에 있던 무즙으로도 엿을 만들 수 있으므로, 무즙도 맞는 답으로 해야 한다고 주장하였다. 이 문제를 틀려서 자녀가 낙방한 부모들은 집단으로 소송을 냈다. 이 과정에서 학부모들은 무즙으로 만든 엿을 증거 자료로 제출하기도 하였다. 결국 이 파동은 법원이 무즙도 정답이라고 판결을 내리고, 무즙을 답으로 써서 떨어진 학생 38명을 정원에 관계 없이 중학교에 입학시킴으로써 끝을 맺었다.

⑧ 김대중 정부
  ㉠ 3불 정책(1999): 본고사·고교 등급제·기여입학제 금지
  ㉡ 의무 교육제가 중학교까지 전면 확대(2002)
  ㉢ 교육 정보화 사업과 수준별 수업 시도

(2) 학술
  ① 일제 잔재를 극복하는 과정에서 한국학 연구 재개
  ② 대한민국 학술원(1952)
    ㉠ 학술 발전에 이바지하고자 문화보호법에 의거하여 설치
    ㉡ 인문학, 사회과학, 자연과학 분야
  ③ 한국과학기술연구원(KAIST)
    ㉠ 1962년 한국과학기술원 설치 계획 → 1964년 경제기획원에서 방안 마련
    ㉡ 1965년 베트남 파병에 대한 보상으로 한미 정상이 백악관에서 '공업기술 및 응용 과학연구소 설립에 관한 공동성명' 발표 → 한국과학기술연구소(KIST) 설립(1966), 1981년 KAIST 출범
  ④ 국어: 『우리말 큰사전』 완간(1957, 한글 학회)
  ⑤ 역사
    ㉠ 광복 후 신민족주의 사학: 안재홍의 『신민족주의와 신민주주의』에서 용어 유래
      • 민족주의 사학을 계승하여 자주적 민족 국가 수립 및 민족 자유와 평등 실현 추구
      • 안재홍, 『조선상고사감』, 『한민족의 기본 진로』, 『신민족주의와 신민주주의』
      • 손진태, 『조선민족사개론』, 『국사대요』
      • 이인영, 『국사요론』
    ㉡ 사회경제사학자와 신민족주의 사학자들이 대부분 월북 또는 납북 → 실증사학이 주류
    ㉢ 1960년대 내재적 발전론 체계화
    ㉣ 1980년대 민중 사학의 성장

> **읽기 자료**
>
> **신민족주의 사학**
>
> 광복 이후 손진태는 역사학이 나아갈 방향으로 신민족주의를 통한 민족 단결과, 평등·친화·자주 독립을 제창하였다. 일제 하에서 손진태는 민속학 연구에 열중하였다. 그러나 일제의 식민 지배와 착취가 한층 강화되던 1930년대 후반부터는 민족에 토대를 둔 역사학에 관심을 쏟았다. 광복 이후 신민족주의를 바탕으로 하는 국가 건설을 제창하였으며, 역사학을 통해 사회 구성원들에게 이러한 정신을 불어넣고자 하였다. 손진태는 역사학이 나아가야 할 방향을 다음과 같이 말하고 있다. "조선 민족사는 결국 우리 민족이 과거에 민족으로서 어떻게 생활하였느냐 하는 사실(事實)을 민족적 입지에서 엄정하게 비판하여 앞으로 우리 민족의 나아갈 진정한 노선을 발견하는 데 그 연구 가치와 의의가 있다. …… 지금 세계는 모든 민족의 자유 독립과 공동 번영을 지향하고 움직이고 있다. 지금 우리는 자본주의적 지배를 꿈꿀 때도 아니요, 계급 투쟁만을 일삼을 때도 아니다."

(3) 언론
  ① 미 군정기: 『조선일보』·『동아일보』 복간, 『해방일보』·『노동일보』·『조선인민보』 등 좌익계 언론 탄압

② 이승만 정부
  ㉠ 국가 보안법에 따라 언론 통제 강화
  ㉡ 『대구매일신문』 피습 사건(1955), 『사상계』◇ 사건(1956), 『경향신문』 폐간 사건(1959)
③ 박정희 정부
  ㉠ 정부의 언론 장악 시도: 언론사 통폐합(일도일사一道一社 원칙), 경제 특혜 부여, 광고 게재
  ㉡ 언론 자율정화에 관한 결정 사항(1971. 12.): 신문협회 채택
    - 지사와 지국 등 판매망 정비
    - 지방 주재 기자 감축
    - 보도증(프레스카드) 실시 → 정부가 보도증 발급하여 기자 통제, 기자 2,287명 해직
  ㉢ 언론 자유 수호 운동
    - 1971년 4월 15일 대통령 선거를 앞두고 『동아일보』 기자들이 '언론 수호 선언' 발표 → 『경남매일』·『국제신문』 등 지방 신문으로까지 확산
    - 『동아일보』 사태: 『동아일보』의 '자유언론 실천선언' 발표(1974. 10.), '동아 자유언론 수호 투쟁위원회' 조직(1975. 8.)
④ 전두환 정부: 언론 통폐합과 언론 기본법 제정을 통한 보도지침 시달
⑤ 6월 항쟁 이후
  ㉠ 언론 기본법과 프레스카드제 폐지
  ㉡ 복직한 『동아일보』 기자들이 주축이 되어 『한겨레신문』 창간

◇**사상계**
1953년에 창간되었던 월간 종합잡지이다. 사상계사 발행으로 발행인은 장준하였으며 나중에 부완혁이 맡았다. 전후戰後의 사상적 자양으로서 1950년대 지식인층 및 학생층 간에 폭발적인 인기를 모았다. 1956년 함석헌은 정부 비판적 논조의 글을 『사상계』에 실어 구속되었고, 1961년에 군사 정변이 일어나자 역시 함석헌은 5·16을 어떻게 볼까'를 게재하여 군사 정권에 도전하였다. 1970년 5월에 김지하의 '오적'을 게재한 것이 문제되어 당국의 폐간 처분을 받아 통권 205호로 종간되었다.

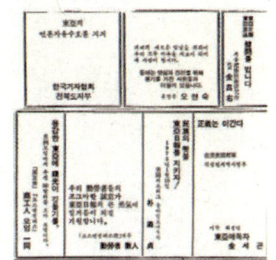

동아일보의 백지 광고

> **읽기 자료**
>
> **『동아일보』 사태**
> 1970년대에 언론 탄압의 강도가 높아지며 신문의 비판 기능은 사라지고 있었다. 이에 『동아일보』 주필을 지냈던 천관우씨가 1969년 '연탄가스에 중독된 신문'이라는 글을 실어 비판하고, 이어 1971년 3월에는 서울대생 30여 명이 동아일보사 앞에 모여 격렬한 언론 규탄 시위를 벌이기도 했다. 1974년 10월 23일 오후, 서울대 학생 데모에 대한 기사를 게재하였다는 이유로 『동아일보』 편집국장 송건호씨를 비롯한 기자들이 중앙 정보부에 연행되었다. 이 사건을 계기로 『동아일보』 기자들은 언론 자유 쟁취를 결의하고 3개항의 선언문을 발표하였다. 그리고 이어 『조선일보』, 『중앙일보』, 『한국일보』 기자 등 전국 각지 신문들이 자유 언론 실천 선언에 동참하였다. 그러자 중앙 정보부는 『동아일보』와 계약한 광고주들을 남산 중앙 정보부에 불러 광고를 취소하고 추후 광고를 게재하지 않겠다는 서약서와 보안각서를 쓰게 하였다. 결국 1974년 12월 20일 한일약품의 광고 해약을 필두로 한 달 사이에 신문은 평상시 상품 광고의 98%가 떨어져 나갔으며 방송과 『신동아』의 광고도 90% 이상이 해약되는 사태가 발생하였다. 그러나 신문사에서 철회된 광고면을 백지 그대로 제작하면서 이 사태가 국민의 관심사로 떠오르게 되었고, 서민들은 격려 광고를 게재하여 기자들의 투쟁을 지원하였다. 결국 『동아일보』 광고 국장 등이 정보기관에 연행되는 일이 발생하고 광고 해약 사태가 장기화되자, 『동아일보』 사주는 49명의 기자를 해직하고 84명을 무기 정직 처분하는 극단의 결정을 내렸다.

2. 현대 사회의 변화

(1) 공업화의 부작용

① 이촌 향도: 공업화·저곡가 정책으로 도농 간 소득 격차 발생 → 이농 현상으로 촌락 공동체 붕괴
② 각종 사회 문제: 환경 오염 문제와 실업 문제 등 대두

(2) 농민 운동
① 4H 운동: 미국에서 유래한 농촌 운동으로, 지Head·덕Heart·노Hand·체Health의 단련으로 영농 후계자를 양성하는 데에 목적
② 새마을 운동(1970)
  ㉠ 배경
    • 분배의 불균형과 이촌 향도 등의 문제 해결 목적
    • 일제의 농촌 진흥 운동, 군정기의 재건 국민운동을 계승·발전
  ㉡ 전개
    • 근면·자조·협동의 3대 구호
    • 초기에는 이동里洞개발위원회 중심으로 의식 개혁과 환경 정비, 도로 확충 등 농촌 근대화 사업 진행, 농촌 소득 증대 기여
    • 도시로 확산되어 도시민의 의식 개혁 운동으로 변화
  ㉢ 한계
    • 당시의 농촌과 도시 문제의 책임을 농민과 노동자에게 전가
    • 실질적 소득 개선 실패, 생활환경 개선에만 치중
    • 정권 지지 기반으로 이용
  ㉣ 관련 기록물이 유네스코 세계 기록유산에 등재
③ 가톨릭 농민회(1972)
  ㉠ 가톨릭 농촌 청년회(1966)가 모체, 농민의 권익 옹호 등을 표방하며 결성
  ㉡ 1980년대 농축산물 수입 급증 때 전국 농민 운동 연합(1989) 구성에 크게 기여
④ 전남 함평 고구마 피해 보상 투쟁(1976)
  ㉠ 함평의 고구마 재배 농가에 대한 농협의 수매 약속 불이행
  ㉡ 가톨릭 농민회의 참여, 3년간의 투쟁 끝에 정부로부터 보상
⑤ 농촌 시장 개방: UR 타결(1994), WTO 출범(1995), FTA 체결(2004~) 등으로 이후 농축산물 개방 정책이 추진되어 농촌 경제가 동요

(3) 노동 운동
① 배경
  ㉠ 수출 위주 경제 정책과 고도의 산업화 전략으로 노동자 인구 증가
  ㉡ 저임금 정책과 재벌 위주 경제 발전으로 노동자들의 처우는 열악
② 1970년대
  ㉠ 전태일 분신 사건(1970. 11. 13.): 전태일이 '근로 기준법 준수'를 외치며 분신 자살하는 사건 발생 → 박정희 정부에 대한 부정적 여론 형성, 유신 선포
  ㉡ YH 무역 사건(1979. 8. 9.): YH 무역의 고의 부도와 사장의 도피로 여공들이 신민당사에서 농성 → 노조 위원장 김경숙 사망 사건(유신 붕괴 계기)
③ 1980년대
  ㉠ 사북 사태(1980. 4.): 1980년 4월 21일부터 24일까지 4일에 걸쳐 국내 최대의 민영 탄광인 강원도 정선군 사북읍의 동원탄좌 사북영업소에서 어용 노조와 임금 소폭 인상에 항의하여 광부와 그 가족들이 시위 → 경찰과 충돌하여 대규모 유혈 사태

ⓒ 노동자 대투쟁(1987. 10.): 전두환 정부가 노동 기본권을 제한하고 위장 취업을 단속하는 가운데 6월 민주 항쟁이 발발, 사무직·교육계·정부 기관 공무원 등까지 참여하여 대규모 노동자 대투쟁 전개
　④ 1990년대
　　㉠ ILO 가입(1991): 국제 노동 기구에 가입하여 국제 수준의 노동 규칙을 준수하고자 함
　　ⓒ 민주 노총 설립(1995): 전국 민주 노동조합 총연맹 설립
　　ⓒ 노사정 위원회 발족(1998): 노동자·사용자·정부가 합의하는 노사정 위원회 발족
　　㉣ 전교조 합법화(1999): 전국 교직원 노동조합 합법화 → 2013년에 법외 노조화되었다가 2020년 취소

(4) 기타
　① 시민 운동: 중산층 주도로 사회 개혁·복지·여성·환경·경제 분야 등에서 전개
　② 환경 운동: 환경 운동 연합(1993)과 녹색 연합(1996) 결성
　③ 여성의 인권 문제
　　㉠ 공창제 폐지령(1947): 성매매 금지
　　ⓒ 간통쌍벌죄(1953): 전쟁 이후의 축첩 문제에 제동, 남성들의 중혼 금지
　　ⓒ 정비석의 소설 『자유부인』(1954) → 성의 자유 확산에 기여
　　㉣ 가정의례준칙 제정(1969)
　　㉤ 출산율 저하와 핵가족화의 영향으로 여성의 지위 향상
　　㉥ 남녀 고용 평등법 제정(1987), 가족법 개정(1991)
　　㉦ 여성부 출범(2001, 2005년 여성 가족부로 변화), 호주제 폐지(2005)
　④ 사회 보장 제도
　　㉠ 의료 보험제: 1977년 대기업 근로자, 1989년 전국민
　　ⓒ 국민 연금(1988)
　　ⓒ 고용보험제(1995)
　　㉣ 국민 생활 기초 보장법(2000)

(5) 생활 모습의 변화
　① 인구 문제
　　㉠ 1960년대 이후 군사 정부는 식량 부족 해결을 위해 산아 제한 정책◇ 실시
　　ⓒ 2000년대 이후로는 인구 감소가 심각한 사회 문제로 인식
　② 식량 문제
　　㉠ 1960년대까지 식량 사정이 어려워 혼분식 장려 정책◇ 추진
　　ⓒ 1971년 통일벼 개량
　③ 의복: 표준 간소복 제정(1961), 유신 때 미니스커트의 등장과 치마길이 단속

(6) 대중문화의 변화
　① 1970년대: 문학과 예술에 대한 정부의 검열 → 금지곡 지정
　② 1980년대: 컬러 TV의 보급과 프로 스포츠의 확산◇

◇**산아 제한 표어**
1960년대: 덮어 놓고 낳다 보면 거지꼴을 못 면한다.
1970년대: 딸 아들 구별 말고 둘만 낳아 잘 기르자.
1980년대: 잘 키운 딸 하나 열 아들 안 부럽다.

◇**혼분식 장려 정책**
광복 직후 미국으로부터 밀 수입이 증가하며 시작된 혼분식 장려 정책은, 1960년대 식량 문제 해결을 위해 강화되었다. 당시 삼양라면이 개발되었다. 1969년 1월부터 매주 수요일과 토요일을 '분식의 날', '쌀이 없는 날'로 지정하는 한편, 점심 때마다 학생들의 도시락을 검사하여 혼식을 강제하였다. 이에 따라 쌀 소비량이 줄어들고, 통일벼라는 다수확 품종의 보급으로 쌀의 자급이 달성되자, 정부는 1977년 분식의 날을 해제하였다.

◇**아파트와 TV**
1940년대에 아파트가 처음 등장한 이래, 1960년대에는 마포 아파트 건설(1964)을 시작으로, 반포, 잠실 지구 등에 신도시가 건설되며 강남 개발 붐이 일어났다. 1966년에는 흑백 TV가 처음 개발되어 시험 방송을 전개했고, KBS와 MBC 등의 방송국이 세워졌다. 1980년 12월에는 컬러 TV 방송이 시작되었다.

부록

01
고고학 용어

02
역대 연호

03
유네스코 세계 문화유산

01 고고학 용어

개정 용어	개정 이전 용어	개정 용어	개정 이전 용어
가락바퀴	방추차(紡錘車)	민무늬토기	무문토기(無文土器)
가지무늬토기	채문토기(彩文土器)	바위그림	암각화(巖刻畵)
간석기	마제석기(磨製石器)	바퀴날 도끼	환상석부(環狀石斧)
갈판	연석(碾石)	바탕흙	태토(胎土)
거친무늬거울	조문경(粗紋鏡)	반달돌칼	반월형석도(半月形石刀)
거푸집	용범(鎔范)	받침돌	지석(支石)
검은간토기	흑도(黑陶)	번개무늬	뇌문(雷文)
고인돌	지석묘(支石墓)	벽돌무덤	전축분(塼築墳)
구덩무덤	토장묘(土葬墓)	보습	이선(犁先)
구덩식	수혈식(竪穴式)	붉은 간 토기	홍도(紅陶)
굴식	횡혈식(橫穴式)	빗살무늬 토기	즐문토기(櫛文土器)
낚시바늘	조침(釣針)	뼈 단지	골호(骨壺)
널길	연도(羨道)	뼈 연장	골기(骨器)
널무덤	토광묘(土壙墓)	뿔 연장	각기(角器)
널방	현실(玄室)	상돌(床~)	상석(床石)
눕혀묻기	앙와장(仰臥葬)	선돌	입석(立石)
덧널무덤	목곽묘(木槨墓)	수레토기	차형토기(車形土器)
덧띠토기	점토대토기(粘土帶土器)	오리토기	압형토기(鴨形土器)
덧무늬토기	태선 융기문 토기(太線隆起文土器)	움집터	수혈주거지(竪穴住居址)
독무덤	옹관묘(甕棺墓)	이른 민무늬 토기	원시무문토기(原始無文土器)
돋새김	양각(陽刻)	잔석기	세석기(細石器)
돌널무덤	석관묘(石棺墓)	저장구덩	저장혈(貯藏穴)
돌덧널무덤	석곽묘(石槨墓)	조개더미	패총(貝塚)
돌무지덧널무덤	적석목곽분(積石木槨墳)	짐승토기	동물형토기(動物形土器)
돌무지무덤	적석총(積石塚)	집터	주거지(住居址)
돌방무덤	석실분(石室墳)	집토기	가형토기(家形土器)
돌짐승	석수(石獸) 칠무늬토기	채문토기(彩文土器)	채색토기(彩色土器)
두벌묻기	세골장(洗骨葬)	팽이토기	각형토기(角形土器)
둘레돌	호석(護石)	홈자귀	유구 석부(有溝石斧)
둥근바닥	원저(圓底)	화덕자리	노지(爐址)
뚜껑돌(덮개돌)	개석(蓋石)	모줄임천장	말각조정식천장(抹角藻井式天障)

02 역대 연호

연호	국호	왕명	기간
永樂(영락)	고구려	광개토대왕	391~412
建興(건흥)	고구려	?	?
建元(건원)	신라	법흥왕	536~550
開國(개국)	신라	진흥왕	551~567
大昌(대창)	신라	진흥왕	568~571
鴻濟(홍제)	신라	진흥왕	572~583
建福(건복)	신라	진평왕	584~633
仁平(인평)	신라	선덕왕	634~647
太和(태화)	신라	진덕왕	647~650
天統(천통)	발해	고왕	699~719
仁安(인안)	발해	무왕	719~737
大興(대흥)	발해	문왕	737~793
中興(중흥)	발해	성왕	794~795
正曆(정력)	발해	강왕	795~809
永德(영덕)	발해	정왕	809~813
朱雀(주작)	발해	희왕	813~818
太始(태시)	발해	간왕	818
建興(건흥)	발해	선왕	818~830
咸和(함화)	발해	이진	830~858
慶元(경원)	장안	김헌창	822
武泰(무태)	마진	궁예	904~905
聖册(성책)	마진	궁예	905~910
水德萬歲(수덕만세)	태봉	궁예	911~913
政開(정개)	태봉	궁예	914~917
正開(정개)	후백제	견훤	900~
天授(천수)	고려	태조	918~933
光德(광덕)	고려	광종	950~951
峻豊(준풍)	고려	광종	960~963
天開(천개)	대위	묘청	1135
建陽(건양)	조선	고종	1896~1897
光武(광무)	대한제국	고종	1897~1907
隆熙(융희)	대한제국	순종	1907~1910
大韓民國(대한민국)	대한민국 임시 정부		1919~1945
西曆紀元(서력기원)	남조선 과도 정부기		1945~1948
檀君紀元(단군기원)	대한민국		1948~1961
西曆紀元(서력기원)	대한민국		1961~현재

03 유네스코 세계 문화유산

1. 세계 문화유산

(1) 해인사 장경판전(1995)
- 해인사 장경판전은 국보 제 52호로 지정 관리되고 있으며, 1995년 12월 유네스코 세계유산으로 등재되었다.
- 15세기에 건립되었으며 대장경 목판 보관을 목적으로 지어진 세계에서 유일한 건축물이다.
- 건물에 사용되었던 와당(瓦當) 또는 평와(平瓦)에 나타나 있는 '弘治元年(홍치원년)'이라는 각명(刻名)으로 건립연대를 1488년(성종 19)으로 추정하고 있다.
- 한국의 불교 사찰들 중에서 가장 중요한 우수한 세 곳을 삼보사찰이라 하는데, 한국 최대 규모의 사찰인 해인사는 팔만대장경의 보고(寶庫)라는 점 때문에 법보사찰로 알려져 있다.
- 대장경판을 오랜 기간 효과적으로 보존하는 데 필요한 자연통풍과 적절한 온도 및 습도 조절이 가능한 구조로 건물 안에 있는 판가 역시 실내온도와 습도가 균일하게 유지되도록 배열되어 있다.
- 장경판전은 대장경의 부식을 방지하고 온전하게 보관하기 위해 자연 환경을 최대한 이용하였다는 점에서 보존 과학의 소산물로 높이 평가되고 있다.
- 현재 판전에는 팔만대장경이라고 부르는 81,258 장의 대장경 판이 보관되어 있으며, 현존 대장경 중에서도 가장 오랜 역사와 내용의 완벽함을 지니고 있는 팔만대장경판을 오랜 시간 온전하게 보존해왔다는 점에서 의의가 크다.

(2) 종묘(1995)
- 종묘는 사적 제 125호로 지정 관리되고 있으며, 1995년 12월에 유네스코 세계유산으로 등재되었다.
- 조선 시대 역대 왕과 왕비, 그리고 추존 왕과 왕비의 신주를 봉안한 사당으로, 조선시대의 가장 장엄한 건축물 중 하나이다.
- 명칭은 원래 정전 혹은 태묘라 불렸는데, 태묘는 태조의 묘가 종묘에 위치한데서 유래하였다.
- 종묘는 태조가 개경에서 한양으로 천도한 뒤 세웠으나 임진왜란 때 소실되고 이후 광해군이 즉위하던 1608년 5월에 중건된다.
- 종묘는 정면이 매우 길고 수평성이 강조된 독특한 형식의 건물로, 종묘 제도의 발생지인 중국에서도 유례를 찾아볼 수 없는 건축물이다.
- 종묘는 의례 공간의 위계질서를 반영하여 정전과 영녕전의 기단과 처마, 지붕의 높이, 기둥의 굵기를 그 위계에 따라 달리하였다.
- 신라는 5묘제, 고려는 7묘제로 하였고, 조선도 7묘제로 하였다. 즉, 조선의 7대왕 이상의 신주는 영녕전으로 조천하게 되어 있었으나, 치적이 큰 왕은 만세불후 조공숭덕의 근본 이념에 따라 7대가 지나도 정전에 모셨고, 조천된 신주는 영녕전에 봉안한다.
- 종묘의 정전에서는 매년 각 계절과 섣달에 대제를 지냈고, 영녕전에서는 매년 봄, 가을과 섣달에 제향일을 따로 정하여 제례를 지냈다. 제사를 지낼 때 연주하는 기악과 노래, 무용을 포함하는 종묘 제례악이 거행되고 있다.

(3) 석굴암과 불국사(1995)
- 경주 불국사는 사적 제 502호, 경주 석굴암 석굴은 국보 제 24호로 지정·관리되고 있으며, 불국사와 석굴암은 함께 1995년 12월에 유네스코 세계 유산으로 등재되었다.
- 불국사(사찰 건축물)와 석굴암(불상을 모신 석굴)은 고대 신라의 불교 유적으로, 경주시 동남쪽의 토함산에 있으나, 약간의 거리를 두고 위치한다. 8세기 후반에 경덕앙 때 재상을 지낸 김대성이 계획해 조영하였으며, 비슷한 시기에 완공되었다.

- 불국사 : 토함산 서쪽 중턱의 경사진 곳에 위치하고 있으며, 신라인이 그린 이상적인 피안의 세계를 지상에 옮겨 놓은 사찰 건축물이다. 불국사는 인공적으로 쌓은 석조 기단 위에 지은 목조 건축물로 고대 불교 건축의 정수를 보여주며, 크게 두개 의 구역으로 나누어져 있다. 하나는 대웅전을 중심으로 청운교, 백운교, 자하문, 답답과 불국사3 층 석탑 등이 있는 구역이고, 다른 하나는 극락전을 중심으로 칠보교, 연화교, 안양문 등이 있는 구역이다. 그중 불국사 3층 석탑은 각 부분과 전체가 비례와 균형을 이루어 간결하고 조화로운 멋이 있으며, 다보탑은 정사각형 기단 위에 여러 가지 정교하게 다듬은 석재를 목재 건축물처럼 짜 맞추었는데, 화려하고 독창적인 표현법은 예술성이 뛰어난 것으로 평가되고 있다.
- 석굴암 : 토함산 언덕의 암벽에 터를 닦고, 그 터 위에 화강암으로 조립하여 만든 인공 석굴의 종교 건축물이다. 직사각형으로 된 전실이 있고, 좁은 통로를 지나면 천장이 돔 양식으로 된 원형의 주실이 있다. 석굴암에는 원형의 주실 중앙에 본존불을 안치하고 그 주위 벽면에 보살상, 나한상, 신장상 등 총 40구에 달하는 조각상이 좌우 대칭의 법칙에 따라 조화롭게 배치되어 있다. 석굴암의 구조와 석굴 내부의 모든 부분은 정확하고 체계적인 수학적 수치와 기하학적 비례에 따라 설계되었다.

(4) 창덕궁(1997)
- 창덕궁은 사적 제 122호로 지정 · 관리되고 있으며, 1997년에 유네스코 세계유산으로 등재되었다.
- 창덕궁은 서울특별시 종로구 와룡동에 있는 1405년(태종5)에 경복궁의 이궁으로 지어진 궁궐이다. 임진왜란으로 전소되었다가 1609년(광해군1)에 중건되었다.
- 창덕궁은 경복궁의 동쪽에 있다고 하여 '동관대궐' 또는 '동궐'이라고 불렸다. 하지만 창덕궁은 임진왜란 때 경복궁이 소실된 후, 1868년 고종이 경복궁을 중건할 때까지 258년 동안 역대 국왕이 정사를 보살피는 본궁으로 쓰였다.
- 창덕궁 안에는 가장 오래 된 궁궐 정문인 돈화문, 신하들의 하례식이나 외국 사신의 접견 장소로 쓰이던 인정전 국, 가의 정사를 논하던 선정전 등의 공식적인 공간이 있으며, 왕과 왕후가 거처하는 희정당, 대조전 등과 산책할 수 있는 넓은 공간의 후원 등이 사적 공간이 있다. 또 주합루에 규장각이 설치되어 있고, 상서원에서는 옥새를 관리하였다.
- 정전 공간의 건축은 왕의 권위를 상징하여 높게 건축하였고 침전 건축은 정전보다 낮고 간결하며, 위락 공간인 후원에는 자연 지형을 위압하지 않도록 작은 정자각을 많이 세웠다.
- 창덕궁은 자연스런 산세에 따라 자연 지형을 크게 변형시키지 않고, 산세에 의지하여 건물이 자연의 수림속에 포근히 자리를 잡도록 배치하였다. 왕들의 휴식처로 사용되던 후원은 300년이 넘는 거목과 연못, 정자 등 조원 시설이 자연과 조화를 이루도록 하였다.

(5) 화성(1997)
- 수원 화성은 사적 제 3호로 지정 · 관리되고 있으며, 1997년 12월 유네스코 세계 유산으로 등재되었다.
- 수원화성은 조선 제 22대 임금인 정조가 아버지 사도세자의 무덤을 화산으로 옮기면서 팔달산 아래에 축성한 것이다.
- 수원화성은 평지 산성으로 군사적 기능과 상업적 기능을 함께 가지고 있으며, 과학적 실용적인 구조로 축성되었다 성. 벽은 바깥 쪽만 쌓아 올리고, 안쪽은 자연 지세를 이용해 흙을 돋우어 메우는 방법으로 만들었다.
- 수원화성은 실학사상의 영향을 받아 화강석과 벽돌을 함께 축성의 재료로 사용한 전석교축과 목재와 벽돌의 조화로 운사 용 등의 다양한 축성 방법을 활용하여 만들어졌다. 축성 과정에서는 거중기, 녹로 등의 신기재를 사용하고, 단원 김홍도를 비롯한 예술가들과 채제공과 정약용을 포함한 당대 최고의 지식인들이 참여하였다.
- 수원화성은 당시의 모습을 간직하고 있는 팔달문과 화성의 북문이자 정문인 장안문을 포함한4 대문, 행궁의 중심이자 정조가 어머니 혜경궁의 회갑연을 치르기도 했던 봉수당, 두 번이나 방화로 소실되었다. 복원된 서장대, 남북으로 흐르는 수원천의 범람을 막아주는 동시에 방어적 기능까지 갖춘 북수문인 화홍문, 망루와 포루의 역할을 동시에 하는 시설물인 공심돈, 군사적 목적의 이름으로는 동북각루이지만 가장 아름다운 건물인 방화수류정, 자체방어시설까지 갖춘 봉수대인 봉돈, 샛문인 암문 등으로 구성되어 있다.
- 축성 후 1801년 발간된 〈화성성역의궤〉에는 축성계획, 제도, 법식뿐 아니라 동원된 인력 등이 자세히 기록되어 있어 역사적 가치가 큰 것으로 평가되고 있다.

(6) 경주 역사지구(2000)
- 경주 역사 유적 지구는 2000년 12월에 유네스코 세계 유산으로 등재되었다.
- 경주는 B.C. 57년부터 A.D. 935년 까지 992년동안의 신라의 도읍으로서, 초기국가 시대 진한의 12국 중 사로국이 있던 곳이고, 신라 때는 서라벌로 불렸고, 고려 이후 '경주' 라는 지명을 획득하였다.
- 경주 내에 자리잡고 있는 경주 역사지구는 문화재와 유적의 분포에 따라 5개 지역으로 분류되어 있고 이 지역에 신라 천년의 역사와 문화를 한눈에 파악할 수 있는 다양한 유산이 산재해 있다.
  - 남산지구 : 경주 남산은 야외 박물관이라고 할 만큼 가장 넓은 면적에 많은 유적지와 문화재가 보존되어 있고, 온 산이 불교 문화재로 뒤덮여 있다. 남산 미륵곡 석조여래좌상, 배동 석조여래 삼존 입상 등 많은 불교 유적과 나적, 포석정 등이 있다.
  - 월성지구 : 월성 지역은 신라의 정치적 중심지로서 초기 유적지부터 화려한 유적지까지 신라의 발전 과정을 살펴볼 수 있는 곳으로 신라 왕궁이 자리하고 있던 월성, 신라 김씨 왕조의 시조인 김알지가 태어난 계림, 천문 시설인 첨성대 등이 있다. 특히 이곳 터의 모양이 초승달처럼 생겼다고 해서 월성이라 불렸다.
  - 대릉원 지구 : 대릉원 지역에는 황남리 고분군, 노동리 고분군, 노서리 고분군 등의 신라왕, 왕비, 귀족 등의 무덤이 모여있다. 특히 왕릉은 마치 작은 산을 연상시킬 정도로 커서 예로부터 '조산'이라고 불렸다. 대릉원 지역에서는 신라 문화를 대표하는 금관을 비롯하여 천마도, 유리 잔, 각종 토기 등 귀중한 유물들이 출토되었다.
  - 황룡사 지구 : 황룡사 지역에는 황룡사지와 분황사가 있다. 황룡사는 진흥왕 553년에 황룡사 터에 궁궐을 짓기 시작했을 때 황룡이 나타나 궁궐 공사를 멈추고 절을 지은 곳으로, 고려 시기 몽골의 침입으로 소실되었으나, 발굴을 통해 4만여 점의 유물이 출토되었다. 분황사 터에는 선덕여왕때 건립된 것으로 추정되는 모전석탑이 있다.
  - 산성지구 : 산성 지역에는 서기 400년 이전에 쌓은 것으로 추정되는 명활산성이 있다.

(7) 고창, 화순, 강화의 고인돌 유적(2000)
- 고인돌 유적은 2000년 12월에 유네스코 세계 유산으로 등재되었다.
- 우리나라에서는 함경북도의 일부지방을 제외한 전 지역에 약 3만 여개에 가까운 고인돌이 고루 분포하고 있는 것으로 알려져 있다. 고인돌은 지석묘, 석붕, 돌멘이라 부르기도 한다.
- 고인돌은 자연석을 사용하여 지상 또는 지하에 매장 시설을 만들고 지상에 큰 돌을 윗돌로 놓아 덮개돌로 사용한 묘제로서 청동기 시대에 성행하여 초기철기 시대까지 존속한 거석문화의 일종이다.
- 형태는 탁자식과 바둑판식 그리고 개석식 등이 있다.
- 우리나라에서는 고창, 화순, 강화 고인돌 유적지에 많은 고인돌이 밀집되어 있을 뿐 아니라 다양한 형식의 고인돌이 발견되고 있다.
  - 고창 고인돌 유적 : 전라북도 고창군은 상갑리, 죽림리 등 고창군 전역 205군집의 총 1665기가 존재하는 우리나라에서 가장 큰 고인돌 군집지역이다. 무게가 10톤 미만에서 300톤에 이르는 다양한 크기의 고인돌이 분포하고 있으며, 탁자식 바둑판식 등 다양한 형태의 고인돌이 분포하고 있다.
  - 화순 고인돌유적 : 전라남도 화순군에는 효산리와 대신리 일대에 600여 개의 고인돌이 집중 분포하고 있으며, 고인돌의 축조 과정을 보여주는 채석장도 발견되었다.
  - 강화 고인돌 유적 : 인천 광역시 강화군 부근리 · 삼거리 · 오상리 등의 지역에 고려산 기슭을 따라 120여 개의 고인돌이 분포하고 있다. 이 곳에 길이 6.4m 높이 2.6m 인 우리나라 최대의 탁자식 고인돌이 있다.

(8) 제주 화산섬과 용암 동굴(2007)
- 제주 화산섬과 용암동굴은 2007년 6월 유네스코 세계자연유산으로 등재되었다.
- 제주도에서 세계 유산으로 지정된 것은 한라산 · 성산일출봉 · 거문오름 용암 동굴계의 3개로 제주 화산섬과 용암 동굴은 인접한 세 구역으로 이루어진 연속 유산이다.
- 거문오름 용암 동굴계는 용암 동굴의 특성이 잘 드러나며, 나머지 두 곳은 접근하기 쉽고 다양한 화산 지형을 보여 준다.
  - 한라산 : 남한에서 가장 높은 산으로서 화산 활동에 의해 생성된 순상화산체이다. 정상부에는 한라산 조면암과 백록담 현무암이 분포하며 조면암은 높은 점성을 갖고 돔상으로 솟아 한라산을 웅장하게 만든다
  - 성산일출봉 : 제주도에 분포하는 360개의 단성화산체 중의 하나이며, 약 4만에서 12만 년전 얕은 수심의 해저에서 수성 화산분출에 의해 형성된 응회구이다. 높이 182m로 제주도 동쪽해안에서 거대한 고성처럼 자리 잡고 있는 이 응회구는

바다에서 솟아 올라 극적인 장관을 연출하는 사발모양의 분화구를 잘 간직하고 있다.
- **거문오름 용암 동굴계** : 약 10~30만년 전에 거문오름에서 분출된 용암으로부터 여러개의 용암동굴이 만들어진 것이며, 이 동굴 계에서 세계자연 유산으로 신청된 동굴은 벵뒤굴, 만장굴, 김녕굴, 용천동굴, 그리고 당처물동굴이다. 천장과 바닥이 다양한 색의 탄산염 동굴생성물로 이루어지고 어두운 용암 벽으로 둘러싸여 세계에서 가장 아름다운 동굴로 손꼽힌다.

(9) 조선왕릉(2009)
- 조선 왕릉 40기 전체는 2009년 6월에 유네스코 세계 유산으로 등재되었다.
- 조선시대에 있던 총 27대 왕과 왕비 및 사후에 추존된 왕과 왕비의 무덤을 일컬어 조선 왕릉이라 한다.
- 조선 왕릉은 전체 42기 중 폐위된 두명의 왕의 무덤은 포함하지 않았다. 북한에 있는 2기를 제외하고, 우리나라에 있는 40기 모두가 세계문화유산으로 등재되었다.
- 조선 왕족의 무덤은 능, 원, 묘로 구분할 수 있다.
  - **능** : 추존왕, 추존왕비를 포함한 왕과 왕비의 무덤이다.
  - **원** : 왕세자와 왕세자비, 그리고 왕의 사친의 무덤이다.
  - **묘** : 왕의 아들인 대군과 딸인 공주, 왕의 서자, 서녀인 군과 옹주, 왕의 첩인 후궁, 귀인 등의 무덤이다.
- 능역은 경국대전에 "능역은 한양성 서대문 밖 100리 안에 두어야 한다" 라고 명시하여, 실제로 북한 지역에 있는 후릉, 제릉과 경기도 여주의 영릉, 강원도 영월의 장릉을 제외한 왕릉은 모두 서울 사대문으로부터 100리 안에 조성되었다.
- 능역은 신성함을 유지하기 위하여 주변시설로부터 격리하고, 그 범위도 차츰 확대되었다. 처음에는 봉분을 중심으로 사방 100보를 능역으로 하였다가 태종때 161보로, 현종 때 200보로 늘어났다.
- 능역의 구조는 각종 제계 절차를 수행하는 데 적합하도록 일정한 형식을 갖추어 '진입공간 – 제례공간 – 전이공간 – 능침공간'을 기본구조로 한다.
- 산을 등지고 물을 바라보는 배산임수의 좌청룡 우백호의 풍수를 따르고 뒤의 주산과 앞의 조산 등 두겹으로 둘러싼 산 을 경계로 삼아 넓은 녹지를 조성하였다.

(10) 한국의 역사마을 : 하회와 양동(2010)
- 한국의 역사마을이 안동 하회마을과 경주 양동마을은 2010년 7월에 유네스코 세계 유산으로 등재되었다.
- 두 마을은 한국을 대표하는 역사적인 씨족 마을들로 14C~15C에 조성되기 시작하여 18C~19C 후반 에는 규모도 커지고 구성도 확대되었다.
- 두 마을은 조선의 대표적 마을 입지인 배산임수의 형태이고, 지역의 기후조건에 적합한 건물의 형태와 유교 예법에 맞 는 가옥으로 이루어져, 조선 초기의 유교적 문화를 잘 반영한다.
- 마을에는 씨족 마을의 대표적 요소인 종가와 양반들이 살았던 크고 튼튼한 목조 가옥, 정자, 유교 서원과 서당 등이 남아있다. 또한 평민들이 살았던 단층의 작은 흙집과 초가지붕을 얹은 초가집들도 있다.

(11) 남한산성(2014)
- 남한산성은 사적 57호로 지정·관리되고 있으며, 2014년 6월에 유네스코 세계 유산으로 등재되었다.
- 남한산성은 북한산성과 더불어 서울을 남북으로 지키는 산성 중의 하나로, 신라 문무왕 때 쌓은 주장성의 옛터를 활용하여 1624년(인조2)에 축성하였다.
- 산성의 축성에 승려 각성이 도총섭이 되어 8도의 승군을 동원하였고, 이들의 뒷바라지를 위하여 전부터 있던 망월사·옥정사 외에 7사가 창건되었으나 현재는 장경사만이 남아있다.
- 남한산성은 유사시에 임시 수도의 기능을 할 수 있도록 계획적으로 축조된 산성도시였다. 인조 때부터 순조 때에 이르기까지 성내의 시설 확장은 계속되었다. 그 중 임금이 거처할 행궁은 상궐7 3간 반, 하궐 154간 이었다. 재덕당은 1688년에 세웠고, 1711년에는 종묘를 모실 좌전을 세웠고, 사직단을 옮길 우실도 세웠다.
- 산성의 수비는 처음에 총융청에서 맡았다가 성이 완성되자 수어청이 따로 설치되었고, 여기에는 전좌중우후의 5영이 소속되었는데 현재는 서장대 하나만이 남아있다.

- 남한산성의 축성 뒤 수어사 이시백이 유사시에 대비할 기동훈련의 실시를 건의하여, 1636년에 1만 2,700명을 동원하여 훈련을 실시하였다. 그러나 그 해 12월 막상 병자호란이 일어나자 여러 가지 여건으로 제대로 싸워보지도 못하고 남한산성의 성문을 열어 화의했던 뼈아픈 역사의 현장이기도 하다.

(12) 백제 역사유적지구(2015)
- 공주·부여·익산의 백제시대를 대표하는 유산 8곳을 묶은 '백제 역사 유적 지구'는 2015년 7월 세계유산으로 등재됐다.
- 백제 역사 유적 지구 범위는 충남 공주 2곳(공산성, 송산리 고분군), 충남 부여 4곳(관북리유적과 부소산성, 능산리 고분군, 정림사지, 나성), 전북 익산 2곳(왕궁리 유적, 미륵사지) 등 8곳이다.
- 고대 삼국의 유적 모두(고구려 – 북한의 고구려 고분군, 신라 – 경주역사유적지구)가 세계 유산 목록에 이름을 올리게 됐다. 이번 세계 유산 등재는 중앙정부(문화재청), 2개 광역단체(충남, 전북), 3개 기초 단체(공주, 부여, 익산)가 통합기구를 설립해 협업을 통해 성공한 최초의 사례로 남게 됐다.
- 세계유산위원회는 "백제 역사 유적 지구의 고고학 유적과 건축물은 고대 동아시아 왕국들 사이의 교류 증거를 보여주며 백제의 독특한 건축 기술과 예술미, 종교관 등 문화와 역사를 보여주는 뛰어난 증거" 라고 평가했다.

(13) 산사, 한국의 산지 승원(2018)
- '산사, 한국의 산지 승원'(이하 '산사')은 오늘날에 이르기까지 유형과 무형의 문화적 전통을 지속하고 있는 살아있는 불교 유산이다. '산사'를 구성하는 7개 사찰은 모두 불교 신앙을 바탕으로 하여 종교 활동, 의례, 강학, 수행을 지속적으로 이어왔으며 다양한 토착 신앙을 포용하고 있다. '산사'의 승가공동체는 선수행의 전통을 신앙적으로 계승하여 동안거와 하안거를 수행하고 승가공동체를 지속하기 위한 울력을 수행의 한 부분으로 여겨 오늘날까지도 차밭과 채소밭을 경영하고 있다.
- 한반도에는 7세기에서 9세기에 걸쳐 중국으로부터 도입된 대승불교의 다양한 종파를 수용하여 수많은 불교 사찰들이 창건되었는데, 도시에 세워진 사찰들과 산지에 세워진 사찰들로 나누어진다. 이후 조선(1392~1910)의 숭유억불 정책으로 인해 도시 사찰의 대부분은 강제로 폐사되었지만, '산사'를 포함한 산지사찰들은 현재까지 승려들의 신앙과 정신 수행, 일상생활을 위한 승원으로서의 본래의 기능과 특징을 지속하여 왔다. 즉, 도시 사찰은 거의 사라진 반면 산지사찰인 산사들은 오히려 신자들의 신앙처로서의 기능을 확대하고 수행에 필요한 공간과 시설을 갖추기 시작하였던 것이다.
- '산사'를 구성하는 7개 사찰은 종합적인 불교 승원으로서의 특징을 잘 보존하고 있는 대표적인 사찰이다. 또한 산기슭에 계류를 끼고 입지하여 주변 자연을 경계로 삼는 개방형 구조를 나타낸다. 최소 규모로 축대를 쌓아 자연 지세에 순응함으로써 사찰의 건물 배치는 비대칭적이고 비정형적인 모습을 보이며, 자연 순응적으로 사찰의 영역 확대가 이루어져 곡저형, 경사형, 계류형이 대표적인 사찰 유형으로 자리 잡았다.

(14) 한국의 서원(2019)
- 한국의 서원은 조선시대 성리학 교육 시설의 한 유형으로, 16세기 중반부터 17세기 중반에까지 향촌 지식인인 사림에 의해 건립되었다. 이 유산은 교육을 기초로 형성된 성리학에 기반한 한국 사회 문화 전통의 특출한 증거이다. 이 유산은 동아시아 성리학 교육기관의 한 유형인 서원의 한국적 특성을 나타낸다.
- 이 유산은 조선시대 교육 및 사회적 활동에서 널리 보편화되었던 성리학의 탁월한 증거이다. 이 유산은 16세기 중반부터 17세기 중반 사이에 건립되었으며, 교육을 기초로 형성된 독특한 역사 전통과 성리학의 가치를 나타낸다. 향촌 지식인들은 이 유산을 통해 성리학 교육을 적절하게 수행하기 위한 교육 체계와 건축물을 창조하였으며, 전국에 걸쳐 성리학이 전파되는데 기여하였다.
- 이 유산은 향촌 지식인들에 의해 16세기 중반부터 17세기 중반 사이에 건립되었다. 이 유산은 소수서원, 남계서원, 옥산서원, 도산서원, 필암서원, 도동서원, 병산서원, 무성서원, 돈암서원의 9개로 구성되었으며, 이들은 전국에 걸쳐 분포되어 있다. 중국으로부터 전래되어 한국 사회의 많은 부분에 기초가 되었던 성리학 교육을 증진한 교육기관의 탁월한 증거이다. 서원에서 향촌 지식인들은 교육을 효과적으로 수행하기 위한 교육 체계와 유형적 구조물들을 창조하였다. 그들은 성리학 경전과 연구를 수행하였고, 세계에 대한 이해와 이상적 인간형을 만들기 위해 노력하였다. 그들은 향촌사회의 선현들을 제향하였고, 제향인물을 통해 강한 학문적 계보를 형성하였다. 또한, 향촌 지식인들은 이 유산을 기초로 다양한 사회적·정치적 활동들을 통해 성리학이 사회 전반에 전파되는데 기여하였다.

(15) 갯벌, 한국의 조간대(2021)
- 한국의 갯벌은 황해의 동쪽이자 대한민국의 서남해안에 위치하고 있으며, 서천갯벌, 고창갯벌, 신안갯벌, 보성-순천갯벌의 4개 구성요소로 이루어져 있다. 이 유산은 지구 생물다양성의 보전을 위해 전 지구적으로 가장 중요하고 의미 있는 서식지 중 하나이며, 특히, 동아시아-대양주 철새이동경로(EAAF)의 국제적 멸종위기 이동성 물새의 중간 기착지로서 국제적 중요성을 갖는다.
- 이 지역의 지형지질학, 해양학, 기후학적인 조건들은 복합적으로 조합되어 철새들을 포함한 갯벌 생물들의 다양한 서식지를 발전시켰다. 이 유산은 102종의 이동성 물새를 포함하여 2,169종의 동식물이 보고될 정도로 높은 수준의 생물다양성을 보유하고 있다. 특히 이곳은 47종의 고유종과 5종의 멸종위기 해양 무척추동물 종과 27종의 국제적 위협 또는 준위협 상태의*(near-threatened) 이동성 물새 종을 부양하고 있다.
- 유산은 또한 지질다양성과 생물다양성 사이의 연관성을 보여주며, 자연환경에 의존하는 인간활동과 문화다양성을 보여주고 있다.

(16) 가야고분군(2023)
- '가야고분군'은 1~6세기에 걸쳐 한반도 남부에 존재했던 '가야'의 7개 고분군으로 이루어진 연속유산이다. 7개 고분군은 대성동고분군, 말이산고분군, 옥전고분군, 지산동고분군, 송학동고분군, 유곡리와 두락리고분군, 교동과 송현동고분군이다.
- 신청유산은 지리적 분포, 입지, 묘제, 부장품을 통해 다수의 개별 정치체가 동질성을 바탕으로 상호 자율성을 인정하면서 수평적 관계를 형성했던 가야의 독특한 정치 체계를 나타낸다. 가야연맹은 내부적으로 여러 정치체 간의 결속을 다지고, 외부적으로는 주변국과의 교섭을 통해 고대 동아시아 사회 변화에 유연하게 대응하면서 힘의 균형을 유지하는 데 기여하였다.
- 7개 고분군은 한반도 남부의 해안과 내륙의 각 정치체의 중심지의 가시성이 뛰어난 구릉지에 오랜 기간 군집 조성된 최상위 지배층의 고분군으로 가야 연맹을 구성했던 각 정치체의 존재를 보여준다.
- 가야식 석곽묘와 토기를 비롯한 부장품은 동질성을 공유했던 가야연맹 전체의 지리적 범위를 알려 주고, 이들의 세부적인 차이는 연맹을 구성했던 각 정치체의 범위와 개별성을 나타낸다. 그리고 대등한 수준의 위세품과 교역품은 연맹을 구성한 각 정치체가 자율성을 가진 수평적 관계였음을 보여준다.

2. 유네스코 세계 기록 유산

(1) 훈민정음(1997)
- 훈민정음은 국보 제 70호로 지정되어 있으며 1997년 10월에 유네스코 세계 기록유산으로 등재되었다.
- 훈민정음은 '백성을 가르치는 올바른 소리'라는 뜻이다.
- 조선 제 4대 임금인 세종은 그때까지 사용되던 한자가 우리말과 구조가 다르기 때문에 많은 백성이 배워 사용할 수 없는 현실을 안타까워하여 세종 25년에 우리말 표기에 적합한 문자체계를 완성하고 '훈민정음'이라하였고, 세종28년에 반포하였다.
- 집현전 학사들이 세종의 명을 받아 새로운 문자에 대해 설명한 한문해설서를 발간하였는데, 이 책의 이름이 〈훈민정음 해례본〉이다. 여기에는 훈민정음 창제의 목적을 밝힌 서문과 글자의 음가 및 운용법이 기술되어 있다.

(2) 조선왕조실록(1997)
- 조선왕조실록은 1997년 10월에 유네스코 세계 기록 유산으로 등재되었다.
- 정족산본 1181책, 태백산본 848책, 오대산본 27책 등 총 2077책이 국보 제 151호로 지정되어 있다.
- 조선왕조실록은 조선 왕조의 시조인 태조부터 철종까지 25대 472년간(1392 - 1863)의 역사를 편년체로 기록한 책으로 총 1893권 888책으로 되어있다.
- 조선왕조실록은 사초를 기본으로 하여 만들어 지는데, 사초는 사관이 국가의 모든 회의에 참석하여 왕과 신하들이 국사를 논의 처리하는 것을 사실대로 기록한 것이다. 이러한 사초는 기록의 진실성을 확보하기 위해 사관 외에는 왕이라도 함부로 열람할 수 없도록 하였다.
- 내용적으로 조성왕조실록은 조선 시대의 정치, 외교, 군사, 제도, 법률 등 각 방면의 역사적 사실을 망라하고 있어 세계적으로 유례가 없는 귀중한 역사 기록물이며, 역사 기술에 있어 진실성과 신빙성이 매우 높다는 점에서 의의가 크다.

(3) 직지심체요절 하권(2001)
- 직지심체요절은 2001년 9월에 유네스코 세계기록유산으로 등재되었다.
- 직지심체요적은 고려 공민왕 21년(1372)에 백운화상이 저술한 '백운화상초록불조직지심체요절'을 청주 흥덕사에서 1377년 7월에 금속활자로 인쇄한 것이다.
- 직지심체요절은 독일의 구텐베르크의 금속활자보다 70여 년이나 앞선 것으로, 1972년 '세계도서의 해'에 출품되어 세계최고의 금속 활자본으로 공인되었다.
- 금속활자를 이용한 인쇄술은 목판에 그자를 새기는 방식에 비해 훨씬 편리하고 신속하게 책을 생산할 수가 있다는 점에서 가치가 크다.

(4) 승정원일기(2001)
- 승정원일기는 국보 제 303호로 지정되어 있으며, 2001년 9월에 유네스코 세계 기록 유산으로 등재되었다.
- 승정원일기는 조선시대 승정원에서 있었던 일들을 상세히 기록한 책이다. 이는 조선왕조실록을 편찬할 때 기본 자료로 이용되었으며, 원본이 1부 밖에 없는 귀중한 자료이다.
- 승정원일기는 세계 최대의 연대 기록물이다. 당시의 정치·경제·국방·사회·문화 등에 대한 생생한 역사를 그대로 기록했다는 점에서 세계 최대의 1차 사료로서의 가치가 크다.

(5) 조선 왕조 의궤(2007)
- 조선 왕조 의궤는 2007년 6월 유네스코 세계 기록유산으로 등재 되었다.
- 의궤는 조선왕조(1392 - 1910) 500여 년간의 왕실 의례에 관한 기록물로, 왕실의 중요한 의식(儀式)을 글과 그림으로 기록하여 보여 주고 있다
- 의궤는 3,895권이 넘는 책으로, 시대와 주제별로 분류·구성되었다. 이를 통해 오랜 시간에 걸쳐 왕실의 의식에서 일어난 변화를 알 수 있고, 동시대 동아시아의 다른 문화와 자세하게 비교할 수 있다
- 의궤는 조선왕조의 중요한 행사와 의식에 관해 자세하게 설명하는 글과 그림을 포괄적이고 체계적으로 모아 놓은 문서이다. 이 기록유산의 특별한 양식은 동서양을 통틀어 세계 어디에서도 찾아볼 수 없다.

(6) 고려대장경판 및 제경판(2007)
- 고려대장경판 및 제경판은 2007년 6월에 유네스코 세계 기록 유산으로 등재되었다.
- 현재 세계에서 가장 오래되고 정확한 불교 대장경판으로 인도 및 중앙아시아 언어로 된 경전, 계율, 논서, 교리 및 불교와 관련된 역사적 기록물을 집대성하여 한역한 내용과 더불어 중국어가 원문인 일부 문헌을 선정하여 수록하였다.
- 해인사에 소장되어 있는 고려대장경판과 87,000여장의 목판은 1098년부터 1158년까지의 오랜 시간에 걸쳐 완성된 경판들로서 국가 제작판과 사찰 제작판으로 나뉜다.
- 제작시 경판 표면에는 옻칠을 하여 글자의 새김이 760년이 지나도록 생생한 상태로 남아 현재까지도 인쇄할 수 있을 정도이다.

(7) 동의보감(2009)
- 동의보감은 국보 319호로서 2009년 7월에 유네스코 세계 기록 유산으로 등재되었다.
- 동의보감은 1613년 한국에서 집필된 의학적인 지식과 치료 기술에 관한 백과사전으로, 왕의 지시하에 여러 의학 전문가들과 문학자들의 도움을 받아 허준이 편찬하였다.
- 동의보감은 한국적인 요소를 강하게 지닌 동시에, 일반 민중이 쉽게 사용할 수 있는 한의학 지식을 편집한 세계 최초의 공중 보건 의서라는 점을 널리 인정받았으며, 동아시아 의학의 발전에 영향을 주었다.

(8) 일성록(2011)
- 일성록은 국보 제 153호로 지정되어 있으며, 2011년 5월에 유네스코 세계기록 유산으로 등재되었다.
- 일성록은 조선 영조 즉위 36년인 1760년부터 1910년까지의 국정 전반을 기록한 왕의 일기로 총 2,329책의 기록이 남아있다.
- 정조가 세손시절의 일상 생활과 학업 성과를 기록한 존현각일기에서 비롯된 일성록은 정조 즉위 이후에는 규장각의 각신들이 매일의 정사를 기록하여 공식적 기록이 되었다.
- 조선의 다른 역사 기록물에서는 찾아볼 수 없는 신하들의 상소문, 외교문서 등의 내용을 기록하고 있다는 점에서 원본의 가치도 높이 평가받는다.

(9) 5·18 민주화 운동 기록물(2011)
- 5·18 민주화 운동 기록물들은 2011년 5월에 유네스코 세계기록유산으로 등재되었다.
- 5·18 민주화 운동 기록물들은 광주 민주화 운동의 발발과 진압, 이후의 진상 규명과 보상 등의 과정과 관련해 정부, 국회, 시민 단체 그리고 미국 정부 등에서 생산한 방대한 자료를 포함하고 있는 기록물이다.
- 기록물의 구성은 총 9주제로 구분되어있고, 기록문서철 4,271권, 858,900여 페이지, 흑백필름 2,017 컷, 사진 1,733 등으로 구성되어 있다.
- 5·18 민주화 운동 기록물은 3종류로 대별된다.
  첫째, 공공 기관이 생산한 문서로 중앙 정부의 행정 문서, 군 사법 기관의 수사·재판 기록 등이 포함되어 있다.
  둘째, 5·18 민주화 운동 기간에 단체들이 작성한 문건과 개인이 작성한 일기, 기자들이 작성한 취재 수첩 등으로 피해자들에 대한 구술 증언 테이프 등도 포함된다.
  셋째, 1980년 5·18 민주화 운동이 종료된 후 군사정부 하에서 진상규명과 관련자들의 명예회복을 위해 국회와 법원 등에서 생산한 자료와, 주한미국대사관과 미국 국무성, 국방부 사이에 오고 간 전문이 포함되어 있다.

(10) 난중일기(2013)
- 난중일기는 국보 제 76호로 지정되어 있으며, 2013년 6월에 유네스코 세계 기록유산으로 등재되었다.
- 난중일기는 이순신(1545~1598)이 임진왜란(1592~1598, 조일전쟁이라고도 부름) 기간 중 군중에서 직접 쓴 친필 일기이다.
- 이 일기는 모두 8권의 책으로 구성되어 있으며, 임진왜란 발발(1592년 1월) 이후부터 이순신이 1598년 11월 노량해전에서 전사하기 직전까지 7년 동안의 기간을 기록하고 있다.

- 전쟁 기간 중에 쓰인 이순신의 친필본 난중일기는 개인의 일기 형식의 기록이지만, 전장 기록물이라고도 할 수 있다. 또한 전투상황에 대한 상세한 기록뿐 아니라 당시의 기후나 지형, 일반 서민들의 삶에 대한 기록도 전하고 있어 당시의 자연지형 및 환경, 서민의 생활상에 대한 중요한 연구 자료로도 활용되고 있다.

(11) 새마을 운동 기록물(2013)
- 새마을 운동 기록물들은 2013년 6월에 유네스코 세계 기록 유산으로 등재되었다.
- 새마을 운동 기록물들은 대한민국 정부와 국민들이 1970년부터 1979년까지 추진한 새마을 운동과정에서 생산된 대통령의 연설문과 결재문서, 행정부처의 새마을 사업 공문, 마을단위의 사업 서류, 새마을 지도자들의 성공사례원고와 편지, 시민들의 편지, 새마을 교재, 관련 사진과 영상 등의 자료를 총칭한다.
- 새마을 운동은 농촌 문제를 포괄적으로 해결하고 그 결과 국가 발전을 가속화한 성공적 사례로서 국제사회에서 주목 받았다. 새마을 운동은 한때 세계 최빈국 중 하나였던 대한민국을 경제대국으로 성장하게 만드는 토대가 되었으며, 이는 인류사가경 험한 놀라운 업적이기도 하다.
- 새마을 운동과 관련된 기록물들은 그동안 기아 극복, 빈곤 퇴치, 농촌 지역 현대화, 여성의 지위 향상을 도모하였던 국제개발기구, 개발도상국의 정부 및 해당 정부의 국민들에게 유용하게 이용되어 왔다.
- 새마을 운동 문서 기록물들이 보여주고 있는 농촌 발전의 모델은 효과적인 빈곤 퇴치 방안이자 대외 원조의 방안으로서 인정받고 있다.

(12) 한국의 유교책판(2015)
- 유교책판은 2015년 10월에 유네스코 세계 기록 유산으로 등재되었다.
- '유교책판(儒敎冊版, Confucian Printing Woodblocks in Korea)'이라고 불리는 이 기록유산은 조선시대(1392 – 1910)에 718종의 서책을 간행하기 위해 판각한 책판으로, 305개 문중과 서원에서 기탁한 총 64,226장으로 되어 있으며 현재는 한국국학진흥원에서 보존 관리하고 있다.
- 유교책판의 수록 내용은 문학을 비롯하여 정치, 경제, 철학, 대인관계 등 실로 다양한 분야를 다루고 있다. 그러나 이렇게 다양한 분야를 다루고 있음에도 궁극적으로는 유교의 인륜공동체(人倫共同體) 실현이라는 주제를 담고 있는 것이 공통적인 특징이다.
- 문중 – 학맥 – 서원 – 지역사회로 연결되는 네트워크를 형성한 지역의 지식인 집단은 '공론(公論)'을 통해 인쇄할 서책의 내용과 이후의 출판 과정을 결정하였다.
- 제작 과정부터 비용까지 자체적으로 분담하는 '공동체 출판'이라는 출판 방식은 유례를 찾기 힘든 매우 특징적인 출판 방식이다.
또 이 네트워크의 구성원들은 20세기 중반까지 지속적으로 스승과 제자의 관계로 서로 밀접하게 연관되었고 이러한 관계는 500년 이상 지속되면서 '집단지성(集團知性)'을 형성하였다.
- 영구적으로 보존되어온 영원한 학문의 상징으로서 유교책판은 서책을 원활하게 보급하기 위해 제책c(odex) 형태로 인출하도록 제작되었으며, 현전하는 모든 책판은 지금도 인출이 가능할 정도로 원래의 상태 그대로 유지되어 있다.

(13) KBS 특별생방송 '이산가족을 찾습니다' 기록물(2015)
- KBS 특별생방송 '이산가족을 찾습니다' 기록물은 2015년 10월에 유네스코 세계 기록 유산으로 등재되었다.
- KBS 특별생방송 '이산가족을 찾습니다' 기록물은 KBS가 1983년 6월 30일 밤 10시 15분부터 11월 14일 새벽 4시까지 방송기간 138일, 방송시간 453시간 45분 동안 생방송한 비디오 녹화원본 테이프 463개와, 담당 프로듀서 업무수첩, 이산가족이 직접 작성한 신청서, 일일 방송진행표, 큐시트, 기념음반, 사진 등 20,522건의 기록물을 총칭한다.
- KBS는 한국전쟁 33주년과 휴전협정(1953.7.27.) 30주년을 즈음하여 〈KBS특별생방송 이산가족을 찾습니다〉를 기획했다. 이 기록물은 세계 방송사적으로도 기념비적인 유산이다. 텔레비전을 활용한 세계 최대 규모의 이산가족 찾기 프로그램으로, 총 100,952건의 이산가족이 신청하고 53,536건이 방송에 소개되어 10,189건의 이산가족이 상봉했다. 방송 전담인력 1,641명이 투입되고 138일간 방송되었다.
- 이 기록물은 대한민국의 비극적인 냉전 상황과 전쟁의 참상을 고스란히 담고 있다. 혈육들이 재회하여 얼싸안고 울부 짓는 장면은 이산가족의 아픔을 치유해 주었고, 남북이산가족 최초상봉(1985.9)의 촉매제 역할을 하며 한반도 긴

장완화에 기여했다. 또한 더 이상 이와 같은 비극이 생겨나서는 안된다는 평화의 메시지를 전 세계에 전달했다.
- 이산가족 찾기 방송 2년 후에 북한 대표단이 KBS를 방문(1985.5)했고 역사적인 남북한 이산가족의 최초상봉(1985.9)이 이루어졌다. 이후 2014년까지 남북한의 이산가족 총 18,523명이 상봉하는 성과를 거두었다.
- 이산가족 찾기 방송 7년 뒤에는 한국전쟁의 당사자이자 공산권의 대부였던 소련과의 수교(1990.9)도 이루어졌다. 이듬해인 1991년에는 소련이 해체되고 냉전이 종식되었다. 이처럼 KBS의 이산가족 찾기 방송은 국제 냉전질서의 극복과 남북한의 긴장 완화에 기여했다.

(14) 국채보상운동 기록물(2017)
- 한국의 국채보상운동 기록물은 국가가 진 빚을 국민이 갚기 위해 1907년부터 1910년까지 일어난 국채보상운동의 전 과정을 보여주는 기록물이다. 19세기 말부터 제국주의 열강은 아시아, 아프리카, 아메리카 등 모든 대륙에서 식민지적 팽창을 하면서 대부분의 피식민지국가에게 엄청난 규모의 빚을 지우고 그것을 빌미로 지배력을 강화하는 방식을 동원하였다. 아시아 동북쪽의 작은 나라였던 한국도 마찬가지로 일본의 외채로 망국의 위기에 처해 있었다. 당시 한국인들은 이미 베트남, 인도, 폴란드, 이집트, 오키나와 등의 국가들도 외채로 나라를 잃은 역사적 사실을 주목하고 있었다. 한국 국민은 외채로 인한 망국의 위기를 극복하고자 국채보상운동을 일으킨 것이다.
- 한국의 남성은 술과 담배를 끊고, 여성은 반지와 비녀를 내어놓았고, 기생과 걸인, 심지어 도적까지도 의연금을 내는 등 전 국민의 약 25%가 이 운동에 자발적으로 참여하였다. 한국 사람들은 전국민적 기부운동을 통해 국가가 진 외채를 갚음으로써 국민으로서의 책임을 다 하려 하였다.
- 한국의 국채보상운동은 영국 언론인이 한국에서 발행하는 영어신문에 의해도 서방세계로 알려지게 되었으며, 해외 유학생 및 해외 이주민이 외국에서 발행하는 신문을 통해서도 해외로 알려지게 되었다. 심지어 1907년 네델란드 헤이그에서 열린 「제2차 만국평화회의」에서 한국의 국채보상운동을 알림으로써 전세계에 알려지게 되어, 외채로 시달리는 다른 피식민지국에 큰 자극이 되었다. 그 후 중국(1909), 맥시코(1938년), 베트남(1945년)등 제국주의 침략을 받은 여러 국가에서도 한국과 거의 유사한 방식으로 국채보상운동이 연이어 일어났다. 다만 한국의 국채보상운동은 이후에 일어난 운동과 비교하여 시기적으로 가장 앞섰으며 가장 긴 기간 동안 전 국민이 참여하는 국민적 기부운동이었다는 점에서 기념비적이며 당시의 역사적 기록물이 유일하게 온전히 보존되어 있다는 점에서도 역사적 가치가 크다.
- 외채문제는 20세기 식민지-피식민지 국가간, 21세기 선진국-후진국 간의 일반적 현상이며, 외채상환문제는 외채를 탕감할 것인가와 외채를 갚을 것인가로 대립되는 일반적 현상이다. 전자에 '쥬빌리운동'이 있다면 후자에는 '국채보상운동'이 있다. 이처럼 국채보상운동 정신은 시민적 연대를 통해 채무자의 책임을 다함으로써 국난을 극복하는 인류보편의 정신이며, 지금도 살아 있는 정신이라고 할 수 있다.
- 이런 점에서 한국의 국채보상운동 기록물은 국가적 위기에 자발적으로 대응하는 시민적「책임」의 진면목을 보여주는 역사적 기록물이다. 뿐만 아니라 라틴아메리카, 동아시아, 그리고 유럽 등의 외환 위기에서 보듯 세계경제가 직면하고 있는 누적적 부채 위기를 극복함에 있어서, 국채보상운동이 국민적 연대와 책임의식에 기초한 경제모델로 주목받고 있다.

(15) 조선왕실 어보와 어책(2017)
- 유네스코 세계기록유산 등재 신청 대상은 금·은·옥에 아름다운 명칭을 새긴 어보, 오색 비단에 책임을 다할 것을 훈계하고 깨우쳐주는 글을 쓴 교명, 옥이나 대나무에 책봉하거나 아름다운 명칭을 수여하는 글을 새긴 옥책과 죽책, 금동판에 책봉하는 내용을 새긴 금책 등이다. 이런 책보(册寶)는 조선조 건국 초부터 근대까지 570여 년 동안 지속적으로 제작되고 봉헌되었다. 1392년부터 1966년까지 570여 년이라는 장기간에 걸쳐 지속적으로 책보를 제작하여 봉헌한 사례는 한국이 유일무이하다.

- 조선왕조의 왕위는 세습이었다. 국왕의 자리를 이을 아들이나 손자 등(또는 왕실의 승계자)은 국본(國本)으로서 왕위에 오르기 전에 왕세자나 왕세손에 책봉되는 전례(典禮)를 거쳐야 했다. 어보와 어책은 일차적으로 이와 같은 봉작(封爵) 전례의 예물로 제작했다. 이에는 통치자로서 알아야할 덕목을 함축적으로 표현한 문구가 들어있다. 왕세자나 왕세손에 책봉되면 그 징표로 국왕에게서 옥인(玉印), 죽책(竹冊), 교명(敎命)을 받음으로써 왕권의 계승자로서 정통성을 인정받았다. 이들이 성혼한 경우에는 이들의 빈(嬪)도 같은 과정을 거쳤다. 왕세자나 왕세손이 국왕에 즉위하면 즉위식에서 왕비도 금보(金寶), 옥책(玉冊), 교명(敎命)을 받았다. 왕과 왕비가 죽은 뒤에는 묘호(廟號)와 시호(諡號)가 정해지면 시보(諡寶)와 시책(諡冊)을 받았다. 왕과 왕비가 일생에 걸쳐 받은 책보는 신주와 함께 종묘에 봉안되었다. 살아서는 왕조의 영속성을 상징하고 죽어서도 죽은 자의 권위를 보장하는 신물이었다.
- 책보는 그 용도가 의례용으로 제작되었지만 거기에 쓰인 보문과 문구의 내용, 작자, 문장의 형식, 글씨체, 재료와 장식물 등은 매우 다양하여 당대의 정치, 경제, 사회, 문화, 예술 등의 시대적 변천상을 반영하고 있기 때문에 한국의 책보만이 지닐 수 있는 매우 독특한 세계기록유산으로서의 가치는 지대하다.
- 왕조의 영원한 지속성을 상징하는 어보와 그것을 주석(annotation)한 어책은 현재의 왕에게는 정통성을, 사후에는 권위를 보장하는 신성성을 부여함으로서 성물(聖物)로 숭배되었다. 이런 면에서 볼 때 책보는 왕실의 정치적 안정성을 확립하는데 크게 기여하였음을 알 수 있다. 이것은 인류문화사에서 볼 때 매우 독특한(unique) 문화양상을 표출하였다는 점에서 그 가치가 매우 높은 기록문화 유산이라 할 수 있다.

(16) 조선통신사에 관한 기록 – 17세기~19세기 한일 간 평화구축과 문화교류의 역사(2017)
- 조선통신사에 관한 기록은, 1607년부터 1811년까지, 일본 에도막부의 초청으로 12회에 걸쳐, 조선국에서 일본국으로 파견되었던 외교사절단에 관한 자료를 총칭하는 것이다. 이 자료는 역사적인 경위로 인해 한국과 일본에 소재하고 있다.
- 조선통신사는 16세기 말 일본의 도요토미 히데요시가 조선국을 침략한 이후 단절된 국교를 회복하고, 양국의 평화적인 관계구축 및 유지에 크게 공헌했다. 조선통신사에 관한 기록은 외교기록, 여정기록, 문화교류의 기록 으로 구성된 종합자산이며, 조선통신사의 왕래로 두 나라의 국민은 증오와 오해를 풀고 상호이해를 넓혀, 외교뿐만이 아니라 학술, 예술, 산업, 문화 등의 다양한 분야에 있어서 활발한 교류의 성과를 낼 수 있었다.
- 이 기록에는 비참한 전쟁을 경험한 양국이 평화로운 시대를 구축하고 유지해 가는 방법과 지혜가 응축되어 있으며, 성신교린 을 공통의 교류 이념으로 대등한 입장에서 상대를 존중하는 이민족간의 교류가 구현되어 있다. 그 결과, 양국은 물론 동아시아지역에도 정치적 안정이 이루어졌고, 안정적인 교역루트도 장기간 확보할 수 있었다.
- 이 기록은 양국의 역사적 경험으로 증명된 평화적·지적 유산으로, 항구적인 평화공존관계와 타문화 존중을 지향해야 할 인류공통의 과제를 해결하는데 있어서 현저하고 보편적인 가치를 가진다.

(17) 4·19혁명기록물(2023)
- 4·19혁명 기록물은 1960년 4월 19일 한국에서 학생이 중심이 되어 일어난 시민혁명 자료를 말한다. 1960년 2·28 대구 학생시위부터 3·15 부정선거에 항의하여 독재정권을 무너뜨린 4·19혁명까지의 전후 과정과 관련된 일체의 기록물이다.
- 4·19혁명은 식민지에서 해방 된 지 15년, 냉전이 빚은 한국전쟁 종료 이후 7년밖에 안 된 분단국가인 한국에서 아래로부터 일어나 성공한 혁명이었다. 독재정권에 발맞춘 경찰의 발포로 무고한 학생과 시민 186명이 사망했고 6,026명이 부상을 당했다. 그러나 고등학생부터 대학생 그리고 시민들은 죽음을 무릅쓰고 끝까지 싸워서 독재정권을 무너뜨리고 민주정부를 수립했다.
- 한국은 2차 대전 이후 식민지에서 독립했다. 그러나 미·소 분할점령으로 불가피하게 남북이 분단되었고, 1950년 세계적 규모의 비극적인 한국전쟁을 3년 동안 치렀다. 전쟁의 결과는 참혹했다. 약 450만의 사상자와 45%의 산업시설이 파괴되었고 분단은 계속되었다. 냉전 반공독재가 민주주의를 압살했다. 1952년 〈더 타임스〉에 실린 "한국에서 민주주의를 바랄 것은 쓰레기통에서 장미꽃을 구하는 것과 같다"라는 문장이 세계 일반의 시각이었다. 하지만 한국은 4·19혁명으로 세계의 일반 시각이 틀렸음을 증명했다.
- 4·19혁명 기록물은 민주주의가 불가능하다는 역사적 조건에서 10살 안팎의 아이부터 70대 노인에 이르기까지 자발적으로 독재에 맞서 비폭력으로 민주주의를 이루면서 제3세계에서 최초로 성공한 비폭력 시민혁명인 동시에 유럽의

1968년 혁명, 미국의 반전운동, 일본의 안보투쟁 등 1960년대 세계 학생운동에 영향을 미친 기록유산으로서 세계사적 중요성을 인정받았다.

(18) 동학농민혁명기록물(2023)
- 「동학농민혁명기록물」은 1894년~1895년 조선에서 발발한 동학농민혁명과 관련된 기록물이다. 동학농민혁명은 부패한 지도층과 외세의 침략에 저항하며 평등하고 공정한 사회를 건설하기 위해 민중이 봉기한 사건이다.
- 한국이 번영된 민주주의로 나아가는 발판을 놓았으며, 유사한 외국의 반제국주의, 민족주의, 근대주의 운동에 영향을 주었다. 또한 그 과정에서 동학농민군은 전라도 각 고을 관아에 치안과 행정을 담당하는 민·관 협력(거버넌스) 기구인 '집강소'를 설치하는 성과를 거두었다.
- 동학농민혁명 기록물에는 동학농민군이 작성한 문서, 정부 보고서, 개인 일기와 문집, 각종 임명장 등이 포함된다. 이러한 자료들을 통해 다양한 관점에서 농민운동의 진행과정과 그 의미를 찾아볼 수 있다. 특히 시간과 장소를 초월하여 인간의 권리와 평등, 식민주의에 대한 반대 등을 다양한 시각에서 종합적으로 보여주는 기록물로서 희귀성이 있다.
- 유네스코 세계기록유산 등재를 통해 「동학농민혁명기록물」은 조선 백성들이 주체가 되어 자유, 평등, 인권의 보편적 가치를 지향했던 기억의 저장소로서 세계사적 중요성을 인정받았다.

3. 유네스코 지정 인류무형 문화유산

(1) 종묘제례 및 종묘제례악(2001)
- 종묘제례 및 종묘제례악은 2001년 5월 유네스코 지정 인류 무형 문화유산으로 지정되었다.
- 종묘제례(宗廟祭禮)란 종묘에서 행하는 제향의식으로, 조선시대의 나라제사 중 규모가 크고 중요한 제사였기 때문에 종묘대제(宗廟大祭)라고도 한다.
- 의례의 절차는 15세기에 정해졌으며 오늘날까지 대부분 그대로 남아있다. 종묘제례의 절차는 신을 맞이하는 절차, 신이 즐기도록 하는 절차, 신을 보내드리는 내용으로 구성되어 있다.
- 종묘제례는 왕족의 후손들이 제례를 조직하며 음악, 무용, 노래가 포함되어 있다. 의례가 봉행되는 동안, 제관들은 의례복을 입으며 왕은 왕관을, 다른 이들은 관을 써서 복장을 갖추고 음식과 술을 제기에 담아 조상에게 바친다.
- 종묘제례는 최고의 품격으로 유교절차에 따라 거행되는 왕실의례이며, 이를 통해 동양의 기본이념인 '효'를 국가차원에서 실천함으로써 민족공동체의 유대감과 질서를 형성하는 역할을 하였다. 이와 함께 종묘라는 조형적 건축공간에서 진행되는 종묘제례의 장엄하고 정제된 아름다움은 자연과 어우러진 동양적 종합예술의 정수이며, 500년이라는 시간과 공간을 초월한 한국의 소중한 정신적 문화유산이다.
- 종묘제례의 전통은 조상신 숭배와 효의 개념에 관한 고대 중국 문헌에서 유래하지만 중국에서는 더 이상 행해지지 않는 유교 의례의 고유한 사례로 남아 있다.

(2) 판소리(2003)
- 판소리는 2003년 11월 유네스코 지정 인류 무형문화 유산으로 등재되었다.
- '판소리'라는 말은 '여러 사람이 모인 장소'라는 뜻의 '판'과 '노래'를 뜻하는 '소리'가 합쳐진 말이다.
- 판소리'는 한 명의 소리꾼과 한 명의 고수(북치는 사람)가 음악적 이야기를 엮어가며 연행하는 장르이다. 장단에 맞추어 부르는 표현력이 풍부한 창(노래)와 일정한 양식을 가진 아니리(말), 풍부한 내용의 사설과 너름새(몸짓) 등으로 구연(口演)되는 이 대중적 전통은 지식층의 문화와 서민의 문화를 모두 아우르고 있다는 점이 특징이다.
- 최대 8시간 동안 연행되는 동안 남성, 또는 여성 소리꾼은 1명의 고수의 장단에 맞춰 촌스럽기도 하고 학문적이기도 한 표현을 섞은 가사를 연행하는 즉흥 공연이다.
- 판소리의 창자는 아주 다양하고 독특한 음색을 터득하고 복잡한 내용을 모두 암기하기 위해서 오랜 기간 동안 혹독한 수련을 거친다.

(3) 강릉단오제(2005)
- 강릉단오제는 2005년 11월 유네스코 지정 세계 무형문화 유산으로 등재되었다.
- 강릉단오제는 단옷날을 전후하여 펼쳐지는 강릉 지방의 향토 제례 의식이다.
- 이 축제에는 산신령과 남녀 수호신들에게 제사를 지내는 대관령국사성황모시기를 포함한 강릉 단오굿이 열린다. 그리고 전통 음악과 민요 오독떼기, 관노가면극(官奴假面劇), 시 낭송 및 다양한 민속놀이가 개최된다.
- 4주 동안 계속되는 단오제는 신에게 바칠 술을 담고 굿을 하는 것으로부터 시작되며, 이 굿에서는 신목(神木), 그리고 깃털·종·대나무 등으로 만든 제물인 화개(花蓋)가 중심 역할을 한다.
- 이 축제는 유교·무속·불교의 제례 의식이 공존한다는 점이 특징이다.
- 강릉 지방 사람들은 신들에게 드리는 제사를 통해 자연 재해를 입지 않고 평화롭고 풍요롭게 살 수 있다고 믿었다.
- 이 축제의 전통적 기능 가운데 하나는 모든 사회 계층의 사람들이 참여할 수 있게 함으로써 사회적 이질감을 극복하는 것이었다.

(4) 영산재(2009)
- 2009년 9월 영산재가 유네스코 지정 세계 무형문화 유산으로 등재되었다.
- 한국 불교문화의 중심 요소인 '영산재(靈山齋)'는 부처가 인도의 영취산에서 법화경(Lotus Sutra)을 설법하던 모습을 재현한 것이다.

- 영산재는 하늘과 땅의 영가(靈駕)와 모든 성인(聖人)을 맞아들이는 의식에서 시작하여 부처의 영적 세계의 사고방식을 표현하는 봉송(奉送) 의례로 마무리된다.
- 봉송 의례에는 노래, 의식적 장식, 바라춤, 법고춤, 나비춤과 같은 불교 의식 무용이 거행된다. 이 의례에는 또한 정제의식, 차례, 부처와 보살들에게 식사를 공양하는 것, 참석자들이 진리의 문에 들도록 하는 법문, 죽은 자가 극락에 들도록 하는시 식(施食)이 포함되어 있다.
- 서울 지역에 근거한 한국 불교인 태고종에 의하여 주로 보존되어 온 영산재는 한국 전역의 사찰에서 열린다.
- 영산재는 참석한 모든 이들에게 부처, 불법을 깨닫고 승려를 숭앙하여 진리의 세계에 들도록 하는 것을 돕고 있다. 이 의례는 가치와 예술적 형태를 전승하고 참선, 수행 및 깨달음에 있어서 중요한 장이 되고 있다.

(5) 남사당놀이(2009)

- 2009년 9월 남사당놀이가 유네스코 지정 세계 무형문화 유산으로 등재되었다.
- 남사당놀이는 말 그대로 '남자들로 구성된 유랑광대극'으로서 원래 유랑예인들이 널리 행하던 다방면의 한국 전통 민속공연이다.
  - '풍물'은 꽹과리·징·장구·북 등의 타악기 소리가 강조된다.
  - 덧뵈기는 여러 사회 계층의 사람들을 묘사하는 네 마당(마당씻이·옴탈잡이·샌님잡이·먹중잡이)으로 구성된다.
  - 어름은 높이 매달린 외줄 위에서 곡예를 부리며 바닥의 어릿광대와 재담을 주고받는 놀이이다.
  - 덜미에서는 50여 개의 인형들이 등장하여 등장인물이 주고받는 대사와 악사들의 음악이 일곱 마당으로 펼쳐진다.
  - 살판은 지상에서 행하는 곡예에 재담과 음악이 곁들여진다.
  - 버나는 나무 막대기로 쳇바퀴를 돌리는 복잡한 묘기이다.
- 남사당놀이는 야외 마당에서 연희자들을 둘러싸는 시골 관객들을 즐겁게 해 줄 뿐만 아니라 중요한 사회적 메시지를 전 달하기도 하였다. 특히 탈춤과 꼭두각시놀음은 남성 중심의 사회에서 여성들은 물론이고 하층민들의 억압받는 삶을 놀이로 보여 주었다.
- 이 공연은 정치적으로 힘없는 자들을 대변하여 풍자로써 문제점들을 제기하기도 하고 가난한 사람들에게 꿈을 주고 삶을 이어 가게 하는 평등과 자유의 이상을 보여 주었다.

(6) 제주 칠머리당 영등굿(2009)

- 2009년 9월 제주 칠머리당 영등굿이 유네스코 지정 세계 무형문화 유산으로 등재되었다.
- '제주 칠머리당 영등굿'은 바다의 평온과 풍작 및 풍어를 기원하기 위해 음력 2월에 제주에서 시행하는 세시풍속이다.
- 제주시 건입동(健入洞)의 칠머리당에서 열리는 제주 칠머리당 영등굿은 제주도 전역에서 이루어지는 유사한 굿 가운데 대표적인 의식이다. 제주의 마을 무당들은 바람의 여신(영등 할망), 용왕, 산신 등에게 제사를 지낸다.
- 영등 환영제에는 신령을 부르는 의례, 풍어에 대한 기원, 조상신을 즐겁게 하기 위한 3개의 연희 등이 포함되어 있다. 영등환영제가 시작된 지 2주 뒤에 열리는 영등 송별제에는 굿에 쓸 술과 떡을 사당으로 가져오고, 용왕을 맞아들이는 의례인 요왕맞이를 하며, 수수의 씨를 가지고 점(點)을 치는 씨점을 치고, 마을 노인들이 짚으로 만든 배를 바다로 내보내는 행사 배방선(送神) 등을 치른다.
- 봄이 왔음을 뜻하는 15일째가 되어 영등 할망이 떠나면 대지에는 씨가 뿌려지고 험한 바다는 잔잔해진다.
- 영등굿에 참여하는 사람은 무당 이외에 해녀들, 선주들이 참여하는 데 이들은 음식과 공양물을 지원한다.
- 일정한 시기에 치러지는 의례이자 문화 축제이기도 한 영등굿은 제주도 사람들에게 일체감을 심어주어 돈독한 관계를 맺 도록 해준다. 영등굿은 또한 제주도 바닷사람들의 삶을 좌우하는 바다에 대한 존중의 표현이기도 하다.

(7) 강강술래(2009)

- 2009년 9월 강강술래는 유네스코 지정 세계 무형문화 유산으로 등재되었다.
- 대한민국의 남서부 지역에서 널리 행해지는 '강강술래'는 풍작과 풍요를 기원하는 풍속의 하나로, 주로 음력 8월 한가위에 연행된다.

- 밝은 보름달이 뜬 밤에 수십 명의 마을 처녀들이 모여서 손을 맞잡아 둥그렇게 원을 만들어 돌며, 한 사람이 '강강술래'의 앞부분을 선창(先唱)하면 뒷소리를 하는 여러 사람이 이어받아 노래를 부른다. 이러한 놀이는 밤새도록 춤을 추며 계속되며 원무를 도는 도중에 민속놀이를 곁들인다.
- 이 민속놀이는 강강술래 노래를 부르다가 기와 밟기, 덕석몰이, 쥐잡기놀이, 청어 엮기 등 농촌이나 어촌 생활을 장난스럽게 묘사한 놀이를 하는 것이 특징이다. 강강술래 춤의 이름은 노래의 후렴구에서 따왔지만, 그 정확한 뜻은 알려져 있지 않다.
- 옛날에 한가위를 제외하고는 농촌의 젊은 여성들이 큰 소리로 노래를 부르거나 밤에 외출하는 것이 허용되지 않았는데 이 놀이를 통해 잠깐이나마 해방감을 느끼며 즐길 수 있었다고 한다.
- 현재 한국 전역에서 펼쳐지는 공연 예술로서 이 풍속은 한국의 대표적인 민속 예술이라 할 수 있다. 강강술래는 시골의 일상생활인 쌀농사 문화에서 유래하는 중요한 전래 풍습이다. 단순한 음률과 동작 때문에 배우기 쉽고, 여성들이 이웃 여성들과 함께 춤추는 가운데 협동심·평등·우정의 교류를 함께했다.

(8) 처용무(2009)
- 2009년 9월 처용무는 유네스코 지정 세계 무형문화 유산으로 등재되었다.
- 처용무(處容舞)는 궁중 무용의 하나로서 오늘날에는 무대에서 공연하지만, 본디 궁중 연례(宴禮)에서 악귀를 몰아내고 평온을 기원하거나 음력 섣달그믐날 악귀를 쫓는 의식인 나례(儺禮)에서 복을 구하며(求福) 춘 춤이었다.
- 동해 용왕(龍王)의 아들로 사람 형상을 한 처용(處容)이 노래를 부르고 춤을 추어 천연두를 옮기는 역신(疫神)으로부터 인간 아내를 구해냈다는 한국 설화를 바탕으로 한 처용무는 동서남북과 중앙 등의 오방(五方)을 상징하는 흰색·파란색·검은색·붉은색·노란색의 오색 의상을 입은 5명의 남자들이 추는 춤이다.
- 무용수들은 팥죽색에 치아가 하얀 신인(神人) 탈을 쓰고, 납 구슬 목걸이에 주석 귀고리를 하고 검은색 사모를 쓰는데, 사모 위에는 악귀를 몰아내고 상서로운 기운을 맞이하는 벽사진경(辟邪進慶)의 뜻을 담은 모란 2송이와 복숭아 열매 7개를 꽂는다.
- 다양한 형식과 박자의 반주 음악, 간간이 삽입된 다채로운 서정적 노래 등을 통해 처용무는 호방하고 활기차다. 처용의 형상을 대문에 새기면 역신과 사귀(邪鬼)를 물리칠 수 있다는 민간 신앙을 포함해 처용을 둘러싼 더 광범위한 민속 신앙의 일부를 이루는 한편, 처용무는 특히 오행설(五行說)로 대표되는 유교 철학을 구현하기도 했다. 처용탈의 제작 과정 또한 전통 장인의 기량을 엿볼 수 있는 소중한 기회이다.

(9) 가곡(2010)
- 2010년 11월 가곡은 유네스코 지정 세계무형문화유산으로 등재되었다.
- 가곡(歌曲)은 소규모 국악 관현(管絃) 반주에 맞추어 남성과 여성 들이 부르던 한국 전통 성악(聲樂) 장르이다. 가곡은 시조 및 가사와 함께 정가(正歌)에 속한다. 예전에 가곡은 상류 계층이 즐기던 음악이었으나, 오늘날에는 전국적으로 널리 알려진 성악곡이 되었다.
- 가곡은 남성이 부르는 노래인 남창(男唱) 26곡과 여성이 부르는 노래인 여창(女唱) 15곡으로 구성되어 있다.
- 남창은 울림이 있고 강하며 깊은 소리가 특징인 반면, 여창은 고음의 가냘픈 소리가 특징이다. 가곡은 장엄하면서도 평화로운 음계(音階)나 구슬픈 음계로 구성되며, 10박 또는 16박 장단을 사용한다.
- 반주로 사용되는 전통 관현악기는 6현 치터인 거문고, 가로로 부는 대나무 플루트인 대금, 12현 치터인 가야금, 피리(겹혀(複簧, double reed)가 있는 작은 관) 등이다.
- 가곡은 서정성과 균형을 지니고 있으며, 세련된 멜로디와 진보적 악곡(樂曲)이라는 점에서 찬사를 받는다. 가곡을 부를 만한 기량을 습득하려면 오랜 시간과 노력이 필요하며, 공연을 하려면 대단한 집중력과 절제력이 있어야 한다. 가곡은 전수자들과 그들의 공동체 및 관련 기관을 중심으로 지역 전수관에서 보호 및 전수하고 있다. 가곡은 한국적 정체성을 확립하는 데 중요한 역할을 하였다.

(10) 매사냥(2010)
- 2010년 11월 매사냥은 유네스코 지정 세계무형문화유산으로 등재되었다.
- '매사냥'이란 매나 기타 맹금(猛禽)을 길들여서 야생 상태에 있는 사냥감을 잡도록 하는 전통 사냥이다.
- 본디 매사냥은 식량을 얻는 한 가지 방편이었으나, 오늘날에는 생존 수단보다는 동료애 및 공유(共有)와 더 밀접한 관련이 있다.
- 매사냥꾼(응사(鷹師) 또는 매꾼)은 자신이 기르는 맹금과 돈독한 유대감 및 정신적 교감을 형성하여야 하며, 매를 기르고 길들이고 다루고 날리기 위해 헌신적인 노력이 필요하다.
- 기후가 무더운 나라의 매사냥꾼들은 자녀를 사막으로 데리고 나가, 새를 다루고 상호간 신뢰를 쌓는 기술을 가르친다. 매사냥꾼들은 비록 그 배경이 서로 다를지라도 매를 훈련하고 돌보는 방법, 사용하는 도구, 유대감을 형성하는 과정 등의 보편된 가치, 전통, 기술을 공유한다.
- 매사냥은 전통 복식, 음식, 노래, 음악, 시, 춤 등을 포함해 매사냥을 하는 공동체와 클럽에서 잇고 있는 한층 폭넓은 문화유산의 근거를 이루고 있다.

(11) 대목장(2010)
- 2010년 11월 대목장은 유네스코 지정 세계무형문화유산으로 등재되었다.
- 대목장은 건축물의 기획·설계·시공은 물론 수하 목수들에 대한 관리 감독까지 전체 공정을 책임지는 장인이다.
- 대목장이 완성한 목조 구조물들은 하나같이 우아하고 간결하며 소박한데, 이런 점은 고스란히 한국 전통 건축의 고유한 특징이기도 하다.
- 한국의 전통적인 건축 공정에서는 건축물을 그 규모 및 입지·용도에 걸맞게 설계하는 기술적 능력과 함께 건축 자재로 사용할 목재를 선정하여 절단하고 형태를 만드는, 또한 개개의 자재를 한데 모아 못을 사용하지 않고 서로 이어 소위 말하는 '천 년을 견디는 이음새'를 창조할 수 있는 심미적 감각을 필요로 한다.
- 대목장의 전문 지식은 한 세대에서 다음 세대로 면면히 이어져 왔으며, 이런 지식을 습득하기 위해서는 수십 년에 걸친 훈련과 현장경험이 필요하다. 전통의 건축기법을 적용해 기념비적인 옛 건축물들을 복원하는 작업에 종사하면서 대목장은 예술가적 창의성을 발휘하여 전통 건축의 아름다움을 재해석하고 스스로가 가진 기술적 역량의 한계 내에서 그 아름다움을 재창조하고 있다.

(12) 줄타기(2011)
- 2011년 11월 줄타기는 유네스코 지정 세계무형문화유산으로 등재되었다.
- 줄타기는 널리 알려져 있는 놀음의 하나로 대부분의 나라에서는 단지 곡예기술에 중점을 두고 있다. 그러나 한국의 전통 공연예술인 줄타기는 음악 반주에 맞추어 줄타기 곡예사와 바닥에 있는 어릿광대가 서로 재담을 주고받는다는 점에서 독특하다.
- 줄타기 연행(演行)은 야외에서 한다. 줄타기 곡예사가 재담과 동작을 하며 노래와 춤을 곁들이는데, 곡예사가 줄위에서 다양한 묘기를 부리는 동안, 어릿광대는 줄타기 곡예사와 재담을 주고받고, 악사들은 그 놀음에 반주를 한다.
- 줄타기 곡예사는 간단한 동작으로 시작하여 점점 더 어려운 묘기를 부리는데 무려 40가지나 되는 줄타기 기술을 몇 시간 동안이나 공연한다.

(13) 택견(2011)
- 2011년 11월 택견은 유네스코 지정 세계무형문화유산으로 등재되었다.
- 택견은 유연하고 율동적인 춤과 같은 동작으로 상대를 공격하거나 다리를 걸어 넘어뜨리는 한국 전통 무술이다.
- 우아한 몸놀림의 노련한 택견 전수자는 직선적이고 뻣뻣하기보다는 부드럽고 곡선을 그리듯이 움직이지만, 엄청난 유연성과 힘을 보여줄 수 있다. 발동작이 손만큼 중요한 역할을 한다. 부드러운 인상을 풍기지만, 택견은 모든 가능한 전투 방법을 이용하며 다양한 공격과 방어 기술을 강조하는 효과적인 무술이다.
- 택견은 또한 배려를 가르친다. 숙련된 택견 전수자는 신속히 상대를 제압할 수 있지만, 진정한 고수는 상해를 입히지 않고도 상대를 물러나게 하는 법을 안다.

- 계절에 따른 농업과 관련된 전통의 한 부분으로서, 택견은 공동체의 통합을 촉진하며, 모든 이가 할 수 있는 스포츠로서 공중 보건을 증진하는 주요한 역할을 한다.

(14) 한산 모시짜기(2011)
- 2011년 11월 한산모시짜기는 유네스코 지정 세계무형문화유산으로 등재되었다.
- 한산모시는 충청남도 서천군 한산 지역에서 만드는 모시로, 이 지역은 여름 평균 기온이 높으며 해풍으로 인해 습하고 토양이 비옥하여 다른 지역에 비해서 모시가 잘 자라서 품질이 우수하다.
- 모시짜기는 수확, 모시풀 삶기와 표백, 모시풀 섬유로 실잣기, 전통 베틀에서 짜기의 여러 과정으로 이루어진다. 정장·군복에서 상복에 이르기까지 다양한 의류의 재료가 되는 모시는 더운 여름 날씨에 입으면 쾌적한 느낌을 주는 옷감이다. 표백한 순백색 모시의 섬세하고 단아함은 일반 의류 뿐 아니라 고급 의류에도 알맞다.
- 모시짜기는 전통적으로 여성이 이끄는 가내 작업인데 어머니가 딸 또는 며느리에게 기술과 경험을 전수한다.
- 모시짜기의 전통은 마을의 정해진 장소에서 이웃과 함께 모여서 일함으로써 공동체를 결속하는 역할을 하기도 한다.
- 한산 모시짜기는 한국의 충청남도 한 마을의 중년 여성이 전수하고 있으며 충청남도에서 대략 500여 명이 모시짜기와 관련된 다양한 활동을 하고 있다.

(15) 아리랑(2012)
- 2012년 12월 아리랑이 유네스코 지정 세계무형문화유산으로 등재되었다.
- 아리랑은 단순한 노래로서 '아리랑, 아리랑, 아라리오'라는 여음(餘音)과 지역에 따라 다른 내용으로 발전해온 두 줄의 가사로 구성되어 있다.
- 전문가들에 따르면 '아리랑'이라는 제목으로 전승되는 민요는 약 60여 종, 3,600여 곡에 이르는 것으로 추정하고 있다.
- 인류 보편의 다양한 주제를 담고 있는 한편, 지극히 단순한 곡조와 사설 구조를 가지고 있기 때문에 즉흥적인 편곡과 모방이 가능하고, 함께 부르기가 쉽고, 여러 음악 장르에 자연스레 수용될 수 있는 장점이 있다.
- 인간의 창의성, 표현의 자유, 공감에 대한 존중이야말로 아리랑이 지닌 가장 훌륭한 덕목 중 하나라고 할 수 있다. 누구라도 새로운 사설을 지어 낼 수 있고, 그런 활동을 통해 아리랑의 지역적·역사적·장르적 변주는 계속 늘어나고 문화적 다양성은 더욱 풍성해진다.
- 아리랑은 한민족 구성원들에게 보편적으로 애창되며 사랑받고 있다. 그와 동시에 각 지역사회와 민간단체 및 개인을 포함하는 일단의 지방 민요인 아리랑 전수자들은 해당 지방 아리랑의 보편성과 지역성을 강조하면서 대중화와 전승을 위해 적극적으로 노력하고 있다.

(16) 김장(2013)
- 2013 12월 김장은 유네스코 지정 세계 무형 문화유산으로 등재되었다.
- 김장은 한국 사람들이 춥고 긴 겨울을 나기 위해 많은 양의 김치를 담그는 것을 말한다.
- 김치는 한국 고유의 향신료와 해산물로 양념하여 발효한 한국적 방식의 채소 저장 식품을 일컫는데, 역사적 기록에 의하면 760년 이전에도 한국인의 식단에는 김치가 있었다고 한다.
- 김치는 계층과 지역적 차이를 떠나 한국인의 식사에 필수적이다. 밥과 김치는 가장 소박한 끼니이지만, 가장 사치스러운 연회에서도 김치는 빠질 수 없는 반찬이다.
- 김장 준비는 매해 계절에 따라 주기적으로 반복된다. 봄철이면 각 가정은 새우·멸치 등의 해산물을 소금에 절여 발효시킨다. 여름에는 2~3년 동안 저장할 천일염을 구입하여 쓴맛이 빠지도록 한다. 늦여름에는 빨간 고추를 말려서 가루로 빻아 둔다. 늦가을에 주부들은 날씨를 고려하여 김장에 알맞은 날짜를 결정한다. 김치를 담아 시원하고 안정적인 조건에서 저장하여 최고의 맛을 얻으려면 적절한 온도가 중요하다.
- 김장 후에 가정마다 김치를 나누어 먹는 관습을 통해, 혁신적인 기술과 창의적인 생각이 공유되고 축적된다.

(17) 농악(2014)
- 2014년 11월 농악은 유네스코 지정 세계 무형문화유산으로 등재되었다.
- 농악은 타악기 합주와 함께 전통 관악기 연주, 행진, 춤, 연극, 기예 등이 함께 어우러진 공연으로서 대한민국을 대표하는 공연예술로 발전하여 왔다.
- 각 지역의 농악 공연자들은 화려한 의상을 입고, 마을신과 농사신을 위한 제사, 액을 쫓고 복을 부르는 축원, 봄의 풍농 기원과 추수기의 풍년제, 마을 공동체가 추구하는 사업을 위한 재원 마련 행사 등, 실로 다양한 마을 행사에서 연행되며 각지 방의 고유한 음악과 춤을 연주하고 시연한다.
- 고유한 지역적 특징에 따라 농악은 일반적으로 5개 문화권으로 나누어 분류한다. 같은 문화권 내에서라도 마을과 마을에 따라 농악대의 구성, 연주 스타일, 리듬, 복장 등에서 차이가 날 수 있다.
- 농악 춤에는 단체가 만드는 진짜기, 상모놀음 등이 병행된다. 한편 극은 탈을 쓰거나 특별한 옷차림을 한 잡색들이 재미난 촌극을 보여주는 것으로 진행된다. 버나 돌리기나 어린 아이를 어른 공연자의 어깨 위에 태워 재주를 보여주는 무동놀이와 같은 기예도 함께 연행된다.
- 일반 대중은 공연을 관람하거나 참여함으로써 농악과 친숙해지는데, 공동체의 여러 단체와 교육 기관은 농악의 여러 상이한 요소들의 훈련과 전승에 중요한 역할을 담당하고 있다.
- 농악은 공동체 내에서 연대성과 협력을 강화하고, 공동체 구성원들이 동일한 정체성을 공유할 수 있도록 도와준다.

(18) 줄다리기(2015)
- 2015년 12월 줄다리기는 유네스코 지정 세계 무형문화 유산으로 등재되었다.
- 줄다리기는 풍농을 기원하고 공동체 구성원 간의 화합과 단결을 위하여 동아시아와 동남아시아 도작(稻作, 벼농사) 문화권에서 널리 연행된다.
- 공동체 구성원들은 줄다리기를 연행함으로써 사회적 결속과 연대감을 도모하고 새로운 농경주기가 시작되었음을 알린다.
- 두 팀으로 나누어 줄을 반대 방향으로 당기는 놀이인 줄다리기는 승부에 연연하지 않고 공동체의 풍요와 안위를 도모하는 데에 본질이 있다. 줄다리기를 통해 마을의 연장자들은 젊은이들을 참여시킴으로써 연행의 중심적 역할을 하며, 공동체 구성원들은 이를 통해 결속과 단결을 강화한다.

(19) 제주해녀문화(2016)
- 제주도의 여성 공동체에는 최고령이 80대에 이르는 여성들이 생계를 위해 산소마스크를 착용하지 않고 수심 10m까지 잠수하여 전복이나 성게 등 조개류를 채취하는 해녀(海女)가 있다. 바다와 해산물에 대해서 잘 아는 제주 해녀들은 한번 잠수할 때마다 1분간 숨을 참으며 하루에 최대 7시간까지, 연간 90일 정도 물질을 한다. 해녀들은 물속에서 다시 수면 위로 떠오를 때 독특한 휘파람 소리를 낸다. 해녀들은 저마다의 물질 능력에 따라 하군, 중군, 상군의 세 집단으로 분류되며 상군 해녀들이 나머지 해녀들을 지도한다. 잠수를 앞두고 제주 해녀들은 무당을 불러 바다의 여신인 용왕할머니에게 풍어와 안전을 기원하며 잠수굿을 지낸다. 관련된 지식은 가정, 학교, 해당 지역의 어업권을 보유한 어촌계, 해녀회, 해녀학교와 해녀박물관 등을 통해서 젊은 세대로 전승되고 있다. 제주특별자치도 정부에 의해 제주도와 제주도민의 정신을 대표하는 캐릭터로 지정된 '제주 해녀 문화'는 공동체 내에서 여성의 지위 향상에 기여해왔고, 생태 친화적인 어로 활동과 공동체에 의한 어업 관리는 친환경적 지속가능성을 높여주었다.
- 제주도는 한반도 남해 바다의 화산섬으로 인구 약 60만 명이 살고 있다. 제주도의 일부 지형은 2007년 세계자연유산에 등재되었다. 제주 해녀들은 보통 잠수를 할 때마다 1분 정도 숨을 참고 수심 10m 아래 바다로 내려가 해산물을 채취한다. 잠수를 마치고 수면에 떠올라 숨을 내뱉을 때는 매우 특이한 소리를 내는데 이를 '숨비소리'라고 한다. 해녀는 여름철에는 하루 6~7시간, 겨울철에는 하루 4~5시간, 연간 90일 정도 작업한다. 제주 해녀들이 물질을 통해 얻은 소득은 가정 경제에 큰 도움이 된다.
- 제주 해녀들은 바다 속의 암초와 해산물의 서식처를 포함하여 바다에 관한 인지적 지도를 머릿속에 기억하고 있다. 또한 해당 지역의 조류와 바람에 대한 지식도 풍부하다. 이러한 머릿속 지도와 지식은 저마다 오랜 시간에 걸쳐 반복된 물질을 통해 경험으로 습득된다. 해녀들은 물질을 할 수 있는 날씨인지 아닌지를 공식적인 일기예보보다 물질 경력이 오래된 상군 해녀의 말을 듣고 판단한다.

- 제주 해녀들은 바다의 여신인 용왕할머니에게 제사(잠수굿)를 지내 바다에서 안전과 풍어를 기원한다. 잠수굿을 지낼 때는 해녀들이 '서우젯소리'를 부르기도 한다. 또한 배를 타고 노를 저어 물질을 할 바다로 나갈 때 불렀던 '해녀 노래' 역시 제주 해녀 문화에서 중요한 부분이다.

(20) 한국의 전통 레슬링(씨름)(2018)
- 씨름은 한국 전역에서 널리 향유되는 대중적인 놀이이다. 씨름은 두 명의 선수가 허리 둘레에 천으로 된 띠를 찬 상태에서 서로의 허리띠를 잡고 상대를 바닥에 넘어뜨리기 위해 다양한 기술을 사용하는 레슬링의 일종이다. 성인대회의 우승자는 풍요로운 농사의 상징인 황소를 상으로 받으며, '장사'라는 타이틀을 얻는다. 놀이가 끝나면, 장사가 우승을 기념하며 황소를 타고 마을을 행진한다. 씨름은 마을에 있는 모래밭 어디에서나 이루어지며 어린 아이부터 노인까지 모든 연령대의 공동체 구성원이 참여할 수 있다. 씨름은 전통 명절, 장이 서는 날, 축제 등 다양한 시기에 진행되었다. 지역마다 지역 특성에 맞는 씨름의 방식을 가지고 있으나 공동체의 연대와 협력을 강화하는 씨름의 사회적 기능은 공통적이다. 씨름은 부상의 위험이 적은 접하기 쉬운 스포츠로, 정신과 몸의 건강 향상에 도움이 된다. 한국인은 가족과 지역 공동체 내에서 씨름 문화에 많이 노출되어있다. 예컨대 지역 공동체가 매년 씨름 대회를 열고, 학교에서 씨름 종목에 대한 교육이 진행되기도 한다.

(21) 연등회, 한국의 등축제(2020)
- 매년 음력 4월 8일(부처님오신날)이 다가오면, 전국적으로 형형색색의 등불이 밝혀지고 석가모니의 탄생을 축하하는 의식과 함께 등불을 든 사람들의 행렬이 이어진다. 삼국사기(三國記)에 따르면 불교와 연등에 관한 기록은 9세기까지 거슬러 올라간다. 또한 고려시대의 기록에는 연등제가 부처탄생일(918~1392)을 전후하여 개최되었다는 기록이 있다. 원래 연등회는 석가모니의 탄생을 기념하기 위한 종교 의식이었으나, 지금은 남녀노소 누구나 참여할 수 있는 대표적인 봄 축제가 되었다.
- 사찰이나 거리를 장식하는 연등은 대나무 또는 철사 틀에 전통 종이를 덮어 만드는데, 전통 장인들이 일반인들에게 지식과 기술을 공유하는 방식으로 제작되기도 한다. 대중들은 자신과 가족들뿐만 아니라 이웃과 온 나라에 행운을 빌며 자신이 만든 연등을 들고 이 축제에 참여할 수 있다. 연등은 부처님의 지혜를 통해 개인과 공동체, 사회 전체의 마음을 깨우치는 상징이기도 하다. 연등회의 주요한 행사는 석가모니의 탄생을 기념하는 의식으로 아기 부처의 모습을 목욕시키는 것으로 시작된다. 이 신성한 의식에는 연등을 든 참가자들의 행렬이 뒤따른다. 행렬을 마친 참가자들은 전통놀이 등을 함께 하면서 잠시나마 사회적 경계를 허물고 단결하기도 한다.

(22) 한국의 탈춤(2022)
- 탈춤은 춤, 노래, 연극을 아우르는 종합예술이다. 탈을 쓴 연행자가 춤과 노래 그리고 행동과 말을 극적으로 조합해 사회 문제를 해학적으로 표현하고, 6~10명의 악사가 이들을 따른다. 탈춤은 일상생활에서 볼 수 있는 인물을 우스꽝스럽게 묘사하며 보편적 평등을 주장하고 계급제의 모순을 비판한다.
- 〈한국의 탈춤〉은 한국인의 삶 속에서 전통적 공연예술 및 무형유산의 상징으로 인식되어 왔으며, 한국인으로서의 소속감·문화적 정체성을 강화시켜왔다.
- 한국의 탈춤은 1964년 양주별산대놀이 등 다양한 지역의 탈춤이 국가무형문화재와 시도무형문화재로 지정되어 보존·전승되고 있으며, 2022년 '유네스코 인류무형문화유산 대표목록'으로 등재되었다.
- 탈춤의 종류로는 강령탈춤, 고성오광대, 봉산탈춤, 북청사자놀음, 수영야류, 예청찬단놀음, 하회별신굿탈놀이

대공황이

배움의 정석 예배 공국어 한국사

온라인 강의	gong.conects.com
오프라인 강의	사다혜쌤 종로스 학원 [gongdangi] 종단기고시학원 TEL. 02-812-6521
펴낸이	김정현
발행일	2024년 01월 10일
발행처	에이치북스
도서문의	서울시 동작구 노량진동 58-39 2층 TEL. 010-8220-1310
ISBN	979-11-92659-49-7 13910
정가	39,000원

본 교재의 독창적인 내용에 대한 일체의 무단 전재·복제를 금하며, 이것을 위반할 경우 저작권법에 의거 처벌될 수 있습니다.
파본은 교환해 드립니다.

memo